CFA Institute　CFA协会投资系列

股权估值
原理、方法与案例

Equity Asset Valuation (4th Edition)

| 原书第4版 |

杰拉尔德·E. 平托（Jerald E. Pinto）
伊莱恩·亨利（Elaine Henry）
[美] 托马斯·R. 罗宾逊（Thomas R. Robinson）　著　刘醒云 译
约翰·D. 斯托（John D. Stowe）
斯蒂芬·E. 威尔科克斯（Stephen E. Wilcox）

机械工业出版社
CHINA MACHINE PRESS

本书结合会计与财务概念深入介绍了股权估值体系，与上一版相比，本书内容安排更易于读者理解，无论是估值新手还是经验丰富的估值分析师都能从本书中有所收获。本书从股权证券概览开始讲述，随后介绍行业与公司分析，接着讲述股权估值的概念和基本工具，让读者在了解估值概况的基础上，进一步学习上市公司与非上市公司股权估值的应用与过程，深入理解回报率的概念，本书还详细介绍了多个股权估值方法。

Jerald E. Pinto, Elaine Henry, Thomas R. Robinson, John D. Stowe, Stephen E. Wilcox. Equity Asset Valuation, 4th Edition.

ISBN 978-1-119-62810-1

图书在版编目（CIP）数据

股权估值：原理、方法与案例：原书第 4 版 /（美）杰拉尔德・E. 平托（Jerald E. Pinto）等著；刘醒云译 . —北京：机械工业出版社，2023.10

（CFA 协会投资系列）

书名原文：Equity Asset Valuation (4th Edition)

ISBN 978-7-111-73938-8

Ⅰ. ①股…　Ⅱ. ①杰…②刘…　Ⅲ. ①股权管理－研究　Ⅳ. ① F271.2

中国国家版本馆 CIP 数据核字（2023）第 209448 号

机械工业出版社（北京市百万庄大街 22 号　邮政编码 100037）
策划编辑：张竞余　　　　　责任编辑：张竞余
责任校对：韩佳欣　周伟伟　责任印制：张　博
北京联兴盛业印刷股份有限公司印刷
2024 年 1 月第 1 版第 1 次印刷
185mm × 260mm・36.5 印张・669 千字
标准书号：ISBN　978-7-111-73938-8
定价：149.00 元

电话服务　　　　　　　　　　网络服务
客服电话：010-88361066　　机 工 官 网：www.cmpbook.com
　　　　　010-88379833　　机 工 官 博：weibo.com/cmp1952
　　　　　010-68326294　　金 书 网：www.golden-book.com
封底无防伪标均为盗版　　　　机工教育服务网：www.cmpedu.com

我们很高兴为你带来第 4 版《股权估值》。我们相信，对于想要参与证券估值和了解证券定价的人来说，本书是特别重要的资源。

本书的内容是由一组杰出的学者和从业者在 CFA 协会的指导下合作编写的，这些学者和从业者因其在该领域公认的专业知识而被选中。本书是专门为投资从业者编写的，并加入了例子和实践问题，以强化学习成果并展示其在现实世界的适用性。

本书内容遵循 CFA 大纲，该课程大纲经过了严格的审查以确保它：

- 忠实于我们当前分析行业实践的认知。
- 对会员、雇主和投资者有价值。
- 与全球相关。
- 本质上是通用的（而不是专用的）。
- 有足够的例子和练习机会。
- 适合教学。

我们希望你能觉得 "CFA 协会投资系列" 中的这本书和其他书籍有助于你增加投资知识，无论你是新入门者还是努力在不断变化的市场环境中与时俱进的资深人士。作为长期致力于投资行业的参与者和非营利性的全球会员组织，CFA 协会很高兴能为你提供这个机会。

致　谢

我们要感谢这些杰出的从业者通过在各自专业领域的写作丰富了本书的内容：

马修·L.科菲纳（Matthew L. Coffina），CFA

帕特里克·W.多尔西（Patrick W. Dorsey），CFA

安东尼·M.菲奥里（Anthony M. Fiore），CFA

伊恩·罗萨·奥莱利（Ian Rossa O'Reilly），CFA

雷蒙德·D.拉瑟（Raymond D. Rath），CFA

安东尼厄斯·J.范奥简（Antonius J. van Ooijen），CFA

审稿人

特别感谢所有审阅者、课程顾问和习题作者，他们帮助确保了提供的材料具有高度的实践相关性、技术正确性和可理解性。

出版

我们要感谢在本书的构思和出版过程中发挥作用的许多人：CFA协会的课程和学习体验团队，特别感谢过去和现在的课程主管，他们与作者和审稿人一起工作；CFA协会的实践分析团队以及CFA协会的认证产品营销团队。

CFA 协会很高兴为你提供这套涵盖了投资领域主要方面的"CFA 协会投资系列"丛书。我们提供这套一流丛书的原因与我们 50 多年来授予投资专业人士特许证的原因是一样的：通过设定道德、教育和专业卓越的最高标准，引领全球投资行业。

"CFA 协会投资系列"中的书籍包含实用的、全球相关的材料。它们既适用于那些考虑进入竞争异常激烈的投资管理领域的人士，也适用于希望保持知识新鲜度和获得最新知识的读者。本系列旨在为用户提供友好且高度相关的内容。

无论你是新入门者还是在职业水准上必须在不断变化的市场环境中与时俱进的资深人士，我们都希望你能觉得这套丛书有助于你增加投资知识。作为投资行业的长期忠实参与者和非营利性全球会员组织，CFA 协会很高兴能为你提供这个机会。

丛书简介

《公司金融：实用方法》（*Corporate Finance: A Practical Approach*）对于力图实现持久业务增长的企业来说是一个坚实的基础。在当今竞争激烈的商业环境中，公司必须找到创新的方法来实现快速和可持续的增长。本书为读者提供了做出明智的商业决策和制定战略以实现公司价值最大化的基础知识和工具。它涵盖了从管理利益相关者之间的关系到评估并购投标及其背后的公司的所有内容。通过广泛使用现实世界中的例子，读者将获得批判性的视角来解释公司财务数据、评估项目，并以增加公司价值的方式配置资金。读者将深入了解现代企业财务管理中使用的工具和策略。

《固定收益证券分析》（*Fixed Income Analysis*）近年来一直处于新概念的前沿，这本特别的书为非固定收益专家的资深专业人士提供了一些最新材料。期权和衍生技术在曾经沉闷的固定收益领域的应用，推动了这一领域的思想出现爆炸式发展。专业人士面临着跟上信用衍生工具、互换、抵押担保证券、抵押贷款支持证券和其他工具发展速度的挑战，而这些过多的产品已经给世界金融市场带来了压力，并考验了中央银行进行充分监督的能力。在全面掌握这些新产品后，专业投资者能够更好地预测和理解我们的中央银行和市场面临的挑战。

《国际财务报表分析》（*International Financial Statement Analysis*）旨在满足投资专业人士和学生日益增长的从全球角度思考财务报表分析的需求。本书以实践为导向，介绍了财务报表分析，其特点包括真正的国际导向、结构化的呈现风格以及在介绍概念时运用丰富的图表和工具。作者全面地介绍了这一学科，并着眼于确保读者在复杂的财务报表分析世界中的各个层面都能取得成功。

《投资学》（*Investments: Principles of Portfolio and Equity Analysis*）对投资组合和股票分析提供了易读而又严谨的介绍。在全球范围最新的证券市场、交易和市场相关概念和产品的背景下介绍了投资组合策划和投资组合管理，详细解释并大篇幅地说明了股票分析和估值的要点。这本书涵盖了对从业者重要但经常被忽视的主题，例如行业分析。在整本书中，重点是关键概念的实际应用，以及来自新兴市场和发达市场的例子。这本书的每章都为读者提供了许多有助于理解主题的自我检查机会。

多年来，马金和塔特尔的《投资组合管理：动态过程》（*Managing Investment Portfolios: A Dynamic Process*）是投资管理行业最著名的作品之一。第 3 版更新了 1990 年第 2 版的关键概念。许多协会中的资深会员已经拥有前两个版本，但他们还会收藏第 3 版。这本讲座式的著作不仅吸收了其他文献中的概念，将其置于投资组合环境中，同时还更新了另类投资、业绩呈现标准、投资组合执行以及非常重要的个人投资者投资组合管理的概念。将注意力从机构投资组合转移到个人投资者，使第 3 版成为一本应时的重要著作。

《量化投资分析》（*Quantitative Investment Analysis*）侧重于当今专业投资者所需的一些关键工具。除了经典的货币时间价值、现金流折现应用和概率论之外，该书还包含了超越传统思维的非常有价值的两个方面。

哈罗德·埃文斯基编写的《新财富管理》（*The New Wealth Management: The Financial Advisor's Guide to Managing and Investing Client Assets*）是财富管理人员主要参考指南的更新版本。哈罗德·埃文斯基、斯蒂芬·霍伦和托马斯·罗宾逊更新了 1997 年第 1 版的核心内容，并添加了大量新材料以充分反映当今的投资挑战。该书对财富管理的各个领域进行了权威报道，可作为财务顾问的综合指南。这本书巧妙地融合了投资理论和现实世界的应用，与第 1 版一样透彻且易于理解。该书首先是处理相关性和回归的章节，这些最终形成用于测试的假设。这涉及一项挑战许多专业人士的关键技能：从大量可用数据中找出有用信息的能力。其次，最后一章"定量投资分析"涵盖了投资组合概念，让读者超越了传统的资本资产定价模型（CAPM）类型的工具，进入了多因素模型和套利定价理论这个更实用的世界。

　　"CFA协会投资系列"中的所有书籍均可通过所有主要书商获得。此外，所有书籍都可以在Wiley Custom Select平台上找到，可以混合任何一本书的章节以创建适用于课堂的定制课本。

目 录

股权证券概览

瑞安·C.富尔曼，CFA

阿斯吉特·S.兰巴，PhD，CFA

■ 学习目标

通过学习本章内容，你将可以：

- 描述各种股权证券的特征。

- 描述不同等级的股权证券在投票权和其他所有权特征方面的差异。

- 区分公众和私募股权证券。

- 描述投资非本国股权证券的方法。

- 比较不同类型股权证券的风险和回报特征。

- 解释股权证券在为公司资产融资中的作用。

- 区分股权证券的市场价值和账面价值。

- 比较一家公司的股权成本、（会计）净资产收益率以及投资者的要求回报率。

1.1 引言

股权证券代表对公司净资产的所有权要求。股权作为一种资产类别，在许多个人和机构的投资组合中占很大一部分比例，因此在投资分析和投资组合管理中极为重要。

对股权证券的研究很关键，原因有很多。首先，将客户投资组合的多少比例分配给股权这个决定会影响整个投资组合的风险和回报特征。其次，不同类型的股权证券对公司净资产的所有权要求不同，对其风险和回报特征的影响方式也不同。最后，股权证券特征的变化"会"反映在其市场价格中，因此了解这些特征的估值含义很重要。

本章概述了股权证券及它们的不同特征，旨在建立在全球范围内分析和评估股权证券所需的背景框架。本章将讨论以下问题：

- 普通股与优先股的区别是什么，这些证券在公司为运营进行融资时服务于什么目的？
- 什么是可转换优先股，为什么它们经常被初创或高风险公司用来获取股权融资？
- 什么是私募股权证券，它们与公众股权证券有何不同？
- 什么是存托凭证及其各种类型，投资这类证券的理由是什么？
- 投资股权证券涉及哪些风险因素？
- 股权证券如何创造公司价值？
- 公司的股权成本、净资产收益率⊖和投资者的要求回报率之间的关系是什么？

本章的其余部分组织如下。第 1.2 节概述了全球股票市场及其历史表现。第 1.3 节检查了不同类型的股权证券的特征，第 1.4 节概括了公众股权证券和私募股权证券的区别。第 1.5 节概述了在全球市场上市和交易的各种股权证券的类型。第 1.6 节讨论了股权证券的风险和回报特征。第 1.7 节考察了股权证券在创造公司价值中的作用，以及公司的股权成本、净资产收益率和投资者的要求回报率之间的关系。最后一节是本章的小结。

1.2 全球金融市场的股权证券

本节重点介绍股权证券作为一种资产类别的相对重要性和表现。我们考察了全球股票市场的总市值和交易量，以及股票所有权在不同地域的普遍性。我们还会考察股票的历史回报率，并将其与长期和短期政府债券的回报进行比较。

图 1-1 总结了特定国家和地区对全球国内生产总值（GDP）和全球股票市值的贡献。分析师可能会检查股票市值与 GDP 之间的关系，尤其是与其长期平均水平相比，以此作为衡量全球股票市场（或特定国家 / 地区的股票市场）是否被低估、高估或合理估值的粗略指标。

图 1-1 说明了相对于全球每年生产的商品和服务的总和，投资者对公开交易股票的重视程度。它显示了美国股票市场的持续重要性和相对于该国对全球 GDP 贡献而言潜在的占比过高。也就是说，虽然美国股票市场对全球股票市场总市值的贡献约为 51%，但它们对全球 GDP 的贡献仅为 25% 左右。然而，在 2008 年股市动荡之后，美国股市的市值占 GDP 的比率降至 59%，明显低于其 79% 的长期平均水平。

⊖ Return on Equity，净资产收益率，有时也译作股权回报率。——译者注

随着美国以外股票市场的发展和日益全球化，它们的总市值水平预计将增长，更接近于它们各自的世界 GDP 贡献。因此，从全球的角度来理解和分析股权证券是很重要的。

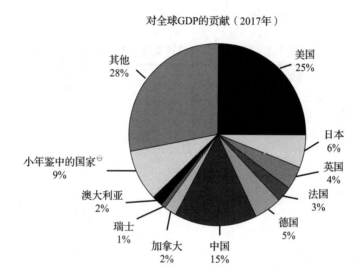

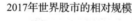

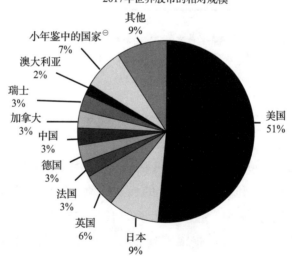

图 1-1　特定国家和地区对全球 GDP 和全球股票市值的贡献（2017）

资料来源：世界银行数据库（2017 年），以及 Dimson、Marsh and Staunton（2018 年）。

表 1-1 根据总市值、交易量和上市公司数量列出了 2017 年底前 10 大股票市场。[⊜]

   ⊖ 原文"Smaller Yearbook"，直译为"较小的年鉴"，未查到确切含义，可能是指"小年鉴中的国家"。下同。——译者注

   ⊜ 个股的市值计算为股价乘以发行在外的股数。股票市场的总市值是该市场上每只股票的市值总和。类似地，股票市场的总交易量是通过对该市场上每只股票的总交易量进行价值加权来计算的。总美元交易量计算为平均股价乘以交易的股票数量。

请注意，排名因使用的标准而异。例如，基于总市值排名前三的市场是纽约泛欧交易所（美国）、纳斯达克 OMX 和日本交易所集团；然而，按美元交易总量计算，排名前三的市场分别是纳斯达克 OMX、纽约泛欧交易所（美国）和深圳证券交易所。[⊖]

表 1-1　2017 年末按总市值排名的股票市场

排名	市场名称	美元总市值（10 亿美元）	美元总交易量（10 亿美元）	上市公司数量
1	纽约泛欧交易所（美国）	22 081.4	16 140.1	2 286
2	纳斯达克 OMX	10 039.4	33 407.1	2 949
3	日本交易所集团[①]	6 220.0	6 612.1	3 604
4	上海证券交易所	5 084.4	7 589.3	1 396
5	泛欧交易所[②]	4 393.0	1 981.6	1 255
6	香港交易所	4 350.5	1 958.8	2 118
7	深圳证券交易所	3 617.9	9 219.7	2 089
8	印度国家证券交易所	2 351.5	1 013.3	1 897
9	BSE 有限公司[③]	2 331.6	183.0	5 616
10	德意志交易所	2 262.2	1 497.9	499

注释：

①日本交易所集团是包含东京证券交易所和大阪证券的合并实体。

②截至 2001 年，包括荷兰、法国、英国、比利时和葡萄牙。

③孟买股票交易所。

资料来源：改编自世界交易所联合会 2017 年报告。请注意，按公司计算市值的方法是将其股票价格乘以已发行在外股票数量。市场的总市值是在该市场上交易的所有公司市值的总和。上市公司的数量包括在这些市场上交易的境内和境外公司。

图 1-2 比较了 1900～2017 年的 118 年间 21 个国家以及世界指数（Wld）、不包括美国的世界（WxU）和欧洲（Eur）的长期国债、短期国债和股权证券的实际（即通胀调整后的）复合回报率。按实际计算，长期和短期国债基本上与通胀率保持同步，大多数国家的年化实际回报率不到 2%。[⊖]相比之下，大多数的股票市场实际回报率通常约为每年 3.5%——世界平均回报率约为 5.2%，不包括美国的世界平均回报率略低于 5%。在此期间，南非和澳大利亚是表现最好的市场，其次是美国、新西兰和瑞典。

⊖　NASDAQ（纳斯达克）是全国证券交易商协会自动报价系统的首字母缩写词。

⊖　奥地利、比利时、芬兰、法国、德国、葡萄牙和意大利是例外——这些国家的长期和 / 或短期债券的平均实际回报率为负。总的来说，这种表现反映了这些国家在世界大战期间非常高的通货膨胀率。

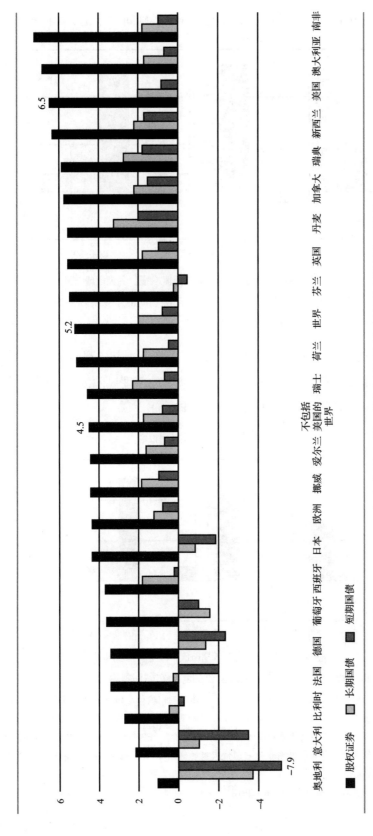

图 1-2　1900～2017 年全球股权证券、长期国债和短期国债的实际复合回报率

资料来源：Dimson、Marsh and Staunton（2018 年）。

图 1-3 显示了 1900～2017 年世界指数主要资产类别间的年化实际回报率。

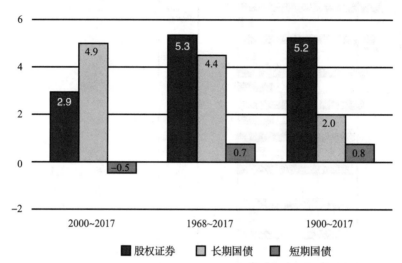

图 1-3　1900～2017 年世界指数主要资产类别间的年化实际回报率

资料来源：Dimson、Marsh and Staunton（2018 年）。

资产市场回报的波动性在图 1-4 中得到进一步强调，其中显示了股票相对于长期国债（EP 债券）和股票相对于短期国债（EP 票据）的年度风险溢价。该图还显示了长期国债相对于短期国债回报率的到期溢价（Mat Prem）。

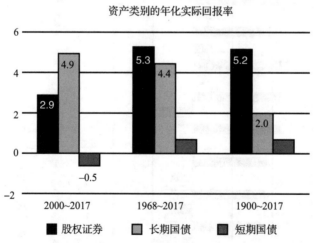

资产类别的年化实际回报率

图 1-4　世界指数的资产类别和风险溢价的年化实际回报率（1900～2017 年）

注：股权证券是总回报率，包括再投资的股利。债券是长期国债的总回报，包括再投资的息票。票据表示短期国债的总回报，包括任何国库券收入。所有回报均根据通货膨胀率进行调整，并以几何平均回报表示。"EP 债券"表示相对于长期国债的股权风险溢价。"EP 票据"表示相对于短期国债的股权溢价。MatPrem 表示长期国债回报相对于短期国债回报的到期溢价。实际利率表示汇率对美元的实际（通货膨胀调整后）变化。

资料来源：Dimson、Marsh and Staunton（2018 年）。

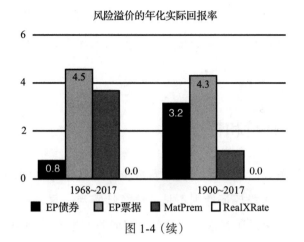

图 1-4（续）

这些观察和历史数据与"证券收益与风险水平直接相关"的概念是一致的。也就是说，与长期国债和短期国债相比，股权证券具有更高的风险水平，它们赚取更高的回报率来补偿投资者这些更高的风险水平，而且随着时间的推移，它们的波动性也更大。

鉴于与股权证券相关的高风险水平，可以合理预期投资者对风险的容忍度将在不同股票市场上有所不同。表 1-2 说明了这一点，该表显示了澳大利亚证券交易中心针对股票所有权的国际差异进行的一系列研究的结果。2004～2014 年，韩国拥有股权证券的人口比例最低（平均 9.0%），其次是德国（14.5%）和瑞典（17.7%）。相比之下，澳大利亚和新西兰拥有股权证券的人口比例最高（平均超过 20%）。此外，近年来一些国家的股权证券拥有比例相对下降，鉴于近期全球经济整体的不确定性以及这种不确定性造成的股市波动，这并不奇怪。

表 1-2　股票所有权的国际比较（2004～2014 年）[⊖]

	2004	2006	2008	2010	2012	2014
澳大利亚－直接/间接	55%	46%	41%	43%	38%	36%
韩国－股票	8	7	10	10	10	N/A
德国－股票/基金	16	16	14	13	15	13
瑞典－股票	22	20	18	17	15	14
英国－股票/基金	22	20	18	N/A	17	N/A
新西兰－直接	23	26	N/A	22	23	26

资料来源：改编自澳大利亚证券交易所进行的 2014 年澳大利亚股权研究。对于澳大利亚和美国，数据涉及股票市场的直接和间接所有权；对于其他国家，数据涉及股票和股票基金的直接所有权。特定年份数据缺失显示为"N/A"。

⊖ 表 1-2 中报告的百分比基于每个国家或地区通过投资或退休基金直接或间接拥有股权证券的成年人口样本。例如，2014 年澳大利亚 36% 的成年人口（约 650 万人）直接或间接拥有股权证券。正如研究中所指出的，鉴于不同国家所使用的方法、抽样、时间和定义存在差异，因此在彼此之间进行绝对比较是不合适的。但是，可以确定不同国家或地区的趋势。

上述讨论的一个重要含义是，由于其独特的回报和风险特征，股权证券代表了全球投资者的一个关键资产类别。我们接下来研究在全球市场上交易的各种类型的股权证券及其显著特征。

1.3　股权证券的种类和特点

公司通过发行债务或股权证券为其运营融资。这些证券之间的主要区别在于，债务是发行公司的负债，而股权证券则不是。这意味着当一家公司发行债务时，它有合同义务在特定的未来日期偿还其借入的金额（即债务的本金或面值）。使用这些资金的成本称为利息，公司在合同上有义务支付利息，直到债务到期或提前偿还。

公司发行权益类证券时，没有合同义务偿还从股东那里收到的金额，也没有合同义务向股东支付使用其资金的定期款项。取而代之的是，在偿还所有负债后股东对公司的资产享有索偿权。由于这种剩余索取权，股权持有者被视为公司的所有者。购买权益类证券的投资者寻求总回报（即资本或价格升值和股息收入），而购买债权类证券（持有至到期）的投资者寻求利息收入。因此，股权投资者期望公司管理层通过做出能够最大化其股票市场价格（即股东财富）的运营决策来为他们的最佳利益行事。

除了普通股[⊖]，公司还可以发行优先股[⊜]，这是另一种类型的股权证券。以下部分讨论了普通股和优先股的不同类型和特征。

1.3.1　普通股

普通股（common stock）代表公司的所有权利益，是股权证券的主要类型。投资者借此分享公司的经营成果，通过投票权参与公司治理，并在清算时对公司的净资产享有索偿权。公司可以选择以现金股利的形式向普通股股东支付部分或全部净利润，但公司没有合同义务这样做。[⊜]

治理决策，包括董事会的选举、兼并或收购另一家公司的决定以及外部审计师的选择。股东投票通常在公司年会期间进行。由于地域限制和股东人数众多，所有股东亲自出席年度会议往往不可行。出于这个原因，股东可以通过**代理投票**（vote by

---

⊖　原文为"common shares (also known as ordinary shares or common stock)"，因为都译作普通股，所以在译文中省略。——译者注

⊜　原文为"preference shares (also known as preferred stock)"，因为都译作优先股，所以在译文中省略。下同。——译者注

⊜　公司也有可能支付超过当期净利润的股息。然而，从长远来看，这种支付政策通常是不可持续的。

proxy），即允许指定的一方（例如另一位股东、股东代表或管理层）代表其投票。

常规的股东投票，其中每股代表一票，被称为**法定投票**（statutory voting）。虽然这是一种常见的投票方式，但它并不总是最适合用来选举董事会的方法。为了更好地服务持有少量股份的股东，经常使用**累积投票**（cumulative voting）。累积投票允许股东将其全部投票权分配给特定候选人，而不是必须在所有候选人之间平均分配投票权。全部投票权为拥有的股票数量乘以被选举的董事数量。例如，在累积投票的情况下，如果要选出四名董事，则拥有 100 股股份的股东有权获得 400 票，可以将 400 票全部投给单个候选人，也可以按任意比例分配给不同的候选人。相比之下，在法定投票下，股东最多只能为每位候选人投 100 票。

累积投票的主要好处是，它允许持有少量股份的股东将他们的所有选票投给一名候选人，从而为在董事会中获得比法定投票所允许的更高代表比例提供了机会。

例 1-1 描述了维亚康姆公司股东的权利。在这种例子中，双层股权结构允许创始董事长及其家人通过持有 A 类股份控制 70% 以上的投票权。这种安排使他们能够控制董事会选举过程、公司决策以及公司管理的其他重要方面。对持有 A 类股份的任何少数股东进行累积投票安排将提高他们的董事会代表性。

▌ 例 1-1　维亚康姆公司的股份类别安排[⊖]

维亚康姆有两类普通股：A 类是有投票权的股票，B 类是无投票权的股票。两类股票除了投票权外没有区别；它们通常在彼此接近的价格范围内交易。然而，B 类已发行股票的数量要多得多，因此大部分交易都发生在该类中。

- **投票权**——A 类普通股的持有人每股享有一票投票权。除特拉华州法律要求外，B 类普通股的持有人没有任何投票权。一般而言，维亚康姆股东投票的所有事项必须得到亲自出席或由代理人代表的 A 类普通股股份的总投票权的过半数批准，特拉华州法律要求的情况除外。
- **股利**——A 类普通股和 B 类普通股的股东将按比例分享董事会宣布的任何现金股息，但股息支付要排在优先股之后。维亚康姆目前不支付现金股息，未来是否支付现金股息将由董事会自行决定，并取决于多种因素。
- **转换**——只要流通在外的 A 类普通股不少于 5 000 股，A 类普通股的每一股都可以由该股份持有人选择转换为一股 B 类普通股。

⊖　此信息改编自维亚康姆公司的投资者关系网站及其向美国证券交易委员会提交的 10-K 文件。

- **清算权**——在维亚康姆清算、解散或清盘的情况下，所有普通股股东，无论哪种类别，都将有权按比例分享任何可分配给维亚康姆普通股股东的资产，但资产分配要排在优先股之后。
- **分立、分拆或合并**——如果对 A 类普通股或 B 类普通股的已发行股份进行分割、分拆或合并，另一类普通股发行在外的股份将被同比例分割。
- **优先购买权**——在认购或接收任何类别的股票或可转换为任何类别维亚康姆股票的任何其他证券时，A 类普通股和 B 类普通股的股份不赋予股东任何优先购买权。

如例 1-1 所示，公司可以发行不同类别的普通股（A 类和 B 类股份），每个类别提供不同的所有者权利。例如，如例 1-2 所示，福特汽车公司有 A 类股票（"普通股"），由投资大众拥有。它还有仅由福特家族拥有的 B 类股票。该例节选自福特 2017 年年度报告（第 144 页）。A 类股东拥有 60% 的投票权，而 B 类股东拥有 40% 的投票权。然而，在清算的情况下，B 类股东不仅将获得（和 A 类股东一样的）可分配金额的每股 0.50 美元，而且还将在 A 类股东收到其他任何金额之前获得可分配金额的下一个每股 1.00 美元。因此，B 类股东在清算时有机会获得比 A 类股东更大比例的分配。

▌ 例 1-2 福特汽车公司的股份类别安排

股本和每股金额

所有一般投票权均属于普通股和 B 类股票的持有人。我们普通股的持有人拥有 60% 的一般投票权，而我们 B 类股票的持有人有权获得相当于剩余 40% 的投票数。普通股和 B 类股票在股利支付时均分股利，股票股利按持有的股票类别支付。

如果清算，每股普通股有权获得可分配给普通股和 B 类股票持有人的 0.50 美元，B 类股票的每股有权获得下一个可用的 1.00 美元，每股普通股有权获得再下一个可用的 0.50 美元，此后每股普通股和 B 类股票有权获得同等金额。

- 在一些国家或地区，包括美国，公司可以发行不同类别的股票，其中 A 类股票最为常见。例 1-2 更详细地描述了不同类别股份的作用和功能。
- 例如，如果每股 2.00 美元可供分配，普通股（A 类）股东将获得每股 0.50 美元，而 B 类股东将获得每股 1.50 美元。但是，如果有每股 3.50 美元可供分配，普通股股东将获得每股 1.50 美元，B 类股东将获得每股 2.00 美元。
- 摘自福特汽车公司 2017 年年度报告。

1.3.2 优先股

优先股（preference shares）在支付股利和清算时比普通股拥有更高级别的公司净资产分配权。[⊖]然而，优先股股东一般不分享公司的经营业绩，也没有任何投票权，除非在发行时明确允许。优先股兼具债权证券和普通股的特点。与债权证券的利息支付类似，优先股的股息是固定的，通常高于普通股的股息。但是，与利息支付不同，优先股股息不是公司的合同义务。与普通股类似，优先股可以是永续的（即没有固定的到期日），可以无限期地支付股息，也可以被赎回或回售。

例 1-3 提供了 GDL 基金发行的可赎回优先股的例子，其发行是为了筹集资金以赎回剩余的 B 系列优先股。在这种情况下，股份购买者将从 GDL 基金获得持续的股息。如果 GDL 基金选择回购股票，则必须以每股 50 美元的清算优先价格进行回购。股份的购买者也有权以每股 50 美元的价格将股份回售给 GDL。

▌ 例 1-3　GDL 基金发行的可赎回股票

纽约州莱伊市，2018 年 3 月 26 日——GDL 基金（纽约证券交易所代码：GDL）（"基金"）很高兴地宣布完成募股，其中该基金发行了 2 624 025 股 C 系列可回售可赎回累积优先股（"C 系列优先股"），总额为 131 201 250 美元。根据本次发售，本基金就每单位已发行的 B 系列可回售可赎回累积优先股（"B 系列优先股"）向 2018 年 2 月 14 日在册的 B 系列优先股股东发行一项不可转让的权利。权利持有人可以用现金或放弃有清算优先权的 B 系列优先股或两者结合的方式购买 C 系列优先股。因此，购买每单位 C 系列优先股需要一份权利加 50.00 美元，或一份权利加一份清算价值为 50.00 美元的 B 系列优先股。本次发行于 2018 年 3 月 20 日东部时间下午5：00 到期。

优先股的股息可以是累积的、非累积的、参与的、不参与的，或它们的某种组合（即累积参与、累积不参与、非累积参与、非累积不参与）。

累积优先股（cumulative preference shares) 的股息会累积，因此如果公司决定在一个或多个时期内不支付股息，则将累积未支付的股息，并且必须在支付普通股股息之前全额支付。相比之下，**非累积优先股**（non-cumulative preference shares）没有这样的

⊖　在清算的情况下，优先股的优先级低于债务。也就是说，债务持有人在清算时对公司资产有更高的索偿权，他们将首先收到欠他们的债，然后公司将剩余资产再分配给优先股股东，然后是普通股股东。

规定。这意味着在当前或后续期间未支付的任何股息将被永久没收，并且不会随着时间的推移而累积到以后支付。但是，除非先行支付优先股股息，否则公司当期仍不得向普通股股东支付任何股息。

参与优先股（participating preference shares）使股东有权获得标准优先股股息，并有机会在公司利润超过预定水平时获得额外股息。此外，参与优先股还可以包含规定，股东在清算时有权得到额外分配的公司资产，高于优先股的面值[⊖]。**非参与优先股**（non-participating preference shares)不允许股东分享公司的利润。相反，股东在清算时仅有权获得固定的股息支付和股票的面值。参与优先股的使用对于规模较小、风险较高的公司来说更为常见，因为投资者更关心未来清算的可能性。

优先股也可以转换。**可转换优先股**（convertible preference shares)赋予股东将其股份转换为指定数量的普通股的权利。该转换率在发行时确定。可转换优先股具有以下优点：

- 与投资于公司的普通股相比，它们允许投资者获得更高的股息。
- 它们让投资者有机会分享公司的利润。
- 它们允许投资者通过转换权在普通股价格上涨时受益。
- 它们的价格比底层普通股的波动更小，因为股息支付是已知的且更稳定。

因此，在风险投资和私募股权交易中使用可转换优先股是一种流行的融资选择，在这些交易中，发行公司被认为风险较高，而且发行公司"上市"（即向公众发行普通股）可能需要数年时间。

例1-4提供了查科斯能源海运有限公司（Tsakos Energy Navigation Ltd）发行的优先股（TNP. PRE）的类型和特征的示例。

■ 例1-4   TEN 有限公司发行的优先股示例

希腊雅典，2018年6月21日——领先的多元化原油、成品油和液化天然气油轮运营商 TEN 有限公司（"TEN"）(纽约证券交易所代码：TNP) 宣布其 F 系列固定至浮动利率可赎回累积永续优先股的公开发行定价，每股面值为 1.00 美元，清算优先权每股 25.00 美元（"F 系列优先股"）。TEN 将以每股 25.00 美元的价格向公众发行 5 400 000 股 F 系列优先股。F 系列优先股的股息将在 2028 年 7 月 30 日之前以等于 9.50% 的固定年利率支付，从 2028 年 7 月 30 日起以浮动利率支付。就此次发行

⊖ 原文"the par (or face) value"，因为都译作面值，所以在译文中省略。——译者注

而言，TEN 已授予承销商 30 天的选择权，以购买 810 000 股额外的 F 系列优先股，如果全部行使，将产生 155 250 000 美元的总资金。TEN 打算将此次发行的所得款项净额用于一般公司用途，其中可能包括进行船舶收购和 / 或战略投资以及优先股赎回。发行后，TEN 打算提交申请，在纽约证券交易所上市 F 系列优先股。本次发行预计将于 2018 年 6 月 28 日前后完成。

1.4　私募与公开发行股权证券

到目前为止，我们的讨论主要集中在公开市场和交易所发行和交易的股权证券。股权证券也可以在私募股权市场上发行和交易。**私募股权证券**（private equity securities）主要通过非公开发行（如私募）方式向机构投资者发行。由于它们未在公开交易所上市，所以这些证券没有活跃的二级市场。因此，私募股权证券没有"市场决定"的报价，流动性极低，需要投资者之间的谈判才能进行交易。此外，确定私募股权证券公允价值所需的财务报表和其他重要信息可能难以获得，因为监管机构通常不要求发行公司公告这些信息。

私募股权投资主要分为三种类型：风险资本、杠杆收购和投资上市公司的私募股权（PIPE）。**风险资本**（venture capital）为处于早期发展阶段并需要额外资金进行扩张的公司提供"种子"或启动资金、早期融资或夹层融资。然后，这些资金将用于为公司的产品开发和增长提供资金。风险投资家的范围从家人和朋友到富有的个人和私募股权基金。由于发行给风险投资家的股权证券不公开交易，一般需要较长时间的资金承诺；"退出"投资的机会通常在初始启动后的 3～10 年内。这些私募股权投资者获得的退出回报取决于初创公司首次公开交易时证券的可出售价格，可能通过在股票市场上**首次公开募股**（initial public offering，IPO）或通过出售给其他投资者得到。

当一群投资者（例如公司的管理层或私募股权合伙企业）使用大量债务购买一家上市公司的所有流通普通股时，就会发生**杠杆收购**（leveraged buyout，LBO）。如果收购公司的投资者群体主要由公司现有管理层组成，则该交易被称为**管理层收购**（management buyout，MBO）。股票被收购后，它们将停止在交易所交易，投资者团体完全控制公司。换句话说，此时公司被收归"私有"或被私有化。适合进行此类交易的公司通常拥有大量被低估的资产（可以出售以减少债务）并产生大量现金流（用于支付债务的利息和本金）。收购（LBO 或 MBO）的最终目标是重组被收购的公司，然后通过在一级市场向公众发行新股，使其再次"公开上市"。

第三种私募投资是**投资上市公司的私募股权**（private investment in public equity），简称 PIPE。[一]寻求这种类型投资的上市公司通常急需额外资金并愿意向私人投资者或投资集团出售大量所有权。例如，一家公司可能在短时间内需要大量新的股权资金进行投资，因为它有巨大的扩张机会，但面临着高额的债务或者其经营正在迅速恶化。根据需求的紧迫程度和资本要求的大小，私人投资者可能能够以比公开市场报价大幅折扣的价格购买公司股份。例 1-5 包含医疗保健公司 TapImmune 近期的一次 PIPE 交易，其中还包含了与 Marker Therapeutics 公司合并的提案。

▍例 1-5　PIPE 交易示例

佛罗里达州杰克逊维尔，2018 年 6 月 8 日——临床阶段的免疫肿瘤学公司 TapImmune Inc.（纳斯达克股票代码：TPIV）今天宣布，它已与某些机构和合格投资者签订了证券购买协议，涉及其股权证券的定向增发。此次定向增发将由恩颐投资（New Enterprise Associates，NEA）牵头，有 Aisling Capital，Perceptive Advisors 以及其他新的或现有的投资者参与。此次定向增发预计将与提议的 TapImmune 公司和 Marker Therapeutics 公司合并同时完成，该合并已在之前的 2018 年 5 月 15 日宣布。

定向增发完成时，TapImmune 将以每股 4.00 美元的价格发行 17 500 000 股普通股。在扣除定增中介费用和其他发行费用之前的总发行规模预计为 7 000 万美元。此外，TapImmune 将发行认股权证，以每股 5.00 美元的行权价购买 13 125 000 股 TapImmune 普通股，自发行之日起可在五年内行权。交易的完成预计将在 2018 年第三季度末，取决于与 Marker（Therapeutics）合并完成的情况、根据纳斯达克股票市场规则要求的 TapImmune 股东的批准及其他惯例完成条件。

尽管与全球公共股票市场相比，全球私募股权市场规模相对较小，但该市场在过去 30 年中却经历了可观的增长。根据世界经济论坛资助的私募股权市场研究，1970～2007 年，杠杆收购总共购买了大约 3.6 万亿美元的债务和股权。其中，大约 75% 或 2.7 万亿美元的交易发生在 2001～2007 年[二]。2008～2017 年期间保持了这一速度，共发生了 2.9 万亿美元的交易。虽然美国和英国市场是 20 世纪八九十年代大多数私募股权投资的重

　　㊀　PIPE 一词在美国广泛使用，也在国际上使用，包括新兴市场。
　　㊁　Stromberg（2008 年）。

点，但这些市场以外的私募股权投资近年来大幅增长。此外，以私募股权方式经营的公司数量也有所增加。例如，在 20 世纪 90 年代中期，通过 LBO 拥有的公司不到 2 000 家，而 2017 年初全球通过 LBO 拥有的公司超过 20 000 家。在此期间，私募股权投资的持有期也有所增长，从 3～5 年（20 世纪八九十年代）到大约 10 年。[⊖]

延长持有期让私募股权投资者有机会更有效、更耐心地解决公司面临的任何潜在运营问题，并更好地管理公司以创造长期价值。由于持有期较长，更多的私募股权公司发行可转换优先股，因为它们派发股息，在首次公开募股时可将其股份转换为普通股，所以具有为投资者提供更大总回报的潜力。

在经营一家上市公司时，管理层经常感到有压力要专注于短期业绩[⊖]（例如，迎合关注短期价格表现的分析师的季度销售目标和盈利目标），而不是运营公司以获得长期可持续的收入和盈利增长。通过"私有化"，管理层可以采取关注更长期的方式，并可以消除运营上市公司所需的某些成本——例如满足监管和证券交易所备案要求的成本、维护与股东和媒体沟通的投资者关系部门的成本，以及举行季度分析师电话会议的费用。

如上所述，公开股权市场比私募股权网络大得多，并让公司有更多机会筹集资金和随后在二级市场被活跃地交易。在公众监督下运营，可以激励公司在公司治理和高管薪酬方面更加开放，以确保它们为股东的利益行事。事实上，一些研究表明，私募股权公司在公司治理有效性方面的得分较低，这可能是因为当公司治理和其他政策公开时，股东、分析师和其他利益相关者能够影响管理层。

1.5　投资非本地股票

技术创新和电子信息交换（电子交易网络、互联网等）的发展加速了全球金融市场的融合和发展。如前所述，近年来，全球资本市场的扩张速度远快于全球 GDP 增速；国际一级和二级市场都得益于快速和公开交换信息能力的增强。股票市场的日益一体化使公司在当地市场以外筹集资金和扩大其股东基础变得更加容易，成本也更低。一体化还使投资者更容易投资国内市场以外的公司。这使投资者能够通过添加与当地资产相关性较低的资产类别来进一步分散投资并改善其投资组合的风险和回报特征。

全球投资的一个障碍是，许多国家仍然对想要投资本国公司的外国个人和公司施加"外国限制"。这些限制主要出于三个原因。一是限制外国投资者对国内企业的控制

⊖　例如，参见 Bailey、Wirth and Zapol（2005 年）。
⊖　例如，参见 Graham、Harvey and Rajgopal（2005 年）。

程度。例如，一些国家禁止外国投资者收购国内公司的多数股权。二是让国内投资者有机会持有在本国开展业务的外国公司的股份。例如，瑞典家居用品零售商宜家放弃了在亚太地区部分市场的投资，因为当地政府不希望宜家保持其对商店的完全所有权。三是降低资金流入流出国内股票市场的波动性。例如，1997~1998年亚洲金融危机的主要后果之一是资本大量流出泰国、印度尼西亚和韩国等新兴市场国家，资本外流导致这些国家的股票市场大幅下跌和货币大幅贬值，并导致许多政府限制资本流动。在今天的这些市场中，许多已经建立了货币储备，以更好地抵御经济收缩和金融市场动荡时期内生的资本外流。

研究表明，从长远来看，减少对外资所有权的限制可以改善股票市场的表现。[一]尽管限制的差异很大，但有更多的国家或地区允许越来越多的外国所有权。例如，澳大利亚寻求通过税收改革来鼓励国际对其基金管理行业的需求，以加强其作为国际金融中心的作用。

在过去的20年中，出现了三个趋势：（a）越来越多的公司在本国以外的市场发行股票；（b）股票在境外市场交易的公司数量增加；（c）越来越多的公司在双重上市，这意味着它们的股票同时在两个或多个市场发行和交易。位于新兴市场的公司在这些趋势中特别受益，因为它们不再需要担心国内市场的资本限制或流动性不足。这些公司发现在发达国家市场筹集资金更容易，因为这些市场通常具有更高的流动性和更严格的财务报告要求及会计标准。在国际交易所上市有许多好处。它可以提高投资者对公司产品和服务的认识，增强公司股票的流动性，由于额外的市场曝光和满足更多备案要求，还可以提高公司透明度。

技术进步使投资者更容易在国外市场交易股票。德国保险公司安联（Allianz SE）最近将其股票从纽约证券交易所和某些欧洲市场退市，因为国际投资者越来越多地在法兰克福证券交易所交易其股票。例1-6说明了德国大型化工公司巴斯夫的机构股东构成在多大程度上变得越来越全球化。

▌ 例1-6　股权更全球化的例子[二]

巴斯夫是世界上最大的上市公司之一，拥有超过500 000名股东和高度自由流通性。2018年3月进行的股东结构分析显示，美国和加拿大的股东所拥有的股本占

㊀　例如，参见 Henry and Chari（2004年）。
㊁　改编自巴斯夫投资者关系网站。自由流通性（free float）是指股票在二级市场上易于自由交易的程度。

公司股本的 21%，是公司最大的区域性机构投资者群体。来自德国的机构投资者占 12%。来自英国和爱尔兰的股东持有巴斯夫 12% 的股份，而欧洲其他地区的机构投资者则持有另外 17% 的股份。公司约 28% 的股本由私人投资者持有，其中大部分人居住在德国。

1.5.1　直接投资

投资者可以使用多种方法来投资本地市场以外的公司股权。最明显的是直接在国外市场买卖证券。然而，这意味着所有交易（包括股票买卖、股利支付和资本收益）均要使用公司而非投资者的本国货币。此外，投资者必须熟悉该市场的交易、清算和结算的规则和程序。直接投资通常会导致透明度降低和波动性增加，因为公司可能无法定期提供经审计的财务信息，而且市场流动性也可能较低。或者，投资者可以选择存托凭证和全球注册股票等证券，它们代表国际公司的股权，并在当地交易所以当地货币进行交易。投资这些证券，投资者不必担心货币转换（报价和股利支付以投资者的当地货币计算）、不熟悉的市场惯例以及会计准则的差异。以下部分讨论了投资者可以在本国市场之外投资的各种证券。

1.5.2　存托凭证

存托凭证（depository receipt[○]，DR）是一种证券，代表外国公司的经济利益，类似于普通股在当地交易所交易。它允许外国公司的公开上市股票在其国内市场以外的交易所进行交易。当外国公司的股权存入股票交易所在国家的银行（即存托机构）时，就会产生存托凭证。然后，存托机构发出代表存入股份的凭证。发行的凭证数量和每个存托凭证的价格基于一个比率，该比率指定了相关股份的存托凭证数量。因此，存托凭证可能代表标的股票的一股、多股或一小部分。每个存托凭证的价格都会受到底层股票的价格影响因素的影响，例如公司基本面、市场状况、分析师的建议和汇率变动。此外，在多个交易所交易的股票之间的任何短期估值差异都代表着精明的交易者可以利用的快速套利机会。发行凭证的**存托银行**（depository bank）的职责包括担任托管人和登记员。这需要处理股利支付、其他应税事件、股票分割，并担任 DR 所代表证券的外国公司的转让代理。纽约梅隆银行是最大的存托银行；德意志银行、摩根大通和

[○]　请注意，"depositary" 和 "depository" 在金融市场中可以互换使用。在本章中，我们始终使用 "depository"。

花旗银行也提供存托服务。[⊖]

存托凭证可以是**有担保**（sponsored）或**没有担保的**（unsponsored）。有担保的存托凭证是指由托管人持有股份的外国公司直接参与凭证的发行。有担保存托凭证的投资者与普通股的直接所有者拥有相同的权利（例如，投票权和获得股利的权利）。相比之下，对于没有担保的存托凭证，外国公司不参与凭证的发行。与有担保存托凭证不同，托管人在外国公司的本国市场购买其股份，然后通过托管人当地市场的经纪公司发行凭证。在这种情况下，存托银行，而不是存托凭证的投资者，保留投票权。有担保的存托凭证通常比没有担保的存托凭证有更高的报告要求。例如，在美国，有担保的存托凭证必须在美国证券交易委员会（SEC）注册（满足报告要求）。例 1-7 包含阿里巴巴于 2014 年 9 月发行有担保存托凭证的示例。

例 1-7　有担保的存托凭证

纽约——（美国商业资讯）——花旗今天宣布，阿里巴巴集团控股有限公司（简称"阿里巴巴集团"）已通过花旗银行指定花旗的发行人服务部门作为其美国存托凭证（ADR）项目的存托银行。阿里巴巴集团的 ADR 于 2014 年 9 月 19 日开始交易，是首次公开募股市场历史上最大的存托凭证计划。

阿里巴巴集团的 ADR 项目是通过首次公开发行 368 122 000 股美国存托股票（ADS）而设立的，该股票代表阿里巴巴集团的普通股，2014 年 9 月 18 日每股 ADS 定价为 68 美元。此次 IPO 在历史上是规模最大的。该 ADR 在纽约证券交易所（NYSE）上市，交易代码为 BABA。每份 ADS 代表该公司一股普通股。作为存托银行，花旗银行将通过其当地托管人持有相关普通股并发行代表此类股份的美国存托凭证。阿里巴巴集团的美国存托股票（ADS）以 ADR（美国存托凭证）形式在纽约证券交易所交易。

存托凭证有两种类型：全球存托凭证（GDR）和美国存托凭证（ADR），如下所述。

1.5.2.1　全球存托凭证

全球存托凭证（global depository receipt，GDR）在公司母国和美国境外发行。发行 GDR 的存托银行通常位于（或设有分支机构）该股票交易所在交易所的国家或地区。GDR 的一个关键优势是它们不受发行公司母国可能施加的对外国所有权和资本流

⊖　Boubakri、Cosset and Samet（2010 年）。

动限制的约束，因为它们在该国境外出售。发行公司根据投资者对公司的熟悉程度或是否存在庞大的国际投资者基础等因素选择交易 GDR 的交易所。伦敦和卢森堡交易所是最早进行 GDR 交易的交易所。其他一些交易 GDR 的证券交易所有迪拜国际金融交易所和新加坡证券交易所。目前，伦敦和卢森堡交易所是大多数 GDR 的交易场所，因为它们可以更及时地以更低的成本发行。不管在哪个交易所交易，大多数 GDR 都以美元计价，但现在以英镑和欧元计价的 GDR 数量正在增加。请注意，虽然 GDR 不能在美国交易所上市，但它们可以向美国的机构投资者进行定向增发。

1.5.2.2 美国存托凭证

美国存托凭证（American depository receipt，ADR）是一种以美元计价的证券，像普通股一样在美国交易所交易。ADR 于 1927 年首次创设，是最古老的存托凭证类型，也是目前最经常交易的存托凭证。它们使外国公司能够从美国投资者那里筹集资金。请注意，ADR 是 GDR 的一种形式，然而，并非所有 GDR 都是 ADR，因为 GDR 不能在美国公开交易。**美国存托股票**（American depository share，ADS）一词经常与 ADR 一词一起使用。存托股份是在发行公司国内市场实际交易的证券。也就是说，虽然美国存托凭证是在美国市场上交易的凭证，但美国存托股票是这些凭证所依据的标的股票。

ADR 有四种主要类型，每种类型都有不同级别的公司治理和备案要求。一级保荐 ADR 在场外交易市场（OTC）交易，不需要在证券交易委员会（SEC）进行完全注册。二级和三级保荐 ADR 可以在纽约证券交易所（NYSE）、纳斯达克（NASDAQ）和美国证券交易所（AMEX）进行交易。二级和三级 ADR 允许公司使用这些证券筹集资金和进行收购。但是，发行公司必须满足所有 SEC 要求。

第四类 ADR，即 SEC 规则 144A 或 S 条例存托凭证，不需要在 SEC 注册。相反，外国公司可以通过将这些存托凭证私下存放于合格机构投资者或离岸非美国投资者处来筹集资金。表 1-3 总结了 ADR 的主要特征。

表 1-3 美国存托凭证主要特征总结

	一级（未上市）	二级（上市）	三级（上市）	规则 144A（未上市）
目标	用现有股份发展和扩大美国投资者基础	用现有股份发展和扩大美国投资者基础	用新股或现有股份发展和扩大美国投资者基础	获取合格的机构买家（QIB）
在美国市场筹集资金？	否	否	是，通过公开发行	是，通过定向增发给 QIB
SEC 注册	表格 F-6	表格 F-6	表格 F-1 和 F-6	没有

（续）

	一级（未上市）	二级（上市）	三级（上市）	规则 144A （未上市）
交易所在市场	场外交易市场（OTC）	纽约证券交易所、纳斯达克或美国证券交易所	纽约证券交易所、纳斯达克或美国证券交易所	私募，通过 PORTAL 等自动链接进行转售和交易
上市费用	低	高	高	低
规模和收入要求	无	有	有	无

资料来源：改编自 Boubakri、Cosset and Samet（2010 年）：表 1。

目前有来自 80 多个国家或地区的 2 000 多个存托凭证（DR）在美国交易所进行交易。根据目前的统计，发行和交易的存托凭证的总市值估计为 2 万亿美元，占美国市场交易股票总价值的 15%。

1.5.2.3　全球注册股份

全球注册股份（global registered share，GRS）是一种在全球不同证券交易所以不同货币交易的普通股。购买或出售这些股票不需要转换货币，因为相同的股票以不同的货币报价和交易。因此，在瑞士交易所以瑞士法郎购买的相同股票可以在东京交易所以日元出售。GRS 比存托凭证灵活性更大，因为股票代表了公司的实际所有权权益，可以在任何地方交易，而且不需要兑换货币来购买或出售它们。戴姆勒 – 克莱斯勒公司与瑞银集团分别在 1998 年和 2011 年设立并发行了 GRS。

1.5.2.4　一篮子上市存托凭证

另一种类型的全球证券是**一篮子上市存托凭证**（basket of listed depository receipts，BLDR），它是一种交易型开放式指数基金（exchange-traded fund，ETF），代表存托凭证投资组合。ETF 是一种跟踪指数的证券，但其交易方式类似于交易所的单个股票。股票 ETF 是一种证券，其中包含跟踪指数的股票投资组合。它全天交易，可以买、卖或卖空，就像单个股票一样。与普通股一样，ETF 也可以用保证金购买并用于对冲或套利策略。BLDR 是一种特定类别的 ETF 证券，由基础 DR 投资组合构成，旨在跟踪基础 DR 指数的价格表现。例如，景顺 BLDRS 亚洲 50 ADR 指数基金是一只市值加权 ETF，旨在跟踪 50 只亚洲市场 ADR 的表现。

1.6　股权证券的风险与回报特征

不同类型的股权证券对公司净资产的所有权要求不同。股权证券的类型及其特征会影响其风险和收益特征。以下部分讨论股权证券的不同收益和风险特征。

1.6.1　股权证券的收益特征

股权证券的总回报有两个主要来源：价格变化（或资本收益）和股息收入。价格变化代表股票在 $t-1$ 期末的购买价格（P_{t-1}）和 t 期末的销售价格（P_t）之间的差异。现金或股票股利（D_t）表示公司在 t 期间给其股东的分配。因此，股权证券的总回报计算如下：

$$总回报\ R_t = (P_t - P_{t-1} + D_t)/P_{t-1} \tag{1-1}$$

对于不支付股利的股票，总回报仅包括价格的变化。处于生命周期早期阶段的公司通常不支付股利，因为盈利和现金流会被再投资以支持公司的增长。相比之下，处于生命周期成熟阶段的公司可能没有那么多的盈利增长机会，此时超额现金流通常通过支付定期股利或股票回购返还给投资者。

对于直接购买存托凭证或外国股票的投资者来说，还有第三种收益来源：外汇收益（或损失）（foreign exchange gains（or losses））。外汇收益的产生是由于投资者的货币与外国股票计价的货币之间的汇率变化。例如，美国投资者购买日本公司的 ADR，如果日元对美元升值，投资者将获得额外的回报。相反，如果日元相对于美元贬值，这些投资者将获得较低的总回报。例如，如果一家日本公司在日本的总回报为 10%，而日元兑美元贬值 10%，则 ADR 的总回报将（大约）为 0%。如果日元兑美元升值 10%，则 ADR 的总回报将是（大约）20%。

只考虑价格升值的投资者忽略了一个重要的回报来源：股息再投资所产生的复利。再投资股息是投资者收到并用于购买额外股份的现金股息。如图 1-5 所示，从长远来看，股权证券的总回报受到再投资股息复利效应的显著影响。1900～2016 年，如果股息再投资，1900 年投资于美国股票的 1 美元实际价值将增加到 1 402 美元，但如果仅考虑价格升值或资本收益，则只有 11.9 美元。有股息再投资的情况相当于每年有 6.4% 的实际复合回报率，而在没有股息再投资的情况下，每年只有 2.1% 的实际复合回报率。同期长期国债和短期国债的期末实际财富回报分别为 9.8 美元和 2.6 美元。这些最终实际财富金额对应于长期国债 2.0% 和短期国债 0.8% 的年化实际复合回报率。

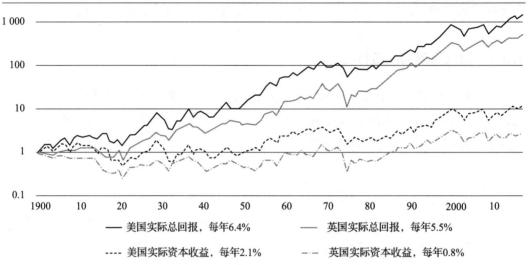

图 1-5　再投资股息对美国和英国股票市场累计实际回报的影响（1900～2016 年）

资料来源：Dimson、Marsh and Staunton（2017 年）。

1.6.2　股权证券的风险

任何证券的风险都基于其未来现金流的不确定性。其未来现金流的不确定性越大，风险越高，证券价格的可变性或波动性越大。如上所述，股权证券的总回报取决于其价格变化和股息。因此，股权证券的风险可以定义为其预期（或未来）总回报的不确定性。风险通常通过计算股票预期总回报的标准差来衡量。

可以使用多种不同的方法来估计股票的预期总回报和风险。一种方法是用股票的平均历史回报和此回报的标准差作为其预期未来回报和风险的代表。另一种方法涉及估计未来特定时间段的回报范围，为这些回报分配概率，然后根据此信息计算预期回报和回报标准差。

股权证券的类型及其特征会影响其未来现金流量的不确定性，从而影响其风险。一般来说，优先股的风险低于普通股，主要有以下三个原因：

（1）优先股股息是已知且固定的，它们占优先股总回报的很大一部分。因此，未来现金流的不确定性较小。

（2）优先股股东优先于普通股股东获得股息和其他分配。

（3）公司清算后优先股股东将获得的金额已知固定等于其股份的面值。但是，如果公司遇到财务困难，则不能保证投资者会收到该金额。

然而，对于普通股，股东总回报的很大一部分（对不支付股利的股票而言，总回报全部）是基于未来的价格升值，而且未来的股息是未知的。如果公司被清算，普通股股东将收到支付给公司债权人和优先股股东后剩余的任何金额（如果有）。综上所述，由于优先股总收益的不确定性小于普通股，因此优先股的风险和预期收益低于普通股。

重要的是要注意，由于某些优先股和普通股自身的特征，它们的风险可能高于其他证券。例如，从投资者的角度来看，可回售普通股或优先股的风险低于其对应的可赎回或不可赎回股，因为它们让投资者可以选择以预先确定的价格将股票出售给发行人。这个预先确定的价格确立了投资者将收到的最低价格，并减少了与证券未来现金流相关的不确定性。因此，可回售股份支付的股息通常低于不可回售股份。

因为优先股总收益的主要来源是股息收入，所以影响所有优先股的主要风险是未来股息支付的不确定性。无论优先股的特征如何（可赎回、可回售、累积等），发行人支付股息能力的不确定性越大，风险就越大。由于公司支付股息的能力取决于其未来的现金流和净利润，因此投资者会尝试通过检查过去的趋势或预测未来的金额来估计这些金额。公司拥有或预期拥有的收益越多，现金流越大，与支付未来股息的能力相关的不确定性和风险就越低。

可赎回普通股或优先股比不可赎回的同类股票风险更大，因为发行人可以选择以预定价格赎回股份。由于赎回价格限制了投资者未来的潜在总回报，可赎回股票通常会支付更高的股息，以补偿投资者未来可能被赎回的风险。类似地，可回售优先股的风险低于不可回售优先股。累积优先股的风险低于非累积优先股，因为累积特征使投资者有权在公司支付给普通股股东任何股息之前获得任何未支付的股息。

1.7　股权证券和公司价值

公司在一级市场发行股权证券以筹集资金并增加流动性。这种额外的流动性还为公司提供了额外的"货币"（其股权），可用于进行收购和给予员工基于股票期权的激励。筹集资金的主要目的是为公司创造收入的活动提供资金，以增加其净利润并使股东财富最大化。在大多数情况下，筹集的资金用于购买长期资产、资本扩张项目、研发、进入新产品市场或新的地区以及收购其他公司。或者，公司可能被迫筹集资金以确保其能够持续经营。在这些情况下，筹集资金是为了满足监管要求、提高资本充足率或确保满足债务契约。

管理层的最终目标是增加公司的账面价值（公司资产负债表上的股东权益），并使其权益的市场价值最大化。尽管管理层行动可以直接影响公司的账面价值（通过增加净利润、出售或购买自己的股票），但它们只能间接影响其股权的市场价值。当公司保留其净利润时，公司权益的账面价值（其总资产与总负债之间的差额）会增加。赚取和保留的净利润越多，公司的股权账面价值就越大。由于管理层的决策直接影响公司的净利润，因此它们也直接影响其权益账面价值。

然而，公司股权的市场价值反映了投资者对公司未来现金流数量、时间和不确定性的共同和不同的预期。账面价值和市场价值很少会相等。尽管管理层可能正在实现其增加公司账面价值的目的，但这种增加可能不会反映在公司股权的市场价值中，因为它不会影响投资者对公司未来现金流量的预期。投资者用来评估管理层提高公司账面价值的有效性的一个关键指标是会计净资产收益率。

1.7.1　会计净资产收益率

净资产收益率（return on equity，ROE）是股权投资者用来确定公司管理层是否有效和高效地使用他们提供的资本来产生利润的主要衡量标准。它衡量投资于公司的总股本所产生的，普通股股东可以获得的净利润总额。它的计算方法是普通股股东可获得的净利润（即扣除优先股股息后）除以权益账面价值（book value of equity，BVE）的平均值，即

$$\mathrm{ROE}_t = \frac{\mathrm{NI}_t}{平均\,\mathrm{BVE}_t} = \frac{\mathrm{NI}_t}{(\mathrm{BVE}_t + \mathrm{BVE}_{t-1})\,/\,2} \tag{1-2}$$

其中 NI_t 是 t 年的净利润，权益的平均账面价值为 t 年年初和年末的账面价值之和除以 2。净资产收益率假设当年用于产生净利润的股权为年初已有的和当年投资的任何新股权。请注意，有的公式在分母中仅使用 t 年年初（即 $t-1$ 年年末）的股东权益。这是假设公司仅使用年初已存在的股权来产生当年的净利润，即

$$\mathrm{ROE}_t = \frac{\mathrm{NI}_t}{\mathrm{BVE}_{t-1}} \tag{1-3}$$

只要在应用时保持一致，这两个公式都可以。例如，在账面价值随着时间的推移保持相对稳定的情况下，或需要计算公司在一段时间内每年的净资产收益率时，使用年初账面价值是合适的。如果公司的年末账面价值波动较大，或者如果行业惯例是在计算净资产收益率时使用平均账面价值，则平均账面价值更合适。

在计算和分析净资产收益率时要注意的一点是，净利润和股权的账面价值都直接受到管理层选择的会计方法的影响，例如折旧（直线法对比加速法）和存货（先进先出对比加权平均成本）。即使在同一行业运营，不同的会计方法也会导致公司之间的净资产收益率难以比较。如果同一公司的会计方法在对比期间发生了变化，同一公司的净资产收益率也可能难以比较。

表 1-4 包含了三个**蓝筹股**（blue chip，被认为财务状况良好且在各自行业或当地股票市场处于领先地位的被广泛持股的大市值公司）——辉瑞、诺华和葛兰素史克的净

利润和股东权益账面总值的信息。数据为截至 12 月的 2015 年至 2017 年的财政年度。[⊖]

表 1-4　辉瑞、诺华和葛兰素史克的净利润和股东权益账面价值（单位：千美元）

	财政年度截至		
	2015 年 12 月 31 日	2016 年 12 月 31 日	2017 年 12 月 31 日
辉瑞			
净利润	6 960 000	7 215 000	21 308 000
股东权益总额	64 998 000	59 840 000	71 287 000
诺华			
净利润	17 783 000	6 712 000	7 703 000
股东权益总额	77 122 000	74 891 000	74 227 000
葛兰素史克			
净利润	12 420 000	1 126 000	2 070 700
股东权益总额	113 092 500	6 127 800	4 715 800

使用股权的平均账面价值，辉瑞截至 12 月的 2016 年和 2017 年年度的净资产收益率计算如下。

截至 12 月的 2016 年度的净资产收益率：

$$\text{ROE}_{2016} = \frac{\text{NI}_{2016}}{(\text{BVE}_{2015} + \text{BVE}_{2016})/2} = \frac{7\ 215\ 000}{(64\ 998\ 000 + 59\ 840\ 000)/2} = 11.6\%$$

截至 12 月的 2017 年度的净资产收益率：

$$\text{ROE}_{2017} = \frac{\text{NI}_{2017}}{(\text{BVE}_{2016} + \text{BVE}_{2017})/2} = \frac{21\ 308\ 000}{(59\ 840\ 000 + 71\ 287\ 000)/2} = 32.5\%$$

表 1-5 总结了辉瑞、诺华和葛兰素史克 2016 年和 2017 年的净资产收益率。

表 1-5　辉瑞、诺华和葛兰素史克的净资产收益率　（%）

	2016 年 12 月 31 日	2017 年 12 月 31 日
辉瑞	11.6	32.5
诺华	8.8	10.3
葛兰素史克	11.7	38.2

就辉瑞而言，2017 年 32.5% 的净资产收益率表明该公司股东每投入 1 美元的资本可以产生 0.325 美元的回报（利润）。在此期间，葛兰素史克的净资产收益率大约增加了两倍，从 11.7% 增加到 38.2%。诺华的净资产收益率保持相对不变。

如果净利润的增长速度快于股东权益，或者净利润的下降速度慢于股东权益，则净资产收益率就会增加。就葛兰素史克而言，由于其净利润在 2016～2017 年几乎翻了一番，而且其平均股东资金在此期间减少了近 45%，因此其净资产收益率在

⊖　辉瑞使用美国公认会计准则编制财务报表；诺华和葛兰素史克使用国际财务报告准则。因此，将辉瑞的净资产收益率与诺华或葛兰素史克的净资产收益率进行比较是不合适的。

2016～2017年大约增加了两倍。换句话说，与2016年相比，2017年葛兰素史克在利用其股权资本创造利润方面的效率显著提高。就辉瑞而言，尽管其平均股东权益增加了约5%，其2017年净资产收益率与2016年相比，从11.6%大幅上升至32.5%，这是因为同期净利润几乎增加了两倍。

需要考虑的一个重要问题是，净资产收益率增加是否总是好的。简要的回答是"视情况而定"。净利润的下降速度小于股东权益是净资产收益率可以增加的一个原因，而这不是一个积极的信号。此外，如果公司发行债务，然后用所得款项回购部分流通股，则净资产收益率可能会增加。此举将增加公司的杠杆并使其股权风险更大。因此，检查公司净利润和股东权益随时间变化的原因很重要。杜邦公式可用于分析公司净资产收益率变化的来源，我们将在单独的章节中讨论。

公司股权的账面价值反映了其管理层的历史经营和融资决策。公司股权的市值反映了这些决策以及投资者对公司未来现金流的共同评估和预期，这些现金流由净现值为正的投资机会产生。如果投资者认为公司有大量这些未来产生现金流的投资机会，则公司股权的市值将超过其账面价值。表1-6显示了辉瑞、诺华和葛兰素史克截至2017年12月末的每股市场价格、已发行股份总数和股东权益账面总值。该表还显示了以流通股数乘以每股市场价格计算的股权总市场价值（或市值）。

表1-6 辉瑞、诺华和葛兰素史克的市场信息

	辉瑞	诺华	葛兰素史克
每股市场价格（美元）	35.74	90.99	18.39
已发行股份总数	5 952 900	2 317 500	4 892 200
股东权益账面总值（千美元）	71 287 000	74 227 000	4 715 800
权益总市值（千美元）	212 756 646	210 869 325	89 967 558

请注意，在表1-6中，辉瑞股票的总市值计算如下：

$$股权市值 = 每股市场价格 \times 已发行股份总数$$
$$= 35.74 \times 5\,952\,900 = 212\,756\,646（美元）$$

辉瑞每股股权的账面价值可以计算为：

$$每股权益账面价值 = 股东权益账面总值 / 已发行股份总数$$
$$= 71\,287\,000 / 5\,952\,900 = 11.98（美元）$$

公司的市净率是一个有用的计算比率[○]。该比率表明投资者对公司未来投资和现金流产生机会的预期。市净率越大（即每股市值与每股账面价值的背离越大），投资者就越看好公司未来的投资机会。对于辉瑞，市净率是：

○ 原文为"price-to-book ratio, which is also referred to as the market-to-book ratio"，因为都译作市净率，所以译文不重复。——译者注

$$市净率 = 每股市场价格 / 每股权益账面价值$$
$$= 35.74/11.98 = 2.98（美元）$$

表 1-7 包含辉瑞、诺华和葛兰素史克的每股市场价格、每股权益账面价值和市净率。

表 1-7　辉瑞、诺华和葛兰素史克

	辉瑞	诺华	葛兰素史克
每股市场价格（美元）	35.74	90.99	18.39
每股权益账面价值（美元）	11.98	32.03	0.96
市净率	2.98	2.84	19.16

三家公司的每股市场价格均超过各自的账面价值，因此其市净率均大于 1。但是，它们的市净率大小存在显著差异。葛兰素史克的市净率最大，而辉瑞和诺华的市净率相近。这表明投资者相信葛兰素史克的未来增长机会远高于辉瑞或诺华。

比较不同行业公司的市净率并不合适，因为它们的市净率也反映了投资者对行业的预期。科技等高增长行业的公司通常比重型设备等增长缓慢（即成熟）行业的公司市净率更高。因此，比较同行业公司的市净率更为合适。在同行业中，拥有更多增长机会的公司的市净率很可能高于行业平均。

账面价值和净资产收益率有助于分析师确定价值，但作为估计公司真实或内在价值（即其未来预期现金流的现值）的主要手段，其作用可能有限。在例 1-8 中，世界上最成功的投资者之一、伯克希尔－哈撒韦公司首席执行官沃伦·巴菲特在给股东的一封信中解释了公司账面价值与其内在价值之间的差异。如上所述，市场价值反映了投资者对公司未来现金流数量、时间和不确定性的共同和不同预期。由于无法预测其未来现金流的金额和时间，公司的内在价值只能估计。然而，精明的投资者（比如巴菲特）已经从他们对公司内在价值估计和股票市场价值的差异中获利。

> **▌例 1-8　账面价值与内在价值**⊖
>
> 　　我们定期报告每股账面价值，这是一个易于计算的数字，但用途有限。就像我们经常告诉你的一样，重要的是内在价值，这是一个无法确定但必不可少的估计数字。
>
> 　　例如，在 1964 年，我们可以肯定地说伯克希尔的每股账面价值为 19.46 美元。然而，这个数字大大高估了股票的内在价值，因为该公司的所有资源都集中在一个

⊖　摘自伯克希尔－哈撒韦公司 2008 年年度报告。

利润较低的纺织业务上。我们的纺织资产既没有持续经营价值，也没有等于其账面价值的清算价值。那么，在1964年，任何询问伯克希尔资产负债表稳健性的人，应得的回答是"别担心，负债是稳固的"，就像一位声誉可疑的好莱坞大亨所说的那样。

今天，伯克希尔的情况发生了逆转：我们控制的许多企业的价值远远超过其账面价值。（那些我们无法控制的，例如可口可乐或吉列，按当前市场价值计算。）然而，我们继续为您提供账面价值数据，因为它们是伯克希尔-哈撒韦内在价值的粗略、低调的跟踪衡量标准。

我们将内在价值定义为在企业剩余生存期间里可以从企业中提取的现金的贴现价值。任何计算内在价值的人都必然会得出一个高度主观的数字，该数字会随着对未来现金流量估计的修订和利率的变动而发生变化。然而，尽管内在价值很模糊，但它非常重要，并且是评估投资和企业相对吸引力的唯一合乎逻辑的方法。

为了了解历史投入（账面价值）和未来产出（内在价值）如何不同，让我们看看另一种投资形式，即大学教育。将教育成本视为其"账面价值"。如果要准确的话，此成本应该包括学生因为选择大学而不是工作所放弃的收入。

在本练习中，我们将忽略教育的重要的非经济利益，而将重点放在其经济价值上。首先，我们必须估计毕业生在其一生中将获得的收入，并从该数字中减去他在没有受过教育的情况下本应获得的收入的估计值。这给了我们一个超额收入数字，然后必须以适当的利率将其折现，计算毕业日的现值。该金额结果等于教育的内在经济价值。

1.7.2 股权成本和投资者的要求回报率

当公司发行债务（或从银行借款）或股权证券时，会产生与筹集资本相关的成本。为了最大限度地提高盈利能力和股东财富，公司试图有效地筹集资金以最大限度地降低这些成本。

当公司发行债务时，使用这些资金所产生的成本称为债务成本。债务成本相对容易估计，因为它反映了公司在合同上有义务向其债券持有人（贷方）支付的定期利息（或票面利率）。当公司通过发行股权筹集资金时，其产生的成本称为股权成本。然而，与债务不同的是，公司在合同上没有义务就其资金的使用向其股东支付任何款项。因此，股权成本更难估计。

投资者要求他们提供给公司的资金获得回报。这个回报被称为投资者的最低要求回报率。当投资者购买公司的债券时，他们要求的最低回报率是他们向公司收取的使用其资金的定期利率。因为所有债券持有人都收到相同的定期利率，所以他们要求的回报率是相同的。因此，公司的债务成本与投资者对债务的最低要求回报率是相同的。

当投资者购买公司的股权证券时，他们要求的最低回报率是基于他们期望收到的未来现金流。由于这些未来现金流既不确定又未知，因此必须估计投资者的最低要求回报率。此外，最低要求回报可能因投资者对公司未来现金流的预期而异。因此，公司的股权成本可能与投资者最低的股权要求回报率不同。由于公司试图以尽可能低的成本筹集资金，因此公司的股权成本通常被用作投资者最低要求回报率的代表。

换句话说，股权成本可以被认为是公司在一级市场购买其股票和在二级市场维持其股价必须向其投资者提供的最低预期回报率。如果二级市场不能维持这个预期回报率，那么股价就会调整，以满足投资者要求的最低回报率。例如，如果投资者要求的股权回报率高于公司的股权成本，他们就会出售其股票并将资金投资于其他地方，从而导致公司股价下跌。随着股价下跌，股权成本会增加，达到投资者所需的较高回报率。

通常用于估计公司股权成本（或投资者的最低要求回报率）的两种模型是股利折现模型（DDM）和资本资产定价模型（CAPM）。这些模型在其他课程章节中会有详细讨论。

债务成本（税后）和股权成本（即债务和股权的最低要求的债务和股权回报率）是资本预算过程的组成部分，因为它们用于估计公司的加权平均资本成本（WACC）。资本预算是公司用来评估潜在长期投资的决策过程。WACC 代表公司必须从其长期投资中获得的最低要求回报率，以满足所有资本提供者的要求。然后，公司在预期回报高于其 WACC 的长期投资中进行选择。

1.8 小结

股权证券在投资分析和投资组合管理中发挥着重要作用。由于发达和新兴市场对股权资本的需求、技术创新以及电子信息交换的不断改进，这一资产类别的重要性在全球范围内不断增加。鉴于其绝对回报潜力和影响投资组合风险和回报特征的能力，股权证券对个人和机构投资者都很重要。

本章介绍了股权证券，并对全球股票市场进行了概述。对其历史表现的详细分析表明，股权证券的平均实际年回报率优于长期国债和短期国债，后者提供的平均实际年回报率仅与通货膨胀保持同步。本章研究了普通股和优先股证券的不同类型和特征，并概述了公开发行股权证券和私募股权证券之间的主要区别。概述了在全球市场上市和交易的各类股权证券，包括对其风险和回报特征的讨论。最后，考察了股权证券在创造公司价值中的作用，以及公司的股权成本、股权的会计资产收益率、投资者的要求回报率和公司的内在价值之间的关系。

我们总结本章的关键组成部分如下：

- 普通股代表公司的所有者利益，并赋予投资者分享其经营业绩的权利、参与公司决策过程的机会以及在清算时对公司净资产的索偿权。

- 可赎回普通股赋予发行人以最初发行股份时确定的价格从股东手中回购股份的权利。

- 可回售普通股赋予股东以最初发行股份时指定的价格将股份售回给发行人的权利。

- 优先股是一种股权形式，其中支付给优先股股东的款项优先于支付给普通股股东的任何款项。

- 累积优先股是累积股息支付的优先股，任何以往未支付的股息都必须被支付后公司才能向普通股股东支付股息。非累积优先股没有此类规定，这意味着股息支付由公司自行决定，因此类似于向普通股股东支付的股息。

- 参与优先股允许投资者获得标准的优先股股息，并有机会获得高于预定金额的公司利润份额。非参与优先股在清算时仅允许投资者获得初始投资以及任何应计股息。

- 可赎回和可回售优先股为发行人和投资者提供与其对应普通股相同的权利和义务。

- 私募股权证券主要通过定向增发向机构投资者发行，不在二级股权市场交易。私募股权投资分为三种类型：风险投资、杠杆收购和投资上市公司的私募股权（PIPE）。

- 私募股权投资的目标是提高公司管理层专注于其经营活动以创造长期价值的能力。该策略是在达到某些利润和其他基准指标后将"私募"公司"上市"。

- 存托凭证是在当地交易所交易与普通股类似但代表外国公司经济利益的证券。它们允许外国公司公开上市的股票在其国内市场以外的交易所进行交易。

- 美国存托凭证的交易以美元计价，很像美国市场上的标准美国证券。全球存托凭证与美国存托凭证类似，但对其在投资者之间转售的能力有某些限制。

- 股权证券的基本特征会极大地影响其风险和回报。

- 公司的会计净资产收益率是指其从股东账面权益中获得的总回报。

- 公司的股权成本是股东要求公司为其股权投资支付的最低回报率。

行业与公司分析的介绍

帕特里克·W. 多尔西，CFA

安东尼·M. 菲奥里，CFA

伊恩·罗萨·奥赖利，CFA

■ 学习目标

通过学习本章内容，你将可以：

- 解释行业分析的用途以及行业分析与公司分析的关系。

- 比较公司分类的方法和目前的行业分类体系，根据给定的公司业务描述和分类体系对公司进行分类。

- 解释影响公司对经济周期敏感度的因素，解释"成长型""防御型"和"周期性"这类行业和公司描述标签的应用和局限性。

- 解释如何使用公司的行业分类来确定一个股权估值的潜在"对标组"。

- 描述深度行业分析所需要覆盖的因素。

- 描述行业战略分析的原则。

- 解释进入壁垒、行业集中度、行业容量和市场份额稳定性对定价权和价格竞争的影响。

- 描述行业生命周期模型，将行业按照生命周期阶段分类，描述生命周期概念在行业前景预测中的局限性。

- 比较各经济部门代表性行业的特征。

- 描述宏观经济、技术、人口统计特征、政府和社会等因素对行业成长、盈利性和风险的影响。

- 描述深度公司分析所需要覆盖的因素。

2.1 引言

行业分析（industry analysis）是对制造业、服务业或商业的一个特定分支进行的分析。理解公司所处的行业为分析公司个体即**公司分析**（company analysis）提供了一个基础框架。进行股权分析和信用分析的分析师通常会专注于一个或几个行业，这在收集和解读信息的时候会产生协同效应并可以提高效率。

在这一部分我们讨论的问题包括：

- 各种行业分类体系有什么相似和不同？
- 分析师如何去选择一组参照公司？
- 分析行业的时候需要考虑什么关键因素？
- 在具有战略优势地位的行业中，公司可以享受哪些好处？

下一节讨论行业分析的应用，2.3 节和 2.4 节依次讨论发现相似公司的方法和行业分类体系。2.5 节涵盖对行业的描述和分析。2.5 节还包含了对竞争分析的介绍，为 2.6 节的公司分析提供了背景。本章最后是小结。

2.2　行业分析的应用

行业分析可以用于许多需要基础分析的投资实践中。它的用途包括：

- **理解公司的业务和业务环境。**行业分析常常是选股和估值初期的一个关键步骤，因为它能提供对发行者成长机会、竞争动态和业务风险的见解。对于信用分析师来说，行业分析可以帮助理解公司的债务融资用途是否合适以及在经济收缩时公司是否有能力履行其付款承诺。
- **发现积极股权投资机会。**采用由上至下投资策略的投资者使用行业分析来判断行业是否具有正的、中性或负的盈利性和成长性。如果投资者认为预期的行业前景没有充分地反映在市场价格中，投资者通常会（依据判断）参照基准超配、按市场权重配置或低配这些行业。除了股票选择，有的投资者会使用行业或板块轮动策略，即利用行业基本面和 / 或经济周期情况对行业进行择时投资（这种策略有时也会用到技术分析），试图超越参照基准。有的研究发现，行业因素在选股中至少和国家因素一样重要（Cavaglia, Diermeier, Moroz and De Zordo, 2004）。此外，有研究发现行业因素可以解释大约 20% 的美国企业盈利波动性（McGahan and Porter, 1995）。这些研究说明了行业分析的重要性。
- **投资组合业绩的归因。**业绩归因就是解释投资组合回报的来源，通常是相对于组合参照基准的回报，归因包括了行业或板块选择。这种业绩归因会用到行业分类体系。

本章稍后会探讨理解企业业务和业务环境需要考虑什么因素。下一节讨论如何将企业进行行业分类。

2.3　发现相似公司的方法

行业分类试图将企业按照共同点进行分组。在接下来的小节里，我们将讨论行业分类的三种主要方法：

- 提供的产品和 / 或服务。
- 经济周期敏感度。
- 统计上的相似性。

2.3.1　提供的产品和 / 或服务

最常见的现代分类体系是按相似的产品和 / 或服务对企业进行分类。从这个视角看，**行业**（industry）被定义为提供相似产品和 / 或服务的一组企业。例如，全球重型卡车行业包括沃尔沃、戴姆勒公司、帕卡和纳威司达，它们为载重汽车市场生产大型商用车辆。类似地，全球汽车行业的一些大公司包括丰田、通用汽车、大众、福特、本田、日产、雪铁龙和现代，它们生产的轻型车辆是彼此的近似替代品。

行业分类体系通常有几个层次的组合。**板块**（sector）这个概念经常被用于指代一组相关的行业。例如医疗保健板块由一组相关行业组成，包括制药、生物科技、医疗器械、医疗用品、医院和护理管理行业。

这些分类体系通常根据企业主营业务将一个企业归入某个行业。一个企业的**主营业务**（principal business activity）是企业主要收入和 / 或利润的来源。例如，主要收入来源于药品销售的企业包括诺华公司、辉瑞、罗氏控股公司、葛兰素史克、赛诺菲 – 安万特，这些公司都可以作为全球制药行业的一部分被归作一组。主营业务多于一个时，公司通常在财务报表会分业务部门报告收入（许多时候也包括营业利润）。[⊖]

后文会讨论基于产品和 / 或服务的分类体系例子，包括全球行业分类标准（Global Industry Classification Standard，GICS）、罗素全球板块（Russell Global Sectors，RGS）和行业分类标准（Industry Classification Benchmark，ICB）这些商用分类体系。除了按产品和 / 或服务对公司进行分组之外，一些主要的分类体系——包括 GICS 和 RGS，

⊖　更多信息参见国际财务报告准则（IFRS）8：经营分部。在 IFRS 8 里，业务部门被称为经营分部。

会把与消费者相关的企业分成周期性和非周期性的，取决于公司对经济周期的敏感度。下一小节会讨论如何根据经济敏感度对企业进行分类。

2.3.2 经济周期敏感度

行业分类有时会以企业对经济周期的敏感度为基础。这种方法通常会将企业分作两个大类——周期性和非周期性的。

一个**周期性**（cyclical）的企业，其利润与经济环境强弱有很高的关联度。这类企业的需求波动大于平均值——在经济扩张期的需求高，在经济收缩期的需求低；同时 / 或者因为经营杠杆高（即较高的固定成本），企业的利润波动会高于平均值。在需求方面，周期性产品或服务通常比较贵，同时 / 或者购买行为可以根据需要（例如可支配收入的下降）推迟。周期性行业的例子有汽车、建筑、基础材料、工业和技术。一个**非周期性**（non-cyclical）企业的业绩大体上不受经济周期的影响。非周期性企业提供的产品和服务在整个经济周期有着相对稳定的需求。非周期性行业的例子有食品饮料、日用和个人护理产品、医疗保健和公用事业。

尽管我们将讨论的分类体系没有将其类别标记为周期性或非周期性，但某些板块比其他板块有更高的经济敏感度。呈现出较高经济敏感度的板块包括非日常生活消费品、能源、金融、工业、信息技术和原材料。相对地，呈现出较低经济敏感度的板块包括日常生活消费品、医疗保健、电信业务和公用事业。

> **▌ 例 2-1　关于周期性 / 非周期性分类的描述**
>
> 分析师常常会碰到一些与周期性 / 非周期性分类相关的标签。例如，非周期性行业有时会被归入防御型（或稳健型），与之相对的是成长型。防御型行业和企业是那些收入和利润受整体经济活动波动影响最小的。这些行业 / 企业倾向于生产日常消费品（例如面包），提供基础服务（杂货店、药店、快餐店）或者是费率和收入受到政府管制或合同约束（例如受服务成本定价法、投资收益率定价法管制的公用事业）。成长型行业是那些有着特殊需求势头的行业，这些需求势头如此强劲以至于它们盖过了宏观经济或其他外部因素的影响，不管整体经济环境如何，这些行业都能产生增长，尽管增长速度可能会因为经济下行而减缓。⊖

⊖ 有时"成长型"标签会被用于经济增长迅猛的国家或地区，当地经济活动的波动并没有造成经济产出的实际下降，仅仅是实际增长率高低的差别（例如中国，印度）。

像"周期性""成长型"和"防御型"这些行业和企业标签的用处是有限的。周期性行业常常也和成长型行业一样包含了成长型公司。尽管受到整体经济活动波动的影响，周期性行业本身也可以在多个经济周期有超过平均水平的增长。人们有时会用"周期性成长型"标签来描述那些长期高速增长，但在商业周期中收入和利润波动幅度高于平均水平的企业。

此外，当经济活动出现巨大波动时，如 2008～2009 年的大衰退，很少有公司可以逃脱整体经济环境周期性衰退的影响。

"防御型"标签也有问题。有的行业可能既包含了具有成长型特征的企业也包含了具有防御型特征的企业，很难为其选择"成长型"或"防御型"标签。不仅如此，"防御型"可能无法很好地描述投资方面的特征。例如食品超市通常被描述为防御型的，但如果发生价格战，其利润也会遭受损失。行业动态有时会使得所谓的防御型行业 / 企业在保护股东资本方面远不具备防御性。

经济周期敏感性是一个连续值，不是"有或无"的问题，将企业划入两大类中的一类有一定的随意性，这是周期性 / 非周期性分类的一个局限性。严重的经济衰退通常会触及经济的每一个方面，因此非周期性最好作为一个相对概念来理解。

对全球投资来说，经济周期分类的另一个局限性是不同的国家和地区常常在不同时间经历经济周期的各个阶段。可能世界上的一个区域正处于经济扩张期，而另一个区域正处于衰退期，这使得经济周期分类在行业分析中的应用更复杂。例如在经济疲软地区经营的珠宝零售商（即周期性企业）会呈现出与在需求旺盛地区经营的珠宝企业很不一样的基本面业绩。比较这两个企业——当前处于不同需求环境的两个相似企业，可能会发现投资机会。但是结合这些企业的基本面信息所设定的行业基准值可能会具有误导性。

2.3.3　统计相似性

用统计的方法对企业进行分类通常以历史股票回报率的相关性为基础。例如，用聚类分析的方法，公司可以（基于历史股票回报率的相关性）被分为不同的组，各组内的股票相关性相对较高，各组间的股票相关性相对较低。这种组合方法常常产生很不直观的公司组，而且各组的构成会因时间和地域的不同而有很大差别。此外，统计方法依赖于历史数据，但是分析师无法保证过去的相关性会在未来持续。这类方法还具有所有统计方法的内生问题，即①将偶然性错误地认定为相关性，②错误地将实际显著的关系排除。

2.4 行业分类体系

一个设计良好的分类体系常常被用作行业分析的起点。分析师可以用它来比较行业趋势的差异和同组公司之间的相对估值。具有全球视角的分类体系使得基金经理和研究员可以对全球同一个行业中的公司进行比较。例如，考虑到汽车行业的全球性特征，深度的行业研究需要包括世界上许多不同国家和地区的汽车企业。

2.4.1 商用的行业分类体系

主要的指数提供商，包括标普、MSCI、罗素投资、道琼斯和富时指数，将它们股票指数中的公司按行业进行了分类。这些指数提供商使用的分类体系多数会包含数个层级，最开始是一个大的经济板块分类，然后通过几个层级将经济板块再细分或分解为多个"颗粒状"（即更狭义）的子分类。

2.4.1.1 全球行业分类标准

全球行业分类标准（Global Industry classification Standard，GICS）是由全球股票指数最大的两家提供商标准普尔（S&P）与摩根士丹利公司（MSCI）在 1999 年联合制定的。顾名思义，GICS 的设计是为了方便在全球范围内对行业进行比较，它对发达国家和发展中国家的公司都进行了分类。每家公司按照它的主营业务被分入一个子行业。每一个子行业归属于一个特定的行业；每一个行业归属于一个行业组；每个行业组归属于一个行业板块。2018 年 6 月，GICS 分类结构由四个层级组成，包含了 157 个子行业，68 个行业，24 个行业组和 11 个行业板块。为了反映全球股票市场的变化，GICS 的结构在历史上的不同时期有过调整。

2.4.1.2 罗素全球板块

罗素全球板块（Russell Global Sectors，RGS）使用三个层级将全球企业按它们提供的产品和服务分类。在 2018 年 6 月，RGS 分类体系包括了 9 个行业板块、33 个子板块和 157 个行业。除了层级上的不同以外，RGS 和 GICS 分类体系还有另一个差别，RGS 有 9 个行业板块，GICS 有 11 个行业板块。例如，RGS 分类体系没有为电信服务类企业单独设置一个板块。GICS 分类为"电信服务"的许多公司，包括中国移动、AT&T 和 Telefonica 都被 RGS 分到了一个更广义的"公用事业"板块。

2.4.1.3 行业分类标准

道琼斯和金融时报指数一同开发的行业分类标准（Industry Classification Benchmark，ICB）使用了四个层级的结构，按照企业主要销售收入的来源进行分类。在 2018 年 6

月，ICB 分类体系包含了 10 个行业、19 个超级板块、41 个行业板块和 114 个子板块。尽管 ICB 和 GICS 在层级数目上相同，在企业分组方法上也相同，两个体系使用了很不一样的命名方法。例如，GICS 用"行业板块"来描述范围最宽的企业组，而 ICB 用的是"行业"。两个体系的另一个不同是 ICB 对消费者产品和消费者服务公司之间进行了区分，而 GICS 和 RGS 两个体系都把消费者产品企业和消费者服务企业一并按照它们对经济活动的敏感性进行分组。这些风格上的区别到了各体系更细分的层级会变得没那么突出。

尽管有这些微妙的差别，三个商用行业分类体系都使用相同的方法对企业进行分组。而且三个体系最顶层的分组十分相似。具体来说，GICS、RGS 和 ICB 都设了 9 或 11 个大组，将所有其他分类归入其中。接下来，我们将描述一些代表性板块，它们解释了 GICS、RGS 和 ICB 如何进行最顶层的分类。

2.4.1.4　对代表性板块的描述

基础材料和加工（basic materials and processing）：采矿业和从事建筑材料、化学材料、纸产品和林业产品、包装箱和包装材料、金属和矿物生产的企业。

非日活消费品（consumer discretionary）：收入主要来源于提供与消费者相关的产品或服务的公司，对这些产品或服务的需求往往表现出较高的经济周期敏感度。营业活动常常归入这一类的有汽车、服装、酒店和餐饮业。

日常消费品（consumer staples）：营业活动对经济周期敏感度比其他企业低的企业，例如食品、饮料、烟草和个人护理用品的制造商。

能源（energy）：主要业务涉及勘探、生产或提炼用于提供能源的自然资源的企业；大部分收益来自向能源公司提供服务或销售设备的企业也属于这一类。

金融服务（finance services）：主要业务涉及银行、金融、保险、房地产、资产管理和 / 或经纪服务的公司。

医疗保健（medical & health）：制药和生物技术产品、医疗器械、护理设备、医疗用品的制造商和医疗保健服务提供者。

工业 / 生产者耐用品（industrial/producer durables）：资本品制造商和商业服务提供商，这类商业活动包括重型机械和设备制造、航空航天和国防、运输服务以及商业服务和用品。

房地产（real estate）：从事房地产开发和经营的公司，包括提供房地产相关服务以及持有房地产投资信托公司股权的公司（房地产投资信托基金，REITs）。

技术（technology）：参与制造或销售计算机、软件、半导体和通信设备的企业，常见的其他属于此类别的商业活动包括电子娱乐、互联网服务以及技术咨询和服务。

电信业务（telecom）：提供固网和无线通信服务的公司，一些供应商更愿意将电信公司和公用事业公司合并成一个单一的"公用事业"类别。

公用事业（utilities）：电力、燃气和水务，有时这个类别也包括电信公司。

要将一个企业在某个分类体系中进行准确的分类，我们需要了解各个分类的定义、关于分类标准的说明，还有被分类企业的详细信息。例 2-2 介绍了一个这种分类的练习。读者可以利用前面给出的普遍适用的板块定义和对备选企业的产品与服务的了解来回答该问题。

例 2-2　企业的行业划分

表 2-1 重复了正文里定义的 11 个板块。假定企业的主营业务是分类体系的基础，而我们主要以收入的来源来判定企业的主营业务。

表 2-1　11 个板块

板块
基础材料和加工
非日常生活消费品
日常消费品
能源
金融服务
医疗保健
工业/生产者耐用品
房地产
技术
电信业务
公用事业

根据给出的信息，决定以下这些模拟公司合适的行业分组。

（0）一家购物中心运营商

（1）一家输送和销售天然气的公司

（2）一家重型建筑设备制造公司

（3）一家区域电信服务提供商

（4）一家半导体公司

（5）一家医疗设备制造公司

（6）一家经营连锁超市的公司

（7）一家化学品和塑料制造公司

（8）一家汽车生产公司

（9）一家投资管理公司

（10）一家奢侈皮具的制造公司

（11）一家受管制的电力供应公司

（12）一家无线宽带服务提供商

（13）一家生产香皂和洗涤用品的公司

（14）一家软件开发公司

（15）一家保险公司

（16）一家受管制的提供水／废水服务的公司

（17）一家石油服务公司

（18）一家制药公司

（19）一家提供铁路交通服务的公司

（20）一家金属采矿公司

（21）一家住宅开发商

解答： 如表 2-2 所示。

表 2-2

板块	公司编号
基础材料和加工	7, 20
非日常生活消费品	8, 10
日常消费品	6, 13
能源	1, 17
金融服务	9, 15
医疗保健	5, 18
工业／生产者耐用品	2, 19
房地产	0, 21
技术	4, 14
电信业务	3, 12
公用事业	11, 16

例 2-3 回顾了一些行业分类的重要概念。

例 2-3 行业分类体系

（1）GICS 分类体系以企业的主营业务为基础对其进行分类，主营业务的衡量依据主要是：

A. 资产。

B. 利润。

C. 收入。

（2）以下哪个最不可能被用来正确描述一个周期性企业？

A. 汽车制造公司。

B. 早餐麦片的生产商。

C. 目标客户为十多岁女孩子的新潮衣服生产商。

（3）以下哪个是最准确的说法？统计学方法将行业进行分组：

A. 是基于股票历史回报率的相关性。

B. 得到的行业组在全世界常常是结构相似的。

C. 强调由提供类似产品和/或服务企业组成的行业的描述性统计。

问题（1）的解答： 选项 C 正确。

问题（2）的解答： 选项 B 正确。谷物等主食生产商是典型的非周期性企业。对汽车的需求是周期性的，即经济扩张时需求相对较高，经济紧缩时需求相对较低。此外，对青少年时尚的需求可能比对标准食品如早餐麦片的需求具有更敏感的商业周期特征。当预算减少时，家庭将避免购买昂贵的衣物或者是延长现有衣物的使用时间。

问题（3）的解答： 选项 A 正确。

2.4.2　政府行业分类体系

当今的政府机构使用的许多分类体系，是按工业或经济活动的类别来整理统计数据的。各个政府分类体系的一个共同目标是方便数据的比较——无论是在时间上还是在使用同一体系的国家之间。数据的连贯性对衡量和评估经济运行情况是至关重要的。

2.4.2.1　所有经济活动的国际标准工业分类法

联合国于 1948 年通过了《所有经济活动的国际标准工业分类法》（International Standard Industrial Classification of All Economic Activities，ISIC），以满足经济统计数据的国际可比性需求。ISIC 根据实体所执行的主要经济活动类别对实体进行分门别类。ISIC 分为 11 个大类、21 个部门、88 个分部、233 个组以及超过 400 个小组。联合国宣称，世界上大多数的国家都要么将 ISIC 作为国家活动分类体系，要么使用从 ISIC 中派生出的分类体系。目前使用 ISIC 的一些机构包括联合国及其专门机构、国际货币基金组织和世界银行。

2.4.2.2 欧共体经济活动分类体系

欧共体经济活动分类体系（Statistical Classification of Economic Activities in the European Community，NACE）通常被视为欧洲版的 ISIC，它是在欧洲层面与 ISIC 相对应的经济活动的分类。类似于 ISIC，NACE 是根据经济活动进行分类的。NACE 由四级组成—即大类（用字母 A 到 U 标识）、部门（用两位数字代码 01 到 99 标识）、组（由三位数字代码 01.1 到 99.0 标识）、和小组（由四位数字代码 01.11 到 99.00 标识）。

2.4.2.3 澳洲标准产业体系

澳洲标准产业体系（Australian and New Zealand Standard Industrial Classification，ANZSIC）是澳大利亚统计局和新西兰统计局于 1993 年联合开发的，旨在促进两国工业统计数据的比较，并与世界其他地区进行比较。通过将 ANZSIC 与 ISIC 所使用的国际标准接轨来实现国际可比性。ANZSIC 有五级结构，即部门（范围最宽的级别）、分部、组、小组以及最小的级别—子类（仅新西兰有）。

2.4.2.4 北美产业分类体系

北美产业分类体系（North American Industry Classification System，NAICS）由美国、加拿大和墨西哥联合开发，于 1997 年取代了标准产业分类体系（SIC）。NAICS 对机构和企业进行区分。NAICS 根据机构的主营业务将机构划入行业。在 NAICS 体系中，机构（establishment）被定义为"具有单一的物理位置，并在那里开展业务、提供服务或进行经营"（例如，工厂、商店、酒店、电影院、农场、办公室）。企业（enterprise）可能在多个地点进行相同或不同类型的经济活动。该企业的每个机构都根据各自的主营业务被分配一个 NAICS 代码。

NAICS 使用一个两位到六位的代码将其分类组织成一个五级的结构。代码的位数越多，类别的定义就越窄。从最宽泛到最窄，类别的五个层级分别是部门（由代码的前两位数字表示）、分部（第三位数）、产业组（第四位数）、NAICS 产业（第五位数）和国民产业（第六位数）。五位数的代码是国家间的最大可比程度；六位数的代码提供更多国家特有的细节。

虽然存在差异，但 ISIC、NACE、ANZSIC 以及 NAICS 的结构相当类似，每个不同分类体系的许多类别都是相互兼容的。美国人口普查局发布表格，展示了各种分类体系之间的相关性。

2.4.3 现有体系的优势和劣势

与商用分类体系不同，大多数政府体系不披露某一特定企业或公司的信息，因此，分析师无法得知某个特定类别的所有构成部分。例如，在美国，联邦法禁止人口普查局披露个体企业的活动，因此无法得知企业的 NAICS 和 SIC 的代码。

大多政府和商用的分类体系都会不时地进行复查，必要时会有更新。一般而言，商用分类体系的调整频率会比政府分类体系更频繁，政府分类体系可能每五年左右才更新一次。例如，NAICS 每五年会查看是否有潜在的修订需求。

政府分类体系一般不区分小型和大型企业，不区分以盈利为目的的组织和非营利组织，也不区分是上市企业还是非上市企业。许多商用分类体系通过企业与某个特定股票指数的相关性可以区分大型和小型企业，而且这些体系仅包含以盈利为目的和公开交易的企业。

现有体系的另一个局限是，通常不能将公司所属的最细分类单元假定为其对标组来进行详细的基本面比较或估价。**对标组**（peer group）是从事相似业务活动的一组公司，它们的经济和价值的影响因素高度相关。将公司与恰当定义的对标组比较可以洞察公司的业绩表现和相对估值。

2.4.4　构建对标组

构建对标组是一个主观的过程，这一结果常常与商业分类体系中定义的最细分类也有很大不同。但因为分析师可以迅速地从商用分类体系中发现在所选行业中经营的上市公司，所以该体系确实为构建相关的对标组提供了一个着手点。

事实上，构建对标组的一种方法就是从识别其他在同行业中运营的公司开始。订阅了一个或多个商用分类体系的分析师能够根据分类体系提供的行业定义迅速生成一个该行业其他公司的列表，我们在 2.4.1 节中讨论过这些分类体系。然后，分析师可以仔细查看这些公司的业务活动，进行必要的调整以确保业务真正具有可比性。下面列出的建议步骤和问题可以帮助分析师在实践中确定对标公司。

构建同行公司初选名单的步骤

- 如果分析师订阅了商用分类体系，查看这些分类体系。它们常常为识别在同行业经营的公司提供一个有用的起点。
- 查阅标的公司（subject company）年度报告中关于竞争环境的讨论。公司经常会提到具体的竞争对手。
- 查阅竞争对手的年度报告以发现其他潜在的可比公司。
- 查阅行业交易出版物以发现可比公司。
- 确认每个可比公司收入和营业利润的主要来源与标的公司主营业务的商业活动相似。

可以完善对标公司清单的问题

- 收入和营业利润的多少比例是来自与标的公司类似的业务活动？一般而言，比例越高，比较就越有意义。

- 潜在的对标公司面临的需求环境与标的公司类似吗？例如，在比较增长率、利润率和估值时，如果对标公司处在不同的商业周期阶段，那么比较的意义就很有限（如前所述，这些差异可能是在不同地域市场开展业务活动的结果）。

- 潜在公司是否有财务子公司？有的公司经营一个财务分部以促进产品的销售（例如，卡特彼勒公司和约翰迪尔公司）。为了让公司间的比较有意义，分析师需要对财务报表进行调整，减少财务子公司对各种财务指标的影响。

例 2-4 展示了识别对标组公司的过程，并且展示了在确定对标组时会遇到的一些实际障碍。

▌例 2-4　分析师研究布林克公司的对标组

假设分析师需要寻找布林克公司的对标组，用于公司报告的估值部分。布林克是一家物流和安全解决方案提供商，分为九个部门运作：美国、法国、墨西哥、巴西、加拿大、拉丁美洲、EMEA（欧洲、中东和非洲）、亚洲和支付服务。分析师从查看布林克在 GICS 的行业分类开始着手。如前所述，GICS 使用的最严格定义的类别是子行业级别，而布林克公司 2018 年 6 月在 GICS 子行业中被定义为安全和警报服务，一并列入该行业的其他公司如下：

GICS 行业板块：工业

GICS 行业组：商业和专业服务

GICS 行业：商业服务和用品

GICS 子行业：安全和警报服务

布林克公司（Brink's, Inc.）

AMN 医疗保健服务公司

美国惩教公司

医疗保健服务集团公司

光辉国际

第一联合集团

TriNet 集团公司

Insperity Inc.

最佳公司

马克西姆斯公司

ASGN 公司

万宝盛华集团

简柏特有限公司

在查看公司列表之后，分析师很快意识到需要对列表进行一些调整以获得与布林克可比的对标组。例如，布林克与光辉国际的人才管理（高管搜索）服务没有什么共同之处。事实上，经过仔细检查后，分析师得出结论：GICS 子行业中没有一家公司足够合适可以作为布林克公司的"可比公司"。

然后，分析师查阅布林克的最新年度报告，寻找管理层关于竞争对手的陈述。在布林克 2017 年年报的第 6 页"行业趋势和竞争"一节中，列出了其他业务活动相似的企业："布林克与世界各地大型跨国公司、区域公司和规模较小的公司竞争。我们最大的跨国竞争对手是 G4S plc（英国）；鲁米斯 AB（瑞典）；保赛固公司（西班牙）和加尔达世界安全公司（加拿大）。"分析师指出，G4S、鲁米斯和保赛固都是上市的安全服务公司，很可能是布林克对标组的候选公司。加尔达世界安全公司没有上市，无法获得最新的详细基本数据，因此分析师将其排除在对标组外。

正如分析师查阅布林克最新年报以发现其他潜在可比公司一样，分析师也应该查阅列表中其他公司的年报，看看是否还有其他可比公司。在查阅这三家公司的年报时，分析师没有发现三家公司提到其他的竞争对手。

分析师决定，布林克的对标组包括 G4S plc（英国）；鲁米斯 AB（瑞典）；保赛固公司（西班牙）。

需要知道与以上讨论相关的一点是，国际财务报告准则和美国会计准则要求公司披露（达到某些条件的）经营分部财务信息。这些披露为分析师在确定对标组的时候提供了有用的经营和财务信息。

业务范围不宽的公司可以较容易地被归入单一的对标组，有多个部门的公司则可能被归入一个以上的类别中。例如，比利时的安海斯 - 布希英博集团（Anheuser-Busch InBev）主要制造和销售各种品牌的啤酒，它可以很容易地与其他饮料公司被归到同一组（其主题公园业务收入占总收入的比例相对不重要）。然而，美国的惠普公司是一个全球科技和软件解决方案的供应商，将公司归入多个类别可能比较合理。例如，对个人电脑行业感兴趣的投资者可能将惠普纳入对标组，但对需要建立信息技术服务供应商对标组的投资者而言，惠普也可能会被包含在内。

总而言之，分析师必须区分公司所属行业（由一个或多个不同分类体系定义）及其对标组。公司的对标组应由具有类似业务活动的公司组成，其经济活动取决于相似的需求驱动因素和相似的成本结构及融资渠道因素。在实践中，这些要求往往导致一个对标组里的公司比常用商用分类体系最细分类别里的公司还要少（甚至是在一个不同的公司组）。例 2-5 展示了寻找和使用对标组的多方面问题。

▌例 2-5　半导体行业：商业周期敏感度与对标组的确定

GICS 半导体产品与设备产业（453010）有两个子行业——半导体设备子行业（45301010）和半导体产品子行业（45301020）。半导体设备子行业的成员包括拉姆研究公司（Lam Research Corporation）和 ASML 控股（ASML Holdings NV）。半导体产品子行业的成员包括集成电路制造商英特尔公司和台湾积体电路制造股份有限公司。

拉姆研究公司是半导体行业世界领先的晶片制造设备和服务的供应商。拉姆也提供制造成品晶片所需多个单步骤后清洗晶片的设备。通常，拉姆在晶片蚀刻和晶片清洗产品中所引入的技术进步也可用于升级安装好的机床。这一好处为客户扩展现有晶片制造生产线的性能和产能提供了低成本的高效解决方案。

ASML 将自己描述为世界领先的半导体行业光刻系统（蚀刻和晶片印刷）供应商。ASML 制造对生产集成电路或微芯片至关重要的复杂机器。ASML 设计、开发、集成、营销这些先进的系统，并提供相关服务，帮助芯片制造商缩小芯片和消费电子设备的尺寸，同时提高产品的性能。这些机器成本高昂，对购买者来说是一笔巨大的资本投资。

从销售收入来看，英特尔是世界上最大的半导体芯片制造商，在个人电脑微处理器的市场占据主导地位。英特尔在研发方面进行大量投资，为新设备开发和生产新的芯片。

台湾积体电路制造股份有限公司（简称"台积电"）成立于 1987 年，是世界上最大的半导体代工厂（一个制造其他公司设计的半导体的工厂）。台积电自称提供尖端的工艺技术、开创性的设计服务、高效的制造和高质量的产品。该公司的收入占半导体代工行业收入的 50% 左右。

以下问题是基于 2009 年初的视角，当时世界上许多经济体正处于衰退之中。根据给定信息，回答以下问题：

（1）如果2009年初的疲软经济在未来12~18个月内复苏，那么半导体产品和半导体设备两个子行业中，哪个更有可能较早地获得业绩的改善？

（2）解释英特尔和台积电公司是否应该被认为是属于一个对标组。

（3）解释拉姆研究和ASML是否应该被认为是属于一个对标组。

问题（1）的解答： 最可能的情况是，设备制造商（拉姆和ASML）的业务改善将滞后于半导体产品公司（英特尔和台积电）。设备是一个重大的资本投资。因为2009年初经济疲软，所以在短期没有新增设备的情况下，过剩的制造产能也应该足以满足增加的集成电路的需求。当半导体产品制造商认为更长期的前景有改善时，它们才会开始订购新设备。

问题（2）的解答： 英特尔和台积电不大可能被视为同一个对标组的可比公司，因为它们的客户群和商业模型不同。英特尔设计和生产自己专有的半导体产品并直销给客户，比如个人电脑制造商。台积电为多种集成电路供应商提供设计和生产服务，这些供应商通常没有内部制造能力。在2009年中，标准普尔没有将英特尔和台积电公司分在同一个行业组，英特尔在半导体-逻辑-大型企业组；而台积电在半导体-代工服务组。

问题（3）的解答： 拉姆研究和ASML都是领先的设计、制造半导体芯片生产设备的公司。因为影响它们产品需求的经济因素相同，这两家公司是可比的。它们的主要客户是半导体芯片公司。在2009年中，标准普尔将两者分在一个对标组——大型前端半导体设备。

下一节讨论描述和分析一个行业的基本方法。

2.5 描述和分析一个行业

分析师的工作包括研究行业趋势与一组经济和商业变量之间的统计关系。他们的信息来源于经济、工业、商业出版物和互联网资源。他们还从行业协会、正在分析的标的公司以及这些公司的竞争对手、供应商和客户那里获取信息。对行业特征、情况和趋势有深刻了解的分析师在评估这些行业公司的投资价值方面具有竞争优势。

分析师试图通过使用多种预测方法来得出切合实际和可靠的行业预测。他们经常为变量估计一个预测范围以反映多种可能的情形。分析师可能会设法将他们的预测与其他分析师的预测进行比较，一部分是为了研究预测方法和结论的差异，另一部分也是为了发现自己的预测和一致预期之间的差异。后一种差异对于发现投资机会极为重要，这是因为，分析师除了要正确预测与价值相关的变量，这个预测还要与公开交易证券的价格所隐含的一致预期有足够的差异，这是卓越投资业绩的基础。需要注意的是，尽管有的市场中有分析师给出收入预测、盈利估计和评级信息，但分析师可能难以得到其他分析师工作和假设的细节，因为竞争，这些细节是保密的。

投资经理和分析师还从其他方面检查行业的业绩，①与其他行业进行比较，以发现具有较高或较低回报的行业，②与历史的业绩进行比较，以确定行业回报率的历史风险、一致性和稳定性。这项分析的目的是发现经风险调整后具有最高投资回报潜力的行业。投资的时间范围可以是长期或短期，就像在轮换策略中，投资组合会被轮换进入预期下一个经济周期阶段会受益的行业组。

分析师经常会把行业中的**战略组**（strategic group，行业中具有独立商业模式或服务特定细分市场的公司组）作为一个单独的行业进行分析。选择战略组的标准可能包括产品或服务的复杂性、它的配送方式和"进入壁垒"。例如，包机航空公司在"航空业"中组成了一个与定期航空公司相当不同的战略组；提供全面服务的酒店组成一个有别于提供有限服务或经济型酒店的战略组；销售专利药品的公司（受专利权保护）会和销售仿制药的公司（不受专利权保护）在不同的公司组，部分原因是两个组采用的战略不同，使用的商业模式也不同。

分析师经常根据行业的**生命周期阶段**（life-cycle stage）来考虑和对行业进行分类。分析师会判定一个行业是否处于行业生命周期的萌芽期、增长期、洗牌期、成熟期和衰退期。在生命周期的不同阶段，产品或行业在经验曲线上的位置经常会被分析。**经验曲线**（experience curve）反映出，产品生产（或提供服务）的单位直接成本通常是总累计产量的递减函数。曲线下降是因为，①随着资本设备利用率的增加，固定成本（管理费用、间接费用、广告费等）被分摊到更大数量的生产单位上，②生产效率和设施管理能力的提高，③生产方法和产品设计方面的进步。这样的例子在几乎所有行业中都能找到，但经验曲线在固定成本高和 / 或生产操作重复（如电子和家电、汽车和飞机制造）的行业中尤为重要。本章稍后将深入讨论行业生命周期。

图 2-1 提供了一个框架，帮助分析师检查他们是否已经考虑到会影响一个行业演变的各方面力量。它在宏观层面上展示了影响行业的宏观经济、人口特征、政府、社会和技术因素；然后描述了影响一个行业的其他因素，包括：驱动行业竞争的力量（新进入者威胁、替代威胁、客户和供应商的议价能力）、行业内部的竞争力量、生命周期

问题、商业周期问题以及行业在经验曲线上的位置。图 2-1 以图片形式总结并汇集了本节讨论的主题和概念。

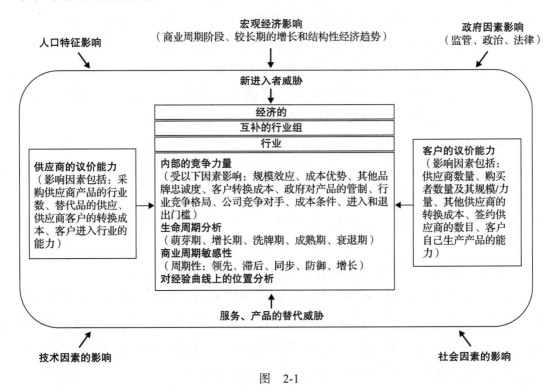

图　2-1

2.5.1　战略分析的原则

在分析行业的时候，分析师必须知道各行业的经济基本面因素可能存在显著差异。有的行业竞争激烈，多数参与者都在为获取足够的资本回报而挣扎，而有的行业则极具吸引力，可以让几乎所有的行业参与者都能获得健康的利润。图 2-2 用图形展示了这一点。它显示了 2014～2018 年 11 个行业的投资资本回报率（ROIC）[⊖]和资本成本的平均差异。差异大于零的行业获取的投资资本回报率高于资金的机会成本，就像是在**赚取经济利润**（economic profit）。这将会创造价值，即增加投资者（资金提供者）的财富。相反，差异为负的行业是在摧毁价值。可以看出，即使在全球同步增长的这段时期，有的行业也在为获取正的经济回报（即创造价值）而挣扎，而其他行业在获取经济回报方面做得很好。

不同的竞争环境往往与行业结构的特征相联系，这也是行业分析作为公司分析重要补充的一个原因。要深入地分析一家公司，分析师需要了解公司的运营环境。毫无

⊖　投资资本回报率可以被定义为税后净营业利润除以普通股、优先股、长期债务和少数股东权益之和。

疑问，行业分析必须具有前瞻性。图 2-2 中的许多行业在 10 年或 15 年前看起来非常不同，在考虑价值创造时，这些行业会被放在不同的位置；10 年或 15 年后，许多行业又会和现在非常不同。当分析师审视一个行业的竞争格局时，他们应该不停考虑未来什么属性会发生变化。

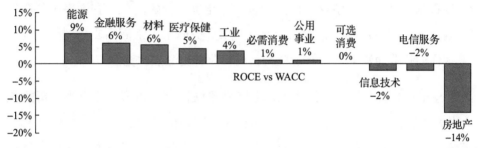

图 2-2　有的行业创造价值，有的摧毁价值：行业平均 ROIC 减去 WACC⊖（2014～2018 年）
资料来源：Capital IQ。

重点在于研究环境对企业战略影响的竞争环境分析被称为**战略分析**（strategic analysis）。迈克尔·波特的"五力模型"框架是战略分析的经典起点。⊜尽管其最初的目标使用者更多的是企业内部管理者而不是外部的证券分析师，但这个框架对双方都是有用的。⊜

波特（2008）确定了以下五个行业竞争强度的决定因素：

- **新进入者的威胁**：这取决于进入壁垒，或新竞争者进入该行业的难度。容易进入的行业通常会比高进入壁垒的行业有更多的竞争。
- **供应商议价能力**：供应商可以提高价格或限制公司关键要素的供给。例如，作为劳动力的供应方，在高度工会化公司工作的工人可能比在没有工会的公司工作的工人拥有更大的议价能力。稀缺或有管制的部件 / 要素供应商通常具有显著的定价能力。
- **客户议价能力**：客户会在价格（以及其他可能因素，如产品质量）方面对供应商施加影响，从而影响竞争的强度。例如，汽车零部件公司通常将产品销售给很少数量的汽车制造商，在定价的时候，这些客户——汽车制造商会成为强硬的谈判者。
- **替代品的威胁**：如果客户选择其他方式来满足他们的需要，替代品就会对需求

⊖　WACC 代表加权平均资本成本（Weighted average cost of capital）。——译者注
⊜　参见波特（2008）。
⊜　公司哪些方面比较重要对内部和外部分析师来说可能是不同的。例如，关于竞争地位的信息是否被准确地反映在市场价格中，对外部分析师来说相对更重要。

产生负面影响。例如，在经济衰退期间，消费者可能从消费高档啤酒降为消费低价品牌。当消费者的预算受到限制时，低价品牌可能是最接近高档品牌的替代品，它能降低高档品牌维持或提高价格的能力。替代品不必是相似的产品，可能是非常不同的产品但能满足需求。

- **现有竞争者之间的争夺**：此因素是行业竞争结构的函数。有许多小的竞争者分割市场，固定成本高，提供产品无差异（类似于大宗商品），或者退出壁垒高，这样的行业通常会比没有这些特征的行业有更激烈的竞争。

虽然这五方面的力量都值得注意，但特别建议将第一和第五点作为分析的首要关注点。因为所有公司都有竞争对手，也需要担心有新的行业进入者，所以这两个因素适用于各行业。此外，在调查这两方面力量时，分析师会了解一个行业现有公司和潜在进入者的细节，还有这些公司的相对竞争前景。

解决以下问题有助于分析师评估新进入者的威胁和行业的竞争水平，从而为描述和分析行业提供一个有效的基础：

- 进入壁垒是什么？对于新的竞争来说，挑战现有的公司是困难还是容易？相对较高（低）的进入壁垒意味着新进入者的威胁相对较低（高）。
- 行业集中度如何？是少数公司控制相对较大的市场份额，还是行业有很多玩家，每家的市场占有率都很小？
- 行业产能处于什么级别？就是说，基于现有的投资，在给定的时间范围内可以交付多少货物或服务？行业是否长期产能过剩或产能不足，或者行业的供给和需求是否能比较快速地趋于平衡？
- 市场占有率有多稳定？公司是否倾向于快速获得或失去份额，还是行业会保持稳定？
- 价格对客户购买决策有多重要？

这些问题的答案是进行深度行业分析的要素。

2.5.1.1 进入壁垒

当一家公司赚取经济利润的时候，在其他条件相同的情况下，如果行业的进入门槛高，那么公司能够长期维持经济利润的机会就更大。新的竞争者能否轻松地挑战现有公司往往是决定一个行业竞争格局的重要因素。如果新的竞争者能够很容易进入这个行业，那么这个行业很可能是高度竞争的，因为投资资本的高回报会很快被急于攫取经济利润份额的新进入者消除。因为通过提价来提高公司资本回报率的做法最终会吸引新的竞争者进入该行业，所以进入壁垒低的行业往往没有多少定价权。

如果现有公司受到进入壁垒的保护，新进入者的威胁就会比较低，现有公司或许可以享有比较良性的竞争环境。通常，这些进入壁垒会带来更大的定价能力，因为潜在的竞争者会发现很难进入行业和削弱现有公司的价格。当然，高进入壁垒并不能保证定价权，因为现有的竞争对手之间可能会有激烈的竞争。

餐饮业是行业进入壁垒低的一个例子。拥有少量资金和一些烹饪技巧的人就可以开一家餐馆，而受欢迎的餐馆很快就会吸引竞争对手。因此，该行业的竞争非常激烈，许多餐馆都熬不过开业头几年。

进入壁垒难度的另一极是全球信用卡网络，如万事达卡（MasterCard）和维萨卡（Visa），两者的营业利润往往超过 30%。如此高的利润应该能吸引竞争，但行业进入的壁垒极高。资金成本是一个障碍，此外，建立一个庞大的数据处理网络也不会便宜。试想一下，如果一个风险资本家愿意资助建立一个复制现有竞争者物理基础设施的网络，那么新的卡处理公司将不得不说服数百万消费者使用新卡，并说服数以千计的商家接受该卡。消费者不愿意使用商家不接受的信用卡，商家也不愿意接受很少有消费者使用的卡。这个问题很难解决，因此该行业的进入壁垒相当高。这些壁垒有助于保持现有公司的盈利能力。

理解进入壁垒的一种方法是思考一下新玩家在行业竞争中需要什么。他们需要花多少钱？他们需要获得什么样的知识资本？吸引足够多的客户以取得成功有多难？

研究这个问题的另一个方法是查看历史数据。试图进入该行业的新公司有多常见？今天的行业参与者名单与 5 年前或 10 年前明显不同吗？这些类型的数据是非常有用的，因为这些信息的基础是许多企业家和企业进行资金配置决策的真实结果。如果一个行业在过去几年中出现了大量的新进入者，那么壁垒是低的。相反，如果 10 年前占据主导地位的十家公司仍主宰这一行业，那么进入壁垒可能相当高。

但是，不要混淆进入的障碍和成功的障碍。在一些行业，进入可能是很容易的，但成功到足以威胁现有公司可能是相当困难的。例如，在美国，成立一个共同基金需要的资本投入也许只是 15 万美元——对一个历史上资本回报率很高的行业来说，这不是一个障碍。但是，投资者一旦设立了共同基金，该基金怎么获得资产？金融中介不太可能销售一个没有业绩记录的共同基金。因此，基金可能需要承担几年的经营损失，直到它建立起良好的业绩记录。即使有了业绩记录，该基金也需要在一个拥挤的市场与拥有大量广告预算和高薪销售人员的公司竞争。在这个行业，好的分销渠道可能比好的业绩更有价值。因此，尽管进入资产管理行业可能比较容易，但在行业中获得成功却完全是另一回事。

此外，进入壁垒高不会自动带来好的定价能力和有吸引力的行业经济特征。考虑汽车制造、商用飞机制造业和炼油工业的例子。在这些行业中创办一家新公司非常困难。除了巨大的资本成本外，还有相当多的其他进入壁垒：新的汽车制造商需要专业的制造知识和经销商网络；飞机制造商需要大量的知识资本；而精炼厂需要专业的处理知识和法规审批。

然而这些行业的竞争相当激烈，由于定价能力有限或没有定价能力，很少有行业参与者能够可靠地获得超过资本成本的超额收益。进入壁垒高但定价能力低，这种看似悖论的情况有多个原因，其中两个突出的原因是：

- 首先，这些行业的客户在购买公司产品时，购买决策很大程度取决于价格。有的时候，原因是公司（如炼油厂）销售的是大宗商品；有的时候，原因是产品虽然价格高但容易找到替代品。例如，多数航空公司选择购买波音还是空客飞机时，不是基于品牌而是基于成本相关的因素。航空公司需要以尽可能低的每英里成本运输人员和货物，因为航空公司向客户转移更高成本的能力有限。这种考虑使得价格成为它们购买决策的一个巨大组成部分。大多数航空公司在任何时候都选择购买最具成本效益的飞机。其结果是，波音公司和空客的定价能力有限，难以将价格定在能产生良好投资资本回报的水平上。[⊖]

- 其次，这些行业都有很高的退出壁垒，这意味着它们很容易出现产能过剩的局面。炼油厂或汽车厂不能用于除炼油或生产汽车以外的任何用途，这使得它们在情况变得无利可图时也很难将资本部署到其他地方或离开行业。这一壁垒使得这类资产的所有者有强烈动机维持亏损工厂的运转，这当然也会延长产能过剩的局面。

在分析进入壁垒时，最后要考虑它们可能随着时间的推移而改变。多年前，半导体行业一个潜在的新进入者需要资本和专业知识来建立一个"fab"（行业术语，指半导体制造工厂）。芯片fab极其昂贵而且在技术上十分复杂，潜在的新进入者望而却步。然而，从20世纪90年代中期开始，将芯片制造外包给半导体制造商变得可行，这意味着芯片设计者无须建立自己的工厂就能挑战制造商。其结果是，在20世纪90年代末和21世纪的第一个十年中，该行业变得更加分散。

总的来说，高进入壁垒会导致更好的定价和更少的行业竞争，但我们需要记得重要的例外情况。

⊖ 两家公司的商用飞机部门在许多年都没能可靠地获得明显高于公司资本成本的资本回报率。波音的资本回报率总体上还可以，但是公司的军用飞机部门比商用飞机部门的利润率高得多。

2.5.1.2　行业集中

与具有进入壁垒的行业一样，那些参与者相对较少的行业往往会有相对较少的价格竞争。这同样也有重要的例外，因此读者不应想当然地认为集中的行业总是有定价权而分散的行业就没有。

对行业集中度的分析应从市场份额开始：每个头部参与者所占的市场份额是多少，这些份额相对于彼此和相对于市场的其余部分有多大？通常，竞争对手的相对市场份额与他们的绝对市场份额一样重要。

例如，全球长途商用飞机市场非常集中——只有波音和空客制造这类飞机。但这两家公司的市场份额基本相似，并基本控制了整个市场。因为两者都没有相对于竞争对手的规模优势，也因为任何一个企业所获得的都是另一方所失去的，所以竞争往往是激烈的。

这种情况与美国的家居改善产品市场形成了对比，该市场由家得宝（Home Depot）和罗氏公司（Lowe's）主导。这两家公司分别拥有 11% 和 7% 的市场份额，听起来不太大。然而，下一个最大的竞争对手只有 2% 的市场份额，而且大多数市场参与者都很小，市场占有率微乎其微。家得宝和罗氏两家的历史投入资本回报率都很高，部分原因是它们可以通过瞄准较小的竞争者而不是卷入彼此激烈的竞争而获利。

分散的行业倾向于有较激烈的价格竞争，原因有多个。首先，因为竞争者太多使得无法有效地监控每个行业成员，所以导致协作困难。其次，每个参与者占有的市场份额如此小，以至于获得微小的市场份额也能对其财富产生重大的影响，这增加了每个公司削减价格以试图偷取市场份额的动力。最后，大量参与者的存在促使行业成员在考虑问题时是作为一个个体，而不是作为一个大组的成员，这会导致激烈的竞争行为。

相比之下，在集中的行业，每个参与者都可以相对容易地跟踪竞争对手在做什么，这使得默契的协作更可行。此外，行业领导者的规模越大，破坏性的价格行为对他们的损害越大，收益相对更小。大公司的财富更多的是与整个行业的绑在一起，因此它们更有可能考虑价格战对整个行业经济的长期影响。

与进入壁垒一样，在考虑一个行业的定价能力时，行业集中度只是指导性而不是一个简单快速的法则。例如，晨星公司（Morningstar）让其股票分析师对行业的定价能力强弱以及行业集中度高低进行了粗略的分类，表 2-3 展示了结果。括号内是行业中的公司例子。在右上象限（"集中且定价能力弱"）中，那些资本密集型并且销售类似大宗商品产品的行业用黑体表示。

表 2-3　两因素行业分析

集中且定价能力强	集中且定价能力弱
软饮料（可口可乐、百事可乐）	**商用飞机（波音、空中客车）**
矫形器材（捷迈、施乐辉）	**汽车（通用汽车、丰田、戴姆勒）**
实验室服务（奎斯特诊断公司、实验室集团美国公司）	
生物技术（安进、健赞）	**内存（DRAM & Flash、三星、海力士）**
制药（默克、诺华）	
微处理器（英特尔、超微半导体公司）	**半导体设备（Applied Materials、东京电子）**
工业气体（普莱克斯、空气化工产品有限公司）	
企业存储（易安信）	通用药物（以色列梯瓦制药工业有限公司、山德士）
企业网络（思科）	
综合托运（联合包裹服务、联邦快递，DHL 国际快递）	消费电子（索尼电子、皇家飞利浦电子）
美国铁路（伯灵顿北部）	
美国国防（通用动力）	个人电脑（戴尔、宏碁、联想）
重型建筑设备（卡特彼勒、小松）	打印机 / 办公器材（惠普、利盟）
	炼油厂（瓦莱罗、马拉松石油）
海运铁矿石（淡水河谷、力拓集团）	**主要综合石油公司（BP、埃克森美孚）**
糖果（吉百利、玛氏 / 箭牌）	股票交易所（纽约证券交易所、德意志交易所集团）
信用卡网络（万事达卡、维萨卡）	
托管与资产管理（纽约银行梅隆公司、美国道富银行）	
投资银行 / 兼并收购 （高盛、瑞银）	
期货交易所（芝加哥商品交易所、洲际交易所）	
加拿大银行业（加拿大皇家银行、加拿大道明银行）	
澳大利亚银行业	
烟草（菲利普·莫里斯、英美烟草集团）	
酒精饮料（帝亚吉欧、保乐力加）	
分散且定价能力强	**分散且定价能力弱**
资产管理（黑石、富达投资）	包装消费品（宝洁、联合利华）
营利的教育机构（太阳神集团、德锐大学）	
	零售（沃尔玛、家乐福集团）
模拟芯片（德州仪器、ST 微电子）	海运（马士基航运、Frontline）
工业分销（法思诺、格林格）	太阳能板
丙烷分销（AmeriGas、Ferrellgas）	住宅建筑
私人银行（北方信托、瑞士信贷）	航空公司
	采矿（金属）
	化学制品
	工程建设
	金属服务中心
	商业印刷

（续）

集中且定价能力强	集中且定价能力弱
	餐馆
	无线电广播
	石油服务
	人寿保险
	再保险
	勘探与生产（E&P）
	美国银行业
	专业金融
	财产保险
	家庭和个人用品

资料来源：Morningstar Equity Research。

在右上象限的行业不遵循"集中有利于定价"的规则。我们在上一节中讨论了商用飞机制造的例子，但还有许多其他由少数玩家主宰的行业，其竞争环境艰难，定价能力有限。

当我们审视这些集中但竞争激烈的行业时，可以发现一个清晰的主题：这个象限中的许多行业（标黑体）都是高度资本密集型并出售类似大宗商品的产品。正如我们在讨论退出壁垒时所看到的那样，资本密集型的产业可能很容易出现产能过剩，从而降低了行业集中的好处。此外，如果该行业销售的产品很难（或不可能）被区分，那么，由于较低的价格往往导致更大的市场份额，价格竞争的动机增强。[⊖]

计算机内存市场是一个集中但竞争激烈行业的完美范例。动态随机存取存储器（DRAM）被广泛应用于个人电脑，行业集中度高，前四强企业占据全球市场占有率的3/4左右。该行业也是高度资本密集的；建立新代工厂的成本高达30亿美元。但是动态随机存取存储器芯片彼此十分相似，经营半导体制造工厂有巨大的规模经济效应，这个市场上的参与者有巨大的经济动机来获取市场份额。因此，价格竞争往往是极其激烈的，在这些竞争动态面前，行业集中实际上是一个有争议的问题。

当然，全球软饮料市场也高度集中，但资本需求相对较低，并且行业参与者销售的是差异化产品。百事可乐和可口可乐公司没有自己的瓶装设备厂，因此市场占有率的下降并不会像内存芯片制造商那样影响到它们。此外，尽管内存芯片公司降低价格就可以确定地获得市场份额和增加销量，但相当比例的消费者不会从百事可乐转向可

⊖ 有少量集中和合理的大宗商品行业，例如钾盐（一种肥料）和海运铁矿石。这些行业与众不同的是，它们是高度集中的：在钾盐行业，前两名参与者控制着全球钾肥市场的60%，而在海运铁矿石行业，前三位参与者控制着全球海运铁矿石市场的2/3。

口可乐（反之亦然）即使其价格比另一个低得多。

一般来说，行业集中是一个行业有定价权和合理竞争的一个良好指标，但其他因素的影响可能会超过集中的重要性。行业分裂是一个更强的信号，表明该行业竞争激烈，定价能力有限。请注意，在表 2-3 的左下象限中，市场分散的行业很少。

这里讨论的行业特征是协助分析师把握研究方向的指引，而不应该是导致分析师忽略其他相关分析因素的准则。

2.5.1.3　行业产能

行业产能（在给定的时间段内可以提供的最大量的产品或服务）对定价的影响是明确的：产能的紧张或受限给予参与者更多的定价能力，因为对产品或服务的需求大于供给；当过度供应追逐需求时，产能过剩则导致价格的下降和十分激烈的竞争。分析师不仅应该考虑当前的产能状况，还要思考产能未来的变化。行业中的企业能多快地适应需求的波动？行业在使供求平衡方面有多灵活？这个过程对行业定价能力或行业利润率会产生什么影响？

一般来说，产能在短期是固定的，而在长期是可变的，因为只要有足够的时间，产能可以增加（例如可以建新的工厂）。但多少时间被认为是"足够的"（即在多短的期限内产能不能增加）在不同行业可能差异巨大。有时，增加产能需要数年才能完成，例如建造一个"生地（greenfield）"——（新）制药厂或制纸厂，这不仅复杂而且还受法规约束（例如与工厂排污有关）。在其他情况下，产能可以相对快速地增加或减少，像在服务行业那样（例如广告）。在周期性市场中，如商业用纸和纸板，产能状况会迅速变化。在经济复苏的早期阶段，强劲的需求可能导致供应的增加。因为建制造厂的时间很长，在新的供应量到达市场时可能正好遇上需求放缓，产能快速地由紧变松。这些考虑强调了在评估行业的产能投资时预测行业长期需求的重要性。

近年，这种过程的一个戏剧性例子是 2003～2008 年大宗商品热潮中的海运干散货船市场。中国的快速工业化加上全球经济的同时增长，对能运输铁矿石、煤炭、谷物和其他高容量且低价值商品货船的需求增加。鉴于货船的供应不能很快增加（因为造船需要时间，而大型商业造船厂通常有多年订单），托运人自然利用紧张的全球货运能力抬高价格。事实上，最大型的干散货船（好望角型船，大至无法通过巴拿马运河）的租船价格在一年内上涨超过五倍，从 2006 年初约 3 万美元 / 天到 2007 年底几乎 16 万美元 / 天。

正如人们所料，为了利用看似无法满足的需求和非常有利的价格，该行业争相增加航运能力，新的干散货船订单在此时期飙升。2006 年初，船厂订单中干散货船的数量占全球船队的大约 20%。到 2008 年底，在订的干散装货船数量占全球散装船队的近70%。⊖当然，额外产能的预期加上全球大宗商品需求的急剧下滑，导致运费巨幅下降。好望角型的租船费率从 2007 年底的 16 万美元 / 天高点暴跌至一年后的 1 万美元 / 天以下。

在这个例子中，紧张的供应情况推动干散货船的强势定价是相当清楚的，这些高价格为干散货船公司带来诱人的资本回报和股票价格表现。然而，细心的分析师将会根据在订新船的数据来研究未来的供应情况，并预测紧张的供应情况是不可持续的，干散货托运人的定价能力因此也是短期的。这些预测正是事实上发生的。

请注意，产能不必是物理性的。在 2005 年卡特里娜飓风对美国东南部造成巨大破坏之后，客户寻求增加针对未来飓风的金融保护，再保险率迅速飙升。然而，这些高再保险率吸引了大量的新资本涌入再保险市场，并成立了一些新的再保险公司，导致再保险费率下降。

一般而言，如果新的产能是物理的（例如，汽车制造厂或大型货船），新的产能将需要更长的时间建立以满足需求的增长，从而造成较长时间的紧张状况。不幸的是，产能增加常常超出长期需求，而且因为有形资本往往难以重新安置，依赖于有形产能的行业可能会在产能过剩的情况下陷入困境，并在较长时期内定价能力降低。

相比之下，金融和人力资本可以迅速转移到新的用途上。例如，在再保险的例子中，金融资本迅速进入再保险市场，并利用了产能紧张的条件，但如果进入市场的资本过多，那么部分资本很容易就会去别处寻求更高的回报。钱可以用于许多东西，但大型干散货船除了在海上运输重型货物外就没有什么其他用途。

2.5.1.4　市场份额的稳定性

审视行业市场份额在长期的稳定性，类似于思考行业壁垒和新玩家进入行业的频率。事实上，进入壁垒和新产品引进的频率，连同产品差异化等因素都会影响市场份额。稳定的市场份额通常表明行业竞争较少，不稳定的市场份额往往表明行业竞争激烈和定价能力有限。

医疗保健领域中两个非大宗商品市场的比较说明了这一点。在过去的十年中，骨科器械行业（主要是人工髋关节和膝盖）一直是相对稳定的全球寡头垄断。如表 2-4 所示，五家公司控制着全球市场的 75%，而这些公司的市场份额在过去几年中只发生了少量的变化。

⊖　参见 "RS Platou Monthly"（2008 年 11 月）。

表 2-4　全球骨科器械行业的市场份额稳定性（数据为市场份额，%）

全球髋关节或膝关节器械市场份额	2014（%）	2015（%）	2016（%）	2017（%）
史塞克	32.0	31.5	31.0	31.8
捷迈邦美	15.4	19.0	21.0	20.0
施乐辉	15.3	14.7	12.8	12.2
豪洛捷	8.4	8.6	7.7	7.8
Integer	2.3	2.5	3.8	3.7

资料来源：公司报告和标普智汇（Capital IQ）估计。

相反，尽管美国的支架市场（用于撑开阻塞动脉的小型金属网设备）也由少数几家公司控制，但最近其市场份额从非常稳定变成以快速变化为特征。强生与波士顿科学（Boston Scientific）主导了美国支架市场多年，经历了从 2007 年占据大约一半市场份额，到 2009 年初仅有 15%，再到 2011 年退出市场的过程。同期，雅培实验室（Abbott Laboratories）将其市场份额从 0 提高到 30%。这一变化的原因是雅培和美敦力（Medtronic）推出了新的支架，从强生以及波士顿科学公司的支架中抢到了市场份额，导致制造该设备的强生公司因为销售和市场份额下滑退出市场。销售和市场份额下滑反映出公司无法将更有创新能力的竞争对手排除在市场之外。

骨科器械公司在市场占有率方面有更大稳定性的原因有两个。第一个原因，人工髋关节和膝关节的植入很复杂，而且每个制造商的产品略有不同。因此，整形外科医生精通使用一个或几个公司的设备，可能不愿意花时间和成本去学习如何植入另一个竞争公司的产品。第二个原因是矫形设备行业的创新速度相对较慢，其过程往往是渐进式而不是革命性的，这使得在产品线之间切换的好处相对较低。此外，骨科器械公司的数量多年来一直保持着相对静止的状态。

相反，美国的支架市场因为多个因素经历了市场份额的快速变化。首先，心内科医生似乎比骨外科医生更乐意植入不同制造商的支架；这一趋势表明，相对于矫形设备而言，支架的切换成本较低。然而更重要的是，支架市场的创新速度已经变得相当迅速，这增加了心脏病医生在新支架可用的时候改用新支架的动力，目的是让病人得到可能更好的结果。

低转换成本加上相对较高的收益，使得支架市场的市场份额迅速变化。矫形设备的高切换成本加上缓慢的创新导致了更低的切换效益，从而使骨科设备的市场份额更稳定。

2.5.1.5　行业生命周期

一个行业所在的生命周期阶段通常会对其竞争动态产生重大影响，这使得行业所在阶段成为行业战略分析的一个重要组成部分。

2.5.1.5.1 行业生命周期模型的描述

与个体公司一样，行业往往会随着时间的推移而演变，而且在增长的速度和盈利水平方面通常会经历重大的变化。正如对个体公司的投资需要紧密的跟踪，行业分析是一个持续的过程，要发现可能正在发生的或可能发生的变化。一个可用于分析行业演变的框架是行业生命周期模型，它明确了一个行业通常经历的先后阶段。行业生命周期模型的五个阶段是萌芽期、增长期、洗牌期、成熟期和衰退期。每个阶段以不同的机会和威胁为特点。[一] 图 2-3 以各阶段需求水平和增长率的曲线展示了模型。

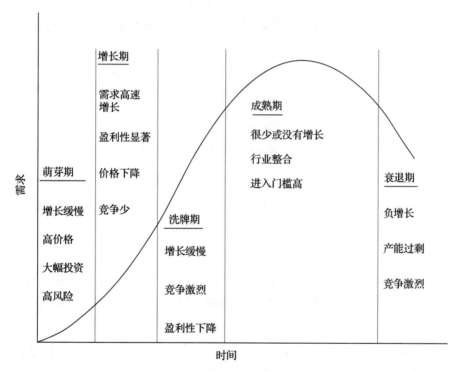

图 2-3　行业生命周期模型

资料来源：基于 Hill and Jones（2008）的图 2.4。

萌芽期。萌芽期的行业是刚刚开始发展的行业。例如，在 20 世纪 60 年代，全球半导体产业处于萌芽阶段（它在 2018 年发展成为一个 4 634 亿美元的行业）[二]，在 20 世纪 80 年代初全球手机行业处于萌芽阶段（它现在每年生产和销售超过 10 亿台手机）。萌芽阶段的特征包括缓慢的增长速度和高昂的价格，其原因是客户往往不熟悉该行业

[一] 以下关于生命周期的讨论归功于 Hill and Jones（2008）的讨论。
[二] 来自半导体行业协会。

的产品，而且产品数量还不足以实现有意义的规模经济。提高产品知名度和发展分销渠道是公司在这一阶段的关键战略举措。这一般需要大量投资，而且失败的风险很大。大多数初创公司都没有成功。

增长期。 增长期行业的特点是需求的快速增长、盈利能力的提高、价格的下降和行业内企业之间的竞争相对较少。需求是由进入市场的新客户推动的，随着规模经济的实现和分销渠道的发展，价格也会下降。因为进入壁垒相对较低，新竞争者进入行业的威胁通常在增长期是最高的。然而，竞争往往是相对有限的，因为快速扩张的需求为公司提供了一个不需要从竞争者那里获取市场份额的成长机会。随着交易量的增加和规模经济的实现，行业盈利能力得到提高。

洗牌期。 洗牌期的特点通常是增长放缓、竞争激烈和利润率下降。在洗牌期，因为很少有新客户进入市场，需求接近市场饱和水平。随着增长越来越依赖于市场份额的增加，竞争变得激烈。随着企业持续投资的速度超过了行业需求的总体增长，行业产能开始过剩。为了提升销量，以消化过剩的生产能力，企业经常降价，因此，行业利润率开始下降。在洗牌期，企业越来越注重降低成本结构（重组）和建立品牌忠诚度。边缘公司可能会倒闭或与其他公司合并。

成熟期。 成熟期行业的特点包括很少或没有增长、行业整合和相对较高的准入壁垒。由于这个阶段的市场已经完全饱和，行业增长往往仅限于替代需求和人口扩张。由于洗牌的结果，成熟的行业往往会整合并形成寡头垄断。幸存的公司往往有品牌忠诚度和相对有效的成本结构，这两者都是巨大的进入壁垒。在需求稳定的时期，成熟行业的公司往往认识到它们之间的相互依存关系，并试图避免价格战。然而，周期性的价格战确实会发生，尤其是在需求下降的时期（如经济低迷时期）更为显著。拥有卓越产品或服务的公司很可能获得市场份额和实现超过行业平均的增长率和盈利性。

衰退期。 在衰退期，产业呈负增长，产能过剩，竞争加剧。这一阶段的行业需求可能会因各种原因而下降，包括技术替代（例如，随着越来越多的人通过互联网和24小时有线电视新闻网络获得信息，报业一直在走下坡路）、社会变化和全球竞争（例如，低成本外国制造商使得美国纺织业衰退）。随着需求的下降，行业产能变得过剩，企业通过降价来应对，这往往导致价格战。较弱的公司通常会在此时选择退出该行业、合并或将资本重新部署到不同的产品和服务。

当某一行业产品或服务的总体需求下降时，由于降价和产量削减导致的单位成本提高，单个公司赚取高于平均投资资本回报率的机会往往会少于需求稳定或需求增加的时候。例2-6是关于行业生命周期的例子。

> **📓 例 2-6　行业增长和公司增长**
>
> 　　1999～2004 年，因大量低成本抵押贷款融资和其他因素促使个人购买原地建造（site-built）的房屋，美国预制装配式房屋（预制好，模块化的住房）的出货量大幅下降。然而在 1998 年，一些机构预测预制装配式房屋将获得原地建造房屋的市场份额。在 1998 年乐观预测情况下和在实际情况中，一个典型的预制房屋行业公司的市场份额可能受到什么影响？
>
> 　　**解答：**1998 年行业需求增加的预测将会使预制装配式房屋行业的公司有机会在不互相侵占市场份额的情况下增长，从而减轻该行业的竞争强度。与此相反，在需求下降和市场萎缩的实际行业情况下，一个预制装配式房屋公司的收入增长只能通过抢夺竞争对手的市场份额来实现。

2.5.1.5.2　运用行业生命周期模型

　　一般而言，新的行业往往比成熟的行业竞争更激烈（有大量的玩家进入和退出），成熟行业往往拥有稳定的竞争环境，与获得大量市场份额相比，玩家更热衷于保护自己拥有的份额。然而，随着行业从成熟走向衰退，竞争压力可能会再次增加，行业的参与者会认为这是个零和的环境并争夺不断萎缩的市场蛋糕。

　　分析师要考虑的一个重要问题是，一家公司是否根据其行业在生命周期中所处的位置"按年龄行事"。增长期行业中的公司在向消费者介绍新产品或服务时，应该建立客户忠诚度，建立规模，向经营活动进行大规模的再投资，从日益增长的需求中获利。它们可能没有很强烈地关注内部效率。这些公司很像年轻人，将他们的人力和金融资本再投资，目标是在生活中变得更成功。增长期公司通常将现金流再投资于新产品和产品平台，而不是将现金流返还给股东，因为这些公司仍然有很多机会来部署它们的资金以获得正回报。虽然这种与人类生命周期的类比可以帮助思考模型，但分析师也应该知道类比在细节上是不准确的。老牌公司有时会通过创新或扩张进入新市场的方式来推动增长。人类不可能真正回到青春时代。因此，更精确的表述可能是"按阶段行事"，而不是"按年龄行事"。

　　成熟行业的公司可能会追求更新的需求，而不是新买家，它们可能专注于延伸成功的产品线，而不是引进革命性的新产品。它们也可能把重点放在成本合理化和提高效率上，而不是获取大量的市场份额。重要的是，这些公司的增长机会比前一阶段要少，因此进行有利可图再投资的渠道有限，但它们往往有很强的现金流。鉴于其强大的现金流和相对有限的再投资机会，大家通常认为这些公司应通过股份回购或派发股息的方式将资本返还股东。这些公司更像是收获人生早期阶段成功果实的中年人。

如果一个中年的公司像一个年轻的增长期公司那样为追求规模而将资本投入低ROIC前景的项目中，这是令人担心的。许多公司很难适应从增长到成熟的转变，在管理层决定以更适合公司生命周期阶段的方式来分配资本之前，它们的资本回报和股东回报可能会一直受苦。

例如，欧洲三大零售商乐购（Tesco）、家乐福和皇家阿霍德（Ahold）都在21世纪第二个十年经历了向成熟期的过渡。这些公司在2015~2018年的不同时间里，纷纷认识到，它们的规模和行业主导地位意味着主要由开新店（国内和国际）驱动的两位数增长的日子已成为过去。这三家公司都将资本从开设新店转移到其他领域，即增加数字业务（家乐福与谷歌合作），与竞争对手合并以减少价格压力（阿霍德与比利时的德尔海兹），以及引入折扣连锁店以保持/赢得折扣零售商，例如利多超市（Lidl）和沃尔玛的市场份额（全部三个公司）。因此，每家公司的资本回报有所改善，股东回报也有所改善。

2.5.1.5.3　行业生命周期分析的局限性

虽然各种模型可以为思考一个行业提供有用的框架，但行业的演进并不总是遵循一个可预测的模式。各种外部因素可能会显著影响演进模式的形态，导致某些阶段比预期的更长或更短，在某些情况下，会导致某些阶段被完全跳过。

技术的变化可能会使一个行业经历从增长到衰退的突然转变，从而跳过洗牌期和成熟期。例如，晶体管在20世纪60年代取代了真空管，那时真空管行业仍处于增长阶段；文字处理器在20世纪80年代取代了打字机；如今，随着越来越多消费者转向点播服务，例如从互联网或通过有线电视提供商下载电影，电影租赁业正经历着快速的变化。

监管的变化也会对一个行业的结构产生深远的影响。一个典型的例子是20世纪90年代美国电信业的管制放松，这使得垄断行业转变成了一个竞争激烈的产业。AT&T被分成地区服务提供商，许多新的长途电话服务进入者（如Sprint）出现。其结果是，行业提供的产品和服务更广泛，消费者价格更低。医疗保健产品和服务的政府偿还率变化会影响到全球医疗保健行业公司的盈利能力（实际也是这样）。

社会变化也能影响一个行业的状况。在过去的30年中，休闲餐饮行业得益于双职工家庭数量的增加，这些家庭往往有更多的收入，但在家做饭的时间较少。

人口特征也有重要影响。例如，随着婴儿潮一代的老龄化，对医疗保健服务的行业需求可能会增加。

因此，生命周期模型往往在行业相对稳定的时期是最有用的行业分析工具。当行业因外部或其他特殊情况而发生快速变化时，它们就不那么实用了。

模型的另一个局限因素是，行业中并非所有公司都有类似的表现。分析师的主要目标是找出潜在的赢家，同时避开潜在的输家。高利润的公司可以存在于具有盈利能力低于平均水平的竞争性行业中，反之亦然。例如，尽管在竞争激烈的行业中运营，诺基亚在历史上还是能够利用其规模创造出高于平均水平的利润率。相比之下，尽管软件行业的增长和盈利能力历来高于平均水平，但没有创造出利润并最终倒闭的软件公司的例子不胜枚举。

▌ 例 2-7　行业生命周期

（1）经历缓慢增长和高价格的行业是以下哪个时期的特征：

A. 成熟期。

B. 洗牌期。

C. 萌芽期。

（2）下列哪个关于行业生命周期模型的表述是最不正确的？

A. 这个模型更适合用于快速变化的时期而不是相对稳定的时期。

B. 外部因素可能导致模型的某些阶段长于或短于预期，并在某些情况下，某个阶段可能被完全跳过。

C. 不是一个行业的所有公司都有类似的表现，非常盈利的公司可能存在于一个盈利低于平均水平的行业中。

问题（1）解答： C 正确。缓慢增长和高价格都与萌芽期相关。高价格不是成熟期和洗牌期的特征。

问题（2）的解答： A 是最不正确的。该模型最适合用于相对稳定时期而不是快速变化时期。

2.5.1.6　价格竞争

一个对分析行业非常有用的工具就是试图像行业的客户那样思考。任何影响顾客购买决策的因素，都很可能成为行业竞争对抗的焦点。一般而言，如果价格是客户购买决策中一个很大的因素，这类行业的竞争往往比那些客户更看重其他属性的行业更激烈。

虽然这种描述听起来有点像一个大宗商品行业和一个非大宗商品行业的对比，但事实上差别会更细微一些。商用飞机和客车肯定比一堆煤或几加仑的汽油有更多差异性，但价格在飞机和汽车买家的购买决策中很重要，因为相当好的替代品很容易获得。如果空中客车对 A320 收费过高，航空公司可以购买波音 737。[一]如果宝马的四门豪华轿车价格上涨太多，客户可以转换到奔驰或其他拥有类似功能的豪华品牌。在表 2-3 "定价能力弱"一栏中的多数行业，如果发生单边提价，类似的转换是可以预见的。

将这些行业与资产管理行业进行对比，这是少数几个既高度分散又具有强大定价能力的行业之一。尽管很多文章说明费用对未来投资回报有影响，但绝大多数资产管理客户不会根据价格做出决定。相反，资产管理客户关注的是历史收益，这使得这个高度分散的行业能够保持强大的定价能力。指数基金部门的价格竞争理所当然是非常激烈的，因为任何指数基金都是另一个追踪同一基准基金的完美替代品。但该行业的主动管理部门却常常能够以一种隐性合作的方式来对其产品定价，使得大多数行业参与者能够在资本上产生持续的高回报，这可能是因为价格在潜在的共同基金投资者心中并不是最重要的。

回到一个更资本密集型的行业，考虑重型设备制造商，如卡特彼勒、杰西博（JCB）和小松。大型轮式装载机或联合收割机需要大量的资本支出，因此价格肯定会在买家的决策中起到一定作用。但是，其他因素对客户来说足够重要以至于这些公司可以有少量的定价权。建筑设备通常用作大型项目中其他设备的补充，这意味着维修停机时间会增加成本，因为例如按时计费的工人必须等待推土机被维修。设备损坏对于农业用户来说也很昂贵，他们可能只有几天的时间来收获一个季节的农作物。由于其产品可靠性及其大型服务网络（这些正是重要的"差异点"或赋予竞争优势的因素）对用户的重要性，卡特彼勒、小松和迪尔历史上能够对设备进行定价，并获取投资资本的稳定回报。

2.5.1.7　行业对比

为了说明如何应用这些元素，表 2-5 运用本文中讨论的因素来检验三个行业。

表 2-5　三个行业战略分析的元素

	品牌药品	石油服务	甜点或糖果
主要公司	辉瑞、诺华、默克、葛兰素史克	斯伦贝谢、贝克休斯、哈利伯顿	好时、玛氏 / 箭牌、雀巢、吉百利
进入壁垒 / 成功壁垒	很高：有效的竞争需要大量的融资和知识资本。一个潜在新的进入者将需要创建一个相当规模的研发操作和全球分销网络，以及具有大规模制造能力	中等：需要专业技术知识，但高水平的创新使得利基公司可以进入该行业并在特定领域内竞争	很低：金融或技术障碍低，但新玩家会缺乏那些驱动消费者决策的品牌

⊖　航空业的一小部分的特征是"路径依赖"，一家拥有大量某个空中客车机型的航空公司将会比购买波音飞机更有可能坚持购买该机型，但该机型制造商利用这个可能性的能力极小。

（续）

	品牌药品	石油服务	甜点或糖果
集中度	集中：小部分公司控制了大部分品牌药品的全球市场。最近的并购提高了集中度	分散：虽然只有少数公司提供全方位的服务，但许多较小的玩家在特定领域进行竞争。国家的石油公司服务部门可能控制着本国的巨大市场份额，一些产品线在成熟的美国市场是集中的	非常集中：最大的四家公司占据了全球市场大部分份额。最近的并购提高了集中度
行业产能的影响	不适用：药品的价格主要由专利保护和监管问题决定，包括政府对药品和制造设施的批准。制造产能不重要	中等 / 高：需求可能因大宗商品价格而快速波动，行业玩家常常发现它们工资单上的员工太少（或太多）	不适用：价格主要是由品牌力量推动的。制造产能影响不大
行业稳定性	稳定：品牌药物市场由主要公司主导，并通过巨型合并来整合。但是，当新药品被批准并获得接受或者失去专利保护时，市场份额会快速变化	不稳定：市场份额可能因技术供给以及需求水平而频繁变化	很稳定：市场份额几乎不变
生命周期	成熟期：总体需求每年变化不大	成熟期：需求短期会随着能源价格而波动，但正常收入增长仅为 5% 左右	非常成熟：增长是由人口趋势和价格推动的
价格竞争	低 / 中等：在美国，价格是很小的因素，因为消费者和供应商驱动的去管制医疗保健系统。在单一付款人系统中，功效门槛更高，价格占决策过程中更大的部分	高：价格是购买者决策的主要因素。一些公司由于拥有广泛的服务或一流的技术而有一些定价权力，但如果价格太高，主要消费者（大型油田公司）可以用内部服务替代。此外，创新往往在整个行业中迅速扩散	低：自有品牌之间缺乏竞争，这使得定价在现有玩家之间保持稳定，品牌和熟悉度在消费者购买决策中扮演的角色比价格更重要
人口影响	正向：发达市场的人口正在老龄化，这稍微增加了需求	不适用	不适用
政府 & 监管影响	很高：所有的药品必须获得国家安全监管的批准。专利制度在各国不同。此外，医疗保健在大多数国家都是高度监管的	中等：监管规范会影响边际能源需求。此外，政府在为勘探与生产公司分配勘探机会方面发挥重要作用，这可能会间接影响到服务公司的工作量	低：该行业是不受监管的，但在发达市场对儿童肥胖的担忧是低程度的潜在威胁。同时，高增长的新兴市场可能阻碍老牌玩家进入它们的市场，这可能会限制增长
社会影响	不适用	不适用	不适用
技术影响	中等 / 高：生物（大分子）药物正在推动新的治疗边界，而且很多大型药物公司在生物技术方面的占比相对较小	中 / 高：行业有一定程度的创新性，玩家都必须对研发进行再投资以保持竞争力。通过将新程序商业化或利用累积的专门知识来实现暂时的竞争优势是可能的	很低：创新在该行业不会发挥重要作用
增长 vs. 防御 vs. 周期	防御型：对大多医疗健康服务的需求不会随着经济周期波动，但需求强度可能不足以被认为是"增长型"	周期型：需求取决于油价、勘探预算和经济周期，是高度变化的	防御型：对糖果和口香糖的需求是极其稳定的

例 2-8 回顾了在表 2-5 中展现的一些信息。

▌ 例2-8 外部影响

（1）下列哪个行业最受政府监管的影响？

A. 石油服务。

B. 药物。

C. 甜品和糖果。

（2）下列哪个行业最不受技术创新的影响？

A. 石油服务。

B. 药物。

C. 甜品和糖果。

（3）下列哪个关于行业特征的表述是最不正确的？

A. 制造能力对甜品／糖果行业定价的影响很小。

B. 品牌药品行业被认为是防御型而不是增长型行业。

C. 在全球市场方面，石油服务行业的集中程度很高，服务提供者数量有限。

问题（1）的解答：B 正确。表2-5指出，制药业受到大量政府和监管的影响。

问题（2）的解答：C 正确。表2-5指出，创新在糖果行业不发挥重要作用。

问题（3）的解答：C 正确，该表述错误。从世界范围来看，这个行业被认为是分散的。尽管少数公司提供全方位的服务，但许多较小的玩家在利基市场上进行竞争。此外，国家的石油服务公司控制着其本国巨大的市场份额。

2.5.2 影响行业增长、盈利性和风险的外部因素

影响行业增长的外部因素包括宏观经济、技术、人口、政府和社会影响。

2.5.2.1 宏观经济影响

总体经济活动的趋势通常对一个行业的产品或服务需求产生重大影响。这些趋势可能是周期性的（即与商业周期引起的经济活动的变化有关），也可能是结构性的（即与经济活动的构成或强度有关）。通常影响行业收入和利润的经济变量包括以下这些：

- 国内生产总值或衡量由经济体产生的商品和服务价值的指标，无论是以当前货币价格还是以（经通货膨胀调整的）不变价格计价的。

- 利率，它代表了消费者和企业的债务成本，是金融机构收入和成本的重要组成部分。

- 信贷的可获得性，这影响到企业和消费者的支出和金融偿付能力。
- 通货膨胀，它反映了商品和服务价格的变化，影响了成本、利率、消费者和企业信心。

2.5.2.2　技术影响

新技术创造的新的或改进的产品可能带来行业巨变，也可能改变其他使用该产品的行业运营方式。

计算机硬件行业提供了技术变革如何影响行业的最佳例证之一。在 1958 年发明的微芯片（也称为"集成电路"，其实际上是在硅片上蚀刻的计算机）使计算机硬件行业得以快速地在商业、政府和教育机构中延伸计算机的使用，并最终为普通公众创造了一个新的个人电脑市场。

摩尔定律（Moore's Law）指出，可以廉价地放置在集成电路上的晶体管数量大约每两年增加一倍。数字技术的其他几项衡量指标在摩尔定律方面有了指数级的提高，包括组件的大小、成本、密度和速度。随着这些趋势的发展，计算机硬件行业渗透并及时占据了文字处理和多种形式的电子通信和家庭娱乐的硬件领域。由于创新和生产的资本成本非常高，计算行业的集成电路创新增加了规模经济并对新进入者形成了巨大的障碍。英特尔利用了这两个因素，使得它能够获得行业市场的领导地位，并成为个人电脑行业最高价值组件（微处理器）的主要供应商。因此，英特尔因其成本优势、品牌实力和资金渠道而成为行业主导企业。

计算机硬件行业一路上得到了计算机软件和电信这两个辅助行业的支持和大力协助（特别是在互联网的发展方面）；同样重要的还有其他行业——娱乐（电视、电影、游戏）、零售和印刷媒体。越来越强大的集成电路和无线技术的进步，以及互联网和新的无线技术所促成的媒体融合，继续重塑着个人电脑硬件在商业和个人生活中的用途和角色。在 20 世纪中叶，世界上几乎没有人会想到家用电脑有何用处。今天，估计大约有 16 亿人，或者说世界上几乎四分之一的人口，都可以连入计算机网络。对美国来说，估计至少有 76% 的人口；这一数字在新兴国家和不发达国家中要小得多。当今世界上有超过 50 亿的移动电话订购用户，在未来的几年中移动通信技术的进步显然会使这个数字明显增加，而且移动电话和计算机硬件技术的融合将会提供新的手持型计算和通信能力。

技术对行业影响的另一个例子是数字成像技术对摄影胶片行业的影响。数字成像用电子图像传感器将图像记录为电子数据，而不是胶片上的化学变化。这种差异使图像比胶片摄影有更大的处理和传输能力。自从 1981 年的发明以来，数字照相机变得非常普遍，目前销量远远超过传统胶片照相机（虽然许多专业摄影师因美学原因或某些应用的缘故继续使用胶片）。数码相机也包括了视频和录音等功能。摄影技术重大变化的影响已导致胶片和相机制造商——包括柯达（Kodak）、富士（Fujifilm）、尼康公司（Nikon Corporation）和理光公司（Ricoh）被完全重组并重新设计它们的产品，以适应新技术对消费者的吸引力。内置高分辨率像素相机的"智能"手机推出后，因其分辨率质量与传统胶片和相机产品市场的某些相机相似，所以传统摄影设备制造商的市场份额显著减少，该行业竞争的激烈程度又加深了一层。

2.5.2.3 人口特征影响

人口规模、年龄和性别分布以及其他人口特征变化可能对经济增长、商品和服务的消费数量和类型产生重大影响。

人口特征对行业的影响在北美第二次世界大战（简称"二战"）后婴儿潮对商品和服务需求的影响中有很好的体现。出生于1946～1964年，北美人口中这批7600万人影响了他们从摇篮到童年、青春期、成年、中年和退休所需众多产品和服务的构成。20世纪50年代末和60年代的青少年流行文化和所有的产品（与之相关的唱片、电影、衣服和时尚），70年代和80年代的住房需求激增，以及90年代和21世纪初对退休类投资产品的需求日益增加，这些都是人口膨胀通过人口的年龄类别影响一组行业的例子。

人口特征对行业影响的另一个例子是日本人口老龄化的影响，日本是老年居民比例最高的地区之一（26%的人超过65岁），出生率非常低。日本卫生部估计，日本到2055年超过65岁的人口比例将上升到40%，并且总人口将下降25%。一些观察人士预计，这些人口变化将对整体经济产生负面影响，因为从根本上说，它们意味着劳动力的减少。然而，一些经济部门可以从这些趋势中受益，例如医疗保健行业。

▌ 例 2-9 "二战"后婴儿潮及其对美国住房行业的影响

在美国、加拿大和澳大利亚，第二次世界大战的结束标志着人口出生率（每千人）持续上升时期的开始。这一上升反映了从20世纪30年代大萧条和"二战"艰辛中的解脱、移民的增加（移民往往更年轻，因此平均来说，生育能力更强）和战后持久的经济繁荣。美国的出生率从1935年的每千人18.7和1945年的每千人20.4上升到1950年的每千人24.1，并在1955～1957年达到高峰的每千人25.0。20年后，当1946～1964年期间出生的婴儿进入成年期时，住房的需求激增，推动了新房销售的高增长。在这一时期，新房的开工率从1966年的每千人20.1上升到1972年的高峰每千人 35.3，并且一直保持到 20 世纪 70 年代末，除了 1974～1975 年的经济衰退期。

"二战"后的婴儿潮引发的对住房产业的另一个人口影响来自"婴儿潮"一代的孩子（也被称为"回声潮"一代）。"回声潮"一代在 20 世纪 70 年代末开始进入其生育高峰时期，这使得出生人数从 1975 年的"二战"后低点 14.8 上升到 1990 年的峰值 16.7。20 年后，"回声潮"一代对住房需求的影响并没有像他们的父母那样大，但新房的开工量仍大幅增加，由 1995 年的每千人 13.7 增加到 2005 年的高位每千人 18.8，容易获得的抵押贷款融资促进了新房的增加。

2.5.2.4　政府影响

政府对行业收入和利润的影响是广泛和重要的。政府制定的公司和个人税率及法规会影响利润和收入，进而影响公司和个人的支出。政府也是一系列行业的商品和服务的主要购买者。

例 2-10 说明了当政府介入支持或压制证券市场创新时引起的财富突然变化。在本例中，**收益信托**（income trust）是指一种作为信托发行的股票所有权工具单位。在 20 世纪 90 年代末和 21 世纪初，收益信托在加拿大的收益导向型投资者中非常受欢迎，因为在当时的监管下，这种信托可以避免对分配给信托单位持有人（投资者）的收益征税，即避免双重征税（一次在企业层面，一次在投资者层面）。如例 2-10 所述，这项监管许可的税收优惠最终被取消了。

▌ 例 2-10　税收增加对加拿大收益信托的影响

在 2006 年 10 月 31 日，为了阻止加拿大股票市场的收益信托结构的迅速增长，加拿大财政部长詹姆斯·弗莱赫蒂（James Flaherty）宣布，这些免税穿透实体今后将需要对收益征税，仅有被动收租的房地产投资信托可以免税。为了让现有的信托机构适应，政府设立了五年暂停征税期。他说政府需要取缔信托，因为太多的公司主要为了节省税收而正在转向高收益证券。标准普尔/加拿大多伦多收益信托指数在公布后次日下跌 12%，蒸发了 240 亿加元的市值。

通常，政府通过授权其他监管机构或自律组织（如证券交易所、医疗协会、公用事业利率制定者和其他监管委员会）管理行业的事务，间接发挥其影响力。通过制定各

个部门的准入条件（如金融服务和保健部门），以及制定公司和个人在这些领域必须遵守的规则，政府控制了许多产品和服务的供应、质量和性质以及它们对公众的可得性。例如在金融业，接受储蓄存款和向投资公众发行证券通常受到政府及其机构的严格管制。这种管制是通过法规来实施的，这些法规的目的是保护投资者免受经营者欺诈和确保投资者能够获得有关其投资性质和风险的充分披露信息。还有另一个例子，在大多数发达国家，治疗病人的医生按照政府法律授权的自律组织医疗协会制定的标准进行培训。此外，病人获得的药物必须得到政府机构的批准。表面上与此略有不同的是烟草产品使用者购买的产品，其营销费用和销售税受到大多数发达国家政府的严格控制，并按照政府规定必须向消费者发出吸烟有害健康的警告。在主要服务于政府部门的行业，如军队、公共工程和执法部门，政府合同直接影响到供应商的收入和利润。

▌例 2-11　政府采购对航天行业的影响

　　航空航天、建筑和武器行业是政府为主要客户的典型例子，其收入和利润显著（在某些情况下，主要）受对政府销售的影响。其中一个例子是空中客车（前身是欧洲航空防务航天公司（EADS）），它是全球领先的航空、国防和相关服务的公司，总部设在巴黎和德国的奥托邦。在 2017 年，空中客车公司创造了 668 亿欧元的收入，并雇用了大约 13 万的国际劳动力。除了作为领先的商用飞机制造商，该集团还包括了提供加油机、运输机和任务飞机的军事空客公司（Airbus Military）；全球最大的直升机供应商欧洲直升机公司（Eurocopter）和欧洲太空计划（包括阿丽亚娜（Ariane）和伽利略（Galileo））的领导者欧宇航公司（EADS Astrium）。它的国防与安全部门是全面系统解决方案的供应商，并使空中客车公司成为欧洲战斗机联盟的主要合作伙伴以及导弹系统供应商（MBDA）的利益相关者。2018 年 2 月 11 日，在总部位于迪拜且属于迪拜政府的航空公司阿联酋航空（Emirates Airlines）[⊖]，签订了一份总价高达 160 亿美元，最多可增购 36 架 A380 飞机的合同后，空客股价上涨了 11.7%。

2.5.2.5　社会影响

　　涉及人们如何工作、花钱、享受闲暇时间和进行生活其他方面活动的社会变化对许多行业的销售都有重大影响。

　　英国的烟草消费提供了一个很好的例子，说明社会影响对行业的作用。政府遏制

　　㊀　阿联酋航空由迪拜投资公司（ICD）所有，该投资公司是由迪拜政府出资的主权财富基金（SWF）。

烟草广告、立法要求对购买烟草产品发出健康警告和禁止在公众场所（例如饭店、酒吧、公共建筑和交通工具）吸烟，尽管这些措施可能是明显导致烟草消费变化的强大工具，但这一变化的基础力量实际上是社会性的。其社会性体现在一部分人对吸烟损害烟草使用者及其周边人群健康的意识增强，个人和政府为烟草消费导致的慢性病支付的成本增加，以及随之而来的吸烟者从社会正确到社会不正确（甚至是轻率或鲁莽）的公众观念转变。由于社会对吸烟看法的这些改变，英国香烟消费量从 1990 年的 1025 亿支香烟减少至 2017 年的不足 400 亿支，对烟草公司造成了压力。

例 2-12 更多妇女进入劳动力市场对多个行业的影响

在 1870 年，妇女只占美国家庭外劳动力的 15%。在两次世界大战和大萧条之后，这个数字在 1950 年已经上升到了 30%（该数字在"二战"期间因为战争要求的高生产曾在短时间内更高），到 2017 年达到 46%。妇女从她们在西方社会中最常见的历史角色——全职家庭主妇转变为更常见的全职劳动者。根据经济推理，指出应该受益于此社会变化的行业。

解答：包括以下行业：

（1）餐饮业。由于妇女的工作职责，她们可能没有时间和精力准备饭菜，所以餐馆的生意会因需求增加而受益。餐饮业在此时期的增长确实是很高的：美国餐饮业在每一美元食品花费中的占比从 1950 年的仅 25%，增加到目前的 44%，其中 45% 的现有行业收入来自 1950 年还不存在的一类餐馆，即快餐业。

（2）女性工作服装制造商。

（3）家庭服务和儿童保育服务。

（4）汽车制造商。例如，需要额外的车辆来运送两个家庭成员去工作，还有孩子上学或日托。

（5）长者的住房。随着妇女劳动力的增加，需要照料或监护的老年家庭成员越来越不能依靠非工作的女性家庭成员在家提供照料。

例 2-13 航空行业：多方面影响的例子

从全球航空业可以看到我们所讨论的许多概念和影响的例子。

生命周期阶段

该行业可以用一些成熟期的特征描述，因为全球客运交通的年均增长率在 21 世纪头 20 年保持相对稳定的 5.5%（相比之下，20 世纪 90 年代为 4.7%）。然而该行业的一些细分市场仍处于增长阶段，特别是中东和亚洲市场，在未来 20 年里，这些市场预计将以 7.5% 增长，而北美的预期增长率为 4.2%。

对商业周期的敏感程度

航空业是一个周期性的行业。由于该行业的高固定成本和高经营杠杆，全球的经济活动会造成收入波动，特别是利润率波动。例如，2009 年全球客运量下降了大约 3.5%，航空公司报告的净亏损接近 110 亿美元，而 2007 年全球的行业利润为 129 亿美元。此行业的波动通常早于经济周期变动。根据地区的不同，航空旅行的变化幅度是 GDP 增长的 1.5～2.0 倍。它受到高度管制，政府和航空当局在分配航线和机场时段方面发挥重要作用。政府机构和国际航空运输协会制定了飞机和飞行安全规则。航空公司客户的品牌忠诚度往往较低（除了对最高和最低价格及服务两个极端）；休闲旅游者主要关注价格，商务旅客主要关注日程和服务。飞机、客舱配置和餐饮服务往往在大多数情况下相似，在一些特定价位上的产品和服务差异很小。对于休闲旅游者来说，价格竞争激烈，由低成本的折扣航空公司主导，包括美国的西南航空公司（Southwest Airlines）、欧洲的瑞安航空（Ryanair）和亚洲的亚洲航空（Air Asia）。对于商务旅客来说，主要的班机运输航空公司和一些专门提供高质量服务的公司（如新加坡航空公司）是主要的竞争者。燃料成本（通常占总成本的 25% 以上且波动性很大）和劳动力成本（约占总成本的 10%）一直是降低成本管理工作的重点。航空业工会化程度高，劳资纠纷常常是造成代价高昂的行业经营中断的原因。技术一直在航空业发挥着重要作用，从最初的小螺旋桨驱动飞机到喷气式飞机时代，再到自 20 世纪 70 年代石油价格上涨以来推动的燃油效率提高。技术也以另一种形式对商业航空旅行的增长构成威胁，即改善的电信技术——尤其是电视会议和网络广播。可以说，航空业一直是塑造人口结构的重要的力量，它使得难以到达的地理区域可以聚集大量的人口。同时，在过去的半个世纪以来，大量的"二战"后婴儿潮一代是导致航空旅行需求增长的一个因素。近年来，社会问题已开始在航空业中产生影响；例如，碳排放已经受到环保主义者和政府的关注。

2.6　公司分析

公司分析包括分析公司的财务状况、产品和服务以及**竞争战略**（competitive strategy，即公司应对外部环境威胁和机会的计划）。公司分析是在分析师了解了公司的外部环境之后进行的，外部环境包括影响行业竞争结构的宏观经济、人口特征、政府、技术和社会力量。分析师应设法确定该战略主要是防御性的还是进攻性的，以及该公司打算如何实施该战略。

波特确定了两种主要的竞争战略：低成本战略（成本领先）和产品服务差异化战略。

在低成本战略中，企业努力成为低成本的生产者，以低于竞争对手的价格提供产品和服务并获得市场份额，同时通过取得更高收入赚取足够的利润，实现较高的回报率。低成本战略可以是防御性的——保护市场份额和回报，也可以是进攻性的——获得市场份额和增加回报。定价也可以是防御性的（当竞争环境是低对抗时）或进攻性的（当竞争激烈时）。在激烈竞争的情况下，定价甚至可能是掠夺性的，即以短期利润为代价，迅速将竞争者逐出。这种战略的期望是，在获得更大的市场份额之后，公司能够提高价格以获得比之前更高的回报。例如，有分析师认为一些主要航空公司采用掠夺性战略以试图保护高利润航线免受打折航空公司的抢夺。虽然有关反竞争行为的法律往往禁止以获得市场份额为目的的掠夺性定价，但在大多数情况下，产品或服务的成本很难被细分到足够精确以证明定价是掠夺性的（而不是激烈但公平竞争的价格）。试图遵循低成本战略的公司必须有严格的成本控制、高效的运营和报告系统以及适当的管理激励措施。此外，这些公司必须致力于对其生产系统和劳动力进行辛苦的细致审查，并致力于低成本的设计和产品分销。它们必须能够投资于提高生产率的资本设备，并以低成本的资金为投资进行融资。

在差异化战略中，公司试图将自己确立为在质量、类型或分销方式上独一无二的产品和服务的供应商或生产商。要取得成功，它们的价格溢价必须高于差异化的成本，而且差异化必须对顾客有吸引力并且随着时间的推移是可持续的。成功推行差异化战略的公司管理层往往拥有强大的市场研究团队确定客户需求，并以产品开发和营销满足这些需求。雇用有想象力和创造性的人员对这个策略来说非常重要。

2.6.1　公司分析应该涵盖的要素

一个透彻的公司分析，特别是在研究报告中所展示的，应该：

- 提供公司概况（公司简介），包括对其业务、投资活动和公司治理的基本了解以及对其优势和劣势的基本判断；
- 解释相关的行业特征；
- 分析对公司产品和服务的需求；

- 分析产品和服务的供给情况，包括对成本的分析；
- 解释公司的定价环境；
- 介绍和解释相关的财务比率，包括趋势对比和竞争对手对比。

公司分析往往包括预测公司的财务报表，特别是当分析的目的是用现金流折现法来对公司普通股估值的时候。

表 2-6 提供了公司分析需要覆盖的要点清单。有时可能需要调整清单以适应特定公司分析的需求，这个清单不是详尽的。

表 2-6　公司分析的清单

公司概况
- 确定公司主要的产品和服务、在行业当前的位置和历史
- 销售的构成
- 产品生命周期阶段 / 经验曲线效应[⊖]
- 研发活动
- 过去和已计划的资本支出
- 董事会的结构、组成、选举制度、反收购条款和其他公司治理问题
- 管理层优点、弱点、薪酬、人员流动性和企业文化
- 福利、退休计划及其对股东价值的影响
- 劳工关系
- 内部人持股水平和变化
- 诉讼和公司的准备状况
- 其他特殊的优势或劣势

行业特征
- 生命周期阶段
- 商业周期敏感性或经济特征
- 行业中典型的产品生命周期（以技术淘汰为特征的短周期或像受专利保护的药品那样的长周期）
- 品牌忠诚度、客户转换成本和竞争强度
- 进入和退出壁垒
- 关于行业供应商的考虑（来源的集中度，切换供应商或进入供应商行业的能力）
- 行业中的公司数量，根据市场份额决定行业是分散还是集中
- 产品或服务差异化的机会，产品或服务价格、成本和质量的相对优势或劣势
- 使用的技术
- 政府监管
- 劳工关系的状态和历史
- 其他行业问题或机会

产品 / 服务需求的分析
- 需求的来源
- 产品差异性
- 历史数据和需求敏感度，以及与社会、人口、经济和其他变量的相关性
- 展望——短期、中期和长期，包括新产品和商业机会

产品 / 服务供应的分析
- 来源（集中度、竞争和替代）
- 行业产能展望——短期、中期和长期
- 公司的产能和成本结构

⊖ 产品生命周期（product life cycle）与产品销售阶段有关。经验曲线效应（experience curve effects）是指产品或服务的生产成本随累计产出（增加）而下降的趋势。

（续）

- 进口和出口方面的考虑
- 专利产品或商标

定价分析

- 需求、供应和价格之间的历史关系
- 原材料和劳动力成本的重要性，以及其成本和可获得性的前景
- 基于现状和预期的未来趋势预测销售价格、需求和盈利能力

财务比率和指标（有多年历史数据和预测数据的电子表格）

I. 运营比率，衡量公司执行回收应收款和管理存货等职能的效率：

- 应收账款周转天数（days of sales outstanding，DSO）
- 存货周转天数（days of inventory on hand，DOH）
- 应付账款周转天数（days of payables outstanding，DPO）

II. 流动性比率，衡量公司履行其短期义务的能力：

- 流动比率
- 速动比率
- 现金比率
- 现金转换周期（DOH + DSO − DPO）

III. 偿付能力比率，衡量公司偿还其债务的能力（以下的"净债务"是减去现金和现金等价物的有息负债金额）：

- 净债务比息税折旧摊销前收益（EBITDA）
- 净债务比资本
- 债务比资产
- 债务比资本（按账面价值和市值计算）
- 财务杠杆率（平均总资产 / 平均股东权益合计）
- 现金流比债务
- 利息保障倍数
- 表外负债和或有负债
- 关联财务交易

IV. 盈利比率，衡量公司利用其资源（资产）产生盈利性销售的能力：

- 毛利润率
- 营业利润率
- 税前利润率
- 净利润率
- 投资资本回报率或 ROIC（税后净营业利润 / 平均投资资本）
- 资产回报率（ROA，净利润 / 平均总资产）
- 净资产收益率（ROE，净利润 / 平均股东权益合计）

V. 财务数据和相关的考虑因素，分析师应该明白的关于公司财务的数据和事实：

- 净销售增长率
- 毛利润增长率
- 息税折旧摊销前收益（EBITDA）
- 净利润
- 经营活动现金流
- 每股收益（EPS）
- 每股经营活动现金流
- 与维持经营和总资本支出相关的经营活动现金流
- 留存现金流的预期回报率
- 债务到期日以及公司再融资和偿还债务的能力
- 股利支付率（普通股股利 / 归属于普通股股东的净利润）
- 表外负债和或有负债
- 关联财务交易

为了评估公司的业绩，应对表 2-6 中列出的关键指标进行趋势分析和公司（特别是同业公司）间比较。以下公式通过追踪利润率、资产使用效率或财务杠杆的变化，分

析公司的净资产收益率如何和为什么与其他公司的或其自身在其他时期的净资产收益率不同：

$$ROE = （净利润率：净利润 / 净销售收入）$$
$$\times （资产周转率：净销售收入 / 平均总资产）$$
$$\times （财务杠杆：平均总资产 / 平均股东权益）$$

一家公司历年的财务报表提供了许多关于行业状况对其业绩影响及其战略成败的深层信息。如果给定分析师对未来众多变量的假设，它们还可以提供一个预测公司经营业绩的框架。表 2-6 中列出的财务比率适用于广泛的公司和行业，但其他的统计指标和比率也经常被使用。

2.6.2　电子表格的建模

财务报表电子表格模型已成为公司分析中使用最广泛的工具之一，它可用于分析和预测收入、经营利润、净利润和现金流。尽管电子表格模型是了解过去财务业绩和预测未来业绩的有用工具，但这种模型的复杂性有时会成为问题。因为建模需要分析师在财务报表中预测和输入大量项目，所以模型中做出的假设或公式存在出错的风险，这些错误会叠加并导致错误的预测。然而因为模型很复杂，这些预测可能会显得很准确。结果往往是那些依赖模型的人错误地觉得自己已经理解和有安全感。为了防止这种情况，在模型完成之前或之后对模型进行"是否符合现实的检查"是有用的。

这种合理性测试可以通过以下方式来完成：首先，询问从去年到今年和到明年利润表项目中几个最重要的变动可能是什么。其次，试图量化这些重大变化或"摆动因素"对净利润的影响。如果分析师不能用几点总结出哪些因素根据现实的预计会导致各年利润的变化，或无法让人信服这些假设是正确的，那么该分析师就不是真正地理解了计算机建模的结果。一般来说，财务模型应该符合公司财务报告或补充披露的格式，或可以准确地从这些报告中得出。否则当公司发布财务结果时就不会自然有是否符合现实的检查，分析师也无法将其估计与实际报告的结果进行比较。

2.7　小结

在本章中，我们提供了行业分析的概述，演示了被分析师广泛用于检查行业的方法。

- 公司分析和行业分析密切相关。公司分析和行业分析一起，可以提供对行业收入增长来源、竞争对手市场份额以及未来单个公司收入增长和利润率的见解。

- 行业分析适用于：
    - 理解公司的业务和业务环境；
    - 确定主动型股权投资机会；
    - 制定行业或板块轮换策略；
    - 投资组合业绩的归因分析。
- 公司分类的三个主要方法是：
    - 提供的产品或服务；
    - 商业周期敏感性；
    - 统计上的相似性。
- 商用行业分类体系包括：
    - 全球行业分类标准；
    - 罗素全球板块；
    - 行业分类标准。
- 政府行业分类体系包括：
    - 所有经济活动的国际标准行业分类；
    - 欧共体经济活动分类体系；
    - 澳洲标准产业体系；
    - 北美产业分类体系。
- 现行分类制度的局限性在于分配给公司的最窄分类单位一般不能作为其对标组，用于详细的基本面比较或估值。
- 对标组是从事类似业务活动的一组公司，影响其经济和价值的因素密切相关。
- 建立对标组预选清单的步骤：
    - 检查商用分类体系（如果有）。这些体系通常为识别在同一行业运营的公司提供有用的起点。
    - 查阅目标公司年度报告中对竞争环境的讨论。公司经常会提到具体的竞争对手。
    - 查阅竞争对手的年度报告以确定其他潜在的可比公司。
    - 查阅行业贸易出版物以确定其他同业可比公司。
    - 确认每个可比对象或同业公司从与目标公司类似的业务活动中获得其大部分的收入和营业利润。
- 并非所有行业都是相同的。有的行业竞争激烈，许多公司为赚取超过资本成本的回报努力挣扎，而有的行业则有吸引人的特征，使得大多数行业参与者能够产生健康利润。

- 不同的竞争环境是由行业的结构性质决定的。由于这个重要原因，行业分析是公司分析的重要补充。分析师需要理解公司运作的背景才能全面地了解公司面临的机遇和威胁。

- 波特的"五力模型"战略分析框架可以提供一个有用的起点。波特认为，行业内公司的盈利能力是由五种力量决定的：①新进入者的威胁，其本身是由规模经济、品牌忠诚度、绝对成本优势、客户转换成本和政府管制决定的；②供应商的议价能力，这是产品替代可行性、买方集中度和供应商集中度以及每种情况下转换成本和进入成本的函数；③客户的议价能力，这是客户转换成本和客户自己生产产品能力的函数；④替代品的威胁；⑤现有竞争对手之间的竞争激烈程度，其本身是行业竞争结构、需求条件、成本条件和退出壁垒高度的函数。

- 进入壁垒的概念是指新竞争对手挑战老牌企业的难易程度，可能是确定行业竞争环境的重要因素。如果新的竞争对手可以轻松进入行业，行业很可能是高度竞争的，因为现有企业试图提高的价格会被新进入者削减。因此，进入门槛较低的行业往往定价能力低。相反，如果现有企业受到进入壁垒的保护，它们可能会享有比较良性的竞争环境，定价能力比客户更强，因为它们不用担心新进入者的价格削减。

- 行业集中度常常（但并不总是）是行业可能有定价能力和合理竞争的标志。但行业分裂是一个更强烈的信号，表明行业竞争激烈和定价能力有限。

- 行业产能对价格的影响是明确的：产能紧张给予参与者更多的定价能力，因为产品或服务的需求超过供给；产能过剩导致价格削减和激烈的竞争环境，因为过剩的供给追逐需求。分析师不仅要考虑当前的产能情况，还要考虑产能水平的未来变化——供需实现平衡需要多长时间以及这个过程对行业定价能力和回报有什么影响。

- 检查行业市场份额在长期的稳定性类似于思考进入壁垒和新玩家进入行业的频率。稳定的市场份额通常表明行业的竞争性较低，而不稳定的市场份额通常表明行业的竞争激烈和定价能力有限。

- 行业在其生命周期中的位置常常对其竞争态势有重大影响，因此在进行行业战略分析时记住这一点很重要。行业和个别公司一样，往往会随着时间推移而发生变化，通常会在增长率和利润率水平方面经历重大改变。正如对个别公司的投资需要紧密跟踪一样，行业分析是一个持续的过程，必须随着时间的推移重复进行以发现可能发生的变化。

- 行业生命周期模型是分析行业演变的有用框架，它确定了行业通常经历的阶段顺序。根据希尔和琼斯模型，行业生命周期的五个阶段是：
  - 萌芽期；
  - 增长期；
  - 洗牌期；
  - 成熟期；
  - 衰退期。

- 价格竞争和客户思维是分析行业时常常被忽视的重要因素。影响客户购买决策最大的因素也很可能是行业竞争对抗的焦点。一般而言，如果价格是客户购买决策中的重要因素，这类行业的竞争往往比那些客户更看重其他属性的行业更激烈。

- 影响行业增长、盈利性和风险的外部因素包括：
  - 技术；
  - 人口特征；
  - 政府；
  - 社会因素。

- 公司分析是在分析师了解了公司的外部环境之后进行的，包括回答有关公司如何应对外部环境威胁和机遇的问题。这个应对计划就是单个公司的竞争战略。分析师应该设法确定战略主要是防御性的还是进攻性的，以及公司打算如何实施该战略。

- 波特确定的两种主要竞争战略：
  - 在低成本战略中，企业努力成为低成本的生产者，以低于竞争对手的价格提供产品和服务并获得市场份额，同时通过取得更高收入赚取足够的利润，实现较高的回报率。
  - 在差异化战略中，公司试图将自己建成在质量、类型或分销方式上独一无二的产品和服务供应商或生产者。要取得成功，它们的价格溢价必须高于差异化的成本，而且差异性必须能吸引顾客并在长期可以维持。

- 公司分析清单包括对以下项目的彻底检查：
  - 公司概况；
  - 行业特征；

- 产品和服务的需求；
- 产品和服务的供给；
- 定价；
- 财务比率。

- 财务报表电子表格模型已成为公司分析中使用最广泛的工具之一，它可用于分析与预测收入、经营利润、净利润和现金流。电子表格模型可用于量化某些不确定因素变化对各财务报表的影响。分析师应该意识到，模型的结果在很大程度上取决于所做的假设。

股权估值：概念和基本工具

约翰·J.纳戈尔尼亚克，CFA

斯蒂芬·E.威尔科克斯，PhD，CFA

■ 学习目标

通过学习本章内容，你将可以：

- 根据当前市场价格和估计价值，评估证券是否被市场高估、合理定价或低估。

- 描述股权估值模型的主要类别。

- 描述定期现金股利、额外股利、股票股利、股票分割、反向股票分割和股份回购。

- 描述股利支付时间表。

- 解释使用现值模型对股权进行估值的基本原理并描述股利折现和股权自由现金流模型。

- 计算不可赎回、不可转换优先股的内在价值。

- 根据合适的戈登股利稳定增长折现模型或两阶段股利折现模型计算和解释股权证券的内在价值。

- 确定公司的特征，选择合适的稳定增长或多阶段股利折现模型。

- 解释使用价格乘数对股权进行估值的基本原理，市盈率乘数如何与基本面关联，以及如何基于可比公司使用乘数。

- 计算并解释以下乘数：市盈率、市价与预估经营现金流比率、市销率和市账率。

- 描述企业价值乘数及其在估计股权价值中的应用。

- 描述基于资产的估值模型及其在估计股权价值中的应用。

- 解释每一类估值模型的优缺点。

3.1 引言

分析师收集和处理信息以做出投资决策，包括买入和卖出建议。收集什么信息以及如何处理这些信息取决于分析师和分析的目的。技术分析使用股票价格和交易量等信息作为投资决策的基础。基本面分析使用有关经济、行业和公司的信息作为投资决策的基础。基本面因素的例子包括失业率、国内生产总值（GDP）增长、行业增长以及公司收益的质量和增长。技术分析师使用信息来预测价格变动并根据预测的价格变化方向做出投资决策，而基本面分析师使用信息来估计证券的价值，并将估计值与市场价格进行比较，然后根据比较做出投资决策。

本章介绍用于估计证券**内在价值**（intrinsic value 同义词：**基本价值**（fundamental value））的股权估值模型；内在价值基于对投资基本面和特征的分析。要考虑的基本面取决于分析师的估值方法。在自上而下的方法中，分析师考察经济环境，找出在该环境中有望繁荣的行业，由此确定有吸引力行业的公司并分析该公司证券。在自下而上的方法中，分析师通常跟踪一个或多个行业并预测这些行业内公司的基本面信息以确定估值。无论采用何种方法，估计股权证券内在价值的分析师实际上都在质疑市场价格用于价值估计的准确性。估值在主动股票投资组合管理中尤为重要，其目的是通过识别错误定价的证券，在权衡回报 - 风险的基础上改善基准投资组合。

本章安排如下：3.2 节讨论了估计价值和市场价格之间差异的潜在含义。3.3 节介绍了三大类估值模型。3.4 节概述了现值模型，重点是股利折现模型。3.5 节描述并检验了估值中乘数的使用。3.6 节解释了基于资产的估值，并展示了如何使用这些模型来估计价值。3.7 节陈述结论并提出实践问题。

3.2 估计价值和市场价格

通过比较估计价值和市场价格，分析师可以得出以下三个结论之一：证券在市场上被**低估**、**高估**或**合理估值**。例如，如果资产的市场价格为 10 美元，分析师估计内在价值为 10 美元，则合乎逻辑的结论是该证券被合理定价。如果证券的售价为 20 美元，则认为该证券被高估。如果证券的售价为 5 美元，则认为该证券被低估。基本上，通过估计价值，分析师就是在假设市场价格不一定是内在价值的最佳估计。如果估计价值超过市场价格，分析师会推断证券被低估。如果估计价值等于市场价格，分析师会推断证券被合理估值。如果估计价值低于市场价格，分析师会推断证券被高估。

在实践中，结论并非如此简单。分析师必须应对与模型适用性和输入值正确性相关的不确定性。分析师的最终结论不仅取决于估计价值和市场价格的比较，还取决于分析师对估计价值（即，对所选模型和其中使用的输入值）的信心。从对估值模型和输入值有较高信心到对估值模型和 / 或输入值的信心相对较低，人们可以设想一个范围。当信心相对较低时，分析师可能会要求自己的估计价值与市场价格之间有重大差异，然后再对明显的错误定价采取行动。例如，如果内在价值的估计为 10 美元，市场价格为 10.05 美元，分析师可能会合理地得出结论：该证券的估值是公允的；估计价值与市场价格之间 0.5% 的差异在分析师的置信区间内。

在分析师对明显的错误定价采取行动或提出买入、卖出或持有建议之前，还必须考虑投资者对市场价格在与投资组合目标相关的投资时间范围内收敛于内在价值的信心：市场价格收敛于估计的内在价值，投资者才能从识别证券定价错误中获益。

在识别错误定价和有吸引力的投资的过程中，分析师对市场价格持怀疑态度，但他们也尊重市场价格。例如，当发现许多被研究的证券似乎被高估时，分析师通常会在对高估的结论采取行动之前重新检查模型和输入值。分析师还经常认识到不同的细分市场（例如被分析师密切关注的证券与被分析师相对忽视的证券）在错误定价的普遍性或持续性方面可能有所不同，并将其纳入建议的考虑因素中。在被分析师忽视的证券中，错误定价的可能性更大。

▍ 例 3-1　估值和分析师回应

（1）分析师发现所有被分析证券的估计价值都高于其市场价格。这些证券似乎都被：

A. 高估。

B. 低估。

C. 合理估值。

（2）分析师发现几乎所有细分市场的公司普通股都以高于分析师对股票价值的估计的市场价格交易。这个细分市场受到大量分析师的关注。以下哪个陈述描述了分析师最应该采取的第一个行动？

A. 为每只股票发布卖出建议。

B. 为每只股票发布买入建议。

C. 重新检查用于估值的模型和输入值。

（3）分析师使用多个模型和一系列输入值，估计证券的价值在 250～270 日元。证券的交易价格为 265 日元。证券似乎被：

A. 高估。

B. 低估。

C. 合理估值。

问题（1）的解答： B 正确。每个证券的估计价值高于市场价格。这些证券在市场上似乎都被低估了。但是请注意，分析师可能希望重新检查模型和输入值以确认该结论是否有效。

问题（2）的解答： C 正确。被分析的所有股票都被高估（表现为市场价格超过估计价值）似乎不太可能，尤其是在有大量分析师关注该细分市场的情况下。因此，分析师不会针对每只股票发布卖出建议。在发布任何建议之前，分析师最恰当的做法将是重新检查模型和输入值。买入建议不是对被高估证券的适当回应。

问题（3）的解答： C 正确。该证券 265 日元的市场价格在分析师估计的范围内。证券似乎得到了合理的估值。

分析师经常使用各种模型和输入值来提高其对内在价值估计的信心。使用多个模型和一系列输入值也有助于分析师了解价值估计对不同模型和输入值的敏感性。

3.3 股权估值模型的主要分类

股权估值模型的三大类别如下。

- **现值模型**（同义词：**现金流折现模型**）。这些模型将证券的内在价值估计为预期从证券中获得的未来收益的现值。在现值模型中，收益通常根据预期分配给股东的现金（**股利折现模型**）或在满足资本支出和营运资金需求后可分配给股东的现金流（**股权自由现金流模型**）来定义。从相对简单到非常复杂，许多模型都属于这一类。在 3.4 节中，我们将详细讨论两个比较简单的模型，戈登（稳定）增长模型和两阶段股利折现模型。

- **乘数模型**（同义词：**市场乘数模型**）。这些模型主要基于股价乘数或企业价值乘数。前一个模型根据一些基本变量的价格乘数估计普通股的内在价值，例如收入、利润、现金流或账面价值。乘数的例子包括市盈率（P/E，股价除以每股收益）和市销率（P/S，股价除以每股销售额）。基本变量的表述可以是基于预期（例如，下一年的预测每股收益）或基于历史（例如，过去一年的每股收益），只要在被研究的公司之间使用是一致的即可。价格乘数也用于相对价值的比较。使用股价与每股收益的比率（即市盈率乘数）来判断相对价值是这种股权估值方法的一个例子。

企业价值（EV）乘数的形式为（企业价值）/（基本变量的价值）。分母的两种可能选择是息税折旧摊销前利润（EBITDA）和总收入。企业价值，即分子，是衡量一家公司总市场价值的指标，其中扣除了现金和短期投资（因为收购方可以使用这些资产来支付收购公司的成本）。普通股价值的估计可以用企业价值乘数间接计算；可以从企业价值中减去负债和优先股的价值以获得普通股的价值。

- **基于资产的估值模型**。这些模型通过公司资产的估计值减去其负债和优先股的估计值来估计普通股的内在价值。资产的估计市场价值通常通过对资产和负债的**账面价值**（同义词：**会计价值**）进行调整来确定。基于资产的方法的理论基础是，企业的价值等于企业资产价值的总和。

如前所述，许多分析师使用不止一种类型的模型来估计价值。分析师知道每个模型都是现实世界的简化，并且存在与模型适用性和模型输入值相关的不确定性。模型的选择将取决于模型输入值信息的可用性以及分析师对信息和模型适当性的信心。

▌ 例 3-2　股权估值模型的类别

（1）分析师正在评估一家新公司的内在价值。分析师有公司一年的财务报表，并计算了公司所在行业的各种价格乘数的平均值。分析师计划在三类估值模型中每类至少使用一种模型。分析师信任程度最低的估计值来自：

A. 乘数模型。

B. 现值模型。

C. 基于资产的估值模型。

（2）基于公司每股收益为 1.35 欧元，分析师估计证券的内在价值为 16.60 欧元。分析师最有可能使用哪种类型的模型来估计内在价值？

A. 乘数模型。

B. 现值模型。

C. 基于资产的估值模型。

问题（1）的解答：B 正确。由于公司只有一年的可用数据，分析师对现值模型输入值的信心可能最少。因为资产都是相对较新的，所以资产负债表上的价值即使未做调整也可能接近市场价值。乘数模型基于行业的平均乘数。

> **问题（2）的解答**：A 正确。分析师正在使用基于市盈率乘数的乘数模型。使用的市盈率为 16.60/1.35 = 12.3。
>
> 当你在下一节开始研究特定的股权估值模型时，必须记住，任何价值模型都必然是对现实世界的简化。永远不要忘记这一点！你可能会遇到比此处讨论的模型复杂得多的模型，但即使是这些模型也只是现实的简化。

3.4　现值模型：股利折现模型

现值模型遵循一个基本的经济学原理：个人推迟消费（即他们投资）以获得预期的未来收益。个人和公司进行投资是因为他们期望在投资期内获得一定的回报。从逻辑上讲，一项投资的价值应该等于预期未来收益的现值。对于普通股，分析师可以将收益等同于投资产生的现金流。最简单的股权估值现值模型是股利折现模型（DDM），它将普通股投资的现金流定义为股利。

下一小节描述了股利折现模型用户应该了解的关于股利的信息。

3.4.1　股利：股利折现模型的背景

一般来说，股权投资的收益来源有两种：①投资者在持有期间收到的现金股利；②持有期间股票市场价格的变化。

股利（dividend）是根据所拥有的股份数量向股东支付的分配，现金股利是对公司股东的现金分配。现金股利通常按已知时间间隔定期支付；这种股利称为定期现金股利。相比之下，**额外股利**（extra dividend）或**特别股利**（special dividend）是公司不定期支付的股利或为补充定期现金股利额外支付的股利。可以观察到支付额外股利的公司包括周期性行业的公司以及正在走下坡路和 / 或进行财务重组的公司。⊖

支付股利不是法律义务：股利必须由公司董事会宣布（即授权）；在某些司法管辖区，它们还必须得到股东的批准。在美国和加拿大，通常每季度宣布和支付定期现金股利；在欧洲和日本每半年一次；在其他一些国家为每年一次，包括中国。

股利折现模型解决了对预期现金股利的贴现问题。**股票股利**（stock dividend，也称为**红股发行**（bonus issue of shares））是一种股利，其中公司将其普通股的额外股份

⊖　另一种股利是清算股利，它是资本返还，而不是收益或留存收益的分配。当公司停业并分配其净资产、出售其部分业务以获取现金后分配出售收益或支付超过其累积留存收益的股利时，将使用清算股利。

（通常为当时流通股的 2%～10%）而不是现金分配给股东，股票股利将"馅饼"（股东权益的市场价值）分成更小的部分，但不会影响"馅饼"的价值或任何股东在公司中的所有权比例。因此，股票股利与估值无关。股票分割和反向股票分割与股票股利相似，因为它们对公司或股东没有经济影响。**股票分割**（stock split）会增加流通股数量，从而导致股价下跌。股票分割的一个例子是二比一的股票分割，其中每位股东当前拥有的每一股都会获发额外的一股。**反向股票分割**（reverse stock split）会减少流通股数量，同时股价相应上涨。在一比二的反向股票分割中，每位股东每持有两股旧股将获得一股新股，流通股数量从而被减少一半。

与股票股利和股票分割相比，股票回购是现金股利支付的替代方案。**股票回购**（share repurchase，或**回购**（buyback））是公司使用现金回购自己股份的交易。计算股利、投票权或每股收益时无须考虑已回购的股票。就对股东财富的影响而言，在其他条件相同的情况下，股票回购被视为等同于支付等值的现金股利。公司管理层已经表达了进行股票回购的几个关键原因：①传递出他们认为股票被低估的信号（或更笼统地说，为了支持股价），②向股东分配现金的数量和时间具有灵活性，③在股利税率超过资本收益税率的市场中提高税收效率，④抵消因员工执行股票期权导致流通股增加的影响。

向普通股股东支付定期现金股利遵循相当标准的时间表，一旦公司董事会投票决定支付股利，这个时间表就会启动。首先是**公告日期**（declaration date），即公司发布声明宣布特定股利的日期。接下来是**除股利日**（ex-dividend date，或除息日），即没有股利（即"除息"）的股票交易的第一天。紧随其后（一个或两个工作日后）的是**持有人登记日**（holder-of-record date，也被称为所有者登记日、股东登记日、登记日或关账日）[⊖]，在这个日期的公司账簿上列出的股东将被视为拥有股份所有权，从而可以获得即将支付的股利；除息日和持有人登记日之间的时间长短与交易的实际结算周期有关。最后一个里程碑是**支付日**（payment date，或**应付日**（payable date）），即公司实际邮寄（或以电子方式）向股东支付股利的日期。

▌ 例 3-3　道达尔公司股利支付时间表

2017 年 5 月 26 日，全球最大的综合能源公司之一道达尔宣布派发每股 2.48 欧元的年度股利，按季度支付。第一季度股利 2.48/4 = 0.62 欧元于 2017 年 10 月 12 日

⊖ 中美对登记日定义不同，在中国的登记日当天买入的股票仍然可以获得股利，美国的登记日是清算日，登记日清算（登记）的股票是在除权日前一天就已经买入的。——译者注

支付。登记日为 9 月 26 日，除息日为 9 月 25 日。道达尔下一期季度股利时间表见图 3-1。

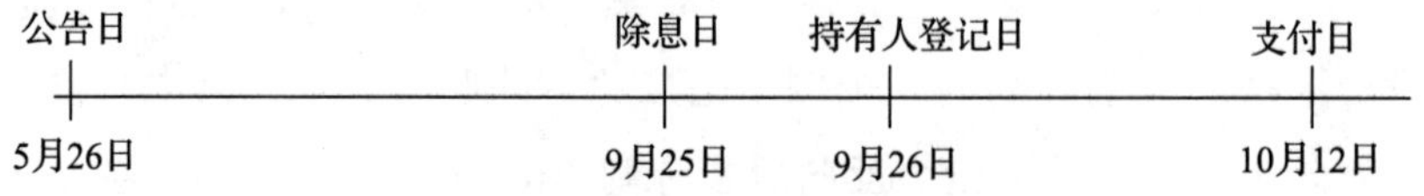

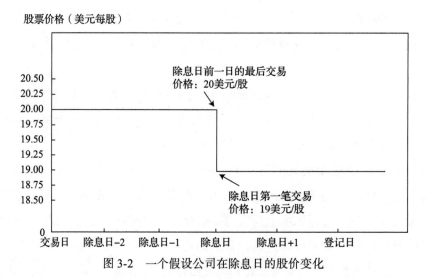

图 3-1 道达尔季度股利时间表

资料来源：道达尔官网。

因为在除息日购买公司股票的买家不再有资格获得即将分配的股利，在其他条件相同的情况下，公司当天的股价会立即减少，减少的金额等于被放弃的股利的金额。图 3-2 说明了一个假设宣布派发每股 1.00 美元股利的公司在除息日开始交易时股价下跌的情况。

图 3-2 一个假设公司在除息日的股价变化

注：假设宣布的股利为每股 1 美元，股票交易结算的惯例为 T+3。

3.4.2 股利折现模型：描述

如果假定发行公司是持续经营的，则股票的内在价值是预期未来股利的现值。如果再假设要求的回报率不变，则股利折现模型对股票内在价值的表达式为式（3-1）：

$$V_0 = \sum_{t=1}^{\infty} \frac{D_t}{(1+r)^t} \tag{3-1}$$

式中，V_0 是在 $t=0$ 时点，股票当天的价值；D_t 是第 t 年的预期股利，假设股利在年底支付；r 是股票的要求回报率。

在股东层面，从普通股投资中得到的现金包括收到的所有股利和出售股票时的收益。如果投资者打算购买并持有股票一年，则该股票当天的价值是两个现金流的现值，即预期股利和一年后的预期售价：

$$V_0 = \frac{D_1 + P_1}{(1+r)^1} = \frac{D_1}{(1+r)^1} + \frac{P_1}{(1+r)^1} \tag{3-2}$$

式中，P_1 是预期 $t=1$ 时的每股价格。

为了估计预期售价 P_1，分析师可以估计另一个持有期为一年的投资者将在一年后愿意支付的股票价格。如果 V_0 基于 D_1 和 P_1，则 P_1 可以由 D_2 和 P_2 来估计：

$$P_1 = \frac{D_2 + P_2}{(1+r)}$$

将等式右侧的 P_1 代入式（3-2）中，V_0 估计为：

$$V_0 = \frac{D_1}{(1+r)} + \frac{D_2 + P_2}{(1+r)^2} = \frac{D_1}{(1+r)} + \frac{D_2}{(1+r)^2} + \frac{P_2}{(1+r)^2}$$

重复这个过程，我们发现 n 个持有期的价值是 n 个时期的预期股利的现值加上 n 个时期后预期价格的现值：

$$V_0 = \frac{D_1}{(1+r)^1} + \cdots + \frac{D_n}{(1+r)^n} + \frac{P_n}{(1+r)^n}$$

使用求和符号来表示 n 个预期股利的现值，我们得出 n 个持有期或投资期的一般表达式：

$$V_0 = \sum_{t=1}^{n} \frac{D_t}{(1+r)^t} + \frac{P_n}{(1+r)^n} \tag{3-3}$$

在投资期限结束时股票的预期价值（实际上是预期售价）通常被称为**股票最终价值**（terminal stock value，或**终值**（terminal value））。

▋ 例 3-4　估计三年投资期的股票价值

未来三年，股票的年度股利预计为 2.00 欧元、2.10 欧元和 2.20 欧元。预计三年期末股价为 20.00 欧元。如果股票的要求回报率是 10%，那么股票的估计价值是多少？

解答： 预期未来现金流量的现值可写为：

$$V_0 = \frac{2.00}{(1.10)^1} + \frac{2.10}{(1.10)^2} + \frac{2.20}{(1.10)^3} + \frac{20.00}{(1.10)^3}$$

> 计算这些现值并求和，得到股票估计价值 $V_0 = 1.818 + 1.736 + 1.653 + 15.026 = 20.23$ 欧元。
>
> 三笔股利的总现值为 5.207 欧元，股票终值的现值为 15.026 欧元，总估计值为 20.23 欧元。

将持有期延长到无限期，我们可以说一只股票的估计价值是所有预期未来股利的现值，如式（3-1）所示。

对无限期未来的考虑是有效的，因为作为公司成立的企业通常是为无限期运营而设立的。即使在投资者的投资期限有限的情况下，这种股利折现模型的一般形式也适用。对于该投资者而言，当天的股票价值直接取决于投资者在出售股票之前预期获得的股利，并间接取决于出售后各期的预期股利，因为这些预期的未来股利决定了预期的销售价格。因此，式（3-1）给出的一般表达式与投资者的持有期无关。

在实践中，许多分析师更喜欢使用股权自由现金流（FCFE）估值模型。这些分析师假设股利支付能力应该反映在现金流估计中，而不是在预期的股利中。FCFE 是衡量股利支付能力的一个指标。分析师还可以对不派息的股票使用 FCFE 估值模型。要使用 DDM，分析师需要预测第一次股利的时间和金额以及此后的所有股利或股利增长。准确地对不派息的股票做出这些预测通常很困难，因此在这种情况下，分析师往往会求助于 FCFE 模型。

FCFE 的计算从经营活动现金流（CFO）的计算开始。CFO 的简单定义为净利润加上非现金支出减去营运资本投资。FCFE 是衡量一个期间内产生的，可以分配给普通股股东的现金流量的指标。"可以分配"的含义是什么？CFO 不可以被全部用于分配；在维持公司持续经营期间，需要用于固定资本投资（FCInv）的 CFO 部分被视为不可以分配给普通股股东。借款净额（借款减去还款）被视为可分配给普通股股东。因此，FCFE 可以表示为：

$$\text{FCFE} = \text{CFO} - \text{FCInv} + 借款净额 \tag{3-4}$$

计算历史 FCFE 所需的信息可从公司的现金流量表和财务披露中获得。在假设管理层的行为是为了维持公司持续经营价值的前提下，通常使用报告的资本支出代表 FCInv。分析师必须对财务状况进行预估以预测未来的 FCFE。用 FCFE 进行估值需要按股东要求回报率对预期的未来 FCFE 进行折现，该表达式与式（3-1）相似：

$$V_0 = \sum_{t=1}^{\infty} \frac{\text{FCFE}_t}{(1+r)^t}$$

例 3-5 现值模型

（1）投资者预期股票在第 1 年末和第 2 年末分别支付 3.00 美元和 3.15 美元的股利。在第 2 年底，投资者预计股票交易价格为 40.00 美元。股票的要求回报率为 8%。如果投资者的预测是准确的，而且目前股票的市场价格是 30 美元，那么最可能的结论是股票被：

A. 高估。

B. 低估。

C. 合理估值。

（2）两个持有期不同但对一家公司的预期和要求回报率相同的投资者正在估计该公司普通股的内在价值。持有期较短的投资者最有可能估计出一个：

A. 较低的内在价值。

B. 较高的内在价值。

C. 相似的内在价值。

（3）关注预期股利而非股利支付能力的股权估值模型是：

A. 股利折现模型。

B. 股权自由现金流模型。

C. 投资现金流回报模型。

问题（1）的解答：B 正确。39.77 美元的估值超过了 30 美元的市场价格，因此结论是股票被低估了。

问题（2）的解答：C 正确。证券的内在价值与投资者的持有期限无关。

问题（3）的解答：A 正确。股利折现模型关注预期股利。

如何估计用于现值模型的要求回报率？为了估计股权要求回报率，分析师经常使用资本资产定价模型（CAPM）：

$$股票\ i\ 要求回报率 = 当前无风险利率 + 贝塔_i × 市场（股票）风险溢价 \quad (3\text{-}5)$$

式（3-5）指出，股票的要求回报率是当前预期无风险利率加上风险溢价，后者等于股票的贝塔系数（衡量不可分散风险的指标）和市场风险溢价（市场的预期回报超过无风险回报的部分，在实践中，"市场"通常是以包含广泛股票的市场指数为代表）。然而，即使分析师都认为 CAPM 是一个合适的模型，他们选择的 CAPM 输入值也可能不同。因此，"要求的回报率是多少？"这个问题没有唯一正确的答案。

估计公司股票要求回报率的其他常用方法包括在适当的无风险利率（通常是国债）

上添加基于经济判断而非 CAPM 的风险溢价，和在公司债券收益率上添加风险溢价。良好的商业和经济判断对于估计要求回报率至关重要。在许多投资公司中，要求回报率由公司政策决定。

3.4.3 优先股估值

将一般的股利折现模型应用于优先股相对容易。就其最简单的形式而言，**优先股**（preferred stock）是一种股权形式（通常无投票权），在收到股利方面优先于普通股，并且在公司清算时对发行人的资产有优先权。它可能有一个规定的到期日，届时支付股票的面值（平价），它也可能是永续的，没有到期日；此外，它可以是可赎回或可转换的。

假设不可赎回、不可转换的永续优先股支付的股利水平为 D，并假设随着时间的推移要求回报率不变，式（3-1）可以简化为永续年金的现值公式。它的价值是：

$$V_0 = \frac{D_0}{r} \qquad (3\text{-}6)$$

例如，100 美元面值的不可赎回永续优先股提供 5.50 美元的年度股利。如果其要求回报率为 6%，则价值估计为 5.50 美元 /0.06 = 91.67 美元。

对于在时间 n 到期的不可赎回、不可转换的优先股，可以使用式（3-3）来计算估计的内在价值，但这里使用优先股的票面价值 F，而不是 P_n：

$$V_0 = \sum_{t=1}^{n} \frac{D_r}{(1+r)^t} + \frac{F}{(1+r)^n} \qquad (3\text{-}7)$$

使用式（3-7）时，最准确的方法是使用反映在股利支付安排中的 n、r 和 D 值。这种方法类似于固定收益分析师对债券估值的做法。例如，面值为 20.00 英镑、到期时间为 6 年、名义要求回报率为 8.20%、每半年股利为 2.00 英镑的不可转换优先股的估值将使用的 n 为 12，r 为 4.10%，D 为 2.00 英镑，F 为 20.00 英镑。估计价值的结果将是 31.01 英镑。假设支付是每年一次而不是半年一次（即，假设 $n = 6$，$r = 8.20\%$，且 $D = 4.00$ 英镑），将得到的估计价值为 30.84 英镑。

优先股的发行经常会允许发行人在到期前的某个时间点赎回（买回），价格通常为面值，或是随着到期日的临近从超过面值下降到接近面值。此类赎回期权往往会降低优先股对投资者的价值，因为赎回期权将在对发行人有利的情况下由发行人行使，而在不利于发行人的情况下则被忽略。例如，如果发行人可以按面值赎回原本可以按高于面值价格（基于股利、到期日和要求回报率）交易的股票，那么发行人就有赎回股份的动机。

优先股发行还可以包括回售期权，使优先股持有人能够在到期前按照预先指定的条件将股票卖给发行人。从本质上讲，股份持有人拥有的是看跌期权。这种看跌期权往往会增加优先股对投资者的价值，因为回售期权将在对投资者有利时由投资者行使，而在不利时则被忽略。尽管对此类附带期权问题的精确估值超出了本文的范围，但例 3-6 包括了一个可用式（3-7）估算可赎回、可回售优先股价值的案例。

▮ 例 3-6　优先股估值：两个案例

案例 1：不可赎回、不可转换、永续优先股

关于联合电气公司 4.75% 永续优先股的情况如下：

- 发行人：联合电气公司（由 Ameren 公司拥有）
- 面值：100 美元
- 股利：每年 4.75 美元
- 到期日：永续
- 附带期权：无
- 信用评级：穆迪投资者服务 / 标准普尔 Ba1/BB
- 截至估值日，Ba1/BB 评级优先股的要求回报率：7.5%。

（1）估计该优先股的内在价值。

（2）如果可赎回，说明该发行价格的内在价值会更高还是更低（所有其他事实保持不变）。

问题（1）的解答： 折现率为基于 Ba1/BB 评级优先股的要求回报率 7.5%，得到内在价值的估计为 4.75 美元 /0.075＝63.33 美元。

问题（2）的解答： 如果股票是可赎回的，其内在价值会更低。赎回或买回股票的选择权对发行人很有价值，因为当这样做符合发行人的利益时，赎回权就会被行使。如果股票可赎回，股票对投资者的内在价值通常会较低。在本例中，由于没有赎回期权的内在价值远低于面值，即使股票可赎回，发行人也不太可能赎回；因此，内在价值虽然会降低，但只是轻微的。

案例 2：可回售定期优先股

可回售定期优先股是一种最早由加拿大公司发行的优先股，现在已开始由包括日本在内的其他司法管辖区的公司发行。这种类型的股票规定了一个"回售日期"，优先股股东可以在该日期选择以面值将其股份回售给发行人（即股票在该日期"可撤回"或"可回售"）[⊖]。在预定的回售日期之前，发行人可以选择以预先确定的价格（总是等于或高于面值）赎回优先股。

目前流通在外的可回售定期优先股的一个例子是丰田汽车公司（TMC）第一系列 AA 级股票，股利率为 0.5%，在 2020 年之前每年增加 0.5%，此后固定为 2.5%。TMC 是全球领先的汽车制造商，总部位于日本，业务遍及全球。股票以日元发行。股票面值 10 598 日元，并于 2016 年 3 月 31 日支付了 26.5（=（0.5%×10 598）/2）日元的半年度股利。在 2020 年 3 月 31 日及以后，预计年度股利将增加至 132.5（=（2.5%×10 598）/2）日元。截至 2017 年 12 月 31 日，该公司分别获得穆迪和标准普尔的 Aa3 和 AA- 评级，即穆迪和标准普尔认为这些股票具有"足够"的信用质量，符合"Aa3 和 AA-"级标准。该评级属于较高质量。从 2021 年 4 月 2 日起，TMC 可选择以 10 598 日元（面值）赎回这些股份。自 2020 年 9 月 1 日起，股票可以按面值回售，回售日期为每年 3 月、6 月、9 月和 12 月的最后一天。AA 系列股份具有投票权，并可按相同方式行使 TMC 普通股持有人持有的投票权和其他权利。AA 系列股票于 2015 年以较普通股价格溢价 20% 的价格发行，此后股价[⊜]在 2017 年 12 月 31 日已降至 7 243 日元，当时的要求回报率为每年 3.05%（半年 1.525%）。由于股票的市场价格远低于 TMC 可以赎回或回购股票的价格，因此认为 TMC 不太可能赎回，而 AA 系列持有人的回售期权似乎具有重要价值，因为他们可能会以比当前市值高出约 45%（10 598 日元对 7 243 日元）的价格将股份回售给 TMC。

（1）假设该股票将在 2020 年 12 月被回售；股份持有人将于 2020 年 12 月向公司出售股份。根据所提供的信息，估计每股内在价值。

问题（1）的解答： 该优先股的内在价值估计为 10 279 日元。预计半年股利：

截至 2018 年 3 月 31 日的年度：79.5（=（1.5%×10 598）/2）日元

截至 2019 年 3 月 31 日的年度：106（=（2.0%×10 598）/2）日元

截至 2020 年 3 月 31 日的年度：132.5（=（2.5%×10 598）/2）日元

$$V_0 = \left[\frac{79.5}{1.015\,25} + \frac{79.5}{1.015\,25^2} + \frac{106}{1.015\,25^3} + \frac{106}{1.015\,25^4} + \frac{132.5}{1.015\,25^5} + \frac{132.5}{1.015\,25^6} + \frac{10\,598}{1.015\,25^6} \right]$$
$$= 10\,279（日元）$$

当前市场价格 7 243 日元与内在价值 10 279 日元之间的差额是 AA 系列股票持有人所拥有可回售期权的隐含价值。

⊖ "可撤回"是指该期权可撤回，是看跌期权。该术语尚未完全确定：被称为"可撤回定期优先股"的股份类型也称为"可硬撤回优先股"，其中"硬"指的是在撤回日以现金而非普通股支付。

⊜ 根据上下文判断，这里的股价指普通股的价格。——译者注

3.4.4　戈登增长模型

当人们试图将式（3-1）用于普通股时，一个相当明显的问题是它需要分析师估计无限期的预期股利。为了简化这个过程，分析师经常对股利将如何随着时间的推移而增长或变化做出假设。戈登（稳定）增长模型（Gordon 1962）是一个简单且被人们熟知的股利折现模型。该模型假设股利以不变的比率无限增长。

由于其假设增长率稳定，戈登增长模型特别适用于对商业周期相对不敏感且处于成熟增长阶段的派息公司的股权估值。这样的例子可能包括为缓慢增长的地区提供服务的电力公司或主食产品（例如面包）的生产商。拥有以稳定增长率增加股利的历史记录是分析师在实践中假设股利增长模式将在未来保持的另一个标准。

在稳定增长假设下，式（3-1）可以写成式（3-8），其中 g 是稳定增长率：

$$V_0 = \sum_{t=1}^{\infty} \frac{D_0(1+g)^t}{(1+r)^t} = D_0 \left[\frac{(1+g)}{(1+r)} + \frac{(1+g)^2}{(1+r)^2} + \cdots + \frac{(1+g)^\infty}{(1+r)^\infty} \right] \tag{3-8}$$

如果假定要求回报率 r 严格大于增长率 g，则式（3-8）中方括号内的项是无限几何级数，总和为 $[(1+g)/(r-g)]$。代入式（3-8）产生戈登增长模型，如式（3-9）所示：

$$V_0 = \frac{D_0(1+g)}{r-g} = \frac{D_1}{r-g} \tag{3-9}$$

为了说明该公式，假设当前（最近）的年度股利为 5.00 欧元，预计股利将以每年 4% 的速度增长。股本要求回报率为 8%。因此，戈登增长模型对内在价值的估计为 $5.00 \times (1.04) / (0.08-0.04) = 5.20$ 欧元 $/0.04 = 130$ 欧元 / 股。请注意，分子是 D_1，而不是 D_0。（使用错误的分子是一个常见的错误。）

戈登增长模型将内在价值估计为不断增长的永续年金的现值。如果假定增长率 g 为零，则式（3-8）简化为永续年金现值的表达式，如之前的式（3-6）所示。

在估计长期增长率时，分析师使用多种方法，包括评估股利或盈利随时间推移的增长率、使用行业增长率中位数以及使用式（3-10）中所示的关系来估计可持续增长率：

$$g = b \times \text{ROE} \tag{3-10}$$

式中，g 是股利增长率；b 是收益留存比率，等于（1-股利支付率）；ROE 是净资产收益率。

例 3-7 说明了戈登增长模型在估计大型工业制造公司股票价值上的应用。分析师认为，公司将继续以前三年的速度增长，并在未来保持稳定。该示例考察股利增长的假设使内在价值的估计值增加了多少。这个问题与估值有关，因为如果该金额所占百分比很高，则股票价值的很大一部分取决于预期增长的实现。可以通过从式（3-9）得

到的内在价值估计值中减去式（3-6）确定的值来回答这个问题，式（3-6）假设没有股利增长。[一]

▌例3-7 应用戈登增长模型

西门子股份公司在资本品和技术领域开展业务，涉及工程、制造、自动化、电力和运输部门。它在全球范围内运营，是其运营领域中最大的公司之一。西门子在其初始的德国国内市场以及全球数十个国家都是重要的雇主。节选的西门子财务信息见表3-1。

表3-1 节选的西门子财务信息

年度	2017	2016	2015	2014	2013
每股收益（EPS）（欧元）	7.45	6.74	8.85	6.37	5.08
每股股利（DPS）（欧元）	3.7	3.6	3.5	3.3	3.0
股利支付率	50%	53%	40%	52%	59%
净资产收益率（ROE）	15.6%	15.9%	22.3%	18.2%	14.6%
股价（XETRA[二]–法兰克福）（欧元）	119.2	104.2	79.94	94.37	89.06

资料来源：Morningstar。

根据2013～2017年期间的股利增长率，分析师估计增长率约为5.4%[$3(1+g)^4=3.7$，因此$g=5.4\%$]。为验证未来5.4%的预估增长率是否可行，分析师还使用西门子前五年的收益留存率和净资产收益率的平均值（$g \approx 0.49 \times 17.3\% \approx 8.5\%$）来估计可持续增长率。

分析师使用多种方法，包括长期德国国债加风险溢价和使用CAPM，估计的要求回报率为7.5%。D_0使用最新的股利3.70欧元。

（1）使用戈登增长模型估算西门子的内在价值。

（2）内在价值估计因为股利增长假设增加了多少？

（3）基于估计的内在价值，西门子是被低估、被高估，还是估值合理？

（4）如果增长率估计值降低到4.4%，内在价值是多少？

（5）如果增长率估计值降低到4.4%，要求回报率估计值增加到8.5%，内在价值是多少？

[一] 一个相关的概念，即增长机会的现值（PVGO）在较高级别的阅读材料中有讨论。

[二] XETRA 为德国交易所集团使用的证券交易系统。——译者注

问题（1）的解答：

$$V_0 = \frac{3.70 \times (1 + 0.054)}{0.075 - 0.054} = 184.20 \text{（欧元）}$$

问题（2）的解答：

$$184.20 - \frac{3.70}{0.075} = 134.87 \text{（欧元）}$$

问题（3）的解答：

西门子的股票似乎被低估了。分析师在提出建议之前，可能会考虑估计的输入值是否切合实际，并检查估计的价值对输入值变化的敏感性。

问题（4）的解答：

$$V_0 = \frac{3.70 \times (1 + 0.044)}{0.075 - 0.044} = 124.61 \text{（欧元）}$$

问题 (5) 的解答：

$$V_0 = \frac{3.70 \times (1 + 0.044)}{0.085 - 0.044} = 94.21 \text{（欧元）}$$

戈登增长模型估计的内在价值对要求回报率 r 和增长率 g 十分敏感。最初使用的增长率假设和要求回报率假设可能太高了。全球经济增长通常处于低个位数，这意味着像西门子这样的大公司可能难以维持股利 5.4% 的永续增长率。表 3-2 展示了西门子内在价值对要求回报率和增长率估计值的敏感性的进一步分析。

表 3-2　对西门子内在价值估计的敏感性分析　　（单位：欧元）

	$g = 2.5\%$	$g = 3.5\%$	$g = 4.5\%$	$g = 5.5\%$	$g = 6.5\%$
$r = 6\%$	108.4	153.2	257.8	780.7	—
$r = 7\%$	84.3	109.4	154.7	260.2	788.1
$r = 8\%$	69.0	85.1	110.5	156.1	262.7
$r = 9\%$	58.3	69.6	85.9	111.5	157.6
$r = 10\%$	50.6	58.9	70.3	86.7	112.6

请注意，当增长率超过要求回报率时，表格中没有显示任何值。戈登增长模型假设增长率不能大于要求回报率。

戈登模型的假设如下：

- 股利是用于估值的正确指标。
- 股利增长率是稳定的：它是持续的，永远不会改变。

- 要求回报率也随着时间的推移保持不变。
- 股利增长率严格低于要求回报率。

分析师可能出于多种原因对这些假设不满意。被研究的股票目前可能不会支付股利。戈登的假设可能过于简单，无法反映被评估公司的特征。戈登模型的一些替代方法如下：

- 使用更强大的 DDM，允许不同的增长模式。
- 出于估值目的使用现金流指标而不是股利。
- 使用其他一些方法（例如乘数法）进行估值。

如果被分析的公司目前没有支付股利，则很难应用 DDM。如果出现以下情况，公司可能不会支付股利：①公司拥有的投资机会都非常有吸引力，以至于从回报的角度来看，资金的保留和再投资比向股东分配股利更合理，或者②公司的财务状况如此不稳定，以至于无法支付股利。分析师可能仍然使用 DDM 来评估这些公司，假设在未来某个时间点开始会有股利。分析师可能会进一步假设在该日期之后股利持续增长，并使用戈登增长模型进行估值。然而，从当前没有股利进行推断，通常会产生高度不确定的预测。分析师通常选择使用一种或多种替代方案来代替或作为戈登增长模型的补充。

▋ 例 3-8　不分红情况下的戈登增长模型

一家公司目前不支付股利，但预计将在五年后开始支付（在 $t = 5$ 时）。第一次股利预计为 4.00 美元，从今天起五年后收到。预计该股利将以 6% 的速度持续增长。要求回报率为 10%。当前的内在价值估计是多少？

解答： 分析师可以将股权估值分为两部分：

（1）分析师使用戈登增长模型估计 $t = 5$ 时的价值；在该模型中，下一年股利为 4×1.06 美元。然后分析师找到该值在 $t = 0$ 时的现值。

（2）分析师发现在第一部分的估计中没有"计算"4 美元股利的现值（而是从 $t = 6$ 的红利开始进行估值）。请注意，题目的陈述意味着 D_0、D_1、D_2、D_3 和 D_4 为零。

第一部分：这部分的价值为 65.818 美元：

$$V_n = \frac{D_n(1+g)}{r-g} = \frac{D_{n+1}}{r-g}$$

$$V_5 = \frac{4 \times (1 + 0.06)}{0.10 - 0.06} = \frac{4.24}{0.04} = 106 \text{（美元）}$$

$$V_0 = \frac{106}{(1 + 0.10)^5} = 65.818 \text{（美元）}$$

第二部分：这部分价值为 2.484 美元：

$$V_0 = \frac{4}{(1 + 0.10)^5} = 2.484 \text{（美元）}$$

两个部分之和为 65.818 + 2.484 = 68.30 美元。

或者，分析师可以在 $t = 4$ 时对股票进行估值，此时的股利预计将在下一年支付，从那之后，它们预计将以稳定的速度增长。

$$V_4 = \frac{4.00}{0.10 - 0.06} = \frac{4.00}{0.04} = 100 \text{（美元）}$$

$$V_0 = \frac{100}{(1 + 0.10)^4} = 68.30 \text{（美元）}$$

下一节将讨论对股利增长率有更灵活假设的股利折现模型的应用。

3.4.5 多阶段股利折现模型

多阶段增长模型通常用于对快速增长的公司进行建模。两阶段 DDM 假设在某个时刻公司将开始支付以稳定速度增长的股利，但在此之前公司将支付以高于长期可持续增长速度增长的股利。也就是说，假设公司经历了一个初始的、有限的高速增长期（高速增长可能是因为竞争对手尚未进入市场），然后是无限期的可持续增长。因此，两阶段 DDM 使用两种增长率：初始有限时期的高增长率，然后是稳定的较低的可持续增长率。戈登增长模型用于估计在时间点 n 的终值，该终值反映了在可持续增长期间收到的股利在时间点 n 的现值。

这里将使用式（3-11）作为两阶段估值模型的起点。两阶段估值模型与例 3-8 类似，不同之处在于分析师没有假设初始阶段的股利为零，而是假设初始阶段的股利将呈现高增长率。式（3-11）计算了短期高增长阶段的股利和高增长期末的终值。短期增长率 g_S 持续 n 年时间。第 n 年每股的内在价值 V_n 代表可持续增长期内股利在第 n 年的价值，即在时点 n 的终值。V_n 可以通过使用戈登增长模型来估计，如式（3-12）所示，其中 g_L 是长期或可持续增长率。第 $n + 1$ 年的股利 D_{n+1} 可以使用式（3-13）确定：

$$V_0 = \sum_{t=1}^{n} \frac{D_0(1+g_S)^t}{(1+r)^t} + \frac{V_n}{(1+r)^n} \qquad (3\text{-}11)$$

$$V_n = \frac{D_{n+1}}{r-g_L} \qquad (3\text{-}12)$$

$$D_{n+1} = D_0(1+g_S)^n(1+g_L) \qquad (3\text{-}13)$$

▍例 3-9　应用两阶段股利折现模型

当前的股利 D_0 为 5.00 美元。预计三年内每年增长 10%，此后每年增长 5%。要求回报率为 15%。估计内在价值。

解答：

$$D_1 = 5.00 \times (1+0.10) = 5.50 \,(美元)$$
$$D_2 = 5.00 \times (1+0.10)^2 = 6.05 \,(美元)$$
$$D_3 = 5.00 \times (1+0.10)^3 = 6.655 \,(美元)$$
$$D_4 = 5.00 \times (1+0.10)^3(1+0.05) = 6.987\,75 \,(美元)$$
$$V_3 = \frac{6.987\,75}{0.15-0.05} = 69.877\,5 \,(美元)$$
$$V_0 = \frac{5.50}{(1+0.15)} + \frac{6.05}{(1+0.15)^2} + \frac{6.655}{(1+0.15)^3} + \frac{69.877\,5}{(1+0.15)^3} \approx 59.68 \,(美元)$$

DDM 可以扩展到合适的任意多个阶段。对于大多数上市公司（即已经跨过初创阶段的公司）而言，分析师会假设成长最终分为三个阶段：①成长，②转型，③成熟。该假设支持使用三阶段 DDM，它利用三个增长率：有限时期的初始高增长率，然后是有限时期的第二阶段较低增长率，再来是永续的较低的可持续增长率。

可以说，三阶段 DDM 最适合刚刚进入增长阶段的相对较年轻的公司。两阶段 DDM 适合用于估计老公司的价值，这类公司已经历了增长阶段且目前处于转型阶段（增长率高于可持续增长率的时期），即将进入成熟阶段（具有可持续的较低增长率的时期）。

然而，两阶段 DDM 的选择并不完全取决于公司的年龄。历史悠久的公司有时会设法通过创新、向新市场扩张或收购等方式重新开始高于平均水平的增长。或者一家公司的长期增长率可能会被一段业绩不正常的时期所打断。如果预计增长将放缓（在第一种情况下）或朝着某个长期增长率改善（在第二种情况下），那么两阶段 DDM 可能是合适的。因此，我们在例 3-10 中选择了两阶段 DDM 来评估 IBM 公司。

例 3-10 两阶段股利折现模型：IBM

国际商业机器公司（IBM）是一家总部位于美国的领先技术公司。IBM 成立于 1911 年，最初是一家从事销售和租赁的机械生产公司，范围从商业秤和工业时间记录器、肉类和奶酪切片机到穿孔卡片。IBM 于 1981 年推出了个人电脑；然而，到 20 世纪 90 年代，它的核心计算机制造业务开始亏损，进入 21 世纪后，它开始向业务咨询多元化发展，并于 2005 年将其个人计算机业务出售给中国公司联想。IBM 现在分为五个部门运营：认知解决方案、全球商业服务（GBS）、技术服务和云平台、系统、全球融资。认知解决方案部门提供从描述性、预测性和规范性分析到认知系统的一系列功能。认知解决方案包括沃特森（Watson），这是一个认知计算平台，能够以自然语言进行交互、处理大数据并从人和计算机的交互中学习。GBS 部门为客户提供咨询、应用管理服务和全球流程服务。技术服务和云平台部门提供信息技术基础设施服务。系统部门为客户提供底层架构技术。全球融资部门包括客户融资、商业融资以及再制造和再营销。

2018 年 7 月 30 日，*Value Line* 关于 IBM 的报告如图 3-3 所示。IBM 在过去 15 年中每年都在增加股利。*Value Line* 的信息显示，过去 10 年的股利增长率约为 17.0%，过去 5 年为 13.5%，预计 2015～2023 年为 4.5%。以上特征表明 IBM 可能正在过渡到成熟增长期。

两阶段 DDM 可以说是对 IBM 进行估值的不错选择，因为该公司似乎正在从高增长阶段（注意过去 5 年 13.5% 的股利增长）过渡到低增长阶段（注意 2015～2023 年股利增长 4.5% 的预测）。

CAPM 可用于估计 IBM 的要求回报率 r。*Value Line* 报告（在左上角）估计贝塔为 0.95。使用 10 年期美国国债收益率大约 2.0% 作为无风险利率的代理并假设股票风险溢价为 5.0%，我们发现 r 的估计值为 6.75%（= 2.0% + 0.95 × 5.0%）。

为了估计 2018 年底的内在价值，我们使用 *Value Line* 报告中的 2018 年股利 6.21 美元。假设股利在一年内以 5.0% 的速度增长，然后以 2.33% 的速度增长。第一阶段的增长率假设与 *Value Line* 对 2018 年和 2019 年股利的预测一致。我们对永续增长率 2.33% 的假设得到了 8 年增长率接近 4.5%[⊖]的估计，这与 *Value Line* 预测的 2015～2022 年增长率为 4.5% 一致。因此：

⊖ 2015～2023 年精确的几何平均年增长率可以确定为 $[(1+0.10)(1+0.0727)(1+0.0525)(1+0.499)(1+0.022)(1+0.022)(1+0.022)(1+0.022)]^{1/8}-1 = 4.5\%$。

$$D_{2019} = 6.21 \times (1 + 0.05) = 6.520\ 5\ （美元）$$

$$D_{2020} = 6.21 \times (1 + 0.05) \times (1 + 0.023\ 3) = 6.672\ 4\ （美元）$$

$$D_{2021} = 6.21 \times (1 + 0.05) \times (1 + 0.023\ 3)^2 = 6.827\ 9\ （美元）$$

$$V_{2020} = \frac{6.827\ 9}{0.067\ 5 - 0.023\ 3} = 154.477\ 4$$

$$V_{2018} = \frac{6.520\ 5}{(1 + 0.067\ 5)} + \frac{6.672\ 4}{(1 + 0.067\ 5)^2} + \frac{154.477\ 4}{(1 + 0.067\ 5)^2} \approx 147.523\ （美元）$$

鉴于最近的价格为 148.56 美元，如 *Value Line* 报告左上角所述，147.523 美元的内在价值估计表明 IBM 的估值大致合理。

3.5 乘数模型

术语**价格乘数**（price multiple）是指将股价与某种资金流量或价值进行比较以评估公司股票相对价值的比率。一些从业者使用价格乘数作为筛选方法。如果乘数低于指定值，则将股票识别为备选购买对象，如果乘数超过指定值，则将股票识别为备选出售对象。许多从业者在检查一组或一个行业股票时使用乘数，并将乘数相对较低的股票视为估值具有吸引力的证券。

证券分析师使用的价格乘数包括：

- 市盈率（P/E）。该指标是股票价格与每股收益的比率。市盈率可以说是最常被媒体引用、被分析师和投资者使用的价格乘数（Block，1999）。McWilliams（1966）、Miller 和 Widmann（1966）、Nicholson（1968）、Dreman（1977） 和 Basu（1977）的开创性著作证明了低市盈率股票的回报优势。

- 市净率（P/B）。这是股票价格与每股账面价值的比率。相当多的证据表明，市净率乘数与未来的回报率成反比（Fama 和 French，1995）。

- 市销率（P/S）。该指标是股票价格与每股销售额的比率。O'Shaughnessy（2005）提供的证据表明，低 P/S 乘数是预测未来回报最有用的乘数。

- 市现率（P/CF）。该指标是股票价格与某些每股现金流指标的比率。现金流的衡量标准包括自由现金流（FCF）和经营活动现金流（CFO）。

对所有这些乘数的普遍批评是它们没有考虑未来。如果乘数的分母是根据过去或当前值计算的，则这种批评是正确的。从业者试图通过各种技术来应对这种批评，包括预测未来一年或几年后的基本值（被除数）。由此产生的远期（领先或预期）价格乘数可能与历史价格乘数显著不同。分析师没有对基本面因素的值做明确预测，但在实施此类模型时隐含了对未来的预测。价格乘数的选择（过去或预期）在用于被比较的公司时应该保持一致。

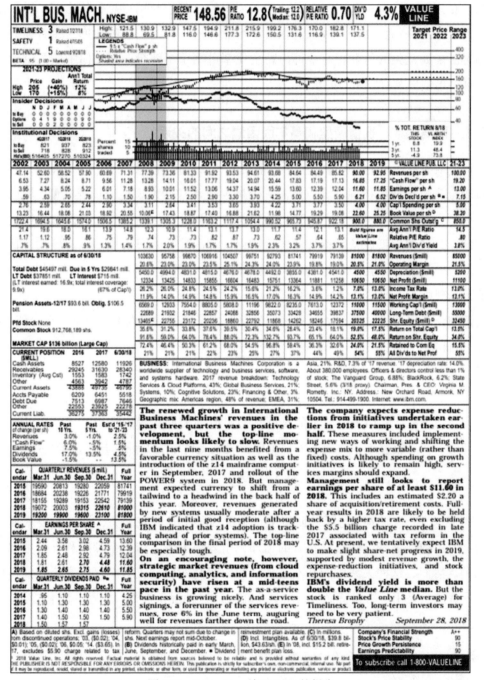

图 3-3　*Value Line* 关于 IBM 的报告

除了刚刚介绍的估值中使用的传统价格乘数外，分析师还需要知道如何计算和解释其他比率。此类比率包括根据财务报表中报告的数据分析业绩表现和财务状况的比率。此外，许多行业都有专门的业绩指标，覆盖这些行业的分析师应该熟悉这些指标。例如，在分析有线电视公司时，通常使用公司的总市值与用户总数的比率。另一个常见的衡量标准是每订阅用户收入。在石油行业，一个普遍引用的比率是每普通股的探明储量。诸如此类的行业特定或部门特定比率可用于了解行业或部门中的关键业务变量，并突出估值具有吸引力的证券。

3.5.1 价格乘数、现值模型和基本面因素之间的关系

价格乘数在使用上，经常独立于现值模型。一种价格乘数估值方法（即可比法）不涉及现金流量预测或折现计算。然而，价格乘数常常通过现金流折现模型（例如戈登增长模型）与基本面因素产生关联。了解这种关联可以加深分析师对乘数的影响因素的理解，并且通常可以帮助解释和定价错误无关的乘数差异的原因。推导的表达式可以解释为乘数的合理值，即由（基于）基本面或一组现金流预测可以解释的值。这些表达式是呈现内在价值估计的另一种方式。

例如，使用先前在式（3-9）中确定的戈登增长模型并假设价格等于内在价值（$P_0 = V_0$），我们可以将式（3-9）重新表述如下：

$$P_0 = \frac{D_1}{r-g} \tag{3-9.1}$$

为了得出式（3-14）中给出的合理动态市盈率模型，我们将式（3-9.1）的两边除以预期的下一年收益 E_1。在式（3-14）中，股利支付率 P 是股利与收益的比率：

$$\frac{P_0}{E_1} = \frac{D_1 / E_1}{r-g} = \frac{p}{r-g} \tag{3-14}$$

式（3-14）表明 P/E 与要求回报率负相关，与增长率正相关，即随着要求回报率的增加，市盈率下降，随着增长率的增加，市盈率上升。市盈率和股利支付率似乎呈正相关。然而，这种关系可能并不正确，因为较高的股利支付率可能意味着公司保留较低比例的收益用于再投资而导致增长率较慢。这种现象被称为收益的股利置换。

▌ 例 3-11   基于基本面的价值估计

巴西石油股份有限公司，俗称 Petrobras，曾被彭博社评为"最昂贵的石油公司"。Petrobras 和石油行业的数据，包括过去 12 个月（TTM）市盈率和股利支付率，

如下所示。

	Petrobras	行业
市盈率（TTM）	39.61	13.0
资产回报率（TTM）（%）	3.0	3.2
每股收益 3 年增长率（%）	NM	66.00
每股收益（MRQ）比去年同季度（% 变化）	138.96	−12.0

注：NM 代表不可量化。Petrobras 每股收益从每股亏损 1.14BRL（巴西雷亚尔）上升至（原文是 decrease，但从上下文理解应该是上升）最近一期的每股盈利 0.16BRL。MRQ 代表"最近一个季度"。

资料来源：Reuters。

解释以上信息如何为 Petrobras 的市盈率高于行业提供支持。

解答： 该数据支持 Petrobras 有更高的市盈率，因为其资产回报率和每股收益（MRQ）增长率超过了行业水平。式（3-14）意味着股利支付率与市盈率之间存在正相关关系。Petrobras 在 2014～2017 年期间的每股收益为负，并且在此期间没有支付股利。较高的股利支付率支持较高的市盈率。此外，就较高的每股收益增长率意味着较高的股利增长率而言，较高的每股收益增长率支持较高的市盈率。较高的市盈率是由于公司的基本财务业绩有所改善，以及与行业中等公司相比，该股票的预期增长潜力更大。

例 3-12　确定合理的动态市盈率

注册金融分析师海因里希·格拉迪施正在估算雀巢公司的合理动态市盈率，雀巢公司是世界领先的营养和健康公司之一。格拉迪施指出，2017 年雀巢的销售额为 897.8 亿瑞士法郎（合 903 亿美元），净利润为 71.8 亿瑞士法郎（合 72.5 亿美元）。他在下表中整理了 2013～2017 年每股收益、每股股利和股利支付率的数据：

	2013	2014	2015	2016	2017
每股收益（瑞士法郎）	SFr3.24	SFr4.54	SFr2.90	SFr2.76	SFr2.32
同比变化百分比		44.6%	−36.1%	−4.8%	−15.9%
每股股利（瑞士法郎）	SFr2.15	SFr2.2	SFr2.25	SFr2.3	SFr2.35
同比变化百分比		2.3%	2.3%	2.2%	2.2%
股利支付率	68.5%	48.5%	77.6%	83.3%	99.2%

格拉迪施计算出，2013～2017 年期间的平均净资产收益率为 15.5%，但 2017 年的 11.7% 低于这个水平。然而，在那一年，雀巢公司报告的净利润包括大量非经常性成分。该公司报告了 2017 年的"基本收益"为 2.93 瑞士法郎 / 股，它定义为

"在减值、重组成本、处置结果和重大一次性项目之前的持续运营"的净利润，调整后的净资产收益率为 14.8%。格拉迪施预测雀巢的利润率将随着其产品市场的增长而不断提高，预计长期净资产收益率为 21.5%。

格拉迪施认为，与 2017 年的高股利支付率（基于报告的收益）相比，2013～2016 年期间的股利支付率（平均为 67.7%）更能代表雀巢未来的支付率。2017 年的股利支付率较高，因为管理层显然用 2017 年的股利来预计净利润中未来可持续的部分。但是，以包含非经常性项目在内的净利润为基础派发股利可能会导致未来需要增加派息。对 2013～2017 年平均值进行四舍五入后，格拉迪施将股利支付率估计为 68%，用于式（3-14）以计算合理的动态市盈率。

格拉迪施所在公司估计雀巢公司股票的要求回报率为每年 9%。格拉迪施还在外部研究分析师预测范围的两侧找到了以下数据：

	2018 年预期	2019 年预期
最乐观分析师预测：		
每股收益（瑞士法郎）	SFr3.99	SFr4.33
同比百分比变化	71.9%	8.5%
市盈率（基于 105 瑞士法郎的目标价）	26.3	24.2
最不乐观分析师预测：		
每股收益（瑞士法郎）	SFr3.52	SFr3.59
同比百分比变化	51.7%	2.0%
市盈率（基于 68 瑞士法郎的目标价）	19.3	18.9

（1）仅根据格拉迪施及其公司提供的信息和估计，估算雀巢公司的合理动态市盈率。

（2）将问题（1）中合理动态市盈率估计与外部研究分析师预测范围的两侧估计进行比较和对比。

问题（1）的解答： 合理动态市盈率的估计为 32.38。可以使用式（3-10）估计股利增长率为（1−股利支付率）×ROE =（1−0.68）×0.215 = 0.069，即 6.9%。所以，

$$\frac{P_0}{E_1} = \frac{\text{股利支付率}}{r-g} = \frac{0.68}{0.09-0.069} = 32.38$$

问题（2）的解答： 估计合理动态市盈率为 32.38，高于分析师对 2018 年市盈率合理估计的两侧值 26.3 和 19.3。使用 9.5% 而不是 9% 的要求回报率会导致合理的远期市盈率估计为 26.2（=0.68/（0.095−0.069））。使用 16.5%（2013～2016 年期间的平均净资产收益率）而不是 21.5% 的净资产收益率得出合理的远期市盈率估计为 18.4（=0.68/（0.09−0.32×0.165）= 0.68/（0.09−0.053））。合理动态市盈率对输入值的变化非常敏感。

合理动态市盈率的估计可能对假设的微小变化很敏感。因此，基于例 3-12，分析师可以从表 3-3 所示的敏感性分析中获益。表 3-3 显示了合理动态市盈率如何随着股权要求回报率和股利支付率估计值的变化（列）而变化。股利增长率（行）因收益留存率（1－股利支付率）和净资产收益率的变化而变化。回顾一下，g＝净资产收益率乘以收益留存率。

表 3-3　对雀巢公司合理动态市盈率的估计（要求回报率 =9%）

稳定的股利增长率（%）	股利支付率				
	55%	60%	65%	70%	75%
4.0	11.0	12.0	13.0	14.0	15.0
4.5	12.2	13.3	14.4	15.6	16.7
5.0	13.8	15.0	16.3	17.5	18.8
5.5	15.7	17.1	18.6	20.0	21.4
6.0	18.3	20.0	21.7	23.3	25.0
6.5	22.0	24.0	26.0	28.0	30.0
7.0	27.5	30.0	32.5	35.0	37.5
7.5	36.7	40.0	43.3	46.7	50.0

3.5.2　可比法

可比法是分析师在报告估值时最普遍使用的基于价格乘数的方法。该方法本质上是对基于乘数估计的相对价值或乘数的相对值进行比较。可比法的经济原理是**一价定律**（law of one price）：相同的资产应该以相同的价格出售。该方法涉及使用价格乘数来评估资产相对于乘数的基准值是否被合理估值、低估或高估。乘数基准值的选择包括近似个股的乘数或股票所在行业的乘数平均值或中值。一些分析师会做趋势或时间序列分析，并使用价格乘数的历史值或平均值作为基准。

将单个公司甚至一个行业确定为"可比对象"可能会带来挑战。许多大公司在多个业务领域运营，因此其运营规模和范围可能会有很大差异。在识别可比对象（有时称为"comps"）时，分析师应该小心地根据多个维度识别最相似的公司。这些维度包括（但不限于）整体规模、产品线和增长率。第 3.5.1 节中展示的将乘数与基本面相关联的分析是在选择可比对象时确定应考虑的基本变量的有效方法。

> ▌ **例 3-13　可比法（1）**
>
> 　　如前所述，市盈率是分析师经常使用的价格乘数。然而，由于商业周期对每股收益的影响，在可比法中使用市盈率可能会有问题。在经济放缓或超常增长时期有

用的另一种估值工具是市销率乘数。尽管在经济衰退期间销售额会下降，而在经济增长期间销售额会增加，但销售额的变化百分比将小于收益的变化，因为收益会受到固定经营成本和固定融资成本（经营杠杆和财务杠杆）的严重影响。

以下数据提供了多数主要汽车制造商 2017 年 12 月的 P/S：

公司	P/S
标致	0.28
福特汽车	0.33
通用汽车	0.36
日产汽车	0.38
本田汽车	0.46
塔塔汽车	0.49
戴姆勒	0.55
宝马	0.57
丰田汽车	0.80

资料来源：Morningstar 和公司网站。

根据所提供的数据，哪只股票在与其他公司进行比较时似乎被低估了？

解答：P/S 分析表明标致股票最具价值。在进行可比分析时，分析师必须警惕对乘数明显过低或过高的一系列可能解释，而不能仅仅假设是相对定价错误。

▌例 3-14　可比法（2）

空中客车公司（简称"空客公司"）在荷兰注册成立，活跃于航空航天和国防工业领域。它是欧洲占主导地位的航空航天公司。其最大的业务部门空客商用飞机是一家在欧洲多个国家设有基地的制造公司，其利润占空客公司利润的大部分。空中客车公司及其主要竞争对手波音公司控制着全球大部分商用飞机。

空中客车公司和波音公司经常被互相比较。如表 3-4 所示，按总收入衡量，两家公司的规模大致相似。使用 2017 年 1.13 美元/欧元的平均汇率将预测总收入从欧元转换为美元，空客的总收入价值为 755 亿美元。因此，波音的总收入预计将比空客高出约五分之一。

表 3-4　欧洲宇航防务集团[⊖]和波音公司的数据

	空中客车公司	波音公司
总收入（2017）	668 亿欧元	922 亿美元

⊖　EADS，空中客车公司的母公司。——译者注

（续）

	空中客车公司	波音公司
年收入增长率（2015～2017 年平均）	1.8%	−2.1%
商用飞机收入占比	75%	69%
未完成订单总额	9450 亿欧元	4740 亿美元
2017 年 12 月 12 日股价	86.96 欧元	283.73 美元
（基本）每股收益	3.33 欧元	10.18 美元
每股股利	1.48 欧元	5.7 美元
股利支付率	44%	56%
市盈率	26.1	27.9

注：2017 年的预测和年初至今的平均汇率均为 2017 年 12 月 12 日的数据。未完成订单额是截至 2017 年 9 月 30 日的。

资料来源：公司官网，《金融时报》。

然而，这两家公司在几个重要领域确实有所不同。空中客车从商用飞机生产中获得的收入高于波音，空客的未完成订单额远高于波音。使用 2017 年 9 月的季度末汇率 1.1813 美元/欧元将空中客车未完成的订单总额从欧元转换为美元，可得出空中客车未完成订单价值 11.2 亿美元⊖。因此，空客的未完成订单是波音的两倍多。⊜

表 3-4 中的哪些数据支持波音的市盈率高于空客？

解答：回想一下式（3-14）及其后的讨论，市盈率与股利支付率和股利增长率直接相关。市盈率与要求回报率成反比。表 3-4 中唯一支持波音市盈率更高的数据是该公司更高的股利支付率（预计为 56%，而空客为 44%）。

以下数据隐含了对空客市盈率更高的支持：空客有更高的收入增长率（如 2016 年报告的和 2017 年预期）和金额更多的未完成订单，表明它未来可能有更高的增长率。

▌ 例 3-15　可比法（3）

佳能公司是全球领先的商用机器、相机和光学产品制造商。佳能在 1937 年在东京注册成立时是一家照相机制造商。佳能的企业理念是"kyosei"或"为共同利益而共同生活和工作"。以下数据可用于确定佳能在 2013～2017 年期间的市盈率。分析佳能随时间推移的市盈率并讨论佳能的估值。

⊖ 原文是 1.12billion，但根据数据计算应为 1.12trillion，即 1.12 万亿。——译者注
⊜ 汇率数据可从 FRED（美联储经济数据）获得。每家公司使用略有不同的方法来计算积压的订单额。

年度	价格（日元）(a)	每股收益（日元）(b)	市盈率 (a/b)
2013	3 330	200.8	16.6
2014	3 840.5	229.0	16.8
2015	3 675	201.7	18.2
2016	3 295	138	23.9
2017	4 200	222.88	18.8

资料来源：每股收益，年末价格和市盈率数据来自 Capital IQ 和《金融时报》。

解答： 佳能市盈率趋势分析显示该指标在 2016 年底达到 23.9 的峰值。2013 年市盈率为 16.6，是报告的五年中最低的。这一发现表明，截至 2017 年底，佳能的股价可能是合理定价的。一种对佳能股票看跌的情况是，分析师认为市盈率将回到历史低点（在此五年期间为 16.6）或更低。这种看跌的预测要求市盈率的下降不能被每股收益的增加所抵消。如果分析师认为该股票值得被重新评级并且其市盈率甚至会高于趋势市盈率，该股票可以看涨。

3.5.3 基于价格乘数的估值示例

西班牙电信公司是电信行业的全球领导者，在欧洲、非洲和拉丁美洲提供通信、信息、娱乐产品和服务。自 1924 年以来，它一直在其母国西班牙开展业务，但截至 2017 年，其 75% 以上的业务都在母国市场之外。

德国电信公司通过固定和移动网络提供网络接入、通信服务和增值服务。它一半以上的收入来自其母国德国之外。

表 3-5 提供了这两家通信巨头 2015～2017 年的可比数据。

表 3-5 西班牙电信和德国电信的数据

	西班牙电信			德国电信		
	2017 年	2016 年	2015 年	2017 年	2016 年	2015 年
（1）总资产（10 亿欧元）	115.0	123.6	120.3	141.3	148.5	143.9
资产增长率	-6.9%	2.7%	—	-4.9%	3.2%	—
（2）净收入（10 亿欧元）	52.0	52.0	54.9	77.3	75.2	71.3
收入增长率	0%	-5.2%	—	2.8%	5.5%	—
（3）经营活动净现金流（10 亿欧元）	13.8	13.3	13.6	17.2	15.5	15.0
现金流增长率	3.4%	-2.0%	—	11.0%	3.3%	—
（4）普通股权益账面价值（10 亿欧元）	16.9	18.2	15.8	42.5	38.8	38.2

（续）

	西班牙电信			德国电信		
	2017 年	2016 年	2015 年	2017 年	2016 年	2015 年
债务比率： 1－[(4)/(1)]	85.3%	85.3%	86.9%	70.0%	73.9%	73.5%
（5）净利润（10 亿欧元）	2.9	2.1	0.4	3.5	2.7	3.3
利润增长率	38.1%	425.0%	—	29.6%	−18.2%	—
（6）发行在外股票加权平均数（百万）	5 122.9	4 896.6	4 833.6	4 740.2	4 654.9	4 584.8
（7）每股价格（欧元）	7.93	9.52	9.13	13.42	16.21	15.44
市销率（P/R） (7)÷[(2)÷(6)]	0.8	0.9	0.8	0.8	1.0	1.0
市现率 (7)÷[(3)÷(6)]	2.9	3.5	3.2	3.7	4.9	4.7
市净率 (7)÷[(4)÷(6)]	2.4	2.6	2.8	1.5	1.9	1.9
市盈率 (7)÷[(5)÷(6)]	14.0	22.2	110.3	18.2	27.9	21.5

资料来源：公司网站。

表 3-5 中所有价格乘数的时间序列分析表明，两家公司目前的估值都具有吸引力。例如，西班牙电信 2017 年的市销率（P/R）为 0.78，低于 2015～2017 年大约 0.83 的平均水平。德国电信 2017 年的市现率为 3.7，低于 2015～2017 年大约 4.4 的平均水平。

比较分析产生的结果不一致。德国电信 2017 年的市销率、市现率和市盈率乘数高于西班牙电信。这一结果表明，与德国电信相比，西班牙电信的估值具有吸引力。然而，西班牙电信 2017 年的市净率高于德国电信。

为了调查这些相互矛盾的结果，分析师会寻找表 3-5 中未报告的信息。例如，西班牙电信 2017 年的息税折旧及摊销前利润（EBITDA）为 164 亿欧元。德国电信 2017 年的销售额为 207 亿欧元。西班牙电信 2017 年的价格与 EBITDA 比率为 [（7.93 × 5 123）/16 400] 或 [7.93[⊖]/（16 400/5 123）]＝2.5，而德国电信 2017 年的价格与 EBITDA 比率为 3.1。因此，德国电信较高的市盈率不能用较高的折旧费用、较高的利息成本和/或较大的税务负担来解释，更可能是因为较好的盈利质量。

总之，使用价格乘数的主要优势在于它们允许进行横截面（相对于市场或其他可比对象）和时间序列的相对比较。该方法特别适合被分配到特定行业或板块并需要找出该板块内预期表现最佳股票的分析师。价格乘数很受投资者欢迎，因为乘数可以很容易地计算出来，而且很多乘数都可以从金融网站和报纸上轻松获得。

⊖ 原文是 7.92，按照表格和上文，此处应是 7.93。——译者注

谨慎是必要的。与基准相比，股票可能相对被低估，但与某种现金流折现方法确定的内在价值估计相比，股票可能被高估。此外，不同市场之间报告规则和会计方法选择的差异可能导致收入、盈利、账面价值和现金流难以被比较。这些差异的结果会导致乘数不易被比较。最后，周期性公司的乘数可能受当前经济状况的影响很大。

3.5.4 企业价值

估计权益价值的另一种方法是估计企业的价值。企业价值最常被确定为市值[⊖]加上优先股的市场价值加上债务的市场价值减去现金和投资（现金等价物和短期投资）。企业价值通常被视为收购成本：在收购的情况下，收购公司承担被收购公司的债务，但也会得到现金。在比较资本结构存在显著差异的公司时，企业价值最为有用。

企业价值（EV）乘数在欧洲被广泛使用，其中 EV/EBITDA 可以说是最常见的。EBITDA 是经营现金流的替代值，因为它不包括折旧和摊销。然而，EBITDA 可能包括其他非现金支出和非现金收入。EBITDA 可以被视为支付利息、股利和税务的资金来源。因为 EBITDA 在支付给公司的任何财务利益相关者之前计算，所以用它来估计企业价值在逻辑上是合适的。

使用企业价值而不是市值来确定乘数可能对分析师有用。即使由于盈利为负而导致市盈率使用有问题，EV/EBITDA 乘数通常也可以计算，因为 EBITDA 通常为正。在 EV 乘数中可以替代 EBITDA 的另一个指标是营业利润。

在实践中，如果分析师无法获得公司债务的市场报价，他们可能难以准确评估企业价值。当无法获得当前市场报价时，可以根据具有类似期限、行业和信用特征的债券的当前报价来估计债券价值。用债务的账面价值代替债务的市场价值只能粗略估计债务的市场价值。这是因为自债券发行以来，市场利率发生了变化，投资者对发行人信用风险的看法也可能发生了变化。

> ▌ **例 3-16 估计债务的市场价值和企业价值**
>
> 卡梅科公司（Cameco Corporation）是世界上最大的铀生产商之一。它在加拿大和美国的矿山占世界产量的 16%。卡梅科估计自身拥有约 4.58 亿千克已探明和可能的储量，并在世界上最有可能发现新铀的加拿大和澳大利亚地区拥有一流的土地位置。卡梅科还是核电站燃料生产所需加工服务的领先供应商。它通过与位于加拿大安大略省的北美最大核电站合作，生产 1 000 兆瓦的电力。

⊖ "市值"原文为 market capitalization，指普通股总市值，下同。——译者注

在这个例子中，为了简化说明，我们将以千为单位表示股份数量，以千加元表示所有加元金额。2017 年，卡梅科有 395 793 股流通股。其 2017 年底股价为 14.11 美元。因此，卡梅科 2017 年底的市值为 5 584 640 美元。

在其 2017 年年度报告中，卡梅科报告的总债务和其他负债为 2 919 100 加元。该公司给出了以下长期债务偿还时间表：

年度	支付金额（加元）
2018 年	69 000
2019 年和 2020 年	610 000
2021 年和 2022 年	482 000
此后	744 000
合计	1 905 000

卡梅科最长期限的债务将于 2042 年到期。我们假设 2019 年和 2020 年以及 2021 年和 2022 年支付的金额将在两年内平均支付。"此后"期间包括两期债券，第一期于 2024 年到期，总价值为 620 000 加元，第二期于 2042 年到期，总价值为剩余的 124 000 加元。加拿大银行提供了加拿大零息国债的收益率曲线。用表 3-6 中的收益率曲线数据和假设风险溢价估计卡梅科长期债务的市场价值：

表 3-6　估计的市场价值

年度	零息国债的收益率（%）	假设的风险溢价（%）	折现率（%）	账面价值（加元）	市场价值（加元）
2018	0.89	0.50	1.39	69 000	68 054
2019	1.11	1.00	2.11	305 000	292 525
2020	1.39	1.50	2.89	305 000	280 014
2021	1.65	2.00	3.65	241 000	208 804
2022	1.88	2.50	4.38	241 000	194 505
2023	2.10	3.00	5.10	0	0
2024	2.30	3.50	5.80	620 000	417 823
2025	2.50	4.00	6.50	0	0
…	…	…	…	…	…
2042	2.92	5.00	7.92	124 000	18 445
				1 905 000	1 480 170

请注意，从表 3-6 中可以看出，长期债务的账面价值为 1 905 000 加元，其估计市场价值为 1 480 170 加元。总债务和负债的账面价值 2 919 100 减去长期债务的账面价值 1 905 000，为 1 014 100 加元。如果我们假设剩余债务的市场价值等于其账面价值 1 014 100 加元，则总债务和负债的市场价值估计是该金额加上长期债务的估

计市场价值 1 480 170 加元，即 2 494 270 加元。

2017 年底，卡梅科拥有 591 600 加元的现金和等价物。其企业价值可以估计为 5 584 640 加元的股票市值加上 2 494 270 加元的债务市值减去 591 600 加元的现金和等价物，即 7 487 310 加元。卡梅科 2017 年的 EBITDA 为 606 000 加元。因此，EV/EBITDA 的估计值为 7 487 310 加元除以 606 000 加元，即 12.4。

例 3-17　EV/ 营业利润

表 3-7 显示了 12 家主要矿业公司的数据。仅根据表 3-7 中的信息判断，哪两家矿业公司的价值似乎最被低估？

表 3-7　12 家主要矿业公司的数据

公司	EV（百万美元）	营业利润（OI）（百万美元）	EV/OI
必和必拓	119 712.3	11 753	10.19
力拓	93 856.1	6 471	14.5
淡水河谷	82 051.2	6 366	12.89
嘉能可	80 772.0	−549	−147.13
南方铜业	37 817.0	1 564	24.18
弗里波特 - 麦克莫兰	33 452.0	−2 766	−12.09
英美资源集团	32 870.3	2 562	12.83
诺里尔斯克镍业	22 483.0	3 377	6.66
印度煤炭	21 652.1	1 382	15.67
巴里克黄金	21 549.8	2 424	8.89
纽蒙特黄金	20 683.0	−65	−318.20
加拿大黄金	12 986.7	369	35.19

资料来源：Morningstar。

解答： 诺里尔斯克镍业和巴里克黄金的 EV/OI 最低，因此它们在基于 EV/OI 的估值中显得被低估得最多，或者说价格最优惠。请注意嘉能可、弗里波特 - 麦克莫兰和纽蒙特黄金的负比率。负的比率难以解释，因此需要使用其他方法来评估比率为负的公司。

3.6　基于资产的估值

基于资产的公司估值使用对公司资产和负债的市场价值或公允价值估计。因此，基于资产的估值对于无形资产或"表外"资产比例不高但流动资产和流动负债比例较高的公司很有效。分析师可以从资产负债表项目开始，以合理的方式对公司的这些资产和负债进行估值。然而，对于大多数公司来说，资产负债表价值不同于市场（公允）价值，市场（公允）价值可能难以确定。

基于资产的估值模型经常与乘数模型一起用于对非上市公司进行估值。随着上市公司增加公允价值的报告或披露，基于资产的估值可能会越来越多地用于补充现值和乘数估值模型。从业者应该意识到的重要事实如下：

- 资产的市场（公允）价值不易确定的公司（例如拥有重要物业、厂房和设备的公司）很难使用资产估值方法进行分析。
- 资产和负债的公允价值可能与其在公司资产负债表上的价值大不相同。
- 一些"无形"资产显示在公司报表内。其他无形资产，例如协同效应的价值或良好商业信誉的价值，可能不会显示在报表内。由于基于资产的估值可能不考虑某些无形资产，因此它可以为涉及大量无形资产的情况提供"底价"。当一家公司拥有大量无形资产时，分析师应该更喜欢前瞻性的现金流估值。
- 在恶性通货膨胀的环境中，资产价值可能更难估计。

我们首先讨论假设的非上市公司的基于资产的估值，然后转向上市公司的例子。分析师应该考虑对适合基于资产的估值的公司使用这种方法的困难和回报。小型非上市企业的所有者熟悉通过评估公司资产然后减去全部相关负债得出的估值。

▌例 3-18　基于资产的家庭洗衣店估值

一个家庭拥有一家洗衣店和洗衣店所在的房产。该房产是 100 000 美元未偿还贷款的抵押品。如何使用基于资产的估值来评估这项业务？

解答：分析师应该获得至少两个房产（建筑物和土地）的市场评估，并估算结清 100 000 美元贷款的费用。该信息将为除持续经营的洗衣业务以外的所有项目提供估值。也就是说，分析师有了建筑物、土地和贷款的市场价值，但需要对洗衣店业务进行估值。分析师可以评估洗衣店的资产：设备和库存。设备可以按折旧值、通货膨胀调整的折旧值或重置成本进行估价。在这种情况下，重置成本是指购买同等二手机器必须花费的金额。该金额是二手机器的市场价值。分析师应该认识到洗衣店的任何无形价值（黄金地段、巧妙的营销等）都被排除在外，这将导致基于资产的估值不准确。

例 3-18 显示了应用基于资产的估值来确定公司价值时存在的一些微妙之处。它还显示了基于资产的估值如何将无形资产排除在外。例 3-19 强调了这一点。

例 3-19 基于资产的餐厅估值

被评估的企业是一家供应早餐和午餐的餐厅。所有者/业主想出售业务并退休。餐厅的房产是租的，不是自有的。这家特定的餐厅因其老板的烹饪技巧和秘方而广受欢迎。分析师如何评估这项业务？

解答： 由于存在无形资产，因此确定该业务的价值具有挑战性，可以考虑利润或收入乘数。但即使是这种方法也忽略了一个事实，即业主可能不会出售他的秘方，而且也不打算继续厨师的工作。当企业出售时，部分（或全部）无形资产可能会消失。这家餐厅基于资产的估值将首先估算餐厅设备和库存的价值，然后减去任何负债的价值。然而，这种方法只能为最低估值提供一个好的基数。

对于上市公司而言，资产通常会非常多，以至于不可能进行逐项分析，而且从账面价值到市场价值的转变并非易事。当企业资产的市场价值很容易确定，而通常难以估值的无形资产在企业资产中所占的比例相对较小时，基于资产的估值方法最适用。基于资产的估值也已应用于金融公司、自然资源公司以及原本持续经营但正在被清算的公司。然而，即使是其他类型的公司，对有形资产进行基于资产的估值也可能为最低估值提供基准。

例 3-20 基于资产的航空公司估值

考虑一下一家航线少、劳动力和其他运营成本高、停止支付股息并且每年亏损数百万美元的航空公司的价值。使用大多数的估值方法，该公司的价值将为负值。为什么该航空公司的竞争对手之一在考虑收购时适合使用基于资产的估值方法？

解答： 航空公司的航线、着陆权、机场设施的租赁以及地面设备和飞机可能对竞争对手具有重大价值。使用基于资产的方法对公司估值将对该公司的资产进行单独估值，并将其与正在亏损的业务分开。

认识到与模型适用性和输入值相关的不确定性，分析师经常在估值中使用一个或一种以上的模型，以增加他们对内在价值估计的信心。模型的选择将取决于模型的输

入信息的可得性。例 3-21 说明了三种估值方法的使用。

例 3-21 使用三种主要股权估值模型的简单示例

最近五年的每股股利（DPS）、每股收益（EPS）、股价和市盈率（P/E）的公司数据见表 3-8。此外表中还给出了每股股利、每股收益未来五年的估计（由金额后的"E"表示）。估值日期为第 5 年末。公司有 1 000 股流通股。

表 3-8 公司每股股利、每股收益、股价和市盈率数据

年	DPS（美元）	EPS（美元）	股价（美元）	静态市盈率[一]
第 10 年	3.10E	5.20E	—	—
第 9 年	2.91E	4.85E	—	—
第 8 年	2.79E	4.65E	—	—
第 7 年	2.65E	4.37E	—	—
第 6 年	2.55E	4.30E	—	—
第 5 年	2.43	4.00	50.80	12.7
第 4 年	2.32	3.90	51.48	13.2
第 3 年	2.19	3.65	59.86	16.4
第 2 年	2.14	3.60	54.72	15.2
第 1 年	2.00	3.30	46.20	14.0

该公司在第 5 年末的资产负债表在表 3-9 中给出。

表 3-9 截至第 5 年末的资产负债表 （单位：美元）

现金	5 000
应收账款	15 000
存货	30 000
固定资产净值	50 000
总资产	100 000
应付账款	3 000
应付票据	17 000
定期贷款	25 000
普通股股东权益	55 000
总负债和权益	100 000

（1）使用戈登增长模型，估计内在价值。使用 10% 的折现率和基于未来五年股利增长估计的增长率。

一 原文为"TTM P/E"。"TTM"为过去 12 个月。——译者注

（2）使用乘数法，估计内在价值。假设市盈率的合理估计是第 1 年到第 4 年的平均静态市盈率。

（3）使用基于资产的估值方法，根据调整后的账面价值估计每股价值。假设应收账款和存货的市场价值与账面价值相同，固定资产净值的市场价值是报告账面价值的 110%，负债的报告账面价值反映它们的市场价值。

问题（1）的解答：

$$D_5(1+g)^5 = D_{10} \quad 2.43(1+g)^5 = 3.10$$
$$g \approx 5.0\%$$

价值估计 $= V_5 = 2.55/(0.10 - 0.05) = 51.00$（美元）

问题（2）的解答：

平均市盈率 $=$（$14.0 + 15.2 + 16.4 + 13.2$）$/4 = 14.7$

价值估计 $= 4.00 \times 14.7 = 58.80$（美元）

问题（3）的解答：

资产的市场价值 $= 5\,000 + 15\,000 + 30\,000 + 1.1 \times 50\,000 = 105\,000$（美元）

负债的市场价值 $= 3\,000 + 17\,000 + 25\,000 = 45\,000$（美元）

调整后账面价值 $= 105\,000 - 45\,000 = 60\,000$（美元）

估计价值（调整后每股账面价值）$= 60\,000/1\,000$

$= 60.00$（美元 / 股）

鉴于当前股价为 50.80 美元，乘数和基于资产的估值方法表明该股票被低估了。基于戈登增长模型估计的内在价值，分析师可能会得出结论，该股票定价合理。分析师可能会检查乘数和基于资产的估值方法中的假设，以确定为什么它们的估计值与戈登增长模型和市场价格提供的估计值不同。

3.7　小结

用于估计内在价值的股权估值模型（现值模型、乘数模型和基于资产的估值）被广泛地使用并发挥重要作用。这里介绍的估值模型是分析和研究的基础，但它们需要被明智地使用。估值不仅仅是一种数字分析。模型的选择和输入值的推导都需要技巧和判断力。

在对一家公司或一组公司进行估值时，分析师希望选择的估值模型对可以作为输入值的信息来说是合适的。在大多数情况下，数据可得性将限制模型的选择并影响其使用方式。存在可以改进本章描述的简单估值模型的复杂模型，但在使用这些模型并假设复杂性会提高准确性之前，分析师最好考虑"简约法则"：参考可以得到的输入值，模型应尽可能简单。估值是一项容易出错的任务，任何方法都可能在某个时候导致不准确的预测。分析师的目标是最大限度地减少预测的不准确性。

本章提出的要点如下：

- 估计内在价值的分析师实际上是在质疑市场对价值的估计。
- 如果估计价值超过市场价格，分析师推断证券被低估。如果估计价值等于市场价格，分析师推断证券被合理估值。如果估计价值低于市场价格，分析师推断证券被高估。由于估值涉及不确定性，分析师可能会要求估值与市场价格明显不同，然后才能得出存在错误定价的结论。
- 由于担心模型适用性以及输入值变化可能会引起的估计值的变化，分析师经常使用一种以上的估值模型。
- 股权估值模型的三大类别是现值、乘数和基于资产的估值模型。
- 现值模型将价值估计为预期未来收益的现值。
- 乘数模型根据一些基本变量的乘数来估计内在价值。
- 基于资产的估值模型根据资产和负债的估计价值进行估值。
- 模型的选择将取决于模型输入值信息的可得性以及分析师对信息和模型适当性的信心。
- 公司使用股利支付和股票回购向股东分配现金。
- 定期现金股利是股利估值模型的关键输入值。
- 股利支付时间表中的关键日期是公告日、除息日、持有人登记日和支付日。
- 在股利折现模型中，价值估计为预期未来股利的现值。
- 在股权自由现金流模型中，价值估计为预期未来股权自由现金流的现值。
- 戈登增长模型是一个简单的股利折现模型（DDM），估计值为 $D_1/(r-g)$。
- 两阶段股利折现模型将价值估计为以下各项的现值之和：短期高增长的股利和高增长期末终值的现值。终值使用戈登增长模型估计。
- 股利模型的选择基于对未来股利模式的假设。
- 乘数模型通常使用以下形式的乘数：价格/（基本变量的度量）或企业价值/（基本变量的度量）。
- 乘数可以基于基本面因素或可比法。
- 基于资产的估值模型将股权价值估计为资产价值减去负债的价值。

股权估值：应用与过程

杰拉尔德·E.平托，PhD，CFA

伊莱恩·亨利，PhD，CFA

托马斯·R.罗宾逊，PhD，CFA

约翰·D.斯托，PhD，CFA

■ 学习目标

通过学习本章内容，你将可以：

- 定义价值和内在价值，解释定价错误的原因。
- 解释持续经营假设，对比持续经营价值和清算价值两个概念。
- 描述价值的定义，并识别与上市公司最相关的价值定义。
- 描述股权估值的应用。
- 描述在进行行业和竞争分析时需要解决的问题。
- 对比绝对估值模型和相对估值模型，并描述每种模型的示例。
- 描述分类加总估值法和多元化折价。
- 解释为指定公司选择合适的估值方法的一般标准。

4.1 引言

每天，数以千计的投资行业参与者——投资者、基金经理、监管者、研究人员，都要面临一个常见而又往往令人困惑的问题：某项资产的价值是多少？这个问题的答案通常会影响投资目标的实现与否。对投资行业其中一类参与者——股票分析师而言，这个问题及其潜在答案尤其重要，因为确定所有权的价值是这个职业活动和决策的核心。**估值**（valuation）是资产价值评估，是基于对影响未来投资回报相关变量的估计、对相似资产的比较，或在合适时，对即将进行的清算程序的估计。估值技巧是投资成功一个非常重要的因素。

在这个介绍性的章节中，我们将解答一些基本问题：什么是价值？谁使用股权价值评估？行业知识有多重要？分析师如何有效地报告分析结果？本章回答的这些和其他一些问题，为后面的章节奠定基础。

本章余下部分的内容安排如下：4.2 节对价值进行定义，描述股权估值的多种用途；4.3 节考察估值过程的步骤，并讨论分析师的角色和责任；4.4 节探讨如何报告估值的结果，并就有效研究报告的内容和形式提供一些指引；4.5 节是本章的小结。

4.2 价值的定义与估值的应用

在总结股权估值工具的各种应用之前，先明确价值的含义和理解不同背景下这个含义的变化是有益的。估值的背景，包括估值的目的，通常决定了合适的价值定义，从而影响分析师对估值方法的选择。

4.2.1 什么是价值

对价值的各种看法构成了分析师选用多种估值模型的基础。内在价值必然是讨论的出发点，但其他价值概念——持续经营价值、清算价值和公允价值也很重要。

4.2.1.1 内在价值

对上市公司进行股权估值的一个关键假设是，股票的市场价格会偏离它的内在价值。任一资产的**内在价值**（intrinsic value）是在假定已全面了解资产投资特征时的资产价值。对某个特定的投资者而言，内在价值的估计反映了他对资产"真实"或"实际"价值的看法。如果某人假设股票的市场价格完美地反映了其内在价值，估值将只需要观察市场价格。大体上说，正是这种假设为有效市场理论打下了基础，该理论认为资产的市场价格是其内在价值的最优估计。

与这种市场价格和内在价值一致看法相反的一个重要理论是**格罗斯曼－斯蒂格利茨悖论**（Grossman-Stiglitz paradox）。如果基本免费可得的市场价格能完美地反映证券的内在价值，那么理性的投资者就不会为得到证券价值的另一个估计值而花成本去搜集和分析信息。但是，如果没有投资者搜集和分析证券相关信息，那么证券价格又怎么可以反映证券的内在价值呢？**理性有效市场表述**（rational efficient market formulation）（Grossman and Stiglitz，1980）认为理性的投资者不会承担收集信息的成本，除非他们预期能够获得比接受免费市场价格更高的总报酬。此外，现代理论家们认为，当内在价值很难确定（例如普通股）且存在交易成本时，价格偏离价值的幅度会更大（Lee，Myers and Swaminathan，1999）。

因此，分析师经常以既尊重又怀疑的态度看待市场价格。他们企图发现错误定价，同时往往依赖价格最终向内在价值回归。他们还认为，不同市场或市场的不同层次（例如被分析师密切追踪的股票和被分析师忽视的股票）在**市场有效性**（market efficiency）的程度上存在差别。总之，如果对有市场交易的证券进行估值，就是承认错误定价的可能性。在这些章节中，我们区分市场价格（P）和内在价值（简称"价值"，V）。

对主动型投资经理而言，要创造比同等风险投资更高的回报率，即风险调整后正的超额回报率，必须有估值这一步骤。风险调整后的超额回报率也叫**超常回报率**（abnormal return）或 α（alpha）。（后面的章节将更详细地讨论各种回报率概念。）主动型投资经理希望通过研究内在价值获得正的 α。市场价格对内在价值估计值的任何偏离被视为**错误定价**（mispricing，资产的内在价值估计值与市场价格的差异）。

这些想法可以通过以下表达式来阐明，该表达式确定了两种可能的错误定价来源：[⊖]

$$V_E - P = (V - P) + (V_E - V) \tag{4-1}$$

式中，V_E 是估计的价值；P 是市场价格；V 是内在价值。

根据定义，式（4-1）说明了估计的价值与现行市场价格的差异等于两个部分之和：第一个部分是真正的错误定价，即无法观察到的真实内在价值 V 与观察到的市场价格 P 之间的差异（此差异产生超常回报率）；第二个部分是估计的价值与无法观察到的真实内在价值之间的差异，即内在价值的估计误差。

要获得有用的内在价值估计，分析师必须结合准确的预测和适用的估值模型。分析师预测的质量，尤其是估值模型中使用的预测，是决定投资成功的关键因素。要想持续获得主动选股的成功，基金经理的预期必须与市场普遍预期不同，而且平均而言也是正确的。

不确定性始终存在于股权估值中，对预期的信心在实践中总是片面的。在估值方法的应用中，分析师永远无法确定他们是否已考虑了会反映在资产价格中的所有风险来源。因为互相竞争的股权风险模型将永远存在，这个难题没有明显的最终解决办法。即使分析师进行了充分的风险调整、制定了准确的预测，并采用了适当的估值模型，成功还是没有保证。届时的市场条件可能会导致投资者无法从观察到的错误定价中获利。市场价格向内在价值的回归，如果最终能实现的话，可能不会在投资者的投资期限内发生。因此，除了发现错误定价的证据外，一些主动型投资者还寻求能导致市场

⊖ 公式推导：$V_E - P = V_E - P + V - V = (V - P) + (V_E - V)$。

重估企业前景的特定市场或公司事件（**催化剂**（catalyst））。

4.2.1.2　持续经营价值和清算价值

企业通常有两个价值，一个是它被立即解散的价值，另一个是它持续经营的价值。在估值时，**持续经营假设**（going-concern assumption）是假设企业将在可预见的未来维持其业务活动。换句话说，企业会持续生产和销售商品或提供服务，在相关的经济时间框架中以价值最大化的方式使用其资产，并从最优渠道融资。**持续经营价值**（going-concern value）是企业在持续经营假设下的价值。本书各章节关注的就是持续经营价值模型。

但是，持续经营假设可能不适用于一家处在财务困境的公司。相对于公司持续经营价值的另一种选择是企业立即解散并将资产单独销售的价值，即**清算价值**（liquidation value）。对很多企业来说，资产协同运作并运用人力资本管理这些资产会使估计的持续经营价值高于其清算价值（尽管一个持续亏损的企业"死了"可能比"活着"更值钱）。除了资产的协同运作方法和管理这些资产的技巧外，企业资产的价值还因可用的清算期限而异。例如，不易腐坏的存货如果立即清算，其价值一般会低于在一段时间内以"有序"方式销售的价值。因此，有时会使用一些像**有序清算价值**（orderly liquidation value）这样的概念。

4.2.1.3　公允市场价值和投资价值

对上市公司的股票分析师而言，相关的价值概念通常就是内在价值。然而，在其他背景下，相关的价值概念定义不同。例如，非上市公司所有者内部的股权买卖合同（指定所有者（例如，股东或合伙人）什么时候以什么价格和什么条件可以销售其所有权）可能主要是关注公平对待买卖双方。在这种情况下，相关的价值定义可能是公允市场价值。**公允市场价值**（fair market value）是指资产（或负债）在自愿买方和自愿卖方之间交易的价格，前者不强制购买，后者不强制卖出。此外，公允市场价值概念通常包含一个假设：买卖双方都被告知与投资相关的所有重要信息。公允市场价值经常用于与税收相关的估值计算中。在财务报告背景下——例如，在以减值测试为目的对资产进行估值时，财务报告准则引用的**公允价值**（fair value）是一个相关（但不完全相同）的概念。[⊖]

假设市场相信企业管理层的行动是符合所有者最佳利益的，市场价格在长期会倾向于反映公允市场价值。然而，在某些情形下，资产对某个特定投资者的价值更高

　　⊖　会计准则提供了公允价值的具体定义。公允价值就是在公平交易中，熟悉情况的交易双方自愿进行资产交换、债务清偿或股权授予的交换金额。

（例如，有潜在的经营协同效应）。对一个特定买家而言，考虑了潜在协同效应并且以投资者的要求和期望为基础的价值概念被称为**投资价值**（investment value）。

4.2.1.4 小结：价值的定义

分析师对资产估值时需要清楚与任务相关的价值定义。与上市公司股权估值相关的价值定义通常是内在价值。根据持续经营假设估计的内在价值是本书关注的焦点。

4.2.2 股权估值的应用

投资分析师在各种组织和职位上工作，需要运用股权估值工具解决一系列实际问题。尤其是在以下工作中，分析师会运用估值的概念和模型：

- **选择股票**。选择股票是本书各章节所介绍工具的主要用途。股票分析师对现有（或预期）投资组合中或者负责报告的每一只股票，持续地研究同一个问题：该证券当前价格与内在价值估计值和可比证券的价格相比，是否合理、定价过高或过低？

- **推断（挖掘）市场预期**。市场价格反映了投资者对企业未来业绩的预期。分析师可以研究：对公司未来业绩的什么期望与公司股票的当前市场价格一致？关于公司基本面的哪些假设可以证明当前价格的合理性？（**基本面**（fundamental）是与公司盈利能力、财务实力或风险相关的特征。）这些问题可能与分析师有关，原因如下：

  - 分析师可以将自己的预期与隐含的市场预期比较，评价市场价格所隐含的预期是否合理。

  - 市场对一个公司基本特征的预期可以作为另一个公司相同特征的参考标准或比较值。

为挖掘或反向推出市场预期，分析师根据股票特点选取合适的模型，将基本面预期与价值相联系。接下来，除了所关注的某个基本面因素外，分析师对其余所有的基本面因素进行估计。然后，分析师解出使得模型估值与当期市场价格相等的关注因素值。

- **评价公司事件**。投资银行家、公司分析师和投资分析师使用估值工具对诸如合并、收购、资产剥离、分拆和杠杆收购等公司事件的影响进行分析。（**合并**（merger）是两家企业归并为一家企业的统称。**收购**（acquisition）也是两家企业的合并，其中一家被确定为收购方，另一家被确定为被收购方。在**资产剥离**

(divesti-ture）中，企业出售其业务的某些主要组成部分。在**分拆**（spin-off）中，企业分拆其组成业务之一，并将被分拆的业务部门的所有权转让给其股东。**杠杆收购**（leverage buyout）是使用了高杠杆（即债务）的收购，常常以被收购公司的资产作为抵押。）这些事件都会影响公司的未来现金流，从而影响股权的价值。此外，在合并与收购中，公司的股票也经常被用作购买的支付手段，投资者需要知道股票是否被合理估值了。

- **提供公平意见。** 合并的双方可能需要从第三方（例如投资银行）获取关于合并方式的公平意见。估值是这些意见的核心。
- **评估业务战略和模型。** 关注股东价值最大化的公司会评估备选战略对股票价值的影响。
- **与分析师和股东沟通。** 估值概念方便公司管理层、股东和分析师就一系列影响公司价值的问题进行沟通和讨论。
- **评估非上市公司价值。**⊖对非上市公司股权的估值在交易（例如，收购这类企业或所有者死亡或退休时的股权转让）和纳税申报（例如，对遗产征税）时尤为重要。尽管使用的基础模型与上市公司股权估值的一样，但缺乏市场价格使得这种估值具有与众不同的特征。分析师在股票初次公开募股时就会遇到这些特征。**首次公开募股**（initial public offering，IPO）是原来没有公开交易的普通股首次在公开市场登记发行，这类企业原来可能是私有的或政府的，也可能是新成立的。
- **基于股份的支付（薪酬）。** 管理层薪酬有时以股票为支付基础（例如授予限制性股票）。对这类薪酬价值的估计经常需要使用股权估值工具。

▌例 4-1　推断市场预期

2000 年 9 月 21 日，英特尔公司发布了一条关于 2000 年第三季度营业收入增长预期的新闻公告。公布的增长率比公司自己先前预测的低 2～4 个百分点，并且比分析师的预测低 3～7 个百分点。在接下来的 5 天里，英特尔的股价从公告前的 61.50 美元下跌了近 30%，5 天后仅为 43.31 美元。

为评估英特尔公布的信息是否足以解释如此巨大的价值损失，康奈尔（Cornell，2001）估计公司股票的价值为经营活动预期未来现金流减去维持公司增长所需支出

⊖　"private company" 在本书中是相对于上市（有公开交易）公司而言的。除非有特别注明，本书都译作非上市公司。——译者注

的现值。(我们将在后面章节详细讨论这种自由现金流模型。)

康奈尔使用一个较保守的低折现率，认为英特尔公告前 61.50 美元的股价与之后的 10 年每年增长 20%、此后每年增长 6% 的预期是一致的。公告后的股价 43.31 美元与 10 年增长率降低至每年 15% 以下是一致的。在预测期的最后一年（2009 年），较低增长率的营业收入预期比公告前的营业收入预期低 500 亿美元。因为新闻公告并没有明确指出英特尔基本长期业务状况的任何变化（英特尔将季度销售下降原因归结为欧洲需求的周期性减缓），所以康奈尔的详细分析使他怀疑股票市场的反应可以由基本面因素解释。

假设康奈尔的方法是合理的，一种解释是投资者对新闻公告的反应是非理性的；另一种解释是英特尔在新闻公告前的股价被高估，而新闻公告就像是"导致价格趋于更合理的一种催化剂，即使公告本身并没有包含足以解释这种波动的长期估值信息"(Cornell，2001，第 134 页)。如何评价这两种可能的解释？

解答： 要评价市场对英特尔公告的反应是非理性行为还是对此前价格高估的理性修正，我们可以将公告前股价所隐含的 20% 的预期增长率与一些基准进行比较，例如公司最近的实际销售增长率、行业最近的增长率，和 / 或行业或经济的预期增长率。从股价中推知隐含的增长率是利用估值模型和实际股价推断市场预期的一个例子。

注：康奈尔（2001）观察到，公告前股价所隐含的 20% 的销售增长率远高于英特尔前 5 年的平均增长率，那时公司规模小得多。他的结论是新闻公告前英特尔的股价就被高估了。

这个例子说明了预期在股权估值中的作用，也说明了一个典型情况：给定相同的一组事实可以有不同的解读。这个例子还说明，市场价格和内在价值之间的差异可能会突然发生，精明的投资经理有机会从中获得 α。

4.3 估值的过程

估值通常包括以下五个步骤：

（1）**了解公司业务**。行业与竞争力分析，连同财务报表和其他公司公告的分析，为预测公司业绩提供基础。

（2）**预测公司业绩**。预测销售、收益、股息和财务状况（预计分析），为大多数的估值模型提供数据。

（3）**选择合适的估值模型**。考虑到公司的特点和估值的背景，某些估值模型可能比其他模型更合适。

（4）**将预测转化为估值**。估值不是机械地获得模型的"结果"，而是需要加以判断。

（5）**应用估值的结论**。根据分析师的目的，估值的结论可以用来为某只股票提供投资建议、为交易价格提供意见或者对一项潜在战略投资的经济利益进行评价。

以上步骤大部分将在随后的估值章节中详细介绍，在这里，我们提供每个步骤的概述。

4.3.1 了解公司业务

了解公司经营所处的经济和行业环境、公司的战略以及公司以往的财务表现有助于预测公司的财务业绩，并进一步确定该公司或其证券的投资价值。行业与竞争分析，以及对公司财务报告的分析，是预测公司业绩的基础。

4.3.1.1 行业与竞争力分析

因为相似的经济和技术因素往往会影响一个行业里的所有企业，所以行业知识有助于分析师理解公司所在市场的特征和公司的经济状况。航空业分析师知道人工成本和燃油成本是航空公司的两大开支，而且在许多市场条件下，航空公司很难通过提高票价来转移高昂的燃油成本。利用这些知识，分析师可以询问不同航空公司，其使用的对冲工具能在多大程度上抵消固有的燃料成本价格风险。有了这些信息，分析师就能更好地评估风险和预测未来的现金流。分析师还可以运用敏感性分析来确定不同的燃油价格水平会如何影响估值。

行业与竞争分析有多种框架。这些框架的主要用途是确保分析师关注一个行业最重要的经济驱动因素。换句话说，其目标不是为了准备一份正式的行业结构或公司战略框架，而是为了利用框架去组织有关行业的想法，并更好地理解公司在与该行业其他公司竞争中获得成功的前景。此外，尽管框架提供了一个模板，分析师显然需要添加背景信息才能使得框架与估值相关。最后，行业和竞争分析应该强调公司业务的哪些方面具有最大的挑战和机遇，以及因此应该需要进一步调查和/或进行更广泛**敏感性分析**（sensitivity analysis，确定一项假设数据的变动会如何影响分析结果的一种分析）的主题。当分析师关注以下与理解业务相关的问题时，框架可能很有用。

- **公司经营所在的行业在可持续盈利前景上具有多少吸引力？**

行业固有的盈利能力是决定公司盈利能力的重要因素之一。分析师应该尝试去理解**行业结构**（industry structure，行业的潜在经济和技术特征）和影响该结构的变动趋势。基本经济因素——供给和需求为理解行业提供了一个基本框架。

波特五力模型（1985，1998，2008）归纳了产业结构的特征，下面对此进行概述，并解释了每一种力量如何对固有的行业盈利性产生积极影响。对于每一种力量，相反的情况都会对行业固有的盈利性产生负面影响。

（1）**行业内竞争**。较少的行业参与者之间竞争（例如，快速增长行业中相对较少的竞争对手和/或较好的品牌认知度）可以提高行业固有的盈利能力。

（2）**新进入者**。相对较高的行业进入成本（或其他进入障碍，例如政府政策）会导致新进入者和竞争较少，从而提高行业固有的盈利性。

（3）**替代品**。在几乎没有潜在的替代品和/或转用替代品的成本很高时，行业参与者提价的限制较少，从而提高行业固有的盈利性。

（4）**供应商力量**。当行业参与者需要的物品存在有大量的供应商时，供应商提价的能力受到限制，从而不会对行业盈利性产生潜在的压力。

（5）**购买者力量**。当行业的产品有大量买家时，顾客讨价还价的能力受到限制，从而不会对行业盈利性产生潜在的压力。

分析师必须常常关注公司经营所在行业的情况和新闻，包括管理、技术或财务等方面的最新进展。影响长期盈利性和增长前景的因素对估值尤其重要，例如人口趋势。

- **公司在行业中的相对竞争地位如何？它的竞争战略是什么？**

公司市场份额的大小和变动趋势表明了它在行业中的相对竞争地位。一般而言，公司的价值高低取决于它能创造和维持多大程度的竞争优势。波特指出了获得优于平均业绩水平的三种基本公司战略。

（1）成本领先：做成本最低的生产商，提供与其他公司相似的产品并按行业平均价格或接近于平均价格定价。

（2）差异化：在某些方面提供客户青睐的独一无二的产品或服务，并因此收取较高价格。

（3）集中化：在行业内一个或多个目标领域寻求基于成本领先（集中成本）或差异化（集中差异化）的竞争优势。

"商业模式"一词通常是指企业如何赚钱：目标客户群是什么，向顾客销售什么产品或服务，还有怎么提供这些产品或服务（包括如何为这些活动融资）。该术语被广泛使用，有时会包含上述的通用企业战略。例如，一家基于成本领先战略的航空公司可能会使用低成本运输公司的商业模式。低成本运输公司仅提供单一等级的服务并使用单一类型的飞机以尽量减少培训成本和维护费用。

- **公司执行战略的效果如何？执行的未来前景如何？**

竞争的成功不仅需要合适的战略，还需要有效的执行。分析企业的财务报告可以为分析师评价公司的业绩相对于战略目标的完成情况，并制定对公司未来业绩的预期提供基础。分析历史数据不仅意味着回顾最近年度报告中的 10 年历史数据，而且还意味着查阅 10 年前、5 年前和最近 2 年前的年报。为什么要这样做呢？因为回顾以往的年报常常可以洞察管理层以前预见挑战和调整业务以适应挑战的能力。（一般来说，上市公司网站的"投资者关系"一栏都会提供至少最近几年的年度报告电子副本。）

在检查财务和经营战略执行情况时，有两个注意事项值得一提。首先，必须考虑定性因素（即非量化因素）的重要性。这些非量化因素有很多，例如，公司的所有权结构、其知识产权和物质财产，其无形资产的条款，例如许可证和特许经营权协议等，以及法律纠纷或其他或有负债的潜在后果。其次，要避免简单地用过去的经营结果来推断未来的业绩。一般而言，经济和技术力量常常会导致"向均值回归"的现象。具体而言，成功企业倾向于吸引更多的竞争者进入，对获得高于平均水平的利润产生压力；相反，业绩不佳的公司往往会进行重组，以提高长期的盈利能力。因此，在很多情况下，分析师在预测利润和长期（例如未来 10 年之后）的盈利增长率时，可能会合理地假设公司的增长率和整个经济的平均增长率趋同。

4.3.1.2　财务报告分析

在评价公司实施战略选择是否成功时，对不同的企业或行业要使用不同的财报内容。对于成熟的公司，财务比率分析很有用，可以根据公司既定的战略目标评价商业或制造业公司盈利性的各个驱动因素。例如，一家旨在建立较强的品牌认知度来创造可持续竞争优势的制造业公司，预计会有较大规模的广告支出和相对较高的价格；一家以品牌竞争为主的公司与以成本竞争为目标的公司相比会有较高的毛利率，但其销售费用占销售收入的比例也较高。

例 4-2　竞争分析

基于 2012 年收入，最大的六家油田服务公司如下：

- 斯伦贝谢（Schlumberger Ltd.）
  - 收入：421 亿美元
  - 净利润：55 亿美元
- 哈利伯顿（Halliburton）

- 收入：285 亿美元
- 净利润：26 亿美元
- 贝克休斯（Baker Hughes Inc.）
  - 收入：214 亿美元
  - 净利润：13 亿美元
- 国民油井（National Oilwell Varco Inc.）
  - 收入：200 亿美元
  - 净利润：25 亿美元
- 韦瑟福德国际（Weatherford International Ltd.）
  - 收入：152 亿美元
  - 净损失：-7.78 亿美元
- 卡梅伦（Cameron）
  - 收入：85 亿美元
  - 净利润：7.51 亿美元

这些公司为油气生产商和钻井公司提供能提高钻井速度的设备和服务，这些设备和服务通常具有很高的技术含量。

（1）讨论可能影响对油田服务公司所提供服务的需求的经济因素，并解释分析和预测这类公司营业收入的逻辑框架。

（2）解释如何通过比较利润率（净利润 / 营业收入）和人均销售额的水平和变动趋势，评价其中的某一家公司是不是同行中的成本领先者。

问题（1）的解答： 因为这些公司的产品和服务与油气勘探和生产相关，所以油气公司的勘探和生产活动水平很可能是决定这类服务的主要因素。反过来，天然气和原油的价格对于确定勘探和生产活动水平很重要。因此，除其他经济因素外，分析师应该研究与原油和天然气供需相关的因素。

- 天然气的供给因素，例如天然气的存货水平。
- 天然气的需求因素，例如民用和商用的天然气需求、使用天然气发电的新设备数量。
- 原油的供给因素，包括欧佩克（OPEC）等产油国的产能限制和生产水平，以及新发现的石油基地和海上石油储量。
- 原油的需求因素，例如民用和商用的石油需求、以石油为主要燃料的新发电设备数量。

- 预计的经济增长率作为需求因素、能源消耗率作为供给因素，对原油和天然气都适用。

  注：能源分析师需要熟悉研究供给和需求信息的资料来源，例如国际能源机构（International Energy Agency, IEA）、欧洲石油行业协会（European Petroleum Industry Association, EUROPIA）、能源信息署（Energy Information Administration, EIA）、美国天然气协会（American Gas Association, AGA）和美国石油协会（American Petroleum Institute, API）。

问题（2）的解答： 利润率反映了成本结构，但分析师在解释利润率时应该考虑公司通过改变价格提高利润率的能力有差异。成功实施的成本领导战略会降低成本并提高利润率。其他条件相同时，我们还预期成本领先者的人均销售额相对更高，反映了人力资源的有效使用。

对于较新的公司，或是开创新产品、新市场的公司，非财务指标对于准确预测公司前景可能更重要。例如，生物科技公司的临床试验结果或互联网公司独特的日均访客数可能为评价未来营业收入提供有用的信息。

4.3.1.3　信息来源

公司有时会在监管机构强制披露的文件、定期报告、公司新闻公告和投资者关系材料中提供有关行业和竞争的重要观点。分析师可以将公司直接提供的信息与自己的独立研究进行比较。

国际上有关公告披露和文件备案的监管规定各不相同。一些市场，例如加拿大和美国，要求管理层在一些法定文件中提供行业和竞争信息，而且这些文件可以在互联网上免费获得。以美国为例，证券交易委员会（SEC）规定，公司应在年度报告（即美国公司的 10-K 表和非美国公司的 20-F 表）的业务描述和管理层讨论与分析（MD&A）两个部分提供行业和竞争信息。中期报告（例如 SEC 规定的季度报告，即美国公司 10-Q 表和非美国公司的 6-K 表）提供中期财务报表，但该报表所涵盖的行业和竞争信息通常不太详细。

就分析师和管理层的联系而言，分析师必须清楚地知道监管条例（例如美国的 FD 条例）禁止公司在没有同时向公众披露的情况下向分析师提供重要的非公开信息。[○]然而，管理层对于公开信息的看法对分析师仍然有用，许多分析师认为与管理层的面对面会议对了解一家公司至关重要。

CFA 协会的《道德规范和职业行为标准》禁止使用重要内幕信息；FD 条例（以及

○　可能有公开披露公司重大事件的特殊公告，例如美国的 8-K 表。

其他国家的类似条例）禁止公司有选择地提供这类信息。这些道德和法律规定有助于分析师弄清他们的主要作用和目的。

除监管文件外，公司提供的信息来源还包括新闻公告和投资者关系资料。与分析师最密切相关的新闻公告就是定期的利润公告。公司一般在会计期末的几周后和提交定期报告的几周前发布这些利润公告。利润公告总结了企业在会计期间的业绩，通常包括对业绩的解释和财务报表（一般是简化版）。许多公司在利润公告后会召开电话会议，进一步详细解释报告的业绩。会议通常会留一部分时间回答分析师的问题。许多公司在其公司网站上发布电话会议的录音和文字材料，有分析师会议演示文件可供下载。从这些文件中，公众不仅可以获得公司的报告，还可以获得分析师的提问和公司对这些问题的回答。

除了公司提供的信息来源外，分析师还可以从行业组织、监管机构和市场情报公司等第三方获取信息。

ESG 信息的来源：美国汽车业案例

对环境、社会和公司治理（ESG）因素的评估可以帮助分析师识别潜在的商业风险以及可能产生相对于同行更有长期竞争优势的商业行为。在下面的例子中，我们讨论了关注美国本土汽车制造商的分析师可能会考虑的 ESG 相关信息的来源。

汽车行业是全世界资源最密集的制造业之一。新车需符合多项政府标准，其中包括安全、燃油效率和排放控制、车辆回收和防盗等。制造和装配设施必须符合严格的废气排放、水排放和危险废物管理标准。

因为汽车公司的制造过程和车辆会显著地影响环境，所以该行业受到严格监管。汽车行业的全球性特征使得分析师需要仔细考虑不同国家和地区的监管环境。美国的监管机构，例如环境保护局，以及非美国监管机构，如欧洲委员会、欧洲环境署和英国的环境署（UK-based Environment Agency），帮助制定和跟踪环境标准和立法。

因制造造成严重伤害的可能性增加了保护汽车工人安全的重要性。此外，因为工会中的雇员人数众多，劳资关系对美国汽车制造商也很重要。代价高昂的诉讼、停工造成的生产损失和负面宣传是汽车制造商关心的主要问题。

与分析美国汽车制造商的 ESG 考虑因素相关的信息可以在多数行业常见的来源中找到。这些来源包括公司提交给监管机构的文件、新闻稿、投资者电话会议和网络广播以及贸易出版物。在分析师审查 ESG 相关因素时，可持续发展报告（通常称为企业可持续发展报告或 CSR）也是相关的。这些报告讲述组织的日常活动以及组织的价值观和公司治理，以及因此产生的经济、环境和社会影响。虽然公司没有统一的 CSR 发布或披露标准，可持续发展报告可以使分析师更好地了解公司可持续的商业实践以及公司的资源管理是否支持经济可持续发展的商业模式。

要获得更具体的 ESG 相关信息，美国汽车制造商的分析师可以参考工会抵制名单和职业安全和健康协会（Occupational Safety and Health Administration, OSHA）及美国平等就业机会委员会（US Equal Employment Opportunity Commission, EEOC）披露的信息。作为负责监督美国大多数私营部门雇主工作条件的联邦机构，OSHA 可以帮助分析师确定已证明存在安全违规历史或在工作场所安全方面有改进的汽车制造商。EEOC 的诉讼数据库有助于调查影响个别汽车制造商的任何值得注意的工作场所歧视问题。

对关注美国汽车制造商（或其他行业，就此问题）的分析师而言，几个非营利组织也可能成为的宝贵 ESG 资源。可持续会计准则委员会（SASB）制定行业特定的 ESG 标准，可以帮助分析师识别对公司财务业绩产生定量影响的 ESG 考虑因素。碳信息披露项目（Carbon Disclosure Project）收集和合成主动报告的环境数据，该数据可以提供有关汽车制造商在气候变化和水资源短缺风险敞口方面的重要信息。最后，Ceres，一个致力于推动可持续发展研究和宣传的组织，可以为分析师提供获得汽车行业可持续性研究报告的途径。

4.3.1.4　使用会计信息的考虑

分析师在评价公司的历史业绩及预测未来业绩时，一般会非常依赖公司的会计信息和财务披露。公司报告结果的稳定性或者说可持续性有所不同。此外，公司披露的信息在反映经济活动的准确性和会计结果的详细程度上可能有很大差别。

盈利质量分析（quality of earnings analysis）这个词广义地包括了对**全部报表（含资产负债表）**的仔细检查，其目的是评价公司业绩的可持续性和报告信息反映真实情况的准确程度。股票分析师通过培养对公司盈利质量的评估能力，通常会更好地了解企业并提高预测准确性。分析师主要通过识别报告业绩中不太可能经常发生的项目来判断业绩的可持续性。例如，由诉讼赔款、临时税收减免或非经营性资产出售利得等非经常性项目组成的盈利被认为质量低于主要来自公司的核心业务收益的盈利。

除了识别非经常性项目外，分析师还要识别报告中导致利润水平不太可能持续的决策。这种盈利质量分析的一个好的起点就是对比公司的净利润和经营活动现金流。

举一个简单的例子，假设一家公司有营业收入和净利润但没有经营活动现金流，因为它的所有销售都是赊销而且从来没有收回应收账款。进行比较的一种系统方法是将净利润分解成现金部分（包括经营和投资活动现金流）和应计部分（定义为净利润减去现金部分）。资本市场研究表明，盈利的现金部分比应计部分更持久，结果是当期应计部分相对较高的公司未来的资产回报率（ROA）相对较低（Sloan，1996）。在这里，更持久意味着，与当期的应计部分相比，当期的现金部分能更好地预测未来的净利润。较高比例的应计部分可以解释为盈利质量较低。

特定公司的盈利质量分析需要仔细审查会计报表、附注和其他相关的披露内容。研究盈利质量分析和会计风险因素的资料包括 Mulford and Comiskey（2005）和 Schilit and Perler（2010），美国注册会计师协会（AICPA）的《财务报表审计中对舞弊的关注》（2002 年 2 月 28 日）和国际会计师联合会（IFA）的国际审计准则 240《审计师关注财务报表审计中舞弊和错误的责任》（2008 年）。表 4-1 列出了一部分公司盈利质量潜在问题的特征指标。

表 4-1 部分公司盈利质量潜在问题的特征指标

类型	表现	可能的解释
营业收入和收益	过早确认营业收入，例如： • 开票—持有的销售方法⊖ • 在安装和客户接收前确认设备或软件的销售	加速收入的确认，提高报告的利润，掩盖经营业绩的下滑
	将非经营性利润或利得归入经营项目	利润和利得可能不具有持续性，可能与真实的经营业绩无关，可能掩盖经营业绩的下滑
费用或损失	在当年确认太多或太少准备，例如： • 重组准备 • 坏账准备或贷款损失准备 • 递延所得税资产的减值准备	通过牺牲未来利润来提高当期利润，或者通过降低当期盈利来提高未来业绩
	将支出项目资本化为资产从而延迟费用的确认，例如： • 获客成本 • 产品研发成本	通过牺牲未来利润来提高当期利润。可能掩盖潜在的业务绩效问题
	使用激进的估计和假设，例如： • 资产减值准备 • 较长的折旧年限 • 较长的摊销年限 • 估计养老金负债时假设较高的折现率 • 估计养老金负债时假设较高的薪酬增长率 • 假设较高的养老金资产投资回报率	激进的估计值可能表明公司采取了提高当期报告利润的行为。改变假设可能意味着公司企图掩盖当期业绩的潜在问题
资产负债表问题（也可能影响盈利）	使用**表外融资**（off-balance-sheet financing，不在资产负债表上显示的负债），例如资产租赁或应收账款证券化	资产和/或负债可能没有正确地在资产负债表上反映
经营活动现金流	将增加的银行透支金额记为经营活动现金流	经营活动现金流可能被人为地虚增

⊖ "开票—持有"的销售方法（bill-and-hold sales）是指先确认销售但日后才发货。——译者注

以下例子说明了会计行为对财务报告的重要影响，也说明了分析师在使用这些结果进行估值时加以判断的必要性。

例 4-3 盈利质量的预警信号：激进的估计

在伯克希尔 – 哈撒韦公司 2007 年致股东的信中，沃伦·巴菲特写了"异想天开的数字——上市公司如何美化盈利"一节，谈论了投资回报率的假设（固定收益养老金计划对当期和未来资产投资回报率的预测）：

数十年荒唐的期权会计准则终于停歇了，但其他一些会计选择问题仍然存在，其中一个重要问题就是公司在计算养老金费用时使用的投资回报率假设。许多公司选择的假设使得企业可以报告不怎么可靠的"盈利"，这毫不奇怪。2006 年，标准普尔指数中有养老金计划的 363 家公司估计的投资回报率平均是 8%。

养老金的基金资产里平均有 28% 是现金和债券，巴菲特在文中假设这部分的回报率是 5%。这意味着其余 72% 的养老金资产主要是股权投资，必须获得 9.2% 的回报率，扣除所有费用后，养老金资产才能获得整体 8% 的回报率。为了说明养老金获得平均 9.2% 的投资回报率是什么概念，巴菲特估计道琼斯指数需要在 2099 年 12 月 31 日报收 2000000 点（他写信的时候道琼斯指数位于 13000 点），而美国的股票指数在 20 世纪平均的年复合增长率仅有 5.3%。

（1）激进乐观的养老金资产回报率假设如何影响养老金费用？

（2）哪里可以找到某公司养老金资产回报率假设的相关信息？

问题（1）的解答： 与养老金资产回报率假设相关的预期投资回报金额是计算养老金费用时的扣减项。激进乐观的养老金资产回报率假设意味着计算养老金费用时减少的金额大大高于合理水平，这种抵减会导致养老金费用被低估，净利润被高估。实际上，养老金费用可能变为一项利润，具体视乎相关的数额确定。

问题（2）的解答： 公司养老金资产回报率假设的相关信息可以在财务报表附注中找到。

在以下盈利质量差的例子中，管理层的选择已经超出了激进假设的范畴。这个例子让我们回忆起本杰明·格雷厄姆提过的一个幽默小故事。有个公司的董事长在计划使公司恢复盈利时说，"与预期相反，我们不会改变公司的制造和销售政策，但会改变整套会计记账系统。通过使用和改进一系列的现代会计和财务工具，公司的盈利能力

将会获得令人惊异的改观"[1]。

▌例4-4 盈利质量的预警信号：一个极端的例子

利文特公司原来是一家从事戏剧制作的上市公司，上演了许多非常受欢迎的戏剧，例如获得东尼奖的《演艺画舫》和《福斯》。利文特公司将许多演出前的成本进行了资本化，包括演出前的广告费、公关和促销、舞台布景、小道具和表演服的制作以及排练期间付给演员、音乐师和剧组人员的工资和费用。然后，公司根据预期的收入将这些资本化的成本在估计的戏剧演出年限内进行摊销[2]。

（1）解释利文特公司对演出前成本的会计处理如何影响每股收益？

（2）解释利文特公司对演出前成本的会计处理如何影响资产负债表？

（3）如果在不调整的情况下根据利文特公司的会计数字计算"EBITDA/利息费用"和"债务/EBITDA"比率，分析师在评价利文特的财务实力时是否会被如何误导？（EBITDA的定义是未扣除折旧、摊销、利息和所得税的利润。"EBITDA/利息费用"和"债务/EBITDA"这类比率反映公司在"债务—还款能力"这个方面的财务实力。）

问题（1）的解答： 利文特公司对演出前成本的会计处理推迟了费用的确认，从而立即增加了报告的每股收益。

问题（2）的解答： 利文特公司将演出前成本列入了资产负债表的资产项目，而不是立即费用化。预警信号"推迟费用确认"反映了激进的会计处理：戏剧制作产生的收入具有巨大的不确定性，因此演出前成本应该立即费用化。没有人能够保证这些成本可以产生与之相匹配的销售收入。

问题（3）的解答： 利文特公司没有将演出前成本作为费用从利润中扣除，如果将（资本化的）演出前成本的摊销加回到利润，演出前工资这种现金支出将不会在"EBITDA/利息费用"和"债务/EBITDA"比率中有任何反映，而现金流出却会减少公司可用以还债的资金。如果在计算EBITDA时机械地将演出前成本摊销加回，分析师就会错误地高估利文特公司的财务实力。在仔细考察该公司会计处理的基础上，分析师就很可能不会将演出前成本的摊销加回EBITDA。如果不加回演出前成本的摊销，利文特公司的财务实力就会显得很不一样。1996年，利文特公司报告的债务/EBITDA比率是1.7，但没有加回演出前成本摊销的比率是5.5。1997年，用正的5 830万美元EBITDA计算的"债务/EBITDA"比率是3.7，但没有加回摊销

⊖ 格雷厄姆，1936。
⊜ 此例的讨论得益于穆迪投资者服务公司（2000）。

的 EBITDA 是负的 5 260 万美元。

注：1998 年 11 月利文特公司宣告破产，该公司现已不存在。该案的刑事审判于 2009 年在加拿大结案，利文特的共同创始人承认了欺诈和伪造的罪名。

一般而言，某项资产（例如在利文特公司例子中的递延成本）的增长率如果比销售收入的增长率快得多就可能表明了激进的会计处理。分析师会留意许多预警未来盈利意外降低的风险因素。部分有用的风险因素列举如下（AICPA，2002）：

- 会计披露（例如关于分部信息、收购、会计政策和假设的披露）质量低或缺乏对负面因素的讨论。
- 存在关联交易。
- 有过多的管理层、员工或董事贷款。
- 管理层或董事的流动率高。
- 公司员工完成销售或盈利目标的压力过大，尤其是在管理团队或管理者很强势和激进的情况下。
- 负责审计的事务所有重要的非审计服务。
- （通过法律文件）公告与审计师的争议或更换审计师。
- 管理层和 / 或董事的报酬与盈利或股价挂钩（通过所有权或薪酬计划）。尽管这种安排通常是可取的，但它们仍然是导致财务报告激进的风险因素。
- 经济、行业或公司自身因素对盈利能力的压力，例如市场份额降低或利润率下降。
- 管理层有满足债务合约要求或盈利预期的压力。
- 有违反证券法的历史记录、违规的报道，或经常延迟报告的提交。

4.3.2 预测公司业绩

估值步骤的第二步——预测公司业绩，可以从两个方面考虑：企业经营所在的经济环境和自身的经营与财务特征。

企业在特定行业、国家经济和国际贸易的大环境中开展商业活动。自上而下预测法在大环境中评估企业：首先对国际和国内的宏观经济进行预测，其次是行业预测，最后对单个企业和资产进行预测。⊖例如，对一家主流家电制造商的销售收入预测可以

⊖ **自上而下投资法**（top-down investing，对应**自下而上投资法**（bottom-up investing））作为一个广泛地描述积极投资风格的类型，是一个相关但不同的概念。例如，自上而下投资者会使用宏观经济预测找出有潜在投资机会的经济部门；相反，遵循自下而上投资法的投资者可能会在没有明确判断整体经济或不同部门相对价值的情况下，用一些估值指标决定某种证券价值是否被低估。

从基于国内生产总值（GDP）预测的行业销售量预测开始。企业的销售量应等于行业的预计销售量乘以该家电制造商的预计市场份额。收入预测将取决于预计的销售量和销售价格。

相对地，自下而上预测法用一些特定假设将微观层面的预测汇总为更大范围的预测。例如，一家服装零售商有几间正在经营和两间即将开业的店铺，利用现有店铺（可能正处在经营初期）每平方米销售额的信息，分析师能够预测新店的每平方米销售额。加上对现有店铺的类似预测，分析师就能得到对整个公司的预测。在运用这种自下而上的销售预测时，分析师会对售价和商品成本做出一些假设。继续使用这种自下而上的方法，对个体零售商的预测可以汇总为对行业集体的预测。

一般而言，分析师会将行业和竞争分析的洞察与财务报表分析相结合，形成对企业销售收入、盈利和现金流这些项目的具体预测。分析师在财务预测和估值中通常既考虑定性因素也考虑定量因素。例如，分析师也许会根据一些定性因素，如对企业管理层商业敏锐度和诚信的看法、对会计操作透明度和质量的意见等，修改自己对预测和估值的判断。这些定性因素必然是主观的。

4.3.3　选择合适的估值模型

本节讨论估值步骤的第三步——为估值任务选择合适的模型。对估值模型的描述详见后面的章节。绝对估值模型和相对估值模型是持续经营假设下的两大类估值模型。这里，我们只对这两类模型做简要的介绍，并探讨一些关于模型选择的问题。在实践中，分析师可能会使用多种模型去估计企业或者其股票的价值。

4.3.3.1　绝对估值模型

绝对估值模型（absolute valuation model）是一种指定资产内在价值的模型。使用这种模型是为了得到能与资产市场价格进行比较的估计价值。现值模型是最重要的一类绝对股权估值模型。在金融理论中，现值模型被认为是最基本的股权估值方法。这类模型的逻辑是：资产对投资者的价值一定与投资者持有该资产的预期回报相关。一般来说，这些回报被称为资产的现金流，而现值模型也被称为现金流折现模型。

在股权估值中，**现值模型**（present value model）或者**现金流折现模型**（discounted cash flow model）用股票的预期未来现金流现值或折现值作为股票的价值。[⊖]对普通股来说，一种常见的现金流是股利。[⊖]股利是经董事会批准酌情分配给股东的利润。股利

⊖ 在非上市公司价值评估中，这种模型被称为收益估值模型（income models of valuation）。
⊖ 这里的股利是指现金分红，不包括不涉及现金流分配的股票股利。——译者注

直接支付给股东，因此是股东层面的现金流。基于股利的现值模型被称为**股利折现模型**（dividend discount models）。分析师很少将现金流定义为股利，而是将现金流定义在公司层面上。理论上说，在支付了优先于普通股的要求权后，不管这些现金流是否以股利形式分配，剩余现金流的所有权属于普通股股东。优先于普通股的要求权包括债券持有人权利、优先股股权（和政府征税权）等。

目前主要的两种公司层面现金流定义是自由现金流和剩余收益。自由现金流是在考虑了固定资产再投资和持续经营所需营运资本后的经营性现金流。**股权自由现金流模型**（free cash flow to equity model）将现金流定义为偿付债权人以后的净现金流，而**企业自由现金流模型**（free cash flow to the firm model）将现金流定义为偿付债权人以前的净现金流。我们将在后面的章节更精确地定义自由现金流和每个模型。剩余收益模型的基础是，扣除（为获取收益）投资机会成本的应计会计收益。

因为现值方法是常见的债券价值计算工具[⊖]，所以对比现值模型在股权估值和在债券估值中的应用将会很有帮助。相对债券估值而言，用现值模型对股权估值通常有更大的不确定性，这种不确定性主要集中体现在现值模型的两个关键数据——现金流和贴现率上。债券估值是将法律合同（债券契约（bond indenture））规定的一系列现金流贴现。而在股权估值中，分析师必须先明确定义被估值的特定现金流——股利或自由现金流，然后预测这些现金流的金额。与债券估值不同，没有现金流是根据合同规定归普通股股东所有的。显然，企业总的现金流和随之可能分配给普通股股东的现金流会受商业、财务、科技和其他因素的影响，很可能会比债券的合约化现金流有更大的波动。此外，因为普通股没有到期日，所以对普通股现金流的预测要无限延伸到未来。除了在现金流预测中有更大的不确定性之外，股权估值在估计这些现金流的合适折现率时也有很大的不确定性。债券估值能够利用市场利率和债券评级确定折现率，而股权估值通常需要更主观、更不确定地估计适用的折现率。因此对比股权估值和债券估值中的现值模型应用是有益的。最后，除了现金流和折现率估计的不确定性之外，股票分析师可能还需要解决其他问题，例如公司控制权和闲置资产的价值。

因此，用于股票估值的现值方法显得相当复杂，对估计内在价值雄心勃勃的现值模型在应用中带来了许多挑战。格雷厄姆和多德（1934）建议分析师考虑报告内在价值的范围，并且该建议仍然有效。最后，**敏感性分析**（sensitivity analysis）是现金流折现估值时的一个基本工具。我们将在后文更详细地讨论敏感性分析。

另一类绝对估值是**资产价值基础法**（asset-based valuation）。这种方法以企业拥有

⊖ 本节使用的"债券"一词是广义的，包括所有的债务证券和贷款。

的资产或者控制资源的市场价值为基础对企业估值。对合适的企业来说，资产价值基础法能够提供独立的价值估计。分析师一般会觉得不同的独立估值是有用的。以下例子描述了一个适用于这种绝对估值方法的情况。

> **例 4-5　资产价值基础法**
>
> 　　分析师通常将基于资产的估值应用于自然资源类公司。例如，一家原油生产商，如巴西石油公司（Petrobras），可能会用它现在已探明石油储备的市场价值减去估计的开采费用来估值；一家林业企业，如惠好公司（Weyerhaeuser），可能会以它所控制的木材板平方米（或板英尺）为基础来估值。⊖然而今天，相对于过去，有越来越少的企业只涉及自然资源的开发或生产。例如西方石油公司（Occidental Petroleum），虽然以石油命名，但同时也拥有大规模的化工制造业务。在这种情况下，整个公司的价值可以用各分部价值之和来估计，其中自然资源分部仍以其探明的资源来估值。

4.3.3.2　相对估值模型

　　相对估值模型是持续经营假设下的另一大类估值模型。**相对估值模型**（relative valuation model）评估一种资产相对于其他资产的价值。相对估值的潜在思想是：相似的资产应该以相似的价格出售。相对估值的应用通常涉及价格乘数（股票价格相对于基本指标，如每股现金流的比率）或者企业乘数（普通股和债权的总值减去现金和短期投资，相对于基本指标，如相对于营业利润的比率）。

　　也许最众所周知的价格乘数就是市盈率（PIE），即股票的市场价格除以企业的每股收益。当一只股票相对另一只与它（例如在盈利增长率和风险方面）相似的企业股票以较低的市盈率出售时，对参照的股票而言这只股票就是被相对低估了（适合买入）。为简洁起见，分析师可能会简单表示价值被低估了，但分析师必须意识到，如果用于比较的股票（在绝对意义上和它内在价值相比）被高估了，那么被认为是低估了的股票也可能是被高估了。因此，注意区分低估和相对低估是有必要的。如前所述，不管是哪一种利用错误定价（绝对或相对）的投资，都以预期的差异为基础，也就是说，投资者的预期与市场价格所反映的预期不同，而且更准确。

　　⊖　板平方米是木材体积计量单位，即面积为 1 平方米、厚度为 25 毫米的木材体积。板英尺是面积为 1 平方英尺、厚度为 1 英寸的木材体积。——译者注

基于相对估值的保守投资策略会给相对低估（高估）的资产比基准权重更高（低）的权重。较激进的策略允许卖空被高估的资产。这种激进的方法被称为相对价值投资（如果用隐含折现率表示，也可以称为相对息差投资）。一个经典的例子就是**配对交易**（pairs trading），它利用联系密切的股票配对（例如两只汽车股票），买入相对低估的股票，卖空相对高估的股票。不管市场整体的变化方向如何，只要相对估价过低的股票比相对估价过高的股票升得更多（或下跌更少），投资者都能盈利。

通常，相对估值需要涉及一组而不是单个的可比资产，例如一个行业组。相对估值法在股权中的应用通常被称为**可比法**，这是本书后面章节的主题。

▌例 4-6　相对估值模型

在研究一家（虚构的）医疗保健信息服务公司史密森基因公司时，你得到了不同的意见。一位分析师声称，考虑了该企业和同类企业的基本面后，史密森的市盈率与医疗保健信息服务行业其他公司市盈率的中值相比，至少被高估了 15%。第二位分析师则断言，史密森的市盈率与罗素 3000 指数（一个广泛的美国股票指数）的市盈率中值相比，被低估了 10%。两种分析似乎都经过仔细研究。有可能两位分析师都是正确的吗？

解答： 是的。两位分析师的断言都涉及相对估值，而且他们所选择的比较基准不同。第一位分析师将史密森与医疗保健信息服务行业的其他公司相比，认为它被相对高估了。第二位分析师将史密森与罗素 3000 所代表的整个市场相比，认为它被相对低估了。如果整个医疗保健信息服务行业与罗素 3000 相比是被低估了，那么两位分析师都可能是正确的，因为他们做出的是相对估值。

分析师估值对投资的意义一般还取决于其他考虑，包括罗素 3000 的市场价格是否公允地反映该指数的内在价值，市场的流动性是否能够满足所需要的头寸规模并保持投资的吸引力。在很多情况下分析师会用内在价值的估计来辅助相对估值。

可比法的特点是在应用时有很多种可能的选择，第 9 章讨论了多种价格乘数和企业乘数。使用者经常考察多种价格和企业乘数来获得它们所提供的互补信息。一般来说，必须假设可比资产的价格是公允的，可比法才能确定内在价值。可比法的优点在于简单，与市场价格相联系，并以合理的经济原理为基础（即相似的资产应以相似的价格出售）。价格乘数和企业乘数被投资者广泛认可，因此分析师可以根据价格乘数或企业乘数传达绝对估值的结果。

4.3.3.3 整体股权和部分股权的估值

企业可以作为一个整体进行估值，也可以作为多个独立的持续经营业务部门之和进行估值。将每个业务部门当作独立的持续经营实体，用各个部门价值之和进行估值的方法被称为**分类加总估值法**（sum-of-the-parts valuation）。使用这种方法得到的估值有时被称为**拆卖价值**（breakup value）或者**非公开市场价值**（private market value），但使用这种方法并不意味着对企业有重组的预期。

当一家公司有部门处于不同行业且估值特征不同时，分类加总估值法是最有用的。分类加总估值法也常常被用于评估分拆、拆分（split-off）、跟踪股票（tracking stock）或股权切离等方式重组而解锁的价值。

例 4-7 展示了一个用分类加总估值法洞察公司未来前景的例子。在实践中，需要对每个业务部门的盈利、现金流和价值贡献做详细的拆分。

▌ 例 4-7 分类加总估值法

唐纳森公司（Donaldson Company，Inc.）是世界上最大和最成功的过滤器制造商之一。根据 FASB 关于分部报告的指引，该公司有两个报告分部：发动机产品和工业产品。分部的区分是基于内部组织结构、运营管理以及管理层和公司董事会的业绩评价。2012 年的 10-K[一]数据见下表。

（单位：千美元）

	发动机产品	工业产品	公司合计[①]
2012			
净销售收入	1 570 140	923 108	2 493 248
税前利润	227 941	149 249	370 780
总资产	845 176	520 739	1 730 082
资本支出[②]	46 816	24 083	78 139
2011			
净销售收入	1 440 495	853 534	2 294 029
税前利润	211 255	123 871	312 263
总资产	888 080	519 730	1 726 093
资本支出	36 423	19 442	60 633
2010			
净销售收入	1 126 007	751 057	1 877 064
税前利润	155 833	91 084	230 176

[一] 10-K 即年度报告。——译者注

	发动机产品	工业产品	公司合计①
			（续）
总资产	702 300	477 154	1 499 506
资本支出	24 355	15 250	43 149

①公司业绩总额与两部门之和不同，差异在于是否包含公司分摊的金额。

②资本支出不包含收购业务的支出。

发动机产品分部的销售对象包括建筑、采矿、农业、航空航天、国防和卡车市场的原始设备制造商（OEMs），独立的分销商，原始设备制造商（OEM）的经销商网络，自有品牌客户和大型设备车队。产品包括空气过滤系统，排气和排放系统，液体过滤系统（包括液压系统、汽油和润滑油）和过滤器替芯。

工业产品部分的销售对象包括各种工业终端用户、燃气涡轮机的原始设备制造商、需要清洁空气的原始设备制造商和终端用户。产品包括灰尘烟雾水雾收集器、压缩空气净化系统、燃气涡轮机空气过滤系统、膜产品、应用于计算机\硬盘驱动器\其他电子设备的专用空气和气体过滤系统。

（1）为什么分析师要使用分类加总估值法来给唐纳森公司估值？

（2）分析师可以怎样在分析和估值中利用以上信息？

问题（1）的解答： 发动机产品分部的规模已经明显大于工业产品分部，而且增长速度更快。2010～2012 年期间，两者销售收入年增长率分别为18.1%和10.9%，资本支出的年增长率是38.6%和25.7%，发动机产品都占优势。另一方面，工业产品的利润率似乎更高。在 2012 年，工业产品和发动机产品的息税前利润/销售收入比率分别是 16.2%和 14.5%，息税前利润/资产比率分别是 28.6%和 27%，工业产品更占优势。

2013 年 5 月唐纳森管理层在向投资者介绍中表示，他们预计到 2021 年，工业产品将占公司产品组合的 48%。然而，最近的结果如上所示：发动机产品占唐纳森总业务的份额越来越大，伴随这个增长的是较低的利润率。公司最终能否成功改变其产品组合对分析师判断唐纳森的股价至关重要。

问题（2）的解答： 分析师可能会根据不同分部的销售收入和盈利能力对它们进行单独估值。整个公司的价值将是各分部价值之和加上公司项目的调整，例如税收、管理费用，还有与独立经营分部没有直接关系的资产/负债等。

使用分类加总估值法时，常常会出现多元化折价这个概念。**多元化折价**（conglomerate discount）是指经营多个不相关业务的公司相对经营范围较集中的公司其股票价格在市场上会有折价。多元化折价有几种解释：①内部资本市场缺乏效率（即企业投资资本在不同部门间的分配没有最大化全体股东利益）；②内生因素（即业绩不佳的企业倾向于通过收购向无关业务领域扩张）；③研究的测量误差（即多元化折价实际并不存在，有证据说明它们的确是测量有误导致的）。[⊖]当企业剥离与其核心业务没有什么协同效应的部门时，多元化折价的例子最明显。

请注意，如果拆分价值高于企业未经调整前的持续经营价值，可能会导致快速的剥离或分立战略行动。

4.3.3.4　关于模型的选择和解释

应该如何选择估值模型？模型选择有三大准则：

- 符合被估值的企业的特点；
- 适合数据的可用性和质量；
- 与估值的目的（包括分析师的视角）一致。

需要注意的是，使用多个模型可以获得更多深入的观察。

较好地理解公司业务是估值步骤的第一步，也有助于选择与被估值企业特征一致的模型。要了解企业，理解它的资产性质和它如何利用资产创造价值是其中一步。例如，银行大部分是由市场化或可以市场化的资产和证券组成的，因此，基于资产（按会计确认的价值）的相对估值法更适合银行，而不是一家几乎没有市场化资产的服务型企业。

在选择模型时，数据的可得性和质量可能会成为限制性因素。例如，一家企业从未发放过股息，也没有信息可以帮助分析师估计未来的股利。虽然股利折现模型是最简单的现金流折现模型，但分析师可能对较复杂的现值模型有更多信心。类似的考虑也适用于相对估值法的具体选择。例如，市盈率的比较虽然很有意义，但对一家盈利波动很大或持续亏损的企业就很难适用了。

估值的目的或分析师的视角可能也会影响模型的选择。例如，打算获得企业控股权的投资者会选择预期自由现金流，而不是预期股利为基础估值，因为这些现金流可以被收购方重新分配而不影响收购的价值（其他章节将会详细讨论这种估值方法）。在阅读他人的估值和研究报告时，分析师应该考虑作者的视角（和可能的偏见）会如何影响对特定估值方法和估值所需数据的选择。后面讨论现值模型和价格乘数的章节会对模型选择提供具体的指引。

关于模型选择要注意的最后一点是专业人士在选择股票时经常使用多种估值模

⊖　参见，例如 Lamont and Polk（2002）以及 Burch and Nanda（2003）。

型或估值因子，认识到这一点非常重要。根据"美林机构因子调查"（Merrill Lynch Institutional Factor Survey，2006），被调查的机构投资者在选择股票时平均使用约 9 个估值因子。[⊖]使用多种估值因子的选股方法有很多。股票筛选法这一主要方法将在后面的章节里讨论。另一种方法是在给定的投资范围里根据特定的估值因子对各证券排序。证券的排序还可以合并为单一的综合指标，对每个因子赋予一个权重。分析师可能会用数量模型来确定这些权重。

4.3.4 将预测转化为估值

将预测转化为估值不仅仅是在模型中输入预测值然后得到对公司或证券价值的估计，还需要考虑两个重要方面，即敏感性分析和情景调整。

敏感性分析是确定某输入值变化会如何影响输出值的一种分析。多数估值都会做一些敏感性分析。例如，敏感性分析可以用来检测公司未来增长率或折现率的变化会如何影响估计的价值，改变未来增长率的一种方法是将它分解为销售增长预测和利润率预测。有的敏感性分析取决于使用的情景。举例来说，假如分析师获知目标企业的竞争对手计划推出一个竞争性产品，鉴于目标企业竞争反应的不确定性（企业可能降低价格保住市场份额、给经销商折扣、增加广告或改变产品的特点），分析师可能会做出一个基本预测，然后分析不同的竞争反应将怎样影响预测的财务数据，进而影响估计的价值。

要分析一些特殊问题对估值的影响就需要做情景调整。可能影响估值的三个此类问题是控制权溢价、缺少流通性折扣和缺少流动性折扣。在企业拥有控股权地位（例如，有超过 50% 的股份，尽管通常小得多的比例也能赋予投资者对公司产生重大影响的能力）就能控制董事会，决定资产的重新配置或改变企业的资本结构。能够给投资者带来控制地位的股票投资，其价值通常会反映出**控制权溢价**（control premium），也就是说，这个价值会比没有考虑控制权溢价的通用定量模型的估值高。通常没有明确建模的第二个问题是投资者需要一个额外回报以弥补公开市场的缺乏或可销售性的缺乏。非公开交易的股票通常会反映出**缺少流通性折扣**（lack of marketability discount）。在公开交易（即可市场化）的股票中，市场深度不够（缺乏流动性）的股票价格通常会反映出**缺少流动性折扣**（illiquidity discount）。如果投资者想要出售数量相对于该股票交易量大很多的股票，缺少流动性折扣也会存在。大单（出售）股票获得的价格通常比小单股票的要低，即所谓的**阻塞因子**（blockage factor）。[⊖]

⊖ 在报告中，"因子"包括估值模型和净资产收益率等变量。

⊖ 然而，请注意在美国公允价值会计准则（SFAS NO.157）中，不允许对经常交易的股票做阻塞因子调整。持有股票的价值就等于报价乘以持有数量。

4.3.5　应用估值的结论：分析师的角色和责任

如前所述，估值的目的和目标客户有多种。

- 与投资公司经纪业务相关的分析师可能是提供估值意见的分析师中最常见的一种。他们的研究报告被广泛发送给当前和潜在的零售与机构客户。在经纪公司工作的分析师被称为**卖方分析师**（sell-side analysts，因为经纪公司向资产管理公司等机构销售投资产品和服务）。$^{\ominus}$

- 在资产管理公司、基金公司、银行基金部门和类似的机构中，分析师可能会向基金经理或投资委员会报告估值结果，作为投资决策的依据。这种分析师叫作**买方分析师**（buy-side analysts）。不管是以详细的公司分析为基础选择证券，还是以高度量化的分析为基础投资，分析师的估值专业知识都非常重要。定量分析包括发现、测试和更新挑选证券的方法。$^{\ominus}$

- 公司里的分析师可能会进行一些与资金管理公司相似的估值工作（例如在公司内部管理养老金计划）。公司和投资银行的分析师有时也要识别并评估可能成为收购目标的公司。

- 供职于独立财务信息供应商的分析师通常在公开发布的研究报告上提供估值信息和意见，尽管有些仅是分析和整理公司信息。

在估值时，投资分析师在多个方面扮演着重要的角色。这些方面包括收集、整理、分析和传递公司的信息，有时还要根据可靠的分析给出适当的投资建议。当分析师出色地完成工作时，他们的客户、资本市场和资本的提供者都能从中获益。

- 分析师帮助客户做出更好的买卖决定，从而达到投资目标。

- 分析师提供的分析可以促成更为理性的买卖决定，使资产价格能更好地反映潜在的价值，从而为资本市场的有效运行做出贡献。当资产价格准确反映潜在价值时，资本会更容易地流向价值最高的地方。

- 当分析师能有效地考察管理层业绩时，资本的提供者（例如股东）就会从中得益。这种考察能使管理层的行为与股东利益最大化一致。$^{\oplus}$

$\ominus$　经纪业务（brokerage）通常是为了获得佣金，作为买方或卖方代理的业务。

$\ominus$　根据某些反映相对吸引力的指标（加上控制风险的调整），对股票排序是定量投资领域的关键部分，我们将在后文做更详细的讨论。

$\oplus$　Jensen and Mecking（1976）对股东和管理层利益冲突的成本做出了经典的分析。

例 4-8　我们期望分析师做什么

　　如果经纪公司分析师推荐的股票最终表现很糟糕，或他们没能发现公司的不当行为，他们可能就要被公开审查。行业领导者届时可能会被要求对批评做出回应，并对分析师应有的角色和责任做出评论。一个这样的例子发生在美国，2001 年底安然公司（一家能源、公共事业、贸易和电信公司）倒闭。美国投资管理与研究协会（AIMR，CFA 协会的前身）的主席兼 CEO 在参议院的听证会上做了关于经纪分析师工作条件和职责的总结。在下面的段落中，**尽职调查**（due diligence）是指为支持投资建议所做的调查和分析。许多证券法规定，不完成尽职调查有时会导致要承担责任。"华尔街分析师"是指在美国经纪行业工作的分析师（卖方分析师）。

　　我们期望华尔街分析师做什么？这些分析师被指派去跟踪一些公司和行业，应该对这些公司和它们所在的行业进行全面的研究，并预测其前景。他们必须在这些研究的基础上，运用合适的估值模型，为这些公司的证券确定合理的公允价格。将这个公允价格和当前市场价格比较，分析师就能够提出建议。如果分析师的"公允价格"显著地超过当前市场价格，这只股票就可以被列为"买入"或"跑赢大盘"的评级。

　　华尔街分析师如何获得信息？通过艰苦的工作和尽职调查。他们必须研究并尝试理解众多公开披露文件（如年报和其他法定文件）中的信息，并收集估值模型所需的定性和定量因素。

　　尽职调查不是简单地阅读和分析年报，还包括与公司管理层、员工、竞争对手等交谈，解答在阅读公开文件时产生的问题。与管理层的交谈不可以只是参加定期的电话会议，因为不是所有的问题都可以在这种电话会议中提出。一方面是有时间的限制；另一方面是分析师和记者一样，不希望在竞争对手面前"亮牌"——提出特别的试探问题，透露他们通过辛勤工作获得的见解。

　　华尔街分析师在总结研究报告并做出推荐之前还应该了解行业和整体经济状况的动态。最后，为了向公司证明他们继续受雇的合理性，华尔街分析师必须发布自己所负责的公司的研究报告，必须根据他们的报告向购买其公司产品的客户提出建议。[注]

　　将财务分析师组成专业协会而不是商会这个运动从一开始就有一个指导原则：分

[注]　Thomas A. Bowman, CFA《对美国参议院政府事务委员会的证词（节选）》，2002 年 2 月 27 日。

析师必须在专业胜任能力和职业行为标准上对自己负责。胜任投资分析工作需要高水平的训练、经验和纪律。[○]此外，投资专业人士处于受托人的位置，必须对公众、客户、潜在客户、雇主、雇员和同行保持道德操守。对 CFA 协会的成员来说，这种受托责任反映在《道德规范》和《职业行为标准》（以下简称"规范和标准"）及成员每年提交的职业行为声明中。"规范和标准"指导分析师进行独立的分析、仔细的研究和认真的记录，以下小节将对此进行介绍。

4.4 传达估值结果

写作是分析师工作中很重要的一部分。不管是写给资产管理公司的投资委员会（或组合投资经理）看还是发给经纪公司的零售或机构客户，研究报告都有一些共同的元素。在本节中，我们将讨论一份有效研究报告的内容、编写这种报告的一种可调整的格式以及分析师在编制研究报告中的责任。在许多情况下，机构的规范会指导报告写作的格式和内容。

4.4.1 研究报告的内容

决定研究报告内容的首要因素是读者想要从报告阅读中获得什么。卖方分析师报告的读者会对投资建议感兴趣。在评估投资建议的重要性和权重时，读者会寻找有说服力的论据。支撑投资建议的一个关键要点就是证券的内在价值。

鉴于证券内在价值评估的重要性，大多数研究报告都会给读者提供关于估值关键假设和预测的信息。这些信息通常包括企业最新的财务和经营结果、当前宏观经济和行业背景方面的描述以及行业和公司的分析和预测。因为有些研究报告的读者对背景信息感兴趣，一些报告中也包含有关行业和公司的详细历史描述性统计数据。

报告可能包括具体的预测和关键的估值因素（例如估计的资本成本）、对估值模型的描述以及对定量因素和其他影响估值的考虑因素的讨论。优秀的研究报告还会客观地说明该证券投资的不确定性和具有最大不确定性的估值因素。通过将预测转化为内在价值估计，内在价值和市场价格的对比为投资建议提供了基础。当研究报告在投资建议中指出一只股票（基于其内在价值）的目标价格时，报告应该清楚地说明这个目标价格的计算基础、达到目标的时间范围以及有关达到目标的不确定性的信息。投资建

○ 这个胜任能力概念反映在获取 CFA 称号所必需的考试和工作经验要求里。

议可能会附带关于内在逻辑（即投资理论）的解释，它总结了为什么进行特定投资将提供一种从分析师预测中获利的方法。

虽然报告写得好不能弥补分析做得差，但写得不好的报告却会降低优秀分析的可信度。撰写有效的研究报告是一项具有挑战性的任务。总的来说，一份有效的研究报告应该：

- 包含及时的信息；
- 用清晰、精辟的语言书写；
- 客观且经过充分研究，明确说明关键假设；
- 清楚地区分事实和观点；
- 保持分析、预测、估值和建议的内在一致性；
- 为读者评价估值提供足够的信息；
- 陈述公司投资所涉及的主要风险因素；
- 披露分析师面临的任何潜在利益冲突。

这些基本特征都是有用和受人尊敬的报告所具备的优点，在某些情况下，（对报告的）要求更为具体。例如，各个国家要求披露利益冲突或潜在利益冲突的法规有所不同，分析师应及时跟进相关的披露要求。再举一个例子，投资建议有时受聘用分析师的公司政策影响，例如，一项政策可能要求当证券价格比估计的内在价值低 X 个百分点时被视为"买入"。即使没有这样的政策，分析师也需要区分"好企业"和"好投资"的概念。不管发行股票的公司业务前景是好是坏还是无所谓，股票投资的回报始终取决于为股票支付的价格。

▋ 例 4-9　研究报告

以下两段文字基本上来自两份真实的研究短文，讨论的是真实公司的估值，但日期和公司名称是虚构的。

A. 我们 2012 年的每股收益乘数为 6.5，我们预测该期间 14% 的增长率意味着股票正在被折价销售。MXI 有两个经营分部……使用相对收购价格乘数和同业价值中位数法对两个部门分别估值时，我们发现公允价值高于最近的市值。此外，股票交易价格相对账面价值也有折价（0.76）。根据从两种估值体系得出的价值判断，我们认为该股票值得持有。但考虑到近期经济疲软，对 MXI 业务的需求降低，我们的热情有所保留。（在报告的其他地方，MXI 被列为该机构最具有投资吸引力的级别。）

　　B.尽管 TXI 的股票从本年开始已超越大市 20 个百分点，较低的乘数仍然显示它是被低估的……（说明市盈率和另一个乘数的价值）。根据股利折现模型，我们的估值是 3.08 欧元，在目前价格的基础上还有大约 36.8% 的上升空间。我们重申"超越大市"的建议。（在括号中注明了目前的股利、假设的股利增长率和预测期。分析师还简要地解释了折现率的计算。报告的其他地方指出 TXI 的目前价格为 2.25 欧元。）

　　虽然上面两段提到的一些概念看起来还不熟悉，但你仍然可以开始评价两份报告的工作。

　　A 段对分析的介绍很笨拙。"我们预测该期间 14% 的增长率意味着股票正在被折价销售"这句话的含义不是很清楚。分析师可能预测了 2012 年的盈利增长率，并认为市盈率对于该预期增长率来说比较低。接着，分析师讨论对 MXI 用分部价值加总法估值。在描述方法时，分析师说"使用相对收购价格乘数和同业价值中位数法"，但没有清楚地说明具体做了什么。可能是先找出与 MXI 每个部门相似的公司，然后计算可比公司某个乘数的平均值或中位数作为估计 MXI 价值的基础，但是作者对 MXI 被低估的程度语焉不详。例如，分析师说 MXI 的价格低于账面价值（股东投资的会计衡量方法），却没有与类似股票的平均市净率比较（市净率将在后面章节讨论）。最后，报告的总结文字软弱无力而且模棱两可。尽管充满了技术词汇，但 A 段对 MXI 估值的表述缺乏条理性。

　　与此相反，在 B 段的第 2 句里，分析师明确给出了 TXI 的估值和评价估值所需要的信息。报告其他地方指出了目标价格为 3.08 欧元，读者可以从中看到 TXI 价格的上升潜力 [(3.08/2.25) − 1，大约是 37%]。分析师在第 1 句就给出了支持 TXI 可能被低估的信息（这句话的语气不强，因为分析师还没有解释市盈率为什么"较低"），总结的文字也很清晰。B 段的分析师用了比 A 段更少的篇幅，更好地表述了估值结果。

4.4.2　研究报告的格式

　　股票研究报告可以以多种方式合乎逻辑地呈现。分析师所在的公司有时会固定一种格式，用以达到对一致性和质量控制的要求。我们在表 4-2 中给出一种可调整的格式，分析师可以通过它来详细地报告研究和估值结果。（较短的研究报告和研究笔记显然可能会采用更紧凑的格式。）

表 4-2　研究报告的一种格式

章节	目的	内容	备注
内容目录	● 展示报告的结构	● 与叙述的顺序和语言一致	● 通常只在很长的研究报告中使用
总结和投资建议	● 综观全局； ● 介绍主要的分析结论； ● 建议投资行动方针	● 概述公司情况； ● 最近的主要进展； ● 盈利预测； ● 其他主要结论； ● 估值总结； ● 投资行动	● 执行摘要，可以简称"摘要"
业务综述	● 更详细地介绍公司； ● 表达对公司经济和目前状况更细节的理解； ● 做出特定的预测并解释[①]	● 对公司部门层级的描述； ● 行业分析； ● 竞争分析； ● 过往业绩； ● 财务预测	● 反映了估值步骤的第一步和第二步； ● 对财务预测应该有足够的解释并反映出对盈利质量的分析
风险	● 提醒读者注意投资证券的风险	● 可能不利的行业变动； ● 可能不利的法律法规变动； ● 可能不利的公司变动； ● 预测的风险； ● 其他风险	● 读者应该有足够的信息判断分析师是如何定义和估计特定的证券投资风险的
估值	● 介绍一份清楚且认真的估值	● 描述使用到的模型； ● 对输入数据进行摘要重述； ● 说明结论	● 读者应该有评价分析的足够信息
历史和预期数据表	● 整理并展示数据，支持业务综述里的分析		● 一般只有较长的研究报告将其作为单独的一部分。多数报告将全部或部分信息纳入业务综述里

① 实际结果可能而且通常会与预测不同。关键随机因素的讨论和检查结果对这些因素结果的敏感性是有用的。

4.4.3　研究报告的职责

所有分析师都有义务用清晰全面的格式报告有意义的实质性内容，但身为 CFA 协会会员的分析师还有约束力更强的额外责任，即在所有关于研究报告的工作中遵循"规范和标准"。CFA 协会的"规范和标准"规定：

CFA 协会会员必须……在进行投资分析、提供投资建议、采取投资行动和执行其他职业活动时，保持合理的谨慎，做出独立的职业判断。

在这个总的责任说明以外，表 4-3 还显示了一些与分析师写作研究报告相关的特别职业行为标准。

表 4-3 关于研究报告的 CFA 协会职业行为标准节选[①]

职业行为标准	责任
I(B)	会员和考生必须保持应有的谨慎，做出合理的判断，在执行专业活动时实现并保持独立性和客观性。会员和考生不得提供、索取或接受任何合理预期会有损个人或他人独立性与客观性的礼物、利益、补偿或报酬
I(C)	会员和考生不得故意做出关于投资分析、建议、行动或其他专业活动的虚假陈述
V(A)1	会员和考生进行投资分析、提供投资建议、采取投资行动时，必须保持勤勉、独立和分析投资的彻底性
V(A)2	会员和考生进行任何投资分析、建议或行动都必须有合理和充分的依据，有适当的研究和调查支持
V(B)1	会员和考生必须向客户和潜在客户披露用于分析投资、选择证券、构建投资组合的投资过程的基本格式和一般原则，并且必须即时披露可能对这些过程产生重大影响的变动事项
V(B)2	会员和考生必须应用合理的判断识别影响投资分析、建议或行动的重要因素，包括与客户和潜在客户沟通的那些因素
V(B)3	会员和考生必须区分投资分析和建议演示中的事实和意见。
V(C)	会员和考生必须记载和维护适当的记录，以支持投资分析、建议、行动和其他与客户和潜在客户的投资相关的沟通

①参见 CFA 协会最新的《从业标准手册》（*Standards of Practice Handbook*）。

4.5 小结

在本章中，我们讨论了股权估值的范围，概述了估值的过程，介绍了估值的概念和模型，讨论了分析师的角色和估值时的责任，描述了有效介绍估值分析的研究报告要素。

- 估值是在未来投资回报的潜在相关变量基础上，或在与相似资产比较的基础上，对资产价值的估计。
- 资产的内在价值是假设已全面了解资产的投资特征时资产的价值。
- 主动型投资的隐含假设是证券的市场价格偏离其内在价值，这与有效市场理论的理性有效市场表述一致。
- 内在价值包含了持续经营假设，即假设企业在可预见的未来会持续经营。相反，清算价值是假设公司解体、资产被单独售卖时的价值。
- 公允价值是资产（或负债）在特定条件下的交易价格。该条件是，买家和卖家没有受到任何强迫要买或卖，而且双方都知晓重要的相关事实。
- 除了被主动型投资者用于选择股票以外，估值还可以用作：
  - 推断（挖掘）市场预期；
  - 评价公司事件；
  - 提供公平意见；

- 评价业务战略和模型；
- 评估非上市公司价值。

- 估值步骤有 5 步：
  （1）了解公司业务；
  （2）预测公司业绩；
  （3）选择合适的估值模型；
  （4）将预测转化为估值；
  （5）应用分析结论，做出投资建议和总结。

- 了解公司业务包括评估行业前景、竞争性地位和公司战略，这些会有助于更准确地进行预测。了解业务还涉及对财务报告的分析，包括评估公司的盈利质量。

- 预测公司业绩时，自上而下的预测方法从宏观经济预测开始，然后依次是行业预测、单个公司和资产的预测。自下而上的预测方法将单个企业的预测合并，汇总成行业预测，还可以再进一步汇总成宏观经济预测。

- 选择合适的估值方法意味着估值方法必须：
  - 符合被估值的企业的特点；
  - 适合数据的可用性和质量；
  - 与估值目的（包括分析师的视角）一致。

- 估值模型的两大类型是绝对估值模型和相对估值模型。
  - 绝对估值模型明确指出资产的内在价值，为价值提供一个点估计，以便与市场价格相比较。股权现值模型（也被称为现金流折现模型）是最重要的一类绝对估值模型。
  - 相对估值模型评估一种资产相对于其他资产的价值。应用于股权估值时，相对估值是将股票的价格乘数与基准价格乘数进行比较，也被称为可比法。基准价格乘数可以参考某只相似股票或一组股票的平均价格乘数。

- 将预测转化为估值的两个重要方面是敏感性分析和情景调整。
  - 敏感性分析是确定某输入值的变化将如何影响分析结果的一种分析。
  - 情景调整包括控制权溢价（反映企业控制权的溢价）、缺少流通性折扣（反映企业股票因缺乏公开市场产生的折价）和缺少流动性折扣（反映企业股票因缺乏市场流动性产生的折扣）。

- 估值目的决定了估值结论的应用。

- 在进行估值时，分析师必须对自己的胜任能力和行为标准负责。

- 一份有效的研究报告应该：
  - 包含及时的信息；
  - 用清晰、精辟的语言写作；
  - 客观且经过充分研究，明确说明关键假设；
  - 清楚地区分事实和观点；
  - 保持分析、预测、估值和建议的内在一致性；
  - 为读者评价估值提供足够的信息；
  - 陈述公司投资所涉及的主要风险因素。
  - 披露分析师面临的任何潜在利益冲突。
- 分析师都有义务提供有意义的实质性内容。CFA 协会会员还有约束力更强的额外责任，遵守 CFA 协会的《道德规范》和《职业行为标准》。

回报率[注]的概念

杰拉尔德·E.平托，PhD，CFA
伊莱恩·亨利，PhD，CFA
托马斯·R.罗宾逊，PhD，CFA
约翰·D.斯托，PhD，CFA

■ 学习目标

通过学习本章内容，你将可以：

- 区分以下概念：实现的持有期回报率、预期的持有期回报率、要求回报率、价格向内在价值回归的回报率、折现率和内部回报率。

- 运用历史估计和前瞻估计方法，计算并解释股权风险溢价。

- 使用资本资产定价模型、Fama-French 模型、Pastor-Stambaugh 模型、宏观经济多因素模型和加成法（例如：债券收益率加风险溢价法）估计股权投资要求回报率。

- 解释上市公司、成交量低的上市公司和非上市公司的贝塔值估计方法。

- 描述用于估计股权投资要求回报率各种方法的优缺点。

- 解释要求回报率估计中的国际考虑因素。

- 解释并计算公司的加权平均资本成本。

- 结合对折现现金流的描述和其他相关事实，评估使用某个特定回报率作为折现率的适当性。

5.1 引言

投资回报率是评估投资效果的个基本要素：

⊖ 原文的"return"在第 5 章都是指回报率，回报率概念在中文里有时也被称为"收益率"或"报酬率"，但为了统一表述和避免读者的混淆，本书都尽量译作"回报率"。——译者注

- 投资者在评价一项投资时，会用预期的回报率与他们认为公平的回报率水平比较，后者取决于投资者知晓的所有关于投资的信息（包括风险）。
- 分析师在用现值模型估计股票价值时，需要确定对未来现金流期望值折现的适当比率。

本章介绍并说明了与估值有关的重要回报率概念。本章的结构如下：5.2 节是回报率概念的概述；5.3 节介绍股权风险溢价的主要估计方法，股权风险溢价在几个重要模型中是确定股权要求回报率的关键因素；了解了股权风险溢价的估计方法后，5.4 节讨论和说明了股权要求回报率的主要估计模型；5.5 节介绍加权平均资本成本，这是用于计算所有资本提供者的现金流现值时使用的折现率；5.6 节介绍了有关折现率选择的一些问题；5.7 节是本章的小结。

5.2 回报率概念

合理的投资决策关键取决于回报率的正确估计和使用。下面解释与估值相关的主要回报率概念。[⊖]

5.2.1 持有期回报率

持有期回报率（holding period rate of return），或者简称**持有期回报**（holding period return）[⊖]是特定时间段内投资一项资产赚取的回报。特定时间段为考察的持有期，可能是一天、两个星期、四年或者任何长度的其他时间。假设持有一天获得的回报是 0.8%，我们可以说"一天的持有期回报率是 0.8%"（等价的说法有，"一天的回报率是 0.8%"或"回报率为一天 0.8%"）。该回报率可以分解成投资收益和价格上升两个部分。如果现在（ $t = 0$，t 表示时点）买入一股，在 $t = H$ 时出售，持有期就是从 $t = 0$ 到 $t = H$，持有期回报率即是

$$
\begin{aligned}
r &= \frac{D_H + P_H}{P_0} - 1 \\
&= \frac{D_H}{P_0} + \frac{P_H - P_0}{P_0}
\end{aligned}
\tag{5-1}
$$

= 股利收益率 + 价格上升回报率

⊖ 这绝对不是回报率概念的全部清单。具体地说，这里没有提到其他财务领域（如业绩评价）使用的回报率概念（如时间加权回报率）。

⊖ 本章讲的回报都是指回报率，而不是货币数额的回报。

其中 D_t 和 P_t 表示在时点 t 的每股股利和每股价格。式（5-1）显示持有期回报率等于两部分之和：股利收益率（D_H/P_0）和价格上升回报率 $[(P_H - P_0)/P_0]$，后者也被称为资本利得率。

为简单起见，式（5-1）假设持有期的全部股利都在持有期结束时获得，更一般性的假设是：$t = 0$ 到 $t = H$ 获得的股利在获得当天全部用于再投资，按当时的价格购买更多的股票。持有期回报率有时是年化的。例如，将持有期回报率转换为年回报率，通常用持有期回报率的复利计算。例如，计算一天回报率 0.80% 的年化回报率的方法是 $(1.008)^{365} - 1 = 17.3271$ 或 1 732.71%。但正如例子所示，当持有期是一年的很小一部分时，年化的持有期回报率没有什么实际意义，因为再投资回报率并不是实际可以获得的再投资回报率。

5.2.2　实现的和预期的（持有期）回报率

在持有期回报率的表达式中，销售价格 P_H 和股利 D_H 在 $t = 0$ 的时点一般都是未知的。对于以前持有期，销售价格和股利已知，这种回报率被称为**实现的持有期回报率**（realized holding period return），或简称**实现的回报率**（realized return）。例如，初始价格为 50.00 欧元，6 个月后的期末价格或销售价格为 52.00 欧元，股利等于 1.00 欧元（所有金额均指过去），已实现的回报等于 $1.00/50.00 + (52.00 - 50.00)/50.00 = 0.02 + 0.04 = 0.06$，或 6 个月 6%。在前瞻性背景下，持有期回报率是随机变量，因为未来的销售价格和股利都可能在较大范围内取值。尽管如此，投资者可以预测股票未来的股利和销售价格，形成**预期的持有期回报率**（expected holding-period return），或简称**预期回报率**（expected return）。

尽管专业投资者常常根据明确的估值模型制定预期回报率，但回报率的预期并不必基于模型或特定估值知识。任何投资者都可以对资产的未来回报率持有个人观点。实际上，因为不同投资者的信息基础不同，形成的预期也不一样，所以不同的投资者通常对资产回报率的预期也不同。要解释资产预期回报率的投资含义，就需要与要求回报率比较，这是下一节的主题。

5.2.3　要求回报率

要求回报率（required rate of return），或简称**要求回报**（required return）是投资者考虑了资产的风险后，在一段时间内对资产投资所要求的最低限度的预期回报率。它代表了资产投资的机会成本，即在其他地方进行风险水平相似的投资可以获得的最高水平的预期回报率。作为资产投资的机会成本，要求回报率代表了一个可以合理补偿资产风险的门槛值。如果投资者的预期回报率高于要求回报率，资产就会显得被低估，因为它的预期回报超过了补偿资产风险的要求。相反地，如果资产的预期回报率低于要求回报率，资产就会显得被高估。

本书中的估值例子将会用到基于市场数据（例如观察到的资产回报率）和常见模型估算的要求回报率。我们在例子中把要求回报率的估计值当作定义的要求回报率，尽管实际上其他估计值也常常是有道理的。例如，在使用资本资产定价模型（后文将做详细介绍）时，资产的要求回报率等于无风险利率加上风险溢价，后者反映资产对市场回报率变动的敏感程度。该敏感程度可以用观察到的市场组合和资产的回报率估计。这是要求回报率估计值的一个例子，该估计值以基于市场变量的正式模型为依据（而不是基于单个投资者的回报率要求）。市场变量应该包含了投资者感知的资产风险和他们对风险的厌恶程度两方面信息，这些信息对于确定风险的合理补偿很重要。

在前面提到的无风险利率概念在估值中很重要。在金融理论中，"无风险利率"是一种资产的回报率，这种资产在所有未来经济情况下都可以产生相同且已知的回报率。在投资实务中，"无风险利率"通常是指一个拥有确定（或者几乎确定）支付金额的投资的回报率。这个无风险利率会在实践中（例如对其他项目估值）作为一个参照比率。在一个给定的市场中，主权债务工具（例如美国的国库券和国债，欧元区的德国国库券（Schätze））的回报率通常被从业者用来代表无风险利率。

我们在本章用 r 这个符号代表被讨论的资产要求回报率。从发行者角度看，股票和债务的要求回报率也分别被称为**股权成本**（cost of equity）和**债务成本**（cost of debt）。为了筹集新的资本，发行者必须为证券定价，并提出对风险程度类似的证券而言有竞争性的预期回报率水平。因此，证券的要求回报率就是发行者筹集更多同类资本的边际成本。

资产的预期回报率和要求回报率的差异就是资产的预期 α（事前 α）或预期的超常回报率

$$预期 \alpha = 预期回报率 - 要求回报率 \qquad (5\text{-}2a)$$

当资产被有效定价时（即价格等于内在价值），预期回报率应该等于要求回报率，预期 α 等于零。投资决策和估值的核心就在于预期 α。但在评价投资策略的实际结果时，分析师会用实现 α 概念。在某个时期的实现 α（事后 α）等于

$$实现 \alpha = 实际的持有期回报率 - 同期的要求回报率 \qquad (5\text{-}2b)$$

要求回报率的估计对现值模型很重要。现值模型要求分析师建立合适的折现率以确定预期未来现金流的现值。

在谈话和写作时预期回报率和要求回报率有时会交换使用。[〇] 如前所述，这并不一定正确。当目前价格等于估计的价值时，预期回报率应该和要求回报率相等。但是，当价格低于（高于）估计的价值时，假设投资者预计价格会在他的投资期限内回归价值，预期回报率就会大于（小于）要求回报率。

给定投资者的预期回报率，我们就可以根据要求回报率来定义预期 α。在 5.2.4 节中，我们将展示如何把价值估计转化为预期（持有期）回报的估计。

5.2.4　利用估算的内在价值估计预期回报率

当资产被错误定价时，可能会有多种结果。比如说，投资者认为一项资产被市场低估了 25%。在投资期中，定价错误可能会：

- 变大（资产可能被低估得更严重）；
- 保持不变（资产仍然被低估 25%）；
- 部分被更正（例如资产被低估 15%）；
- 被更正（价格变得正好反映价值）；
- 反转或被过度更正（资产变得被高估）。

一般来说，当投资者的价值估计比市场的估计（在市场价格中反映）更准确时，价格向价值回归是均衡和预期的结果。在这种情况下，投资者的预期回报率有两个组成部分：要求回报（从资产的目前市场价格上获得）和价格向内在价值回归的回报。

我们可以说明当投资者对价值的估计（V_0）与市场价格不同时，预期回报率是如何估计的。假定投资者预期价格会在 τ 年期间完全回归价值，$(V_0 - P_0)/P_0$ 表示该期间价值回归的回报率估计，这个估计值在本质上就是资产在这段时期的预期 α。用 r_τ 表示一段时期内（非年化）的要求回报，$E(R_\tau)$ 表示同期的预期回报，那么：

$$E(R_\tau) = r_\tau + \frac{V_0 - P_0}{P_0}$$

尽管只是一个近似值，但上述表达式仍然说明了预期回报可以被视为两个回报之和：要求回报和价格向内在价值回归的回报。[〇]

〇　有的财务模型假设不同的投资者对资产回报率的分布有相同的预期，然后得出市场出清资产的要求回报率水平，例如后面讨论的标准资本资产定价模型。在这种预期一致的模型中，要求回报率也是资产的预期回报率。因此在讨论这种模型时，预期回报率和要求回报率可以通用。

〇　公式包含的假设有：要求回报和内在价值在持有期间不变；持有期间的回归过程平滑（或者在期末突然一次实现）。我们以一段时间为基础分析，其原因是无法假设再投资率能达到含有价值回归的回报率水平。例如，一个月内从回归中获得 12.4% 的回报相当于一年 300%，这个回报率对于业绩预期来说是没有意义的。

例如，2013 年 8 月，丰田汽车的一个要求回报率估计值为 6.3%。丰田的美国存托凭证（ADR）市场价格为 127.97 美元，一份研究报告估计该公司的内在价值为每股 176.30 美元。因此，在报告作者看来，丰田被低估的幅度为 $V_0 - P_0 = 176.30$ 美元 -127.97 美元 $= 48.33$ 美元，或者说是市场价格的 $48.33/127.97 = 37.77\%$。如果预计价格在正好一年内回归价值，那么投资者将会获得 $37.77\% + 6.3\% = 44.07\%$ 的回报率，丰田的预期 α 约为每年 37.8%。但如果投资者预计价值低估在 9 个月结束时消失，那么投资者预计 9 个月实现约 42.5% 的回报：9 个月（$\tau = 9/12 = 0.75$）的要求回报率等于（1.063）$^{0.75} - 1 = 0.046\,9$ 或 4.69%，总的预期回报为：

$$E(R_\tau) \approx r_\tau + \frac{V_0 - P_0}{P_0}$$
$$= 4.69\% + 37.77\%$$
$$= 42.46\%$$

在这个例子中，9 个月的预期 α 是 37.77%，加上 9 个月的要求回报率 4.69% 后，得到 9 个月持有期回报的估计值 42.46%。另一种可能是价格在两年后才回归价值。预期两年的持有期回报将会是 $13.00\% + 37.77\% = 50.77\%$，其中要求回报部分的计算是（$1.063$）$^2 - 1 = 0.130\,0$。可以把两年的预期回报与一年的 44.07% 比较：（1.5077）$^{1/2} - 1 = 0.227\,9$ 或 22.79%。

主动型投资者实际上是在"预卜"市场价格。这种做法的风险包括：①其价值估计并不比市场价格更准确；并且②即使其价值估计更准确，价值差异在持有期也不一定会缩小。显然，预期回报的回归部分可能会有相当大风险。

▌例 5-1 分析师案例学习（1）：微软公司股票的要求回报

托马斯·威伦莫特和弗朗索瓦·德拉库尔是美国一个全球股票分散投资组合的联席经理。他们正在研究微软公司（Microsoft）[⊖]——总部位于美国的最大一家科技类公司。威伦莫特收集了许多关于微软的研究报告，并在 2013 年 5 月后期开始对该公司进行分析。微软当时的股价是 33.31 美元。在一份研究报告中，分析师提供了以下关于微软的事实、意见和估计。

- 最近的季度分红为每股 0.23 美元。预计下一年的股利将是连续两个季度每股 0.23 美元的分红和两个季度每股 0.25 美元的分红。
- 微软股权的要求回报率是 7.0%。

⊖ NASDAQ-GS：纳斯达克的全球精选市场。

- 微软一年后的目标价格是 37.50 美元。

目标价格（target price）是分析师估计的证券在未来某个时点的销售价格。仅根据给定的信息，回答以下关于微软的问题。两个问题都不需要考虑季度股利的再投资。

（1）分析师一年的预期回报率是多少？

（2）最符合微软被合理估值的目标价格是多少？

问题（1）的解答： 分析师预计微软下一年会支付 0.23 + 0.23 + 0.25 + 0.25 = 0.96 美元的股利。目标价格为 37.50 美元，股利等于 0.96 美元，分析师的预期回报率是（0.96/33.31）+（37.50 − 33.31）/33.31 = 0.029 + 0.126 = 0.155 或 15.5%。

问题（2）的解答： 如果微软定价正确，它的回报应该等于股权成本（要求回报率），即 7.0%。在这个假设条件下，目标价格 = 当前价格 ×（1 + 要求回报率）− 股利 = 33.31 × 1.07 − 0.96 = 34.68 美元。扣除股利是为了单独计算价格上升的回报。另一个解答方法是从要求回报率中扣除股利收益率，单独计算价格上升回报：7.0% − 2.9% = 4.1%，然后 1.041 × 33.31 = 34.68 美元。

5.2.5 折现率

折现率（discount rate）是用来确定未来现金流现值的所有利率的统称。折现率反映投资者对延迟消费所要求的补偿（通常假定等于无风险利率）以及他们对现金流风险要求的补偿。通常，折现率对内在价值的影响更多地取决于投资项目的特征而不是购买者的特征。也就是说，要估计内在价值，就要使用基于市场变量的要求回报，而不是个人的要求回报。后者会受投资者的投资组合是否多元化等因素影响。另一方面，一些投资者知道用于估计此类回报率的财务模型存在局限性，所以会在估计要求回报时根据个人判断进行调整。

原则上，由于未来通货膨胀率的预期和未来现金流的风险预期都可能会有波动，每一笔未来现金流的折现率都可能不同。但在实际应用时，单一的要求回报率通常用于所有预期未来现金流折现。[⊖]

要求回报率有时还会用内部回报率来估计，如下一小节所述。

⊖ 分析师在预测时可能会把未来现金流分成几组，每组假设的增长率不同，有时分析师会用不同的要求回报率对各组的现金流折现。

5.2.6 内部回报率

投资的**内部回报率**（internal rate of return，IRR）是使资产预期未来现金流的现值与资产价格（即，今天购买这些现金流所有权所需的金额）相等的折现率。

在将股票内在价值视为未来现金流现值的模型中，如果价格等于目前的内在价值——符合市场信息有效的条件，那么折现率就是使现值等于市场价格的值，这个值通常用迭代法计算。以市场有效性假设为计算基础的内部回报率可以作为股票要求回报率的估计。例如，美国许多州政府的历史做法是用式（5-3b）估计受监管的公用事业的股权成本。[Θ]（股权成本问题的出现是因为监管机构设定的价格要足以让公用事业公司赚取资本成本。）[ⴰ]

我们以最简单的现值模型为例进行说明。假设现金流等于股利，而且股利在未来无限期一直稳定增长。稳定增长率的假设将内在价值的计算变成一个非常简单的表达式：[ⴰ]

$$
内在价值 = \frac{下一年股利}{要求回报率 - 预期股利增长率} \tag{5-3a}
$$

如果资产现在被正确估值（市场价格 = 内在价值），给定下一年股利和未来股利增长率（即价格中隐含的股利预期）的一致估计，我们就可以求解要求回报率——市场价格中隐含的内部回报率（IRR）。

$$
要求回报率的估计 = 下一年股利 / 市价 + 预期股利增长率 \tag{5-3b}
$$

用这个 IRR 作为要求回报率的估计，不但需要假设市场是有效的，还需假设该现值模型（稳定增长率的假设在本例中至关重要）和模型变量的估计都是正确的。在式（5-3b）和类似情况下，虽然资产的风险通过市场价格间接地进入了要求回报率的估计，但模型对风险的调整不如我们将要介绍的许多替代模型那么明显。

最后，用现值模型估算 IRR 的做法不应与另一些类似的做法混淆。后者根据要求回报率的独立估计，推断市场价格中隐含的未来现金流增长率信息，其目的是判断市场价格的合理性。

5.3 股权风险溢价

股权风险溢价是持有股票的投资者要求的相对于无风险资产的增量回报率（溢

价）。因此，它等于股票要求回报率和给定的预期无风险利率[⊖]之差。因为投资者的回报仅取决于投资的未来现金流，所以股权风险溢价和要求回报率一样，严格地取决于对未来的预期。可能令人困惑的是，股权风险溢价也常用于指过去给定时间段内股票相对于无风险资产实现的超额回报。实现的超额回报可能与基于现有信息的投资者同时期预期的溢价有很大不同。[⊖]

用股权风险溢价，股票市场整体或平均系统风险证券的要求回报率为：

股权要求回报率 = 当前预期的无风险利率 + 股权风险溢价

其中，估算股权风险溢价时的无风险资产（例如短期或长期的国债）定义应与用于当前预期无风险利率的定义相对应。

股权风险溢价对于估值很重要。也许在实践中的大多数情况下，分析师估算股票的要求回报率为：

股票 i 的要求回报率 = 当前预期的无风险利率 + β_i（股权风险溢价）　　（5-4）

或者

股票 i 的要求回报率 = 当前预期的无风险利率 + 股权风险溢价

± 其他适用于股票 i 的风险溢价（或折价）　　（5-5）

- 式（5-4）调整了股票特定系统风险水平的股权风险溢价，由贝塔值（β_i）衡量。平均系统风险证券的贝塔值为 1，而贝塔值高于或低于 1 分别表示系统风险高于或低于平均水平。式（5-4）是资本资产定价模型（CAPM），将在 5.4.1 节中解释。
- 式（5-5）没有用贝塔值对股权风险溢价进行调整，但增加了作为整体股权风险调整的风险溢价 / 折价。式（5-5）是估算要求回报率的加成法模型，我们将在 5.4.3 节中解释，它主要用于非上市公司的估值。

通常，分析师会用目标股票所在国家的股票市场来估算股权风险溢价（但如果使用全球 CAPM 模型，分析师则会考虑整个股票市场的世界股权溢价）。

即使对于历史最悠久的发达股票市场，其股权风险溢价水平也是很难估算的。这可能是分析师之间投资结论不同的原因。因此，我们接下来将更详细地介绍这个估算问题。无论分析师使用何种估计，当股权风险溢价进入估值时，分析师都应该对可能影响他们估值结论的估计误差保持敏感。

⊖ 原文的 "risk-free rate" "risk-free rate of return" 和 "risk-free return"，直译为 "无风险利率" "无风险回报率" 和 "无风险回报"。在译文中有时会根据上下文和语言习惯互换使用。——译者注

⊖ Arnott and Bernstein（2002）提出并详细讨论了这个问题。

股权风险溢价的估计有两大类方法。一类是以股票市场回报和国债回报的历史平均差额为基础，另一类是以当前的预测数据为基础。这些都会在接下来的小节中介绍。

5.3.1　历史估计法

股权风险溢价历史估计法通常会先计算选定样本期内广泛的股票市场指数回报和政府债券回报之间差异的平均值。当可以获得可靠的长期股票回报历史数据时，历史估计一直是人们熟悉和流行的估计选择。如果投资者在形成预期时没有犯系统性错误，那么从长期来看，平均回报应该就是投资者预期的无偏估计。以数据为基础使得历史估计具有客观性。

在使用历史估计值来表示未来的股权风险溢价时，分析师假设回报率是固定的，也就是说，产生回报的机制和参数在过去和未来都是不变的。

在估计历史股权风险溢价的过程中，分析师的主要决策包括以下几个：

- 代表股票市场回报率的股票指数；
- 计算估计值的时间段；
- 计算均值的方法；
- 无风险回报率的工具指标。

分析师会尽量选择代表股票投资者平均回报的股票指数，通常选择基础广泛的市值加权股票指数。

指定样本期长度通常涉及权衡。将样本期分成更小的子周期不会增加均值估计的精确度，只有延长数据集的长度才能提高精确度。[⊖]因此，一个常见的选择是使用可用的最长时期的可靠数据。然而，数据起点距离现在的时间越长，稳定性假设就越难维持。不稳定性的细节也很重要。研究发现，有大量证据表明许多股票市场的回报率波动性不稳定。在使用长期数据序列时，不稳定性（股权风险溢价在短期内波动但围绕一个中间价值）相对于风险溢价的永久性偏移来说问题要小得多。[⊜]实证发现，美国的预期股权风险溢价有反周期性，不景气时溢价较高而景气时溢价较低。[⊜]这个特性引发了一些有趣的挑战。例如，当股票市场上一系列的高回报增加投资者热情时，

⊖　参见 Merton（1980）。与这个结果不同的是，在某段时间内使用更高频的数据的确会增加方差和协方差的估计精确度。

⊜　参见 Cornell（1999）。

⊜　参见 Fama and French（1989）、Ferson and Havey（1991）。

用历史均值估算的股权风险溢价会上升，但前瞻性的股权风险溢价实际上可能已经下降。

用历史法估算股权风险溢价的分析师经常会关注均值的计算方法和无风险回报率的指标。均值计算有两种方法，无风险回报率也有两大类（指标）选择。

股票和国债的年回报率差异的历史均值有算术平均和几何平均两种算法。

- 股权风险溢价的几何平均等于按复利计算的股票超额收益率减去无风险回报率。
- 股权风险溢价的算术平均等于年回报率差异之和除以样本中观测期的数目。

无风险回报率可以用以下两种指标：

- 长期国债回报率。
- 短期国债回报率。

迪姆松、马什和斯汤腾（2008）报告了股票对国债超额回报方面的权威证据，数据跨度从 1900～2007 年，共 108 年，覆盖了 17 个发达市场，并剔除了生存样本偏差。[⊖]在 2013 年的更新版本中，他们提供了 20 个市场的风险溢价的数据。[⊜]表 5-1 节选了他们的部分研究结果，展示了均值计算和无风险回报率选择的四种组合结果（两种均值选择乘以两种无风险回报率选择）。在表 5-1 中，标准误和标准差是年度超额回报率时间序列的统计指标。

表 5-1　20 个主要市场的历史股权风险溢价（1900～2012 年）

A 区：相对于长期国债的历史股权风险溢价（1900～2012 年）

国家	几何平均	算术平均	标准误	标准差
澳大利亚	5.6	7.5	1.9	19.9
奥地利	2.8	22.1	14.7	154.8
比利时	2.3	4.3	2.0	21.0
加拿大	3.4	5.0	1.7	18.3
丹麦	1.8	3.3	1.6	17.5
芬兰	5.3	8.9	2.8	30.1
法国	3.0	5.3	2.1	22.8
德国	5.2	8.6	2.7	28.4
爱尔兰	2.6	4.6	1.9	19.8
意大利	3.4	6.8	2.8	29.5

⊖ 某年度的股票对国债超额回报的计算方法如下：［（1+ 股票市场回报）/（1+ 无风险回报）］−1≈股票市场回报 − 无风险回报，其中的无风险回报用指定国债的回报率替代。

⊜ 瑞士信贷：全球投资回报原始资料，2013。瑞士信贷 / 伦敦商学院。

（续）

A区：相对于长期国债的历史股权风险溢价（1900～2012年）				
国家	几何平均	算术平均	标准误	标准差
日本	4.8	8.9	3.1	32.7
荷兰	3.3	5.6	2.1	22.2
新西兰	3.7	5.3	1.7	18.1
挪威	2.2	5.2	2.6	27.8
南非	5.4	7.1	1.8	19.5
西班牙	2.1	4.1	1.9	20.7
瑞典	2.9	5.1	2.0	20.8
瑞士	2.0	3.5	1.7	17.6
英国	3.7	5.0	1.6	17.1
美国	4.2	6.2	1.9	20.5
世界（不包括美国）	3.0	4.1	1.4	14.7
世界	3.2	4.4	1.4	15.3

B区：相对于短期国债的历史股权风险溢价（1900～2012年）				
国家	几何平均	算术平均	标准误	标准差
澳大利亚	6.6	8.1	1.7	17.6
奥地利	5.6	10.5	3.6	37.7
比利时	2.7	5.2	2.3	24.0
加拿大	4.1	5.5	1.6	17.1
丹麦	2.8	4.6	1.9	20.5
芬兰	5.8	9.3	2.8	30.0
法国	5.9	8.6	2.3	24.4
德国	5.9	9.8	3.0	31.7
爱尔兰	3.2	5.4	2.0	21.3
意大利	5.6	9.5	3.0	31.8
日本	5.7	8.9	2.6	27.6
荷兰	4.2	6.4	2.1	22.7
新西兰	4.2	5.8	1.7	18.3
挪威	2.9	5.8	1.7	18.3
南非	6.3	8.3	2.1	21.9
西班牙	3.1	5.3	2.0	21.7
瑞典	3.6	5.7	1.9	20.6
瑞士	3.4	5.1	1.8	18.8
英国	4.3	6.0	1.9	19.8
美国	5.3	7.2	1.8	19.6
世界（不包括美国）	3.5	5.1	1.8	18.6
世界	4.1	5.5	1.6	17.0

注："世界"是指用美元市值加权（最早的几十年数据用GDP加权）的各国结果的均值。

奥地利的数据不包括1921～1922年，德国的统计数据不包括1922～1923年。

资料来源：Damodaran(2013)，Table 6。

表 5-1a 节选了表 5-1 的数据，比较了美国和日本的历史股权风险溢价。这个比较突显了使用历史估计值可能产生的问题。作为背景知识介绍，数学中的几何平均总是小于（或等于）算术平均；此外，收益率曲线通常向上倾斜（长期债券的收益率通常高于短期债券）。

表 5-1a 历史股权风险溢价（1990～2012 年）（节选自表 5-1）

	美国		日本	
	几何平均	算术平均	几何平均	算术平均
相对于短期国债的溢价（%）	5.3	7.2	5.7	8.9
相对于长期国债的溢价（%）	4.2	6.2	4.8	8.9

美国的股权风险溢价的估计值范围为 4.2%（相对于长期国债的几何平均值）到 7.2%（相对于短期国债的算术平均值）。美国的例子说明了一个典型的情况，不管是哪种平均值定义，相对于短期国债的溢价都高于相对于长期国债的溢价。

日本的溢价值估计明显高于美国。日本股票相对于长期国债的算术平均溢价等于相对于短期国债的，这是一个非典型的例子，因为长期国债的收益率通常会高于短期的。分析师需要调查其原因并相信这对未来仍然适用，然后再使用这个估计值预测。在所有市场中，相对于长期国债的几何平均风险溢价给出了最小的风险溢价估计。请注意以下事项：

- 从每个市场的标准差可以看出，数据在年度之间的变动非常大。因此，用样本均值估计真实均值可能会有很大误差。在估计真实均值时，样本均值的标准差等于样本的标准差除以样本数的平方根。以美国股票对长期国债的数据为例，$20.5\% \div \sqrt{113} \approx 1.9\%$。[⊖]即使用 113 年的数据，真实均值的两个标准差区间（真实均值有 95% 的可能性落在这个区间）也有 2.4%～10.0%（即，算术平均值 6.2%± 标准差 3.8%）这么宽。如果用较短的时间序列估计均值，样本误差问题会变得更严重。

- 各国历史股权风险溢价估计的差异很大。参考表 5-1A 区，图 5-1 的柱状图关注几何平均值，显示 75% 的估值落在以 1% 为步长的 2% 到 5% 的一个百分点区间内。模态区间为 2%～3%，紧跟其次的模态区间为 3%～4%，如图 5-1 所示，平均值（"世界"）为 3.2%。但大约有 25% 的估值落在两个极端的区间内。

⊖ 可以用中心极限定理说明这个问题。一种非正式的中心极限定理解释是：大样本的均值近似地服从正态分布。本文的计算假设回报率序列不相关，均值的标准误较小。如果回报率存在序列相关，标准误会较大。

已实现溢价x（百分比）所在区间

市场（国家）数	1≤x<2	2≤x<3	3≤x<4	4≤x<5	5≤x<6
8					
7		瑞士			
6		西班牙	法国		
5		挪威	荷兰		
4		比利时	加拿大		德国
3		爱尔兰	意大利		芬兰
2		奥地利	新西兰	日本	南非
1	丹麦	瑞典	英国	美国	澳大利亚

图 5-1　相对于长期国债的几何平均已实现溢价分布

接下来的两节将讨论与历史股权风险溢价估计相关的选择。

5.3.1.1　算术平均还是几何平均

风险溢价估计中的一个重要决策就是要在算术平均和几何平均之间选择：几何平均比算术平均小大约半个回报率方差，因此不论回报率波动的大小，几何平均总是比较小（如果每期的回报率都相等，几何平均则等于算术平均）。

在行业实践中，这两种方法都被用于股权风险溢价的估计。

算术平均回报是各期回报的平均，较好地反映了单独一期的回报。有两种传统观点支持在估计股权风险溢价中使用算术平均值，一种与使用的估计模型类型有关，另一种与统计属性有关。主要的要求回报率估计模型，特别是 CAPM 和多因素模型，都是单期的模型；而算术平均关注单期回报，似乎是一个与模型有一致性的选择。统计方面的证据也支持算术平均：在回报率满足序列不相关和真实算术平均已知的情况下，用算术平均向未来复利计算的结果是预期投资终值的无偏估计。例如，算术平均为 8%，投资总额 100 万欧元，投资 5 年，预期终值的无偏估计是 $100 \times 1.08^5 = 147$ 万欧元。但是，在实践中是不知道真实均值的。已确定的结论是，无论回报率是否存在序列相关，用样本的算术平均向未来复利计算都会高估预期的最终价值。[⊖] 在上例中，如果 8% 只是样本的算术平均（作为未知的真实均值的估计），我们会预期最终价值小于 147 万欧元。实际上只有第一个传统论点仍然有效。

样本的几何平均回报率等于期初价值到期末价值的复合增长率。现值模型涉及多期现金流的折现。折现就是反向的复利计算，两者都是用来计算不同时点的等值金额。由于几何平均是复合增长率，因此它似乎是在多期背景下估算要求回报率的合乎逻辑

⊖　证据见 Hughson，Stutzer and Yung（2006）。即使回报率不符合序列不相关，算术平均（即使是已知数）还是倾向于高估终值。回报率的均值回归是实践中需要注意序列相关的一个例子。

的选择，即使在单期要求回报率模型中使用也是如此。与样本算术平均相比，样本几何平均不会在计算投资预期终值中引入偏差。[一]基于几何平均的股权溢价估计比基于算术平均的更接近经济理论中供给侧和需求侧的估计值。[二]由于上述原因，几何平均被越来越多地应用在股权风险溢价的历史估计中。

5.3.1.2 长期国债还是短期国债

无风险回报率可以选择短期国债利率（例如 30 天国债利率）或长期国债的到期收益率（YTM）。长期国债比最高等级的公司债券都要好，因为它们的违约风险和股票市场相关风险较小（接近于零）。

基于长期国债的溢价估计几乎在所有情况下都比基于短期国债的估计要小（见表 5-1）。但是正常向上倾斜的收益率曲线可能会抵消这个差别，因为基于长期国债的无风险回报率估计比基于短期国债的高。然而，如果收益率曲线反转，基于短期国债的无风险利率就会使得要求回报的估计值变得更大。

行业惯例倾向于在股权溢价估计中使用长期国债，尽管此类估计常常使用如资本资产定价模型（CAPM）这样的单期模型。如果只是将下一年的现金流折现，短期国债计算的风险溢价可能会更好地估计要求回报率。但如果是对多期现金流估值，基于长期国债的溢价则能更好地估计要求回报率/折现率。[三]

我们举例说明这种偏好的原因。给定市场的短期国债和长期国债的溢价估计依次是 5.5% 和 4.5%。假设收益率曲线倒挂：当前短期国债利率是 9%，长期的是 6%。基于短期国债估计的具有平均市场风险的股票要求回报率是 14.5%（＝9%＋5.5%），而长期国债估计的是 10.5%（＝6%＋4.5%）。在当前的高利率和高通胀环境下，用 14.5% 来对下一年的现金流折现是合适的。但是，倒挂的收益率曲线预示着短期利率和通货膨胀率将会下降，又因为大部分的现金流是在未来一年以后，所以用包含了平均通货膨胀预期的长期国债来估计溢价更合理。一个实用的估值原则是，分析师应该选择与被估值资产长期相匹配的无风险利率。[四]如果分析师选用了短期无风险利率的定义，在上例的情况下，实践中的解决办法就是采用预期的平均短期国债利率来估计，而不是当前的 9%。使用短期国债利率的支持方指出，长期国债的风险（例如利率风险）使解释变得复杂。

㊀ 参见 Hughson，Stutzer and Yung（2006）。
㊁ 美国的历史股权溢价比需求侧理论预测的要大很多，这被称为"股权溢价之谜"（Mehra and Prescott，1985）。Cornell（1999）对这个研究进行了简要的概述。
㊂ Arzac（2005）也提出了这个观点。
㊃ 久期（duration）是衡量资产（或负债）对利率变化敏感度的一种方法。

许多分析师在实践中使用当前长期国债的到期收益率（YTM）作为预期回报的估计。分析师需要清楚地知道，他使用的是当前收益率的观测值，反映了当前的通货膨胀预期。新发行的长期国债的收益率受流动性的影响较小，相对于面值的折价 / 溢价也较小。国内不同市场或不同时期可获得的高流动性国债的期限种类不同。如果有一种高流动性的 20 年期国债，它的收益率就可以用在无风险回报率的估计中。⊖许多国际市场只有较短期的国债，或者只有短期的国债流动性较高。另一个常见的选择是 10年期的国债收益率。

价值评估需要确定要求回报率的估计值。实践中，表 5-1 的数据可以作为相关市场股权风险溢价估计的起点。如前所述，估算历史股权风险溢价的主流方法是选择对长期国债溢价的几何均值。

5.3.1.3　对历史估计值的调整

历史风险溢价估计值可以用多种方式进行调整，以抵消可能存在于相关股票市场回报率序列中的偏差的影响。其中一种调整是消除该序列的偏差，另一种调整则是获取股权风险溢价的独立估计。在这两种情况下，调整都可以向上或向下。

股票市场数据系列中的一个问题是**幸存者偏差**（survivorship bias）。当指数剔除业绩差的或已关闭的公司留下相对成功的公司时，就会造成幸存者偏差。幸存者偏差倾向于高估股权风险溢价。许多发达市场目前已有剔除或基本剔除了幸存者偏差的股权回报率数据。但如果使用的数据存在这种偏差，历史风险溢价的估计就应该向下调整。关于这种调整的指引有时可以从文献中获得。⊖

另一个和幸存者偏差概念有关的问题，就是市场经历了一系列的意外利好或利空事件后，这些意外在样本期内不能互相抵消。例如，一连串的意外通货膨胀和产能增加事件可能会产生系统性的高回报，从而增加股权风险溢价的历史平均估计。在这种情况下，前瞻性模型估计可能会给出一个很低的股权风险溢价。要减少这个问题的影响，分析师可以根据独立的预测分析将历史估计向下调整（如果是一连串的意外利空事件则向上调整）。许多专家认为，世界各主要市场的历史记录得益于大多数未来无法复制的有利环境。他们建议将历史均值估计向下调整。迪姆松、马什和斯汤腾（2002）认为，股票种类增加带来的多元化降低了市场风险，许多股票被重新定价，结果提高了历史回报率。以美国市场为例，基于对股权风险溢价的供给侧分析，伊博森和陈

⊖　伊博森（Ibbotson）美国长期国债收益率是以平均 20 年期国债组合为基础的。我们在美国股权风险溢价的历史估计建议中使用了这个序列的数据。

⊖　Copelan，Koller and Murrin（2000）建议，在使用标普 500 指数和算术平均估计时对幸存者偏差进行向下 1.5%～2% 的调整。对幸存者偏差更详细的讨论还可参见 Dimson，Marsh and Staunton（2002）。

（2001）建议将晨星（伊博森）的股权风险溢价历史均值向下调整 1.25%。

　　例 5-2 说明了使用历史数据的困难，这些困难可能导致对调整历史估计法或前瞻估计法的偏好。

▌例 5-2　印度的股权风险溢价：发展中市场股权风险溢价的历史估计[⊖]

　　对发展中市场股权风险溢价的历史估计往往伴随着一系列的担忧。印度的情况可以作为一个例子。印度有许多股票指数，但每一个都有可能的局限性。标普孟买敏感指数（S&P BSE Sensex Index，Sensex）是用市值加权的 30 家领先企业股票的指数，虽然不如其他的一些指数范围广泛，但拥有最长的可用记录：从 1986 年开始编制，回报率数据可追溯到 1979 年。以下是一些关于该指数的事实以及与股权风险溢价估计相关的其他问题：

- 1979～1985 年的回溯数据是基于 1986 年选定的最初 30 只股票，这些股票是 1986 年市值最大的股票。

- 标普孟买敏感指数是一个价格指数，从 1997 年才开始有另一个包含了股息的总回报指数版本。

- 1991 年以前印度的利率受监管当局控制，此后波动率变大了很多。2000～2013 年，印度储蓄银行报告的基准利率平均为 6.57%，并在 2000 年8 月达到最高值 14.50%，在 2009 年 4 月创下 4.25% 的历史新低。在 2013 年 8 月，基准利率为 7.25%。后监管时期似乎与更高的股票市场波动有关。

- 2000 年，交易所利用该指数开立了衍生品市场，交易 Sensex 期货合约。紧跟着在 2001 年创立了 Sensex 期权。

- 估值水平在过去 20 年发生了显著变化。在 1994 年，标普孟买敏感指数的市盈率是 45.5，在 1998 年达到了 13.0 的低点。在 2013 年 8 月，市盈率是17.3。

- 可以对任何程度的偏差进行客观估计。

根据给定的信息，讨论以下问题。

（1）什么因素会导致调整前的历史风险溢价估计值偏大？

（2）什么因素会导致调整前的历史风险溢价估计值偏小？

（3）列举并解释两个历史时间序列非平稳的表征。

⊖　本案例中使用的机构背景大部分来自 Jayanth R. Varma and Samir K. Barua，"A First Cut Estimate of the Equity Risk Premium in India"印度管理学院艾哈迈达巴德，Working Paper No. 2006-06-04，2006 年 6 月。

（4）对是否调整历史股权风险溢价做出建议并说明原因。

问题（1）的解答： 用 1986 年选定的公司回溯 1979～1985 年的回报率会有幸存者偏差，导致估计值偏大。1986 年选择的公司很可能是 1979 年已在交易所上市的公司中最成功的一批。另一个但不太确定的因素是 1991 年以前对利率的监管。人为的低无风险利率可能会导致股票市场风险溢价估计值偏大，除非股票的要求回报率有相同程度的减少。最后，标普孟买敏感指数的衍生品合约自进入 21 世纪才可用。对冲市场风险的能力可能导致未来股权风险溢价降低。

问题（2）的解答： 回报率没有包含股息会导致股权风险溢价估计值偏小。通常风险溢价还被认为与估值比率负相关。目前的市盈率水平远低于 1994 年的水平，这表明历史溢价估计可能是低估的。

问题（3）的解答： 1991 年放松监管以前和以后的利率水平不同，意味着 1991 年以前和以后的股权风险溢价也可能不同，因此整个时间序列是非平稳的。其次是股票市场波动率在放松监管以后上升。

问题（4）的解答： 鉴于可以对偏差程度进行客观估计，调整后的历史估计值将是首选，因为该估计更有可能是无偏和准确的。

相对于其他历史估计来说，我们可以对例 5-2 的数据时间跨度太短提出批评，只有 1991 年改革后的时间段与现在有明确的相关性。即使是基于干净数据的估计，任何均值估计中的抽样误差都是这个数据集的主要问题；回想一下，早先关于美国股权风险溢价的两个标准差区间的讨论是基于 113 年的数据。分析师可能会通过调整后的历史估计来解决特定问题。分析师还可能选择去调查一个或多个的前瞻估计值。前瞻性估计是下一节的主题。稍后讨论国际问题的小节将提供有关印度等新兴市场股权风险溢价估算的更多信息。

5.3.2　前瞻估计法

由于股权风险溢价仅仅取决于当前对经济和金融变量的预期，所以根据这些变量的当前信息和预期直接估计风险溢价是合乎逻辑的。这种估计通常被称为前瞻性估计或事前估计。原则上，此类估计可能等于、高于或低于股权风险溢价的历史估计。[⊖]事

⊖　Fama and French（2001）发现，美国股权风险溢价的历史估计与戈登增长模型估计在 1950 年前基本相同，但是 1950～1999 年，戈登增长模型估计比历史估计的一半还要小。他们将差异归因于盈利意外地超过了基于已实现收益的预期。

前估计受非平稳性或数据偏差影响的可能性比历史估计要小。但是，这种估计常常会被其他问题影响，例如财务或经济模型中的潜在错误或预测的行为偏差。

5.3.2.1　戈登增长模型估计

在股权风险溢价的前瞻估计法中，最常见的可能就是戈登增长模型了，即前面提到的式（5-3a）。它的形式非常简单，也被称为股利稳定增长模型。对欧元区、英国和北美这种成熟的发达股票市场来说，该模型的假设条件通常至少是近似满足的。广泛的股票指数一般都附有股利收益率，而下一年的股息支付也可以被较好地预测。预期股利增长率可根据已公布的分析师预期或经济预期推断，例如分析师对股票指数盈利增长率的一致预期（可能以成分股公司的预测或自上而下的预测为基础）。用戈登增长模型（GGM）估计股权溢价的具体方法是[⊖]

$$\begin{aligned}GGM\ 股权风险溢价估计 = \ &根据预计股利和市值估计的下一年的指数股利收益率\\&+ 长期盈利增长率的一致估计\\&- 当期的长期国债收益率\end{aligned}\qquad(5\text{-}6)$$

我们以美国为例说明。截至 2013 年 7 月，标普 500 指数在 1685.73 点的价格水平，式（5-6）中定义的标普 500 指数的股利收益率约为 2.1%。分析师普遍认为，标普 500 指数将在明年从过去的 91.53 美元上升到 109.09 美元，增长率是 19.1%。然而，报告的盈利增长率在过去 40 年中大约是 7%。我们将使用 7% 的长期平均增长率作为长期盈利增长率的预测。从长远看，股利增长应跟随盈利增长。美国 20 年期国债收益率为 3.0%。因此，根据式（5-6），戈登增长模型对美国股权风险溢价的估计等于 2.1% + 7.0% - 3.0%，即 6.1%。与历史估计一样，戈登增长模型的估计通常会随时间改变。例如，刚刚算出的风险溢价估计为 6.1%，而本书第 1 版（2001 年底）估计的 GGM 是 2.4%（= 1.2% + 7% - 5.8%）。本书的第 2 版（2009 年年末）估计的 GGM 是 3.9%（= 1.9% + 7.0% - 5%）。

式（5-6）的假设基础是盈利增长率保持稳定。但对于快速增长的经济体而言，多个阶段的盈利增长假设会更合适。以这种经济体中的股票指数为例，分析师可能会预测全体成分股公司有一个快速增长阶段，随后是增长率下降的过渡期，最后是以温和稳定比率增长的成熟期。使三个阶段预期现金流的现值总和等于股票指数当前市场价格的折现率 r 被定义为内部回报率（IRR）。令"快速增长期 PV（r）"代表以 r 为贴现

⊖　最近应用该模型（美国市场）的例子是 Jagannathan，McGrattan and Scherbina（2000）和 Fama and French（2001）。GGM 估计也已用于国际市场的制度研究（Stux，1994）。大多数分析师预测盈利增长率而不是理论上指定的股利增长率，因此我们在表达式中使用盈利增长率。给定一个恒定的股利支付率，一个合理的广义股票近似值指数，两个增长率应该相等。

率的快速增长期现金流现值，其他阶段的标注含义可以顾名思义。IRR 公式如下

股票指数价格 = 快速增长期 PV(r) + 过渡期 PV(r) + 成熟增长期 PV(r)

IRR 的计算可以利用电子表格中的 IRR 功能。用 IRR 作为股票要求回报率的估计（如 5.2.6 节所述），减去国债收益率，就可以得到股权风险溢价的估计。

假设股利支付率不变且市场有效，从式（5-6）可以得出盈利、股利和价格都会以股利增长率增长的结论，因此市盈率不变。但如果分析师预期市盈率变大或变小，就可能对式（5-6）的估计值进行调整，以体现市盈率的变化。给定市场水平的起点，包括给定盈利水平和市盈率，那么资本升值的回报率不会超过盈利的增长率，除非市盈率扩大。市盈率倍数扩张可能是由于盈利增长率上升和/或风险下降。

5.3.2.2 宏观模型估计

利用股权估值模型中宏观经济变量和财务变量之间的关系，分析师可以估计股权风险溢价。当上市公司在经济中占相对较大份额时（正如许多发达市场那样），这种模型可能更可靠。此类分析主要侧重于驱动 GDP 增长的供给方变量（因此也被称为供给方估计）。如果采用自上而下的经济分析而不是分析师的一致预期，戈登增长模型估计也可以看作供给方估计。[一]

为了说明供给方分析，股权总回报率可以像伊博森和陈（Ibbotson and Chen）所解释的那样被分为四个部分：[二]

- 预期通货膨胀率（EINFL）；
- 实际每股收益的预期增长率（EGREPS）；
- 市盈率的预期增长率（EGPE），市盈率（P/E）为每股价格对每股收益的比率；
- 预期利润部分（EINC），包括利润再投资的回报。

通过公式分解可以发现，P/E 增长率是资本升值比率的因子。[三]因此：

股权风险溢价 ={ [(1 + EINFL)(1 + EGREPS)(1 + EGPE) −1.0] + EINC}

− 预期的无风险回报率　　　　　　　　　　　　　　　　　　　（5-7）

接下来，我们将用代表美国股票市场的标普 500 指数数据说明这种分析方法。

- **预期通货膨胀率**。从美国国债和美国抗通货膨胀国债（treasury inflation protected securities，TIPS）收益率曲线可以获得市场的预期：

[一] 需求方模型对股权风险溢价是基于：投资者的平均风险厌恶、资产收益和消费变化的相关性。然而这种模型在专业实践中很少遇到。

[二] 这是以 Ibbotson and Chen（2003）的收益法（方法 3）为基础的。

[三] 即 $(P_t/E_{t-1}) - 1.0 = [(P_t / E_t) / (P_{t-1} / E_{t-1})](E_t / E_{t-1}) - 1.0 = (1 + EGPE)(1 + EGREPS) - 1.0$。

$$\text{隐含的通货膨胀率预期} \approx \frac{1 + 20 \text{ 年期国债的 YTM}}{1 + 20 \text{ 年期 TIPS 的 YTM}} - 1$$

$$= \frac{1.03}{1.0098} - 1$$

$$= 0.020 \text{（或 } 2.0\%\text{）}$$

根据 TIPS 分析和其他长期预测，我们使用每年 2.0% 的估计值。因此，1 + EINFL = 1.02。

- **实际每股收益的预期增长率**。这个比率应该大致跟随实际 GDP 增长率。如果代表股票市场的成分股公司与整体经济的增长率不同，我们可以对实际 GDP 增长率进行向上或向下的调整。根据经济理论，实际 GDP 增长率应该等于劳动生产力的增长率加上劳动力供应的增长率（可以用人口增长率和劳动力参与率的增长比率之和估计）。预计美国劳动生产力的增长率为每年 2%，劳动力供应的增长率为每年 1%。由此可得实际 GDP 增长率估计为 3%，1 + EGREPS = 1.03。

- **市盈率的预期增长率**。根据市场有效的观点，这个因素的基础估计值应该为零。但是，当分析师认为目前的市盈率水平被高估或低估时，这个因素可以相应取负值或正值，反映出分析师在投资期的预期。在不考虑错误估值的情况下，1 + EGPE = 1。

- **预期利润部分**。历史上，这一部分在美国市场的长期估计值接近 4.5%，其中包括 20 个基点的再投资回报率。[一]但目前标普 500 指数的股利收益率低于长期平均。根据预期的股利收益率 2.1% 和 10 个基点的再投资回报率可以得到前瞻估计值 2.2%。因此，EINC = 0.022。

使用伊博森和陈的方法以及无风险利率 3%，美国股权风险溢价的估计等于

$$\{[(1.02 \times 1.03 \times 1) - 1.0] + 0.022\} - 0.03 = 0.0726 - 0.03 = 4.26\%$$

供给方估计的 4.26% 十分接近几何平均历史估计的 4.2%（见表 5-1）[二]

5.3.2.3 调查法估计

衡量期望的一种方法是直接去询问人们如何预期。股权风险溢价的调查法估计会涉及询问一组样本——通常是专家，关于预期溢价是多少的问题，或者从他们对资本市场的预期中推断风险溢价。

一 参见 Ibbotson and Chen（2003），p.90。

二 严格地说，标准误差只适用于算术平均，但作为估计"紧密程度"的一个近似，它也用于几何平均。见 Dimson, Marsh and Staunton (2002), p. 168。

例如，费尔南德斯及其同事每年都会对金融教授、分析师和公司经理进行全球调查，询问他们使用股权风险溢价的估计。2016 年的调查显示，美国和许多其他发达市场的平均水平约为 5%，但希腊、埃及、乌克兰和委内瑞拉超过 13%（Fernandez、Ortiz and Acin，2016）。

哈蒙德、莱博维茨和西格尔（2011）的著作《股权风险溢价再思考》涵盖了许多金融专家对于美国股权风险溢价的看法。他们认为股权风险溢价的估计值范围是从 2.5% 到 6%，期望的均值是 3.25%。

5.4 股权要求回报率

有了估计股权风险溢价的方法后，分析师就可以估计所需的特定股票的要求回报率。可选方法如下：

- 资本资产定价模型（CAPM）。
- 多因素模型，例如 Fama-French 模型或相关模型。
- 加成法，例如债券收益率加风险溢价法。

5.4.1 资本资产定价模型

资本资产定价模型（CAPM）是要求回报率的一个方程。如果模型假设条件得到满足，它应该保持**均衡**（equilibrium，供给等于需求的情况）。关键的假设有：投资者是风险厌恶的，他们根据整个组合的回报率均值和方差做出投资决策。模型的主要观点是，投资者以资产对整个组合系统风险（系统风险表示不可以通过投资组合多元化分散的风险）的贡献来评价资产风险。因为 CAPM 提供了估算要求回报的经济学基础和相对客观的方法，所以在估值中被广泛应用。

实践中使用的 CAPM 表达式在前面给出，见式（5-4）：[注]

股票 i 的要求回报率 = 当前的预期无风险利率 + β_i（股权风险溢价）

例如，假设目前的预期无风险利率是 3%，资产的贝塔值是 1.20，股权风险溢价是 4.5%，那么资产的要求回报率是

[注] CAPM 的正式公式是 $E(R_i) = R_F + \beta_i [E(R_M) - R_F]$，式中，$E(R_i)$ 是均衡条件下资产 i 的预期回报，等于它的要求回报；R_F 是无风险回报率；$E(R_M)$ 是市场组合的预期回报。理论上，市场组合的定义包括全部有风险的资产并按它们的市值加权。在应用 CAPM 对股票进行估值的实践中，通常会使用范围较广的股票指数来代表市场组合，并用股权风险溢价的估计值代表 $E(R_M) - R_F$。

$$股票\ i\ 的要求回报率 = 0.030 + 1.20 \times 0.045 = 0.084\ 或\ 8.4\%$$

资产的贝塔值衡量资产的市场或系统风险,这种风险在理论上表示资产回报率相对于风险资产市场组合回报率的敏感度。具体来说,贝塔值等于市场组合回报与资产回报的协方差,除以市场投资组合回报的方差。在股权估值中,常见的做法是用范围较广的市值加权股票指数代表市场组合。资产的贝塔值可以用最小二乘法估计——将资产回报对指数回报回归,也可以从供应商处获得。实际上,式(5-4)从效果上看,是分析师根据资产的系统风险水平把股权风险溢价向上或向下调整,乘以资产的贝塔值,然后再把特定资产的风险溢价加到当前预期的无风险利率上,获得所需的回报率估计。

在股权风险溢价基于全国股票市场指数的典型案例中,贝塔值的估计以股票对该指数的敏感性为基础,其中的隐含假设是股票价格主要由当地投资者决定。在这种分割的股票市场中(即当地市场价格主要由当地投资者而不是全世界的投资者决定),具有相同风险特征的两只股票如果在不同的市场交易,可能会有不同的要求回报率。

相反的假设是全世界所有投资者共同参与决定价格(完美整合的市场)。这个假设可以得到国际 CAPM(或世界 CAPM),即相对于世界投资组合的市场风险溢价。假设市场组合为股票组合,世界股权风险溢价可以直接用 MSCI 世界指数(回报率数据从 1970 年开始)的历史数据估计,也可以间接估计:(美国股权风险溢价的估计)/(美国股市相对于 MSCI 世界指数的贝塔值)= 4.5%/0.81 = 5.6%。计算了相对于 MSCI 世界指数的贝塔值后,分析师用国内的无风险利率就可以估计要求回报的国际 CAPM。在实践中,股权要求回报的估计通常不依赖于国际 CAPM。[⊖]

5.4.1.1 上市公司的贝塔值估计

最简单的贝塔值估计方法就是将股票的回报率对市场的回报率进行普通最小二乘法回归。该结果常常被称为未经调整的或"原始的"历史贝塔值。实际的贝塔值估计会受以下几种选择的影响。

- **代表市场投资组合的指数选择**。许多市场都有传统的选择。例如美国股市,传统的选择是标普 500 指数和纽约证券交易所综合指数。
- **数据周期的长度和观察的频率**。最常见的选择是五年期的月度数据(包括晨星和 Compustat 在内的许多供应商都做此选择),产生 60 个观察结果。Value Line

---

⊖ 在实践中,其他方法似乎给出了更合理的估计。参见 Morningstar(2007),pp.177-179,184。国际 CAPM 的一种变体,称为 Singer-Terhaar 方法,在专业实践中颇为有用,特别是对资产类别的估值,这个方法涉及对国内和国际 CAPM 估计值的加权平均。

使用五年的每周观察数据。彭博默认的是两年每周观察，可根据用户的选择修改。一项对美国股市的研究发现，五年的月度数据优于其他选择。[一]但可以说，彭博默认的数据类型对于快速发展的市场来说尤其合适。

研究发现，未来的贝塔值平均来说更接近均值 1，即具有平均系统风险的证券的贝塔值，而不是原始的贝塔值。因为估值是前瞻性的，所以对原始的贝塔值进行调整很合理，这样可以更准确地预测未来的贝塔值。布卢姆（1971）引入了最常用的调整方法：

$$调整后的贝塔值 = 2/3 \times 未调整的贝塔值 + （1/3） \times 1.0 \qquad （5-8）$$

例如，如果资产回报对市场回报回归的贝塔是 1.30，调整后的贝塔就是（2/3）× 1.30 +（1/3）× 1.0 = 1.20。财务信息供应商经常同时报告原始的和调整后的贝塔估计值。尽管大多数供应商用布卢姆方法调整，但有的供应商没有用。例如，晨星（伊博森）将原始贝塔向同类企业的均值调整（而不是向整体的均值 1.0 调整）。分析师当然需要理解他所使用的每个数据的基础。

以下示例用 CAPM 来估计股权要求回报率。

▌ 例 5-3　分析师案例学习（2）：印度拿丁公司股票的要求回报率

在威伦莫特研究微软公司的时候，他的同事德拉库尔在调研印度拿丁公司（Lansen & Toubro Ltd., LT）的股票。拿丁公司是印度最大的工程和建筑公司。2013 年 7 月 31 日，为获取拿丁公司的贝塔值，德拉库尔调用了彭博终端的程序，看到的屏幕如图 5-2 所示。

德拉库尔指出，彭博选择孟买敏感指数（Sensex）作为股票指数来估计贝塔。德拉库尔将彭博默认的时间 / 频率改成与她其他的估计工作一致，她指出，两种情况的贝塔估计值大致相同。

原始贝塔 1.537，是一条穿过了 60 个散点的回归线的斜率，每个点代表与孟买敏感指数回报（x 轴）对应的拿丁公司回报（y 轴）。

从 R^2（拟合优度）可以看出，贝塔值解释了拿丁回报率波动的 73% 以上（一个非常好的拟合），德拉库尔还决定使用 CAPM 来估计拿丁股票的要求回报。[二]她用自己

[一] 参见 Bartholdy and Peare（2003）。

[二] 彭博屏幕上对 R^2 的解释是"相关系数"。更准确地说，在这种单变量回归中，它相当于因变量（股票回报）和自变量（市场回报）相关系数的平方。它的含义是：因变量方差中可以被自变量解释的比例。

调整后的历史估计值 4.0% 作为印度股权风险溢价，用 10 年期印度国债收益率 8.7% 作为无风险利率。[注]德拉库尔注意到拿丁资本成本的彭博屏幕上显示了 8.7% 的收益率（显示为"债券利率"（bond rate）），同一个屏幕上显示印度股权风险溢价（"国家溢价（country premium）"）的估计值为 3.3%，与她自己的估计值 4.0% 相近。

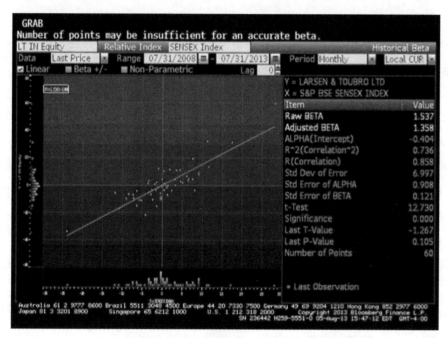

图 5-2　彭博的一个屏幕页面：拿丁公司的贝塔值

资料来源：© 2013 Bloomberg L.P. 保留所有权利。经许可转载。

仅根据给定的信息，回答以下问题。

（1）用布卢姆方法演示调整后贝塔的计算方法。

（2）用 CAPM 和调整后的贝塔估计 LT 公司股票的要求回报率。

（3）从彭博屏幕的显示中找出一个说明贝塔估计正确的依据并解释。

问题（1）的解答： 调整贝塔值的计算方法是 $(2/3) \times 1.537 + (1/3) \times 1.0 = 1.358$。

问题（2）的解答： $r = 8.7\% + 1.358 \times 4\% = 14.1\%$。

问题（3）的解答： 贝塔值的标准误差是 0.121，相对于原始贝塔值的水平 1.537 来说比较小。

⊖　Varma and Barua(2006) 用自己的数据库估计了印度股票的历史几何平均风险溢价——8.75%。这个值比供应商分析的结果低了 1.7 个百分点。一些对印度股权风险溢价的估计数值更大，例如国家风险评级的估计。

▌ 例 5-4   用 CAPM 计算股权要求回报率（1）

埃克森美孚、BP 和道达尔是三家"超重量级"的油气公司，它们的总部分别在美国、英国和法国。分析师估计美国、英国和欧元区的股权风险溢价依次是 4.5%、4.1% 和 4.0%。其他信息见表 5-2。

表 5-2   埃克森美孚、BP 和道达尔

公司名	贝塔	股权风险溢价估计值（%）	无风险利率（%）
埃克森美孚	0.77	4.5	3.2
BP	1.99	4.1	3.56
道达尔	1.53	4.0	2.46

资料来源：Financial Times，Yahoos。

使用资本资产定价模型，计算以下公司的股权要求回报率。

（1）埃克森美孚。

（2）BP。

（3）道达尔。

问题（1）的解答：根据 CAPM，埃克森美孚的要求回报率是 3.20% + 0.77×4.50% = 6.67%。

问题（2）的解答：根据 CAPM，BP 的要求回报率是 3.56% + 1.99×4.10% = 11.72%。

问题（3）的解答：根据 CAPM，道达尔的要求回报率是 2.46% + 1.53×4.0% = 8.58%。

▌ 例 5-5   用 CAPM 计算股权要求回报率（2）：非上市资产案例

吉尔·亚当斯是一家对冲基金的分析师，该基金有机会购买一家非上市财产与责任保险公司的部分股权。亚当斯认为阿利盖尼公司（Alleghany Co.）是一家可比的上市公司，他打算用阿利盖尼的信息来评估报价。亚当斯联系的一个卖方分析师认为，阿利盖尼的要求回报率是 10.0%。根据自己的分析，亚当斯认为，阿利盖尼在 2007 年 8 月后期的历史贝塔值如表 5-3 所示：

表 5-3   阿利盖尼公司：历史贝塔值

5 年贝塔	10 年贝塔
0.56	0.40

资料来源：Reuters。

美国的股权风险溢价（相对于长期国债）的估计值为 4.20%。

- 91 天美国国债的到期收益率是 0.03%。
- 2 年期美国国债的到期收益率是 3%。

在估计和调整贝塔值时，亚当斯按照行业内最常见的做法选择估计的时间段。

（1）估算阿利盖尼公司的调整贝塔值，并用 CAPM 估计要求回报率。

（2）卖方分析师估计阿利盖尼的股权成本为 10%，这与阿利盖尼股票的系统风险高于平均值还是低于平均值更一致？

问题（1）的解答： 调整贝塔值 =（2/3）×0.56 + 1/3 = 0.707 或 0.71。用 5 年期数据计算贝塔值是最常见的做法。与股权风险溢价定义一致的做法是用长期国债收益率计算 CAPM：3.00% + 0.71×4.20% = 5.982% 或大约 6.0%。

问题（2）的解答： 分析师的估计值意味着高于平均的系统风险。根据定义，市场贝塔值，即平均系统风险股票的贝塔值等于 1。贝塔值为 1 时，意味着要求回报率为 3.00% + 1.0×4.20% = 7.2%。

当某只股票的交易不频繁时，最近的交易价格可能已经过时，不能反映价值的潜在变化。例如，在每月数据的时间序列中，缺失的数值由最近的交易价格代替，如果用这种数据估计贝塔值，估计的贝塔值可能太小，导致要求回报率被低估。⊖估算不经常交易证券的贝塔值有几种计量方法。一种实用的替代方法是以可比证券的贝塔值为基础估计。

5.4.1.2 低交易量股票和非上市公司的贝塔值估计

分析师无法观测非上市公司的市场价格序列，也就无法用回归估计贝塔。但是，用摩根士丹利 / 标普的全球行业分类标准（Global Industry Classification Standard，GICS）或道琼斯 / 金融时报指数的行业分类基准（Industry Classification Benchmark，ICB）找出同类的上市公司，分析师就可以在上市公司贝塔值的基础上间接估计非上市公司的贝塔值。

在此过程中，分析师必须考虑非上市公司与参照公司之间的财务杠杆差别。首先将基准贝塔值去杠杆化，估计出参照公司的资产贝塔值——仅反映行业经济因素产生的系统风险。然后，重新将资产贝塔值杠杆化以反映非上市公司的财务杠杆。

令 β_E 为去除杠杆效应（如果有的话）前的股权贝塔值，即基准贝塔值。如果参照

⊖ 关于 Scholes and Williams（1997）以及 Dimson（1979）方法的概述可以参见 Elton, Gruber, Brown and Goetzmann（2014）。

公司的债务是高质量的（因此债务贝塔值为零的假设应该近似为真），分析师可以用以下表达式将贝塔值去杠杆化：[一]

$$\beta_U \approx \left[\frac{1}{1+(D/E)}\right]\beta_E \qquad (5\text{-}9a)$$

然后，如果目标公司的债务和股权金额水平依次为 D' 和 E'，并假设目标公司的债务具有高评级，目标公司的股权贝塔值 β'_E 估计如下：

$$\beta'_E \approx [1+(D'/E')]\beta_U \qquad (5\text{-}9b)$$

式（5-9a）和式（5-9b）的成立需要假设债务水平会在公司总价值变化时根据目标资本结构进行调整，这与后面将要介绍的加权平均资本成本的定义一致。[二]图 5-3 总结了以上步骤。

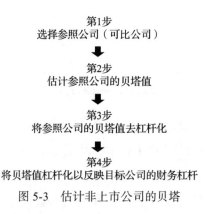

第1步
选择参照公司（可比公司）

↓

第2步
估计参照公司的贝塔值

↓

第3步
将参照公司的贝塔值去杠杆化

↓

第4步
将贝塔值杠杆化以反映目标公司的财务杠杆

图 5-3　估计非上市公司的贝塔

举例说明，假设已确定了一家参照公司（第 1 步），其 40% 的资金是通过借债获得的，然而目标公司资本结构中的债务权重只有 20%。参照公司的贝塔估计值为 1.2（第2 步），参照公司 40% 的债务意味着股权的权重是 100% − 40% = 60%。将基准贝塔值去杠杆化（第 3 步）：

$$\beta_U \approx \left[\frac{1}{1+(D/E)}\right]\beta_E = \left[\frac{1}{1+(40/60)}\right]\times 1.2 = 0.6\times 1.2 = 0.72$$

下一步，将无杠杆的贝塔值 0.72 根据目标公司的财务杠杆（20% 的债务和 80% 的股权）重新加杠杆（第 4 步）

[一] 假设 $\beta_D = 0$，从公式 $\beta_U = [1+(D/E)] - [\beta_E + (D/E)\,\beta_D]$ 可以得到式（5-9a）。附注中的这个公式可以在债务贝塔值确定不为零的时候使用。

[二] 参见 Miles and Ezzell（1985）。另一个公式（常常在教科书中出现）在假设债务水平一直保持不变时是合适的，但通常这个假设不太合理。如 Hamada（1972）所示，仍假设债务的贝塔值为零，去杠杆化的正确公式是 $\beta_U = [1+(1-t)(D/E)] - \beta_E$，而再杠杆化可以用 $\beta_E = [1+(1-t)(D'/E')] - \beta_U$。可参考 Arzac（2005）中更详细的说明。

$$\beta'_E \approx [1+(D'/E')]\beta_U = [1+(20/80)]\times 0.72 = 1.25\times 0.72 = 0.90$$

有时，要求回报率会参照行业贝塔值的均值或中位数，而不是参照单独一家公司。去杠杆化和再杠杆化的步骤也可用于这种贝塔值，以行业资本结构均值或中位数为基础。

> **例 5-6　用 CAPM 计算股权要求回报率（3）**
>
> 　　为了评价对一家非上市保险公司进行股权投资的要约，亚当斯下一步需要确定该公司的贝塔值。阿利盖尼（可比的上市公司）的贝塔估计值去掉尾数后为 0.70。在估值日，阿利盖尼公司的资本结构中没有债务，非上市保险公司有 20% 的资金来自借债。
>
> 　　如果可比公司的贝塔估计值为 0.70，那么非上市保险公司的贝塔估计值是多少？
>
> 　　**解答：** 因为阿利盖尼没有债务，它的贝塔值不需要去杠杆化。对非上市保险公司来说，如果债务占资本的 20%，那么股权占 80%，$D'/E' = 20/80 = 0.25$。因此，非上市保险公司的股权贝塔值是 $1.25\times 0.70 = 0.875$ 或 0.88。

CAPM 是一种简单、被广泛接受、基于理论的股权成本估计方法。大量证券的贝塔值（CAPM 中对风险的衡量方法）很容易从多种渠道获得，并且在供应商无法提供时可以被轻松估算出来。在投资组合中，单个证券的个体风险倾向于互相抵消，剩下的大部分是贝塔（市场）风险。对于单个证券，个体风险可能会远大于市场风险，在这种情况下，贝塔可能无法准确预测未来平均回报。分析师需要有多种工具可用。

5.4.2　多因素模型

大量证据表明 CAPM 的贝塔值对风险的描述不完整。在实践中，单只股票贝塔回归方程的决定系数（R^2）可能在 2%～40%，其中有许多小于 10%。许多市场证据表明，产生回报的因素有多种。分析师可以考虑基于多种因素的要求回报率模型，其代价是更高的复杂性和费用。然而，更高的复杂性并不保证有更大的解释能力，选择每个多因素模型时应该检查模型是否增加了价值。

CAPM 在无风险利率上仅增加了单一风险溢价，而套利定价模型（APT）则添加了一组风险溢价。APT 模型的基础是用多因素解释回报的驱动因素。形式上，APT 模型对资产要求回报率的表达式为

$$r = R_F + (风险溢价)_1 + (风险溢价)_2 + \cdots + (风险溢价)_K \tag{5-10}$$

其中，(风险溢价)$_i$ = (因子敏感度)$_i$ × (因子风险溢价)$_i$。**因子敏感度**（factor sensitivity）或**因子贝塔值**（factor beta）是资产对某特定因子的敏感度（假定其他因子保持不变）。一般来说，因子 i 的**因子风险溢价**（factor risk premium）是资产对因子 i 有一个单位敏感度而对其他因子敏感度为零时，超过无风险利率部分的预期回报率。⊖

一个著名的多因素模型在 CAPM 的基础上增加两个其他因子，这个模型就是接下来要讨论的 Fama-French 模型。

5.4.2.1 Fama-French 模型

20 世纪 80 年代末，积累的实证证据表明，至少在相当长的一段时间内，在美国和其他一些股票市场，投资策略偏向小盘股，而且价值股票在长期会产生超过 CAPM 预测的回报。⊜

1993 年，研究者尤金·法玛和肯尼斯·弗伦奇用一个三因素模型处理 CAPM 的这些缺陷，该模型被称为 Fama-French 模型（FFM）。FFM 是最广为人知的非专有多因素模型之一。这些因素是：

- RMRF，代表 $R_M - R_F$，市值加权股票指数的回报率减去一个月国债利率——这是股权风险溢价的一种表达方式，也是与 CAPM 共有的因子。
- SMB（小的减大的），一个规模（市值）因子。SMB 是三个小盘股投资组合的平均回报减去三个大盘股投资组合的平均回报。因此，SMB 代表小盘股的回报溢价。
- HML（高的减低的），两个高账面市值比的投资组合的平均回报减去两个低账面市值比的投资组合的平均回报。账面市值比高（相当于市净率低）的股票反映了价值偏好，而账面市值比低的股票反映增长偏好。一般来说，HML 代表价值股票的回报溢价。

每个因子可以被视为净投资额为零的多空投资组合的平均回报。SMB 代表做空大盘股得到的资金投资小盘股的平均回报；HML 代表做空低账面市值比（高市净率）的股票得到的资金投资高账面市值比的股票的平均回报。FFM 对要求回报率的估计是：

$$r_i = R_F + \beta_i^{mkt}\text{RMRF} + \beta_i^{size}\text{RMB} + \beta_i^{value}\text{HML} \qquad (5\text{-}11)$$

⊖ 但在 Fama-French 模型中，两个因子的风险溢价并不表示超过无风险利率的数额。

⊜ 例如，Fama and French（1993）和 Strong and Xu（1997）分别记录了美国和英国的规模溢价以及账面市值比溢价。Capaul，Rowley and Sharpe（1993）和 Chen and Zhang（1998）记录了国际发达市场的价值溢价。

有的国家的因子的历史数据是公开的。通常用历史方法估计此模型的风险溢价。RMRF、SMB 和 HML 定义明确，适合这种估计方法。尽管如此，前面提到的多种估计方法也可以用来估计 FFM 的因子。要注意 RMRF 定义的是短期利率，现有的历史数据是相对于短期国债利率的溢价。使用式（5-11）时，要用当前的短期无风险利率。还要注意的是，因为式（5-11）包含了其他非市场因子，所以同一只股票根据式（5-11）估计的市场贝塔值一般不等于 CAPM 中的贝塔值。

我们可以用美国股票市场的例子说明 FFM。当前的短期利率是 0.03%。根据 Fama-French 从 1926 年到 2012 年的数据，市场、规模和价值因子的历史溢价分别是 5.9%、2.6% 和 4.1%。然而，在过去的约 25 年（1986 年至 2012 年）中，实现的 SMB 溢价平均为 0.3%，实现的 HML 溢价平均为 2.7%，而平均的 RMRF 一直保持在 5.9%。因此，基于过去 25 年的风险溢价来看，2012 年底对美国市场的 FFM 估计为：

$$r_i = 0.0003 + \beta_i^{mkt} 0.059 + \beta_i^{size} 0.003 + \beta_i^{value} 0.027$$

考虑具有价值特征、高于平均市场风险的一个小盘股案例：假设 FFM 市场贝塔系数为 1.2。如果股票的市值小，我们会预期它有正的规模贝塔，例如 $\beta_i^{size} = 0.5$。如果股票相对于账面价值卖得便宜（即较高的账面市值比），预期的价值贝塔也大于零，例如 $\beta_i^{value} = 0.8$。规模贝塔和价值贝塔的中性值都是零，而市场贝塔值的中性值是 1。于是，根据 FFM，股票的要求回报率接近 10%：

$$r_i = 0.0003 + 1.2 \times 0.059 + 0.5 \times 0.003 + 0.8 \times 0.027 = 0.0942$$

FFM 的市场贝塔值为 1.2，可能高于或低于 CAPM 的贝塔值，但在接下来的比较里，我们假定后者也是 1.2。CAPM 的估计值为 $0.0003 + 1.2 \times 0.059 = 0.0711$，或者说是大约 2.31%（= 9.42% − 7.11%）。在本例中，正的规模和价值溢价可以帮助解释两个模型估计值的差别。

回到 FFM 的具体说明来讨论它的含义，注意 FFM 因子有两种：

- 股票市场因子，和 CAPM 一样被确定为系统性风险。
- 与公司特征和估值相关的规模（SMB）和价值（HML）两个因子。

FFM 将规模和价值因子视为代表一组证券的潜在风险因素（代理变量）。例如，影响小市值公司的风险因素有：缺乏在私人和公开信用市场的融资渠道以及竞争劣势。高账面市值比可能反映了股票因为陷入财务危机而价格低迷。FFM 将小规模和价值的回报溢价看作承担这类系统风险的补偿。然而，许多从业者和研究人员认为，这种回报溢价来自市场低效率，而不是对系统风险的补偿。[⊖]

　⊖　Lakonishok, Shleifer and Vishny（1994）以及 La Porta , Lakonishok, Shleifer and Vishny（1997）。

例 5-7　分析师案例学习（3）：微软股票的要求回报率

威伦莫特研究微软股票的下一个任务是估计股权要求回报率（也是微软的总资本要求回报率，因为微软没有长期债务）。威伦莫特对 CAPM 和 FFM 的估计结果取相同比重计算平均值，如果一种方法显得更优——判断标准为调整的 R^2 高 5% 以上，在这种情况下，就只用具有较好解释力的估计值。表 5-4 展示了微软股权成本的信息，其中所有的贝塔估计值都在 5% 水平上显著。

表 5-4　微软公司 CAPM 和 FFM 的要求回报率估计

项目	模型 A	模型 B
（1）当前的无风险利率	0.03%	0.03%
（2）贝塔	0.93	0.96
（3）市场（股权）风险溢价	5.9%	5.9%
股票的溢价：（2）×（3）=	5.49%	5.66%
（4）规模贝塔	—	−0.17
（5）规模溢价（SMB）	—	2.6%
股票的溢价：（4）×（5）=	—	−0.44%
（6）价值贝塔	—	−0.15
（7）价值的回报溢价	—	4.1%
股票的溢价：（6）×（7）=	—	−0.62%
R^2	0.54	0.55
调整的 R^2	0.53	0.52

资料来源：Morningstar Ibbotson, " The Cost of Capital Resource" (March 2013 report for Microsoft), for CAPM and FFM betas and R^2。

威伦莫特和德拉库尔的基金头寸持有时间平均为 4 年。威伦莫特和他的同事德拉库尔获悉，他们公司的经济部门预测下一年市场将有利于增长型股票。查阅所有资料后，德拉库尔发表了以下声明：

- "微软公司的股权成本得益于公司高于平均水平的市值。"
- "如果我们经济部门的分析是正确的，那么明年增长型投资组合的表现会超越价值型组合。因此，我们更偏向于使用 CAPM 的要求回报率估计而不是 Fama-French 估计。"

仅根据以上信息，解答下列问题：

（1）估计微软的股权成本，使用：

A. CAPM。

B. Fama-French 模型。

（2）判断德拉库尔关于微软股权成本的第一个陈述是否正确。

（3）判断德拉库尔关于增长型组合相对表现预期和使用 CAPM、FFM 要求回报率估计的第二个陈述是否正确。

问题（1）的解答：

A. 根据 CAPM 的要求回报率为 $0.03\% + 0.93 \times 5.9\% = 0.03\% + 5.49\% = 5.52\%$。

B. 根据 FFM 的要求回报率为 $0.03\% + 0.96 \times 5.9\% + (-0.17) \times 2.6\% + (-0.15) \times 4.1\% = 0.03\% + 5.66\% + (-0.44\%) + (-0.62\%) = 4.63\%$。

问题（2）的解答： 这个陈述是正确的。因为 SMB 溢价是正的，而微软对此的风险敞口是负的，导致要求回报率估计值降低了 44 个基点。

问题（3）的解答： 这个陈述是错误的。这个陈述的含义是，当投资者预测短期内增长型投资组合优于价值型时，用正的价值溢价计算要求回报率就有问题。要求回报率的估计应该反映对预期风险或长期风险的补偿。FFM 的价值回报溢价为正反映了长期对承担风险的预期补偿，这与公司现金流无限期延伸的假设是一致的。经济部门对短期的预测并不能说明 Fama-French 模型用正的价值溢价无效。

在例 5-7 中，CAPM 和 FFM 回归的拟合优度统计值都较高。关于 CAPM 和 FFM 在应用中孰优孰劣还有许多需要去了解，但 FFM 似乎有可能成为分析师工具库的实用补充。一项研究对比了美国市场的 CAPM 和 FFM 发现，CAPM 贝塔值平均可以解释下一年股票回报的横截面差异的 3%，FFM 贝塔值平均可以解释 5%。[一]两个方法的表现都不是非常好，但要知道股票回报在短期内会受大量随机因素的影响。

5.4.2.2　Fama–French 模型的扩展

FFM 扩展了 CAPM，捕捉 CAPM 贝塔没有解释的那部分被观察到的股票回报模式，其他研究人员延伸了这背后的想法。一个已明确的关系是，投资者对流动性较低的资产会要求回报溢价。流动性较低是指，由于显性或隐性交易成本高，不能迅速大量出售资产。帕斯特和斯坦博（2003）将 FFM 扩展到包含对股权投资流动性程度的补偿。

该模型已应用于上市公司和一些非上市公司的证券投资。[二]帕斯特 – 斯坦博模型

㊀ 参见 Bartholdy and Peare（2003）。

㊁ 参见 Metrick（2007）。

（PSM）在 FFM 中加入第四个因子——LIQ。LIQ 代表一种投资组合的超额回报，这种组合卖空高流动性股票，并用获得的资金投资于低流动性股票：

$$r_i = R_F + \beta_i^{\text{mkt}}\text{RMRF} + \beta_i^{\text{size}}\text{SMB} + \beta_i^{\text{value}}\text{HML} + \beta_i^{\text{liq}}\text{LIQ} \tag{5-12}$$

美国股票市场流动性溢价的估计值是 4.5%。[一] 美国市场的 PSM 模型估计是

$$r_i = 0.003 + \beta_i^{\text{mkt}}0.059 + \beta_i^{\text{size}}0.003 + \beta_i^{\text{value}}0.027 + \beta_i^{\text{liq}}0.045$$

平均流动性股票的流动性贝塔系数应为零，对要求回报率没有影响。但低于平均流动性（正的流动性贝塔值）和高于平均流动性（负的流动性贝塔值）的股票很可能会分别增加和减少要求回报率。

▌ 例 5-8　普通股投资的要求回报率

一只普通股具有以下特征：

市场贝塔	1.50
规模贝塔	0.15
价值贝塔	−0.52
流动性贝塔	0.20

根据给定信息，推断上述普通股的特征。

解答：该股票似乎是增长型的小盘股。正的规模贝塔值表明该股票具有对小盘股回报的敏感性，这也是小盘股票的特征。（如上表所示，正的流动性贝塔值对于小盘股也很典型，它们的交易市场通常比大盘股的流动性低。）负的价值贝塔值显示了增长型的特点。

流动性的概念应该和可流通性区分开来。对股票来说，流动性是出售股东权益的容易程度和对价格的潜在影响。流动性是多个因素的函数，包括股权的规模、市场的深度和广度以及市场吸收大宗证券且没有不利价格影响的能力。在最严格的意义上，可流通性与销售资产的权利相关。

如果不考虑证券法或其他合同约束，所有股权都是可出售的，即它们都有可能在市场上被出售，可以被出售就意味着可流通。然而，在非上市公司的估值中，这两个术语经常互换使用。[二] 在这种情况下，典型的处理方法是，根据需要在价值估计

㊀ 参见 Metrick（2007），PP.77-78，将 PSM 用于风险资本的投资。

㊁ Hitchner（2006），P.390。

中扣除因缺乏可流通性（流动性）的折价，而不是像 PSM 那样在折现率中处理这种影响。[⊖]

5.4.2.3 宏观经济和统计多因素模型

以多个基本面因素（与股票或公司有关的因素，例如股票市盈率或公司的财务杠杆）为基础的要求回报率模型有很多种，FFM 和 PSM 只是其中一种的两个例子，这一大类模型中还包括一些有专利的模型。还有的要求回报率模型以宏观经济和统计因素为基础。

- 宏观经济因素模型的因素是一些经济变量，这些变量会影响企业的未来现金流预期并决定它们现值的折现率。

- 在统计因素模型中，统计方法被应用于研究历史回报率，用各种证券组合（作为影响因子）从各种意义上解释这些回报。

伯迈斯特、罗尔和罗斯（1994）介绍的 BIRR 五因素模型是宏观经济因素模型的一个具体例子。模型中的因素定义如下。

（1）信心风险：20 年期的有风险公司债与 20 年期国债收益率差异的意外变化。当投资者信心都很高时，投资者愿意为承担公司债券的额外风险而接受较小的补偿，这解释了因素名称的含义。

（2）期限风险：20 年国债与 30 天国债收益率差异的意外变化。这个因素反映了投资者进行长期投资的意愿。

（3）通货膨胀风险：通货膨胀率的意外变化。几乎所有股票对这个因素都有负的风险敞口，因为通货膨胀率的意外增加会引起股票回报率的下降。

（4）商业周期风险：实际商业活动水平的意外变化。一项正的意外变化意味着，以不变美元价衡量的预期经济增长率增加了。

（5）市场时机风险：股票市场代理变量（例如美国的标普 500）的总回报中没有被前四个风险因素解释的部分。几乎所有股票对这个因素的敏感性都是正的。

第五个因素承认了资产定价中正确设定潜在变量存在不确定性，捕捉了前四个因素没有解释的对市场代理变量回报率的影响。例如，用这个模型表达某一证券的要求回报率，其形式可能是

$$r_i = 短期国债利率 + （对信心风险的敏感度 \times 2.59\%）$$
$$- （对期限风险的敏感度 \times 0.66\%）$$

⊖ 参见 Hitchner（2006），PP.390-391。

$$-（对通货膨胀风险的敏感度 ×4.32\%）$$
$$+（对商业周期风险的敏感度 ×1.49\%）$$
$$+（对市场时机风险的敏感度 ×3.61\%）$$

其中的风险溢价估计值是参考伯迈斯特等人（1994）的计量工具得出的。与基本面因素模型相似，也有多种以宏观经济和统计因素为基础的有专利的模型。

5.4.3　股权要求回报率的加成法估计

对少数人控制的企业进行估值时，股权要求回报率的加成法估计被评估者广泛使用。这个方法将无风险利率与一组风险溢价相加：

$$r_i = 无风险利率 + 股权风险溢价 \pm 一个或多个溢价（折价）$$

加成法与多因素模型的风险溢价方法具有相似性，不同之处在于对特定的贝塔值调整不适用于风险溢价因子。

5.4.3.1　非上市公司估值的加成法

当使用现值模型（在这种情况下也被称为收益模型（income models））对非上市公司的权益估值时，就需要估计股权要求回报率。因为此类权益估值不仅出于纯粹的私人投资目的，而且还要考虑法院和税务机关的需求，例如在对包含在遗产中的企业进行估值或为涉及法律争端的股权估值时，评估者可能需要研究这些权威机构认为哪些方法是可以接受的。

估计上市公司股权要求回报率的标准方法，例如 CAPM 和 FFM，适用于估计非上市公司的要求回报率。然而，评估者经常使用另一种方法：把一组溢价加在无风险利率上构建出要求回报率。溢价包括股权风险溢价和一个或多个额外的溢价，通常基于公司规模和能观察到的公司特有风险等因素，具体取决于估值的实际情况和评估者对此所做的分析。式（5-5）给出了加成法的一种表达式。传统的具体应用如下：[⊖]

$$r_i = 无风险利率 + 股权风险溢价 + 规模溢价_i + 公司特有溢价_i$$

图 5-4 解释了一种典型的逻辑思路。股权风险溢价的估计经常参照上市公司股票指数，而市场上市值最大的公司通常会占这种指数市值的大部分。隐含地以贝塔 1.0 乘以股权风险溢价，无风险利率加上股权风险溢价的总和实际上是具有平均系统风险的大市值上市公司的股权要求回报率。大多数情况下，非上市公司估值涉及的公司规模比大市值上市公司的要小得多。因此，评估者经常加上反映小市值股票相对于大市

⊖　参见 Hitchner（2006），P.173。

值股票超额回报的相关溢价。(这个溢价通常是在贝塔根据小市值和大市值股票的差异调整后的规模溢价 (beta-adjusted size premium),以分离出规模效应。)规模溢价的水平通常被认为与公司的规模负相关。因为许多非上市公司都比上市公司小,所以规模溢价估计基于最低市值十分位的股票合适。估计结果对应的是具有平均系统风险的超小市值股票的回报率。这个风险溢价有时包括了目标公司的非系统风险,其潜在假设是非上市公司的这种风险不容易通过多元化消除。

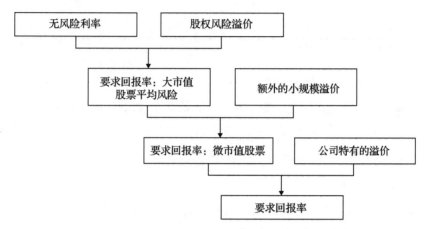

图 5-4　非上市公司的要求回报率估计

与非上市公司要求回报率估计相关的另外两个问题包括:①考虑控股权与少数股东权益在股票价值中的相对价值;②非上市公司的小股权缺少可流通性对股权价值的影响。缺少可流通性是指由于股票未注册公开交易而不能进入公开市场,从而无法立即出售股票。(可流通性也可能会受合同或其他原因的限制。)

在非上市公司中,对股权种类(控制性股权或少数股权)的调整,传统上不会调整要求回报率,而是根据情况直接对初步的价值估计进行调整。这种调整涉及的问题很复杂,从业者对此的观点存在分歧。鉴于这些考虑,详细的讨论超出了本章的范围。[⊖]同样,针对缺少可流通性的调整与此类似,在对股权控制程度做出调整后,通常也会对股权的估计价值做出调整。

举例说明,假设一位分析师正在评估一家非上市的文档管理解决方案公司的价值。无风险利率为 3.00%,分析师对股权风险溢价的估计为 4.20%。根据资产和销售收入判断,该公司对应的似乎是美国上市公司中市值最低 10% 的上半部分,即表 5-5 的 10a,其股票市值大约在 1.29 亿到 2.07 亿美元不等。

表 5-5　美国贝塔调整的规模溢价估计

按市值排序（十分位）	最大公司的市值（千美元）	规模溢价（%）
6	1 620 860	1.75
7	1 090 515	1.77
8	682 750	2.51
9	422 811	2.80
10	206 795	6.10
最后 10% 的分解		
10a	206 795	4.34%
10b	128 672	9.81

资料来源：SBBI 估值年报（2012），第 86～90 页。

因此，忽略任何特定公司溢价，股权要求回报率的估计值为 3.00% + 4.20% + 4.34% = 11.54%。需要注意的是，市值最低 10%（尤其是 10b 部分）的规模溢价可能不仅反映了健康的小市值公司溢价，还反映了陷入财务危机的前大市值公司的溢价。如果是这种情况，没有向下调整的历史估计值可能不适用于估计小规模但财务健康的非上市公司的要求回报率。

可以用一个所谓的"修订 CAPM"公式试着解释偏离平均系统风险的部分。举例说，分析师估计公司如果公开交易的话，贝塔值将是 1.2。参照它的同类上市公司组，要求回报率估计为

$$无风险利率 + 贝塔值 \times 股权风险溢价 + 规模溢价$$

或 3.00% + 1.2 × 4.20% + 4.34% = 12.38%。这个结果也可以与简单加成法的估计相匹配——在公司特定溢价中加入差异化回报率，即（1.2 - 1.0）× 4.20% = 0.84%。

5.4.3.2　债券收益率加风险溢价法

对于有公开交易债券的公司来说，**债券收益率加风险溢价法**（bond yield plus risk premium，BYPRP）提供了对股权成本的快速估计。[○]该估计是

$$BYPRP 股权成本 = 公司长期债的到期收益率 + 风险溢价 \tag{5-13}$$

公司长期债的到期收益率（YTM）包括：

- 实际利率和预期通货膨胀的溢价，这些也包含在国债的收益率里；
- 违约风险溢价。

违约风险溢价涵盖的因素包括盈利能力、盈利能力对商业周期的敏感性、（经营和财务）杠杆，这些因素同样会影响股票的回报。式（5-13）中的风险溢价补偿是股票

○　模型虽然简单，但它有时在很严肃的环境中被使用。例如，加州大学校董会在一个退休金计划的资产 / 负债研究（2000 年 7 月）中使用了 20 年国债利率加上 3.3% 作为股权风险溢价的单一估计值。

相对于债券的额外风险（因为债务对公司的现金流有优先求偿权）。在美国市场，通常会根据经验增加 3%～4% 的风险溢价。

▌例 5-9　从两个视角看 IBM 的股权成本

假设你在 2013 年 8 月初对 IBM 公司的股票进行估值，你收集到以下信息：

30 年国债 YTM	3.70%
2042 年到期的 IBM 的 4s 债券 YTM	4.43%

你注意到 IBM 的债券是投资级的（标准普尔的评级为 AA−，穆迪投资者服务为 Aa3，惠誉国际为 A+）。IBM 股票的贝塔值是 0.73。在以前的债券收益率加风险溢价法中，你使用的风险溢价是 3%。但是，IBM 的贝塔估计值在过去 5 年下降了。根据判断，你因此决定在债券收益率加风险溢价法中使用 2.75% 的风险溢价。

（1）用 CAPM 计算股权成本。假设股权风险溢价为 4.20%。

（2）用债券收益率加风险溢价法计算股权成本，风险溢价为 2.75%。

（3）假定你用问题（1）的 CAPM 股权成本进行 DCF 估值，发现 IBM 股票价值被略微低估，2013 年 7 月 31 日的收盘价是 195.04 美元。从问题（2）得到的另外一种股权成本估计是否支持基于问题（1）得出的估值结论？

问题（1）的解答： 3.70% + 0.73 × 4.20% = 6.77%。

问题（2）的解答： 在 IBM 债券的到期收益率上加 2.75%：4.43% + 2.75% = 7.18%。注意 IBM 债券的到期收益率和长期国债到期收益率的差异为 0.73%，或 73 个基点。这个数值加上 2.75% 是相对于国债的风险溢价总和，0.73% + 2.75% = 3.48%。

问题（3）的解答： 价值低估意味着证券的价值比市场价格高。其他条件相同时，折现率越低，估计的价值越高。在其他条件不变的情况下，折现率和价值之间的反比关系是估值的基本关系。如果使用 6.77% 的 CAPM 股权成本估算似乎低估了 IBM，这并不意味着使用基于债券收益率加风险溢价方法的 7.18% 股权成本也会将其低估。

债券收益率加风险溢价法可以视为一种适用于有公开交易债券的公司的加成方法。当更严格的模型解释能力较低时，这个方法可能是有用的检查。鉴于一家公司股票的系统风险为正，其长期债券反映出的收益率可以作为股权成本估计的检查。例如，斯普林特集团 2028 年到期的 6.875 债券（标准普尔的评级为 BB−，穆迪投资者服务为

B1，惠誉国际为 B+）在 2013 年 8 月上旬的收益率为 7.60%，因此其股票的要求回报率估计不高于 7.60% 是可疑的。

5.4.4 股权要求回报率：国际问题

在全球范围估计股权要求回报率时，分析师所关注的问题包括：

- 汇率。
- 新兴市场的数据和模型问题。

投资者最终关心的是以本国货币计量的回报率和波动性。用当地货币和本国货币计算的历史回报率通常是可得的或是可以被构建的。本国货币计算的股权风险溢价估计可能高于或低于用当地货币计算的估计值，因为股权风险溢价的股权部分汇兑损益通常不会被国债部分的损益完全抵消。例如，迪姆森、马什和斯汤腾（2011）指出，1900 年至 2010 年间瑞士的实际几何平均溢价用瑞士法郎计算约为 3.3%，但对于美国投资者而言，由于瑞士法郎相对于美元有升值，该溢价约为 4.2%。美元估计值更准确地反映了美国投资者的历史经验。关注以当地货币计价的数据，再加入对汇率的预测对任何投资者来说都是一个合理的方法。

前面已经提到了估计新兴市场回报率和风险溢价的难度。在已经提出来补充或替代传统的历史或前瞻估计方法的众多方法中，我们介绍以下两个。

- 估计股权风险溢价的国家价差模型。对新兴股票市场而言：

股权风险溢价估计 = 发达市场的股权风险溢价 + 国家溢价

国家溢价代表与基准发达市场相比新兴市场的预期更大风险相关的溢价。一般情况下，分析师希望国家主权债券价差足以估计这个溢价。因此，国家溢价通常的估计方法是：新兴市场主权债券的收益率（以发达市场的货币计价）减去发达市场的国债收益率。

例如，2013 年 3 月，以美元计价的印度公司债与美国债的收益率差异下降至 3.19%，以此作为印度的国家溢价，并以 4.2% 作为美国股权风险溢价，印度的股权风险溢价等于 4.20% + 3.19% = 7.39%。

- 国家风险评级模型[⊖]根据发达股票市场回报与机构投资者对这些市场的半年风险评级之间的经验关系，用回归方法估计股权风险溢价，然后将估计的回归方

⊖ 参见 Erb, Harvey and Viskanta（1995）。

程和新兴市场的风险评级一起使用，以预测新兴市场的要求回报率。晨星公司
（伊博森）推荐使用这个模型。

5.5　加权平均资本成本

公司资本提供者的总体要求回报率通常被称为公司的资本成本。资本成本最常使用公司的税后加权平均成本，或简称为加权平均成本（WACC），即各种资本来源的要求回报率的加权平均值。

当分析师使用间接的整体企业估值法时，股权估值就与资本成本相关。使用资本成本贴现债权和股权的预期未来现金流，估算出总价值，然后减去债务市场价值后的余额就是股权价值的估计。

在许多国家和地区，公司可以在税前扣除利息费用，但不可以扣除对股东的支付，例如股息。以下讨论反映了这种基本情况。

如果资本提供者是债权人和普通股股东，则 WACC 的表达式为：

$$\text{WACC} = \frac{\text{MVD}}{\text{MVD} + \text{MVCE}} r_d (1 - 税率) + \frac{\text{MVCE}}{\text{MVD} + \text{MVCE}} r \tag{5-14}$$

其中 MVD 和 MVCE 分别表示债务和（普通）股权的市场价值，而不是账面或会计价值。将 MVD 或 MVCE 除以企业的总市场价值，即 MVD+MVCE，可以分别得到债权和股权在资本中所占的比例。这些比重之和为 1。WACC 的表达式为：债权和股权在当前市场条件下的税后要求回报率，分别乘以两者在企业融资中的比重。特别需要说明的是，这里讨论的"税后"仅指公司税。债权的税前要求回报率（r_d）乘以 1 减去边际公司税率（1 - 税率），对税前比率 r_d 向下的调整反映了企业利息费用可以税前扣除的假设。因为假设股东分配不可以抵税，公司的税前和税后股权成本相同，不对 r 进行公司税率的调整是合适的。一般来说，使用公司的边际税率比用当期的有效税率（报告的所得税费用除以税前利润）更合适，因为有效税率可能受非经常性项目影响。基于边际税率的资本成本通常可以更好地反映公司未来的融资成本。

因为企业的资本结构（债务和股权的融资比例）可能会随着时间改变，所以WACC 也会随着时间改变。此外，企业当期的资本结构还可能与它未来的结构有很大的不同。由于这些原因，分析师计算 WACC 时经常使用目标权重而不是当前的市场价值权重。这些目标权重反映了分析师和投资者对公司未来目标资本结构的预期。如果当前的权重不能反映企业正常的资本结构，目标权重就是计算 WACC 较好的近似值。

债权的税前要求回报率一般用基于当前市场价值的公司债务预期的到期收益率来估计。分析师可以选择本章中介绍的任何一种方法来估算股权要求回报率 r。假设股利等股东分配不可以在企业所得税前扣除，因此不对股权成本进行税收调整是合适的。

▍例 5-10　IBM 的加权平均资本成本

　　假定你采用企业整体价值这种间接方法进行股权估值，估计资本成本所需的数据见表 5-6。以给定的信息为基础，估计 IBM 的 WACC。

表 5-6　IBM 的资本成本数据

A：资本结构：	数值
长期债务占总资本比例，以市价计算	36%
税率	25%
B：资本成本的组成：	
股权成本：CAPM 估计值	7.1%
长期债券的 YTM	4.4%

　　资料来源：基于 Morningstar 和 Value Line 收集的数据估计。

　　解答： 在 WACC 的计算中，以市价计算的长期债务占总资本比例就是税后债务成本的权重。因此，IBM 的 WACC 大约是 5.73%，计算过程如下：

$$\text{WACC} = 0.36 \times 4.4\% \times (1 - 0.25) + 0.64 \times 7.1\% = 1.188\% + 4.544\% = 5.732\%$$

5.6　关于现金流的折现率选择

　　当要求回报率被用作估值的折现率时，其定义必须适用于被折现的现金流。

　　在满足了较高级的求偿权（例如债务的支付承诺和税收）后的现金流就是股权现金流。如果折现的是股权现金流，股权要求回报率就是合适的折现率。如果是用于满足公司所有资本提供者求偿权的现金流——通常称为企业现金流，企业的资本成本就是合适的折现率。

　　现金流可以用名义或实际形式表示。当现金流以实际值表示时，金额反映了对货币购买力实际或预期变化的调整。名义折现率必须用于名义现金流，而实际折现率必须用于实际现金流。在股权估值时我们只用名义现金流，因此我们会使用名义的折现率。因为适用于公司收益的税率通常用名义货币形式表示（适用于规定的名义税前盈利的税率），使用名义金额是一种准确的做法，因为它可以正确反映税收。

　　式（5-14）呈现了使用税后债务成本估计的税后加权平均资本成本。在后面的章节中，我们使用企业现金流的定义，用这种资本成本定义作为该现金流的折现率是合适的（而不是采用反映税前债务成本的税前资本成本）。由于还没有介绍和解释现金流的定义，对这个问题的进一步讨论超出了本章的范围。[⊖]

简而言之，在后面介绍股票估值的现值模型时，我们仅使用两种折现率：对股东可以得到的现金流使用名义的股权要求回报率，对企业所有资本提供者可以得到的现金流使用名义的税后加权平均资本成本。

5.7　小结

在本章中，我们介绍了几种重要的回报率概念。要求回报率很重要，因为它们被用作确定预期未来现金流现值的折现率。当投资者对资产内在价值的估计与市场价格不同时，投资者通常期望获得要求回报率加上价格向价值回归产生的回报率。但是当资产的内在价值等于价格时，投资者预期只能获得要求回报率。

在估算企业要求回报的两种重要方法——CAPM 和加成法中，分析师都需要用到股权风险溢价。本章考察了一些世界主要股票市场已实现的股权风险溢价，并解释了前瞻估计的方法。为了确定股权要求回报率，分析师可以从 CAPM 或各种多因素模型（例如 Fama-French 模型及其扩展）中进行选择，并通过考察回归的拟合优度统计数据评估模型的可靠性。对非上市公司来说，分析师可以通过可比上市公司要求回报率估计或使用加成法模型。加成法模型以无风险利率和股权风险溢价的估计为起点，再添加其他适当的风险溢价。

当分析师采用间接的股权估值法时，首先将所有资本来源的预期未来现金流的现值作为整个企业的价值，那么合适的折现率是基于所有资本来源的加权平均资本成本。如果现金流是名义的（实际的），折现率必须也是名义的（实际的）。

本章的要点如下：

- 在特定时期内一项资产投资获得的回报被称为持有期回报率。已实现回报是指过去实现的回报，预期回报是指未来某段时间内的期望回报。要求回报率是在给定资产风险后，投资者在特定时间段内投资该资产要求的最低限度的预期回报率。用市场价格或回报率推断出资产的要求回报率，通常用作估算预期未来现金流现值的折现率。如果资产被认为在市场上合理（不合理）定价，要求回

　⊖　技术上而言，对公司现金流进行折现时，现金流的定义和资本成本的定义应该相对应，这样利息费用带来的节税价值才不会被重复计算（即现金流和折现率）。

报率就等于（不等于）投资者预期回报率。当资产被认为是错误定价时，投资者应该获得价格向价值回归的回报。

- 股权风险溢价估计是投资者因为持有股票而不是无风险资产所要求的额外回报，它被用于估算要求回报率的 CAPM 和加成法。

- 股权风险溢价估计方法包括历史估计法、调整历史估计法和前瞻估计法。

- 在历史估计法中，分析师必须决定使用短期还是长期国债收益率作为无风险利率，使用几何平均还是算术平均来估计股权风险溢价。前瞻估计法包括戈登增长模型估计、宏观模型估计和调查法估计。对历史估计的调整包括对数据偏差的调整和对股权风险溢价独立估计的调整。

- CAPM 是一种被广泛使用的要求回报率估计模型，它使用相对于市场投资组合指数的贝塔值来调整风险。Fama-French 模型（FFM）是一个三因素模型，它包含了市场因素、规模因素和价值因素。帕斯特 – 斯坦博模型在 FFM 的基础上扩展增加了流动性因素。债券收益率加风险溢价法将目标公司债务的到期收益率和主观的风险溢价（通常是 3% 至 4%）之和作为要求回报率的估计值。

- 当一家公司股票交易量很小或没有公开交易时，其贝塔值可以根据同类公司的贝塔值估计。这个过程包括，将参照公司的贝塔值去杠杆化，然后根据目标公司的财务杠杆将贝塔值再杠杆化。该程序调整了参照公司和目标公司财务杠杆差别的影响。

- 新兴市场对要求回报率估计提出了特殊的挑战。国家价差模型用发达市场的股权风险溢价加国家溢价的方法估计股权风险溢价。国家风险评级模型用发达市场的风险评级来推断新兴市场的风险评级和股权风险溢价。

- 加权平均资本成本在对整个企业估值时使用，通常被理解为名义的税后加权平均资本成本，在后面的章节中用于对公司的名义现金流折现。名义的股权要求回报率用于对股权现金流折现。

行业与公司分析

马修·L. 科菲纳，CFA
安东尼·M. 菲奥里，CFA
安东尼厄斯·J. 范奥简，CFA

▪ 学习目标

通过学习本章内容，你将可以：

- 比较用于获取股权估值模型参数值的自上而下法、自下而上法和混合法。
- 比较"相对于 GDP 增长的增长"和"市场增长与市场份额"两种收入预测方法。
- 通过分析营业利润率和销售水平来评估行业是否存在规模经济。
- 预测以下成本：销售成本、销售费用、管理费用、融资成本和所得税。
- 描述资产负债表建模的方法。
- 描述投资资本回报与竞争优势之间的关系。
- 解释竞争因素如何影响价格和成本。
- 根据波特五力分析判断公司的竞争地位。
- 解释如何在受价格通货膨胀或通货紧缩影响的情况下预测行业和公司的销售收入和成本。
- 评估技术发展对需求、销售价格、成本和利润的影响。
- 解释选择一个明确预测期限的考虑因素。
- 解释分析师对长期预测的方法选择。
- 演示以销售为基础得出公司预测模型的方法。

6.1 引言

本章探讨行业和公司分析，重点介绍分析师如何使用行业信息和公司披露信息来预测公司未来的财务业绩。

　　财务预测是基于现金流贴现或市场乘数的基本股权估值的基础。一个有效的预测模型必须基于对公司业务、管理、战略、外部环境和历史结果的透彻了解。因此，分析师首先审查公司及其环境——其行业、关键产品、战略地位、管理、竞争对手、供应商和客户。分析师利用这些信息确定主要的收入和成本驱动因素，评估经济状况和技术发展等相关趋势的可能影响。分析师对业务基本驱动因素的理解和对未来事件的评估为开发预测模型提供了基础。

　　本章从创建预测模型的概述开始。6.2 节描述了预测利润表（收入、经营成本和非经营成本）、资产负债表和现金流量表的每个组成部分的一般方法。接下来的小节将讨论专题：6.3 节、6.4 节、6.5 节、6.6 节和 6.7 节分别描述竞争因素对价格和成本的影响；通货膨胀和通货紧缩的影响；技术发展；长期预测和建立公司模型。6.8节提出结论和小结。

6.2　财务建模：概述

　　对于大多数公司而言，财务模型从利润表开始。利润表是一个合理的起点，因为大多数公司大部分的价值来自未来现金流，而现金流主要取决于企业产生的净收入金额。银行和保险公司是例外，其资产负债表上现有资产和负债的价值可能比公司未来收入与公司整体价值更相关。利润表还为公司的资产负债表和现金流量表的建模提供了一个有用的起点。

6.2.1　利润表建模：收入

　　大多数公司从多个来源获得收入。为了分析收入，公司财务报告中的详细披露通常是最丰富的信息来源。国际财务报告准则（IFRS）和美国会计准则（GAAP）要求公司披露某些有关业务细分的信息，包括如何定义细分部门；分部的收入、费用、资产和负债；按地域分析收入并核对合并财务报表中的分部账户。根据会计准则，收入、营业利润或资产占合并后公司收入、营业利润或资产 10% 或以上的分部，必须提供单独的财务信息。除了公司发布的中期和年度财务报告外，重要信息在其他披露内容中也常常会出现，如按法律规定提交的文件、管理层介绍、电话会议以及外部数据来源。

　　收入可以按地域来源、业务部门或产品线进行分析。在地域分析中，分析师将公司的收入分配到各种地区"桶"（分组）中。这些"桶"可能被狭义地定义（例如按个别国家）或更广泛地定义（例如按世界区域）。地域分析对于潜在增长率或竞争动态不同的多个国家经营的跨国公司特别有用。例如，一家公司可能在世界某个地区的增长速度相对较慢，而在其他地区的增长速度相对较快。通过分析世界各个地区，分析师可以加深对整体增长的理解。

在按部门细分时，分析师将公司的收入分为不同的业务部门。许多公司在多个行业或经济差异很大的利基市场中经营。虽然不同业务部门的信息通常都可以得到，但分析师应该对公司选择的业务部门是否具有相关性和重要性做出独立判断。有时，分析师可以以有助于提出重要观点的方式重新组合报告的信息。

最后，产品线分析提供了最详细的细节。产品线分析对于具有可管理的少量产品的公司来说是最相关的，这些产品表现不同，但是当组合在一起时，它们占公司销售的大部分。

例 6-1 介绍了本章 50 多个案例中的第一个。许多案例的结果被四舍五入了，因此文本和表格中小的明显差异可能是四舍五入造成的。

▌例 6-1　收入分析（1）

诺和诺德（Novo Nordisk）是一家总部位于丹麦的生物制药公司，专注于糖尿病药物。该公司详细披露了地区、业务分部和产品线的收入。所有数字均以百万欧元为单位。

在 2011 年度的年度报告中，诺和诺德提供了以下细分地区前三年的销售收入，参见表 6-1。

表 6-1　诺和诺德按地理区域划分的销售收入 （单位：百万欧元）

	2009 年	2010 年	2011 年
北美	2 454	3 170	3 569
欧洲	2 356	2 506	2 573
国际	917	1 119	1 257
日本和韩国	657	760	835
中国	476	606	671
总销售收入	6 860	8 161	8 905

该公司还将收入按业务部门进行了分类：糖尿病护理和生物制药。在每个分部内，还披露了几个独立的产品系列，参见表 6-2。

表 6-2 诺和诺德业务部门的销售收入	（单位：百万欧元）		
	2009 年	2010 年	2011 年
现代胰岛素	2 883	3 572	3 861
人胰岛素	1 520	1 588	1 448
诺和力	12	311	804
其他糖尿病产品	621	666	656
总糖尿病护理	5 036	6 137	6 769
诺其	950	1 078	1 120
诺德欣	591	645	677
其他生物制药	283	301	339
总生物制药	1 824	2 024	2 136
总销售收入	6 860	8 161	8 905

使用表 6-1 和 6-2 中的数据来回答以下问题：

（1）确定 2011 年每个地理区域的诺和诺德销售额的百分比。

（2）现代胰岛素比人胰岛素多了一些优势，例如对血糖水平有更快或更持久的影响。比较诺和诺德近期的现代胰岛素销售增长率与人胰岛素的销售增长率。

（3）过去两年，诺和诺德的哪个分部在销售额增长中的占比更大：糖尿病护理还是生物制药？

（4）管理层直到 2011 年才开始公布在中国市场的收入。此前，中国被列入"国际"。请注意，在过去两年中，来自中国的收入增长了 41%，而不包括中国的"国际"地区增长了 37%。描述至少两种有关管理层决定增加对中国市场的披露的解释。

问题（1）的解答：

北美：（3 569/8 905）= 0.401 或 40.1%

欧洲：（2 573/8 905）= 0.289 或 28.9%

国际：（1 257/8 905）= 0.141 或 14.1%

日本和韩国：（835/8 905）= 0.094 或 9.4%

中国：（671/8 905）= 0.075 或 7.5%

问题（2）的解答： 虽然同比增长有所放缓，但在 2009 年至 2011 年间，诺和诺德现代胰岛素的销售额增长了 3 861/2 883 − 1 ≈ 0.339 或 33.9%。计算复合年均增长率，取 $(3\,861/2\,883)^{\frac{1}{2}} - 1 = 0.157$ 或 15.7%。

相比之下，人胰岛素的销售量略有下降。这个下降可以用问题中提到的现代胰岛素的优点来解释。

问题（3）的解答： 在过去两年中，诺和诺德的总销售额增加了 20.45 亿欧元

（从 68.6 亿欧元增至 89.05 亿欧元）。同时，糖尿病护理销售额增加了 17.33 亿欧元，生物制药销售额增加了 3.12 亿欧元。因此，2009 年至 2011 年，糖尿病护理分部约占诺和诺德销售额增长的约 85%（≈1 733/2 045）。

问题（4）的解答： 对管理层加强披露决策的两个可能（但不相互排斥）的解释是：①中国是一个增长相对较快的市场，因此管理层相信拆分披露这个区域的业务会使投资者更看好公司；②中国是投资者特别感兴趣的地区，管理层只是想通过提供额外的细节来增进投资者对业务的了解。因为国际的增长速度几乎和中国一样快，所以第二个解释似乎更有可能。

一旦分析师了解公司收入的重要组成部分，他必须决定是使用自上而下、自下而上还是混合法来预测未来收入。**自上而下法**（top-down approach）通常从整体经济层面开始。然后可以在较为狭义的水平上进行预测，例如针对特定产品的部门、行业和市场，以得出对单个公司收入的预测。相反，**自下而上法**（down-top approach）始于个别公司或公司内部的单位，例如单个产品线、地区或业务部门。然后，分析师将其对个别产品或细分市场的预测汇总，以得到对公司总收入的预测。此外，分析师还汇总单个公司的收入预测，以形成对产品市场、行业或整体经济的预测。**混合法**（hybrid approach）结合了自上而下和自下而上的分析的元素，可以用于揭示使用单一方法可能产生的隐含假设或错误。

6.2.1.1 收入建模的自上而下法

两种常见的自上而下的收入建模方法是"相对于 GDP 增长的增长"和"市场增长与市场份额"。

在相对于 GDP 增长的增长中，分析师首先预测名义国内生产总值的增长率。然后，分析师考虑被研究的特定公司的增长率如何与名义 GDP 增长率进行比较。分析师可以使用实际 GDP 增长的预测来计算项目数量，用通货膨胀预测来计算价格。分析师通常会根据公司在行业生命周期中的位置（例如，萌芽期、成长期、洗牌期、成熟期或衰退期）或商业周期敏感度得出百分点溢价或折扣。因此，分析师的结论可能是，医疗保健公司的收入将以高于名义 GDP 增长率 200 个基点的速度增长。预测也可以是相对的。因此，如果预测 GDP 将以 4% 的速度增长，预计公司收入的增长比这个速度快 15%，则预测收入变化百分比为 4%×（1 + 0.15）= 4.6%，即超过绝对值 60 个基点。

在市场增长与市场份额方法中，分析师首先预测特定市场的增长。然后，分析师会考虑公司目前的市场份额，以及该份额随时间可能发生的变化。例如，如果一家公司有望维持给定产品市场 8% 的市场份额，并且该产品市场的年收入预计将从 187.5 亿欧元增长到 200 亿欧元，则公司收入预测增长将从 8% × 187.5 亿欧元 = 15 亿欧元增长到 8% × 200 亿欧元 = 16 亿欧元（仅考虑此产品市场）。如果产品市场收入与 GDP 具有可预测的关系，则可以使用回归分析来估计两者的关系。

6.2.1.2   收入建模的自下而上法

自下而上的收入建模方法示例包括：

- **时间序列**：基于历史增长率或时间序列分析的预测。
- **资本回报率**：基于资产负债表的预测。例如，银行的利息收入可以计算为贷款乘以平均利率。
- **基于产能的测量**：基于同店销售增长以及与新店相关的销售情况的预测（例如零售业）。[⊖]

时间序列预测是最简单的。例如，分析师可能会根据历史数据拟合趋势线，然后在所需的时间范围内来预测销售（例如，使用 excel 的趋势公式）。在这种情况下，分析师会预测历史增长率将保持不变，但也可能会使用不同的假设——例如，他们可能会预测增长率将从当前增长率线性下降到某个长期增长率。请注意，时间序列方法也可以用作执行自上而下分析的工具，例如在相对于 GDP 增长的增长方法中预测 GDP增长。

6.2.1.3   收入建模的混合法

混合方法结合了自上而下和自下而上分析的元素，在实践中它们是最常用的方法。例如，分析师可能使用市场增长与市场份额的方法对单个产品线或业务部门建模，然后汇总各个预测以得出对整个公司的预测，因为预测分部收入的总和等于分部市场规模乘以所有细分市场份额。

在数量和价格方法中，分析师分别对数量（例如，销售的产品数量或服务的客户数量）和平均销售价格进行预测。这些要素的预测方法，可以分为自上而下、自下而上或混合。

⊖   同店销售增长是开业至少 12 个月的商店的销售增长率。

例 6-2　收入分析（2）

使用例 6-1 中诺和诺德的数据来回答以下问题：

（1）吴小平是一名研究欧洲制药公司的股票分析师，服务中国的客户。吴预计，根据 2% 的实际增长率和 3% 的通货膨胀率，从长远看，全球名义 GDP 每年将增长 5%。由于越来越不健康的饮食和久坐的生活方式，糖尿病的发病率在全球范围内不断上升。因此，吴认为，从长期来看，糖尿病药物的全球销售额将比名义 GDP 增长快 100 个基点。吴认为，未来 4 年诺和诺德糖尿病护理部门的收入增长率将从 2011 年的增长率线性下降到糖尿病药物市场的预期长期增长率。

A. 吴是使用自上而下、自下而上还是混合法来模拟诺和诺德的收入？

B. 根据吴对收入增长的预测，计算 2013 年糖尿病护理部门的收入增长率。

（2）海尔·汉森是丹麦的买方分析师。2011 年初，汉森正在研究诺和力，这是一种最近推出的化合物，属于名为 GLP-1 类似物的新型糖尿病药物类别。截至 2011 年，诺和力在同级别中只有一个直接竞争对手：艾塞那肽（Byetta），这是一种由两家美国制药公司——Amylin 公司和礼来公司联合销售的药物。诺和力与艾塞那肽相比，有一些优势。最值得注意的是，它的用药是每天注射一次，而不是一天两次。

礼来公司以美元报告了艾塞那肽的全球销售额。汉森使用美元 / 欧元的年平均汇率将这些数字转换为欧元，并编制了下表，比较了诺和力的销售额和艾塞那肽的销售额。

（单位：百万欧元）

	2008 年	2009 年	2010 年
艾塞那肽	513	573	536
诺和力	0	12	311

A. 2010 年 GLP-1 类似物销售总量的增长率是多少？

B. 2010 年 GLP-1 类似物销售增长率有多少百分比是由诺和力贡献的？

C. 汉森预计，2011 年 GLP-1 类似物的市场增长速度将放缓至 28%。她还预计，诺和力的市场份额将提高 25 个百分点。汉森对 2011 年诺和力销量额的估计是多少？她离实际结果有多近？

D. 汉森对诺和诺德的销售建模方式是自下而上、自上而下还是混合？

问题（1）A 的解答：吴的长期收入预测是基于诺和诺德相对于名义 GDP 增长的增长，这是一个自上而下的方法。然而，他的估计增长率仅适用于诺和诺德的一个细分市场（糖尿病护理），表明采用了混合方法。吴的 4 年预测也部分基于糖尿病护理领域的历史增长率，这是一种自下而上的方法。吴因此使用的是混合法。

问题（1）B 的解答： 例 6-1 中的数据表明，诺和诺德的糖尿病护理部门在 2011 年增长约 10%（= 6 769/6 137 − 1≈0.103）。吴预计，长期增长速度将与糖尿病药物市场的增长率一致，为 6%（比名义 GDP 增长速度 5% 快 100 个基点）。2011 年增长率与预计的长期增长率之间的差异为 4%（= 10% − 6%），吴预计增长率将在 4 年内呈线性递减，意味着每年增长率减少 100 个基点。因此，按年预计的增长率为：

2012 = 9%

2013 = 8%

2014 = 7%

2015 = 6%

此后，6%

2013 年预计的收入增长率为 8%。

问题（2）A 的解答： 2010 年 GLP-1 类似物的总销售额为 8.47（= 5.36 + 3.11）亿欧元，而 2009 年的总销售额为 5.85（= 5.73 + 0.12）亿欧元。因此增长率为 45%（= 847/585 − 1≈0.448）。

问题（2）B 的解答： GLP-1 类似物总销售额增加了 2.62 亿欧元（从 5.85 亿欧元增加到 8.47 亿欧元），而诺和力销售额则增加了 2.99 亿欧元（从 0.12 亿欧元增加到 3.11 亿欧元）。因此，诺和力约占这个药物类别销售额增长的 114%（= 299/262≈1.14，即 114%）。请注意，诺和力占该类药物销售额增长的 100% 以上，因为该类别中的其他药物销售额有所下降。

问题（2）C 的解答： 根据 2010 年 8.47 亿欧元的销售额以及 28% 的预计增长率，汉森预计 2011 年的 GLP-1 类似物的市场总价值约为 10.84（= 8.47×1.28≈10.842）亿欧元。诺和力在 2010 年的市场份额约为 37%，汉森预计提高 25 个百分点，从而导致 2011 年的市场份额为 62%。因此，汉森预计 2011 年诺和力的销售额将达到 6.72（= 10.84×0.62≈6.72）亿欧元。2011 年诺和力实际的销售额为 8.04 亿欧元，因此汉森的估计值低了 1.32（= 8.04 − 6.72 = 132）亿欧元。

问题（2）D 的解答： 汉森根据市场增长和市场份额进行估计，这通常意味着自上而下的方法。然而，该分析用于单个产品线，意味着自下而上的方法。因此，汉森正在使用混合方法。

6.2.2 利润表建模：经营成本

关于经营成本的披露通常不如关于收入的披露那么详细。如果相关信息可用，分析师可能会考虑将成本分析与收入分析相匹配。例如，他们可能会针对不同的地理区域、业务部门或产品线分别为成本建模。更常见的是，分析师将被迫在比用于分析收入的水平更综合的水平上考虑成本。分析师在推导成本假设时仍应该牢记他们的收入分析。例如，如果利润率相对较低的产品预计比利润率相对较高的产品增长速度更快，那么即使分析师不确定每种产品的准确利润率，也应该预测整体利润率会出现一定程度的下降。

同样，分析师可以对成本采取自上而下、自下而上或混合的观点。在自上而下的方法中，分析师在对单个公司做出假设之前可能会考虑诸如总体通货膨胀水平或特定行业成本等因素。相比之下，在自下而上的方法中，分析师会从公司层面开始，考虑诸如细分市场利润率、历史成本增长率、历史利润率水平或交付特定产品的成本等因素。混合方法将结合自上而下和自下而上的元素。

在估计成本时，分析师应特别注意固定成本。可变成本与收入增长直接相关，最好将其建模为收入的百分比，或以单位数量乘以单位变动成本计算。

相比之下，固定成本的增加与收入没有直接关系；相反，它们与未来对物业、厂房和设备（PP&E）的投资以及总产能增长有关。实际上，根据对未来 PP&E 增长的分析，可以假设固定成本以自己的速度增长。分析师应确定，在目前的产出水平下，目标公司是否具有**规模经济**（economies of scale），即每单位商品或服务的平均成本随着数量的增加而下降。可能导致规模经济的因素包括：在较高的生产水平下，与供应商的议价能力增强，资本成本降低以及单位广告费用降低。在享有规模经济的行业中，毛利率和营业利润率往往与销售水平呈正相关。

分析师还必须意识到有关成本估算的任何不确定性。例如，银行和保险公司针对预计的未来损失计提准备金，拥有大型养老金计划的公司有长期负债，其真实成本可能多年不为人知。审查与未来义务和养老金有关的准备金做法的披露有助于评估成本估算是否合理。但大多数情况下，外部分析师很难预测未来对成本估算的修订。影响成本估算不确定性的其他方面包括竞争因素和技术发展。这些影响将在后面的章节中讨论。

▋ 例 6-3 经营成本的建模方法

沃尔格林（Walgreens）和来德爱（RiteAid）是美国最大的两家零售连锁药店。两家公司约有 2/3 的销售额来自处方药，其余 1/3 来自店面品类，如美容产品、非处方药、便利食品、贺卡和照相洗印。

尽管处于同一个行业，沃尔格林和来德爱的营业利润却大不相同。有理由相信药店业务存在规模经济。例如，较大的药店公司与供应商有更大的讨价还价能力，并且有能力与第三方付款人协商更好的报销率。一些相关数据见表6-3。2011这列包括沃尔格林2011财年（截至2011年8月）和来德爱2012财年（截至2012年2月）的结果。

表6-3　2009~2011年的沃尔格林和来德爱的财务业绩

	2009 年	2010 年	2011 年
沃尔格林			
销售收入（百万美元）	63 335	67 420	72 184
销售成本（百万美元）	45 722	48 444	51 692
销售、一般和管理费用（百万美元）	14 366	15 518	16 561
营业利润（百万美元）	3 247	3 458	3 931
平均销售面积（百万平方英尺）	75.1	81.3	84.7
同店销售增长（%）	2.0	1.6	3.3
来德爱			
销售收入（百万美元）	25 669	25 215	26 121
销售成本（百万美元）	18 845	18 522	19 328
销售、一般和管理费用（百万美元）	6 603	6 458	6 531
营业利润（百万美元）	221	235	262
平均销售面积（百万平方英尺）	48.4	47.5	46.9
同店销售增长（%）	-0.9	-0.7	2.0

客户服务可能是零售业务收入的驱动因素之一。零售分析师通常综合使用定性和定量证据来评估客户服务。定性证据可能来自个人商店访问或客户调查。定量证据可以基于每平方英尺的销售和管理费用（SG&A）等指标。SG&A支出太少可能表明店铺人手不足。与此相关的是，同店销售增长可能是客户满意度的指标。

用所给数据回答以下问题：

（1）根据2011年的沃尔格林和来德爱的营业利润，是否有证据表明零售药店业务存在规模经济？如果是，销售成本或SG&A是否体现了规模经济？

（2）贝尼特斯是一位独立研究公司的美国股票分析师。贝尼特斯正在研究美国药店行业的服务水平。

A. 计算和解释沃尔格林和来德爱在过去3年中的平均每平方英尺的SG&A。

B. 假设客户满意度是销售增长的推动力，哪个公司在审查期间似乎有更满意的客户群？

C. 贝尼特斯预测，来德爱的平均销售面积在未来3年内每年将下降2%。他认为，在此期间，每平方英尺的 SG&A 每年将增加 1%。贝尼特斯预测 2014 年 SG&A 总费用是多少？

（3）路易斯是另一位负责零售药店行业的美国股票分析师。他正在考虑用几种方法来预测沃尔格林和来德爱的未来成本。判断以下各项为自下而上、自上而下还是混合方法。

A. 路易斯认为，美国的政府保险计划将面临未来的预算压力，这将导致零售药店行业的报销减少。他认为这会降低所有药店的毛利率。

B. 路易斯指出，沃尔格林的 SG&A 历史增长速度将在未来 5 年持续。但从长远来看，他预测 SG&A 将以通货膨胀的速度增长。

C. 为了估计来德爱的未来租赁费用，路易斯依据以往的经验，对销售面积增长和平均每平方英尺租金做出假设。

问题（1）的解答： 沃尔格林 2011 年营业利润率（营业利润除以收入）为 5.4%（$= 3\,931/72\,184 \approx 0.054$）。来德爱的同年营业利润率为 1.0%（$= 262/26\,121 \approx 0.010$）。沃尔格林销售规模更大（销售额为 721.84 亿美元，来德爱为 261.21 亿美元），加上其高利润率，表明药店行业存在规模经济。

回答问题的第二部分，将两家公司的费用除以 2011 年的收入。沃尔格林的销售成本占收入的 71.6%（$\approx 51\,692/72\,184$），而来德爱的销售成本则占了 74%（$\approx 19\,328/26\,121$）。沃尔格林的 SG&A 占了 22.9%（$\approx 16\,561/72\,184$），而来德爱占了 25%（$\approx 6\,531/26\,121$）。结果表明，销售成本和 SG&A 都存在规模经济。

问题（2）A 的解答： 2011 年和 2009 年，沃尔格林的每平方英尺平均 SG&A 分别为 196（$\approx 16\,561/84.7$）美元和 191（$\approx 14\,366/75.1$）美元。增长约 2.6%。来德爱的数字为 2011 年 139 美元，2009 年 136 美元，同比增长 2.2%。这可能是沃尔格林服务水平提高的证据。虽然来德爱平均每平方英尺花费少于沃尔格林，但过去 3 年的趋势并没有表明来德爱与沃尔格林可能的客户服务差距的增长。

问题（2）B 的解答： 如果只考虑同店销售，沃尔格林似乎拥有更满意的客户群。比较两家公司的同店销售增长情况，过去 3 年来，沃尔格林表现一直优于来德爱。这个结果支持了在所审查的时间内，来德爱的客户满意度可能不如沃尔格林的假设。

问题（2）C 的解答： 贝尼特斯预测来德爱的平均销售面积约为 4\,410（$= 46.9 \times 0.98^3$）万平方英尺。他预测每平方英尺平均 SG&A 为 143（$= 139 \times 1.01^3$）美元。因此，他估计 2014 年的总收入将达到 63.063（$= 0.441 \times 143$）亿美元。

问题（3）A 的解答： 这个案例描述了自上而下的方法，因为路易斯在考虑个别公司之前先考虑了整体行业环境。

问题（3）B的解答： 在这种情况下，路易斯将自下而上的方法（预测历史增长率保持不变）与自上而下的方法（基于他对总体通货膨胀率的长期假设）相结合。因此，这是一种混合方法。

问题（3）C的解答： 这个案例描述了一种自下而上的方法，因为路易斯的预测基于来德爱的历史经验。

6.2.2.1 销售成本

销售成本（COGS）通常是制造和销售公司成本的最大一部分。对于制造商而言，COGS包括原材料以及用于生产商品的直接人工和间接费用。

由于销售额减去COGS等于毛利润，COGS和毛利润呈负相关。预测COGS占销售额百分比和预测毛利率是等效的，因为一个值暗示着另一个值。

由于COGS与销售额直接相关，所以预测该项目占销售额的百分比通常是一种好方法。公司COGS占销售额百分比的历史数据通常为估算提供了有用的起点。例如，如果一家公司在新替代产品的出现使整体行业面临定价压力的市场中失去市场份额，则毛利率可能会下降。但如果公司因为推出新的有竞争力和创新的产品而获得市场份额，尤其是在实现成本优势的情况下，毛利率可能会提高。

由于销售成本相对较大，这个部分的一个小错误就会对预测的营业利润产生重大影响。因此，分析人员应该考虑对这些成本进行分析（例如，按细分市场、按产品类别或按数量和价格组成部分），如果这些分析可行，就可以提高预测准确性。例如，一些公司面临投入成本的波动，这些投入成本只能在一段时间内转嫁给客户。特别是对于毛利率较低的公司，投入成本的突然冲击会显著影响营业利润。一个很好的例子是航空公司利润对燃油成本未对冲变化的敏感性。在这些情况下，即使分析师使用销售和投入成本之间的整体关系来制定长期预测，将成本和销售额对应数量和价格组成部分对于制定短期预测也是至关重要的。

分析师也应该考虑公司对冲策略的影响。例如，由于可变成本的增长速度快于收入增长速度，如果投入价格大幅上涨，大宗商品驱动型公司的毛利率几乎会自动下降。假设一家公司的销售成本占销售额的百分比等于25%，如果投入成本翻番，公司能够通过25%的价格涨幅将全部增加的成本转嫁给客户，销售成本占销售额的百分比将增加（至40%），因为分子和分母都增加了相等的绝对数量。因此，尽管毛利的绝对数额将保持不变，但毛利率将下降（从75%降至60%）。通过各种对冲策略，公司可以减轻利润率所受的影响。例如，啤酒厂经常会提前一年对冲大麦的成本，大麦是酿造啤酒所需的主要原材料。虽然公司通常不披露它们的对冲头寸，但它们的总体策略通常会在年度报告的附注中披露。此外，逐步提高销售价格的政策可以减轻销售价格上涨对销售量的负面影响。例如，如果酿酒商因收成不佳而预计大麦价格会上涨，则酿酒商可能会缓慢提升价格，以避免明年价格大幅上涨。

竞争对手的毛利率还可以为估算实际毛利率提供有用的交叉检查。一个行业内公司之间的毛利率差异在逻辑上应该与其业务运营的差异有关。例如，在荷兰，连锁超市 Albert Heijn 在竞争非常激烈的杂货行业拥有较高的毛利率，因为它可以利用其占主导地位的 34% 的市场份额来实现采购的节省；它还具有生产利润率更高的自有品牌产品的能力。所有这些竞争优势都有助于其实现在杂货行业内结构性更高的毛利率。但是，如果出现新的大型竞争对手（例如，通过整合分散的市场），Albert Heijn 高于平均水平的毛利率将面临压力。还要注意，竞争对手毛利率的差异并不总是表明优越的竞争地位，而只是反映了商业模式的差异。例如，杂货行业中的一些公司拥有并经营自己的零售商店，而其他公司则以批发商的身份经营特许零售业务。在特许零售商业模式中，大部分经营成本由加盟者承担；批发商向这些加盟商提供只加了一点点利润的产品。与拥有自有店铺的杂货店相比，超市批发商的毛利将低得多。然而，拥有自有商店的杂货店的经营成本将高得多。尽管业务模式的差异可能使直接比较变得复杂，但竞争对手的毛利率仍然可以提供潜在的有用见解。

6.2.2.2 销售、一般和管理费用

销售、一般和管理费用（SG&A）是另一种主要的经营成本。与 COGS 相比，SG&A 与公司的收入直接相关程度较低。为了说明 COGS 和 SG&A 对利润的影响，请考察法国食品公司达能（Danone）的例子。其财务摘要见表 6-4。

表 6-4　达能财务数据

	2010 年（百万欧元）	2011 年（百万欧元）	YoY%	销售百分比	
				2010	2011
净销售收入	17 010	19 318	13.6	100.0	100.0
销售成本	7 957	9 541	19.9	46.8	49.4
毛利润	9 053	9 777	8.0	53.2	50.6
销售费用	4 663	5 092	9.2	27.4	26.4
一般和管理费用	1 494	1 564	4.7	8.8	8.1
研发费用	209	233	11.5	1.2	1.2
其他费用	90	45	−50.0	0.5	0.2
营业利润	2 597	2 843	9.5	15.3	14.7

注："YoY%"表示年度同比百分比变化。

资料来源：基于达能 2011 年度报告中的信息。

如表 6-4 所示，达能在 2011 年受到无法立即转嫁给客户的较高投入成本的影响。因此，销售额增长有 13.6%，而毛利仅增长 8.0%，毛利率下降。该公司能够控制其他经营成本；销售费用增长 9.2%，一般和管理费用增长 4.7%，但均低于收入增长的 13.6%。因此营业利润增长 9.5%，低于销售增长 13.6%，但高于毛利增长的 8.0%。

达能的利润表表明，公司经常披露 SG&A 的不同组成部分。例如，达能将销售费用以及一般和管理费用显示为单独的项目。尽管总体上 SG&A 的费用与收入联系的紧密程度往往不如 COGS，但 SG&A 中的某些费用比其他费用更具可变性。具体来说，销售和分销费用通常具有很大的可变成分，可以像 COGS 一样被估计为销售额的百分比。销售费用的最大组成部分往往是与销售挂钩的工资和薪金。因此，销售费用通常会随着销售人员的增加和 / 或销售人员工资和福利的整体增加而增加。

其他一般和管理费用变动较小。例如，员工的间接成本更多地与总部的员工数量以及 IT 和行政运营相关，而不是与销售水平的短期变化相关。研发费用是另一个波动小于销售额的例子。因此，这些费用性质上更为固定，会随着时间的推移而不是公司的收入变化而逐渐增加和减少。

除了分析公司经营费用和销售额之间的历史关系外，将公司与竞争对手进行对比也很有用。通过分析公司竞争对手的成本结构，可以估计特定公司的效率潜力和利润潜力。作为最终措施，在预测模型中执行某些交叉检查也很有用。例如，在超市行业，收入预测所依据的预计平方英尺面积（或等价的公制单位）应与单位销售费用预测所依据的预计建筑面积相匹配。如果公司在年度报告的附注中提供产品和 / 或地理区域的分部信息，则销售和费用预测的准确程度都可能会得到提高。

▍例 6-4 欧莱雅的经营成本结构与竞争对手的对比

如表 6-5 所示，欧莱雅在 2011 年的营业利润率为 16%，使其成为美妆公司中盈利能力最强的公司。然而，在大众市场经营的家居和个人用品公司的平均营业利润率为 18%，甚至超过了欧莱雅。欧莱雅的成本与奢侈品公司类似，其毛利率高达 71%，但被广告和宣传（A&P）支出的高"上市"成本所抵消。除了雅芳的以直销为基础的商业模型，美妆公司的广告和宣传支出远远高于大众市场的生产商。

欧莱雅通常被认为是一家纯粹的美妆公司。但如果仔细考虑其底层业务，该公司的业务可以分为一半是高端奢侈美妆部分，一半是普通消费品部分。在普通消费品部分，欧莱雅的产品在大众市场上与高露洁、宝洁、汉高等市场参与者竞争。

表 6-5 展示了相关数据。[⊖]

表 6-5 欧洲和美国的家居和个人护理公司，美妆与大众市场公司的对比：简化和同比利润表

公司	销售收入（百万欧元）	销售收入（%）	销售成本（%）	毛利（%）	广告和宣传	SG&A/其他（%）	息税前利润（%）
美妆							
欧莱雅	20 348	100	29	71	31	24	16
雅诗兰黛	6 785	100	21	79	27	38	14
拜耳斯道夫	4 696	100	33	67	30	26	11
雅芳	11 292	100	37	63	4	49	10
美妆业平均值	10 780	100	30	70	23	34	13
大众市场							
高露洁	12 097	100	43	57	12	22	23
利洁时	10 051	100	43	57	10	25	22
宝洁	60 099	100	45	55	11	26	18
高乐氏	3 818	100	52	48	9	21	18
劲量	3 354	100	54	46	11	20	15
金佰利	14 983	100	63	37	3	20	14
汉高	7 781	100	43	57	15	29	13
大众市场平均值	16 026	100	49	51	10	23	18

资料来源：基于公司报告中的信息、伯恩斯坦和摩根大通的估计。

（1）假设以下信息，计算欧莱雅的新营业利润。

- 欧莱雅的美妆产品和大众市场业务各占收入的一半。
- 欧莱雅能够使其大众市场业务的整体成本结构维持在大众市场的平均水平（EBIT = 18%）。
- 欧莱雅美妆产品业务的成本结构将保持稳定（EBIT = 16%）。

（2）如果公司能够部分调整其大众市场部门（收入的 50%）的经营成本结构，使其接近大众市场同业公司的平均水平，同时保持较高的毛利率，那么欧莱雅的营业利润会发生什么变化？假设如下：

- 一半业务（美妆产品）的成本结构将保持稳定（EBIT=16%）。
- 欧莱雅大众市场业务的毛利率为 61%（目前的毛利率平均为 71%，其大众市场同行报告的毛利率为 51%）。

⊖ 在表 6-5 中，一些上市公司的 COGS 和 SG&A 百分比是经过调整的，以反映会计选择的差异。例如，一些消费品公司在销售成本中包含了运输和处理费用，而另一则将这些成本作为 SG&A 的一部分。为了提高毛利率的可比性，分销成本已作为 SG&A 的一个组成部分，并从本例中所有公司的销售成本中扣除（如果包括在内）。受这种调整影响的公司包括宝洁、高乐氏和金佰利，调整后的毛利率平均比调整前的高出约 5.5%。

- 欧莱雅的广告和宣传成本将从销售额的 31% 下降至销售额的 15%，其他成本将保持稳定。

问题（1）的解答： 营业利润率将从 16% 上升到 17%，即 18%（大众市场 EBIT）的 50%，加上 16%（欧莱雅 EBIT）的 50%。

问题（2）的解答： 营业利润率将从 16% 上升到 19%。大众市场业务的营业利润率将提高 600 个基点至 22 个百分点，因为广告和宣传支出下降的 1 600 个基点（从销售额的 31% 下降至 15%）超出了毛利率下降的 1 000 个基点（从 71% 降至 61%）。美妆业务 EBIT（16%）和大众市场业务（22%）的平均 EBIT 是 19%。参见表 6-6。

表 6-6　欧莱雅各部门的息税前利润

	欧莱雅	50% 美妆	50% 大众市场	平均
销售收入	100%	100%	100%	100%
销售成本	29%	29%	39%	34%
毛利	71%	71%	61%	66%
广告和宣传	31%	31%	15%	23%
SG&A/ 其他	24%	24%	24%	24%
EBIT	16%	16%	22%	19%

资料来源：基于公司报告中的信息、伯恩斯坦和摩根大通的估计。

▌例 6-5　消费品公司联合利华的分析

消费品公司联合利华报告 2011 年整体营业利润率为 14.9%。如表 6-7 所示，增长较慢的西欧和美洲地区的营业利润率比增长较快的亚洲、非洲、中欧和东欧地区高。

表 6-7　联合利华各地区的收入（单位为百万欧元，除非另有说明）

	2010 年	2011 年	变化（%）	USG（%）
亚洲、非洲、中欧和东欧	17 685	18 947	7.14	10.50
美洲	14 562	15 251	4.73	6.30
西欧	12 015	12 269	2.11	0.70
总收入	44 262	46 467	4.98	6.50
基本营业利润				
亚洲、非洲、中欧和东欧	2 361	2 411	2.12	
美洲	2 328	2 381	2.28	
西欧	1 931	2 109	9.22	
基本营业利润总额	6 620	6 901	4.24	

	2010 年	2011 年	变化（%）	USG（%）
基本营业利润率				
亚洲、非洲、中欧和东欧	13.35%	12.72%		
美洲	15.99	15.61		
西欧	16.07	17.19		
整体基本营业利润率	14.96	14.86		

（续）

注：USG 是"基本销售增长"，或是经汇率、剥离及收购调整后的销售增长。USG 是基于数量、价格和组合变化的有机销售增长。基本利润是针对重组费用等特殊项目调整后的营业利润。

资料来源：基于联合利华 2011 年度全年和第四季度业绩。

（1）使用以下两种方法确定销售额、营业利润和营业利润率：（A）假设未来 5 年合并销售额增长率为 6.5%，营业利润总额稳定在 14.85%；（B）假设每个地区的销售增长和营业利润率保持与 2011 年报告相同。哪一种方法将导致 5 年后的营业利润更高？

（2）根据问题（1）（A 和 B）中描述的两种方法，比较并解释有关估计总销售额的年增长率、总营业利润的年增长率和年利润率的结果。

（3）假设联合利华未来 5 年每个地区的收入增长与 2011 年的一致（西欧 0.7%；美洲 6.3%；亚洲、非洲、中欧和东欧 10.5%）。但未来 5 年西欧的营业利润率将每年下滑 50 个基点（由于竞争激烈和增长有限），而亚洲、非洲和中东欧地区的营业利润率将在未来 5 年每年增长 50 个基点（得益于对公司产品的需求增加和工厂利用率的提高）。使用方法（B）计算整体营业利润率。

问题（1）的解答：5 年后的营业利润在第 1 种方法（A）下为 9 455 000 000 欧元，在第 2 种方法（B）下为 9 388 000 000 欧元。计算结果如表 6-8 所示。销售额增长保持 6.5% 和利润率稳定在 14.85%，产生的营业利润为 6 901 000 000 欧元 × $(1.065)^5$。表 6-8 显示了一些细节。

表 6-8　联合利华 2011～2016 年预期的销售收入和营业利润（单位为百万欧元，除非另有说明）

方法 A	2011 年	2012 年预期	2013 年预期	2014 年预期	2015 年预期	2016 年预期
销售额	46 467	49 487	52 704	56 130	59 778	63 664
同比增长（%）		6.5	6.5	6.5	6.5	6.5
基本营业利润	6 901	7 350	7 827	8 336	8 878	9 455
同比增长（%）		6.5	6.5	6.5	6.5	6.5
基本营业利润率（%）	14.85	14.85	14.85	14.85	14.85	14.85
方法 B	**2011 年**	**2012 年预期**	**2013 年预期**	**2014 年预期**	**2015 年预期**	**2016 年预期**
亚洲、非洲、中欧和东欧	18 947	20 936	23 135	25 564	28 248	31 214

（续）

方法 B	2011 年	2012 年预期	2013 年预期	2014 年预期	2015 年预期	2016 年预期
美洲	15 251	16 212	17 233	18 319	19 473	20 700
西欧	12 269	12 355	12 441	12 528	12 616	12 704
总销售收入	46 467	49 503	52 809	56 411	60 337	64 618
亚洲、非洲、中欧和东欧（%）		10.5	10.5	10.5	10.5	10.5
美洲（%）		6.3	6.3	6.3	6.3	6.3
西欧（%）		0.7	0.7	0.7	0.7	0.7
收入同比增长（%）		6.5	6.7	6.8	7.0	7.1
亚洲、非洲、中欧和东欧	2 411	2 664	2 944	3 253	3 595	3 972
美洲	2 381	2 531	2 690	2 860	3 040	3 232
西欧	2 109	2 124	2 139	2 154	2 169	2 184
基本营业利润总额	6 901	7 319	7 773	8 267	8 803	9 388
亚洲、非洲、中欧和东欧（%）		10.5	10.5	10.5	10.5	10.5
美洲（%）		6.3	6.3	6.3	6.3	6.3
西欧（%）		0.7	0.7	0.7	0.7	0.7
同比基本利润增长（%）		6.1	6.2	6.3	6.5	6.6
亚洲、非洲、中欧和东欧（%）		12.72	12.72	12.72	12.72	12.72
美洲（%）		15.61	15.61	15.61	15.61	15.61
西欧（%）		17.19	17.19	17.19	17.19	17.19
整体基本营业利润率		14.78	14.72	14.65	14.59	14.53

问题（2）的解答： 第一种方法（A）假设销售增长率为稳定的 6.5%，营业利润率稳定在 14.85%。因此，营业利润增长率与收入增长率保持一致，为 6.5%（见表 6-9，方法 A）。在第二种方法（见表 6-9，方法 B）中，销售额最大的地区（亚洲、非洲、中欧和东欧）销售额增长 10.5%，使得 2012 年收入增长率从 6.5% 上升至 2016 年的 7.1%。由于销售额最大和增长最快的地区的营业利润率低于总体平均水平，营业利润率由 2011 年的 14.85% 下降至 2016 年的 14.53%。这个比较表明，较低利润率地区的较高增长使公司营业利润面临结构性压力。营业利润增速继续低于销售增速，但逐渐由 2012 年的 6.1% 提升至 2016 年的 6.6%。截至 2016 年，方法 B 下利润增速 6.6% 超过方法 A 项下的增速 6.5%，因为负的营业利润组合效应被正的销售增长组合效应所抵消。表 6-9 是销售额、营业利润、销售额增长和利润率增长的汇总。

表 6-9　表 6-8 结果的汇总

	2011 年	2012 年预期	2013 年预期	2014 年预期	2015 年预期	2016 年预期
A. 销售和营业利润（百万欧元）						
销售额 A	46 467	49 487	52 704	56 130	59 778	63 664
销售额 B	46 467	49 503	52 809	56 411	60 337	64 618
销售额 A-B		-16	-105	-281	-559	-955
销售额增长 A（%）		6.5	6.5	6.5	6.5	6.5
销售额增长 B（%）		6.5	6.7	6.8	7.0	7.1
营业利润 A	6 901	7 350	7 827	8 336	8 878	9 455
营业利润 B	6 901	7 319	7 773	8 267	8 803	9 388
营业利润 A-B		31	54	70	75	67
B. 增长率（%）						
营业利润增长 A（%）		6.50	6.50	6.50	6.50	6.50
营业利润增长 B（%）		6.06	6.20	6.35	6.49	6.64
营业利润率 A（%）	14.85	14.85	14.85	14.85	14.85	14.85
营业利润率 B（%）	14.85	14.78	14.72	14.65	14.59	14.53

问题（3）的解答： 如表 6-10 所示，整体基本营业利润率从 2011 年的 14.85% 提高到 2016 年的 15.24%，因为西欧的利润率下降被亚洲、非洲、中欧和东欧更大且增长更快的地区的利润率增长所抵消。由于亚洲、非洲、中欧和东欧的收入增长较快，2012 年整体利润率提升的趋势也是正的，从 2012 年的 2 个基点（14.87%-14.85%）增长到 2016 年的 13 个基点（15.24%-15.11%）。

表 6-10　联合利华 2011～2016 年预期的销售额和营业利润
（单位为百万欧元，除非另有说明）

	2011 年	2012 年预期	2013 年预期	2014 年预期	2015 年预期	2016 年预期
亚洲、非洲、中欧和东欧	18 947	20 936	23 135	25 564	28 248	31 214
美洲	15 251	16 212	17 233	18 319	19 473	20 700
西欧	12 269	12 355	12 441	12 528	12 616	12 704
总收入	46 467	49 503	52 809	56 411	60 337	64 618
亚洲、非洲、中欧和东欧（%）		10.5	10.5	10.5	10.5	10.5
美洲（%）		6.3	6.3	6.3	6.3	6.3
西欧（%）		0.7	0.7	0.7	0.7	0.7
销售收入同比增长		6.5	6.7	6.8	7.0	7.1
亚洲、非洲、中欧和东欧	2 411	2 769	3 175	3 636	4 160	4 752

（续）

	2011 年	2012 年预期	2013 年预期	2014 年预期	2015 年预期	2016 年预期
美洲	2 381	2 531	2 690	2 860	3 040	3 232
西欧	2 109	2 062	2 014	1 966	1 916	1 866
基本营业利润总额	6 901	7 362	7 880	8 462	9 116	9 850
亚洲、非洲、中欧和东欧（%）		14.8	14.7	14.5	14.4	14.3
美洲（%）		6.3	6.3	6.3	6.3	6.3
西欧（%）		−2.2	−2.3	−2.4	−2.5	−2.6
基本营业利润同比增长（%）		6.7	7.0	7.4	7.7	8.1
亚洲、非洲、中欧和东欧（%）		13.22	13.72	14.22	14.72	15.22
美洲（%）		15.61	15.61	15.61	15.61	15.61
西欧（%）		16.69	16.19	15.69	15.19	14.69
合并基本营业利润率（%）		14.87	14.92	15.00	15.11	15.24

6.2.3　利润表建模：非经营成本

利润表中营业利润以下的项目也需要建模。这里包括的一些最重要的项目是利息收入、利息支出、税收、少数股东损益和附属公司的收益、股票数量和异常费用。

利息收入取决于资产负债表上的现金和投资额以及投资收益率。利息收入是银行和保险公司收入的关键组成部分，但对大多数非金融企业而言，利息收入相对较小。利息支出取决于资产负债表上的债务水平以及与债务相关的利率。分析师应该意识到未来利率变化对公司债务和利息支出的市场价值的影响。

税收主要由管辖法规决定，但也可能受到企业性质的影响。一些公司受益于特殊税收待遇，例如研发税收抵免或固定资产加速折旧。分析师应了解利润表的所得税和现金支付所得税之间的差异，这可能导致递延所得税资产或负债。分析师还应了解任何可能影响税率的政府或企业变化。

利润表模型中两个最重要的非经营费用是融资费用（即利息）和税费。

6.2.3.1　融资费用

在预测融资费用时，公司的资本结构是关键的决定因素。实际上，债务水平与利率相结合是预测债务融资费用的主要驱动因素。通常，财务报表附注提供了公司债务到期结构和相应利率的详细情况。该信息可用于估计未来的融资费用。

例 6-6　利息费用的计算

荷兰杂货公司阿霍德（Ahold）的债务结构是资产负债表上的现金相对较多。

表 6-11　阿霍德的债务、利息收入和费用　（单位：百万欧元）

	2011 年 1 月 2 日	2012 年 1 月 1 日	平均
贷款	1 851	1 489	1 670
融资租赁负债	1 096	1 158	1 127
累计优先融资股	497	497	497
长期债务非流动部分	3 444	3 144	3 294
短期借款和长期债务流动部分	117	536	327
总债务	3 561	3 680	3 621
减：现金、现金等价物和短期存款	2 824	2 592	2 708
净债务	737	1 088	913
2011 年利息收入			20
2011 年利息费用			245
净利息费用			225
其他财务费用			91
总财务费用			316

资料来源：基于阿霍德 2011 年度报告中的信息。

（1）计算平均总债务的利息费用和平均现金头寸的利率。

（2）假设其他财务收入和支出与债务或现金余额无关，计算平均净债务的利率。

问题（1）的解答： 平均总债务利息支出按利息费用除以平均总债务计算：（2.45 亿欧元 /36.21 亿欧元）= 6.77% 或 6.8%。平均现金头寸的利率是利息收入除以平均现金头寸（2 000 万欧元 /270 800 万欧元）= 0.7%。

问题（2）的解答： 平均净债务利率计算为净利息费用除以平均净债务（2.25 亿欧元 /9.13 亿欧元）= 24.7%。

6.2.3.2　公司所得税

最后一个较大的非经营性项目是税收费用。这通常是一个很大的金额，会显著影响利润。税率的差异可能是价值的重要驱动因素。一般而言，税率分为三种：

- 法定税率，被认为是公司国内税基的税率。
- 有效税率，其计算方法为利润表中报告的所得税除以税前收入。
- 现金税率，即实际缴纳的税金（现金税）除以税前收入。

现金税和报告税之间的差异通常是由于会计和税务计算之间的时间差异造成的，并反映为递延所得税资产或递延所得税负债。

在分别预测税费和现金税时，有效税率和现金税率是关键。充分了解它们的运营驱动因素和公司的财务结构有助于预测这些税率。

法定税率与有效税率之间的差异可能出于许多原因。税收抵免、股息预扣税、对往年的调整以及不可抵扣的费用都是造成差异的原因。当公司在其所在国家/地区以外活跃时，有效税率可能会有所不同。有效税率混合了开展活动的国家/地区与每个国家/地区产生的利润相关的不同税率。如果一家公司在高税率国家的利润多，在低税率国家的利润较少，则有效税率将是这些税率的加权平均数，并高于两国简单的平均税率。在某些情况下，公司也可以通过使用特殊目的实体来最大限度地减少税收。例如，一些公司创建专门的财务和控股公司，以尽量减少在高税率国家报告的应税利润。尽管此类行动可以大幅降低有效税率，但如果税法发生变化，它们也会带来风险。一般而言，如果有效税率持续低于法定税率或竞争对手报告的有效税率，在预测未来的税费时可能要特别注意。财务报表附注应披露其他类型的项目，其中一些可能导致暂时高或低的有效税率。现金税率用于预测现金流量，有效税率与预测利润表的利润相关。在为预测制定估计税率时，分析师应针对任何一次性事件进行调整。如果来源于权益法投资的利润是税前利润的重要组成部分，并且是其中一个不稳定的组成部分，则扣除该金额后的有效税率可能是对公司未来税费的更好估计。财务报表附注中披露了参股利润的税收影响。

通常情况下，估算未来税费的良好起点是基于标准化营业利润的税率，标准化营业利润不包括联营公司和特殊项目。在分析师的盈利模型中，这种正常化的税率对特定项目进行了调整，应该是未来税费的一个良好指标。

通过建立模型，有效税额可以在损益表预测中找到，现金税额可以在现金流量表预测中找到。[⊖]损益表中的税额与现金流量税额之间的对账应为递延所得税资产或负债的变动。

例 6-7　税率估算

假设公司 ABC 在 A 国和 B 国经营。A 国税率为 40%，B 国税率为 10%。参见表 6-12，第一年，公司在每个国家产生相等的税前利润。

⊖　有时在现金流量表上显示或作为补充信息给出。

表 6-12　不同管辖区的税率

	A 国	B 国	总额
税前利润	100	100	200
有效税率（%）	40	10	25
税额	40	10	50
净利润	60	90	150

（1）如果 A 国的利润稳定，但 B 国的利润每年增长 15%，那么未来 3 年的有效税率将会发生什么变化？

（2）如果 A 国的税务机关允许一些成本（例如加速折旧）为了税收目的提前扣除，评估未来 3 年的现金税率和有效税率。在 A 国，结果将是当年所缴税款减少 50%，但下一年度缴纳的税款增加相同金额（每年都会发生）。假设 A 国的税前利润稳定，B 国税前利润增长率为 15%。

（3）重复问题（2）的练习，但现在假设 B 国而不是 A 国允许更快地将一些成本用于税收目的，并且所描述的税收影响适用于 B 国。继续假设 A 国的税前利润稳定和 B 国的利润年增长率为 15%。

问题（1）的解答： 有效税率将逐渐下降，因为税率较低的国家的利润比例较高。在表 6-13 中，有效税率由开始的 25% 下降至第 3 年的 21.9%。

表 6-13　问题（1）的工作表

	年份			
	0	1	2	3
A 国税前利润	100.0	100.0	100.0	100.0
B 国税前利润	100.0	115.0	132.3	152.1
税前利润总额	200.0	215.0	232.3	252.1
A 国的税费（40%）	40.0	40.0	40.0	40.0
B 国的税费（10%）	10.0	11.5	13.2	15.2
总税费	50.0	51.5	53.2	55.2
总税率（%）	25.0	24.0	22.9	21.9
净利润	150.0	163.5	179.1	196.9

问题（2）的解答： 合并现金税率（见表 6-14 倒数第 2 行）在第 1 年为 15%，然后在随后几年反弹。只有第 1 年的税率能得益于延期纳税；在随后的几年中，某一年度的递延将被上一年度推迟的金额增加所抵消。合并有效税率（见表 6-14 的最后一行）将不受递延的影响。如表 6-14 所示，从第 2 年开始，现金税率和有效税率随着时间的推移而下降，但彼此保持一致。

表 6-14　问题（2）的工作表

	年份			
	0	1	2	3
税前利润	200.0	215.0	232.3	252.1
利润表的所得税	50.0	51.5	53.2	55.2
A 国的纳税额	20.0	20.0	20.0	20.0
A 国的递延缴纳税额		20.0	20.0	20.0
B 国的纳税额	10.0	11.5	13.2	15.2
总纳税额	30.0	51.5	53.2	55.2
现金税率（%）	15.0	24.0	22.9	21.9
利润表税率（%）	25.0	24.0	22.9	21.9

问题（3）的解答： 合并有效税率（见表 6-15 的最后一行）与表 6-13 和表 6-14 一致。然而，由于 B 国的增长假设，年度税收减免将使得 B 国的现金税率比有效税率低。因此，如表 6-15 所示，合并现金税率将低于有效税率。

表 6-15　问题（3）的工作表

	年份			
	0	1	2	3
税前利润	200.0	215.0	232.3	252.1
利润表的税费	50.0	51.5	53.2	55.2
A 国的纳税额	40.0	40.0	40.0	40.0
B 国的纳税额	5.0	5.8	6.6	7.6
B 国的递延纳税额		5.0	5.8	6.6
总纳税额	45.0	50.8	52.4	54.2
现金税率（%）	22.5	23.6	22.5	21.5
利润表税率（%）	25.0	24.0	22.9	21.9

下一节将介绍股利、股票数量和异常费用建模时需要注意的几个要点。

6.2.4　利润表建模：其他项目

公司明确的分红政策有助于模拟未来的股利增长。分析师通常会假设股利每年以一定的金额增长或者占净利润的一定比例。

如果公司与第三方共享一个业务部门的所有者权益，公司可能会在利润表中报告被合并附属公司的少数股东损益。如果一家公司拥有附属公司 50% 以上的股份，它通常会合并附属公司的业绩，并将不属于母公司的利润部分报告为少数股东损益。如果一家公司拥有附属公司的股份不到 50%，则不会合并业绩，但会根据权益法报告其在附属公司的利润份额。如果附属公司盈利，少数股东权益将从净利润中扣除，而如果合并附属公司产生亏损，则少数股东权益将增加到净利润中。在任何一种情况下，这些共同拥有的企业的收入或费用都可能是重大的。

股票数量（已发行且在流通）是计算内在价值估计和每股收益的关键输入变量。股票数量变动主要有三个原因：股票期权、可转换债券和类似证券的稀释，发行新股，股票回购。股票的市场价格是未来股票数量变化的重要决定因素，这会使它们的估计复杂化。对股票发行和回购的预测应符合分析师对公司资本结构更全面的分析。

最后，异常费用几乎无法预测，尤其是在未来几年之后。出于这个原因，分析师通常会从他们的预测中排除异常费用。但是，如果一家公司习惯于经常将某些经常性成本归类为"异常"，那么分析师应该在其估值模型中考虑一些正常化水平的费用。

6.2.5　资产负债表和现金流量表建模

利润表建模是资产负债表和现金流量表建模的起点。分析师通常可以选择关注资产负债表还是现金流量表，第三个财务报表可以自然地由其他两个财务报表构建产生。在本书中，我们关注资产负债表。

某些资产负债表项目（如留存收益）直接来自利润表，而其他项目（如应收账款、应付账款和存货）与利润表预测密切相关。

对营运资本账户建模的一种常用方法是使用效率比率。例如，分析师可以通过假设应收账款周转天数并将该假设与销售预测相结合来预测未来的应收账款。应收账款周转天数是衡量收款的天数，即公司从客户那里收取收入平均所需的天数。例如，如果年收入（假设所有都是信用销售）为 250 亿美元，并且通常需要 60 天的时间来收取客户的收入，则应收账款估计为 41（≈250×60/365）亿美元。分析师可以通过假设存货周转率并将该假设与销售成本预测相结合来预测未来存货。存货周转率衡量公司手头有多少库存，或者公司的存货销售速度。一般而言，如果周转率保持不变，营运资本账户的增长将与相关利润表账户的增长一致。

营运资本预测可以通过自上而下和自下而上的方法来修正。在没有关于营运资本的具体意见的情况下，分析师可以查看历史周转率，并预测近期的业绩或历史平均水平在未来保持不变，这将是一种自下而上的方法。相反，分析师可能对未来的营运资本有特定的看法。例如，如果他们预测整个经济体的零售额意外下滑，则零售业的库存周转可能会放缓。因为分析师对经济的一个大部门进行了预测，所以这被视为自上而下的方法。

对于大多数公司而言，对物业、厂房和设备（PP&E）等长期资产的预测与利润表的直接联系较少。PP&E 净值主要因资本支出和折旧而发生变化，这两者都是现金流量表的重要组成部分。折旧预测通常基于历史折旧和折旧时间表的披露，而资本支出预测取决于分析师对未来新 PP&E 需求的判断。资本支出可以被认为包括维持当前业务所需的**维护资本支出**（maintenance capital expenditures）和扩大业务所需的**增长资本支出**（growth capital expenditures）。在其他条件相同的情况下，由于通货膨胀，维护资本支出预测通常应高于折旧。

最后，分析师必须对公司未来的资本结构做出假设。杠杆比率（如债务资本比、债务权益比和债务与 EBITDA 比）可用于预测未来的债务和权益水平。在预测未来资本结构时，分析师应考虑公司的历史实践、管理层财务战略以及其他模型假设所隐含的资本要求。

一旦构建了未来的利润表和资产负债表，分析师就可以使用它们来确定其假设所隐含的**投入资本回报率**（return on invested capital，ROIC）。ROIC 衡量公司股东和债务人投入资本的盈利能力。ROIC 的分子通常是净营业利润减去调整后的税收（NOPLAT）。NOPLAT 基本上是利息支出之前的收益，即可以向股东和债务持有人分配的收益。ROIC 的分母是投入资本，计算方式为经营资产减去经营负债。[一]投入资本可以是会计期初值或会计期初和期末的平均值。ROIC 是一个比净资产收益率更好的衡量盈利能力的指标，因为它不受公司财务杠杆程度的影响。一般而言，持续高的 ROIC 是竞争优势的标志。为了提高 ROIC，公司必须要么增加收益，要么减少投入资本，或两者兼而有之。一个与 ROIC 密切相关但侧重于税前营业利润的指标是**已使用资本回报率**（return on capital employed，ROCE），它本质上是税前 ROIC。[二]这个指标的定义为营业利润除以已使用资本（债务和股权资本）。作为税前指标，ROCE 在多种情况下都非常有用，例如，对具有不同税收结构的国家的公司进行同业比较，因为基本盈利能力的比较不会因有的公司从低税率制度中受益而产生偏差。

▌ 例 6-8 资产负债表建模

（1）一家餐饮连锁店的管理层打算维持 40% 的债务资本比率。

管理层有实现其资本结构目标的记录。这家餐饮连锁店盈利可观，但由于竞争

一 Hawawini and Viallet（2011，P.628）将投入资本具体地定义为现金和现金等价物加上要求营运资本（经营资产减去经营负债，经营资产包括就收账款、存货和预付费用。经营负债包括应付款和应计费用）加固定资产净值。在实践中，ROIC 有多种定义形式。

二 本处表述遵循分析师实践的一种方式。但一些权威人士把 ROCE 与 ROIC 等同，见 Hawawini and Viallet（2015）。与许多财务比率相似，没有单一的"权威"定义。

压力越来越大，预计未来 5 年的收入将下降 2%。公司不支付股息或回购股份，预计所有盈利均将在未来 5 年内保留。在此期间，餐饮连锁店的总债务最有可能发生什么变化？

A. 债务总额将会增加。

B. 债务总额会下降。

C. 债务总额将保持不变。

（2）买方分析师苏菲·莫罗正在分析一家法国制造公司。营运资金和 PP&E 几乎占了公司的所有资产。莫罗认为，公司使用的折旧时间表并不能反映经济现实。相反，她预计 PP&E 可持续使用时间是折旧时间表上的两倍，因此，她预计未来 5 年资本支出将显著低于折旧。莫罗预计在此期间，盈利和净营运资本将以较低的个位数增长。莫罗的假设最有可能对未来 5 年的投资资本回报意味着什么？

A. ROIC 会增加。

B. ROIC 会减少。

C. ROIC 将保持不变。

问题（1）的解答：A 是正确的。餐厅连锁店盈利并留存其所有的盈利。这些事实将导致资产负债表上的股东权益增加。为了保持恒定的债务资产比率，管理层将不得不增加债务。

问题（2）的解答：A 是正确的。预计未来 5 年的盈利将会增长。营运资本预计会随着盈利的增长而增长，这意味着稳定的 ROIC。但由于折旧预计将超过资本支出，因此净 PP&E 预计将下降。因此，总投入资本的增长速度将慢于收益，甚至萎缩，这意味着投入资本回报率会提高。

一旦构建了预计的利润表和资产负债表，就可以预测未来的现金流量表。分析师通常会假设一家公司将如何使用其未来现金流，可能是股票回购、股息、额外资本支出或收购。

6.2.6 情景分析和敏感性分析

无论采用何种方法，股权估值都存在很大程度的不确定性。对企业估值需要对未来做出假设，这本身就是不确定的。认识到这种不确定性，有效的分析应该考虑除了最可能的"基础情景"结果之外的情景。

敏感性分析（sensitivity analysis）一次只改变一个假设，以查看对内在价值估计的影响。例如，分析师可能会检查不同收入增长率对公司估值的影响。**情景分析**（scenario analysis）具有相同的目标，但涉及同时更改多个假设。例如，分析师可能同时改变收入增长、营业利润率和资本投资的假设。敏感性分析或情景分析均可用于根据未来的各种不同假设来确定一系列潜在的内在价值估计。分析师可以使用任一工具来估计经济增长、通货膨胀、特定产品成功等不同假设对公司估值的影响。

公司的价值估计涉及不同程度的不确定性。资产负债表资本充足的大型、成熟、增长缓慢、非周期性的企业可能相对容易估值。在这种情况下，根据乐观和悲观情景估计的内在价值可能接近基础情景的价值。相反，对于新企业、面临技术变革或监管变革的公司或具有重大经营或财务杠杆的公司，其潜在内在价值估计的范围可能要大得多。在这种情况下，分析师可能会犹豫是否做出投资建议，而对内在价值与市场价格存在显著差异没有实质性的信心。

分析师通常应将其估值视为一系列可能性，而不是单个点的估计。对于大多数公司而言，该范围将近似对称，可以被想象为钟形曲线。内在价值的基础情景估计将位于分布的中间，（取决于分析师的判断）上行和下行结果的概率相似，如图 6-1 所示。尾部的宽度将取决于与预测有关的不确定性。例如，大型、成熟、增长缓慢的公司将拥有一个陡峭的分布，尾部相对较薄，代表极值的发生可能性相对较低。[⊖]

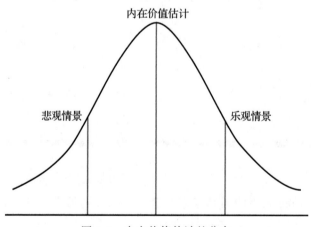

图 6-1　内在价值估计的分布

对于某些公司而言，潜在结果的范围可能会存在偏差或非常不规则。例如，负债累累的公司很可能没有足够的现金流来支付利息和本金，在这种情况下，股权的价值可能是零。一家拥有单一未经测试产品的公司的价值可能很小也可能很高，这取决于该产品是否成功。情景分析在这些情况下特别有用，因为可能没有有意义的"基础情

⊖　注意估计的概率分布不必是对称的。另外，从技术上讲，证券价值的分布将以零为界。

景"。一种常见的方法是分析师通过使用各种场景的概率加权平均来评估这些公司。

6.3　竞争因素对价格和成本的影响

将竞争纳入财务预测可能是一项具有挑战性的任务。分析师必须预测的大多数项目（包括收入、利润率和资本支出）都与竞争环境相关联，而竞争可以单独或共同影响这些项目。分析师可以使用各种概念工具来思考竞争如何影响预测。此类工具提供了一种组织数据和想法的方法，虽然没有将竞争分析纳入预测的"规则"，但它可以说是分析师最重要的工作。分析师对收入增长、利润率增长、资本支出和营运资本投资的预测都是基于对公司未来竞争力的估计。

分析师可以用来考虑竞争如何影响财务业绩的工具之一是广泛使用的迈克尔·波特"五力"模型。[○]该模型确定了影响公司竞争环境强度，从而影响成本和价格预测的五种力量。这些力量包括：替代产品的威胁、现有公司的竞争强度、供应商的议价能力、客户的议价能力和新进入者的威胁。

第一个力量是替代产品的威胁。如果存在许多替代品并且转换成本低，则公司定价能力有限。相反，如果存在很少的替代品或转换成本较高，则公司具有更高的定价权。

第二个力量是现有公司之间的竞争强度。在分散、增长有限、退出壁垒高、固定成本高且产品大致相同的行业中，公司定价能力是有限的。

第三个力量是供应商的议价能力。供应商有能力提高价格和/或控制投入质量和数量的公司（和整体行业）面临着盈利能力下降的压力。供应商议价能力通常是相对规模、供应商对特定产品的相对重要性以及替代品的可用性的函数。

第四个力量是客户的议价能力。客户有能力要求更低价格和/或控制最终产品质量和数量的公司（和整体行业）面临着盈利能力下降的压力。买方权力与供应商权力相反。在客户群分散、产品非标准化、客户转换成本高的市场中，客户的议价能力通常较低。

第五个力量是新进入者的威胁。由于存在高于市场的回报，新进入者的威胁很高的行业中的公司面临着盈利能力下降的压力。相反，如果存在进入壁垒，新竞争对手进入市场的成本可能很高。当进入壁垒很高时，现有企业更容易提高价格并捍卫其市场地位。

○　参见波特（1980）。

使用波特的五力模型的分析百威英博

一家公司面临的竞争结构可能因国家或地区而异，这对收入增长、利润率、资本支出和投资回报的建模有影响。例如，全球最大的啤酒制造商百威英博（Anheuser-Busch InBev）在许多国家开展业务，其中两个是巴西和英国。百威英博在高度整合和增长的巴西市场的竞争地位和前景比在分散和衰退的英国市场更为有利。

巴西啤酒市场有四个参与者，安贝夫（AmBev）（百威英博的当地子公司）是占主导地位的啤酒制造商，2011年市场份额为69%，而彼得罗波利斯（Petropolis）市场份额为11%，Grupo Schincariol为10%，喜力（Heineken）为9%。得益于其占主导的市场地位和强大的分销网络，安贝夫2011年的营业利润率接近49%，是全球啤酒行业中最高的。在仍在增长的巴西啤酒市场中，行业参与者较少关注价格竞争，而更多地关注扩大分销和"高端化"，即销售更昂贵的啤酒。在这种环境下，分析师可能会预测安贝夫的收入将保持稳步增长。表6-16展示了使用波特五力模型对巴西啤酒市场的分析。大多数竞争力对盈利能力的威胁很小（与安贝夫的历史盈利能力一致），这意味着分析师很可能预测安贝夫在当地的盈利能力将持续高于平均水平。

表 6-16　使用波特五力模型对巴西啤酒市场的分析

力量	程度	考虑因素
替代品的威胁	中等	● 啤酒消费者不会轻易地转向其他饮料，但可以使用葡萄酒和烈酒等替代品 ● 与许多其他国家不同，啤酒的范围相对有限
竞争强度	低	● 安贝夫占据市场份额的69%。相对于竞争而言，其在生产和分销方面的规模经济产生了显著的成本优势 ● 由于安贝夫的成本优势和啤酒销量的整体增长，价格竞争能力有限
供应商的议价能力	低	● 主要投入（水、啤酒花、大麦和包装）基本上都是大宗商品
客户的议价能力	低	● 啤酒大部分（65%）是在酒吧和餐馆里消费的。这些网点的消费者代表了庞大且高度分散的啤酒买家群体 ● 巴西的超市行业相对分散，超市不太可能提供替代品，如自有品牌
新进入者的威胁	低	● 由于建立啤酒厂、建立全国分销网络和建立全国知名品牌的成本高昂，进入壁垒相对较高

英国啤酒市场也有四个参与者，但英国的竞争强度与巴西完全不同。根据啤酒市场数据专家柏拉图逻辑（Plato Logic）的数据，喜力、摩森康胜（Molson Coors）、百威英博和嘉士伯（Carlsberg）在2011年的市场份额分别为24%、19%、18%和

14%。因此，英国市场没有占主导地位的啤酒制造商。鉴于啤酒厂高昂的固定成本、英国啤酒消费量的下降以及高度整合的客户群为客户提供了强大的购买力（特别是零售渠道），近年来价格竞争一直很激烈。盈利能力低于啤酒行业的全球平均水平，营业利润率小于 10%。在这种环境下，分析师很有可能只会预测非常谨慎的收入增长（如果有的话）。表 6-17 展示了使用波特五力模型对英国啤酒市场的分析。

表 6-17　使用波特五力模型对英国啤酒市场的分析

力量	程度	考虑因素
替代品的威胁	中等	● 啤酒消费者不会轻易地转向其他饮料，但可以使用葡萄酒和烈酒等替代品
竞争强度	高	● 市场相对分散，没有主导市场的领导者 ● 啤酒销量下降使得价格战更有可能发生[1] ● 由于各种各样的替代啤酒，品牌忠诚度较低
供应商的议价能力	低	● 主要投入（水、啤酒花、大麦和包装）基本上都是大宗商品
客户的议价能力	高	● 主导杂货业的大型超市连锁店具有强大的议价能力 ● 大型酒吧组织在贸易[2]市场也具有很强的议价能力
新进入者的威胁	低	● 由于建立啤酒厂、建立全国分销网络和建立全国知名品牌的成本高昂，进入壁垒相对较高 ● 由于英国由岛屿组成，在其他国家拥有酿酒企业的公司面临比现有参与者更高的运输成本

[1] 在一些衰退的市场中，公司专注于提高价格以抵消销量的下降。但是就啤酒而言，市场非常分散而且缺乏价格领导者，价格上涨不太可行。

[2] 在英国，在酒吧出售的饮料被称为"贸易"（ontrade）；通过商店销售的饮料被称为"非贸易"（offtrade）。

波特五力与影响盈利能力的其他因素（如政府监管和税收）存在区别：

产业结构，表现为五种竞争力量的强弱，决定了行业的长期利润潜力，因为它决定了产业创造的经济价值是如何分配的……政府不应该被理解为第六种力量，因为政府的参与对行业盈利能力来说既不必然是好，也不必然是坏的。了解政府对竞争影响的最好方法是分析具体的政府政策如何影响五种竞争力量。[○]

例 6-9　俄罗斯啤酒市场

嘉士伯是俄罗斯占主导地位的啤酒公司。2011 年，嘉士伯的子公司 Baltika 以 37% 的市场份额位居俄罗斯市场的领先地位，其次为百威英博 16%、喜力 12%、

○ 波特（2008），第 10 页。

Efes11% 和萨博米勒（SABMiller）7%。俄罗斯市场被认为是一个增长型市场，因为其人均啤酒消费量低，但总体酒精消费量较高。

2010 年，俄罗斯政府为遏制酒精消费，将啤酒的消费税从每升 3 卢布增加到 9 卢布，并宣布在未来两年内，每升消费税将进一步增加 1 卢布。

2011 年，Baltika 做出了重大努力，以加强其产品组合中更昂贵品牌的地位。这些努力导致其销售成本增加了 28%。与大多数消费必需品公司类似，Baltika 经历了更高的生产成本。粮食收成不佳给几乎所有原料的买家带来了价格压力，而油价上涨导致了包装成本上升。2011 年，与 Baltika 相比，竞争公司在广告和促销支出方面更为谨慎。

两位分析师研究 Baltika。在进行 Baltika 的预测时，两位分析师都使用了 Baltika 单独发布的年度报告（见表 6-18）。基于 Baltika 的销售成本数据、表 6-18 以及没有成本通货膨胀的假设，两位分析师得出了截然不同的结论。分析师 A 认为，Baltika 在俄罗斯的竞争地位较弱，应该退出。但分析师 B 对 Baltika 的前景十分看好，尽管 Baltika 2011 年的营业利润下降了 8%。

表 6-18 Baltika 主要财务和运营数据

（百万卢布）	2011 年	2010 年	2009 年	2011 年 /2010 年 变化（%）	2010 年 /2009 年 变化（%）
零售收入	162 200	144 607	142 915	12	1
消费税	38 600	33 840	12 810	14	164
零售价所含消费税（%）	23.8	23.4	9.0		
增值税（18%）	18 854	16 897	19 847	12	−15
净消费者销售收入	104 746	93 870	110 259	12	−15
经销商利润[①]	14 951	14 563	16 539	3	−12
经营利润率（%）	14.3	15.5	15.0		
Baltika 关键的财务业绩指标（单位为百万卢布，除非另有说明）					
	2011 年	2010 年	2009 年	2011 年 /2010 年 变化（%）	2010 年 /2009 年 变化（%）
销量（亿升）	38.6	37.6	42.7	3	−12
净收入	89 795	79 307	93 720	13	−15
销售成本	42 116	34 162	42 466	23	−20
毛利	47 679	45 145	51 254	6	−12
销售费用	23 752	18 552	19 150	28	−3
管理费用	2 439	2 429	2 529	0	−4
调整	+182	−533	+43		
营业利润	21 670	23 631	29 618	−8	−20
毛利率	53.1%	56.9%	54.7%	−3.8	2.2

（续）

	2011 年	2010 年	2009 年	2011 年 /2010 年 变化（%）	2010 年 /2009 年 变化（%）
销售费用率	26.5%	23.4%	20.4%		
营业利润率	24.1%	29.8%	31.6%	−5.7	−1.8
ROCE	38.7%	43.9%	50.8%	−5.2	−6.9
投入资本	55 995	53 829	58 303	4	−8

（卢布 / 百升（hl））	2011 年	2010 年	2009 年	2011 年 /2010 年 变化（%）	2010 年 /2009 年 变化（%）
零售价 /hl	4 202	3 846	3 347	9	15
消费税 /hl	1 000	900	300	11	200
零售商销售利润	387	387	387	0	0
净收入	2 326	2 109	2 195	10	−4
销售成本	1 091	909	995	20	−9
毛利	1 235	1 201	1 200	3	0
销售费用	615	493	448	25	10
管理费用	63	65	59	−2	9
调整	5	−14	1		
营业利润	561	628	694	−11	−9

注：投入资本包括债务和股权资本。

①这是直接从制造商（酿酒商）购买啤酒并销售给终端用户的所有公司的利润。

资料来源：Baltika 的年度报告。

（1）两位分析师都认为俄罗斯的消费税（啤酒的特别税）将会增加，它应该会导致销售价格上涨约 10%。假设销售成本的一半是每百升（hl）固定的，另一半根据数量变化，销售费用是销售额的稳定百分比，并且管理费用是固定的。还假设 Baltika 将在不降低其净销售价格的情况下将 10% 的消费税增加转嫁给客户。

A. 分析师 A 预计价格弹性为 0.8，意味着零售价格上涨 10%，销量将下降 8%。使用表 6-19 计算其对 2012 年营业利润和营业利润率的影响。

B. 分析师 B 预计价格弹性为 0.5，意味着零售价格上涨 10% 时，销量将下降 5%。使用表 6-19 计算其对 2012 年营业利润和营业利润率的影响。

表 6-19 Baltika 公司 2011～2012 年预测的成本结构（单位为百万卢布，除非另有说明）

	2011 年	分析师 A		分析师 B	
		2012 年预测	YoY%	2012 年预测	YoY%
销量（亿升）	38.6	35.5	−8.0	36.7	−5.0
每百升净收入	2 326				
收入	89 795				

（续）

	2011 年	分析师 A		分析师 B	
		2012 年预测	YoY%	2012 年预测	YoY%
销售成本	42 116				
毛利	47 679				
毛利率	53.1%				
销售费用	23 752				
管理费用	2 439	2 439		2 439	
营业利润	21 488				
营业利润率	23.9%				
销售成本（固定）	21 058	21 058		21 058	
销售成本（变动）	21 058				
销售成本（变动）/hl	546	546		546	
销售费用占销售收入的百分比	26.5%	26.5%		26.5%	

注："YoY%"表示年度同比百分比变化。

（2）2010 年毛利率上升（56.9%）但 2011 年下降（53.1%）。2011 年销售成本相对较高，因为大麦成本较高，这是酿造啤酒的重要投入。假设在 2011 年，一半的销售成本是固定的，一半是基于数量的。在销售成本的可变部分中，假设其中一半与 2011 年的大麦价格相关。2011 年大麦价格上涨了 33%。假设 2012 年收入将保持稳定，大麦价格将恢复到 2010 年以前的水平。计算 Baltika 公司 2012 年的估计毛利率。

（3）Baltika 公司的销售费用占销售额的比例从 2010 年的 23.4% 上升到 2011 年的 26.5%。哪些竞争力量最有可能影响 Baltika 公司销售费用的大幅增长？

（4）零售商是酿酒商的直接客户。它们直接从啤酒商那里购买，然后卖给终端消费者。分析师 A 预计，俄罗斯大众零售商的增加将导致酿酒商的利润率下滑。他预计 Baltika 公司的营业利润率将从 2011 年的 24.1% 降至 2015 年的 15%，销售额稳定（89 795 卢布）和投资资本的不变（55 995 卢布）。分析师 B 也看到大型食品零售商的重要性日益增加，但预计 Baltika 公司可以通过提供更有吸引力的信用条款来抵消潜在的定价压力（例如，允许零售商更长的付款期限）。他认为营业利润率可以稳定在 24.1%，但没有销售增长。然而，由于对库存和应收账款的额外投资，投入资本（55 995 卢布）将增加一倍。根据波特五力以及 ROCE，描述分析师对大型零售商对酿酒商影响的预期。两种情况中的哪一种对 Baltika 公司更好？

问题（1）的解答： 表 6-20 显示了两位分析师预测的结果。分析师 A 预测，2012 年营业利润将下降 16.7% 至 17 889 卢布，导致营业利润率从 2011 年的 23.9%

下降至 2012 年的 21.7%。分析师 A 计算收入将下降 8% 至 82 611 卢布，数量下降了 8%，以及每百升（hl）的价格不变，为 2 326 卢布。销量的下降反映了 0.8 的价格弹性和由于消费税增加导致的 10% 的价格上涨。由于部分费用是固定的，销售成本仅下降了 4%。销售成本为固定成本和可变成本的总和 21 058 + 35.51×545.5 卢布 = 21 058 + 9 373（忽略舍入误差）或 40 431 卢布。分析师 A 预测销售费用将随着销售额下降 8%，而管理费用由于其固定特性在短期内将保持不变。

分析师 B 预测营业利润将下降 10.5% 至 19 239 卢布。分析师 B 的计算遵循与分析师 A 相同的模式，但分析师 B 预测数量的下降幅度较小，为 5%。分析师 A 的估计比分析师 B 更为悲观，这与他们对俄罗斯啤酒市场的看法相符。请注意，尽管消费者的价格因消费税增加而上涨了 10%，但是酿酒商的净价格/百升保持不变。由于分析师 B 的销售预测更为乐观，固定成本分摊在比分析师 A 更高的销售水平上。因此，分析师 B 的营业利润率估计将高于分析师 A。不过，两位分析师都预测 2012 年营业利润率将会下滑。

表 6-20　分析师对 Baltika 成本结构和预测的分析结果（单位为百万卢布，除非另有说明）

	2011 年	分析师 A		分析师 B	
		2012 年预期	YoY%	2012 年预期	YoY%
销量（亿升）	38.6	35.5	−8.0	36.7	−5.0
每百升净收益	2 326	2 326	0.0	2 326	0.0
收入	89 795	82 611	−8.0	85 305	−5.0
销售成本	42 116	40 431	−4.0	41 063	−2.5
毛利	47 679	42 180	−11.5	44 242	−7.2
毛利率	53.1%	51.1%		51.9%	
销售成本	23 752	21 852	−8.0	22 564	−5.0
管理费用	2 439	2 439	0.0	2 439	0.0
营业利润	21 488	17 889	−16.7	19 239	−10.5
营业利润率	23.9%	21.7%		22.6%	
销售成本（固定）	21 058	21 058		21 058	
销售成本（变动）	21 058	19 373		20 005	
销售成本（变动）/hl	546	546		546	
销售费用占销售额的百分比	26.5%	26.5%		26.5%	

问题（2）的解答： 如果大麦价格回到 2010 年水平，它们将在 2012 年下降 25%。因为假定销量保持不变，其他变动成本将不会改变。2011 年毛利润率为 53.1%，其中销售成本为 46.9%（100%−53.1%）。大麦占销售成本的 25%（因为大麦占变动成本的一半，变动成本的销售额占销售成本的一半）。销售成本预计下降

$25\% \times 25\% = 6.25\%$。新销售成本将为 $46.9\% - (6.25\% \times 46.9\%)$ 或 43.97%。因此，2012 年毛利率预计为 $100\% - 43.97\% = 56.03\%$。与 2011 年毛利率为 53.10% 相比，毛利率预计将增长 293 个基点（见表 6-21）。

表 6-21 销售百分比 （%）

	2011 年	2012 年预期	YoY%
收入	100.00	100.00	0.0
- 大麦成本	11.73	8.79	−25.0
- 其他成本	11.73	11.73	0.0
变动销售成本	23.45	20.52	−12.5
固定销售成本	23.45	23.45	0.0
总销售成本	46.90	43.97	−6.2
毛利率	53.10	56.03	5.5

问题（3）的解答： 行业内竞争对手和替代品的威胁最有可能使得 Baltika 销售成本显著增加。通过更多的广告投入，Baltika 公司希望提升其产品的品牌忠诚度，从而提高其与啤酒竞争对手和其他酒精饮料制造商的竞争地位。此外，客户的议价能力也可能影响 Baltika 增加的广告支出创造最终消费者需求的程度。最终消费者对 Baltika 公司特定品牌的强劲需求可以提升该公司与其直接客户（作为中间商的经销商）的谈判地位。

问题（4）的解答： 俄罗斯大众零售商的增加将加强买家相对于啤酒商的议价能力。根据分析师 A 的分析，买家的这种更强的议价能力可能会导致价格下降。分析师 B 还预计价格压力来自更大的买家，以及对更优惠信贷条件的需求增加。分析师 A 预计投入资本的营业利润将从 38.6%（$24.1\% \times 89\,795/55\,995$）下降至 24.1%（$15\% \times 89\,795/55\,995$）。分析师 B 的假设表明，2011 年的 ROCE 为 38.7%（营业利润除以投入资本）将下降一半至 19.4%，因为经营业绩是通过两倍的投入资本获得的。分析师 A 设想的情景对于 Baltika 来说更好。

总之，波特五力模型和类似的分析工具可以帮助分析师了解公司的行业及其在该行业的地位，从而帮助他们评估公司的相对利润潜力。了解公司的行业和竞争环境有助于分析师估计，例如，销售增长可能相对较高或较低（相对于历史，相对于经济或行业的整体增长，和/或相对于竞争公司而言）以及利润率是相对较高还是较低（相对于历史利润率和相对于竞争公司而言）。将行业和竞争分析纳入对未来财务业绩预期的过程需要分析师做出判断。假设分析师观察到，某公司是中度竞争强度的行业的市场领导者，买方和供应商的议价能力有限，且进入壁垒相对较高。从广义上看，分析师可能会预测公司未来的收入增长将与整个行业持平，其利润率和 ROIC 可能会略高于行业其他公司。但是分析师的观察结果与公司未来的销售增长和利润率之间没有任何机械联系。相反，这种联系更具主观性和随机性。

6.4　通货膨胀与通货紧缩

通货膨胀和通货紧缩（即商品和服务价格的整体上涨和下降）会严重影响公司未来收入、利润和现金流量预测的准确性。通货膨胀（简称"通胀"）或通货紧缩（简称"通缩"）对收入和支出的影响因公司而异。即使在同一家公司内，通货膨胀或通货紧缩的影响对于收入和支出类别也有所不同。

一些公司通过提高销售产品的价格，能够更好地转嫁其更高的投入成本。传递价格上涨的能力可能是例如强大的品牌（可口可乐）或专有技术（苹果）的结果。相对于竞争对手，那些能够很好地转嫁价格上涨的公司结果更有可能获得更高、更稳定的利润和现金流。

我们首先考虑通货膨胀对销售的影响，然后再考虑对成本的影响。

6.4.1　考虑通胀与通缩的销售收入预测

以下分析涉及在通货膨胀的情况下对行业销售额和公司销售额的预测。

6.4.1.1　行业销售和通货膨胀或通货紧缩

大多数投入成本的增加，如商品或劳动力，最终将引起终端产品的价格上涨。行业结构可以成为确定投入成本增加与终端产品价格上涨之间关系的重要因素。例如，在美国，啤酒市场是寡头垄断市场，其中一个参与者百威英博控制了几乎一半的市场。此外，美国啤酒市场的三层结构，其中生产商（酿酒商）必须通过第三方（批发商）将其产品（啤酒）送到消费者（咖啡馆、餐馆和零售商）手中。这导致客户群分散，因为酿酒商不得直接向最终消费者交货，而必须通过批发商。这些批发商通常因州而异。大型全国零售商，如沃尔玛，仍然要与几家不同的批发商进行谈判，而不是利用其在全国市场的主导地位直接与啤酒商进行谈判。美国的行业结构可能导致啤酒价格上涨大致与美国消费者价格指数（CPI）的变化一致。换句话说，啤酒价格在投入成本通货膨胀的年份通常会上涨，而在成本下降时则下降（见图 6-2）。如有必要，美国酿酒商能够通过提高价格以抵消成本的通货膨胀。相比之下，欧洲啤酒公司通过更为集中的客户群进行分销，即家乐福、乐购和阿霍德等占主导地位的零售商，这导致啤酒商的定价地位较弱。此外，欧洲市场缺乏整体主导的啤酒商。由于行业结构和潜在销量增长乏力，欧洲啤酒价格的变化平均比 CPI 低 100 个基点。

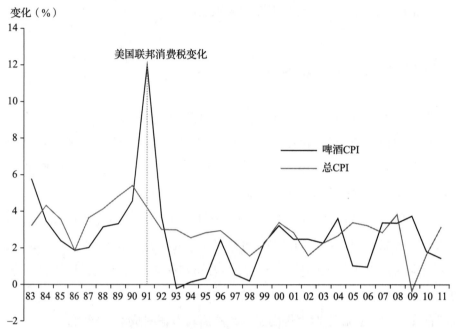

图 6-2　美国总通货膨胀和啤酒价格上涨

资料来源：美国劳工统计局的数据。

如果需求具有价格弹性，例如有更便宜的替代品时，则公司通过价格上涨来转嫁通货膨胀的努力可能会对销量产生负面影响。在保持单位销量的情况下，如果销售价格可以提高 10% 抵消投入成本 10% 的增加，毛利率将相同，但毛利的绝对数额将会增加。然而，在短期内，由于价格上涨，销量通常会下降。下降不仅取决于需求的价格弹性，还取决于竞争对手的反应和替代品的可获得性。较低的投入成本也使较低的消费者价格成为可能。第一个降低价格的竞争对手通常会受益于销量的上升。然而，竞争对手反应迅速会导致效用变得短暂。价格与销量的互相抵消会使准确预测收入变得困难。在通货膨胀的环境下，提价太晚会导致利润率下滑，但过早采取行动可能导致销量的损失。在通货紧缩的环境下，过早降价会导致毛利率下降，但等待时间过长将导致销量损失。

在竞争激烈的消费品市场中，投入价格可能占销售成本的一半，定价受投入价格变动的影响很大。近年来，消费者的价格敏感性导致了数量和价格之间的强烈的反向关系。例如，包装、小麦和牛奶的投入价格上涨迫使荷兰消费必需品公司联合利华在2008 年和 2009 年期间提高其产品价格，销量也因此下降。但随着 2009 年底和 2010

年初原材料价格下跌，公司价格下调，销量大幅回升。随着公司 2011 年开始提价，销量再次放缓。图 6-3 说明了联合利华的销售量和价格之间的反比关系。

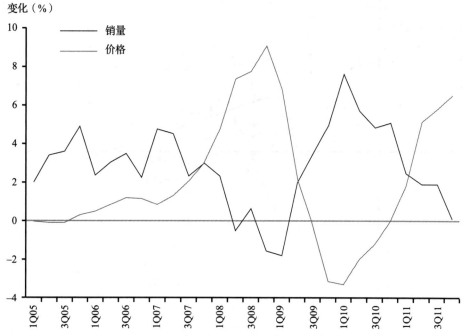

图 6-3　联合利华销量和价格的百分比变化（2005 年第一季度至 2011 年第四季度）

资料来源：联合利华季度公告的数据。

6.4.1.2　考虑通胀与通缩的公司销售收入

模型中的收入预测基于预期的数量和价格变化。预测投入成本面临通货膨胀的公司的收入需要了解产品的价格弹性、公司业务所在国家或地区的不同成本通货膨胀率，以及与公司单个产品类别相关成本出现通胀的可能性（如果有可能）。定价策略和市场地位也很重要。

价格上涨对销量的影响取决于需求的价格弹性（即需求量如何随价格变化而变化）。若需求相对价格缺乏弹性，收入将受益于通货膨胀。若需求价格相对有弹性，则提高单价，[⊖]收入会下降。例如，英国食品商店食品通胀的销量回归（见图 6-4）给出的回归斜率系数为 −0.398。（食物价格同比上涨 1 个百分点，销售量同比下降约 0.4%。）

研究范围涉及英国食品零售商的分析师可以在构建预测利润模型时使用这些信息。通过假设食品通货膨胀的预期水平，可以估算销量增长并计算收入。

⊖　准确地说，条件是价格弹性大于 1。

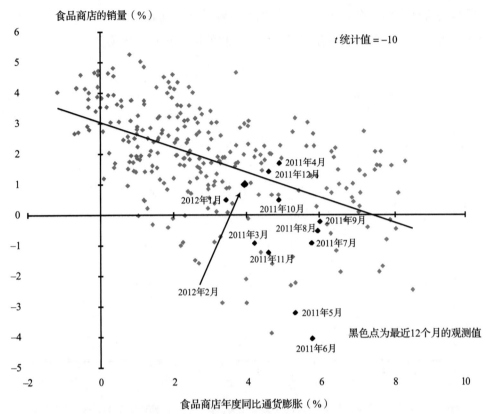

图 6-4　英国食品通货膨胀与销量之间的关系（1989 年 1 月至 2012 年 2 月）

资料来源：作者根据 Datastream 数据进行的分析。

　　国际公司的预期定价组成应考虑到其业务的地域组合，以反映国家之间通货膨胀率的不同。当然，除了投入成本的通胀外，战略和竞争因素也在定价中发挥作用。

　　例如，由于对其新啤酒产品的强劲需求，百威英博在新兴市场的销量增长和定价更加强劲。通货膨胀的影响也是一个重要因素。在主要由阿根廷组成的拉丁美洲南部，该啤酒商报告 2011 年整体收入增长强劲，达到 24.7%，其中只有 2.1% 是由销量驱动的，其余由价格驱动。由于成本随着收入增加，营业利润率或多或少保持稳定，有机营业利润增长率高达 27%。由于汇率只有有限的负面影响，报告的营业利润以美元计价增长了 24%。

　　公司出口市场相对于公司本国通货膨胀率的高通胀通常意味着出口国的货币将面临压力，任何定价收益都可能被货币损失抹去。百威英博在拉丁美洲南部部门的强劲定价上涨显然是由于投入价格通胀推动的。没有负面的汇率影响应该被视为一个好的意外，而不是一个典型的结果。如果通货膨胀持续较长时间，一国的货币通常会承受压力并贬值。

　　大多数分析师通过假设一两年后收入和成本的增长率正常化来调整外国近期高通

胀。该固定汇率增长率是基于业务的基本增长率假设。这种做法可能会在短期内低估收入。其他分析师在他们的预测中反映了通货膨胀对收入和支出的高度影响，并根据预期的货币（利率平价）影响调整增长率。鉴于货币汇率难以预测，这种方法也不完美。

确定公司的主要投入成本可以指示可能的定价。例如，对于专业零售面包连锁店，粮食价格上涨的影响将比对多元化标准的连锁超市更显著。因此，由于粮食价格上涨，面包店可能会比杂货店以更高的百分比提高价格，这是合乎逻辑的。

公司战略也是一个重要因素。面对不断上涨的投入价格，公司可能决定通过向客户转嫁成本来保持利润率，也可能会决定接受一些利润率降低以增加其市场份额。换句话说，公司可能试图通过不完全提高价格的方式来反映成本的增加来获得市场份额。许多分析师认为，北美最大的餐馆和机构最大的食品经销商西斯科（Sysco）公司有时并未将经济衰退期间的食品价格上涨转嫁，因为不想在财务上削弱已经因经济衰退而受影响的客户（餐馆、私人俱乐部、学校、养老院等）。在 2011 年和 2012 年，法国大型干邑酒庄在中国大幅提高了产品的价格，以减少强劲的需求。由于陈年的干邑价格更高，因此建立陈年干邑的库存而不是最大化短期销量会更有利可图。

例 6-10 是否转嫁上涨的投入成本

全球连锁超市家乐福在销售成本（销量不变）方面可能会面临 5% 的通胀。四位分析师对公司如何反应有自己的看法。表 6-22 显示了家乐福 2011 年的业绩，表 6-23 显示了四位分析师对投入品价格、销量增长和定价的估计。

表 6-22 家乐福的数据（单位为百万欧元，除非另有说明）

	2011 年
销售额	81 271
销售成本	64 912
毛利	16 359
毛利率（%）	20.1

资料来源：基于家乐福 2011 年度报告的数据。

表 6-23 四位分析师对关于家乐福对通货膨胀反应的估计 （单位：%）

	分析师 A	分析师 B	分析师 C	分析师 D
收入中的价格增长	0.0	2.0	4.0	5.0
销量增长	8.0	4.0	1.0	−7.0
总收入增长	8.0	6.1	5.0	−2.4
投入成本增长	5.0	5.0	5.0	5.0

（1）各分析师对毛利和毛利率的预测是什么？

（2）谁的模型毛利率最高？

（3）谁的模型绝对毛利最高？

问题（1）的解答： 各分析师的结果都显示在表 6-24 中。对于分析师 B 而言，收入增长 6.1%（=（1.02×1.04）−1），销售成本增长为 9.2%（=（1.04×1.05）−1）。销售收入和销售成本计算值之间的差额是新的毛利润。

表 6-24　分析师的预测结果（单位为百万欧元，除非另有说明）

	2011 年	分析师 A	YoY%	分析师 B	YoY%	分析师 C	YoY%	分析师 D	YoY%
家乐福									
销售收入	81 271	87 773	8.0	86 212	6.1	85 367	5.0	79 361	−2.4
销售成本	64 912	73 610	13.4	70 884	9.2	68 839	6.1	63 387	−2.4
毛利	16 359	14 162	−13.4	15 328	−6.3	16 528	1.0	15 975	−2.4
毛利率（%）	20.1	16.1		17.8		19.4		20.1	

注："YoY%"表示年度同比百分比变化。

问题（2）的解答： 分析师 D 预测的毛利率最高，预期价格提高 5% 并且毛利率保持稳定。

问题（3）的解答： 分析师 C 预测的毛利润最高，销量增长超过了预期利润率下降。

6.4.2　考虑通胀与通缩的成本预测

以下分析涉及在通货膨胀和通货紧缩的情况下对行业和公司成本的预测。

6.4.2.1　考虑通胀与通缩的行业成本

熟悉行业的特定采购特征也有助于预测成本。例如，长期价格固定的远期合约和套期保值可能会延迟价格上涨的影响。因此，与参与者不使用长期合同或对冲的行业相比，分析师预测通常使用此类采购做法的行业公司，其投入价格波动会更缓慢。

监测投入价格的潜在驱动因素也可用于预测成本。例如，天气条件可能会对农产品的价格产生巨大影响，从而对依赖它们的行业的成本基础产生巨大影响。因此，观察特定天气模式的分析师可以将该信息纳入成本预测中。

通货膨胀或通货紧缩对行业成本结构的影响取决于其竞争环境。例如，如果公司所在行业可以获得替代投入或者行业是垂直整合的，则投入成本波动的影响可以得到减轻。DE Masterblenders 是一家咖啡公司，一直面临着咖啡价格高昂和波动的问题。

然而，它的咖啡是由不同种类的咖啡豆混合而成。通过稍微变动混合物比例，DE 可以通过减少混合物中更昂贵的咖啡豆含量来保持口味和成本不变。但是，如果所有的供应商国家同时显著提高咖啡的价格，DE 就不能再玩混合游戏，并且会面临更高的投入成本。为了维持其盈利能力，DE 将不得不对客户提高价格。但如果来自雀巢或亿滋国际等其他公司的竞争使得价格难以提高，公司又想保持利润稳定，DE 将不得不寻找替代品。短期内一个简单的解决方案可能是减少广告和促销支出。这种方式通常不会对收入产生直接的负面影响而且还能提高利润。然而，从长远来看，这可能是有害的，因为公司的品牌地位可能会被削弱。

例如，2010 年俄罗斯的一场热浪摧毁了该国大部分粮食收成，导致啤酒投入原料大麦的价格飙升。嘉士伯作为俄罗斯最大的啤酒制造商受到的打击尤为严重，因为它必须为俄罗斯大麦支付更高的价格，还需要进口谷物到该国，从而产生额外的运输费用。通过增加从西欧的进口量，嘉士伯还推高了该地区的大麦价格，影响了其他西欧酿酒商的成本基础。

6.4.2.2 考虑通胀与通缩的公司成本

在预测公司的成本时，通过分类和地区细分成本结构通常很有帮助。对于每一项成本，都应该评估潜在通货膨胀和通货紧缩对投入品价格的影响。该评估应考虑到公司用更便宜的投入品替代昂贵投入品或者提高效率以抵消投入品价格上涨影响的能力。例如，虽然 2011 年原材料价格的上涨使得联合利华和雀巢的毛利率大幅下滑（下降110～170 个基点），但是降低广告支出等运营效率的提高使两家公司当年的总营业利润略有上升。例 6-11 显示了结构百分比（销售百分比）法在投入成本通货膨胀分析中的使用。

📒 例 6-11　投入成本的通货膨胀

两家消费必需品公司——专门生产巧克力的瑞士公司瑞士莲和全球食品生产商雀巢，其成本都不断受通货膨胀和通货紧缩的影响。表 6-25 显示了一个结构百分比分析。

表 6-25　雀巢和瑞士莲的结构百分比分析 （单位：%）

	雀巢	瑞士莲
净销售收入	100	100
销售成本	50	36
毛利	50	64

	雀巢	瑞士莲
销售、一般和管理费用	31	47
折旧	3	4
息税前利润 EBIT	16	13
原材料	22	22
包装费	12	10
其他销售成本	16	4
总销售成本	50	36

（续）

资料来源：公司年度报告资料。

（1）假设所有成本（折旧除外）的通货膨胀率为10%，而且公司无法通过更高的价格（总收入将保持不变）转嫁这一成本增长。

A. 计算每家公司的毛利率。哪家公司的毛利率会下降较多？

B. 计算每家公司的营业利润率。哪家公司的营业利润（EBIT）率会下降较多？

（2）假设通货膨胀仅为原材料成本（反映在COGS）的10%，而且公司不能通过更高的价格转嫁这一成本增长。在毛利率和营业利润率方面，哪家公司受影响较大？

解答：

表 6-26　成本通胀的影响　　　　　　　　　（单位：%）

	所有成本（除了折旧）+10%		原材料 +10%	
	雀巢	瑞士莲	雀巢	瑞士莲
净销售收入	100	100	100	100
销售成本	55	40	52	38
毛利率	45	60	48	62
销售、一般和管理费用	34	52	31	47
折旧	3	4	3	4
EBIT	8	5	14	11

问题（1）A的解答： COGS占净销售额比例较高（相当于毛利率较低）的公司将会受到更多的负面影响。如表6-25所示，雀巢的毛利率比瑞士莲低：50%相较于64%。如表6-26所示，雀巢的销售成本上升10%至$1.10 \times 50\% = 55\%$，其毛利率将下降至45%。雀巢的毛利率为45%意味着比初始值的50%下降了10%。相比之下，瑞士莲毛利率的比例下降约为$4\%/64\% = 6\%$。

问题（1）B的解答： 瑞士莲的总体成本比雀巢高，主要是由于其较高的销售、一般和管理费用（SG&A）。如表 6-26 所示，瑞士莲的营业利润率将下降至约 5%，意味着下降幅度约 62%，而雀巢的下降比例约为 8%/16%= 50%。

问题（2）的解答： 原料费用部分占比较高的公司受到的负面影响较大。在本案例中，雀巢和瑞士莲的原料占净销售额均为 22%。两者的毛利率和营业利润率将下降 220 个基点。对雀巢毛利率的影响（下降 2.2%/50%= 4.4%）比对瑞士莲（下降 2.2%/64%= 3.4%）的影响更为严重。但对瑞士莲营业利润的影响（2011 年下降 2.2%/13%，跌幅为 16.9%）比对雀巢（2.2%/16%= 13.8%）的影响更为严重。

6.5 技术发展

技术发展有可能改变个体公司和整个行业的经济状况。量化这些发展对单个公司收益的潜在影响涉及对未来需求做出某些假设。这些假设应通过情景分析和/或敏感性分析来探讨，以便考虑一系列潜在的盈利结果。当技术发展导致新产品有可能蚕食现有产品的需求时，可以使用新产品的单位预测与预期的蚕食因素相结合来估计对现有产品未来需求的影响。在对蚕食因素进行估计时，如果替代威胁因细分市场而异，则细分市场可能会很有用。

技术发展可以影响对产品的需求、产品的供应量或两者兼而有之。当技术变化使得制造成本降低时，供应曲线将向右移动，因为供应商以相同的价格生产更多的产品。相反，如果技术导致有吸引力的替代产品的开发，需求曲线将向左移动。考虑以下示例。

例 6-12 量化平板电脑市场蚕食个人电脑需求的潜力

随着 2010 年 4 月苹果 iPad 的推出，全球平板电脑市场经历了重大的技术发展，这对个人电脑（PC）行业产生了重要影响。平板电脑可以被认为是具有触摸屏界面的便携式个人电脑，而不是传统电脑中常用的输入设备键盘。平板电脑的另一个显著特点是，与大多数在微软 Windows 平台上运行的个人电脑不同，大多数平板电脑运行在非微软操作系统上，包括苹果的 iOS 和谷歌的安卓系统。鉴于平板电脑能够执行 PC 的许多常见任务，包括电子邮件、浏览网页、共享照片、播放音乐、看电影、玩游戏、保存日历、管理联系人等，分析师有理由怀疑平板电脑的销售在一定程度上可能侵蚀对个人电脑的需求以及可能对微软的销售和盈利产生的潜在影响。表 6-27 展示了回答这些问题的一种方法。

表 6-27 销售数量和收入的预测（以千为单位，除非另有说明）

被侵蚀前的 PC 预测	2011 财年	2012 财年预期	2013 财年预期	2014 财年预期	3 年 CAGR（%）
消费者 PC 出货量	170 022	174 430	184 120	193 811	4.5
非消费者 PC 出货量	180 881	185 570	195 880	206 189	4.5
全球 PC 出货总量	350 903	360 000	380 000	400 000	4.5
消费者所占百分比（%）	48	48	48	48	
非消费者所占百分比（%）	52	52	52	52	
消费者平板电脑出货量	36 785	82 800	111 250	148 750	59.3
非消费者平板电脑出货量	1 686	7 200	13 750	26 250	149.7
全球平板电脑出货量	38 471	90 000	125 000	175 000	65.7
消费者所占百分比（%）	96	92	89	85	
非消费者所占百分比（%）	4	8	11	15	
侵蚀率，消费者（%）	30	30	30	30	
侵蚀率，非消费者（%）	10	10	10	10	
平板电脑被侵蚀的消费者 PC	11 036	24 840	33 375	44 625	
被平板电脑被侵蚀的非消费者 PC	169	720	1 375	2 625	
平板电脑被侵蚀的 PC 总额	11 204	25 560	34 750	47 250	
被平板电脑被侵蚀的 PC 总百分比（%）	3.2	7.1	9.1	11.8	
被侵蚀后 PC 预测					
消费者 PC 出货量	158 986	149 590	150 745	149 186	-2.1
非消费者 PC 出货量	180 712	184 850	194 505	203 564	4.0
全球 PC 出货量	339 698	334 440	345 250	352 750	1.3
微软公司隐含平均销售价格（ASP）					
消费者	$85	$85	$85	$85	
非消费者	$155	$155	$155	$155	
对微软收入的影响（百万美元）					
消费者	938	2 111	2 837	3 793	
非消费者	26	112	213	407	
总收入影响	964	2 223	3 050	4 200	

注：CAGR 是年复合增长率。非消费者包括企业、教育和政府采购者。

资料来源：根据加特纳，JP 摩根，微软和作者分析的数据。

首先，2011 财年全球 PC 市场出货量为 3.509 亿台，全球平板电脑出货量为 3850 万台。[⊖]2011 财年，消费者平板电脑出货量占总出货量的 96%。其次，我们估计平板电脑在 PC 市场上具有潜在的替代效应或被侵蚀因素。因为被侵蚀因素取决于许多不同的变量，包括用户偏好、终端用途应用以及购买者是否已经拥有 PC 等，我们使用了一系列潜在的估计。最后，我们还将全球 PC 市场划分为消费者和非消费者（企业、教育和政府购买者），因为两者的替代程度可能不同。为便于说明，我们假设在基础情景中，消费者市场的被侵蚀因素为 30%，非消费者市场为 10%。

此外，基础情景假设非消费者使用平板电脑的比例从 2011 年的 4% 上升至 15%。此外，虽然全球 PC 市场的构成大致在消费者和非消费者之间平均分配（2011 财年分别为 48% 和 52%），微软非消费者部门利润要高得多，因为该公司大约 80% 的 Office 产品销往企业、教育和政府机构。平均售价（ASP）估计值是通过将微软前三年按客户类型估算的平均收入除以微软对每种客户类型的 PC 出货量得出的。通过将预计被平板电脑被侵蚀的 PC 数量乘以估计的平均售价，我们可以得出对微软收入影响的估计。例如，在 2012 财年，预计 2480 万个消费者电脑将被平板电脑的销售所被侵蚀。平均消费者的 ASP 为 85 美元，这种被侵蚀意味着微软的收入损失为 21 亿美元（＝2 480 万 ×85 美元）。

一旦预测了收入影响，下一步就是估计较低的 PC 单位销量对经营成本和利润的影响。我们首先分析微软的成本结构，更具体地说，是分解成固定成本和变动成本。大多数软件公司的成本结构是具有相对较高比例的固定成本和较低比例的变动成本，因为与产品开发和营销相关的成本（大部分是固定的）是沉没和无法收回的，而生产额外的软件副本的成本（大多可变）相对较低。因为很少有公司（如果有的话）提供固定成本和变动成本的明确细分，因此几乎总是需要做出估计。一种方法是使用公式：

$$\%\Delta \ （销售成本 ＋ 经营费用）/\%\Delta \ 销售收入$$

其中 $\%\Delta$ 是"百分比变化"，作为变动成本百分比的代理。另一种方法是将固定成本和变动成本的百分比估计分配给经营费用的各个组成部分。两种方法都在表 6-28 和表 6-29 中进行了说明。

⊖ 信息来自加特纳个人电脑季度统计全球数据库。

表 6-28　微软变动成本的估计，方法 1　（单位：百万美元）

选定的经营分部	2009 财年	2010 财年	2011 财年	2011 财年 / 2009 财年百分比变动
Windows 和 Windows Live	15 563	18 792	18 778	
微软商业部门	19 211	19 345	21 986	
分部收入合计	34 774	38 137	40 764	17%
Windows 和 Windows Live	6 191	6 539	6 810	
微软商业部门	8 058	7 703	8 159	
总经营费用	14 249	14 242	14 969	5%

注：变动成本 %≈%Δ（销售成本 + 经营费用）/%Δ 销售收入 = 5%/17%≈29%。

固定成本 %≈1 - 可变成本 %≈1 - 29%≈71%。

表 6-29　微软变动成本的估计，方法 2　（单位：百万美元）

经营费用	2009 财年	2010 财年	2011 财年	2009 财年～2011 财年平均	占总经营费用比例（%）	固定成本估计比例（%）	固定成本贡献率（%）
销售成本（除折旧以外）	10 455	10 595	13 577	11 542	29	20	6
折旧费用	1 700	1 800	2 000	1 833	5	100	5
总销售成本	12 155	12 395	15 577	13 376	34		11
研发费用	9 010	8 714	9 043	8 922	22	100	22
销售费用	12 879	13 214	13 940	13 344	34	80	27
一般和管理费用	4 030	4 063	4 222	4 105	10	100	10
总经营费用	38 074	38 386	42 782	39 747	66		60
微软总成本结构中固定部分的百分比估计							70

注：财务年度截至 6 月。

资料来源：微软 2011 年年报以及作者的分析。

可以看出，微软的成本结构似乎由大约 70% 的固定成本和 30% 的变动成本组成。但是请注意，像微软这样成长中的公司通常会再投资于物业、厂房和设备以支持未来的增长，因此即使是那些看似"固定"的费用也会随着时间的推移而增加。为了调整固定成本的这一预期增长，本示例假设固定成本的变化将是销售额变化率的一半。预计变动成本将以与销售额相同的速度变化。如表 6-30 所示，将这些假设纳入预测后，假设 2014 财年收入复合年增长率（CAGR）为 7.0%，营业利润复合年增长率（CAGR）为 10.6%（=（36 757/27 161）$^{1/3}$ - 1）。此外，这些假设将导致同期经营利润率增长 410 个基点（42.9% - 38.8% = 4.1%，或 410 个基点），因为相对较大的固定成本基数导致了较大的经营杠杆。在其他收入不变、有效税率不变且流通股不变的进一步假设下，表 6-30 被侵蚀前模型的预计收入为 857 亿美元，营业利润为 368 亿美元，营业利润率为 42.9%，以及 2014 财年每股收益（EPS）以 10.3% 的复合年增长率增长至 3.62 美元。

表 6-30　微软公司收入被侵蚀前的 EPS 预测　（单位：百万美元）

	2011 年	2012 年预期	2013 年预期	2014 年预期	3 年 CAGR（%）
收入	69 943	74 839	80 078	85 683	7.0
同比增长（%）		7.0	7.0	7.0	
营业费用					
固定成本（70%）	29 947	30 996	32 080	33 203	3.5
变动成本（30%）	12 835	13 733	14 694	15 723	7.0
总营业费用	42 782	44 729	46 775	48 926	4.6
营业利润	27 161	30 110	33 303	36 757	10.6
营业利润率（%）	38.83	40.23	41.59	42.90	
其他收入（费用）	910	910	910	910	
税前利润	28 071	31 020	34 213	37 667	
预提所得税	4 921	5 438	5 998	6 603	
有效税率（%）	17.53	17.53	17.53	17.53	
净利润	23 150	25 582	28 215	31 064	
加权平均流通股，稀释	8 593	8 593	8 593	8 593	
被侵蚀前 EPS 估计（美元）	2.69	2.98	3.28	3.62	10.3

　　如表 6-31 所示，在公司被侵蚀后的情景中，每年的收入减少以反映预期的公司被侵蚀影响。公司被侵蚀的预期影响使得同期收入复合年增长率从公司被侵蚀前情景的 7.0% 下降到 5.2%。由于收入增长有所减少，成本结构保持固定成本 70%，变动成本 30%，经营利润复合年增长率从公司被侵蚀前的 10.6% 下降至 8.0%。同期期末营业利润率大约下降 100 个基点，由 42.9% 降至 41.9%，因为公司收入增长放缓导致公司无法同等程度上利用固定成本杠杆。总体而言，在公司被侵蚀后情景中，微软预计将实现的营收为 815 亿美元，营业利润为 342 亿美元，营业利润率为 41.9%，而在 2014 财年，EPS 的复合年增长率为 7.8%，增长至 3.37 美元。因此，平板电脑市场的预期增长对个人电脑的侵蚀预计将使公司 2010 财年的年收入减少 42 亿美元，营业利润减少 26 亿美元，营业利润率下降 96 个基点，EPS 减少 0.25 美元。

表 6-31　微软公司收入被侵蚀后的 EPS 预测，基础情景（单位为百万美元，除非另有说明）

	2011 年	2012 财年预期	2013 财年预期	2014 财年预期	3 年 CAGR（%）
收入	69 943	72 616	77 028	81 483	5.2
同比增长（%）		3.8	6.1	5.8	
营业费用					
固定成本（70%）	29 947	30 520	31 447	32 356	2.6
变动成本（30%）	12 835	13 325	14 135	14 952	5.2
总营业费用	42 782	43 845	45 581	47 308	3.4
营业利润	27 161	28 771	31 446	34 175	8.0
营业利润率（%）	38.83	39.62	40.82	41.94	
其他收入（费用）	910	910	910	910	
税前利润	28 071	29 681	32 356	35 085	
预提所得税费用	4 921	5 203	5 672	6 151	
有效税率（%）	17.53	17.53	17.53	17.53	
净利润	23 150	24 478	26 684	28 934	
稀释后加权平均股数	8 593	8 593	8 593	8 593	
被侵蚀后 EPS 估计（美元）	2.69	2.85	3.11	3.37	7.8
对营业利润率的预期影响（基点）		−61	−76	−96	
对 EPS 的预期影响（美元）		（0.13）	（0.18）	（0.25）	−2.6

例 6-13 解决了前文讨论的有关被侵蚀的问题。

例 6-13　估计被侵蚀的影响

使用微软的表 6-27 到表 6-31 回答以下问题：

（1）假设消费者和非消费者市场的被侵蚀因素分别为 40% 和 15%，估计 2012 财年的 PC 总出货量。

（2）使用问题（1）中得出的结果，估计微软 2012 财年的被侵蚀后利润收入。

（3）利用问题（2）中得出的被侵蚀后的利润估计和成本结构，估计微软 2012 财年的被侵蚀后营业利润和营业利润率。假设固定成本变动率是销售收入变动率的一半。

（4）使用问题（3）中得出的营业利润估计数和示例的数据，计算微软 2012 财年被侵蚀后的 EPS。假设在 2011 财年的其他收入（费用）、有效税率和稀释后加权平均股数在 2012 财年保持不变。

问题（1）的解答：PC 被平板电脑侵蚀的数量等于全球平板电脑出货量的预期数量、每个类别的百分比以及该类别被侵蚀因素的乘积。表 6-27 显示，2012 财年的平板电脑出货量预计为 9000 万台。因此（9000 万 × 消费者占比 92% × 消费者被侵蚀因素 40%= 被平板电脑侵蚀的消费者 PC3312 万台）+（9000 万 × 非消费者占比 8% × 被侵蚀因素 15%=108 万被平板电脑侵蚀的非消费者 PC）= 被平板电脑侵蚀的 PC 总数量 3 420 万。被侵蚀后的出货量相当于被侵蚀前的出货量减去预期的侵蚀量，即 3.6 亿 − 0.342 亿 = 3.258 亿。

问题（2）的解答：对收入影响的估计等于被侵蚀的 PC 数量和平均售价的乘积。使用问题（1）中得出的结果以及表 6-27 的平均销售价格数据，预期的收入影响可以计算为（被平板电脑侵蚀的消费者 PC 数量 3310 万 × 85 美元平均销售价格 = 28.15 亿美元）+（被平板电脑侵蚀的非消费者 PC 数量 108 万 × 155 美元平均销售价格 = 1.674 亿美元）= 对微软的收入总体影响 29.83 亿美元。被侵蚀后收入相当于被侵蚀前收入减去侵蚀对收入影响的估计，748.39 亿美元 − 29.83 亿美元 = 718.56 亿美元。

问题（3）的解答：

表 6-32 问题（3）的解答 （单位：百万美元）

	2011 财年	2012 财年预期	备注
收入	69 943	71 856	从问题（2）得出
同比增长 %		2.74%	用于估计营业费的销售收入变化率
营业费用			
固定成本（70%）	29 947	30 357	固定成本变动为销售收入变动率的一半，即 29 947 ×（1 + 2.74%/2）
变动成本（30%）	12 835	13 186	变动成本随销售变动率变动，即 12 835 ×（1 + 2.74%）
总营业费用	42 782	43 543	尽管没有明示，但营业费用包括销售成本
营业利润	27 161	28 313	收入减去总营业费用，即 71 856 − 43 543 = 28 313
营业利润率（%）	38.8	39.4	营业利润除以收入，即 28 313/71 856 = 39.4%

微软 2012 财年的被侵蚀后营业利润和营业利润率分别为 283.13 亿美元和 39.4%。

问题（4）的解答：

表 6-33 问题（4）的解答

（单位：百万美元，另有说明除外）

	2011 财年	2012 财年预期	备注
收入	69 943	71 856	
同比增长（%）		2.74	
营业费用			
固定成本（70%）	29 947	30 357	
变动成本（30%）	12 835	13 186	
总营业费用	42 782	43 543	

（续）

	2011 财年	2012 财年预期	备注
营业利润	27 161	28 313	
营业利润率（%）	38.8	39.4	
其他收入（费用）	910	910	
税前利润	28 071	29 224	营业利润＋其他收入（费用），即 28 314＋910 = 29 224
预提所得税	4 921	5 123	税前利润×有效税率，即 29 224×17.53% = 5 123
有效税率（%）	17.53	17.53	
净利润	23 150	24 101	税前利润－预提所得税，即 29 224－5 123 = 24 101
稀释后加权平均流通股	8 593	8 593	
被侵蚀后的 EPS（美元）	2.69	2.80	净利润/稀释后加权平均流通股，即 24 101/8 593 = 2.80（美元）

每当有人根据许多难以衡量的不同变量进行估计时，我们建议更改一些假设以生成基于各种情景的一系列估计值。因此，在被侵蚀的基础情景下进行预测后，我们能够通过改变侵蚀假设来分析结果的敏感性。基础情景对应于表 6-34 中方框的假设。表 6-35 总结了牛市和熊市情景的结果，显示了在侵蚀因素替代估计下的 2014 财年每股收益估计值。

表 6-34　2014 年 EPS 对侵蚀率变化的敏感性

		非消费者侵蚀率				
		0.0%	5.0%	10.0%	15.0%	20.0%
	15%	$0.11	$0.12	$0.14	$0.15	$0.16
	20%	$0.15	$0.16	$0.17	$0.19	$0.20
	25%	$0.19	$0.20	$0.21	$0.22	$0.23
消费者 侵蚀率	30%	$0.22	$0.24	$0.25	$0.26	$0.27
	35%	$0.26	$0.27	$0.28	$0.30	$0.31
	40%	$0.30	$0.31	$0.32	$0.33	$0.35
	45%	$0.34	$0.35	$0.36	$0.37	$0.38

表 6-35　牛市和熊市被侵蚀情景下的 EPS 估计（单位：百万美元，除非另有说明）

牛市情景（侵蚀率：消费者 15%，非消费者 5%）

	2011 财年	2012 财年 预期	2013 财年 预期	2014 财年 预期	3 年 CAGR （%）
收入	69 943	73 728	78 553	83 583	6.1
同比增长（%）		5.4	6.5	6.4	

（续）

牛市情景（侵蚀率：消费者 15%，非消费者 5%）

	2011 财年	2012 财年 预期	2013 财年 预期	2014 财年 预期	3 年 CAGR （%）
营业费用					
固定成本（70%）	29 947	30 758	31 764	32 781	3.1
变动成本（30%）	12 835	13 529	14 414	15 338	6.1
总营业费用	42 782	44 287	46 179	48 119	4.0
营业利润	27 161	29 441	32 374	35 464	9.3
营业利润率（%）	38.83	39.93	41.21	42.43	
其他收入（费用）	910	910	910	910	
税前利润	28 071	30 351	33 284	36 374	
捐提所得税	4 921	5 321	5 835	6 377	
有效税率（%）	17.53	17.53	17.53	17.53	
净利润	23 150	25 030	27 449	29 998	
加权平均流通股，稀释	8 593	8 593	8 593	8 593	
被侵蚀后 EPS 估计（美元）	2.69	2.91	3.19	3.49	9.0
对营业利润率的预期影响（基点）		−30	−38	−47	
对 EPS 的预期影响（美元）		（0.06）	（0.09）	（0.12）	−1.3

熊市情景（侵蚀率：消费者 40%，非消费者 20%）

	2011 财年	2012 财年 预期	2013 财年 预期	2014 财年 预期	3 年 CAGR （%）
收入	69 943	71 801	75 869	79 812	4.5
同比增长（%）		2.7	5.7	5.2	
营业费用					
固定成本（70%）	29 947	30 345	31 205	32 016	2.3
变动成本（30%）	12 835	13 175	13 922	14 646	4.5
总营业费用	42 782	43 521	45 127	46 661	2.9
营业利润	27 161	28 280	30 742	33 151	6.9
营业利润率（%）	38.83	39.39	40.52	41.54	
其他收入（费用）	910	910	910	910	
税前利润	28 071	29 190	31 652	34 061	
预提所得税	4 921	5 117	5 549	5 971	
有效税率（%）	17.53	17.53	17.53	17.53	
净利润	23 150	24 073	26 103	28 090	
加权平均流通股，稀释	8 593	8 593	8 593	8 593	
被侵蚀后的 EPS 估计（美元）	2.69	2.80	3.04	3.27	6.7
对营业利润的预期影响（基点）		−85	−107	−136	
对 EPS 的预期影响（美元）		（0.18）	（0.25）	（0.35）	−3.6

6.6　长期预测

预测时间范围的选择可能受到某些因素的影响，包括考虑股票的投资策略、行业周期性、公司特定因素以及分析师雇主的偏好。大多数专业管理的股权投资策略在策略的既定投资目标中描述了投资时间框架或股票的平均持有期；理想情况下，时间框架应与投资组合的平均年周转率相对应。例如，规定的 3～5 年投资时间范围意味着平均年投资组合周转率在 20% 到 33% 之间。⊖行业的周期性也可能影响分析师对时间范围的选择，因为预测期应该足够长，使企业能够达到预期的中期销售和盈利水平。与周期性类似，各种公司特定因素，包括最近的收购或重组活动，可能会影响预测期的选择，以便有足够的时间实现此类活动在财务报表中反映出的预期收益。在其他情况下，在分析师的雇主已经指定具有或多或少固定参数的特定现金流折现（DCF）模型的情况下，分析师可能没有自己的选择余地。到目前为止，大部分讨论集中在各种有明确的短期预测期的公司利润表、资产负债表和现金流量的预测方法上。尽管如果延长时间范围，基本原则保持不变，但在指定长期预测时，分析师有一些特定的考虑和选择。

与短期预测相比，长期预测通常更能代表公司的标准化盈利潜力，尤其是在存在某些临时因素的情况下。**正常化收益**（normalized earnings）是在没有影响盈利能力（正面或负面）的任何异常或临时因素的情况下，公司在周期中期收益的预期水平。例如，在任何给定的时间点，都有许多可能影响公司盈利能力的临时因素，包括商业周期的阶段、最近的并购活动、重组活动等。同样，正常化自由现金流可以定义为针对刚刚描述的异常项目进行调整的周期中期现金流的预期水平，减去经常性资本支出。通过延长预测期，分析师能够针对这些异常或临时因素进行调整，并得出公司在正常年份可能获得的收益估计值。我们将考虑长期预测的两个方面的各种替代方案：收入预测和终值。

与大多数利润表预测一样，长期预测从收入预测开始，大部分剩余的利润表项目根据收入的水平或变化得出。收入预测方法已在前面介绍过。

案例研究：估算正常化收入

表 6-36 包含了 3M（一家全球多元化的技术、医疗保健和工业产品制造商）的 10 年历史收入数据和 4 年估计的标准化数据。图 6-5 中的条形图以图形方式描

⊖　平均持有期计算为（1/ 投资组合周转率）。

述了数据，并包含了基于数据线性回归的趋势线。可以使用微软 Excel 中的趋势（TREND）公式找到趋势线上每个点的数值。TREND 公式使用对因变量（在本例中为收入）的观察值和对解释（时间）变量的观察值，通过使用最小二乘法来找到最佳拟合线性回归。在计算出最佳拟合回归模型后，TREND 公式会返回与新时间点相关联的预测值。

表 6-36　3M 公司销售收入的历史和预期数据（2002～2015 年预期）（单位：百万美元）

	2002 年	2003 年	2004 年	2005 年	2006 年	2007 年	2008 年
收入	16 332	18 232	20 011	21 167	22 923	24 462	25 269
正常化收入	17 108	18 368	19 630	20 890	22 149	23 408	24 671
高于/低于趋势值的比例 (%)	−4.5	−0.7	1.9	1.3	3.5	4.5	2.4

	2009 年	2010 年	2011 年	2012 年预期	2013 年预期	2014 年预期	2015 年预期
收入	23 123	26 662	29 611				
正常化收入	25 930	27 190	28 449	29 712	30 971	32 230	33 489
高于/低于趋势的比例 (%)	−10.8	−1.9	4.1				

资料来源：基于 FactSet 研究的数据。

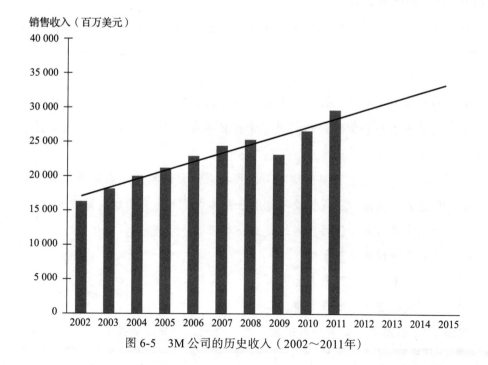

图 6-5　3M 公司的历史收入（2002～2011年）

第 6.2.1.1 节讨论的"相对于 GDP 增长的增长"和"市场增长与市场份额"方

法也可以用于制定长期预测。一旦确定了收入预测，就可以使用以前描述的预测成本的方法来完成利润表、资产负债表和现金流量表。

在为明确的预测期建立财务预测后，分析师通常会估计终值。在根据长期预测推算终值时，需要牢记某些注意事项。例如，当使用基于历史乘数的方法来推导公司的终值时，分析师隐含地假设过去在增长预期和要求回报率方面与未来相关。如果使用乘数来推导终值（TV），则乘数的选择应与对增长和要求回报的长期预期一致。分析师通常使用历史平均乘数作为终值计算中目标乘数的基础。例如，截至2012年中的分析当天，过去10年的3M的市盈率中值比标准普尔500指数高15%。因此，分析师可以将2015年的终值预测为1.15和当前标准普尔500指数未来12个月（NTM）市盈率的乘积，乘以预测的3M公司2016年每股收益。[⊖]但在估算公司的终值时，历史乘数仅与未来增长和盈利能力预期与过去的相似程度有关。如果公司未来的增长或盈利能力可能与历史平均水平显著不同，则目标乘数应反映对历史乘数的预期溢价或折价，从而反映增长和/或盈利能力的这种差异。

▋ 例 6-14　历史估值乘数

长期历史平均估值乘数经常在股权分析中作为股票预期未来交易目标乘数的参考值或支撑。如此广泛的使用是基于对均值回归的信念，即随着时间的推移，股票的估值将恢复到其长期历史平均水平的想法。当然，这隐含地假设公司未来的增长和盈利能力将与过去相似。如果未来前景与过去有显著差异，则历史平均乘数可能不相关。并非所有分析师都以相同的方式计算乘数。基础财务数据可以是过去、未来或当前年份的。

在保持所有其他因素不变的情况下，根据对股票的预期未来乘数与其长期历史平均水平的比较，用溢价、折价或不适用来回答以下关于公司的假设情况：

（1）公司未来有可能获得更高的投资资本回报。

（2）未来盈利增速有望加快。

（3）未来竞争的强度可能会加大。

（4）公司进行重大收购或剥离。

问题（1）的解答： 如果公司未来可能获得比以往更高的投资回报率，那么该公

⊖　根据 FactSetResearch 获得的数据，根据市盈率计算，3M 的股票在过去 10 年中相对于标准普尔 500 指数的溢价中值为 15%。NTMP/E 是基于对未来 12 个月每股收益的估计得出的 P/E。

司的股票可能会以历史平均乘数的溢价交易，以反映盈利能力的预期改善。

问题（2）的解答：如果公司未来可能产生比以往更快的 EPS 增长率，那么该公司的股票可能会以历史平均乘数的溢价交易，以反映更快的预期增长率。

问题（3）的解答：如果行业的竞争预计会在未来加剧，那么公司的股票有可能以其历史平均乘数的折价交易，以反映盈利能力可能下降。

问题（4）的解答：如果公司的未来增长或盈利能力有望因重大收购或剥离而显著变化，则不应再依赖公司的历史估值乘数作为股票预期未来交易目标乘数的参考值或支撑。历史估值乘数将被视为不适用。

在采用 DCF 方法来计算终值时，分析师应避免机械地将长期增长率应用于终期自由现金流量预测。首先，分析师在将现金流纳入长期预测之前应当考虑最后一年的自由现金流是否应该被正常化。例如，如果明确预测最后一年的自由现金流量"低"（例如，由于商业周期或资本投资项目），则可能需要对此进行调整来正常化金额。其次，分析师应考虑未来的长期增长率是否与历史增长率不同，以及如何不同。例如，即使一些成熟的公司也可能通过产品创新或市场扩张来提高它们的长期增长率（例如，苹果公司），而其他看似受保护的"成长者"可能会因技术变革而出现意料之外的业务下滑（例如，柯达）。

分析师面临的最大挑战之一是预测拐点，届时未来将与最近的过去大不相同。大多数现金流折现模型依赖某种永续计算。永续计算假设来自明确预测的最后一年的现金流将以恒定速度永续增长。由于永续价值可能占公司总体估值的较大部分，因此使用的现金流量代表"正常化"或"周期中部"结果至关重要。如果分析师正在研究一家周期性公司，使用繁荣年度作为永续期的起点可能导致内部价值估计被严重夸大。类似地，使用低谷年份可能导致内在价值估计过低。

一个重要的考虑因素是经济动荡，例如发生在 2008 年全球金融危机中的那样。经济偶尔会经历突然的、前所未有的变化，影响到各种各样的公司。即使是拥有良好战略和稳健运营的公司，也可能因突然的经济动荡而偏离轨道，尤其是如果该公司具有高度的财务杠杆。

监管和技术也是拐点的潜在驱动因素，分析师必须紧密关注这两者。政府行为可能会对某些企业产生极端、突然和不可预测的影响。技术进步可以在几个月内将快速增长的创新者变成过时的恐龙。监管和技术对某些行业的影响大于其他行业。公用事业受到严格的监管，但可能在几十年内不会看到重大的技术变革。半导体制造商必须不断跟上新技术的步伐，但监管相对宽松。医疗设备制造商在很大程度上受到监管和技术进步的影响。

最后，长期增长是永续计算的关键输入变量。一些公司和行业可以在很长一段时间内比整体经济增长更快，导致它们在经济蛋糕中的份额越来越大。目前的例子包括某些智能手机制造商，如苹果和三星，以及一些与互联网相关的公司，如亚马逊和谷歌。《纽约时报》或柯达等其他公司的增长速度可能会慢于整体经济，甚至随着时间的推移而萎缩。使用不切实际的长期增长率可能会使分析师对内在价值的估计不正确。

▌ 例 6-15　进行假设时的重要考虑因素

（1）法荷航空公司在高周期性的航空业中经营。过去 9 年的营业利润率如下表所示。

	2003 年	2004 年	2005 年	2006 年	2007 年	2008 年	2009 年	2010 年	2011 年
营业利润率（%）	1.5	1.1	2.6	6.8	5.3	5.3	-0.8	-6.1	3.8

仅根据表中的信息，以下哪个营业利润率最有可能适用于法荷航空公司的永续计算，以得出合理的内在价值估计？

A. 2.2%。

B. 3.8%。

C. 5.3%。

对于在以下问题中的每个公司，请指出哪个选择最不可能导致公司前景出现拐点。

（2）诺基亚，手机和移动网络设备的制造商。

A. 技术组件的价格一直在稳步下降，这与过去的经验一致，预计这一下降将在未来几年内持续下去。

B. 消费者正在迅速普及智能手机，这威胁到诺基亚在低端设备方面的历史优势。

C. 诺基亚已经与微软建立了合作伙伴关系，以制造具有潜在重要新操作系统的手机。

（3）雅培实验室，一家多元化的医疗保健产品制造商，包括药品和医疗器械。

A. 出于对安全问题的高度关注，医疗器械制造商的新产品更难得到监管的审批。

B. 竞争对手已经证明了对候选药物有利的疗效数据，将与雅培的一个重要产品竞争。

C. 管理层重申其长期的资本部署方法。

（4）Grupo Aeroportuario del Sureste，墨西哥 9 个机场的运营商，特别是在旅游兴旺的东南部。

A. 技术进步将使航空公司节省 5% 的燃料成本，但预计不会显著地改变客运量。过去类似的发展使航空公司受益，但没有使机场受益，因为其每个乘客的价格受到管制。

B. 全球经济动荡导致国际旅行急剧下降。

C. 监管机构将允许竞争对手在 Grupo Aeroportuario del Sureste 的服务领域内建造新机场。

（5）领英，专业人士在线社交网络运营商，其投资需求低，没有债务。

A. 另一家在线社交网络 Facebook 宣布了一项计划，以加强其在专业人士类别提供的产品。

B. 监管机构宣布对领英的隐私实践进行调查，这可能会导致服务发生重大变化。

C. 美联储刚刚加息。虽然这样会增加借款成本，但利率增幅预计不会对经济产生负面影响。

问题（1）的解答： A 是正确的。由于航空业是周期性的，估计"周期中部"或"正常化"的营业利润率是估计永续价值所必需的。9 年平均营业利润率为 19.5/9 = 2.2%。

问题（2）的解答： A 是正确的。尽管技术组件的价格一直在下降这点很重要，但这种下降与过去的经验是一致的，因此并不代表拐点。

问题（3）的解答： C 是正确的。管理层坚持其资本部署的历史方法，所以这并不代表拐点。

问题（4）的解答： A 是正确的。虽然技术进步对航空公司来说是有利的，但它不会对客运量产生有意义的影响，这可能会阻止机场分享这种好处。相比之下，B 和 C 都可能对墨西哥机场的长期盈利能力产生重大影响。

问题（5）的解答： C 是正确的。因为领英没有债务，新的利率不太可能在公司的前景中造成拐点。

6.7　建立模型

本节提供了构建公司模型的示例。[⊖]目标公司是人头马君度集团（Rémy Cointreau Group，Rémy），一家销售葡萄酒和烈酒的法国公司。在简要概述了公司和行业之后，我们将主要关注构建预计的利润表、现金流量表和资产负债表的过程。

6.7.1　行业概况

这个行业概述将集中在干邑行业，因为它是 Rémy 最重要的业务部门，利润占总营业利润的 75%。（在实践中，分析师也将对公司的其他主要部门进行类似的行业分析。）干邑市场的一个重要特征是供应有限，而需求却在增长。供应受到限制，因为类似香槟的干邑生产受到严格监管，在本例中，监管方是法国干邑酒行业管理局（BNIC）。根据规定，干邑只能在位于法国西南部干邑镇周围的有限地理区域内生产。此外，在该地区内，每年的产量都有上限。干邑市场高度集中，前四大参与者控制着全球 78% 的销量和 84% 的全球价值。Rémy 的市场份额占全球销量和价值的 14% 和 18%。由于来自中国的需求增加，对干邑的需求持续增长。2000~2010 年，在亚洲市场需求的推动下，全球干邑的产量以 2% 的年复合增长率增长，其中大部分需求来自中国。中国市场以数量为基础的复合年增长率为 16%。同时，由于中国消费者越来越喜欢品质上乘和价格更高的干邑，Rémy 的产品组合也有所改善。表 6-37 总结了干邑行业的波特五力分析。

表 6-37　干邑行业的波特五力分析

力量	程度	考虑因素
替代品的威胁	低	● 干邑消费者有品牌忠诚度，不容易转向其他饮料或高端烈酒
竞争强度	低	● 市场是整合的，四个参与者控制了全球总量的 78%，全球价值的 84%
		● 只有欧洲市场是分散的，略超过一半的市场份额不受前四名公司控制
供应商的议价能力	低 / 中等	● 大量小型独立葡萄园供应原材料
		● 大部分的蒸馏产品是由大量独立酿酒商销售给大厂的
客户的议价能力	低	● 优质饮料大多出售给不协调采购的葡萄酒和烈酒零售店
		● 优质饮料主要是在小型且分散的本地网点（餐厅等）消费
新进入者的威胁	低	● 生产商与干邑地区的供应商签订长期合同
		● 进入壁垒高
		■ 建立品牌很困难，因为它们必须具有传统 / 血统
		■ 需要大量资本投资来建立"陈年"干邑的库存及分销网络

⊖　本示例的数据来源包括公司 2012 财年的年度报告、公司的中期报告以及相应的投资者介绍（提供有关各部门基本业绩的更多信息）。

总而言之，干邑市场是 Rémy 最大和利润最高的经营部门，其盈利状况良好。除了有限的供应和不断增长的需求外，该行业在替代品、竞争、供应商、客户和潜在的新进入者方面普遍面临有利形势。

6.7.2　公司概况

Rémy 的报告年度截至 3 月 31 日，经营业务分为三个部门：

（1）干邑白兰地。该部门以其主要品牌人头马命名，占 2012 财年收入的 58%，总营业利润的 75%。

（2）利口酒和烈酒。这一领域的主要品牌是君度、Passoa、Metaxa、Saint Rémy 和 Mount Gay，它们约占 2012 财年收入和营业利润的 21%。

（3）合作品牌。该部门包括通过 Rémy 分销网络销售的其他公司品牌，占 2012 财年收入的 21%，占营业利润的不到 2%。

表 6-38 是分部财务信息的汇总。如图所示，该公司最大的业务部门也是其利润最高的部门：2012 年财年，干邑部门营业利润率约为 29%（= 1.73 亿欧元 /5.93 亿欧元）。

表 6-38　Rémy 营业收入和营业利润的分析

	2010 财年	2011 财年	2012 财年
干邑白兰地（百万欧元）	406	486	593
利口酒和烈酒（百万欧元）	207	208	216
合作品牌（百万欧元）	196	214	218
总收入（百万欧元）	808	908	1 026
营业利润（百万欧元）			
干邑白兰地	106	141	173
利口酒和烈酒	52	43	53
合作品牌	2	2	4
持有成本[①]	18	18	22
香槟（被剥离）	0	0	0
总营业利润	142	167	208
营业利润占收入的百分比			
干邑白兰地	26.1%	28.9%	29.2%
利口酒和烈酒	25.0%	20.5%	24.4%
合作品牌	1.0%	1.0%	1.9%
持有成本占总收入的百分比	−2.2%	−2.0%	−2.2%
营业利润率	17.6%	18.4%	20.2%

①持有成本是一个抵扣项。

资料来源：基于 2012 年 3 月 31 日人头马君度集团合并财务报表附注 15.1 中的信息。

6.7.3 预计利润表的构建

本节将说明预计利润表的构建。收入预测遵循公司经营分部的结构。Rémy2012 年的报告年度于 3 月 31 日结束。

6.7.3.1 收入预测

收入预测主要采用混合方法，因为各个细分市场的趋势（自下而上）与相关地区的经济发展（自上而下）相结合。对于每一个细分市场，收入的变化是由数量、价格和外汇估计驱动的，基于历史趋势，并根据趋势的预期偏差进行调整。价格变化不仅指单个产品的价格变化，还指价格/组合的变化，其定义为因销售高价和低价产品的不同组合而导致的平均价格变化。归因于数量或价格/组合的收入变化被视为有机增长，并与外汇影响（模型中的外汇影响）分开显示。

在干邑部门，历史销量增长从 2010 年的 4.2% 提高到 2012 年的 10.8%。鉴于当时全球经济放缓，预计未来几年的销量增长将保持强劲，但将比 2012 年有所放缓。越来越多的富裕的中国消费者可能会保持高需求，尽管发达市场的消费可能相当平稳。在模型中，假设 2013 年的销量增长为 8%，然后以每年 1 个百分点的速度逐渐下降，到 2016 年将达到较稳定的 5%。

2009 年、2010 年、2011 年和 2012 年，价格/组合对干邑分部收入增长的贡献分别约为 8%、23%、5% 和 13%。尽管近年来价格/组合对收入增长的影响有所波动，但鉴于行业结构有利，未来价格/组合对收入增长的贡献很可能仍然相对重要。假设 2013 年价格/组合对收入增长的贡献为 10%，然后在 2015 年之前每年放缓 2 个百分点至 6%。2013 年 8% 的销量增长和 10% 的价格/组合影响的综合预测为有机收入合计增长 18.8%，计算公式为 $[(1+0.08) \times (1+0.10) = 1.188] - 1 = 0.188$，即 18.8%。

除了数量和价格/组合的影响，干邑的收入还受到汇率变动的影响。公司披露的信息表明，大约 70% 的收入在欧元区以外实现，而 Rémy 的大部分生产发生在欧元区。根据当前的财务状况，模型结果预测外汇对 2013 年的收入产生积极影响，主要货币兑欧元走强。

表 6-39 总结了干邑分部收入的历史和预测信息。

表 6-39 干邑部门收入的历史和预测信息

	2008 年	2009 年	2010 年	2011 年	2012 年	2013 年预期	2014 年预期	2015 年预期
收入（百万欧元）	362	312	406	486	593	739	854	960
同比增长（%）	4.2	-13.9	30.1	19.8	21.9	24.8	15.6	12.4

（续）

	2008 年	2009 年	2010 年	2011 年	2012 年	2013 年预期	2014 年预期	2015 年预期
销量增长（%）	6.7	−19.6	4.2	6.5	10.8	8.0	7.0	6.0
价格/组合（%）	4.5	7.6	23.0	5.3	12.9	10.0	8.0	6.0
有机增长（%）	11.5	−13.5	28.2	12.1	25.1	18.8	15.6	12.4
外汇影响（%）	−7.3	−0.3	1.9	7.7	−3.2	6.0	0.0	0.0
范围变化（%）	0.0	0.0	0.0	0.0	0.0	0.0	0.0	0.0
同比增长（%）	4.2	−13.8	30.1	19.8	21.9	24.8	15.6	12.4

资料来源：基于人头马君度集团的数据和作者的分析。

可以对其他分部的收入进行类似的分析，然后将这些金额相加以得出整个公司的预计收入。

6.7.3.2　销售成本

Rémy 的毛利率从 2011 年的 57.1% 提高到 2012 年的 61.4%，提高了 4.3 个百分点。干邑分部强劲的价格/组合效应是关键驱动因素。由于高利润率亚洲地区的强劲增长，强劲的价格/组合效应和相应的毛利率改善是上一年毛利率改善的潜在驱动力。由于亚洲对昂贵干邑的需求预计将成为销量增长的主要驱动力，价格/组合也将继续上升，从而推动未来几年的毛利率提升。干邑类别的有限供应和对优质烈酒的强劲需求（特别是在亚洲），证明了未来高价格/组合（见第 6.7.3.1 节收入预测）和相应较高毛利率的合理性。随着价格/组合对收入的贡献效应随着时间的推移而放缓，毛利率改善的步伐也将放缓。

6.7.3.3　销售费用和管理费用

由于更高的广告和促销（A & P）成本以及自有分销网络的扩张，分销成本从 2009 年的 26.1% 跃升至 2012 年的 33.6%。尤其是 Rémy 在亚洲建立的分销网络增加了基础成本。Rémy 非常致力于品牌建设，也希望在地域上实现多元化。我们估计分销成本占收入的百分比将进一步增加，尽管增速放缓。管理费用占收入的百分比保持在 7.7%，与 2012 年一样。

表 6-40 提供了 Rémy 的合并利润表。

表 6-40　历史和预计的 Rémy 合并利润表（单位为百万欧元，除非另有说明）

	2009 年	2010 年	2011 年	2012 年	2013 年预期	2014 年预期	2015 年预期
销售收入	710	808	908	1 026	1 206	1 337	1 461
销售成本	337	362	390	396	442	471	500
毛利润	373	446	518	630	764	866	961
毛利率（%）	52.6	55.2	57.1	61.4	63.4	64.8	65.8

（续）

	2009 年	2010 年	2011 年	2012 年	2013 年预期	2014 年预期	2015 年预期
毛利率变动（%）		2.6	1.9	4.3	2.0	1.4	1.0
分销成本	185	239	284	345	417	473	524
分销成本占销售收入的百分比	26.1%	29.6%	31.3%	33.6%	34.6%	35.3%	35.8%
管理费用	68	70	73	79	93	103	112
管理费用占销售收入的百分比	9.6%	8.7%	8.0%	7.7%	7.7%	7.7%	7.7%
其他营业利润	4	5	6	2	0	0	0
EBIT	124	142	167	208	254	290	325
EBIT（%）	17.5	17.6	18.4	20.2	21.1	21.7	22.2
（加回）折旧和摊销	12	14	14	15	22	26	30
折旧和摊销占销售额的百分比	1.6%	1.7%	1.6%	1.4%	1.8%	1.9%	2.1%
EBITDA	136	156	181	222	276	316	355
EBITDA（%）	19.1	19.2	20.0	21.7	22.9	23.7	24.3
其他营业利润/费用	11	−2	−47	−3	0	0	0
包括其他利润/成本的 EBIT	135	140	121	205	254	290	325
财务费用	17	22	27	27	17	17	17
其他财务费用	6	−3	2	8	0	0	0
财务费用总额	23	19	30	35	17	17	17
税前利润	113	121	91	169	237	273	308
所得税	35	33	22	47	66	76	86
税率（%）	30.7	27.0	23.9	27.9	28.0	28.0	28.0
来自联营公司的利润	3	5	4	0	0	0	−1
持续经营业务收入	81	93	73	122	170	196	221
已终止业务的利润/亏损	5	−4	−3	−11	0	0	0
年度净利润	86	89	71	111	170	196	221
少数股东损益	0	3	0	0	0	0	0
公司所有者损益	86	86	71	111	170	196	221
持续经营业务的基本 EPS（欧元）	1.73	1.94	1.50	2.47	3.53	4.05	4.56
持续经营业务的摊薄 EPS（欧元）	1.72	1.93	1.49	2.46	3.44	3.96	4.47
基本 EPS 总额（欧元）	1.84	1.80	1.44	2.25	3.52	4.05	4.55
摊薄 EPS 总额（欧元）	1.83	1.79	1.43	2.24	3.44	3.96	4.46
报告的集团利润	86	86	71	111	170	196	221

（续）

	2009 年	2010 年	2011 年	2012 年	2013 年预期	2014 年预期	2015 年预期
剔除一次性影响因素后的净利润	76	92	108	136	170	196	221
年度同比增长（%）			16.7	26.4	25.0	15.2	12.7
调整后基本 EPS（欧元）	1.63	1.92	2.19	2.76	3.52	4.05	4.55
调整后摊薄 EPS（欧元）	1.62	1.91	2.18	2.75	3.44	3.96	4.46
基本年度同比增长（%）		18.1	14.3	25.6	27.8	14.9	12.5
基本平均股数，以百万为单位	46.9	48.0	49.0	49.3	48.3	48.4	48.5
摊薄平均股数，以百万为单位	47.1	48.2	49.2	49.5	49.5	49.5	49.5

资料来源：基于人头马君度的信息和作者的分析。

6.7.3.4　按部门划分的营业利润

在本节中，我们按部门来估计 Rémy 的营业利润。如果从收入中减去销售成本，销售、一般和管理费用以及其他营业收入，则结果为 EBIT（作为营业利润的代理）。合并业务的这一数字应该与各个细分部门的累计 EBIT 相匹配。对于干邑细分市场来说，更高收入增长的预测假设产品组合不断改善，这也将导致更高的毛利率。较高的广告和分销成本会在一定程度上削弱毛利率的收益。对于 2013 年，我们估计营业利润率提高 0.4 个百分点至 29.6%。在接下来的几年里，预计干邑部门的营业利润率将以略慢的速度增长。到 2015 年，其营业利润率预计为 30.1%（见表 6-41）。作为基准，该预测可以与另一个干邑品牌轩尼诗报告的财务业绩进行比较。轩尼诗近年来的营业利润率为 30%～32%。

对于其他细分市场，上涨空间不大。在利口酒和烈酒部门，我们假设由于分销的改善，到 2015 年营业利润率应该可以逐步恢复到 24.9%。总体而言，人头马君度的综合营业利润率预计将从 2012 年的 20.2% 提高到 2013 年的 21.1%，并最终在 2015 年提高到 22.2%，这主要得益于利润最高的干邑部门的增长。

表 6-41　历史和预期的 Rémy 分部营业利润

	2009 年	2010 年	2011 年	2012 年	2013 年预期	2014 年预期	2015 年预期
收入（百万欧元）							
干邑白兰地	312	406	486	593	739	854	960
利口酒和烈酒	196	207	208	216	231	239	249
合作品牌	80	99	214	218	235	244	252

（续）

	2009 年	2010 年	2011 年	2012 年	2013 年预期	2014 年预期	2015 年预期
香槟（被剥离）	126	97	0	0	0	0	0
总收入	714	808	908	1 026	1 206	1 337	1 461
营业利润（百万欧元）							
干邑白兰地	80	106	141	173	219	255	289
利口酒和烈酒	58	52	43	53	57	59	62
合作品牌	2	2	2	4	5	5	5
持有成本	15	18	18	22	26	29	31
香槟（被剥离）							
营业利润总额	124	142	167	208	254	290	325
营业利润占收入的百分比							
干邑白兰地	25.7	26.1	28.9	29.2	29.6	29.9	30.1
利口酒和烈酒	29.4	25.0	20.5	24.4	24.5	24.7	24.9
合作品牌	1.9	2.4	1.0	1.9	1.9	1.9	1.9
持有成本	2.1	2.2	2.0	2.2	2.2	2.2	2.2
营业利润率	17.4	17.6	18.4	20.2	21.1	21.7	22.2
营业利润率变动（%）							
干邑白兰地	−0.1	0.4	2.8	0.3	0.4	0.3	0.2
利口酒和烈酒	4.3	−4.4	−4.5	3.9	0.2	0.2	0.2
合作品牌			−1.4	0.9	0.0	0.0	0.0
营业利润率变动			0.8	1.8	0.8	0.6	0.5

资料来源：基于人头马君度的信息和作者的分析。

6.7.3.5 非经营性费用

模型中包括两种类型的非经营性费用：财务费用（即利息费用）和所得税。

表 6-42 显示了财务成本的计算。财务成本需要估计债务和现金状况。公司通常为债务支付固定或可变利率。如果利率是可变的，利率将取决于现有的市场利率。信用利差通常会叠加在一个基准利率（例如，伦敦同业拆借利率、欧元同业拆借利率）的估计上。在表 6-47 中，财务成本是固定的，按期初债务总额的 5% 减去期初现金头寸赚取的 1% 计算。其他财务费用假定为零。2013 财年的预计财务费用总额为 1900 万欧元，计算为 3.79 亿欧元的债务总额乘以 5% 的假设利率。预计利息收入为 200 万欧元，计算方法为 1.9 亿欧元现金头寸乘以 1% 的利息。

表 6-42　Rémy 的债务余额、财务费用及利息收入（单位为百万欧元，除非另有说明）

	2009 年	2010 年	2011 年	2012 年	2013 年预期	2014 年预期	2015 年预期
长期债务	592	538	378	340	340	340	340
短期债务和应计利息	29	50	32	39	39	39	39
总债务	621	588	410	379	379	379	379

（续）

	2009 年	2010 年	2011 年	2012 年	2013 年预期	2014 年预期	2015 年预期
现金和现金等价物	−89	−86	−81	−190	−146	−202	−286
净债务	532	501	329	189	232	177	93
平均总债务		605	499	394	379	379	379
平均净债务		517	415	259	210	205	135
财务成本	17	22	27	24	19	19	19
对一次性项目的调整	0	0	4	7	0	0	0
财务成本	17	22	24	17	19	19	19
利息收入		0	0	2	2	1	2
不包括一次性项目的财务成本		22	24	15	17	17	17
财务成本 / 平均净债务（%）		4.3	5.7	6.7	9.0	9.2	14.0
财务成本 / 平均总债务（%）		3.6	4.7	4.4	5.0	5.0	5.0
财务成本 / 期初总债务（%）		3.5	5.8	4.6	5.0	5.0	5.0
利息收入 / 现金（期初）(%)				2.9	1.0	1.0	1.0

资料来源：基于人头马君度的信息和作者的分析。

6.7.3.6　公司所得税预测

未来期间的税率设定为 28%，与 2012 年相同。因为这也是过去 3 年的平均水平，这并不是一个异常的百分比。人头马君度任何子公司中均无重大的少数股权。

6.7.4　构建预计现金流量表和资产负债表

要计算年末的资产负债表，需要将利润表预测与年度内的预期现金流量结合起来。这些现金流可能是经营活动的直接结果，收入带来现金流入，成本带来现金流出。根据预期的销量趋势，可以对未来几年的必要生产能力和相应的资本投资和现金支出进行预算。股利支付、股票回购和债务赎回都是会影响资产负债表的财务现金流，也需要考虑在内。

6.7.4.1　资本投资和折旧预测

2012 财年资本投资或资本支出占收入的百分比为 1.7%。在过去 3 年中，资本支出占销售收入的百分比平均为 3.2%。鉴于强劲的增长前景，我们预计资本支出将处于历史水平的高位。因此，模型中使用的资本支出是销售额的 3%。随着 Rémy 固定资产基础不断增长，折旧的增加是合乎逻辑的。假设未来 3 年折旧占销售额的百分比逐渐增长，每年增加 0.125 个百分点。资本支出、折旧和摊销的分解如表 6-43 所示。

表 6-43　资本支出、折旧和摊销的分解

	2009 年	2010 年	2011 年	2012 年	2013 年预期	2014 年预期	2015 年预期
折旧和摊销（百万欧元）	12	14	14	15	22	26	30
占销售收入的百分比	1.6%	1.7%	1.6%	1.5%	1.8%	1.9%	2.1%
占固定资产的百分比	5.9%	6.5%	10.1%	10.2%	13.6%	14.8%	16.0%
资本支出（百万欧元）	27	23	27	17	36	40	44
资本支出占销售收入的百分比	3.8%	2.8%	3.0%	1.7%	3.0%	3.0%	3.0%
资本支出占固定资产的百分比	13.7%	10.8%	19.4%	11.6%	22.5%	22.9%	23.2%
资本支出/（折旧和摊销）	2.3	1.7	1.9	1.1	1.7	1.5	1.5

资料来源：基于人头马君度的信息和作者的分析。

6.7.4.2　营运资本的预测

我们假设营运资本占销售收入的百分比将保持不变。在表 6-44 中，我们仅包括与收入和成本相关的资产负债表项目（即存货、应收账款和其他应收款以及应付账款和其他应付款），其他项目保持不变。人头马君度在 2012 财年的营运资本总额超过其销售收入的一半以上。最大的营运资本部分是库存，占年收入的近 77%。由于销售增长强劲，营运资本也快速增长。这对经营性现金流量产生负面影响。请注意，我们采用了年末资产负债表中营运资本项目的数额。由于收购和剥离，现金流量表中所报告的营运资本变化并不自动与进一步计算的数字相符。尤其是 2011 年宣布并在 2012 年实施的香槟业务部门出售，使人头马君度的营运资本预测变得复杂。在表 6-44 中，这一活动导致从 2010 年到 2011 年的营运资本大幅度变化。2011 年之前的营运资本还包括香槟部门，但截至 2011 年的营运资本不包括香槟营运资本。在 2011 年的资产负债表中，4.85 亿欧元的持有待售资产中的大部分由以前列示在存货中的香槟构成。

表 6-44　Rémy 的营运资本

	2009 年	2010 年	2011 年	2012 年	2013 年预期	2014 年预期	2015 年预期
存货（百万欧元）	958	970	699	793	931	1 033	1 129
应收账款和其他应收款（百万欧元）	282	248	214	208	244	271	296
应付账款和其他应付款（百万欧元）	-453	-439	-407	-468	-549	-609	-666
营运资本（百万欧元）	788	779	506	533	626	695	759
期末存货占销售收入的百分比	135	120	77	77	77	77	77
期末应收账款和其他应收款占销售收入的百分比	40	31	24	20	20	20	20
期末应付账款和其他应付款占销售收入的百分比	-64	-54	-45	-46	-46	-46	-46

（续）

	2009 年	2010 年	2011 年	2012 年	2013 年预期	2014 年预期	2015 年预期
期末营运资本占销售收入百分比	111	96	56	52	52	52	52
期末存货占期末销售收入百分比的变动		14.9	43.0	0.2	0.0	0.0	0.0
期末应收账款及其他应收款占销售收入百分比的变动		9.0	7.2	3.3	0.0	0.0	0.0
期末应付账款和其他应付款占销售收入百分比的变动		9.4	9.6	0.8	0.0	0.0	0.0
期末营运资本占销售收入百分比的变动		14.5	40.6	3.8	0.0	0.0	0.0
期末存货的绝对变动（百万欧元）		11	271	94	139	102	96
期末应收账款及其他应收款的绝对变动		34	35	6	36	27	25
期末应付账款及其他应付款的绝对变动		14	33	61	82	60	56
期末营运资本的绝对变动		9	272	27	93	68	64

资料来源：基于人头马君度的信息和作者的分析。

6.7.4.3 预计现金流量表

随着营业利润、资本支出和营运资本的估算已经到位，现金流量表几乎可以自动生成。虽然 2011 年和 2012 年 Rémy 每股支付 1 欧元的特别股利，能将每股总股利提高至 2.30 欧元，我们预计未来几年的股利将维持在每股 1.30 欧元（见表 6-45）。因此，我们看到 2013 年股息现金流出高达 1.11 亿欧元（2012 年为 4820 万股，每股 2.30 欧元），此后几年股息现金流出为 6300 万欧元（4820 万股，每股 1.30 欧元）。（请注意，尽管 2011 年和 2012 年每股股息都为 2.30 欧元，但 2012 年支付给股东的 2011 年股息金额高于我们对 2013 年的估计，因为股票回购使得股份数量下降。）

表 6-45　Rémy 的现金流量表预测　　　　（单位：百万欧元）

	2009 年	2010 年	2011 年	2012 年	2013 年预期	2014 年预期	2015 年预期
当期营业利润	124	142	167	208	254	290	324
对折旧、摊销和减值的调整	12	14	14	15	22	26	30
对基于股份支付的调整	4	3	3	4	4	4	4
从联营公司收到的股利	1	2	3	2	0	0	0
EBITDA	141	161	187	229	280	320	359
存货的变动	-37	-20	-11	-40	-139	-102	-96

（续）

	2009 年	2010 年	2011 年	2012 年	2013 年预期	2014 年预期	2015 年预期
应收账款的变动	37	−39	27	4	−6	−27	−25
应付账款的变动	82	23	3	6	82	60	56
其他应收款和应付款的变动	−54	51	22	23	0	0	0
营运资本变动	28	15	40	−7	−93	−68	−64
经营性现金流净额	169	176	227	222	187	252	294
其他经营性现金流	−185	−1	−2	0	0	0	0
净财务利润	−9	−25	−20	−17	−17	−17	−17
所得税净额	29	−54	−31	−104	−66	−76	−86
其他经营性现金流合计	−165	−80	−53	−121	−83	−94	−103
持续经营活动产生的经营活动现金流净额	4	96	173	101	103	158	191
已终止业务的影响	−67	−7	8	12	0	0	0
经营活动现金流净额	−62	88	182	113	103	158	191
资本支出	−27	−23	−27	−17	−36	−40	−44
其他投资现金流量净额	56	−13	62	1	0	0	0
持续经营活动产生的投资现金流量净额	31	−35	34	−16	−36	−40	−44
已终止业务的影响	−3	4	1	71	0	0	0
投资活动产生的现金流净额	29	−31	35	56	−36	−40	−44
资本增加	1	1	7	3	0	0	0
库存股	−2	2	0	−95	0	0	0
债务的增加	137	2	330	25	0	0	0
债务的偿还	−2	−30	−517	−58	0	0	0
派发给股东的利利	−39	−39	−41	−114	−111	−63	−63
持续经营活动融资产生的现金流净额	94	−64	−222	−239	−111	−63	−63
已终止业务的影响	0	0	0	173	0	0	0
融资活动产生的现金流净额	94	−64	−222	−67	−111	−63	−63
现金汇兑差异	−8	3	−1	8	0	0	0
现金及现金等价物的变动	52	−3	−6	110	−44	55	84
期初现金余额	37	89	86	81	190	146	202
期末现金余额	89	86	81	190	146	202	286

注：明显的小差异反映了四舍五入误差的影响。

资料来源：基于人头马君度的信息和作者的分析。

6.7.4.4 预计资产负债表

预计资产负债表在表 6-46 中给出，并以预计利润表（见表 6-40），预计现金流量表（见表 6-45）和历史初始资产负债表为依据。没有具体讨论的资产负债表项目保持不变。

表 6-46　Rémy 预测资产负债表　（单位：百万欧元）

	2009 年	2010 年	2011 年	2012 年	2013 年预期	2014 年预期	2015 年预期
品牌和其他无形资产	630	630	447	443	443	443	443
物业、厂房和设备	197	209	141	146	161	175	189
联营企业投资	62	64	65	68	68	68	68
其他金融资产	61	71	11	87	87	87	87
递延所得税资产	22	27	30	44	44	44	44
非流动资产总额	972	1 001	694	789	803	817	831
存货	958	970	699	793	931	1 033	1 129
应收账款和其他应收款	282	248	214	208	244	271	296
现金和现金等价物	89	86	81	190	146	202	286
其他流动资产	17	11	503	10	10	10	10
流动资产总额	1 347	1 316	1 497	1 200	1 332	1 515	1 720
资产总额	2 319	2 317	2 191	1 989	2 135	2 332	2 551
股本	76	78	79	79	84	88	92
股本溢价	686	708	736	738	738	738	738
库存股	−2	0	−1	−96	−96	−96	−96
合并留存收益	127	152	178	134	134	241	374
归属于公司所有者的净利润	86	86	71	111	170	196	221
汇兑储备	−1	0	−8	9	9	9	9
记在股东权益的盈利和损失	−1	−5	8	0	0	0	0
归属于控股股东的权益	971	1 018	1 063	975	1 038	1 175	1 337
非控股股东权益	−2	1	1	1	2	2	2
权益合计	969	1 019	1 064	976	1 040	1 177	1 340
长期借款	592	538	378	340	340	340	340
应付职工福利	19	24	21	22	22	22	22
预提长期负债和费用	12	5	7	7	7	7	7
递延所得税负债	199	200	122	98	98	98	98
非流动负债总额	823	766	527	467	467	467	467
短期借款和应付利息	29	50	32	39	39	39	39
应付账款和其他应付款	453	439	407	468	549	609	666
应交所得税	33	12	39	13	13	13	13
预提短期负债和费用	6	20	10	2	2	2	2

（续）

	2009 年	2010 年	2011 年	2012 年	2013 年预期	2014 年预期	2015 年预期
衍生金融工具	7	11	5	25	25	25	25
待出售负债	0	0	109	0	0	0	0
流动负债	528	532	601	546	628	688	744
权益和负债总额	2 319	2 317	2 191	1 989	2 135	2 332	2 551

资料来源：基于人头马君度的信息和作者的分析。

6.7.5 估值中的输入值

在前几节中，我们已经建立了一个模型来预测人头马君度未来的利润表、现金流量表和资产负债表。这个模型是估值的起点。大多数特定于公司的指标都可以在模型中找到。估值可以根据各种指标进行计算，包括自由现金流、每股收益、EBITDA 或EBIT。表 6-47 中列出了建立现金流折现模型所需的特定公司输入数据。表 6-47 中的第一行来自表 6-40，不包括其他营业费用。折旧和摊销来自表 6-43。剩余的数据来自表 6-45。

表 6-47　计算自由现金流作为 DCF 估值的基础　（单位：百万欧元）

	2012 年	2013 年预期	2014 年预期	2015 年预期
正常化营业利润	208	254	290	324
税费（税率 28%）	58	71	81	91
正常化税后营业利润	150	183	209	233
折旧和摊销	15	22	26	30
	165	205	235	263
营运资本变动	-7	-93	-68	-64
资本支出	-17	-36	-40	-44
公司自由现金流	141	75	127	155

资料来源：基于作者的分析。

6.8　小结

行业和公司分析是基本面分析的重要工具。在本章提出的知识点中，要点包括以下几点：

- 分析师可以使用自上而下法、自下而上法或混合法来预测收入和费用。自上而下法通常从整体经济水平开始。自下而上法从单个公司或公司内部的单位（例如业务部门）开始。时间序列方法被认为是自下而上的，尽管时间序列分析也可以被用于自上而下法中。混合法包含了自上而下法和自下而上法的元素。

- 在预测收入的"相对于 GDP 增长的增长"方法中,分析师预测国内生产总值增长率以及行业与公司相对于 GDP 的增长率。

- 在预测收入的"市场增长和市场份额"方法中,分析师将特定市场的增长预测与公司在特定市场中的份额相结合。

- 与销售金额正相关的营业利润率提供了行业规模经济的证据。

- 部分资产负债表项目,如留存收益,可以直接从利润表得到,而应收账款、应付账款和存货与利润表预测密切相关。

- 构建营运资本账户的常用方法是使用效率比率。

- 投资资本回报率(ROIC),定义为净营业利润减去经调整的税款除以经营性资产与经营性负债之间的差额,是衡量公司税后盈利能力的标准。高水平且持续的 ROIC 通常与具有竞争优势相关。

- 竞争因素影响公司与供应商谈判降低投入价格的能力和提高产品与服务价格的能力。波特五力模型可以作为识别这些因素的基础。

- 通货膨胀(通货紧缩)影响定价策略取决于行业结构、竞争力和消费者需求的性质。

- 当技术发展产生的新产品有可能侵蚀对现有产品的需求时,可以使用预期侵蚀因素与新产品的单位预测相结合来估计对现有产品未来需求的影响。

- 影响明确预测时间范围选择的因素包括预计持有期、投资者投资组合的平均周转率、行业的周期性、公司特定因素和雇主偏好。

股利折现估值法

杰拉尔德·E. 平托, PhD, CFA

伊莱恩·亨利, PhD, CFA

托马斯·R. 罗宾逊, PhD, CFA

约翰·D. 斯托, PhD, CFA

■ 学习目标

通过学习本章内容, 你将可以:

- 比较现金流折现估值模型中的三个输入变量: 股利、自由现金流和剩余收益, 识别每种定义适用的投资问题。

- 用单一和多个持有期的股利折现模型 (DDM) 计算并解释股票的价值。

- 用戈登增长模型计算股票的价值并解释模型隐含的假设。

- 用戈登增长模型和当前股票价格计算并解释隐含的股利增长率。

- 计算并解释增长机会的现值 (PVGO) 和动态市盈率 (P/E) 中与 PVGO 相关的部分。

- 用戈登增长模型计算并解释合理的动态市盈率和静态市盈率。

- 计算不可赎回的固定利率永续优先股的价值。

- 描述戈登增长模型的优点和局限性; 证明用戈登增长模型对某公司股票估值的合理性。

- 解释以下股票估值模型的假设: 两阶段 DDM、H 模型、三阶段 DDM 和电子表格模型; 证明用这些模型对某公司股票估值的合理性。

- 解释企业增长阶段、过渡阶段和成熟阶段的含义。

- 描述终值的概念并解释股利折现模型中确定终值的几种方法。

- 用两阶段 DDM、H 模型和三阶段 DDM 计算并解释股票价值。

- 用任意一种 DDM, 包括戈登增长模型和 H 模型, 估计要求回报率。

- 解释用于股利预测和股票估值的电子表格模型。

- 计算并解释企业的可持续增长率; 演示如何用杜邦分析估计企业的可持续增长率。

- 根据 DDM 模型的估值, 评价某只股票的价值被市场高估、合理估值还是低估。

7.1　引言

股票代表了其持有人在企业中的所有权权益。企业在经营过程中产生一系列的现金流，作为企业的所有者，股东对这些未来现金流拥有股权性质的索取权。从约翰·伯尔·威廉斯（John Burr Williams，1938）开始，分析师发展了一套被称为现金流折现（DCF）模型的估值模型。DCF 模型，视股票的内在价值为预期未来现金流的现值，是投资经理和投资研究的基本工具。我们将分几章介绍 DCF 模型并解释如何在实践中应用这些模型，本章是其中第 1 章。

尽管现金流折现模型估值法的原理很简单，但是将理论应用到股权估值中是一项有挑战性的工作。将 DCF 分析应用于股权估值有四个基本步骤：

- 选择 DCF 模型的类别——相当于选择现金流的具体定义；
- 预测现金流；
- 选择折现率的确定方法；
- 估计折现率。

在本章中，我们将股利（由公司董事会授权的股东分配）作为合理的现金流定义，以这种定义为基础的模型都被称为股利折现模型，或 DDM。每种 DDM 的基本目标都是股票估值。多种的 DDM 应用版本对应于不同的企业未来股利现金流支付方式。对所有 DCF 模型来说，选择折现率的确定方法和估计折现率的步骤需要考虑的问题都是相同的，因此已在介绍回报率的章节中进行了单独的介绍。

本章的结构如下。7.2 节概述了现值模型。7.3 节对股利折现模型进行了总体的介绍。对不确定的未来的每期股利做出详细的预测通常是不可行的，因此股利预测问题通常会被简化。一种处理方法是假定股利增长遵循某种规律。7.4 节讨论最简单的股利增长模式——股利永远按固定比率增长，即固定增长率（戈登增长）模型。对某些企业来说，预测多个增长阶段的盈利和股利更合适。7.5 节介绍多阶段股利折现模型以及用电子表格建模。7.6 节列出股利增长率的决定因素。7.7 节是本章的小结。

7.2　现值模型

在资产估值的方法中，现值模型是要求比较多和有难度的一种。在本节中，我们讨论用资产未来现金流对其估值的经济原理。我们还将讨论多种的现金流定义和主要的折现率估计方法。

7.2.1 以未来现金流的现值为基础的估值

资产的价值必然与我们预期能通过持有该资产获得的收益或回报[○]相关，这些回报被称为资产的未来现金流（我们在后文会更严格和准确地定义现金流）。我们还要知道，未来得到的现金比现在得到同样数额现金的价值要小。现在得到的现金让我们可以选择立即使用并消费，即货币有时间价值。因此，在估计资产的价值时，我们必须将每一笔未来现金流**折现**（discount）后才能加总：现金流价值的减少取决于它在未来的哪个时点。估计现金流和计算现金流的现值是现金流折现这种估值方法的两个基本要素。在最简单的情况下，未来现金流的时点和数额都已明确知道，如果我们用给定的折现率投资与未来现金流现值相等的金额，那么投资将会复制资产的所有现金流（并且没有剩余）。

某些资产的现金流可能基本上是明确已知的（即无违约风险），例如国债。这种无风险资产的现金流的适当折现率是无风险利率。例如，如果一项资产只有单一的、确定的现金流——两年后得到 100 美元，无风险利率为每年 5%，则该资产的价值等于 100 美元按无风险利率折现后的现值：$100/(1.05)^2 = 90.70$ 美元。

与无风险债务相反，股权投资的未来现金流是不确定的（即有风险）。风险的引入使得现值方法的应用更具挑战性。处理现金流风险问题最常见的办法涉及相对于无风险情况的两种调整。其一，将现金流看作随机变量，对现金流的预期值折现。[○]其二，调整折现率以反映现金流的风险。

式（7-1）反映了资产价值等于其（预期）未来现金流现值的概念：

$$V_0 = \sum_{t=1}^{n} \frac{CF_t}{(1+r)^t} \quad\quad (7\text{-}1)$$

式中，V_0 是资产在 $t=0$（今天）时的价值；n 是资产生命周期的现金流期数（股票的 n 为 ∞）；CF_t 是在时点 t 的现金流（或是有风险现金流的预期现金流）；r 是折现率或要求回报率。

为了简便，式（7-1）中的折现率在所有时期都相等（即假设折现率的期限结构是水平的），但分析师使用模型时可以自由地对不同现金流应用不同折现率[⊜]。

式（7-1）从现在（$t=0$）的角度给出了资产的价值。类似地，资产在未来某个时

[○] 本章的"回报"有时是货币数额的回报，与第 5 章所指的回报率不同。——译者注

[○] 随机数的预期价值是其各种可能结果的期望值或平均数，各种可能结果在平均值中的权重等于其发生的可能性。

[⊜] 不同的折现率反映的可能是不同时期的现金流风险程度不同或无风险利率不同。导致现金流风险不同的原因可能是商业风险不同、经营风险（生产中使用固定资产的程度）不同或财务风险（即杠杆，资本结构中的债务比例）不同。但这里给出的简单表达式已可以满足本次讨论的需要。

点的价值等于其所有后续现金流折现到该时点的价值。例 7-1 说明了这一点。

📖 例 7-1 用未来现金流的现值进行估值

某项资产预期在第 1 年产生现金流 100 美元，第 2 年产生 150 美元，第 3 年产生 200 美元。用 10% 的折现率计算资产现在的价值：

$$V_0 = \frac{100}{(1.10)^1} + \frac{150}{(1.10)^2} + \frac{200}{(1.10)^3}$$
$$= 90.909 + 123.967 + 150.263 = 365.14（美元）$$

在 $t=0$ 时的价值为 365.14 美元。资产在未来某个时点的价值也可以用同样的原理估计。资产在 $t=1$ 时的价值是在该时点后所有现金流折现回 $t=1$ 时的价值。价值 V_1 为：

$$V_1 = \frac{150}{(1.10)^1} + \frac{200}{(1.10)^2}$$
$$= 136.364 + 165.289 = 301.65（美元）$$

在任何时点，资产的价值等于未来现金流（CF）折现回该时点的价值。因为 V_1 表示 CF_2 和 CF_3 在 $t=1$ 时的价值，资产在 $t=0$ 时的价值也可以表示为 CF_1 和 V_1 的现值之和。

$$V_0 = \frac{100}{(1.10)^1} + \frac{301.653}{(1.10)^1}$$
$$= 90.909 + 274.23 = 365.14（美元）$$

用 CF_1、CF_2 和 CF_3 的现值计算 V_0 与用 CF_1 和 V_1 的现值计算 V_0 在逻辑上是相同的。

我们将在 7.2.2 节介绍三种不同的现金流定义。现金流概念的选择决定了我们使用的 DCF 模型的类型：股利折现模型、自由现金流模型、剩余收益模型。我们还将大致介绍各种估值问题的特征，分析师经常会根据这些特征选择某一种特定的模型。（更多的细节将在单独介绍各个模型时说明。）

7.2.2 各种预期现金流

股票估值的现值模型中，最常用的三种回报定义是股利、自由现金流和剩余收益。我们依次讨论它们的定义。

股利折现模型将现金流定义为股利。使用这种现金流定义的基本理由是，购买并持有股票的投资者通常只收到股利形式的现金回报[一]。在实践中，分析师通常认为投资价值是由盈利驱动的。将现金流定义为股利是否忽略了未作为股利分配给股东的盈利？再投资的盈利为以后股利的增加提供基础，因此，DDM 在考虑所有未来股利的时候已经把再投资的盈利包括在内。因为股利相对盈利和其他概念的回报来说波动性较小，所以相对稳定的股利使得 DDM 价值对资产价值短期波动的敏感度低于其他 DCF 模型。分析师通常将 DDM 价值视为长期内在价值的反映。

股票可能分配也可能不分配股利。企业不分配股利可能是因为没有利润或没有现金可以分配。此外，不分配股利还可能有其他积极的原因：企业盈利性太好。例如，企业可能为了把握有利可图的增长机会而将所有盈利用于再投资，即不分配股利；当企业成熟时，面对较少的好的投资机会，它可能会开始分红。一般来说，成熟的盈利企业会倾向于分配股利，并且不太愿意降低股利的水平。[二]

股利政策的选择存在国际差异，即使是在同一个市场，不同时期的选择也会有变化。一般来讲，在美国股票市场指数中分红公司的比例比在欧洲同类股票市场指数中小。温格（Wanger，2007）指出，欧洲和亚洲的小市值股票比美国的更倾向于分配股利。此外，关于股利政策变动的总趋势还有以下的观察：

- 在许多发达市场，分配现金股利的公司所占比例有长期下降趋势（例如美国、加拿大、欧盟、英国和日本）[三]。例如，法玛和弗伦奇（2001）发现，1978 年有66.5% 的美国公司分配股利，但在 1999 年只有 20.8%。后来的研究显示，这个比例在 2001 年后有小幅度的回升[四]。在美国，这种下降产生的原因有：股利分配的意愿降低（已控制盈利性和增长机会因素的影响）；盈利低并且有大量增长机会的小型上市公司的数目增加[五]。

- 在美国，进行股票回购（分配现金给股东的另一种方式）的公司所占比例从 20世纪 80 年代初开始有上升趋势；[六]在英国和欧洲大陆，从 20 世纪 90 年代初开始也有同样的趋势。[七]

[一] 公司还可以用股票回购的方式有效地将现金分配给股东。但这个事实并不影响我们的讨论。

[二] 参见 Lintner (1956) 和 Grullon, Paye, Underwood and Weston (2011)。

[三] 参见 von Eije and Megginson(2008) 和该文的参考文献。

[四] 参见 Julio and Ikenberry (2004)。

[五] 参见 Fama and French (2001)。

[六] 美国在 1982 年通过的证券交易委员会法规 10b-18 很重要。该法规规定，只要企业遵循某些条例，在回购股票时就不必担忧股票操纵的问题。

[七] 见 von Eije and Megginson (2008)。

分析师经常需要为不支付股利的股票估值。DDM模型可以用于不支付股利的股票吗？理论上是可以的，我们将在后面说明，但在实践中通常不行。

如果没有以前的股利数据或具体的股利政策指引，预测股利分配的开始时间和未来股利的金额大小通常是不可行的。对不分红的企业估值，分析师一般偏好在公司层面定义回报（如我们马上要介绍的自由现金流和剩余收益概念）的模型，而不是在股东层面（如股利）定义的。另一个模型选择的问题是关于所有权视角的。购买了少量股权的投资者没有能力对企业现金流分配的时间和数量产生实质性的影响。这正是股利折现模型的视角：获得公司价值的唯一途径就是收取股利，并假设股利政策是给定的。如果股利与公司价值创造的关系不明确，应用DDM估值就很可能是错误的。

一般来说，在满足以下条件时，将回报定义为股利并使用DDM模型是很合适的：

- 企业一直在支付股利（即分析师有股利记录可分析）；
- 董事会建立了股利政策，而且股利政策与企业的盈利状况有较明确的稳定联系；
- 投资者选择的是无控制权视角。

建立了股利政策的企业通常有较长的历史，而且有盈利，但其经营范围不属于增长最快的经济部门。专业分析师常常使用股利折现模型对这种企业的股票估值。

▌例7-2　可口可乐装瓶公司和荷美尔食品公司：DDM是合适的选择吗

作为一家经纪公司股票研究部门的主管，你承担选择估值模型的最终责任。一个负责消费/非周期性行业的分析师询问你关于使用股利折现模型对两家公司——可口可乐装瓶公司（COKE）和荷美尔食品公司（HRL）估值的问题。表7-1列出了最近15年的数据。（表中的EPS表示每股收益，DPS表示每股股利，支付比例等于DPS除以EPS。）

表 7-1　COKE 和 HRL：盈利和股利记录

年份	COKE			HRL		
	EPS（美元）	DPS（美元）	支付比例（%）	EPS（美元）	DPS（美元）	支付比例（%）
2012	3.08	1.00	32	1.86	0.60	32
2011	3.08	1.00	32	1.74	0.51	29
2010	3.94	1.00	25	1.51	0.42	28
2009	3.56	1.00	28	1.27	0.38	30
2008	1.77	1.00	56	1.04	0.37	36

（续）

年份	COKE			HRL		
	EPS（美元）	DPS（美元）	支付比例（%）	EPS（美元）	DPS（美元）	支付比例（%）
2007	2.17	1.00	46	1.07	0.30	28
2006	2.55	1.00	39	1.03	0.28	27
2005	2.53	1.00	40	0.91	0.26	29
2004	2.41	1.00	41	0.78	0.23	29
2003	3.40	1.00	29	0.67	0.21	31
2002	2.56	1.00	39	0.68	0.20	29
2001	1.07	1.00	93	0.65	0.19	29
2000	0.71	1.00	141	0.61	0.18	30
1999	0.37	1.00	270	0.54	0.17	31
1998	1.75	1.00	57	0.41	0.16	39

资料来源：The Value Line Investment Survey。

利用表 7-1 的数据回答下列问题：

（1）股利折现模型是否适用于对 COKE 估值？为什么？

（2）股利折现模型是否适用于对 HRL 估值？为什么？

问题（1）的解答：仅根据表 7-1 给出的数据，DDM 看上去不适合用于对 COKE 估值。COKE 的股利从 1998 年开始就一直是 1.00 美元。COKE 在 1998 年的 EPS 是 1.75 美元，但是急剧下滑到 1999 年的 0.37 美元。EPS 在 2002 年恢复到了 2.56 美元，但在接下来的几年，EPS 在 1.77 美元到 3.94 美元之间波动，在 2012 年时达到 3.08 美元。简而言之，在 2002 年到 2012 年的 10 年间，COKE 的年均复合增长率只有 1.9%，而且波动率相当大，但是 DPS 保持平稳不变。基于给出的数据，很难看出股利和盈利之间有明确和稳定关系。因为股利没有根据盈利的变化而调整，所以使用 DDM 对 COKE 估值很可能是不合适的。用其他基础，例如公司层面的现金流定义，对 COKE 估值似乎更合适。

问题（2）的解答：除了 2003 年和 2008 年，HRL 的历史盈利呈现出长期上升的趋势。虽然你可能想研究支付比例的变化，但 HRL 的股利基本上跟随了盈利的增长。EPS 和 DPS 在整段时期以相似的年复合增长率（11.4% 和 9.9%）增长。在最近 4 年，EPS 和 DPS 的增长率也相似，股利支付比例仅在 28% 到 32% 之间波动。总的来说，因为 HRL 支付股利，而且股利和盈利之间有较明确的稳定关系，所以用 DDM 对 HRL 估值是合适的。

估值是一个前瞻的过程。在实践中，分析师会查看是否有关于未来股利政策变化的公开披露信息。

回报的第二种定义是自由现金流。现金流概念在不同背景下被赋予了多种含义。前文的现金流概念是非正式的，指的是所有权（股权）的回报。我们现在需要从会计的角度给出更技术性的定义。在一段特定的时间里，公司销售产品和劳务可以增加现金（或使用现金），这些现金就是（相应时期的）经营活动现金流。经营活动现金流是研究企业实际经济状况关键的现金流概念。企业还可以通过另两种方式增加（或使用）现金。其一，企业可以通过买卖资产影响现金余额，包括投资厂房设备或撤回投资。其二，企业可以通过融资活动增加或减少现金。融资包括债务融资和股权融资。例如，发行债券可以增加现金，回购股票会减少现金（假定其他条件相同）。⊖

支持目前销售水平的资产可能因为过时或损耗而需要替换，企业也可能需要新的资产来把握有利可图的增长机会。在持续经营的假设前提下，有的经营活动现金流不是"自由的"，而是必须用于资产的更新和新资产的投资，自由现金流概念反映的就是这种实际情况。**企业的自由现金流**（free cash flow to the firm，FCFF）等于经营活动现金流减去资本支出。资本支出是指购买新资产的再投资，包括在营运资本上的投资，它是企业维持经营所必需的。支付了再投资活动后，剩余的经营活动现金流才是"自由的"。（这个定义是概念性的，后面的章节会更详细地定义自由现金流。）FCFF 是债权人和股东在不对企业造成经济损害的前提下可以支取的那部分经营活动现金流。从概念上讲，股权的价值等于预期未来 FCFF 的现值（即企业的总价值）减去未偿债务的市场价值。

一种股权估值方法是用股权自由现金流。**股权自由现金流**（free cash flow to equity，FCFE）等于经营活动现金流减去资本支出，即 FCFF，再减去对债权人的净支出（抵消了新增债务后的利息和本金偿还）。债权人对企业的现金有要求权，企业必须满足这种要求权后才可以付钱给股东。因此，支付给债权人的现金对股东来说是不可得的。从概念上讲，股权价值等于预期 FCFE 的现值。FCFF 是债务前自由现金流概念，FCFE 是债务后自由现金流概念。FCFE 是股权估值的基本自由现金流模型，但 FCFF 模型在有的时候更容易使用，例如当预期企业的杠杆（债务在资本结构中的比例）在未来会有较大幅度的波动时。

在目前的投资行业里，用自由现金流概念估值很流行。对任何一家企业都可以计算其自由现金流（FCFF 或 FCFE），即使是不支付股利的企业，也可以有自由现金流数

⊖ 国际上对现金来源和使用的会计分类可能与我们介绍的概念不完全一致。虽然关于应用的细节不是本书的重点，但我们还是可以举一个例子。美国通用会计准则将融资项目——净利息支出纳入经营活动现金流。因此，谨慎的分析师在使用美国会计数据计算经营活动现金流时，经常会加回税后的净利息支出。在国际会计准则中，企业可以选择是否将利息费用作为经营活动现金流。

据。FCFE 可被视为企业能够用于股利支付的现金。即使是支付股利的企业，如果股利远远超过或低于 FCFE，使用自由现金流模型也可能更好。⊖FCFE 还代表了可以在不影响资本投资的情况下重新分配到企业外部的现金流。具有控制权的股东可以做出这种重新分配。因此，自由现金流估值适用于具有控制权视角的投资者。（当企业有潜在的收购者时，即使是小股东也可能会采用这种视角，因为股票价格将会反映收购方愿意支付的价格。）

就像分析师有时会发现无法使用 DDM 一样，自由现金流方法的使用有时也会遇到困难。有的公司需要非常多的资本投资，结果预期自由现金流在未来很长时间内都是负的。例如，一家零售企业可能一直在开新的门店，远未达到饱和状态，即使在国内市场也没有。即使该零售企业目前盈利性很好，但因为资本支出的水平，它的自由现金流可能在不确定的长时间内都是负的。一系列负的自由现金流的现值也是负的。使用自由现金流模型可能需要预测很长时间，直到预期自由现金流变正。远期预测的不确定性可能很高，在这种情况下，分析师可能觉得用其他方法更好，例如使用剩余收益估值法。

一般而言，将回报定义为自由现金流并使用 FCFE（和 FCFF）模型在下列情况下是比较合适的：

- 企业不支付股利；
- 企业支付股利，但股利远远高于或低于股权自由现金流；
- 在分析师觉得舒服的预测期内，企业的自由现金流与盈利性相符；
- 投资者采用控制权视角。

本节讨论的第 3 种也是最后一种回报的定义是剩余收益。在概念上，特定时期的**剩余收益**（residual income）是这个时期的盈利超出投资者对期初投资的要求回报的部分。假定股东的期初投资是 200 万美元⊜，股票的要求回报率为 8%。要求回报率是投资者购买这只股票的**机会成本**（opportunity cost）：可以从其他风险程度相似的投资中获得的最高预期回报率，也是投资者为投资这只股票而放弃的回报率。企业一年的盈利为 18 万美元，企业为股东增加了多少价值？（根据机会成本的定义）8% × 200 万美元 = 16 万美元的回报将正好等于投资者在风险相似的投资中可以获得的金额。只有剩余的或超出的部分 18 万美元 −16 万美元 = 2 万美元代表股东的价值增加值或经济收益。因

⊖ 理论上，如果每一期的股利等于 FCFE，假定其他条件相同，DDM 和 FCFE 模型应该得到相同的估值。关于股票估值现值模型的数学推导和理论，Miller and Modiliani（1961）有经典的介绍。

⊜ 原文是 $200 million，即 2 亿美元。为了表述方便，这里译作 200 万美元，其余金额也有相应的调整，但这种调整不会影响讨论。——译者注

此企业在这个时期的剩余收益是 2 万美元。剩余收益法试图将收益与获得收益（但不一定有现金的实现）的时间进行匹配，但与会计净利润（原则上有相同的匹配概念）不同，剩余收益试图衡量的是超过机会成本的价值增加值。

剩余收益法模型设定股票的价值等于每股账面价值加上预期未来剩余收益的现值（**每股账面价值**（book value per share）等于股东权益除以发行在外的股票数量）。与股利和自由现金流模型不同，剩余收益模型在现值的表达式中引入了一个股票概念，即每股账面价值。但是剩余收益模型可以看作在公司层面定义回报的另一种股利折现模型。股利是从盈利中分配出来的，可以用简单的公式表示股利与盈利和账面价值的关系。[⊖]剩余收益模型是分析师工具组的有用补充。不管是支付股利的公司还是不支付股利的公司，都可以用剩余收益模型进行估值，因为剩余收益总是可以算出来的。当企业的预期自由现金流在分析师觉得舒服的预测期内为负值时，分析师可能会选择剩余收益模型。在这种情况下，因为剩余收益法经常会比自由现金流估值更早地确认价值，所以会产生较高的估计值。

剩余收益法很好地关注了与机会成本相关的盈利性。[⊖]分析师要对权责发生制会计有详细的理解才能较好地使用剩余收益模型。因此，如果股利折现模型合适的话，分析师会偏好使用较简单的 DDM。管理层有时会在会计准则允许的范围内选择不恰当的会计方法，导致财务数据不能准确反映企业的经济状况。如果会计披露的质量尚可，分析师或许可以通过一些适合的调整（尤其是对净利润和账面价值的调整）计算剩余收益。但如果会计失真情况严重或披露质量太差，剩余收益模型的应用多数会是错的。

一般而言，将回报定义为剩余收益并使用剩余收益模型在下列情况中是比较合适的：

- 企业不支付股利，剩余收益模型可以作为自由现金流模型的替代；
- 企业的预期自由现金流在分析师觉得合适的预测期内为负值。

总的来说，投资者回报的三种最常用定义是股利、自由现金流和剩余收益。尽管经常有某种定义的现金流在本质上更优的说法——这经常伴随着投资实践中的潮流变化，但保持更灵活的视角会实际一些。分析师还可能会在某一种模型上积累更多的经

⊖ 只要所有项目先经过利润表（反映在盈利中）再到资产负债表（影响账面价值），不考虑涉及所有权的交易，在 t 时点的账面价值 =（在 $t-1$ 时点的账面价值）+（从 $t-1$ 到 t 的盈利）-（在 t 时点的股利）。除了企业与股东之间的交易，股权账面价值的所有变化都反映在利润中，这种条件被称为**干净盈余会计**（clean surplus accounting）。美国和国际会计准则并不总是遵循干净盈余会计，因此分析师在使用这个公式时必须严格检查会计项目是否符合干净盈余会计，如果不符合就需要恰当地进行调整。

⊖ 管理层薪酬计划有时以剩余收益概念为基础，例如 Stern Stewart 公司注册的经济价值增加值（EVA®）。

验。在实践中，模型应用方面的技巧——尤其是预测的质量，常常决定了分析师工作的有用性。

针对被估值公司的不同特点，股利折现模型有具体的应用方法。我们在下一节介绍一般形式的股利折现模型，作为后续具体讨论的序言。

7.3　股利折现模型

投资分析师使用多种模型和技术估计股票的价值，包括现值模型。在 7.2.2 节，我们讨论了现值分析中的三种常见的回报定义：股利、自由现金流和剩余收益。在本节中，我们介绍股利折现模型最一般的形式。

DDM 是股票估值中最简单和最古老的现值模型。在布洛克（1999）的一项 CFA 协会⊖会员调查中，42% 的受访者认为 DDM 在确定单个股票价值时"很重要"或"比较重要"。"美林机构因素调查"从 1989 年开始评价 23 种估值因素和方法在一组机构投资者中的流行程度。DDM 使用比例最高的一次是 1989 年的第一次调查，有超过 50% 的受访者报告使用了 DDM。报告显示，从 1993 年以来，报告的使用率在 25% 到 40% 之间，2012 年增加到了超过 35%。除了在实践中长期具有重要地位，DDM 在学术界和执业者的股票研究中也一直占有重要的位置。由于这些原因，DDM 是股票估值的基本工具。

7.3.1　单个持有期的公式

从购买并持有股票的投资者角度看，他可以获得的现金流为股票的股利和出售股票时的市场价格。未来的销售价格按理应该反映销售以后的股利预期。在本节中，我们将展示如何从这一原理推导出股利折现模型的最一般形式。此外，这种有限持有期的一般形式对应 DDM 估值的一种实际做法：分析师在这种做法中预测有限期数的股利和最终的销售价格。

如果投资者打算购买股票并持有一年，股票目前的价值应该等于预期股利的现值加上预期一年后销售价格的现值：

$$V_0 = \frac{D_1}{(1+r)^1} + \frac{P_1}{(1+r)^1} = \frac{D_1 + P_1}{(1+r)^1} \qquad （7-2）$$

式中，V_0 是股票在今天 $t=0$ 时的价值；P_1 是预期在 $t=1$ 时的每股价格；D_1 是第 1 年

⊖ 在 Block（1999）的文章中被称为投资管理与研究协会，该名称在 2004 年被改为 CFA 协会。

的预期每股股利，假设在年末 $t=1$ 时支付；r 是股票的要求回报率。

式（7-2）将资产价值等于未来现金流现值这个原理应用于单个持有期。在例 7-3 中，预期现金流是一年的股利（为简化问题，假设在年末一次性获得）⊖和一年后的股票价格。

▌ 例 7-3　单一持有期的 DDM 价值

假设你预期家乐福公司（Carrefour SA，CA）下一年支付 0.58 欧元的股利。你预期一年后 CA 的股票价格将是 27.00 欧元。CA 股票的要求回报率是 9%。你估计 CA 股票的价值是多少？

将预期股利 0.58 欧元和预期销售价格 27.00 欧元按 9% 的要求回报率折现，我们可以得到：

$$V_0 = \frac{D_1 + P_1}{(1+r)^1} = \frac{0.58 + 27.00}{(1+0.09)^1} = \frac{27.58}{1.09} = 25.30（欧元）$$

7.3.2　多个持有期的公式

如果投资者打算购买股票并持有两年，股票的价值等于第 1 年预期股利的现值，加上第 2 年预期股利的现值，再加上第 2 年年末的预期销售价格的现值。

$$V_0 = \frac{D_1}{(1+r)^1} + \frac{D_2}{(1+r)^2} + \frac{P_2}{(1+r)^2} = \frac{D_1}{(1+r)^1} + \frac{D_2 + P_2}{(1+r)^2} \tag{7-3}$$

我们可以很容易地将一年和两年持有期的公式扩展成任何有限持有期数的 DDM 估值。在一个 n 期模型中，股票的价值是 n 期预期股利的现值之和加上第 n 期期末（在 $t=n$ 时）预期价格的现值。

$$V_0 = \frac{D_1}{(1+r)^1} + \cdots + \frac{D_n}{(1+r)^n} + \frac{P_n}{(1+r)^n} \tag{7-4}$$

如果我们使用求和符号代表最开始 n 期预期股利的现值，n 个持有期或投资期的一般表达式可以写成：

$$V_0 = \sum_{t=1}^{n} \frac{D_t}{(1+r)^t} + \frac{P_n}{(1+r)^n} \tag{7-5}$$

式（7-5）在 DDM 的应用中很重要，因为分析师可能预测有限期数内每一年的股利

⊖　在 DDM 的所有讨论中，我们都假设某一期的股利在期末一次性支付。

（通常是 2～5 年），然后用多种方法中的一种预测最终价格 P_n。（我们将在 7.5 节讨论有限预测期的估值方法。）例 7-4 回顾了这种计算方式。

▍例 7-4   为 5 年的预测期找出股票的价值[⊖]

在未来 5 年，某只股票每年的预期股利分别为 2.00 美元、2.10 美元、2.20 美元、3.50 美元和 3.75 美元。预期 5 年后的股票价格为 40.00 美元。如果股权要求回报率是 10%，股票的价值是多少？

预期未来现金流的现值可以写成：

$$V_0 = \frac{2.00}{(1.10)^1} + \frac{2.10}{(1.10)^2} + \frac{2.20}{(1.10)^3} + \frac{3.50}{(1.10)^4} + \frac{3.75}{(1.10)^5} + \frac{40.00}{(1.10)^5}$$

计算并加总这些现值，可以得到股票价值 $V_0 = 1.818 + 1.736 + 1.653 + 2.391 + 2.328 + 24.837 = 34.76$ 美元。

在 34.76 美元的股票总价值中，5 期股利的总现值为 9.926 美元，股票终值的现值为 24.837 美元。

对于有限的持有期，不管是 1 年、2 年、5 年还是其他数量的年份，股利折现模型以两个部分之和计算股票价值：①持有期内预期股利的现值；②持有期期末的预期股票价格的现值。持有期每增加一年，我们就有多一期的预期股利。在极限情况下（即如果持有期向未来无限期延伸），股票的价值是所有预期未来股利的现值。

$$V_0 = \frac{D_1}{(1+r)^1} + \cdots + \frac{D_n}{(1+r)^n} + \cdots \tag{7-6}$$

这个价值可以用求和符号表达为：

$$V_0 = \sum_{t=1}^{\infty} \frac{D_t}{(1+r)^t} \tag{7-7}$$

式（7-7）是股利折现模型的一般形式，最早由约翰·伯尔·威廉斯（1938）提出。即使投资者选择有限投资年限的视角，股票的价值仍然取决于所有未来的股利。对该投资者来说，股票目前的价值直接取决于投资者预期在股票销售以前可以得到的股利，并间接取决于股票销售以后的预期股利，因为未来股利会决定预期销售价格。

式（7-7）将股票价值表达为未来无限期预期股利的现值，这对预测提出了巨大的挑战。在实践中，分析师当然不可能细致地预测出无限期内每一期的股利。要使用

[⊖]　原文为"stock price"，根据例子内容译作"股票价值"。——译者注

DDM，预测问题必须简化。这个问题有两大类解决办法，每一类都有多个形式。

（1）可以预测未来股利遵循某种增长形式。最常见的形式有：

- 永续的固定增长率（戈登增长模型）；
- 两个不同的增长阶段（两阶段增长模型和 H 模型）；
- 三个不同的增长阶段（三阶段增长模型）。

股票的 DDM 价值通过将各期的股利折现得到。我们将在 7.4 节介绍戈登增长模型，在 7.5 节介绍两阶段增长模型、H 模型和三阶段增长模型。

（2）可以用预测财务报表分析[⊖]等方法预测某个终点以前有限期内每一期的股利，这种预测通常会延伸至未来 3～10 年。虽然有的分析师对所有公司都采用相同的预测期，但预测期的选择经常取决于公司盈利的可预测性（有时称为**可预见性**（visibility））。然后再预测以下两项的其中一项：

- 在预测期终点以后按某种形式增长的股利；
- 用某种方法估计的股利预测期终点的股票价格（**终期股票价格**（terminal share price））。（例如，将终点的预测账面价值或预测每股收益乘以一个倍数，这个倍数的估计方法也有几种。）

股票的 DDM 价值通过将股利（如果有预测价格就加上预测的价格）折现得到。

电子表格在各种 DDM 的应用中都有用，但在需要单独预测每期股利的 DDM 模型中特别有用。我们将在 7.5 节讨论如何用电子表格建模。

不管分析师使用的是股利还是其他现金流定义，他们在估计股票价值时通常都会采用以上预测方法中的一种。实践中的难点是为股票未来的股利选择合适的模型以及为模型找出高质量的输入值。

7.4 戈登增长模型

戈登和夏皮罗（Gordon and Shapiro，1956）以及戈登（1962）提出了戈登增长模型。该模型假设股利在未来会无限期地以固定比率增长。将上述假设应用到股利折现模型的一般形式（式（7-7））中就可以得到简单漂亮而且在投资界具有影响力的估值公式。本节介绍戈登增长模型的推导和使用。

⊖ 预测财务报表分析（pro forma financial statement analysis）就是在分析以前财务报表的基础上预测未来的财务数据。——译者注

7.4.1 戈登增长模型公式

预测未来股利最简单的形式就是假设股利会以固定比率增长。这个假设的数学表达式为：

$$D_t = D_{t-1}(1+g)$$

式中 g 是预期的固定股利增长率，D_t 为时点 t 的预期股利。例如，假设最近一期的股利 D_0 为 10 欧元。如果预测股利增长率为 5%，在 $t=1$ 时的预期股利为 $D_1 = D_0(1+g) = 10 \times 1.05 = 10.5$ 欧元。在任何时点 t，D_t 等于 $t=0$ 时的股利以 g 计算 t 期的复利：

$$D_t = D_0(1+g)^t \qquad (7\text{-}8)$$

继续上面的例子，在第 5 年年末的预期股利为 $D_5 = D_0(1+g)^5 = 10 \times (1.05)^5 = 10 \times 1.276\,282 = 12.76$ 欧元。将 $D_0(1+g)^t$ 代入式（7-7）的 D_t 就可以得到戈登增长模型。如果将每一期都写出来，模型为：

$$V_0 = \frac{D_0(1+g)}{(1+r)} + \frac{D_0(1+g)^2}{(1+r)^2} + \cdots + \frac{D_0(1+g)^n}{(1+r)^n} + \cdots \qquad (7\text{-}9)$$

式（7-9）是一个等比数列，即每一项等于它的前一项乘以一个常数，这个例子中的常数为 $(1+g)/(1+r)$。这个公式可以用代数简化为更精炼的公式：$^{\ominus}$

$$V_0 = \frac{D_0(1+g)}{r-g}, \text{或} \ V_0 = \frac{D_1}{r-g} \qquad (7\text{-}10)$$

因为 $D_1 = D_0(1+g)$，所以两个公式是等价的。必须确定的是，式（7-10）中的要求回报率必须大于预期增长率：$r>g$。如果 r 等于或小于 g，假设稳定增长的简化模型（式（7-10））就不成立。如果 r 等于 g，股利增长率与折现率相同，股票的价值就变成无穷大（等于不折现的所有预期未来股利之和）。如果 r 小于 g，股利增长率高于折现率，股票的价值为无穷大。无穷大的价值当然是没有经济意义的，所以 r 小于或等于 g 都是没有意义的。

我们举例说明计算的方法。假设刚刚支付了 5 欧元的股利（$D_0 = 5$ 欧元），预期的长期增长率为 5%，股权要求回报率为 8%。每股的戈登增长模型价值为 $D_0(1+g)/(r-g) = (5 \times 1.05)/(0.08-0.05) = 5.25/0.03 = 175$ 欧元。在计算模型价值时要注意分子是 D_1 而不是 D_0。

戈登增长模型（式（7-10））是证券分析领域认知度最高的模型之一。因为模型以未来无限期的股利为基础，模型的要求回报率和增长率都应该反映长期的预期。此外，

$\ominus$ 这个简化用到了无限等比数列的求和公式，即 $a + am + am^2 + \cdots$ 等于 $a/(1-m)$，其中第一项等于 a，增长因子等于 m 而且 $|m|<1$。令 $a = D_1/(1+r)$ 且 $m = (1+g)/(1+r)$ 就可以得到戈登增长模型。

模型的估值对要求回报率 r 和股利增长率 g 非常敏感。在这个模型和其他估值模型中，对输入值进行敏感性分析都是有用的，尤其是在分析师对输入值的合理性不是很确定的时候。

在前文中我们提到，分析师一般将 DDM 模型应用于分配股利的公司，而且要求股利与公司的盈利性有较明确的稳定关系。戈登增长模型也有这样的要求。此外，DDM 的戈登增长形式比较适用于盈利增长接近或低于整体经济名义增长率的公司。高速增长的企业进入成熟期后增长速度一般会降低，而戈登增长模型预测的是未来全部的股利现金流。

要确定企业的增长率是否符合戈登增长模型的条件，就要先估计经济的名义增长率。这个增长率通常用**国内生产总值**（gross domestic product，GDP）衡量。（GDP 是一个国家境内生产的商品和服务总和的货币衡量。）政府机构和世界银行都公布 GDP 的数据，这些数据也可以从一些辅助来源获得。表 7-2 列出了主要发达市场最近的实际 GDP 增长记录。

表 7-2　实际 GDP 平均年增长率（1983～2012 年）　　　（%）

国家	时期		
	1983～1992 年	1993～2002 年	2003～2012 年
澳大利亚	3.4	3.8	2.4
加拿大	2.7	3.5	1.9
丹麦	2.1	2.4	0.6
法国	2.3	2.0	1.1
德国	3.0	1.4	1.2
意大利	2.5	1.6	0.0
日本	4.3	0.8	0.9
荷兰	2.9	3.0	1.1
瑞典	1.9	2.7	2.3
瑞士	2.1	1.3	1.9
英国	2.6	3.4	1.4
美国	3.5	3.4	1.7

资料来源：OECD。

根据历史的和 / 或预测的信息，名义 GDP 的增长率可以用实际 GDP 增长率的估计加上预期长期通货膨胀率之和来估计。例如，2013 年初加拿大经济的实际增长率估计为 1.2%。采用加拿大央行 2% 的目标通货膨胀率作为预期通货膨胀率，可以得到加拿大经济的名义增长率估计为 1.2%＋2%＝3.2%。上市公司在所有公司中所占的比例会有不同，但总是小于 100% 的。因此，上市公司整体的增长率在长期内可能与 GDP 名义增长率不同，而且在整体上市公司中，部分板块可能有持续的增长率差异。但无论如何，远高于名义 GDP 增长率的盈利增长在永续期内是不可能持续的。

当预测的盈利增长率远高于整体经济的名义增长率时，分析师不会采用戈登增长模型，而是使用多阶段的 DDM，其最后阶段的增长率对于经济的名义增长率来说更合理。

▍例 7-5 用戈登增长模型估值（1）

乔尔·威廉斯跟踪一家制造商民两用纸质与塑料包装物的公司，索那可产品公司（Sonoco Products Company，简称 Sonoco）。Sonoco 的股利政策保持了 40%～60% 的股利支付率，股利增长的情况看上去与持续提高的盈利水平相一致。威廉斯还注意到：

- Sonoco 最近一次季度股利（除息日：2013 年 8 月 14 日）为 0.31 美元，与最近的年度股利 4×0.31=1.24 美元一致。

- Sonoco 的预测股利增长率为每年 4%。

- 贝塔值（β_i）为 0.95，股权风险溢价（股票相对于无风险利率的预期超额回报，$E(R_M) - R_F$）为 4.5%，无风险利率（R_F）为 3%，用资本资产定价模型（CAPM）估计 Sonoco 的要求回报率为 $r = R_F + \beta_i [E(R_M) - R_F] = 3.0\% + 0.95 \times 4.5\% = 7.3\%$。威廉斯认为戈登增长模型适用于对 Sonoco 进行估值。

（1）计算 Sonoco 股票的戈登增长模型价值。

（2）Sonoco 目前股价为 38.10 美元。根据你对问题（1）的回答，判断 Sonoco 股票是被合理估值、低估还是高估了。

问题（1）的解答： 利用式（7-10）

$$V_0 = \frac{D_0(1+g)}{r-g} = \frac{1.24 \times 1.04}{0.073 - 0.04} = \frac{1.289\,6}{0.033} = 39.08（美元）$$

问题（2）的解答： 市场价格 38.10 美元比戈登增长模型的内在价值估计 39.08 美元低了 0.98 美元，接近 2.5%。基于戈登增长模型的估计，Sonoco 看上去被略微低估了。

分析师在用戈登增长模型估值时可能会遇到一些实际问题，例 7-6 展示了一个这样的例子。例子涉及调整贝塔值，计算中最常见的办法是将原始的历史贝塔值调整为整体市场的贝塔值均值 1。

📕 例 7-6　用戈登增长模型估值（2）

作为美国国内一家股票 - 债券共同基金的分析师，罗伯塔·金正在评价一家上市的自来水公司米德尔塞克斯县自来水公司（MSEX）是否可以被列入可投资名单。金是在 2013 年年中进行分析的。

不是所有国家都有上市的自来水公司。在美国，85% 的人口从政府企业获得自来水供应，但仍然有一批归投资者所有的自来水公司向公众提供用水。MSEX 在 2013 年中的市值大约有 3.27 亿美元，是美国十大自来水上市公司之一。MSEX 的历史基础是米德尔塞克斯县系统（Middlesex System），服务于新泽西中部发达地区的居民和工商业客户。MSEX 还通过多个子公司向新泽西南部和特拉华州地区提供水和废水回收处理服务。

由于盈利在近期的经济衰退中下滑，公司近 5 年的净利润率增速都低于 2%。MSEX 在过去 5 年的净资产收益率平均为 7.8%，而且波动很小，其利润率高于行业平均。因为 MSEX 的主要收入来源于政府管制行业，向较稳定的群体提供重要的必需品——水，所以金对利润和股利增长的预测有信心。MSEX 的股利政策看上去是每年小幅度地增加股利，并且保持大约 80% 的平均股利支付率。其他实际情况和预测如下：

- 2012 年 MSEX 的每股股利（D_0）为 0.74 美元。
- 扎克斯投资研究公司（Zacks Investment Research）报告（根据两个分析师的意见），3～5 年盈利增长的一致预期为 2.7%。金预测的长期盈利增长率为 3.5%，略高于这个数值。
- 根据 60 个月的回报率估计，MSEX 的原始贝塔值和调整的贝塔值分别为 0.70 和 0.80。但是，贝塔值估计的 R^2 低于 20%。
- 根据标准普尔对 MSEX 的发行者评级 A- 和目前的公司债券收益率曲线，金估计 MSEX 的税前债务成本为 5.6%。
- 金预测 MSEX 的股权要求回报率为 7.0%。
- MSEX 的目前股价为 20.50 美元。

（1）用戈登增长模型和金估计的股权要求回报率对 MSEX 估值。

（2）根据戈登增长模型的估值，判断 MSEX 的股票是被合理估值、低估还是高估了。

（3）说明对 MSEX 估值选择戈登增长模型的合理性。

（4）假设贝塔值会回归均值，计算 MSEX 股权要求回报率的 CAPM 估计值。（假定股权风险溢价为 4.5%，报价当日的无风险利率为 3%。）

（5）用 A）问题（4）答案中的要求回报率和 B）债券收益率加 2.5% 的风险溢价，计算戈登增长模型的估值。

（6）评价 MSEX 股权要求回报率的不确定性会如何影响问题（2）的估值结论。

问题 (1) 的解答：利用式（7-10），

$$V_0 = \frac{D_0(1+g)}{r-g} = \frac{0.74 \times 1.035}{0.07 - 0.035} = 21.88（美元）$$

问题（2）的解答：因为戈登增长模型的估计值 21.88 美元比市场价格 20.50 美元高出 1.38 美元，约为 6.7%，所以 MSEX 看上去是被低估了。

问题（3）的解答：戈登增长模型假定股利永续增长，模型对 MSEX 来说是符合实际的，理由如下：

- 从净资产收益率可以看出，MSEX 的盈利性是稳定的。这种稳定性反映了需求的可预测性和政府对该公司产品——自来水的价格管制。

- 从股利每年增长的股利政策和可预测的股利支付率这两点可以看出，股利与盈利有明确且稳定的关系。

- 历史的盈利增长率为每年 2.5%，比美国名义 GDP 的长期年增长率低（根据美国商务部经济分析局的分析，在 1947～2013 年为 3.2%）。

- 根据给定的名义 GDP 增长率，并且预测中不存在增长率非常高或非常低的时期，预测 3.5% 的增长率看起来是可以实现的。

问题（4）的解答：调整的贝塔值反映了回归均值的假设。用调整的贝塔值计算 CAPM 股权要求回报率：3% + 0.80 × 4.5% = 6.6%，该回报率包含了均值回归 1 的假设。

问题（5）的解答：

A. 用股权要求回报率 6.6% 计算戈登增长模型价值：

$$V_0 = \frac{D_0(1+g)}{r-g} = \frac{0.74 \times 1.035}{0.066 - 0.035} = 24.71（美元）$$

B. 债券收益率加风险溢价法估计的股权要求回报率为 5.6%+2.5%=8.1%，则：

$$V_0 = \frac{D_0(1+g)}{r-g} = \frac{0.74 \times 1.035}{0.081 - 0.035} = 16.65（美元）$$

问题（6）的解答：用 CAPM 股权要求回报率计算（问题（5）A），MSEX 看来是明显地被低估了。但是从 R^2 看，贝塔值仅解释了不到 20% 的 MSEX 回报率波动。用债券收益率加风险溢价法，MSEX 好像是被高估了（16.65 美元比市场价格 20.50

美元低了 18%），但是债券收益率加风险溢价方法中的风险溢价估计值缺乏明确的证据支持。在这个方法中，因为股权要求回报率估计的不确定性，分析师认为 MSEX 被高估的信心会减少。参考其他两种估值方法的结果，分析师可以认为 MSEX 被低估了。

如前所述，分析师需要知道，戈登增长模型的估值可能对要求回报率和股利增长率的微小变化十分敏感。例 7-7 展示了敏感性分析的一种形式。

▌例 7-7　用戈登增长模型估值（3）

在例 7-6 中，当期股利为 0.74 美元，预期股利增长率为 3.5%，在股权要求回报率 7% 的基础上估计 MSEX 的戈登增长模型价值为 21.88 美元。如果 r 和 g 的估计值各自变动 25 个基点会怎样？模型价值对 r 和 g 估计值变化的敏感性如何？表 7-3 提供了关于敏感性的信息。

表 7-3　基于不确定输入值的价格估计　　　　（单位：美元）

	$g=3.25\%$	$g=3.50\%$	$g=3.75\%$
$r=6.75\%$	21.83	23.57	25.59
$r=7.00\%$	20.37	**21.88**	23.62
$r=7.25\%$	19.10	20.42	21.94

戈登增长模型有一个有趣的数学特点，那就是当 r 和 g 的差距最大时（$r=7.25\%$ 和 $g=3.25\%$），戈登增长模型的估值最小（19.10 美元）；当 r 和 g 的差距最小时（$r=6.75\%$ 和 $g=3.75\%$），模型的估值最大（25.59 美元）。当两者差距接近零时，模型的估值就会变得无穷大。表 7-3 中，最大的价值 25.59 美元比最小的价值 19.10 美元高出 34%。表 7-3 中 2/3 的估值都超过 MSEX 目前的市场价格 20.50 美元，倾向于支持 MSEX 价值被低估的结论。总的来说，根据给定的假设，MSEX 价值的最优估计是 21.88 美元，在表 7-3 中用黑体标出，但是这个估计值对输入值的微小变化也相当敏感。

例 7-6 和例 7-7 选择用公用事业公司演示戈登增长模型的应用，这是传统上的常见做法，因为在受监管的环境中，提供基础服务的公司具有稳定性。但是在使用任何估值模型之前，分析师必须知道比行业属性更多的信息。例如，在 2013 年中期，另一家自来水公司美国水务（Aqua America Inc.），因为激进的收购型增长战略，该公司预期未来 5 年内的年均增长率为 6.4%。此外，美国许多公用事业控股公司都有经营非管制业务的重要子公司，因此传统的稳定缓慢增长模式经常不适用。

除了用于个股，分析师还经常将戈登增长模型用于对宽基股票指数进行估值，尤其是发达市场的指数。因为发达市场的上市公司通常占据了全部公司的主要份额，这些指数反映了经济的平均增长率。此外，这些经济体的可持续增长率可能是可以确定的。

戈登增长模型也可用于不可赎回的传统类型优先股——**固定股息率永续优先股**（fixed-rate perpetual preferred stock）（这种优先股有确定的股息率，没有到期日，对盈利的要求权优先于普通股）估值。特别是在银行等金融类企业，永续优先股被用来筹集永久性的股权资本同时稀释普通股的收益。这种股票一般会在一段时间后被发行者赎回，因此估值要考虑发行者的赎回权。但如果是不可赎回形式，就可以直接估值。

如果这种优先股的股利是 D，因为股利支付是无限期的，所以形成了固定数额 D 的**永续年金**（perpetuity），即无限期等额支付的现金流。因为这种优先股的股利是固定的，所以 $g=0$，戈登增长模型变成：

$$V_0 = \frac{D}{r} \tag{7-11}$$

因为折现率 r 将金额 D 资本化，所以在这个公式以及其他永续年金公式中的 r 经常被称为**资本化率**（capitalization rate）。

▌ 例 7-8 估计不可赎回固定股息率永续优先股的价值

堪萨斯城南方公司 4% 优先股（Kansas City Southern，KSU-P）在 1963 年 1 月 2 日发行，面值为每股 25 美元。因此，每股的年度股利为 $0.04 \times 25 = 1.00$ 美元。这只证券的要求回报率估计为 5.5%。估计该优先股价值。

解答：根据式（7-11），KSU-P 优先股价值为 $D/r = 1.00/0.055 = 18.18$ 美元。

永续优先股的股利是固定的，即股利增长率为零。另一种情况是股利逐渐减少，增长率为负值。戈登增长模型也可以解决这种问题，如例 7-9 所示。

▌ 例 7-9 增长率为负的戈登增长模型

阿夫顿矿业公司是一家盈利企业，预期下一年将支付 4.25 美元的股利。因为它的矿产正在耗尽，对股利的最佳估计是以每年 4% 的速度持续下降。阿夫顿股票的要求回报率为 9%。阿夫顿股票的价值是多少？

解答：阿夫顿股票的价值为：

$$V_0 = \frac{4.25}{[0.09-(-0.04)]}$$

$$= \frac{4.25}{0.13} = 32.69（美元）$$

负的增长率使得股票的估值结果为 32.69 美元。

7.4.2 股利增长率、盈利增长率和价值增长在戈登增长模型中的联系

戈登增长模型包含了股利、盈利和价值增长的一组关系。如果股利以固定比率 g 增长，那么股票价格也会以 g 的速度增长。股票的当期价值为 $V_0 = D_1/(r-g)$，将两边同时乘以（$1+g$）可以得到 $V_0(1+g) = D_1(1+g)/(r-g)$，即 $V_1 = D_2/(r-g)$。（假定 r 不变）股利和价值都将以 g 的比率增长。⊖ 如果支付率保持不变，即股利与盈利之间的比例关系保持不变，股利和盈利都会以 g 增长。

综上，戈登增长模型的 g 是价值或资本的增值率（有时也被称为资本利得收益率）。有的教材称 g 为价格的增值率。如果价格是有效的（价格等于价值），预期价格的确会以 g 增长。但如果存在定价错误（价格不等于价值），实际的资本增值率则取决于错误定价的性质和它被更正的速度（如果被更正的话）。第 5 章讨论过这个问题。

固定增长率模型的一个特征是，假定价格变化准确地跟随价值的变化，总回报的组成部分（股利收益率和资本增值收益率）也会保持不变。在 $t=0$ 时点，等于 D_1/P_0 的股利收益率将保持不变，因为股利和价格的预期增长率相同。例如，有一只股票的售价为 50.00 欧元，预期股利为 1 欧元，**预期股利收益率**（forward dividend yield，基于未来 12 个月预期股利计算的收益率）则等于 2%。估计的增长速度为每年 5.50%。可以预测，在 $t=0$ 时点的股利收益率 2%、资本利得收益率 5.50% 和总回报率 7.5% 都将在未来任何时点保持不变。

⊖ 正式地说，价值以同样的比率 g 增长这个事实可以用以下公式演示：

$$\frac{V_{t+1}-V_t}{V_t} = \frac{D_{t+2}/(r-g)-D_{t+1}/(r-g)}{D_{t+1}/(r-g)} = \frac{D_{t+2}-D_{t+1}}{D_{t+1}} = 1+g-1 = g$$

7.4.3　股票回购

股票回购在许多发达市场变得越来越重要。企业可以用股票回购，也可以用股利形式将自由现金流分配给股东。目前在美国，分配股利的公司中一半以上进行有规律的股票回购。[一]很明显，用 DDM 模型的分析师必须了解股票回购。股票回购和股利有许多不同：

- 假定其他情况不变，股票回购会减少在外流通的股票数量。出售股票的股东会看到他们所有权的份额相对于没有出售的股东减少了。
- 许多建立了现金股利制度的公司不愿意减少或不支付现金股利，但公司通常不承诺任何规模的股票回购。
- 现金股利的数额和支付时间一般都更容易被预测。[二]尽管有美国的证据表明，积极回购股票的公司每两年的盈利和回购金额具有一定的联系，但是这些公司具体什么时候回购好像是看时机的。[三]因此，股票回购通常比有确定股利政策的公司的现金股利更难预测。
- 在基本情形中，如果股票回购按市价进行，那么继续持股股东的财富受到的影响是中性的。

分析师如果要考虑股票回购，可以直接预测总的盈利、总的股东分配（通过现金股利或股票回购）和发行在外的股票数量，但业界对这种模型的熟悉程度和经验都远少于 DDM。如果分析师在预测每股股利增长时将预期股票回购考虑进去，那么仅关注股利的 DDM 还是可以提供与这种模型一致的准确估值的。只要应用正确，即使被分析的公司有股票回购，DDM 仍是股票估值的有效方法。

7.4.4　隐含的股利增长率

因为股利增长率会影响用戈登增长模型做出的股票估值，所以股票估值和实际市场价格的差异可以用增长率假设不同解释。给定市场价格、预期的下一期股利和估计的要求回报率，通过戈登增长模型可以推断出市价所反映的股利增长率。（实际上，用其他 DDM 模型也可以推断市价所隐含的股利增长率。）分析师接着就可以根据自己对公司的了解判断隐含的股利增长率是合理、过高还是过低。从效果上看，隐含股利增

　　[一]　见 Skinner（2008），该文还发现这一类公司越来越倾向于将盈利的增加部分以股票回购而不是股利的形式分配。

　　[二]　见 Wanger（2007）的讨论。

　　[三]　见 Skinner（2008）。

长率可以为评价股票（合理定价、高估或低估）提供另一种角度。例 7-10 演示了如何
使用戈登增长模型推断一只股票市价中隐含的增长率。

▎例 7-10　当前股票价格隐含的增长率

　　假设一家公司的贝塔值为 1.1，无风险利率为 5.6%，股权风险溢价为 6%，当期
2.00 美元的股利预期将会以 5% 的比率无限增长。股票价格是 40 美元。

（1）估计该公司股票的价值。

（2）股利增长率应为多少时才能说明 40 美元的市场价格是合理的？

　　问题（1）的解答：要求回报率为 5.6% + 1.1×6% = 12.2%。用戈登增长模型计
算股票的价值：

$$V_0 = D_0(1+g) \ / \ r - g$$
$$= 2.00 \times 1.05/0.122 - 0.05$$
$$= 2.10/0.072 = 29.17（美元）$$

　　问题（2）的解答：模型的估值结果（29.17 美元）小于市场价格 40 美元，因此
市场价格预测的增长率高于 5% 的假设。假定模型和要求回报率是合适的，将除了 g
以外的所有已知条件代入戈登增长模型，可以计算能合理化 40 美元股票价格的股利
增长率。

$$40 = 2.00\,(1+g)\,/0.122 - g$$
$$4.88 - 40g = 2 + 2g$$
$$42g = 2.88$$
$$g = 0.0686$$

　　要说明市场价格 40 美元为合理的定价，预期股利增长率应为 6.86%。

7.4.5　增长机会的现值

　　股票价值可以被分解成利润不进行再投资时企业的价值和**增长机会的现值**
（present value of growth opportunities，PVGO）之和。PVGO 也被称为**增长的价值**
（value of growth），是未来利润再投资机会的预期价值之和。[注]在本节中，我们将演示
这种分解，并讨论如何对其进行解释以获得市场对企业经营和前景的看法。

　　利润增长可能增加、不改变或减少股东财富，这取决于回报率是大于、等于还是

　　◯　严格地讲，PVGO 可以被定义为预测的未来项目净现值之和。

小于资金的机会成本。假设有一家公司每股收益 1 欧元，股权要求回报率为 10%。公司在考虑是否应该将当期利润作为股利分配，或是以 10% 的回报率再投资，并在一年后将终值作为股利分配。如果进行再投资，再投资的现值是 1.10/1.10 = 1.00 欧元，等于其成本，因此再投资决策的净现值（NPV）为零。如果企业可以利用有利可图的增长机会获得超过 10% 的回报，再投资就有正的 NPV，增加股东价值。假设企业可以将利润按 25% 的回报率再投资一年：每股的增长机会净现值就是 1.25/1.10 − 1 ≈ 0.14 欧元。需要注意的是，大于零但小于 10% 的再投资回报率虽然可以增加 EPS，但并不符合股东利益。只有当再投资的利润获得超过资金机会成本的回报时（即投资净现值大于零的项目），股东财富才会增加⊖。因此，投资者会积极地评价企业是否有机会投资于有利可图的项目及其规模大小。从原理上说，缺乏正的 NPV 项目投资前景的企业应该将全部利润以股利形式分配给股东，使股东可以将资本投资转到其他有吸引力的地方。

　　企业因缺乏预期 NPV 大于零的项目而被定义为**零增长公司**（no-growth company，指的是公司缺乏盈利的增长机会）。因为利润无法被再投资到有利可图的项目，这种公司应该将所有利润作为股利分配。假设净资产收益率（ROE）是固定的，公司的利润将会是水平不变的永续年金。利润水平不变的原因是利润 = ROE × 股东权益，而股东权益因为留存收益不增加而保持不变。E_1 代表 $t = 1$ 时的利润，即零增长公司的固定利润，如果把净资产收益率看作是围绕均值波动的，E_1 则是零增长公司的平均利润。定义 E_1/r 为**零增长的每股价值**（no-growth value per share），即数额为 E_1、资本化率为企业股权要求回报率 r 的永续年金的现值。因为假设企业没有盈利的项目而不再新增投资，E_1/r 也可以被解释为现有资产的每股价值。对任何企业来说，每股的实际价值都等于每股的零增长价值与增长机会的现值（PVGO）之和：

$$V_0 = \frac{E_1}{r} + \text{PVGO} \qquad\qquad (7\text{-}12)$$

　　如果价格反映价值（$P_0 = V_0$），那么 P_0 减 E_1/r 就是市场对企业增长价值 PVGO 的估计。回顾例 7-6，假定 MSEX 将所有利润用作股利分配，预期的平均 EPS 则是 0.79 美元。要求回报率是 9.25%，当前价格是 18.39 美元，由此可得：

$$18.39 = (0.79/0.0925) + \text{PVGO}$$
$$= 8.54 + \text{PVGO}$$

⊖　我们可以用 ROE > r 表示这个盈利性条件，其中 ROE 的分子用股权的市场价值计算（而不是股权账面价值）。账面价值以历史成本会计为基础，可能扭曲了股东在企业内投资的价值。ROE = r 的情况与一种均衡状态一致，即投资机会可以获得的盈利正好等于它的机会资本成本。

式中，PVGO = 18.39 - 8.54 = 9.85 美元。因此，市场价格反映出公司价值的 54%（9.85/18.39 = 0.54）属于增长的价值。

根据表 7-4 中 2013 年 8 月初的数据可以看出，增长的价值占科技公司谷歌市场价值的大约 44%，而占麦当劳公司和梅西百货公司市值的比例则小得多；麦当劳的 PVGO 较低可以从几个方面解释。这个价值可能反映了快餐行业的竞争增加，商品成本压力增加，和 / 或外汇汇率有不利的变动（外国业务贡献了营业收入的 65%）；也可能反映了该公司比谷歌和梅西百货拥有更高的股利支付率（2012 年 53%，而谷歌和梅西百货为 0 和 23%），因此预期未来的增长会比较缓慢，还可能是因为利润估计得太高和 / 或要求回报率估计得太低导致每股的零增长价值估计过高。

表 7-4　估计的 PVGO 占价格的百分比

公司名	β	r（%）	E_1（美元）	价格（美元）	E_1/r（美元）	PVGO（美元）	PVGO/ 价格（%）
谷歌	0.90	7.1	35.80	896.57	504.23	392.34	43.8
麦当劳	0.60	5.7	5.70	102.14	100.00	2.14	2.1
梅西百货	1.35	9.1	4.00	48.79	43.96	4.83	9.9

注：要求回报率的估计方法是 CAPM，估计所需数据如下：贝塔值从 Value Line Investment Survey 获得，无风险回报率（美国 20 年国债收益率）为 3.0%，股权风险溢价为 4.5%。

资料来源：Value Line Investment Survey for beta, earnings estimate and price of each。

什么因素决定了 PVGO？其中一个决定因素是企业对投资项目的选择权价值，"机会"一词反映了这个因素。此外，根据新环境和信息调整投资机会的灵活性也是有价值的。因此，PVGO 的另一个决定因素是企业选择开始时机、调整规模甚至放弃未来项目的权利价值。这个因素是企业**实物期权**（real option，在这里是指修改项目的权利）的价值。拥有好的商业机会，管理上对市场变化的响应具有高度灵活性，这样的企业会比没有这种优势的企业更可能具有较高的 PVGO。了解 PVGO 的决定因素为理解表 7-4 中的结果提供了额外的帮助。

作为分析师的另一个工具，式（7-12）可以在预测利润的基础上用我们熟悉的市盈率重新表述：

$$\frac{V_0}{E_1} \ \text{或} \ \frac{P_0}{E_1} \ \text{或} \ P/E = \frac{1}{r} + \frac{\text{PVGO}}{E_1} \tag{7-13}$$

第一项 $1/r$ 是零增长企业的 P/E 值。P/E 值的第二项与增长机会相关。MSEX 的 P/E 是 18.39/0.79 = 23.3。零增长 P/E 等于 1/0.092 5 = 10.8，即企业没有增长机会时应该出售的市盈率。增长部分 9.85/0.79 = 12.5 反映了预期的增长机会。莱博维茨和科格尔曼（Leibowitz and Kogelman，1990）以及莱博维茨（Leibowitz，1997）对 P/E 增长部分的驱动因子做了详细的分析，并把这种分析称为 franchise-value[注] 方法。

对分析师来说，区分零增长和增长的价值是有用的，因为增长的价值和已有资产的价值通常有不同的风险特征（PVGO 解释中包含的实物期权可以反映这一点）。

7.4.6　戈登增长模型和市盈率

市盈率（P/E）可能是最广为人知的估值指标，阅读报纸上财务表格和机构研究报告的读者都熟悉它。利用戈登增长模型，可以将市盈率表达为基本面因素的形式。这个表达式有两个作用：

- 与预测的模型输入值一起使用时，分析师可以得到，**合理的（基本的）市盈率**（justified (fundamental) P/E），即根据基本面因素判断认为是公平、正当或合理的市盈率（假定估值模型是合适的）。然后分析师就可以用合理的市盈率，而不是用戈登增长模型价值表达他对股票价值的看法。因为市盈率被认知的范围较广，所以这个方法或许是有效的沟通方法。
- 分析师还可以用市盈率的表达式判断市场价格所隐含的利润增长预期是否合理，实际的市场市盈率所隐含的预期盈利增长率是多少，以及这个增长率是否合理。

市盈率表达式可以用静态（当期）市盈率（当天的每股市场价格除以过去 12 个月的每股收益）或动态（预期）市盈率的形式（当天的每股市场价格除以预期未来 12 个月的每股收益，有时可能是除以下一财务年度的每股收益）。

动态或静态的合理市盈率可以从戈登增长模型推导出来。假设该模型可以用于一只特定股票的估值，股利支付率被认为是固定的。定义 b 为利润留存率，即再投资而不支付股利的利润比例。根据定义可知，股利支付率为 $(1-b)=$ 每股股利 / 每股收益 $=D_t/E_t$。如果 $P_0=D_1/(r-g)$，除以下一年的每股收益 E_1，那么我们可以得到：

$$\frac{P_0}{E_1}=\frac{D_1/E_1}{r-g}=\frac{1-b}{r-g} \tag{7-14}$$

这里表示的是动态市盈率，即当前市场价格除以下一年的盈利。另一种方式可以将 $P_0=D_0(1+g)/(r-g)$ 除以当年的每股收益 E_0，得到：

$$\frac{P_0}{E_0}=\frac{D_0(1+g)/E_0}{r-g}=\frac{(1-b)(1+g)}{r-g} \tag{7-15}$$

这是静态市盈率的表达式，用当前价格除以过去 12 个月的（当年的）盈利。

⊖　直译为"特许经营价值"，但为避免引起误解，故不翻译。——译者注

例 7-11 基于戈登增长模型的合理市盈率

哈利·特莱斯打算用戈登增长模型找出法国公司家乐福的合理市盈率。家乐福是一家国际化的食品零售商,主要经营大型超市。特莱斯收集了以下信息:

- 当前股票价格 = 23.84 欧元;
- 最近一年的年度每股收益 = 1.81 欧元;
- 当前的年度股利水平 = 0.58 欧元;
- 股利增长率 = 3.5%;
- 无风险利率 = 2.8%;
- 股权风险溢价 = 4.00%;
- 对 CAC 指数的贝塔值 = 0.80。

(1)以戈登增长模型为基础,计算合理的静态和动态市盈率。

(2)根据实际的市盈率与合理的静态市盈率,判断家乐福是被合理定价、高估还是低估了。

问题(1)的解答:用 CAPM 计算家乐福的要求回报率:

$$r_i = 2.80\% + 0.80 \times 4.00\% = 6.0\%$$

股利支付率为

$$
\begin{aligned}
(1-b) &= D_0 / E_0 \\
&= 0.58 / 1.81 \\
&= 0.32
\end{aligned}
$$

(基于下一年盈利)合理的动态市盈率为:

$$\frac{P_0}{E_1} = \frac{1-b}{r-g} = \frac{0.32}{0.06-0.035} = 12.8$$

(基于最近一年的盈利)合理的历史市盈率为:

$$\frac{P_0}{E_0} = \frac{(1-b)(1+g)}{r-g} = \frac{0.32(1.035)}{0.06-0.035} = 13.2$$

问题(2)的解答:根据当前价格 23.84 欧元和最近一年的盈利 1.81 美元,静态市盈率为 23.84/1.81 = 13.2。因为实际市盈率的 13.2 等于静态市盈率的 13.2(精确到小数点后一位),结论是家乐福好像是被合理估值了。这个结果也可以用戈登增长模型在价格层面表述。根据特莱斯的假设,戈登增长模型的估值 0.58 × 1.035/(0.06 − 0.035) = 24.01 欧元,与当前市场价格 23.84 欧元大致相等。

本章稍后会介绍多阶段DDM。使用多阶段DDM的变量也可以得出市盈率表达式，但是这种表达式的有用程度比不上其复杂程度。对多阶段模型来说，最简单的计算方法就是用模型的估值除以第1年的预期利润，得出合理的动态市盈率。在所有情况下，解释市盈率的因素都是股权要求回报率、预期股利增长率和股利支付率。在其他条件相同的情况下，较高的价格与较高的预期股利增长率相关。

7.4.7　用戈登增长模型估计要求回报率

在有效价格的假设前提下，戈登增长模型可以用来估计某只股票的要求回报率，或等价地估计市场价格所隐含的预期回报率。用戈登增长模型解出 r：

$$r = \frac{D_0(1+g)}{P_0} + g = \frac{D_1}{P_0} + g \tag{7-16}$$

正如第5章关于回报率概念中解释的，式（7-16）中的 r 实际上就是内部回报率（IRR）。比率 r 被分解成两个部分：股利收益率（D_1/P_0）和资本利得（或增值）收益率（g）。

▎ 例7-12　用戈登增长模型找出预期回报率

特许金融分析师鲍勃接到一个任务，要为优化投资组合估计一组股票的平均回报率。这组股票中有新纪元能源公司（NextEra Energy,Inc.，NEE），它的前身为FPL集团公司。经过分析，他认为可以将戈登增长模型用于新纪元能源公司，并假设价格反映了价值。该公司在2012年的股利为2.40美元，当前股票价格为80.19美元。在过去5年，股利和每股收益的增长率分别为7.5%和10.0%。关于未来5年利润增长率，分析师一致预期为5.0%。基于他自己的分析，鲍勃决定使用5.5%作为他对长期利润和股利增长率的最优估计。下一年的预期股利 D_1 应该为 $2.40 \times 1.055 = 2.532$ 美元。用戈登增长模型，新纪元能源公司的预期回报率应该是：

$$
\begin{aligned}
r &= \frac{D_1}{P_0} + g \\
&= \frac{2.532}{80.19} + 0.055 \\
&= 0.0316 + 0.055 \\
&= 0.0866 = 8.66\%
\end{aligned}
$$

预期回报率可以分解成两部分：股利收益率（$D_1/P_0 = 3.16\%$）和资本利得收益率（$g = 5.50\%$）。

7.4.8　戈登增长模型总结

戈登增长模型是股利折现模型最简单的实际应用。在满足关键假设（预期的未来股利和盈利增长率稳定）的前提下，使用戈登增长模型对支付股利的企业进行股权估值是合适的。发达市场的宽基股票指数通常能比较好地满足模型的条件，因此分析师用它判断股票市场是否被合理估值和估计当前市场水平的相关股权风险溢价。在下一节讨论的多阶段模型中，戈登增长模型常常用于最后一个增长阶段的建模。在最后阶段，前期高增长率的企业进入成熟期，增长率降至长期可持续的水平。在任何应用该模型的案例中，分析师必须知道模型的结果对增长率和要求回报率假设的微小变化可能都很敏感。

戈登增长模型是单阶段的 DDM，因为单一增长率这个特征意味着将未来所有时期看作一个阶段。但是对许多（甚至是多数）企业来说，预期的未来增长可能包含有多个阶段。7.5 节的主题是多阶段 DDM。

7.5　多阶段股利折现模型

我们在前面提到过，DDM 的基本形式（式（7-7））对投资分析师的实践来说太笼统，因为除了比较少的几次股利以外，没有人能对每次股利进行单独预测。最简化的假设——从现在到未来无限期的股利增长率保持稳定（戈登增长模型），对许多（甚至是多数的）企业来说是不实际的。对许多上市公司来说，分析师假设其增长分为三个阶段（见 Sharpe，Alexander and Bailey，1999）。

- **增长阶段**。在增长阶段的公司通常享有快速扩大的市场、高利润率和每股收益的超快增长率（**超常增长**（supernormal growth））。因为企业快速扩张的业务需要大量的投资，这个阶段企业的股权自由现金流常常是负的。考虑到较高的预期净资产收益率，增长期的股利支付率通常很低甚至是零。随着企业的市场变成熟或者因为超常的增长机会吸引了竞争者，盈利的增长速度最终会下降。

- **过渡阶段**。在这个过渡到成熟阶段的时期，因为竞争对价格和利润率造成压力，或是因为市场饱和导致销售增长变缓，盈利增长率会下降。在这个阶段，盈利增长率可能高于均值，但会逐渐降至整个经济的增长率水平。资本需求在这个阶段通常会减少，结果经常是正的自由现金流和逐渐增加的股利支付率（或开始分配股利）。

- **成熟阶段**。在成熟期，企业达到一种均衡，即投资机会平均只能赚取资金的机会成本。净资产收益率会接近股权要求回报率，利润增长率、股利支付率和净资产收益率都稳定在长期可持续的水平。这个阶段的利润和股利增长率被称为**成熟增长率**（mature growth rate）。目前处于快速增长的公司进入这个未来阶段后，实际上适合用戈登增长模型估值。戈登增长模型是估计这个阶段公司价值的一种工具。

企业可能尝试并成功地通过改变战略重点和业务构成而重新进入增长阶段，科技进步可能会以出人意料的速度使企业的增长前景变好或变差，但无论如何，这种对企业增长阶段的描绘都是一种有用的模拟。增长阶段概念对所有的多阶段现金流折现模型（DCF）都是有用的，包括多阶段股利折现模型（DDM）。在使用 DCF 模型估值的投资管理公司中，多阶段模型是一类主要估值方法。

在以下小节中，我们将介绍三种流行的多阶段 DDM：两阶段 DDM、H 模型（一种两阶段模型）和三阶段 DDM。要记住的是，所有这些模型都反映了某种特定的增长模式，分析师要试图找出最接近公司未来增长的模式。

7.5.1 两阶段股利折现模型

两阶段 DDM 有两个常见的版本。两个版本都假设第二阶段的成熟增长率是不变的（例如，7%）。在第一种版本中（一般的两阶段模型），整个第一阶段都处于超常增长期（例如，以 15% 增长），向第二阶段的转变通常是突然的。

在第二种被称为 H 模型的版本中，假设第一阶段的股利增长率是从超常比率下降到成熟增长率。例如，增长率开始可能是 15%，在第一阶段持续下降，直到等于 7%。第二种模型会在一般的两阶段模型之后介绍。

第一种两阶段 DDM 在初始阶段设定较高的增长率，接着是可持续的较低增长率。两阶段 DDM 以多期模型为基础：

$$V_0 = \sum_{t=1}^{n} \frac{D_t}{(1+r)^t} + \frac{V_n}{(1+r)^n} \tag{7-17}$$

式中，V_n 是 P_n 的估计值。两阶段模型假设前 n 期的股利以非常高的短期比率 g_S 增长：

$$D_t = D_0(1+g_S)^t$$

在 n 期以后，股利的年增长率变为一个正常的长期比率 g_L。第 $n+1$ 期的股利为 $D_n+1 = D_n(1+g_L) = D_0(1+g_S)^n(1+g_L)$，这个股利将以 g_L 继续增长。用 D_n+1 和戈登增长模型，分析师可以得到 V_n：

$$V_n = \frac{D_0(1+g_S)^n(1+g_L)}{r-g_L} \tag{7-18}$$

要找到 $t=0$ 时点的价值，只需找到前 n 期股利的现值和在时点 n 的预期价值的现值：

$$V_0 = \sum_{t=1}^{n} \frac{D_0(1+g_S)^t}{(1+r)^t} + \frac{D_0(1+g_S)^n(1+g_L)}{(1+r)^n(r-g_L)} \tag{7-19}$$

例 7-13　用两阶段股利折现模型估计股票价值

卡尔蔡司 Meditec 公司（Carl Zeiss Meditec AG，AFX）提供眼科（视力）问题的检查、诊断和治疗系统，其 65% 的股份由卡尔蔡司集团持有。汉斯·马特恩是负责 Meditec 的买方分析师。2013 年 8 月中旬，当股票交易价格为 23.37 欧元时，马特恩预测当时 0.40 欧元的股利将在未来 10 年以 9% 的速度增长。在那以后，马特恩认为增长率会降至 5% 并在未来无限期保持这个水平。

Meditec 对 DAX 指数的贝塔值为 0.90，无风险利率是 2.4%，股权风险溢价估计为 5.2%。基于这些因素，马特恩估计 Meditec 的股权要求回报率为 7.1%。

表 7-5 列出了前 10 期的股利以及它们按 7.1% 折现的现值。在 $t=10$ 时，股票的终值是

$$
\begin{aligned}
V_{10} &= \frac{D_0(1+g_S)^n(1+g_L)}{r-g_L} \\
&= \frac{0.40(1.09)^{10}(1.05)}{0.071-0.05} \\
&= 47.347\,3
\end{aligned}
$$

股票的终值和它的现值也都已给出。

表 7-5　卡尔蔡司 Meditec 公司

时间 （年）	价值	计算 （欧元）	D_t 或 V_t （欧元）	现值 $D_t/(1.071)^t$ 或 $V_t/(1.071)^t$（欧元）
1	D_1	$0.40(1.09)$	0.436 0	0.407 1
2	D_2	$0.40(1.09)^2$	0.475 2	0.414 3
3	D_3	$0.40(1.09)^3$	0.518 0	0.421 7
4	D_4	$0.40(1.09)^4$	0.564 6	0.429 1
5	D_5	$0.40(1.09)^5$	0.615 4	0.436 8
6	D_6	$0.40(1.09)^6$	0.670 8	0.444 5
7	D_7	$0.40(1.09)^7$	0.731 2	0.452 4
8	D_8	$0.40(1.09)^8$	0.797 0	0.460 4

（续）

时间 （年）	价值	计算 （欧元）	D_t 或 V_t （欧元）	现值 $D_t/(1.071)^t$ 或 $V_t/(1.071)^t$（欧元）
9	D_9	$0.40(1.09)^9$	0.868 8	0.468 6
10	D_{10}	$0.40(1.09)^{10}$	0.946 9	0.476 9
10	V_{10}	$0.40(1.09)^{10}(1.05)/(0.071-0.05)$	47.347 3	23.845 2
合计				28.257 0

在这个两阶段模型中，先预测第一阶段的股利，然后计算其现值。终值（第二阶段股利在本阶段期初的价值）的计算使用了戈登增长模型。如表 7-5 所示，终值 $V_{10}=D_{11}/(r-g_L)$。忽略取整误差，第 11 期的股利是 0.994 3 欧元（ $=D_{10}\times1.05=$ $0.946\ 9\times1.05$ ）。使用标准的戈登增长模型，$V_{10}=47.347\ 3=0.994\ 3/(0.071-0.05)$ 欧元。终值的现值为 $23.845\ 2=47.347\ 3/1.071^{10}$ 欧元。使用这个模型得出 Meditec 的总估值为 28.26 欧元。值得注意的是，这个估值的大约 84%，即 23.85 欧元，是 V_{10} 的现值，而余下部分 $28.26-23.85=4.41$ 欧元才是前 10 期股利的现值。回顾前文的讨论，戈登增长模型对输入变量十分敏感。因此可以根据成熟增长率的合理范围计算 Meditec 内在价值的估值区间。

在许多案例中，企业在实现几年超常水平增长后，其增长率会下降到可持续的水平，因此两阶段 DDM 是有用的。例如，通过拥有专利、先发优势或其他能带来特定市场短期领先优势的因素，企业可能实现超常速度的增长。在此之后，盈利很可能会下降到与竞争和整体经济增长一致的水平。因此，两阶段模型经常预测几年超常增长，接着是正常水平的增长。两阶段模型的潜在局限性是，开始的超常增长期到最后的稳定增长期之间的过渡是突然的。

股票终值（terminal value of the stock，也被称为**持续价值**（continuing value），V_n）的准确估计是正确使用 DDM 的重要步骤。在实践中，分析师估计终值的办法有两种，一是将某个基本指标（例如每股收益或每股账面价值）的预期终值乘以一个乘数，二是用戈登增长模型估计 V_n。在有关市场乘数的内容中，我们将讨论如何在这种情况下使用价格——盈利乘数。

在例子中，所有阶段只用了一个折现率 r，这既反映了简化问题的需要，也反映了针对不同阶段调整折现率缺乏清晰客观的基础。但是，有的分析师会对不同的增长阶段使用不同的折现率。

接下来的例子结合了股利折现模型和市盈率估值模型对杜邦公司进行估值。

例7-14 结合DDM和市盈率模型对股票估值

2013年7月初，一位分析师在研究杜邦公司（DuPont）的估值，当时杜邦的股价为52.72美元。在上一年，杜邦公司支付了1.70美元的股利，分析师预期未来4年股利会以每年4%的速度增长。在第4年末，分析师预计股利将等于每股收益的35%，杜邦的静态市盈率将是13。如果杜邦的股权要求回报率是9.0%，计算杜邦的每股价值。

表7-6汇总了相关的计算过程。当股利以4%的速度增长时，预期股利及其现值（按9.0%折现）都列在表中。股票的终期价格 V_4 需要稍做解释。如表7-6所示，第4年的股利为 $1.70 \times (1.04)^4 = 1.988\,8$。因为假设当时的股利是利润的35%，所以第4年的EPS预测为 $EPS_4 = D_4/0.35 = 1.988\,8/0.35 = 5.682\,2$。静态市盈率为13.0时，杜邦在第4年末的价值应该为 $13.0 \times 5.682\,2 = 73.868\,2$ 美元。按9%折现4年，V_4 现值是52.330 1美元。

表7-6 杜邦股票的价值

时间	价值	计算（美元）	D_t 或 V_t（美元）	现值 $D_t/(1.09)^t$ 或 $V_t/(1.09)^t$（美元）
1	D_1	$1.70(1.04)^1$	1.768 0	1.622 0
2	D_2	$1.70(1.04)^2$	1.838 7	1.547 6
3	D_3	$1.70(1.04)^3$	1.912 3	1.476 6
4	D_4	$1.70(1.04)^4$	1.988 8	1.408 9
4	V_4	$13 \times [1.70(1.04)^4/0.35]=$ $13 \times (1.988\,8/0.35)=$ $13 \times 5.682\,2$	73.868 2	52.330 1
合计				58.385 2

第1~4年股利的现值之和为6.06美元，终值73.87美元的现值为52.33美元。杜邦的估计总价值为两者之和，即每股58.39美元。

7.5.2 对不分配股利的公司估值

股票目前不分配股利不等于说股利折现模型的原理就不适用。即使 D_0 和 D_1 可能是零，而且企业可能在一段时间内不会开始分红，未来股利的现值仍然可以表现企业的价值。当然，如果企业不分配股利而且永远不能分配现金给股东，股票就没有价值。

分析师用DDM模型对不分配股利的公司估值时，一般可以用第一阶段股利等于零的多阶段模型。例7-15演示了这种方法。

> ### ▌ 例 7-15　对不分配股利的公司估值
>
> 　　假设企业目前和几年内都不分配股利。如果企业 5 年后开始支付股利 1.00 美元，并且预期此后的股利将以 5% 的速度增长，那么就可以用这些未来股利现金流的折现估计企业的价值。企业的要求回报率是 11%。因为公式：
>
> $$V_n = \frac{D_{n+1}}{r-g}$$
>
> 　　用下一期的股利对第 n 期的股票进行估值，所以这里用 t = 5 时的股利估计 t = 4 时的价值：
>
> $$V_4 = \frac{D_5}{r-g} = \frac{1.00}{0.11-0.05} = 16.67（美元）$$
>
> 　　要获得当前的股票价值只需将 V_4 折现 4 年：
>
> $$V_0 = \frac{V_4}{(1+r)^4} = \frac{16.67}{(1.11)^4} = 10.98（美元）$$
>
> 　　虽然这只股票直到第 5 年才分配股利，但股票的价值为 10.98 美元。

　　如果企业不分配股利但盈利状况很好，分析师可能会预测未来的股利。当然，对不分配股利又没有利润的企业来说，这种预测是非常困难的。而且 7.2.2 节已经讨论过，分析师很难预测股利什么时候开始分配以及企业会选择什么样的股利政策。因此，对这类企业来说，分析师可能会偏向使用自由现金流模型或剩余收益模型。

7.5.3　H 模型

　　基本的两阶段模型假设在超常增长期有一个很高的固定比率，接着是一个固定的正常增长率。两个增长率的差异可能很大。例如，在例 7-13 中，卡尔蔡司 Meditec 公司前 10 年的增长率是 9%，接着从第 11 年开始掉到 5%。有时候，平缓地过渡到成熟阶段的增长率会更符合实际情况。福勒和夏（Fuller and Hsia，1984）提出了另一种两阶段模型：增长率在开始的时候很高，然后在超常增长期内线性下降直到最后达到正常水平。H 模型的股利现金流价值为：

$$V_0 = \frac{D_0(1+g_L)}{r-g_L} + \frac{D_0 H(g_S - g_L)}{r-g_L} \tag{7-20}$$

　　或

$$V_0 = \frac{D_0(1+g_L) + D_0 H(g_S - g_L)}{r - g_L}$$

式中，V_0 是 $t = 0$ 时的每股价值；D_0 是当期的股利；r 是股权要求回报率；H 是高速增长期总年数的一半（即高速增长期 $= 2H$ 年）；g_S 是初始的短期股利增长率；g_L 是 $2H$ 年后的正常长期股利增长率。

式（7-20）右边的第一项是企业股利如果永远以 g_L 速度增长的现值。第二项近似等于企业因为在第 1 年到第 $2H$ 年超常增长而累计的额外价值（假设 $g_S > g_L$）（技术细节见 Fuller and Hsia，1984）。[⊖] 从逻辑上说，在其他条件相同的情况下，超常增长期的时间越长（即超常增长期的一半长度 H 值越大）和超额增长率越大（用 g_S 减去 g_L 衡量），股票的价值越高。例如，假设例 7-13 中的分析师预测增长率在未来 10 年线性下降，从 9% 降至 5%，H 模型的估值是 23.81 欧元（而不是例 7-13 中的 28.26 欧元）。

$$\begin{aligned} V_0 &= \frac{D_0(1+g_L) + D_0 H(g_S - g_L)}{r - g_L} \\ &= \frac{0.40(1.05) + 0.40(5)(0.09 - 0.05)}{0.071 - 0.05} \\ &= \frac{0.42 + 0.08}{0.021} \\ &= 23.81 \end{aligned}$$

其中 H 的取值为 5，对应例 7-13 中 10 年的高速增长期。例 7-16 提供了另一个 H 模型的例子。

▌例 7-16　用 H 模型进行股票估值

弗朗索瓦·德拉库尔是美国一个全球股票分散投资组合的经理，他正在研究万喜公司（Vinci SA）的估值。万喜公司是世界最大的建筑公司，主要在法国（约占销售收入的 2/3）和欧洲其他地区（约占销售收入的 1/4）经营业务。2003 年及以前，万喜公司每个财务年度支付一次常规股利。从 2004 年开始，它每（财）年支付两次股利：中期的在 12 月支付，期末的在 5 月支付。尽管在过去 5 年股利的年增长率不到 3%，德拉库尔预测未来的增长会更快。

决定了用 H 模型估计万喜公司的价值后，德拉库尔收集了以下事实和预测：

⊖　我们可以提供一些对公式的直观解释。平均来说，在超常增长期的预期增长率为 $(g_S - g_L)/2$。在 $2H$ 期间，预期超额股利（与 g_L 对应的水平相比）的总值为 $2HD_0(g_S - g_L)/2 = D_0 H(g_S - g_L)$。这是 H 模型对第一项股利价值的向上调整，反映了增长率在第一阶段从 g_S 下降到 g_L 时的额外股利预期。但是要注意，第一阶段各期股利的时点并没有用它们的单独折现反映，因此这只是近似公式。

- 2013 年 8 月中的股票价格为 41.70 欧元；

- 当前的股利为 1.77 欧元；

- 初始的股利增长率为 7%，在 10 年内线性下降，最后等于永久增长率 4%；

- 德拉库尔估计万喜公司的股权要求回报率为 9.5%。

（1）用 H 模型和给出的信息，估计万喜公司的每股价值。

（2）假设万喜公司立即进入正常增长期，估计每股价值。

（3）判断万喜公司的股票看上去是被低估、高估还是合理估值了。

问题（1）的解答： 利用 H 模型公式可得：

$$V_0 = \frac{D_0(1+g_L)}{r-g_L} + \frac{D_0 H(g_S - g_L)}{r - g_L}$$
$$= \frac{1.77 \times 1.04}{0.095 - 0.04} + \frac{1.77 \times 5 \times (0.07 - 0.04)}{0.095 - 0.04}$$
$$= 33.47 + 4.83 = 38.30 （欧元）$$

问题（2）的解答： 如果万喜公司现在就开始正常增长期，它的估计价值就是 H 模型估计的第一部分，33.47 欧元。值得注意的是，超常增长增加了 4.83 欧元的价值，使得万喜公司每股价值的估计值为 38.30 欧元。

问题（3）的解答： 38.30 欧元大约比万喜公司目前的市场价格低 8%，因此万喜公司似乎是被高估了。

H 模型没有把未来的每期股利单独折现，因此是一个近似模型。在许多情况下，这种近似与严格的估值很接近。但是，如果超常增长期很长（H 值很大）或增长率差异（g_S 和 g_L 之间的差异）很大，分析师可能会放弃这个近似模型而选择较严格的模型。幸运的是，分析师可以用电子表格将严格模型的烦琐计算变得比较容易。

7.5.4 三阶段股利折现模型

三阶段 DDM 有两种常用的形式，它们的区别在于第二阶段的模型假设。在第一种形式（一般的三阶段模型）中，企业有三个明显不同的增长阶段，第二阶段的增长率通常是固定的。例如，可以假设第一阶段以 20% 的速度增长 3 年，第二阶段以 10% 的速度增长 4 年，此后的第三阶段保持 5% 的增长速度。在第二种形式中，假设中间（第二）阶段的增长率线性下降，直到等于成熟增长率，实际上第二和第三阶段的处理方法与 H 模型一样。

以下例子用 IBM 的案例演示如何使用第一种三阶段模型对股票估值。

例 7-17　有三个明显不同阶段的三阶段 DDM

IBM 公司（2013 年初）每年支付 3.30 美元的股利。当前股票的市场价格是 194.98 美元。一位分析师做出了以下的预测：

- IBM 股票目前的要求回报率是 9%；
- 未来 2 年的股利将以 14% 的速度增长，接着 5 年为 12%，此后为 6.75%。

根据给定的信息，用三阶段 DDM 方法估计 IBM 股票的价值。

解答：表 7-7 给出了计算过程。

表 7-7　估计 IBM 股票的价值

时间	价值	计算	D_t 或 V_t（美元）	现值 $D_t/(1.09)^t$ 或 $V_t/(1.09)^t$（美元）
1	D_1	$3.30(1.14)$	3.762 0	3.451 4
2	D_2	$3.30(1.14)^2$	4.288 7	3.609 7
3	D_3	$3.30(1.14)^2(1.12)$	4.803 3	3.709 0
4	D_4	$3.30(1.14)^2(1.12)^2$	5.379 7	3.811 1
5	D_5	$3.30(1.14)^2(1.12)^3$	6.025 3	3.916 0
6	D_6	$3.30(1.14)^2(1.12)^4$	6.748 3	4.023 8
7	D_7	$3.30(1.14)^2(1.12)^5$	7.558 1	4.134 6
7	V_7	$3.30(1.14)^2(1.12)^5$ $(1.067\ 5)/(0.09-0.067\ 5)$	358.590 8	196.161
总计				222.817 1

根据给定的假设，三阶段模型表明合理价格应该是 222.82 美元，高于目前的市场价格 14%。终值的现值 196.16 美元占总估值的绝大部分（这里大约是 88%），这是模型的典型特征。

第二种形式的三阶段 DDM，其中间阶段与 H 模型的第一阶段相似。在整个第一阶段，股利以较高的固定（超常）速度增长。第二阶段的股利增长率线性下降[⊖]，和 H 模型一样。最后，在第三阶段，股利以可持续的固定速度增长。这个模型的应用过程分为四步。

（1）收集需要输入的数据：

- 当期的股利；

⊖　原文为 "…, dividends decline linearly as they do in the H-model"，但根据上下文，应为 "股利增长率"下降而不是 "股利"下降。——译者注

- 第一、第二、第三阶段的长度；
- 第一阶段和第三阶段的预期增长率；
- 估计的股权要求回报率；

（2）计算第一阶段的预期股利和它们的现值之和。

（3）用 H 模型的公式估计第二阶段和第三阶段股利在第二阶段开始时点的价值。然后找出该价值在今天（$t=0$）的现值。

（4）将第（2）步和第（3）步得出的价值加总。

在第（1）步中，分析师经常对公司进行非常深入的研究，对近期（通常是 3、5 或 10 年）的股利单独做出明确的预测，而不是在当期股利水平基础上乘以一个增长率。

▌例 7-18　第二阶段增长率下降的三阶段 DDM

伊莱恩·布维尔正在考虑是否要将爱内珍公司（Energen）纳入小市值增长型投资组合。爱内珍公司的总部在亚拉巴马州，是一家多元化能源公司。该公司通过爱内珍资源子公司经营油气开发，通过亚拉巴马天然气子公司经营天然气输送。考虑到爱内珍公司购买油气产能的激进计划，布维尔预期未来 5 年的增长速度高于平均。布维尔还收集了以下的事实和预测（2013 年 8 月初）：

- 当前股票的市场价格为 56.18 美元；
- 当期的股利为 0.56 美元；
- 布维尔预测利润和股利在初始 5 年的增长速度为每年 11%；
- 布维尔预测爱内珍公司变为成熟企业后可以按 6.5% 的速度增长；
- 为了用 CAPM 估计股权要求回报率，布维尔使用调整的贝塔值 1.2（基于 2 年的周数据），股权风险溢价估计值 4.2% 和无风险利率 3%（基于 20 年国债收益率）；
- 布维尔认为，如果证券在她估计的内在价值 ±20% 区间交易，则属于"合理股价范围"。

（1）用 CAPM 估计爱内珍公司的要求回报率（结果只保留小数点后一位）。

（2）用第二阶段股利增长率下降的三阶段股利折现模型估计爱内珍公司的价值。

（3）计算第一阶段价值占总价值的百分比以及第二阶段和第三阶段作为一个整体占总价值的百分比。

（4）根据布维尔的标准，判断爱内珍公司是被低估还是高估了。

（5）有的分析师预测第 2 年的股利和 EPS 基本上不会改变。假设第 2 年 EPS 不变，第 3 年重新开始 11% 的增长，估计爱内珍公司的价值。

问题（1）的解答： 股权要求回报率 $r = 3\% + 1.2 \times 4.2\% = 8\%$。

问题（2）的解答： 首先计算第一阶段的 5 期股利和它们以 8% 折现的现值。第二阶段、第三阶段的股利可以用 H 模型估值，得出它们在第二阶段期初的价值，然后再将这个价值折现，得到股利在 $t=0$ 时的价值。

第一阶段股利及其现值的计算见表 7-8。用 H 模型计算第二阶段、第三阶段股利在第二阶段期初（$t=5$）的价值为

$$V_5 = \frac{D_5(1+g_L)}{r-g_L} + \frac{D_5 H(g_S-g_L)}{r-g_L}$$

式中，D_5 是 $D_0(1+g_S)^5 = 0.56 \times 1.11^5 = 0.943\,6$（美元）；$g_S$ 是 11.0%；g_L 是 6.5%；r 是 8.0%；H 是 5（第二阶段持续 $2H=10$ 年）。

将这些数值代入 H 模型的公式，得到 V_5：

$$\begin{aligned}
V_5 &= \frac{0.943\,6 \times 1.065}{0.08-0.065} + \frac{0.943\,6 \times 5 \times (0.11-0.065)}{0.08-0.065} \\
&= 66.997\,9 + 14.154\,5 \\
&= 81.152\,4（美元）
\end{aligned}$$

V_5 的现值为 $81.152\,4/(1.08)^5 = 55.231\,0$ 美元。

表 7-8 爱内珍公司

时间	D_t 或 V_t	D_t 或 V_t 的解释	D_t 或 V_t 的价值（美元）	按 8% 折现的现值（美元）
1	D_1	$0.56(1.11)^1$	0.621 6	0.575 6
2	D_2	$0.56(1.11)^2$	0.690 0	0.591 5
3	D_3	$0.56(1.11)^3$	0.765 9	0.608 0
4	D_4	$0.56(1.11)^4$	0.850 1	0.624 9
5	D_5	$0.56(1.11)^5$	0.943 6	0.642 2
5	V_5	上文解释的 H 模型	81.152 4	55.231 0
合计				58.273 1

根据三阶段 DDM 模型的估计，爱内珍股票的合计价值是 58.27 美元。

问题（3）的解答： 表 7-8 最后一列的前 5 项现值之和是 3.042 2 美元。因此，第一阶段占总价值的 $3.042\,2/58.273\,1 = 5.2\%$。第二阶段、第三阶段合并起来占总价值的 $100\% - 5.2\% = 94.8\%$（验算：$55.231\,0/58.273\,1 = 94.8\%$）。

问题（4）的解答：布维尔考虑的区间是 $58.27 \pm 0.20 \times 58.27$ 美元，其上限是 $58.27 + 11.65 = 69.92$ 美元，下限是 $58.27 - 11.65 = 46.62$ 美元。因为 56.18 美元处在 46.62 美元和 69.92 美元中间，所以布维尔会认为爱内珍公司是被合理估值的。

问题（5）的解答：见表 7-9，第 2 年零增长的情况下，估值变为 52.56 美元。第二阶段、第三阶段的价值为：

$$V_5 = \frac{0.8501 \times 1.065}{0.08 - 0.065} + \frac{0.8501 \times 5 \times (0.11 - 0.065)}{0.08 - 0.065} = 73.1103 \text{（美元）}$$

表 7-9   第 2 年零增长的爱内珍公司

时间	D_t 或 V_t	D_t 或 V_t 的解释	D_t 或 V_t 的价值（美元）	按 8% 折现的现值（美元）
1	D_1	$0.56(1.11)^1$	0.621 6	0.575 6
2	D_2	第二年零增长	0.621 6	0.532 9
3	D_3	$0.56(1.11)^2$	0.690 0	0.547 7
4	D_4	$0.56(1.11)^3$	0.765 9	0.562 9
5	D_5	$0.56(1.11)^4$	0.850 1	0.578 6
5	V_5	上文解释的 H 模型	73.110 3	49.757 6
合计				52.555 3

在例 7-18 的问题（5）中，分析师研究了第 1 年增长率 11%，第 2 年零增长，第 3 年、第 4 年和第 5 年增长率 11% 的情况。在第一阶段中，分析师可以单独地预测一些年份的利润和股利。

在使用 DDM 方法进行的公司估值中，第二阶段增长率下降的三阶段 DDM 很常见。彭博公司是一家向专业投资者和分析师提供彭博终端的金融服务公司，该公司采用的 DDM 就是一个例子。彭博的 DDM 对用户选择的股票提供估值，是一种第二阶段增长率下降的三阶段模型。该模型用公司相关的基本面数据估计第一阶段和第三阶段的增长率，然后假设第二阶段的增长率在第一阶段和第三阶段之间线性下降。模型还估计要求回报率和三个阶段的长度，增长较快的公司增长期（即第一阶段）较短而过渡期较长，增长较慢的公司增长期较长而过渡期较短。四种彭博增长类型的增长期 / 过渡期长度分别是："爆发式增长"股票 3 年 /14 年，"高增长"股票 5 年 /12 年，"平均增长"股票 7 年 /10 年和"慢 / 成熟增长"股票 9 年 /8 年，增长期和过渡期的总长度都被设定为 17 年。与固定的模型设定相比，分析师根据自己的判断调整被估值公司各阶段的模型设定应该能增加估值的准确性。

7.5.5 一般的电子表格建模

如前面介绍的戈登增长模型和多阶段模型，DDM 假设股利增长遵循特定的模式。但有了个人电脑、计算器和个人电子设备的强大计算能力，任意模式的股利估值都变得简单。

电子表格允许分析师构建一些很难用代数式描述的复杂模型，而且电子表格内置公式（如寻找回报率的公式）的算法可以得到用数学方法不可能或极难得到的数字解。因为电子表格被广泛地使用，所以分析师之间可以通过共享他们的电子表格实现合作或交换信息。下面的例子用电子表格计算了一只股利变化幅度很大的股票的价值。

▌ 例 7-19 用电子表格模型估计股票的价值

预计杨公司（Yang Co.）下一年会支付 21.00 美元的股利。接下来的 3 年，股利每年下降 10%。在第 5 年，杨会销售价值相当于每股 100 美元的资产，并将销售资产得到的一部分现金作为股利分配，预计股利为 60 美元。预计第 6 年股利会降为 40 美元，并在这个水平再维持一年。此后，预计股利会以每年 5% 的速度增长。如果要求回报率为 12%，杨公司的每股价值是多少？

解答：表 7-10 列出了每期的股利、以 12% 折现的现值、对它们的解释和估值的结果。因为在第 7 年后股利每年以固定的 5% 比率增长，所以倒数第 2 行将 $t=8$ 以后的股利用戈登增长模型估计。V_7 是这些股利在 $t=7$ 时的现值。

表 7-10 估计杨公司股票的价值

年度	D_t 或 V_t	D_t 或 V_t 的价值（美元）	以 12% 折现的现值（美元）	对 D_t 或 V_t 的解释
1	D_1	21.00	18.75	设定股利为 21 美元
2	D_2	18.90	15.07	上一期股利 ×0.90
3	D_3	17.01	12.11	上一期股利 ×0.90
4	D_4	15.31	9.73	上一期股利 ×0.90
5	D_5	60.00	34.05	设定为 60 美元
6	D_6	40.00	20.27	设定为 40 美元
7	D_7	40.00	18.09	设定为 40 美元
7	V_7	600.00	271.41	$V_7=D_8/(r-g)$ $V_7=(40.00 \times 1.05)/(0.12-0.05)$
合计			399.48	

如例 7-19 所示，杨公司股利的总现值是 399.48 美元。在这个例子中，公司在第一

阶段结束时的终值是用戈登增长模型和成熟增长率5%估计的。这种情况下的增长率（g）估计有几种不同的方法。

- 用公式 g =（成熟阶段的 b）×（成熟阶段的 ROE）。我们将在 7.6 节讨论公式 g = b × ROE。分析师估计成熟阶段 ROE 的方法有几种，例如：
  - 用 ROE 的杜邦分解法，预测杜邦分解公式的组成部分；
  - 根据假设，成熟阶段的公司最多只能赚取资金的机会成本，因此设定 ROE = 股权要求回报率 r；
  - 将成熟阶段的 ROE 设定为行业 ROE 的中位数。
- 分析师可以用其他模型估计增长率 g，将成熟增长率与宏观（含行业）增长预测相联系。

当分析师使用可持续增长率公式时，利润留存率 b 可以用经验值。例如，彭博公司的模型假设成熟阶段的 b = 0.55，相当于股利支付率 45%，这是美国成熟的股利支付公司的长期平均支付率。除此之外，分析师有时候会估计公司个体的股利支付率。

▌ 例 7-20　可持续增长率的计算

在例 7-17 中，分析师估计 IBM 在三阶段模型最后一个阶段的股利增长率是 6.75%。这个估计是根据公式：

$$g =（成熟阶段的 b）×（成熟阶段的 ROE）$$

IBM 的支付率在过去的十年间从 16.5% 涨到 22.7%。假设 IBM 在最后阶段的股利支付率为 25%，ROE 达到要求回报率的估计值 9%，计算过程是：

$$g = 0.75 × 9\% = 6.75\%$$

7.5.6　用任意的股利折现模型估计要求回报率

前文关注的是用股利、要求回报率和预期增长率的假设找出股票的价值。给定要求回报率以外的所有输入变量和当前价格，DDM 也可以计算出 IRR。有时会用这个 IRR 作为要求回报率的估计（尽管把它用回到 DDM 中是不合适的，因为会变成循环计算）。这个 IRR 也可以看作市场价格所隐含的预期回报率，本质上就是有效市场的预期回报率。在下面的讨论中需要记住的是，如果价格不等于内在价值，预期回报率就要调整，把错误定价被更正时可以获得的额外回报反映出来，这在前面的章节已提及。

在某些情况下，计算 IRR 十分容易。在戈登增长模型中，$r = D_1/P_0 + g$。要求回报率估计就是股利收益率加预期股利增长率。对当前价格是 10 美元、预期股利是 0.50 美元、预期增长率是 8% 的股票来说，要求回报率估计就是 13%。

H 模型的预期回报率可以表示为[⊖]

$$r = \left(\frac{D_0}{P_0}\right)[(1 + g_L) + H(g_S - g_L)] + g_L \tag{7-21}$$

当短期增长率和长期增长率相等时，这个模型就变成戈登增长模型。如果股票的当前股利是 1 美元，当前价格是 20 美元，预期的短期增长率 10% 在 10 年（$H = 5$）后降至 6%，那么要求回报率估计就是

$$r = (1/20)\left[(1 + 0.06) + 5 \times (0.10 - 0.06)\right] + 0.06 = 12.3\%$$

对多阶段模型和电子表格模型来说，找一个计算回报率的简单公式要困难得多。计算过程通常类似于求一系列不同现金流的 IRR。分析师用计算机或试错法找到一个要求回报率，使得预期未来股利的现值正好等于当前的股票价格。

▌例 7-21　在预期股利波动的情况下计算预期回报率

一位分析师预测强生公司 2012 年 2.40 美元的股利会在未来 6 年以 7.5% 的速度增长，然后以 6% 的比率永续增长。强生公司在 2013 年 8 月下旬的股价是 86.97 美元。投资强生公司股票的 IRR 是多少？

在两阶段模型中用试错法估计预期要求回报率，选一个好的初始估计很重要。在这个例子中，可以用戈登增长模型的预期回报率和强生公司的长期增长率获得初始的近似值：$r = (2.40 \times 1.075)/86.97 + 6\% = 9\%$。因为在前 6 年的增长率比长期增长率 6% 高，所以回报率的估计值必然大于 9%。表 7-11 列出了强生公司在 9% 和 10% 两个折现率条件下的价值估计。

表 7-11　强生公司

时间	D_t（美元）	$r = 9\%$ 时 D_t 和 V_6 的现值（美元）	$r = 10\%$ 时 D_t 和 V_6 的现值（美元）
1	2.580 0	2.367 0	2.345 5
2	2.773 5	2.334 4	2.292 1
3	2.981 5	2.302 3	2.240 1
4	3.205 1	2.270 6	2.189 1
5	3.445 5	2.239 3	2.139 4

⊖　见 Fuller and Hsia (1984)。

			（续）
时间	D_t（美元）	$r=9\%$ 时 D_t 和 V_6 的现值（美元）	$r=10\%$ 时 D_t 和 V_6 的现值（美元）
6	3.703 9	2.208 5	2.090 8
7	3.926 2		
小计 1	（$t=1\sim6$）	13.722 1	13.297 0
小计 2	（$t=7\sim\infty$）	78.034 7	55.405 4
总计		91.76	68.70
市场价格		86.97	86.97

在表 7-11 中，小计 1 是第 1~6 年预期股利的现值，小计 2 是终值 $V_6/(1+r)^6 = [D_7/(r-g)]/(1+r)^6$ 的现值。当 $r=9\%$ 时，现值为 $[3.926\ 2/(0.09-0.06)]/(1.09)^6 = 78.034\ 7$ 美元。其他 r 值对应的现值可以用类似方法计算。

用 9% 作为折现率时，强生公司的估计价值是 91.76 美元，比其市场价格 86.97 美元高 5.5%。这说明 IRR 高于 9%。用 10% 作为折现率时，68.72 美元的现值明显低于市场价格。因此，IRR 略大于 9%。用计算器或电子表格可以确定 IRR 等于 9.16%。

7.5.7 多阶段 DDM 总结

多阶段股利折现模型适用于多种模式的预期未来股利现金流。

一般来说，多阶段 DDM 根据商业生命周期的观点假设特定的增长模式。在多阶段 DDM 的第一阶段中，分析师经常对未来 2~5 年（有时会更长）的利润和股利进行单独的预测。最后阶段经常以企业长期可持续增长率假设为基础，使用戈登增长模型。在 H 模型中，增长率在第一阶段平缓地向成熟阶段过渡。在标准的两阶段模型中，增长率通常是突然地过渡到第二阶段的成熟增长率。在三阶段模型中，中间阶段是过渡阶段。有了电子表格，分析师几乎可以对无限多种的现金流模式建模。

多阶段 DDM 有一些局限性。最后阶段的现值经常超过股票总价值的 3/4。终值对增长率和要求回报率假设非常敏感。此外，科技革新可能会使得模型的生命周期假设不准确。

7.6 增长率的财务决定因素

在本章前面的许多例子中，我们隐含地使用了股利增长率（g）等于利润留存率

（b）乘以净资产收益率（ROE）这个关系式。在本节中，我们会解释这个关系式，并示范如何将它与净资产收益率的一种分析方法——杜邦分析法相结合，作为预测股利增长率的简单工具。

7.6.1　可持续增长率

我们定义的**可持续增长率**（sustainable growth rate）是，假设资本结构保持不变并且不发行新的股票，在给定的净资产收益率水平下股利（和利润）可持续增长的比率。学习这个概念是因为它可以帮助我们估计戈登增长模型中的稳定增长率，或者是在多阶段 DDM 的股票终值估计中用戈登增长公式得到的成熟期增长率。

计算可持续增长率的公式是

$$g = b \times \text{ROE} \tag{7-22}$$

式中，g 是股利增长率；b 是利润留存率（$=1-$ 股利支付率）；ROE 是净资产收益率。

更准确地说，式（7-22）的留存率应该乘以新投资的预期回报率。分析师一般假设净资产收益率能比较好地模拟回报率，如式（7-22）所示，但是分析师应该根据实际情况判断这是否正确。

例 7-22 说明了股东权益的增长完全由利润再投资驱动的事实（没有新股票发行且债务以 g 的速度增长）。[⊖]

▌ 例 7-22　演示 $g = b \times \text{ROE}$ 的例子

假设一家企业的净资产收益率是 25%，留存率是 60%。根据可持续增长率的公式，股利会以 $g = b \times \text{ROE} = 60\% \times 25\% = 15\%$ 的速度增长。

为了说明这个公式的原理，我们假设在刚刚结束的一年里，股东权益的期初值为 1 000 000 美元，获得净利润 250 000 美元，支付了股利 100 000 美元。该企业下一年的期初股东权益等于 1 000 000 + 60% × 250 000 = 1 000 000 + 150 000 = 1 150 000 美元。没有因为销售新股票而增加的股东权益。

如果该企业下一年的净资产收益率仍等于 25%，净利润将为 0.25 × 1 150 000 = 287 500 美元，在上一年基础上增长了 287 500 - 250 000 = 37 500 美元或 37 500/250 000 = 15%。企业保留利润的 60%（60% × 287 500 = 172 500 美元）并将余下的 40% 作为股利

⊖　债务增长率为 g，资本结构保持不变。如果资本结构不是稳定的，ROE 通常是不稳定的，因为 ROE 取决于杠杆。

分配（40%×287 500＝115 000 美元）。企业的股利从 100 000 美元增长到 115 000
美元，恰好是 15% 的增长率。如果企业将 60% 的利润再投资，每年继续获得 25%
的收益率，股利会以 15% 继续增长。

式（7-22）意味着，在其他条件不变的情况下，净资产收益率越高，股利增长率
就越高。这个关系看起来是可靠的。式（7-22）隐含的另一个关系是，在其他条件不
变的情况下，利润留存率越低（越高），股利增长率越低（越高）。这个关系被称为利
润的股利替代。⊖当然，其他条件可能会改变：投资水平的不同，利润再投资的回报率
可能会改变；或者当企业未来增长前景变化时，股利政策会改变。阿诺特和阿斯尼斯
（Arnott and Asness，2003）以及周和鲁兰（Zhou and Ruland，2006）找到证据证明，
在研究期内的美国公司中，支付股利的比不支付股利的有较高的未来增长率。这说明
谨慎看待股利替代利润的假设是有必要的。

外部权益（增发股票）的成本比内部权益（利润再投资）的成本高得多，这是将可
持续增长方式定义为通过内生资金（留存收益）增长的一个实用逻辑。外部权益成本
较高的原因有几个，其中一个是增发股票时相关的投行费用。一般来说，连续地发行
股票也不是企业获得资金的可行方式。⊜但是，在相当长的时间内通过连续发行新债增
加资本有时是可行的。再说，如果企业在管理资本结构时设定了目标的债务对总资本
（债务和普通股）比例，因为利润再投资会导致股东权益增加，所以就需要通过发行新
债来维持该比率。此外，企业实际的利润留存率几乎每年都会变。例如，可能有部分
利润是暂时性的，管理层不希望它反映在股利中。由于上述原因，分析师可能会发现，
即使变量估计是无偏的，实际的股利增长率与式（7-22）预测也会不一样。尽管如此，
该公式仍然可以作为股利长期平均增长率的一个简单估计方法。

7.6.2 股利增长率、利润留存率和净资产收益率分析

到目前为止，我们已经学习了 7.6.1 节所定义的可持续增长率。该增长率是企业获

⊖ 净资产收益率是一个反映了基本盈利性和杠杆（或债务）使用水平的变量。与之相比，利润留存率或股
利政策并不是净资产收益率这种层面的基本变量。更高的留存率（更低的股利支付率）带来更高的股利
增长率，这对股票价值的影响是中性的。假定投资政策（资本计划）不变，在任何 DDM 的股票估值公
式中，g 增加对价值的正效应会被股利支付率下降的负效应抵消。

⊜ 从长期平均看，一年内大约有 2% 的美国上市公司增发新股，相当于平均每 50 年增发一次。企业增发
新股可能会因为管理层和公众之间信息不对称产生的成本而受到约束。管理层比一般的公众有更多关于
未来现金流的信息，而股票对这些现金流有股东要求权，因此公众可能会把增发新股理解为分担（未来
的）困难而不是分享（未来的）财富。

得净资产收益率的能力（取决于投资机会）和利润留存率的函数。现在需要进一步研究净资产收益率的驱动因素。我们知道，净资产收益率是投资在企业的股权创造的回报（净利润）：

$$ROE = 净利润 / 股东权益 \tag{7-23}$$

如果企业的净资产收益率是 15%，投资在股东权益中的每 100 美元就产生 15 美元的净利润。为了分析，可以将净资产收益率与其他财务比率相联系。例如，净资产收益率可以分解成资产收益率（ROA）和财务杠杆水平（权益乘数）：

$$ROE = (净利润 / 总资产) × (总资产 / 股东权益) \tag{7-24}$$

因此，公司可以通过增加资产收益率或使用杠杆（假设企业可以用低于资产收益率的成本借债）提高净资产收益率。

这个模型可以再进一步地扩展，将资产收益率分解成利润率和周转率（效率）：

$$ROE = (净利润 / 销售收入) × (销售收入 / 总资产) × (总资产 / 股东权益) \tag{7-25}$$

第一项是企业的利润率。较高的利润率会产生较高的净资产收益率。第二项衡量总资产周转率，即企业的效率。周转率等于 1 意味着企业每 1 美元的资产投资产生 1 美元的销售收入。较高的周转率会产生较高的净资产收益率。最后一项是权益乘数，衡量杠杆水平的高低。这个方法一般被称为杜邦模型或净资产收益率分析。尽管净资产收益率还可以进一步分解成 5 个方面进行分析，但三方面的分析已足以让我们了解与增长率相关的净资产收益率驱动因素。将式（7-22）和式（7-25）合并后可以看到，股利增长率为：

$$g = ((净利润 - 股利) / 净利润) × (净利润 / 销售收入)$$
$$× (销售收入 / 总资产) × (总资产 / 股东权益) \tag{7-26}$$

可持续增长率公式的这种扩展被称为 PRAT 模型（Higgins，2007）。增长率是利润率（P）、留存率（R）、资产周转率（A）和财务杠杆（T）的函数。利润率和资产周转率决定了 ROA。其他两个因素（留存率和财务杠杆）反映了企业的财务政策。因此，可以认为股利增长率是企业的 ROA 和财务政策共同决定的。分析师可能会用式（7-26）预测企业在成熟增长阶段的股利增长率。

理论上说，可持续增长率公式和基于杜邦分析的扩展式只有在净资产收益率是用期初股东权益计算时才成立，如例 7-22 所示。这种计算假设留存收益到期末才进行再投资，但分析师和财务数据库更多地倾向于使用平均总资产计算净资产收益率，尤其是在进行杜邦分析时。下面的例子解释了这个公式的内在逻辑。

> ### 📖 例 7-23　资产收益率、财务政策和股利增长率
>
> A 公司的资产收益率为 10%，利润留存率为 30%，权益乘数为 1.25。B 公司的资产收益率也是 10%，但它保留 2/3 的利润，权益乘数为 2.00。
>
> （1）A 公司和 B 公司股利的可持续增长率分别是多少？
>
> （2）说明 A 公司和 B 公司可持续增长率差异的驱动因素。
>
> **问题（1）的解答：** A 公司的股利增长率应该是 $g = 0.30 \times 10\% \times 1.25 = 3.75\%$；B 公司的股利增长率应该是 $g = (2/3) \times 10\% \times 2.00 = 13.33\%$。
>
> **问题（2）的解答：** 因为 B 公司的利润留存率和财务杠杆较高，所以它的股利增长率较高。

如果要预测未来 5 年的增长率，分析师就需要用未来 5 年这 4 个增长驱动因素的预期值。如果要预测永续的增长率，分析师就应该用这些变量的长期预测值。

我们举例说明使用 ROE 的杜邦公式计算可持续增长率的方法及其含义，假设增长率 $g = b \times \text{ROE} = 0.60 \times 15\% = 9\%$。ROE 等于 15% 是基于利润率 5%、资产周转率 2.0 和权益乘数 1.5 的假设。假定销售收入 - 资产比和资产 - 权益比是固定的，销售收入、资产和债务都将以 9% 增长。因为股利占利润的 40% 是固定的，股利的增长率也会和利润的一样，等于 9%。如果企业股利的增长率高于 9%，那么这个增长率将无法靠内部产生的资金维持下去。利润留存率将减少，企业无法在缺乏外部融资的条件下购买销售增长所需要的资产。

在进行以上分析和使用历史财务比率预测未来时，分析师必须要谨慎。尽管某家企业在过去 5 年每年都增长 25%，但是这个增长率很可能无法永远持续下去。虽然超常的高净资产收益率可能推动了以前的增长，但由于竞争或其他可能原因，例如技术或需求的不利变化，高净资产收益率不太可能无限期延续。在下面的例子中，因为该企业所定位的行业可能有长期相对较高的利润率，所以预测高于平均的终期增长率是合理的。

> ### 📖 例 7-24　用 PRAT 公式预测增长率
>
> IBM 公司目前支付的股利为每股 3.40 美元。本章有另外两个关于 IBM 的例子。在其中一个例子中，分析师假设成熟期净资产收益率正好等于股权要求回报率 9%，在此基础上估计 IBM 的成熟期增长率是 6.75%。我们可以用净资产收益率的杜邦分解法得到另一个估计值。

　　表 7-12 展示了对 IBM 过去 10 年净资产收益率的分析。在这段时期中，每股收益的年复合增长率大约是 16%，IBM 的利润留存率从 2003 年的 83.5% 下降到 2012 年的 77.3%。物业、厂房和设备的年度名义投资也从 2003 年的 44 亿美元下降到 2012 年的 41 亿美元。

表 7-12　IBM 公司

年份	净资产收益率（%）	利润率（%）	资产周转率	财务杠杆
2012	87.5 =	15.89	× 0.88	× 6.28
2011	78.4 =	14.83	× 0.92	× 5.75
2010	64.0 =	14.85	× 0.88	× 4.90
2009	59.0 =	14.02	× 0.88	× 4.79
2008	90.8 =	11.90	× 0.95	× 8.06
2007	36.6 =	10.55	× 0.82	× 4.23
2006	33.3 =	10.38	× 0.89	× 3.62
2005	24.0 =	8.71	× 0.86	× 3.19
2004	23.6 =	7.77	× 0.87	× 3.50
2003	22.2 =	7.36	× 0.84	× 3.59

　　IBM 的净资产收益率在过去 5 年比之前的 5 年更高。发生这种改变主要是因为利润率的改善和杠杆的显著增加。然而，在世界经济增长率只有中等个位数的条件下，假设盈利的可持续增长率（永续的增长率）等于近期净资产收益率的均值（近 5 年的均值为 75.9%）乘以未来留存收益率的合理估计（最近为 77.3%）是不现实的。这种预测与历史的每股收益增长率观测值 16.0% 也完全不一致。

　　利润率具有很强的均值回归特征。假设分析师认定，IBM 现阶段与同类公司相比的超高利润率会在成熟阶段大大减少。分析师预测，在 IBM 的成熟阶段，同类公司的税前利润率平均为 5%。因为 IBM 寻找高利润率增长的战略，以及其在提供硬件 - 软件一体化商业解决方案方面的竞争力，分析师预测 IBM 的长期税前利润率为 6%，相当于在 30% 的有效税率下，税后利润率为 4.2%。

　　分析师还认为，资本投资会随着 IBM 向成熟阶段演进而继续减少，之前用作投资的现金流会被用来偿还借款和支付股利。分析师预测财务杠杆为 3.5，与 2003～2007 年的水平一致，但远低于 2012 年的比值 6.28。分析师还认为，股利支付率会延续近期的上升趋势，最终达到 40% 的水平。

　　根据 0.88 的资产周转率（表 7-12 中的均值），但是利润率估计用 4.2%，成熟期净资产收益率的预测等于 4.2% × 0.88 × 3.5 = 12.9%。因此，基于上述分析，IBM 的可持续增长率应等于 $g = 0.60 × 12.9\% = 7.7\%$。

7.6.3 财务模型与股利

分析师在预测股利时还可以构建关于企业经营和财务环境的更复杂的模型。因为这种模型可能涉及很多方面，所以分析师会用电子表格建立预测的利润表和资产负债表。用这种模型可以预测企业未来支付股利的能力。随着竞争的增加，利润率和增长率都会下降，下面的例子展示了一家快速增长的高利润率企业可以支付的股利。

例 7-25　预测股利的电子表格模型

一位分析师准备预测星野分销公司（Hoshino Distributors）未来 5 年的股利。他使用电子表格模型和以下的假设：

- 销售收入在第 1 年为 1 亿美元，第 2 年增长 20%，第 3 年增长 15%，第 4 年和第 5 年分别增长 10%。
- 在第 1 年和第 2 年，营业利润（息税前利润，EBIT）占销售收入的 20%，第 3 年占 18%，第 4 年和第 5 年各占 16%。
- 本年度的利息费用为总债务的 10%。
- 所得税率为 40%。
- 星野分销公司第 1 年和第 2 年各支付利润的 20% 作为股利，第 3 年 30%，第 4 年 40%，第 5 年 50%。
- 留存收益会加入下一年的股东权益。
- 各年的总资产是当年销售收入的 80%。
- 在第 1 年，债务为 4 000 万美元，股东权益为 4 000 万美元。债务等于总资产减股东权益。股东权益等于去年的股东权益加去年的未分配利润。
- 星野分销公司发行在外的股票数为 400 万股。
- 股权要求回报率为 15%。
- 该公司第 5 年末的价值预计为盈利的 10.0 倍。

分析师希望估计星野分销公司目前的每股价值。表 7-13 包含了上述的模型假设，股利合计和盈利在利润表的最下端。

表 7-13　星野分销公司的预测财务报表　　（单位：百万美元）

	第 1 年	第 2 年	第 3 年	第 4 年	第 5 年
利润表					
销售收入	100.00	120.00	138.00	151.80	166.98
EBIT	20.00	24.00	24.84	24.29	26.72

	第 1 年	第 2 年	第 3 年	第 4 年	第 5 年
					（续）
利息费用	4.00	4.83	5.35	5.64	6.18
EBT	16.00	19.17	19.49	18.65	20.54
所得税	6.40	7.67	7.80	7.46	8.22
净利润	9.60	11.50	11.69	11.19	12.32
股利	1.92	2.30	3.51	4.48	6.16
资产负债表					
总资产	80.00	96.00	110.40	121.44	133.58
总债务	40.00	48.32	53.52	56.38	61.81
股东权益	40.00	47.68	56.88	65.06	71.77

股利合计除以发行在外的股票数量可以得出下表的每年每股股利。表中还列出了每期股利的现值，折现率为 15%。

（单位：美元）

	第 1 年	第 2 年	第 3 年	第 4 年	第 5 年	合计
每股股利	0.480	0.575	0.877	1.120	1.540	4.59
现值	0.417	0.435	0.577	0.640	0.766	2.84

第 5 年的每股收益等于 1 232 万美元除以 400 万股，即每股 3.08 美元。给定市盈率等于 10，第 5 年末的预期市场价格为 30.80 美元。按假设的股权要求回报率 15% 折现，这个价格的现值等于 15.31 美元。加上 5 期股利的现值之和 2.84 美元，得到当前股票价值为每股 18.15 美元。

7.7 小结

本章提供了 DCF 估值模型的概述，讨论了股票要求回报率的估计方法，并详细介绍了股利折现模型。

- 在 DCF 模型中，任何资产的价值等于其（预期）未来现金流的现值

$$V_0 = \sum_{t=1}^{n} \frac{\mathrm{CF}_t}{(1+r)^t}$$

式中，V_0 是资产在 $t=0$ 时（当期）的价值，CF_t 是在 t 时点的（预期）现金流，r 是折现率或要求回报率。对于像股票这种没有到期年限的资产而言，n 是无限的。

- 股权估值所使用的预期现金流有几种定义，包括股利、自由现金流和剩余收

益。股利折现模型比较适合用于支付股利的企业和选择非控制权（少数所有权）视角的投资者。该企业应有比较明显的股利政策，而且股利政策与企业的盈利状况有较明确的稳定联系。

- 可能适合使用自由现金流方法（FCFF 或 FCFE）的情况包括：企业不支付股利，股利与 FCFE 有很大不同而自由现金流与盈利相关，或者投资者拥有控制权（多数所有权）视角。

- 剩余收益方法可能会在企业不支付股利（作为 FCF 模型的一种替代方法）或自由现金流为负值时有用。

- 单一持有期 DDM 估计的股票价值是：

$$V_0 = \frac{D_1}{(1+r)^1} + \frac{P_1}{(1+r)^1} = \frac{D_1 + P_1}{(1+r)^1}$$

式中，D_1 是在时点 1 的预期股利，V_0 是股票在时点 0 的（预期）价值。假设 V_0 等于当期的市场价格 P_0，预期的持有期回报率为：

$$r = \frac{D_1 + P_1}{P_0} - 1 = \frac{D_1}{P_0} + \frac{P_1 - P_0}{P_0}$$

- 任何一种有限持有期 n 的 DDM 公式和 DDM 的一般表达式分别为：

$$V_0 = \sum_{t=1}^{n} \frac{D_t}{(1+r)^t} + \frac{P_n}{(1+r)^n} \text{ 和 } V_0 = \sum_{t=1}^{\infty} \frac{D_t}{(1+r)^t}$$

- 股利预测主要有两种方法。第一种，分析师假设所有预期未来股利按照某种特定的模式增长。第二种，分析师可以对终点以前有限次数的股利进行单独预测，然后用特定的增长模式或者预测终点的股票价格对剩余的股利估值。

- 戈登增长模型假设股利以固定比率 g 永续增长，因此 $D_t = D_{t-1}(1+g)$。戈登增长模型中的股利现金流价值为：

$$V_0 = \frac{D_0(1+g)}{r-g} \text{ 或 } V_0 = \frac{D_1}{r-g} \text{（式中 } r > g\text{）}$$

- 不可赎回的固定利率永续优先股的价值是 $V_0 = D/r$，其中 D 是股票每年的（固定）股利。

- 假设价格等于价值，戈登增长模型估计股票的预期回报率为：

$$r = \frac{D_0(1+g)}{P_0} + g = \frac{D_1}{P_0} + g$$

- 给定下一期股利的估计值和股票的要求回报率，戈登增长模型可以用来估计当前市场价格所隐含的股利增长率（假设增长率不变）。

- 增长机会的现值（PVGO）来源于有利可图的未来增长机会，是股票总价值 V_0 中的一部分。这个概念与现有资产的价值相对，三者的关系是 $V_0 = E_1/r +$ PVGO，其中 E_1/r 被定义为零增长的每股价值。

- 动态市盈率（P_0/E_1）和静态市盈率（P_0/E_0）可以分别用戈登增长模型表达为：

$$\frac{P_0}{E_1} = \frac{D_1/E_1}{r-g} = \frac{1-b}{r-g} \quad \text{和} \quad \frac{P_0}{E_0} = \frac{D_0(1+g)/E_0}{r-g} = \frac{(1-b)(1+g)}{r-g}$$

（假设戈登增长模型是适用的）根据基本面因素的预测值，这些公式可以给出一只股票的合理市盈率。

- 戈登增长模型对宽基股票指数和特定股票的估值可能有用，这种特定股票的发行企业应具有稳定的利润增长率，而且增长率应接近或小于经济的名义增长率。

- 戈登增长模型的估值对增长率和要求回报率假设十分敏感。

- 对许多企业来说，增长分为不同的阶段。在增长阶段，企业的每股收益有超常的高增长率，即超常增长期；在过渡阶段，利润增长变缓；在成熟阶段，企业的利润增长率和净资产收益率等因素处于可以长期维持的稳定水平，达到一种均衡状态。分析师经常使用多阶段 DCF 模型对有多阶段增长前景的公司估值。

- 两阶段股利折现模型假设第一阶段和第二阶段有不同的增长率：

$$V_0 = \sum_{t=1}^{n} \frac{D_0(1+g_S)^t}{(1+r)^t} + \frac{D_0(1+g_S)^n(1+g_L)}{(1+r)^n(r-g_L)}$$

式中，g_S 是第一阶段的预期股利增长率，g_L 是第二阶段的预期增长率。

- 股票的终值 V_n 有时用戈登增长模型估计，有时用其他方法，例如用市盈率乘数乘以终期的 EPS 预测值。

- H 模型假设股利增长率在第一阶段线性下降，从超常增长率降至正常的增长率，然后以正常的固定增长率增长。

$$V_0 = \frac{D_0(1+g_L)}{r-g_L} + \frac{D_0 H(g_S - g_L)}{r-g_L} = \frac{D_0(1+g_L) + D_0 H(g_S - g_L)}{r-g_L}$$

- 有两种基本的三阶段模型。第一种，中间阶段的增长率是固定的。第二种，增长率在第二阶段线性下降，在第三阶段变得正常和稳定。

- 电子表格模型非常灵活，可以允许分析师对任意模式的预期股利估值。

- 除了股权估值，DDM 的 IRR 还可以用来估计要求回报率，前提是假设市场对资产的定价正确。对于简单模型（例如单期模型、戈登增长模型和 H 模型）来说，要求回报率可以用大家熟悉的公式计算，但是如果股利现金流变化多，回报率的计算就需要用试错法，找到一个折现率使得预期股利现金流的现值等于当前市场价格。

- 多阶段 DDM 模型可以处理多种模式的预期股利现金流。尽管这些模型可能对增长做了特定模式的假设，但它们可以给出有用的近似估计。

- 获得股利增长率的渠道可以是分析师预测、统计预测方法或企业的基本面因素。可持续增长率取决于净资产收益率和利润留存率 b：$g = b \times \text{ROE}$。这个公式可以用杜邦公式做进一步的扩展。

$$g = ((\text{净利润} - \text{股利}) / \text{净利润}) \times (\text{净利润} / \text{销售收入})$$
$$\times (\text{销售收入} / \text{总资产}) \times (\text{总资产} / \text{股东权益})$$

自由现金流估值

杰拉尔德·E. 平托，PhD，CFA

伊莱恩·亨利，PhD，CFA

托马斯·R. 罗宾逊，PhD，CFA

约翰·D. 斯托，PhD，CFA

■ 学习目标

通过学习本章内容，你将可以：

- 比较企业自由现金流（FCFF）和股权自由现金流（FCFE）两种估值方法。

- 解释 FCFE 模型所隐含的所有权视角。

- 解释在计算 FCFF 和 FCFE 时如何对以下项目进行适当的调整：净利润、息税前利润（EBIT）、息税折旧及摊销前利润（EBITDA）和经营活动现金流（CFO）。

- 计算 FCFF 和 FCFE。

- 描述预测 FCFF 和 FCFE 的方法。

- 对比 FCFE 模型和股利折现模型。

- 解释股利、股票回购、股票发行和杠杆的变化可能会如何影响 FCFF 和 FCFE。

- 评价在估值中用净利润和 EBITDA 作为现金流代理变量的做法。

- 解释单阶段（稳定增长）、两阶段和三阶段 FCFF 和 FCFE 模型，根据企业的特征选择合适的模型并说明其合理性。

- 用合适的自由现金流模型估计企业的价值。

- 解释敏感性分析在 FCFF 和 FCFE 估值中的应用。

- 描述多阶段估值模型中的终值计算方法。

- 在自由现金流估值模型的基础上评价股票是被高估、合理估值还是低估。

8.1　自由现金流简介

现金流折现（DCF）估值方法将证券的内在价值看作其未来现金流的现值。如果使用股利，DCF 模型就是股利折现法或股利折现模型（DDM）。本章进一步介绍 DCF 分析，用企业自由现金流（FCFF）和股权自由现金流（FCFE）对企业及其证券进行估值。股利是实际支付给股东的现金流，而自由现金流是可以分配给股东的现金流。

与股利不同，FCFF 和 FCFE 不是容易获得的数据。分析师需要用可得到的财务信息计算出这些数据，这要求分析师清楚地理解自由现金流并具有正确解析和使用这些信息的能力。预测未来现金流也是一项复杂和有难度的工作。对企业财务报表、经营状况、财务状况以及所在行业的理解能帮助分析师更好地完成这项工作。许多分析师认为自由现金流模型在实践中比 DDM 更有用。自由现金流为估值提供了一个良好的经济理论基础。

存在以下一种或几种情况时，分析师喜欢将回报定义为自由现金流（FCFF 或 FCFE）：

- 企业不支付股利。
- 企业支付股利但支付的股利与企业的股利支付能力有很大的不同。
- 在分析师觉得舒服的预测期内，企业的自由现金流与盈利性相符。
- 投资者选择"控制权"视角。控制权可以带来对自由现金流使用的决策权。如果投资者可以控制企业（或预期另外一个投资者会控制企业），那么股利可能会有很大的变动。例如，它们可能会被设定在接近企业股利支付能力的水平。这种投资者可能还会用自由现金流偿还在收购过程中产生的债务。

普通股的估值可以直接用 FCFE，或者是间接地用 FCFF 模型先估计企业的价值，然后减去非普通股资本（通常是债务）的价值，得到股权价值的估计值。本章的目的是说明 FCFF 和 FCFE 方法用于股权估值时的背景要求。

8.2 节定义企业自由现金流和股权自由现金流概念，然后介绍两个基于 FCFF 和 FCFE 折现的估值模型。在 8.2 节中我们还考察 FCFF 和 FCFE 估值中的固定增长率模型，这是模型一般形式的特殊应用。在 8.2 节学习了 FCFF 和 FCFE 的估值步骤后，我们在 8.3 节进行关键的计算和预测 FCFF 和 FCFE 的任务。8.4 节解释多阶段自由现金流估值模型，并介绍一些关于其应用的问题。分析师通常会分别估计经营资产和非经营资产的价值，然后再合并它们得到企业的总价值，我们将在 8.5 节描述这种方法。

8.2 FCFF 和 FCFE 估值方法

本小节的目的是介绍自由现金流的概念和基于这些概念的估值模型。自由现金流的具体会计处理和更复杂的估值模型将在后续的小节中进行讨论。

8.2.1 定义自由现金流

企业自由现金流（FCFF）是所有经营费用（包括所得税）已经支付，必需的营运资本（例如存货）和固定资本（例如设备）投资已经完成后，企业资本提供者可以得到的现金流。FCFF 等于经营活动现金流减去资本支出。企业的资本提供者包括普通股股东和债券持有人，有时还包括优先股股东。分析师计算 FCFF 所使用的公式取决于可以得到的会计信息。

股权自由现金流（free cash flow to equity，FCFE）是所有经营费用、利息和本金都已经支付，必需的营运资本和固定资本投资已经完成后，企业的普通股股东可以得到的现金流。FCFE 等于经营活动现金流减去资本支出再减去支付给债权人的（或加上从债权人处得到的）现金。

自由现金流与企业净利润、经营活动现金流、息税折旧及摊销前利润（EBITDA）等其他指标的关系十分重要：分析师必须理解自由现金流和企业财务报告数据之间的关系才能预测自由现金流及其增长率。虽然企业在现金流量表报告经营活动现金流（CFO），但 CFO 不是自由现金流。分析师可以用净利润和 CFO 数据计算企业的自由现金流。

FCFF 和 FCFE 相对于其他现金流概念的优势在于它们可以直接被用于 DCF 框架中，对企业或股权进行估值。其他现金流或利润指标，例如 CFO、净利润、EBIT 和 EBITDA，不具备这种性质，因为它们不是多计就是少计了某部分的现金流。例如 EBIT 和 EBITDA 是税前指标，而（企业或股权）投资者可以得到的现金流必须是税后的。从股东的角度看，EBITDA 这类指标没有考虑资本结构的不同（税后利息费用或优先股股利），也没有考虑债权人为经营资产投资所提供的资金。此外，这些指标没有考虑企业为了维持或最大化其长期价值在长期资产和营运资本上的现金流投资。

使用自由现金流估值比使用股利更难，因为分析师在预测自由现金流时必须将企业的经营现金流与投资和融资活动的现金流相结合。由于 FCFF 是公司全部资本提供者可以得到的税后现金流，所以公司价值的估计可以通过将 FCFF 按加权平均资本成本（WACC）折现得到。公司价值的估计值减去债务的价值就可以得到股权价值的估计值。股权价值的估计值还可以通过将 FCFE 按股权要求回报率折现直接得到（因为 FCFE 是普通股股东可以得到的现金流，所以股权要求回报率是经过风险调整的适用于

FCFE 折现的比率）。

理论上，如果所有输入变量反映的假设相同，直接和间接两种自由现金流方法在股权估值中应该得到相同的结果。但是，因为被估值企业的特征不同，所以分析师可能会偏向使用其中一种而不是另一种方法。例如，如果企业的资本结构比较稳定，使用 FCFE 估计股权价值会比使用 FCFF 更直接和简单。但是在另两种情况下，分析师常常会选用 FCFF 模型：

- **FCFE 小于零的杠杆企业**。在这种情况下用 FCFF 估计股权价值可能会最简单。分析师会将 FCFF 折现，得到经营资产的现值（加上超额现金、市场化证券和任何重要的非经营性资产⊖得到企业的总价值），然后减去债务的市场价值，最后得到股权内在价值的估计。
- **资本结构变化的杠杆企业**。首先，如果用历史数据预测自由现金流的增长率，FCFF 的增长比 FCFE 的增长能更清楚地反映基本面因素的变化，而 FCFE 会受债务净额波动的影响。其次，在预测时，股权要求回报率可能比 WACC 对财务杠杆的变化更敏感，这将导致固定折现率变得不合理。

当预期资本结构会变化时，也可以用特殊的 DCF 模型来进行股权估值。⊖

接下来，我们将介绍 FCFF 和 FCFE 估值模型的一般形式。

8.2.2 自由现金流的现值

自由现金流估值有两种不同的方法——FCFF 估值法和 FCFE 估值法。这两种估值模型的一般形式与股利折现模型的一般形式相似。在 DDM 中，股票的价值等于从时点 1 到无限期预期股利按股权要求回报率折现的现值。

8.2.2.1 FCFF 的现值

FCFF 估计企业的价值等于未来 FCFF 按加权平均资本成本折现的现值：

$$企业价值 = \sum_{t=1}^{\infty} \frac{FCFF_t}{(1+WACC)^t} \tag{8-1}$$

⊖ 对超额现金、市场化证券和其他非经营性资产的调整在 8.5 节中会有详细的讨论。超额是相对于经营需要而言的。

⊖ **调整现值法**（adjusted present value, APV）是这种模型的一个例子。在 APV 方法中，企业的价值是假设企业没有借债时的价值（即无杠杆企业的价值）与借债对企业价值的所有影响的净现值（例如借债的税收效应和所有财务危机成本）之和。在这个方法中，分析师用去杠杆化的股权成本（假定企业没有借债时的股权成本）将（假设没有债务的）FCFF 折现得到无杠杆企业价值的估计值。详情参见 Luehrman（1997），在资本预算背景下解释 APV。

因为 FCFF 是所有资本提供者可以得到的现金流，所以用 WACC 将 FCFF 折现得到的是企业所有资本的总价值。股权的价值等于企业的价值减去债务的市场价值：

$$股权价值 = 企业价值 - 债务的市场价值 \tag{8-2}$$

将股权价值除以发行在外的股票数量就可以得到每股价值。

资本成本是投资者对企业产生的现金流所要求的回报率。WACC 取决于现金流的风险。WACC 的计算和含义已在第 5 章中讨论过，即 WACC 是债权和股权的加权平均（公司）税后要求回报率，其中的权重为各种资金来源（债权或股权）占所有资金来源的市值比例。如果分析师知道企业的目标资本结构且该结构与市场价值比例不同，那么分析师也可以用目标资本结构替代市值权重。WACC 的公式是：

$$
\begin{aligned}
\mathrm{WACC} = & \frac{\mathrm{MV}（债权）}{\mathrm{MV}（债权）+\mathrm{MV}（股权）} r_d(1-税率) \\
& + \frac{\mathrm{MV}（股权）}{\mathrm{MV}（债权）+\mathrm{MV}（股权）} r
\end{aligned}
\tag{8-3}
$$

MV（债权）和 MV（股权）是债权和股权的现行市场价值而不是账面价值。在 WACC 公式中，权重的定义是 MV（债权）和 MV（股权）对债权加股权总市场价值的比例。$r_d(1-税率)$ 和 r 分别是税后的债权成本和税后的股权成本（对于股权来说，只说"股权成本"就可以了，因为股权的收益——净利润是税后的）。在式（8-3）中，所得税率在理论上是企业所得税的边际税率。

8.2.2.2　FCFE 的现值

股权的价值也可以用 FCFE 按股权的要求回报率（r）折现得到：

$$股权价值 = \sum_{t=1}^{\infty} \frac{\mathrm{FCFE}_t}{(1+r)^t} \tag{8-4}$$

因为 FCFE 是满足了其他所有支付要求后留给股东的现金流，所以用 FCFE 按 r（股权要求回报率）折现可以得到企业股权的价值。股权总价值除以发行在外的股票数量就可以得到每股价值。

8.2.3　单阶段（稳定增长）FCFF 和 FCFE 模型

在 DDM 方法中，戈登（不变增长或稳定增长）模型假设股利以固定比率增长。假设自由现金流以固定比率增长就可以得到单阶段（稳定增长）FCFF 和 FCFE 模型。[⊖]

⊖　在估计非上市公司的价值时，这种稳定增长自由现金流模型经常被称为**资本化现金流模型**（capitalized cash flow models）。

8.2.3.1 稳定增长 FCFF 估值模型

假设 FCFF 以固定比率 g 增长，那么每一期的 FCFF 就等于上一期的 FCFF 乘以 $(1+g)$：

$$FCFF_t = FCFF_{t-1}(1+g)$$

如果 FCFF 以固定比率增长，则：

$$企业价值 = \frac{FCFF_1}{WACC-g} = \frac{FCFF_0(1+g)}{WACC-g} \tag{8-5}$$

从企业的价值中减去债务的市场价值就得到股权的价值。

▌例 8-1 稳定增长 FCFF 估值模型的使用

卡加迪公司（Cagiati Enterprises）有 700 万[⊖]瑞士法郎（CHF）的 FCFF 和 620 万瑞士法郎的 FCFE。卡加迪的税前债务成本为 5.7%，股权要求回报率为 11.8%。公司预期的目标资本结构包括 20% 的债权融资和 80% 的股权融资。税率为 33.33%，预计 FCFF 会以 5% 永续增长。卡加迪公司的对外债务市值为 2 200 万瑞士法郎，发行在外的股票数量为 200 万股。

（1）卡加迪的加权平均资本成本是多少？

（2）用 FCFF 估值法估计卡加迪的股权价值是多少？

（3）FCFF 方法估计的每股价值是多少？

问题（1）的解答：利用式（8-3）计算 WACC：

$$WACC = 0.20 \times 5.7\% \times (1-0.333\,3) + 0.80 \times 11.8\% = 10.2\%$$

问题（2）的解答：卡加迪的公司价值等于 FCFF 按 WACC 折现的现值。如果 FCFF 以 5% 永续增长，那么：

$$公司价值 = \frac{FCFF_1}{WACC-g} = \frac{FCFF_0(1+g)}{WACC-g} = \frac{700 \times 1.05}{0.102-0.05}$$

$$= \frac{735}{0.052} = 14\,134.6（万瑞士法郎）$$

股权价值等于公司价值减去债务的价值：

$$股权价值 = 14\,134.6 - 2\,200 = 11\,934.6（万瑞士法郎）$$

问题（3）的解答：将 11 934.6 万瑞士法郎除以发行在外的股票数量可以得到每

⊖ 例子在原文中的单位是百万瑞士法郎和百万股，因为是虚拟例子，所以全部简化为万瑞士法郎和万股。——译者注

> 股价值 V_0 的估计:
>
> $$V_0 = 11\ 934.6\ 万瑞士法郎 /200\ 万股 = 59.67（瑞士法郎 / 股）$$

8.2.3.2 稳定增长 FCFE 估值模型

稳定增长 FCFE 估值模型假设 FCFE 以固定比率 g 增长。每一期的 FCFE 等于上一期的 FCFE 乘以（$1+g$）:

$$FCFE_t = FCFE_{t-1}(1+g)$$

如果 FCFE 以固定比率增长，股权的价值为

$$股权价值 = \frac{FCFE_1}{r-g} = \frac{FCFE_0(1+g)}{r-g} \tag{8-6}$$

折现率为股权要求回报率 r。需要注意的是，FCFF 和 FCFE 的增长率不需要相同而且也经常不同。

在本节中，我们介绍了自由现金流估值的基本概念及最简单的应用，即单阶段自由现金流模型。下一节将考察自由现金流的准确定义并介绍自由现金流预测的相关问题。

8.3 预测自由现金流

估计 FCFF 和 FCFE 需要全面地了解企业及其财务报表。我们首先用一个比较详细的例子介绍自由现金流和会计利润指标之间的关系，作为估计 FCFF 和 FCFE 的背景知识。

在 8.3 节的多数情况下，我们假设企业只有两种资本来源——债务和普通股。如果在企业只有债务和普通股的情况下理解了 FCFF 和 FCFE 的概念，那么加上优先股也不难。实际上只有很少数的企业有优先股（在第 8.3.8 节中，我们将优先股作为第三种资本来源）。

8.3.1 从净利润开始计算 FCFF

FCFF 是支付了所有经营费用（包括税收）和满足了经营性投资需求后，企业所有资本提供者可以得到的现金流。企业的资本提供者包括债权人和股东（有时还会包括优先股股东，但这里暂时先忽略）。记住非现金费用是指不涉及现金支出的费用，FCFF 的公式如下: ⊖

⊖ 本章提到的"固定资本投资"和"营运资本投资"都是指在被计算的自由现金流所对应的期间做出的投资。

$$FCFF = 属于普通股股东的净利润（NI）$$
$$加：净非现金费用（NCC）$$
$$加：利息费用 \times（1 - 税率）$$
$$减：固定资本投资（FCInv）$$
$$减：营运资本投资（WCInv）$$

这个公式可以写得更简洁，即：

$$FCFF = NI + NCC + Int(1 - 税率) - FCInv - WCInv \tag{8-7}$$

考虑 FCFF 的每一个组成部分。式（8-7）的起点是归属于普通股股东的"净利润"——利润表的最后一行。它代表着扣除了折旧、摊销、利息费用、所得税和优先股股利（但不包括普通股股利）后的利润。

"净非现金费用"反映了净利润中对非现金减少和增加[○]进行的调整。分析师一般会在净值基础上进行几项调整，这是其中的第一项。如果净利润中的非现金减少超过非现金增加，就像通常的那样，调整就是正的。如果非现金增加超过非现金减少，调整就是负的。最常见的非现金项目是折旧费用。当企业购买固定资产（例如机器设备）时，资产负债表会在购买的时点反映现金的流出。此后，企业会在使用资产的时候记录折旧费用。折旧会降低净利润但不是现金的流出。因此，折旧是一项（最常见的）非现金费用，在计算 FCFF 时必须加回。如果是无形资产，类似的非现金费用被称为摊销，也要在计算时加回。其他非现金费用因公司而异，我们将在第 8.3.3 小节讨论。

"税后利息费用"必须加回到净利润以得到 FCFF。因为在计算净利润时扣除了利息费用在节约所得税后净值，而利息是企业一部分资本提供者（即企业的债权人）可以得到的现金流，所以这一步是必须的。在美国和许多其他国家，利息对于企业（借款人）来说是可以抵税的（减少所得税），对利息获取方（贷款人）来说是应税的。后文将会详细介绍，FCFF 的折现采用税后资本成本。为了一致，我们因此用税后的利息支出计算 FCFF。[○]

与税后利息费用相似，如果企业有优先股，优先股的股利会在计算普通股股东的净利润时被扣除。因为优先股股利也是企业部分资本提供者可以得到的现金流，所以在计算 FCFF 时应该加回。第 8.3.8 小节将进一步讨论优先股的影响。

"固定资本投资"反映了企业购买目前和未来经营所必需的固定资本的现金流出。

○ 原文的"noncash decreases and increases"译作"非现金减少和增加"。非现金减少可以理解为非现金费用，非现金增加则可能是非现金收入或利得。——译者注

○ 请注意，我们可以在税前的基础上计算 WACC，在计算 FCFF 时加回没有税收调整的利息支出。不管采用哪种方法，分析师必须使用一致的 FCFF 和 WACC 定义。

这些投资是对长期资产，例如物业、厂房和设备（PP&E）的资本支出，是支撑企业经营所必需的。必需的资本支出可能还包括无形资产，例如商标。如果是用现金收购另一家企业而不是直接购买 PP&E，现金的购买数额也可以被视为资本支出，减少企业的自由现金流（这是一种保守的做法，因为这么做会减少 FCFF）。如果有大的收购（和所有非现金的收购），分析师必须谨慎地评价其对未来自由现金流的影响。如果企业处置固定资本收到现金，分析师必须在计算固定资本投资时扣除这部分现金。例如，假设我们出售设备得到 100 000 美元，这笔现金流会减少企业固定资本投资的现金流出。

企业的现金流量表是资本支出和固定资本出售信息的极好来源。分析师应该注意，有的企业收购固定资本时没有使用现金，例如通过换股或债务的方式。这种收购不会出现在企业的现金流量表中，但要根据重要性原则在附注中披露。尽管非现金交易不影响历史的 FCFF，但如果这种资本支出是必需的或者未来可能会用现金支付，那么分析师在预测未来 FCFF 时就应该利用这个信息。

最后要说明的是"营运资本净增加"这项重要调整。该调整反映了流动资产（例如应收账款）减去流动负债（例如应付账款）的净投资。分析师可以通过研究企业的资产负债表或现金流量表得到这方面的信息。

尽管营运资本经常被定义为流动资产减流动负债，但是以现金流和估值为目的的营运资本定义不包括现金和短期债务（包括应付票据和一年内到期的长期债务）。在为了计算自由现金流检查营运资本净增加时，我们定义的营运资本剔除了现金及现金等价物、应付票据和一年内到期的长期债务。剔除现金和现金等价物是因为现金的变化恰好是我们要解释的。剔除应付票据和一年内到期的长期债务是因为这些项目有明确的利息，所以不是经营性项目而是融资性项目。

例 8-2 演示了计算 FCFF 时需要对净利润进行的全部调整。

📘 例 8-2　从净利润开始计算 FCFF

凯恩分销公司是一家工业产品分销商，成立于 2009 年 12 月 31 日，初始资本包括 224 000 美元的借款和 336 000 美元的普通股。公司的管理层立即用初始资本进行了 500 000 美元固定资本和 60 000 美元营运资本投资。营运资金最初仅由存货组成。固定资本包括 50 000 美元的不可折旧资产和 450 000 美元的折旧资产。折旧资产有 10 年使用寿命且残值为零。表 8-1～表 8-3 提供了凯恩公司成立之后 3 年的财务报表。从净利润开始计算凯恩公司每年的 FCFF。

| 表 8-1 | 凯恩分销公司利润表 | | （单位：千美元） |

	截至 12 月 31 日止年度		
	2010 年	2011 年	2012 年
息税折旧及摊销前利润（EBITDA）	200.00	220.00	242.00
折旧费用	45.00	49.50	54.45
经营利润	155.00	170.50	187.55
利息费用（利率 7%）	15.68	17.25	18.97
税前利润	139.32	153.25	168.58
所得税（税率 30%）	41.80	45.97	50.58
净利润	97.52	107.28	118.00

| 表 8-2 | 凯恩分销公司资产负债表 | | | （单位：千美元） |

	截至 12 月 31 日止年度			
	2009 年	2010 年	2011 年	2012 年
现金	0.00	108.92	228.74	360.54
应收账款	0.00	100.00	110.00	121.00
存货	60.00	66.00	72.60	79.86
流动资产	60.00	274.92	411.34	561.40
固定资产	500.00	500.00	550.00	605.00
减：累计折旧	0.00	45.00	94.50	148.95
总资产	560.00	729.92	866.84	1 017.45
应付账款	0.00	50.00	55.00	60.50
一年内到期的长期借款	0.00	0.00	0.00	0.00
流动负债	0.00	50.00	55.00	60.50
长期借款	224.00	246.40	271.04	298.14
普通股股本	336.00	336.00	336.00	336.00
留存收益	0.00	97.52	204.80	322.80
总负债和所有者权益	560.00	729.92	866.84	1 017.45

| 表 8-3 | 凯恩分销公司营运资本 | | | （单位：千美元） |

	截至 12 月 31 日止年度			
	2009 年	2010 年	2011 年	2012 年
不包括现金的流动资产				
应收账款	0.00	100.00	110.00	121.00
存货	60.00	66.00	72.60	79.86
不包括现金的流动资产总额	60.00	166.00	182.60	200.86
不包括短期借款的流动负债				
应付账款	0.00	50.00	55.00	60.50
营运资本	60.00	116.00	127.60	140.36
营运资本的增加		56.00	11.60	12.76

解答：根据式（8-7）的逻辑，我们从净利润开始计算 FCFF 如下：我们把非现金费用（这里是折旧）和税后利息费用加回到净利润，然后减去固定资本和营运资本投资。以下表格遵循惯例，用数字两旁的括号表示减法。计算过程如下：

（单位：千美元）

	截至 12 月 31 日止年度		
	2010 年	2011 年	2012 年
净利润	97.52	107.28	118.00
非现金费用：折旧	45.00	49.50	54.45
利息费用 ×（1 − 税率）	10.98	12.08	13.28
固定资本投资	(0.00)	(50.00)	(55.00)
营运资本投资	(56.00)	(11.60)	(12.76)
企业自由现金流	97.50	107.26	117.97

8.3.2　用现金流量表计算 FCFF

FCFF 是所有资本（债务和股权）提供者可以得到的现金流。因为现金流量表中的经营活动产生的现金流量（CFO）包含了对非现金费用（例如折旧和摊销）和营运资本净投资的调整，所以分析师经常用 CFO 作为计算自由现金流的起点，

在现金流量表中，现金流被分为三类：经营活动产生的现金流量（或经营产生的现金流量）、投资活动产生的现金流量和融资活动产生的现金流量。经营活动产生的现金流量是企业经营活动提供的现金净额。现金流量表的经营活动部分呈现了像销售商品和提供劳务收到的现金、购买商品和接受劳务支付的现金这类现金流。投资活动产生的现金流量包含了企业对长期资产（例如 PP&E 和对其他企业的长期投资）的投资（或出售）。融资活动产生的现金流量与企业筹集和偿还资本的活动有关。国际财务报告准则（IFRS）允许企业将支付的利息归入经营活动或融资活动。此外，IFRS 允许将支付的股利归入经营或融资活动。有趣的是，美国 GAAP 规定，支付给债务资本提供者的利息费用必须归入经营活动产生的现金流量（利息收入也是一样），但支付给股权资本提供者的股利则归入融资活动。

表 8-4 总结了 IFRS 和美国 GAAP 对利息和股利的会计处理规定。

表 8-4　利息和股利的会计处理：IFRS 对比美国 GAAP

	IFRS	美国 GAAP
收到的利息	经营活动或投资活动	经营活动
支付的利息	经营活动或融资活动	经营活动

（续）

	IFRS	美国 GAAP
收到的股利	经营活动或投资活动	经营活动
支付的股利	经营活动或融资活动	融资活动

要从 CFO 开始估计 FCFF，我们必须了解利息支付的会计处理。如果像美国 GAAP 那样，净利润和 CFO 已经扣除了税后利息费用，那么税后利息费用必须加回来，得到 FCFF。在美国 GAAP 中，FCFF 可以如下估计：

$$企业自由现金流 = 经营活动产生的现金流量$$
$$+ 利息费用 \times （1 - 税率）$$
$$- 固定资本投资$$

或

$$FCFF = CFO + Int (1 - 税率) - FCInv \qquad （8\text{-}8）$$

重申一次，加回税后利息费用是因为净利润扣除了这一项。营运资本投资没有出现在式（8-8）中，这是因为 CFO 已经包含了营运资本投资。例 8-3 演示了如何用 CFO 计算 FCFF。这个例子中的 CFO 计算从净利润开始，这种方法被称为"间接"法。

▌ 例 8-3 从 CFO 计算 FCFF

用表 8-5 中现金流量表的信息计算 2010～2012 年的 FCFF。税率为 30%（同表 8-1）。

表 8-5 凯恩分销公司现金流量表：间接法 （单位：千美元）

	截至 12 月 31 日止年度		
	2010 年	2011 年	2012 年
经营活动产生的现金流量			
净利润	97.52	107.28	118.00
加：折旧	45.00	49.50	54.45
应收账款的增加	(100.00)	(10.00)	(11.00)
存货的增加	(6.00)	(6.60)	(7.26)
应付账款的增加	50.00	5.00	5.50
经营活动产生的现金净额	86.52	145.18	159.69
投资活动产生的现金流量			
购买固定资产	0.00	(50.00)	(55.00)
融资活动产生的现金流量			
借款（偿还）	22.40	24.64	27.10
总现金流量	108.92	119.82	131.80
期初现金余额	0.00	108.92	228.74

（续）

	截至 12 月 31 日止年度		
	2010 年	2011 年	2012 年
期末现金余额	108.92	228.74	360.54
注：			
支付利息的现金	(15.68)	(17.25)	(18.97)
支付所得税的现金	(41.80)	(45.98)	(50.57)

解答：如式（8-8）所示，FCFF 等于 CFO 加上税后利息费用减去固定资本投资。

（单位：千美元）

	截至 12 月 31 日止年度		
	2010 年	2011 年	2012 年
经营活动产生的现金流量	86.52	145.18	159.69
利息费用 ×（1 – 税率）	10.98	12.08	13.28
固定资本投资	(0.00)	(50.00)	(55.00)
企业自由现金流	97.50	107.26	117.97

8.3.3　非现金费用

查找非现金费用历史数据的最好地方就是企业的现金流量表。如果分析师想用 "FCFF = NI + NCC + Int（1 – 税率）– FCInv – WCInv" 这种加回法，分析师应该检查非现金费用，确保 FCFF 的估计可以为预测提供合理的基础。例如，重组费用可能包括现金支出和非现金费用。裁员的遣散费可能是现金的重组费用，而重组费用中的资产减值准备则是非现金项目。例 8-4 演示了非现金重组费用必须加回净利润才能得到 CFO。

例 8-4　考察非现金费用

先正达公司（Syngenta AG）的总部和注册地在瑞士，经营农作物保护、种子销售还有草坪和花园，是全球领先的农业企业。农作物保护的化学品包括除草剂、杀虫剂，杀真菌剂和拌种剂，用于控制作物中的杂草、昆虫和疾病，是世界各地种植者提高农业生产力和食物质量必不可少的投入。在种子方面，先正达经营商业价值高的农作物（包括玉米、油籽、谷物和甜菜）和蔬菜。草坪和花园业务为专业种植者和消费者提供鲜花、草坪和景观产品。

先正达的财务报表采用美元，因为它是收入计算的主要货币。简·埃弗雷特（Jane Everett）想要用 FCFF 方法评估先正达。她从该公司截至 2012 年 12 月 31 日的财政年度的 10-K⊖收集信息。2011 年和 2012 年合并现金流量表中的经营活动产生的现金流量部分如表 8-6 所示。

表 8-6　先正达公司及子公司合并现金流量表　（单位：百万美元）

	2012 年	2011 年
税前利润	2 152	1 901
调回非现金项目	984	801
已付／收到的现金：		
收到的利息	135	96
支付的利息	（162）	（174）
其他融资性收益	62	216
其他融资性损失	（260）	（252）
所得税	（378）	（282）
重组成本	（55）	（71）
对退休金计划的缴款，不包括重组费用	（78）	（198）
其他预提项目	（182）	（116）
净营运资本变动前现金流	2 218	1 921
净营运资本变动：		
存货变动	（555）	（478）
应收账款和其他营运资本资产变动	（814）	（120）
应付账款和其他营运资本负债变动	510	548
经营活动产生的现金流量	1 359	1 871

埃弗雷特注意到 2012 年现金流量表中的重组成本调节金额 5 500 万美元与利润表中反映的重组费用 24 100 万美元大相径庭。她发现财务报表附注 19 中有以下关于预提重组费用的讨论（见表 8-7）。

表 8-7　截至 2012 年 12 月 31 日年度预提重组费用变动　（单位：百万美元）

	1 月 1 日	计入利润表费用	预提费用转回，贷记利润	支付	精算收益和损失	冲抵确定收益退休金计划资产	货币换算差异	12 月 31 日
预提重组费用								
员工终止费用	75	10	（2）	（44）	—	—	6	45
其他第三方费用	23	3	—	（11）	—	—	（1）	14
员工福利：								
退休金	288	81	—	（78）	131	（127）	7	302
其他退休后福利	101	3	（54）	（11）	22	—	—	61
其他长期雇员福利	57	14	（1）	（15）	—	—	6	61

⊖　即年报。——译者注

（续）

	1 月 1 日	计入 利润 表费用	预提费用 转回，贷 记利润	支付	精算 收益 和损失	冲抵确定 收益退休 金计划资产	货币 换算 差异	12 月 31 日
与环境有关的预提费用	369	4	（3）	（33）	—		6	343
与解除法律和产品责任 负债有关的预提费用	189	86	（10）	（112）	—		（5）	148
其他预提费用	98	40	（24）	（11）	—		—	103
合计	1 200	241	（94）	（315）	153	（127）	19	1 077

根据以上信息，回答以下问题：

（1）利润表中显示的重组费用数额为什么与现金流量表中显示的重组成本金额有所不同？

（2）在预测未来现金流量时应如何处理重组成本？

问题（1）的解答： 利润表中显示的重组费用与现金流量表中显示的重组成本不同有两个原因。一是利润表中的重组费用比现金流量表中的重组成本在定义上更为广泛。表 8-7 中计入利润表的 24 100 万美元不但反映了重组费用，还反映了退休金和其他预提项目的变动。二是现金流量表反映了一些费用是以现金支付而另一些不是的事实。在现金流量表中，非现金重组费用会被包含在非现金项目的 9.84 亿美元中，加回净利润。

对照表 8-6 和表 8-7，表 8-6 中"重组成本"显示的 5 500 万美元正好对上表 8-7 中"预提重组费用"显示的"员工终止费用"4 400 万美元及"其他第三方费用"1 100 万美元之和。表 8-6 中"对退休金计划的缴款，不包括重组费用"显示的 7 800 万美元正好对上表 8-7"退休金"在"支付"列的 7 800 万美元。最后，表 8-6 中"其他预提项目"显示的 18 200 万美元正好对上表 8-7 中"支付"列的其他项目之和 1.82 亿美元（＝11＋15＋33＋112＋11）百万美元。

问题（2）的解答： 重组费用通常是不可预测的，也常常在预测中被省略。如表 8-7 所示，先正达公司仍然有为重组计提的账户。在试图预测未来现金流量时，可以考虑这些账户的金额和以往重组费用的历史记录。

在某些情况下，非现金重组费用还可能导致净利润增加，例如公司转回部分或全部的前期预提费用。利得和损失（例如经营资产的出售）是另一项可能增加或减少非现金费用净额的非现金项目。如果公司以 100 000 欧元的价格出售一件账面价值为 60 000 欧元的设备，它的净利润中将包括 40 000 欧元的利得。然而 40 000 欧元的利得不是一项现金流，必须在计算 FCFF 时被扣除。需要注意的是，100 000 欧元是一项现金流，而且是公司固定资产净投资的一部分。损失会降低净利润，因此在计算 FCFF 时要加回。在对净利润的调整中，利得和损失是除了折旧以外最常见的非现金费用。分析师应该检查企业的现金流量表，找出公司特有的项目，确定可能需要进行的调整，使得会计数据适用于预测。

表 8-8 总结了影响净利润的常见非现金费用，并指出每一个项目在计算 FCFF 时需要调增还是调减净利润。

表 8-8　非现金项目与 FCFF

非现金项目	计算 FCFF 时对净利润的调整
折旧	加回
无形资产的摊销和减值准备	加回
重组支出（费用）	加回
重组支出（因为转回产生的利润）	减去
损失	加回
利得	减去
长期债券折价的摊销	加回
长期债券溢价的摊销	减去
递延所得税	加回，但需要特别注意

需要特别注意"递延所得税"项目，因为递延所得税产生于企业财务报表与税务报表在利润与费用报告上的时间差异。财务报告在计算净利润时扣除的所得税费用不等于支付的现金税款。随着时间推移，会计利润与应税利润的差异会互相抵消而不影响总的现金流。一般来说，如果分析师的目的是预测，即找出 FCFF 的可持续部分，那么分析师不应该加回那些在不久的将来会被转回的递延所得税变动。但有的时候企业可能可以在很长时间内持续地推迟所得税。如果企业正在成长，而且有能力无限期地推迟它的所得税负债，递延所得税就可以加回到净利润。但是，一个收购者必须知道，这些所得税可能在将来某个时间需要支付。

企业经常会在财务报告中确认一些税务报告不可扣减的费用（例如重组费用）。在这种情况下，当期支付的所得税高于利润表报告的所得税，因此产生递延所得税资产，在计算现金流量表的现金流时会调减净利润。如果递延所得税资产预期在不久将来会被转回（例如通过折旧的税收扣除），那么分析师在现金流预测中不应该扣减递延所得税资产，以避免低估未来现金流。但如果企业预期这些费用有持续性，则有必要调减未来现金流预期。

以股票为基础的员工报酬（股票期权）是对预测者的另一个挑战。根据 IFRS 和美国 GAAP，企业必须将支付给员工的期权确认为利润表的一项费用。期权在授予时并不产生现金流出，因此是非现金费用，但是期权的授予会影响长期的现金流。当员工行使期权时，企业会收到一些取决于期权行权价格的现金。这些现金流被认为是融资活动现金流。在某些情况下，企业还会因为发行期权得到税收优惠，这会增加经营活动现金流但不会增加净利润。IFRS 和美国 GAAP 都要求将税收影响的一部分确认为现金流量表中的融资活动现金流而不是经营活动现金流。分析师应该查阅现金流量表和报表附注以决定期权对经营活动现金流的影响。如果这些现金流在未来不能持续，那么分析师就不应该将它们纳入现金流的预测中。分析师还应该考虑股票期权对发行在外股票数量的影响。在计算股权价值时，分析师可能会使用（基于员工股票期权行权）预期的发行在外股票数量而不是目前的发行在外股票数量。

在以估值为目的的现金流预测中，分析师应该考虑营运资本历史变动对自由现金流的影响是否具有可持续性，例 8-5 说明了这个问题。

▌ 例 8-5 营运资本对自由现金流影响的可持续性

瑞安航空公司（Ryanair Holdings PLC）经营爱尔兰、英国、欧洲大陆和摩洛哥之间的点对点短途廉价客运航线。表 8-9 列出了现金流量表中的经营活动和投资活动部分。现金流量表是根据 IFRS 编制的。

表 8-9 瑞安航空公司现金流量表节选 （单位：百万欧元）

	截至 3 月 31 日止年度		
	2012 年	2011 年	2010 年
经营活动			
税前利润	633.0	420.9	341.0
将税前利润调整为经营活动产生的净现金流			
折旧	309.2	277.7	235.4
存货的增加	（0.1）	（0.2）	（0.4）
应收账款的增加	（0.9）	（6.3）	（2.5）
其他流动资产的减少（增加）	34.5	（20.9）	11.6
应付账款的增加（减少）	30.4	（3.2）	21.3
预提费用的增加	11.6	135.0	189.7
其他应付款的增加（减少）	19.7	（10.0）	30.1
预提维修费的增加（减少）	6.6	（7.9）	30.7
固定资产处置收益	（10.4）	—	（2.0）
可供出售金融资产减值损失	—	—	13.5

		（续）	
	截至 3 月 31 日止年度		
	2012 年	2011 年	2010 年
应收利息的减少（增加）	—	1.6	（1.2）
应付利息的增加（减少）	1.1	2.3	（0.5）
退休费用	（0.1）	（0.1）	（0.1）
以股票为基础的支付	（0.7）	3.3	4.9
支付的所得税	（13.6）	（5.9）	—
经营活动产生的净现金流	1 020.3	786.3	871.5
投资活动			
资本支出（购买物业、厂房和设备）	（317.6）	（897.2）	（997.8）

分析师预测瑞安公司在接下来的几年内会增长，折旧费用会大幅增加。基于以上信息，回答下列问题：

（1）对比报告的折旧费和资本支出，讨论未来折旧费增加对净利润和经营活动净现金流的影响（假定其他条件不变）。

（2）解释 2012 年营运资本（例如存货、应收账款和应付账款）变动对股权自由现金流的影响，并讨论这种变动的长期持续性。

问题（1）的解答： 在 2010~2012 年期间，资本支出金额相对于折旧费用金额有显著变化。例如，在 2012 年，资本支出的 3.176 亿欧元略高于 3.092 亿欧元的折旧费用。在 2010 年，资本支出为 9.978 亿欧元，比折旧费用 2.354 亿欧元高出 4 倍多。折旧费用的增长率将高度依赖于未来的资本支出。

在计算净利润时，折旧是一个扣减项。因此，当折旧费用在未来年份增加时，净利润会下降。确切地说，净利润下降的幅度是（折旧费用）×（1-税率）。但是在计算 CFO 时，折旧会被全额加回到净利润中。为了计算 CFO 加回到净利润中的折旧费用数额和折旧费用导致的净利润减少额之间的差异为（税率）×（折旧费用），即对 CFO 的正增加。因此，折旧费用的预期增加对未来净利润的影响是负的，但对未来 CFO 的影响是正的。（在最差的情况下，公司经营亏损，折旧对 CFO 的影响是中性的。）

问题（2）的解答： 在 2012 年，存货和应收账款的增加导致对净利润的负向调整（即科目的变动导致现金流相对于净利润的减少）。因为这些科目余额的增加是现金流的使用，所以调整是负向的。在流动负债方面，因为应付账款、预提费用和其他应付款的增加意味着现金还未支付，所以这些增加作为现金流的来源被加回到净利润。因为 CFO 是 FCFE 的一部分，所以正向（负向）影响 CFO 的项目也会正向（负向）影响 FCFE。

虽然在这个例子中看不出来，但资产（例如存货）或负债（例如应付账款）余额的减少都是不可以无限持续的。在极端的情况下，余额下降为零，进一步的减少是不可能的。考虑到瑞安航空净利润的增长和资本支出导致的固定资产增加，该公司看上去会继续增长，投资者应该预测其营运资本需求会相应增加。

8.3.4 从 FCFF 计算 FCFE

FCFE 是仅属于股权持有者的现金流。要得到 FCFE，我们必须从 FCFF 中减去支付给债权持有者的利息的税后价值并加上净借款（净借款等于在自由现金流对应期间发行的债务减去偿还的债务）：

$$股权自由现金流 = 企业自由现金流$$
$$减：利息费用 \times （1 - 税率）$$
$$加：净借款$$

或

$$FCFE = FCFF - Int (1 - 税率) + 净借款 \qquad （8\text{-}9）$$

如式（8-9）所示，从 FCFF 开始，减去税后利息费用，加上净借款就可以得到 FCFE。分析师也可以通过反向调整从 FCFE 得到 FCFF——加回税后利息费用和减去净借款：$FCFF = FCFE + Int（1 - 税率） - 净借款$。

表 8-10 使用例 8-3 中凯恩分销公司的 FCFF，演示了以 FCFF 为起点计算 FCFE 的方法。在这种计算方式中，我们从 FCFF 中减去税后利息费用，然后加上净借款（等于新借债减去偿还的债务）。

表 8-10　从 FCFF 计算 FCFE　　　　　　　　（单位：千美元）

	截至 12 月 31 日止年度		
	2010 年	2011 年	2012 年
企业自由现金流	97.50	107.26	117.97
支付的利息 ×（1 - 税率）	(10.98)	(12.08)	(13.28)
新借款	22.40	24.64	27.10
债务偿还	(0)	(0)	(0)
股权自由现金流	108.92	119.82	131.79

如前所述，FCFE 是属于普通股股东的现金流——支付了所有经营费用（包括税金），完成了固定资本投资，完成与其他资本提供者的交易后的剩余现金流。企业的其他资本提供者包括债权人（例如债券持有人）和优先股股东。从 FCFF 中扣除与债权人

和优先股股东交易的（税后）现金流后得到 FCFE。

FCFE 是企业可以用来支付股利的金额。出于各种原因，企业实际支付的金额经常远高于或远低于 FCFE，因此 FCFE 与实际支付的股利往往不同。这种差异的成因之一是股利决策由董事会酌情制定。多数公司会"管理"股利；公司倾向于逐渐增加股利，部分原因是它们不愿意被迫削减股利。即使盈利快速增长，许多公司也会缓慢地提高股利，当利润下降时，公司往往会保持原来的股利水平。这使得盈利比股利的波动更大。

在式（8-7）和式（8-8）中，我们分别解释了如何从净利润和经营活动现金流开始计算 FCFF。如式（8-9）所示，FCFE = FCFF − Int (1 − 税率) + 净借款。在式（8-7）和式（8-8）中扣减税后利息费用和加回净借款，我们可以分别得到从净利润和从 CFO 开始计算 FCFE 的公式：

$$FCFE = NI + NCC - FCInv - WCInv + 净借款 \tag{8-10}$$

$$FCFE = CFO - FCInv + 净借款 \tag{8-11}$$

例 8-6 演示了如何调整净利润或 CFO 以获得 FCFF 和 FCFE。

▌例 8-6 调整净利润或 CFO 以获得 FCFF 和 FCFE

表 8-11 列出了皮茨公司的资产负债表、利润表和现金流量表。注意现金流量表的格式，其中"投资活动使用的现金"和"融资活动使用的现金"分别是正的 4 亿美元和 8500 万美元，这意味着现金流出，因此是调减额。分析师有时会看到另一种格式，"投资活动提供（使用）的现金"用"（400）"表示，这意味着减去 400。

表 8-11 皮茨公司的财务报表（除了每股的数据以外，以百万美元为单位）

资产负债表	截至 12 月 31 日止年度	
	2011 年	2012 年
资产		
流动资产		
现金及现金等价物	190	200
应收账款	560	600
存货	410	440
流动资产合计	1 160	1 240
固定资产原值	2 200	2 600
累计折旧	(900)	(1 200)
固定资产净值	1 300	1 400
总资产	2 460	2 640

（续）

资产负债表	截至 12 月 31 日止年度	
	2011 年	2012 年
负债和所有者权益		
流动负债		
应付账款	285	300
应付票据	200	250
预提费用和应交税金	140	150
流动负债合计	625	700
长期借款	865	890
普通股	100	100
资本公积	200	200
留存收益	670	750
所有者权益合计	970	1 050
负债和所有者权益合计	2 460	2 640

利润表	截至 12 月 31 日止年度
	2012 年
营业收入	3 000
营业成本和费用	2 200
EBITDA	800
折旧	300
经营利润（EBIT）	500
利息费用	100
税前利润	400
所得税（税率为 40%）	160
净利润	240
股利	160
留存收益变动	80
每股收益（EPS）	0.48
每股股利	0.32

现金流量表	截至 12 月 31 日止年度
	2012 年
经营活动	
净利润	240
调整项	
折旧	300
营运资本变动	
应收账款	(40)
存货	(30)
应付账款	15
预提费用和应交税金	10

（续）

现金流量表	截至 12 月 31 日止年度
	2012 年
经营活动提供的现金	495
投资活动	
购买固定资产	400
投资活动使用的现金	400
融资活动	
应付票据	(50)
发行长期融资工具	(25)
普通股股利	160
融资活动使用的现金	85
现金及现金等价物增加（减少）	10
现金及现金等价物期初余额	190
现金及现金等价物期末余额	200
现金流量补充披露	
支付的利息	100
支付的所得税	160

留意皮茨公司 2012 年的净利润为 2.4 亿美元。接下来，请演示回答以下问题所需要的计算。

（1）从净利润数据开始计算 FCFF。

（2）从问题（1）得到的 FCFF 开始计算 FCFE。

（3）从净利润数据开始计算 FCFE。

（4）从 CFO 开始计算 FCFF。

（5）从 CFO 开始计算 FCFE。

问题（1）的解答：分析师可以用式（8-7）从净利润开始计算 FCFF（金额以百万美元为单位）。

属于普通股股东的净利润	240
加：非现金费用净额	300
加：利息费用 ×（1 - 税率）	60
减：固定资本投资	400
减：营运资本投资	45
企业自由现金流	155

这个公式也可以写作：

$$FCFF = NI + NCC + Int(1 - 税率) - FCInv - WCInv$$

$$= 240 + 300 + 60 - 400 - 45 = 155（百万美元）$$

我们需要解释其中的一些项目。资本支出为 4 亿美元，即资产负债表中的固定资产原值增加额和现金流量表中报告的投资活动的固定资产投资。营运资本增加了 4 500 万美元，即应收账款增加的 4 000（= 60 000 - 56 000）万美元加上存货增加的 3 000（= 44 000 - 41 000）万美元减去应付账款增加的 1 500（= 30 000 - 28 500）万美元减去预提费用和应交税金增加的 1 000（= 15 000 - 14 000）万美元。我们在计算营运资本增加时忽略现金，因为现金的变动正是我们要计算的。我们也忽略了短期借款，如应付票据，因为这些债务属于企业得到的资本而不属于经营项目。税后利息费用等于利息费用乘以（1 - 税率）：100 × (1 - 0.40) = 60 百万美元。式（8-7）中的其他项目可以从财务报表直接获得。

问题（2）的解答：从 FCFF 计算 FCFE 可以用式（8-9）。

（单位：百万美元）

企业自由现金流	155
减：利息费用 ×（1 - 税率）	60
加：净借款	75
股权自由现金流	170

或者用公式：

$$FCFE = FCFF - Int(1 - 税率) + 净借款$$

$$= 155 - 60 + 75 = 170（百万美元）$$

问题（3）的解答：分析师可以用式（8-10）从净利润开始计算 FCFE。

（单位：百万美元）

属于普通股股东的净利润	240
加：非现金费用净额	300
减：固定资本投资	400
减：营运资本投资	45
加：净借款	75
股权自由现金流	170

或者用公式：

$$FCFE = NI + NCC - FCInv - WCInv + 净借款$$

$$= 240 + 300 - 400 - 45 + 75 = 170（百万美元）$$

因为应付票据增加了 5 000（= 25 000 - 20 000）万美元，长期借款增加了 2 500

（=89 000－86 500）万美元，所以净借款为 7 500 万美元。

问题（4）的解答： 可以用式（8-8）从 CFO 计算 FCFF。

（单位：百万美元）

经营活动现金流	495
加：利息费用 ×（1－税率）	60
减：固定资本投资	400
企业自由现金流	155

或者

$$FCFF = CFO + Int（1－税率）－FCInv$$
$$= 495 + 60 － 400 = 155（百万美元）$$

问题（5）的解答： 可以用式（8-11）从 CFO 计算 FCFE。

（单位：百万美元）

经营活动现金流	495
减：固定资本投资	400
加：净借款	75
股权自由现金流	170

或

$$FCFE = CFO － FCInv + 净借款 = 495 － 400 + 75 = 170（百万美元）$$

FCFE 通常小于 FCFF。但在这个例子中，因为当年有大量的外部借款，所以 FCFE（17 000 万美元）大于 FCFF（15 500 万美元）。

8.3.5 从 EBIT 或 EBITDA 计算 FCFF 和 FCFE

计算 FCFF 和 FCFE 最常用的起点是净利润或 CFO（如 8.3.1 和 8.3.2 小节所示）。另两个起点是利润表的 EBIT 和 EBITDA。

我们以式（8-7）为起点，假设折旧（Dep）是唯一的非现金费用（NCC），EBIT 和 FCFF 之间的关系如下所示：

$$FCFF = NI + Dep + Int（1－税率）－FCInv － WCInv$$

净利润（NI）可以表达为：

$$NI = (EBIT － Int)(1－税率) = EBIT(1－税率) － Int(1－税率)$$

将这个等式代入式（8-7）中的 NI，我们得到

$$FCFF = EBIT(1－税率) + Dep － FCInv － WCInv \qquad （8-12）$$

从 EBIT 开始计算 FCFF，我们需要将 EBIT 乘以（1-税率），加回折旧，然后减去固定资本和营运资本投资。

要表达 FCFF 和 EBITDA 之间的关系也很容易。净利润可以表达为：

$$NI = (EBITDA - Dep - Int)(1-税率)$$

$$= EBITDA(1-税率) - 折旧（1-税率）- Int（1-税率）$$

将这个等式代入式（8-7）中的 NI，可以得到

$$FCFF = EBITDA(1-税率) + Dep（税率）- FCInv - WCInv \qquad (8-13)$$

FCFF 等于 EBITDA 乘以（1-税率），加上折旧和税率的积，减去固定资本和营运资本的投资。比较式（8-12）和式（8-13）可以发现折旧费用处理方式的差异。

以净利润为起点计算 FCFF 需要许多非现金费用调整，但以 EBIT 或 EBITDA 为起点计算则不需要。因为很多非现金费用是在计算 EBIT 或 EBITDA 后加入净利润的计算之中的，所以在以 EBIT 或 EBITDA 为基础计算 FCFF 时不需要加回。另一个需要考虑的重要因素是，某些非现金费用是可以抵税的，例如折旧。具有税收影响的非现金费用必须考虑。

综上所述，从 EBIT 或 EBITDA 开始计算 FCFF 时，非现金费用是否需要调整取决于该项费用在利润表中的哪个位置被扣除，此外，每项调整的形式取决于该项非现金费用是否可以抵税。

我们还可以从 EBIT 或 EBITDA 开始计算 FCFE（而不是 FCFF）。以 EBIT 或 EBITDA 为基础计算 FCFE 的简便方法分别是利用式（8-12）（用 EBIT 计算 FCFF 的表达式）或式（8-13）（用 EBITDA 计算 FCFF 的表达式），再减去 Int（1-税率）和加上净借款，因为 FCFE 与 FCFF 的关系如下（见式（8-9））：

$$FCFE = FCFF - Int（1-税率）+ 净借款$$

例 8-7 用皮茨公司的财务报表从 EBIT 和 EBITDA 计算 FCFF 和 FCFE。

▌例 8-7　通过调整 EBIT 和 EBITDA 计算 FCFF 和 FCFE

皮茨公司（财务报表见例 8-6）在 2007 年有 50 000 万美元的 EBIT 和 80 000 万美元的 EBITDA。列出计算 FCFF 和 FCFE 所需要的调整：

（1）从 EBIT 开始。

（2）从 EBITDA 开始。

问题（1）的解答： 利用式（8-12）从 EBIT 开始计算 FCFF，我们进行如下步骤。

	（单位：百万美元）
EBIT（1−税率）= 500 × (1−0.40)	300
加：非现金费用净额	300
减：固定资本净投资	400
减：营运资本净增加	45
企业自由现金流	155

或

$$FCFF = EBIT(1-税率) + Dep - FCInv - WCInv$$

$$= 500 \times (1-0.40) + 300 - 400 - 45 = 155（百万美元）$$

对 FCFF 进行适当的调整可以得到 FCFE：

$$FCFE = FCFF - Int(1-税率) + 净借款$$

$$= 155 - 100 \times (1-0.40) + 75 = 170（百万美元）$$

问题（2）的解答：利用式（8-13）可以从 EBITDA 计算 FCFF，我们进行如下步骤：

	（单位：百万美元）
EBITDA（1−税率）= 800 × (1−0.40)	480
加：折旧（税率）= 300 × 0.40	120
减：固定资本净投资	400
减：营运资本净投资	45
企业自由现金流	155

或

$$FCFF = EBITDA(1-税率) + Dep（税率）- FCInv - WCInv$$

$$= 800 \times (1-0.40) + 300 \times 0.40 - 400 - 45 = 155（百万美元）$$

要计算 FCFE，我们还是对 FCFF 进行调整：

$$FCFE = FCFF - Int(1-税率) + 净借款$$

$$= 155 - 100 \times (1-0.40) + 75 = 170（百万美元）$$

8.3.6　以自由现金流的使用为基础计算 FCFF 和 FCFE

前面小节阐述了如何从各种利润或现金流（例如净利润或经营活动现金流）开始计算 FCFF 和 FCFE。这些自由现金流计算方法的特征是都反映了自由现金流的来源。另一个角度是考察自由现金流的使用。在 FCFF 和 FCFE 的计算中，从使用的角度分析自由现金流可以检查以来源为角度的计算是否正确，可能还会揭示与企业资本结构政策或现金状况相关的信息。

通常企业正的 FCFF 有以下几种用途：①保留现金从而增加企业的现金和市场化证券余额；②支付现金给债务资本提供者（即支付利息和偿还本金超过新增借款）；③支付现金给股权资本提供者（即支付股利和/或回购股票超过新发行股票）。类似地，企业有以下几种方法弥补负的自由现金流：减少现金余额，借更多的现金或发行股票。

分析师需要注意企业与资本提供者之间的交易对其资本结构的影响。举一个简单的例子，假设自由现金流为零，企业的现金余额没有变化。通过新借款得到现金并用现金支付股利或净回购股票会增加企业的杠杆；反之，通过发行新股票得到现金，用现金偿还的本金超过新借款会减少杠杆。

我们计算 FCFF 用途的方法如下：

FCFF 的使用 =

现金余额的增加（或减去现金余额的下降）

加：对债务资本提供者的净支付，计算如下：

- 加：利息费用 ×（1- 税率）
- 加：超过新借款的本金偿还（如果新借款更多，则减去超过债务偿还的新借款）

加：支付给股权资本提供者的现金，计算如下：

- 加：现金股利
- 加：超过股票发行的股票回购（如果发行股票得到现金更多，则减去超过股票回购的新股发行）

FCFF 的使用与前面计算 FCFF 的来源必须相等。

股权自由现金流等于企业自由现金流减去支付给债务资本提供者的现金。相应地，FCFE 计算如下：

FCFE 的使用 =

现金余额的增加（或减去现金余额的下降）

加：支付给股权资本提供者的现金，计算如下：

- 加：现金股利
- 加：超过股票发行的股票回购（如果发行股票得到现金更多，则减去超过股票回购的新股发行）

FCFE 的使用也必须与前面计算 FCFE 的来源相等。

我们以皮茨公司为例说明 FCFF 和 FCFE 的来源等于使用，其财务报表见例 8-6 的表 8-11，2012 年的有关数据如下：

- 现金与现金等价物的余额增加 1 000（＝20 000 – 19 000）万美元。
- 税后利息费用为 6 000 万美元，即利息费用 ×（1– 税率）＝10 000 ×（1–0.40）。
- 净借款为 7 500 万美元，等于借款的增加减去债务的偿还：5 000 万美元（应付票据的增加）+2 500 万美元（长期借款的增加）。
- 现金股利总计为 16 000 万美元。
- 股票回购和新股发行皆为 0。

前面已计算出 FCFF 为 1.55 亿美元。皮茨公司 FCFF 的使用情况如下：[⊖]

	（单位：百万美元）
现金及现金等价物余额的增加	10
加：支付给债务资本提供者的税后利息	60
减：新借款	(75)
加：支付给股权资本提供者的股利	160
加：超过股票发行的股票回购（或减去超过股票回购的新股发行）	0
FCFF 的使用合计	155

前面已计算出 FCFE 为 1.70 亿美元。皮茨公司 FCFE 的使用情况如下：

	（单位：百万美元）
现金及现金等价物余额的增加	10
加：支付给股权资本提供者的股利	160
加：超过股票发行的股票回购（或减去超过股票回购的新股发行）	0
FCFE 的使用合计	170

综上，分析自由现金流的使用可以看到，皮茨公司增加借款，使用自由现金流调整资本结构。资本支出并不需要新增借款；现金流量表显示企业的经营活动现金流为 49 500 万美元，足以满足资本支出的 40 000 万美元。部分新增的资本被用来支付股利给公司的股东。

8.3.7 预测 FCFF 和 FCFE

用历史数据计算 FCFF 和 FCFE 相对简单。有时候，这些数据在单阶段自由现金流估价模型中被直接用来推断自由现金流的增长。但在其他情况下，分析师预测的未

⊖ 向债务资本提供者支付的本金超过新增借款就是自由现金流的使用。但在这里，公司没有用自由现金流偿还债务，而是借入新债，导致股权资本提供者可以使用的现金流增加。

来现金流与过去的现金流可能不具有简单关联。如果想直接预测这种企业未来的 FCFF
或 FCFE，分析师就需要单独预测现金流的组成部分。前面小节说明了 FCFF 和 FCFE
的计算，本节将拓展到更复杂的任务——预测 FCFF 和 FCFE。

预测自由现金流的一个方法是在当前（可能已被调整的）自由现金流的水平上应
用一个稳定的增长率。确定未来增长率最简单的办法是假设过去的增长率适用于未来。
如果企业的自由现金流在过去呈现稳定的增长趋势并且预期它与基本面因素的关系可
以持续，那么这个方法是合适的。例 8-8 以例 8-6 和例 8-7 中皮茨公司 2012 年 15 500
万美元 FCFF 为基础，请读者应用这个方法进行预测。

▌ 例 8-8 稳定增长的 FCFF

用皮茨公司数据计算后 3 年的 FCFF。假设 FCFF 保持历史上每年 15% 的增长
速度。解答如下：

（单位：百万美元）

	2012 年实际	2013 年估计	2014 年估计	2015 年估计
FCFF	155.00	178.25	204.99	235.74

一种较复杂的方法是预测自由现金流的组成部分。这个方法可以处理各部分之间
的复杂关系。一个常用的方法[⊖]是预测自由现金流的单个组成部分：EBIT（1－税率）、
非现金费用净额、固定资本投资和营运资本投资。EBIT 可以直接预测也可以通过预测
销售收入间接预测，后者需要分析公司的历史 EBIT 利润率以及目前和预期的经济环
境。类似地，分析师可以根据销售增长与固定和营运资本投资之间的历史关系预测投
资需求。

在这个讨论中，我们演示的是一个简单的 FCFF 和 FCFE 销售基础预测法，该方
法基于以下主要假设：

超过折旧的固定资本投资（FCInv－Dep）和营运资本投资（WCInv）预期都与企业
规模的增长保持稳定的联系，企业规模的增长通过销售增长衡量。

此外，为了预测 FCFE，我们假设以债务比率（DR，债务占债务与股东权益之和
的百分比）表示的资本结构保持不变。基于此假设，DR 可以反映超过折旧的固定资本
（也被称为固定资本净新增投资）和营运资本投资中有多少百分比需要用债务融资。为

　　⊖ 这个方法的一个变体参见 Rappaport（1997）。

了简化，这个方法假设折旧是唯一的非现金费用。因此当这个假设与实际不符时，这个方法就不太好用。

如果折旧反映了为了维持现有资本运作每年所需的成本，那么固定资本投资和折旧之间的差额——增量 FCInv 就应该反映增长所要求的资本投资。这个方法需要以下输入数据：

- 销售增长率预测。
- 税后利润率（用于 FCFF 预测）或净利润率（用于 FCFE）预测。
- 估计增量 FCInv 和销售增长之间的关系。
- 估计 WCInv 和销售增长之间的关系。
- DR 估计值。

在 FCFF 的预测中，首先预测 EBIT（1-税率），然后减去增量固定资本支出和增量营运资本支出，就可得出 FCFF[⊖]。为了估计 FCInv 和 WCInv，我们将它们对销售增长比率的历史数据乘以销售增长的预测值。增量固定资本支出对销售增长比例的计算方法如下：

$$\frac{资本支出-折旧费用}{销售收入的增加}$$

类似地，增量营运资本支出对销售增长的比例为

$$\frac{营运资本的增加}{销售收入的增加}$$

当折旧是唯一重要的非现金费用时，这个方法估计的 FCFF 或 FCFE 与前面公式估计的结果相同。这个方法以 EBIT（1-税率）为起点，没有加回全部折旧再减去所有资本支出，而是直接减去超过折旧的资本投资净额。

尽管不是很明显，但这个方法将资本支出分为两个部分：维持现有产能的必需支出（固定资本重置）和增长所需的增量支出。在预测中，维持产能的支出可能与当前的销售收入水平相关，增长所需要的支出可能与预测的销售收入增长相关。

在 FCFE 的预测中，分析师经常假设企业的融资有一个"目标"债务比率。如果是这样，分析师会假设①固定资本新投资净额（新的固定资本减去折旧费用）和②营运资本增加值之和的一定比例由债务融资，这个比例取决于目标 DR。这个假设可以简化 FCFE 的计算。如果我们假设折旧是唯一的非现金费用，式（8-10），即 FCFE = NI + NCC - FCInv - WCInv + 净借款，变为：

⊖ 参见 Rappaport（1997）。

$$\text{FCFE} = \text{NI} - (\text{FCInv} - \text{Dep}) - \text{WCInv} + 净借款 \qquad (8\text{-}14)$$

注意 FCInv – Dep 表示固定资本支出减去折旧。因为假设有目标 DR，所以不需要预测净借款，可以用等式

$$净借款 = \text{DR}(\text{FCInv} - \text{Dep}) + \text{DR}(\text{WCInv})$$

有了这个等式，我们估计净借款时就不需要预测每一年的债务发行和偿还。式（8-14）变为

$$\text{FCFE} = \text{NI} - (\text{FCInv} - \text{Dep}) - \text{WCInv} + \text{DR}(\text{FCInv} - \text{Dep}) + \text{DR}(\text{WCInv})$$

或

$$\text{FCFE} = \text{NI} - (1 - \text{DR})(\text{FCInv} - \text{Dep}) - (1 - \text{DR})(\text{WCInv}) \qquad (8\text{-}15)$$

式（8-15）表示，FCFE 等于净利润减去固定资本支出（扣除折旧后的净值）和营运资本投资中由股权融资的金额。重申一次，式（8-15）中我们假设折旧是唯一的非现金费用。

例 8-9 和例 8-10 说明了预测企业自由现金流的销售收入基础法。

▍例 8-9　与销售收入关联的自由现金流

2012 年末时，卡拉·埃斯皮诺萨是跟踪皮茨公司的分析师。她从例 8-6 的数据中可以看出，企业 2012 年的销售收入为 30 亿美元，她假设 2011 年到 2012 年的销售收入增加了 3 亿美元。埃斯皮诺萨预测皮茨公司此后的销售每年增长 10%。皮茨公司是一个相当稳定的公司，因此埃斯皮诺萨预计该公司可以维持历史的 EBIT 利润率、固定资本和营运资本增加的比例。皮茨公司 2012 年的 EBIT 为 5 亿美元，它的 EBIT 利润率为 16.67%（= 5/30），它的税率为 40%。

从皮茨公司 2012 年现金流量表（表 8-11）中可以看到，"购买固定资产"（即资本支出）为 4 亿美元，折旧为 3 亿美元。因此，2012 年的增量固定资本投资为

$$\frac{资本支出 - 折旧费用}{销售收入的增加} = \frac{400 - 300}{300} = 33.33\%$$

上一年的新增营运资本投资为

$$\frac{营运资本增加}{销售收入的增加} = \frac{45}{300} = 15\%$$

因此，销售收入每增加 100 美元，皮茨公司就会在重置折旧设备的基础上增加 33.33 美元的新设备和 15 美元的营运资本。埃斯皮诺萨预测 2013 年的 FCFF 如下

		（单位：百万美元）
销售收入	3 300	增长 10%
EBIT	550	销售收入的 16.67%
EBIT（1-税率）	330	根据 40% 税率调整
增加的 FC（固定资本）	(100)	销售收入增额的 33.33%
增加的 WC（营运资本）	(45)	销售收入增额的 15%
FCFF	185	

这个模型可以用来预测多年度的 FCFF，也有相当大的灵活性，可以处理销售增长率、EBIT 利润率、税率和增量资本增长率的变动。

例 8-10 与销售收入增长关联的自由现金流增长

埃斯皮诺萨决定继续预测后 5 年的 FCFF。她考虑到皮茨公司可能无法维持历史的 EBIT 利润率，EBIT 利润率会在未来 5 年从目前的 16.67% 下降到 14.5%。表 8-12 汇总了她的预测。

表 8-12 皮茨公司自由现金流增长

	第 1 年	第 2 年	第 3 年	第 4 年	第 5 年
销售增长	10.00%	10.00%	10.00%	10.00%	10.00%
EBIT 利润率	16.67%	16.00%	15.50%	15.00%	14.50%
税率	40.00%	40.00%	40.00%	40.00%	40.00%
增加的 FC 投资	33.33%	33.33%	33.33%	33.33%	33.33%
增加的 WC 投资	15.00%	15.00%	15.00%	15.00%	15.00%
上一年的销售收入（百万美元）	3 000.00				
销售收入预测（百万美元）	3 300.00	3 630.00	3 993.00	4 392.30	4 831.53
EBIT 预测（百万美元）	550.00	580.80	618.92	658.85	700.57
EBIT（1-税率）（百万美元）	330.00	348.48	371.35	395.31	420.34
增加的 FC（百万美元）	(100.00)	(110.00)	(121.00)	(133.10)	(146.41)
增加的 WC（百万美元）	(45.00)	(49.50)	(54.45)	(59.90)	(65.88)
FCFF（百万美元）	185.00	188.98	195.90	202.31	208.05

这个模型不一定要从销售收入开始，也可以从净利润、经营活动现金流或 EBITDA 开始。

类似的模型也可以用于 FCFE，如例 8-11 所示。在 FCFE 的预测中，分析师应该从净利润开始，而且必须预测净新增借款或优先股发行净额。

例 8-11 通过销售预测得到 FCFE

埃斯皮诺萨决定预测 2013 年的 FCFE。她使用与例 8-9 相同的预测。此外，她还有以下假设：

- 利润率将保持在 8%（=240/3 000）。
- 公司会用目标 DR——50% 为增加的固定和营运资本投资进行融资。埃斯皮诺萨对 2013 年的预测如下。

（单位：百万美元）

销售收入	3 300	增长 10%
净利润	264	销售收入的 8%
增加的 FC	(100)	销售收入增额的 33.33%
增加的 WC	(45)	销售收入增额的 15%
净借款	72.50	（100FCInv + 45WCInv）× 50%
FCFE	191.50	

如果被分析的公司有大量折旧费用以外的非现金费用，我们刚才说明的这个方法就不如对 FCFE 单个组成部分进行预测的方法准确。在有的情况下，分析师会对一些组成部分（例如资本支出）有明确的预测值。在其他情况下，分析师会通过研究历史数据之间的关系（例如以往的资本支出和销售收入水平）做出预测。

8.3.8 自由现金流分析的其他问题

我们已经阐述了使用自由现金流估值模型时会出现的一些实际问题。其他的问题还包括：分析师对 CFO 的调整、自由现金流和股利之间的关系以及复杂财务结构情况下的估值。

8.3.8.1 分析师对 CFO 的调整

尽管许多公司的财务报表都很易懂，但有的却不透明（即报告数据和披露信息的质量都不高）。因为企业及其交易情况比上述的皮茨公司例子更复杂，所以分析有时会很难。

例如，许多公司的财务报表中的资产负债表项目的变动（资产的增加或负债的减少）与现金流量表中报告的变动不同。类似地，现金流量表中的折旧可能与利润表的折旧费用不等。这种问题是怎么产生的呢？

造成资产负债表科目变动与现金流量表报告的变动不等的因素包括：并购或剥离；

存在非本国子公司。例如，存货余额的增加可能是因为向供应商购买（属于经营活动）或是收购了另一家资产负债表上有存货的公司（属于投资活动）。差异还可能是非本国子公司利润的货币转换导致的。

因为现金流量表中的 CFO 数据可能会受融资和 / 或投资活动的干扰，所以分析师在估值中使用 CFO 时，理想的做法是消除这些干扰。CFO 经过分析师调整后才作为自由现金流计算的起点。

8.3.8.2　自由现金流 vs. 股利和其他盈利指标

许多分析师对自由现金流估值模型比对股利折现模型有更强的偏好。尽管在理论上某一种模型相对于另一种模型并没有优势，但在应用自由现金流模型和 DDM 的过程中还是有理由偏好其中一种的。首先，许多公司支付非常低的股利或者完全不支付股利。使用 DDM 对这种公司估值很困难，因为要先预测股利开始发放的时间、初始股利水平和此后一阶段或多阶段的增长率。其次，股利的支付由公司的董事会权衡决定。因此，股利可能无法正确传递关于公司长期盈利能力的信号。某些公司支付的股利明显地比自由现金流小很多，而另一些公司支付的则比自由现金流多很多。最后，如前所述，股利是股东实际得到的现金流，而股权自由现金流是可以在不损害公司价值的情况下支付给股东的现金流。如果被分析的公司是收购的目标，那么自由现金流就是合适的方法；一旦公司被收购，新的所有者就可以对自由现金流的使用（包括以股利的形式进行分配）有决定权。

我们定义了 FCFF 和 FCFE 并阐述了两者的各种（等价的）计算方法。因此，读者知道 FCFF 或 FCFE 包括了什么，但可能不知道为什么不包括某些现金流。具体地说，股利、股票回购、股票发行或杠杆变化对 FCFF 和 FCFE 有什么影响？简单的答案是：没什么影响。回忆 FCFF 和 FCFE 的公式：

$$FCFF = NI + NCC + Int\,(1 - 税率) - FCInv - WCInv$$

和

$$FCFE = NI + NCC - FCInv - WCInv + 净借款$$

可以看到公式中不包括股利、股票回购和股票发行。这是因为 FCFF 和 FCFE 是投资者或股东可使用的现金流；股利和股票回购是这些现金流的使用。简单地说，企业及其股东之间的交易（现金股利、股票回购和股票发行）不会影响自由现金流。杠杆变动会有一些影响，例如增加债务融资会增加利息税盾（因为利息可抵税而减少企业所得税）和减少股权投资者可使用的现金流。长期来看，当期的投资和融资决定会影响未来的自由现金流。

如果输入的数据是已知的并且具有一致性，那么 DDM 和 FCFE 模型会得到相同的股票估值结果。一种可能的情况是 FCFE 每年都等于现金股利，于是两种现金流都以股权要求回报率折现，得到相同的现值。

在通常情况下，FCFE 和股利不等，但导致股利减少（增加）的经济因素也会导致 FCFE 减少（增加）。例如，一个快速成长的企业有很多好的投资机会，企业会保留大部分的盈利而支付很少的股利。这种企业会有大量的固定资本和营运资本投资，因此具有低 FCFE（可以从等式"FCFE = NI + NCC – FCInv – WCInv + 净借款"明显看出）。反过来，一个投资相对较少的成熟企业可能会有高股利和高 FCFE。但除此之外，FCFE 和股利一般是不同的。

本书定义的 FCFF 和 FCFE 是用于企业或其股权估值的现金流衡量方法。课本、文章、提供上市公司财务数据库常常会出现其他的自由现金流定义。在许多情况下，这些自由现金流定义都不是以估值为目的的，因此不应该用于估值。在不清楚数据定义的情况下使用他人提供的数据会增加估值错误的可能性。作为研究成果的使用者和制作者，分析师应该理解（如果是使用者）或说明（如果是制作者）被使用的自由现金流定义。

因为分析自由现金流需要相当多的理解和小心，所以有的从业者在现金流折现估值中会错误地使用各种盈利指标，例如 NI、EBIT、EBITDA 或 CFO。这种错误会导致从业者系统地高估或低估股票的价值。走捷径的代价可能很高。

一个常见的快捷办法是用 EBITDA 作为企业现金流指标。式（8-13）清楚地显示了 EBITDA 和 FCFF 之间的差别：

$$FCFF = EBITDA(1 - 税率) + Dep(税率) - FCInv - WCInv$$

折旧费比 EBITDA 的比例在公司之间和行业之间有巨大差异，折旧的税盾（折旧费用乘以税率）也如此。FCFF 可以处理这种差异，但 EBITDA 则不可以。EBITDA 也不考虑企业的固定资本和营运资本投资。因此，用 EBITDA 来衡量企业投资者可使用的现金是很糟糕的方法。在 DCF 模型中用 EBITDA（而不是自由现金流）还有一个重要的问题：EBITDA 是税前的，EBITDA 适用的折现率也应该是税前的，而 FCFF 的折现率 WACC 是一个税后资本成本。

因为 EBITDA 不考虑折旧的税盾，也不考虑固定资本和营运资本的投资，所以是一个糟糕的企业自由现金流替代指标，如果用作股权自由现金流的替代指标则更糟糕。从股东的角度看，EBITDA 的其他缺陷包括：未考虑税后的利息费用、新增借款或债务偿还的现金流。例 8-12 显示了在讨论现金流时有时会出现的错误。

例 8-12　用净利润代替 FCFE 和用 EBITDA 代替 FCFF 的错误

最近的一个求职者做出了关于 FCFE 和 FCFF 的有意思的评论："我不喜欢 FCFE 和 FCFF 的定义，因为它们复杂且难以理解。FCFE，即可以用来支付股利的资金，最佳度量办法就是净利润。你可以从利润表直接得到净利润的数字而不需要做任何进一步的调整。类似地，FCFF，即企业资本提供者可以获得的资金，最佳度量办法就是 EBITDA。你可以直接从利润表获得 EBITDA，不需要考虑使用其他任何东西。"

你会怎么回应该求职者对于（1）FCFE 和（2）FCFF 的定义？

问题（1）的解答：FCFE 是企业经营产生的现金减去对新资产的必要再投资金额，然后加上借款的金额。式（8-10）从净利润开始计算 FCFE，包含了以下项目：

$$股权自由现金流 = 属于普通股股东的净利润$$
$$加：净非现金费用$$
$$减：固定资本投资$$
$$减：营运资本投资$$
$$加：净借款$$

净利润少算了几部分的现金流，因此净利润只涵盖了部分情况。固定资本和营运资本投资会减少股东可以得到的现金，偿还贷款也如此。新借款会增加可以得到的现金。FCFE 包括经营企业产生的现金，也涵盖企业的投资和融资活动。但也存在一种特殊情况，即净利润等于 FCFE。当新投资等于折旧、企业没有营运资本投资且净借款为零时，这种情况就会发生。

问题（2）的解答：假定 EBITDA 等于 FCFF 的做法会带来几个可能的错误。式（8-13）列出了这些错误：

$$企业自由现金流 = EBITDA（1- 税率）$$
$$加：折旧（税率）$$
$$减：固定资本投资$$
$$减：营运资本投资$$

求职者忽略了税费，但税费明显会减少企业资本提供者可以得到的现金。

8.3.8.3　自由现金流与复杂的资本结构

在 FCFF 和 FCFE 的讨论中，我们在多数情况下假设企业具有简单的资本结构，资本的来源有两个，即债务和股东权益。如果有第三种来源——优先股，分析师就需要考虑优先股股利、优先股的发行或回购，并在 FCFF 和 FCFE 的公式中增加项目。因为只有很少的公司发行优先股，所以我们选择忽略优先股，没有在所有公式中包含这些项目。但如果企业有优先股，估值模型是可以包含优先股的影响的。

例如在式（8-7）中，FCFF 从普通股股东可以得到的净利润开始计算，其中可以加入优先股股利。式（8-10）从普通股股东可以得到的净利润开始计算 FCFE，如果计算净利润时已经扣除了优先股股利，公式就不需要对优先股股利做进一步的调整。但发行（回购）优先股会增加（减少）普通股股东可得的现金，因此需要加入该项。除了优先股股利不能像债务利息一样抵税之外，资本结构中有优先股和有债务一样，有许多相同的影响。

例 8-13 演示了在企业有优先股的情况下如何计算 WACC、FCFE 和 FCFF。

▌ 例 8-13　资本结构中有优先股时的 FCFF 估值

韦尔奇公司使用债券、优先股和普通股融资。表 8-13 给出了这些融资来源的市值和税前要求回报率。

表 8-13　韦尔奇公司资本结构

	市值（百万美元）	要求回报率（%）
债券	400	8.0
优先股	100	8.0
普通股	500	12.0
合计	1 000	

其他财务信息如下（金额以百万美元为单位）：

- 属于普通股股东的净利润 = 110；
- 利息费用 = 32；
- 优先股股利 = 8；
- 折旧 = 40；
- 固定资本投资 = 70；
- 营运资本投资 = 20；
- 净借款 = 25；
- 税率 = 30%；
- FCFF 稳定增长率 = 4.0%；
- FCFE 稳定增长率 = 5.4%。

（1）计算韦尔奇公司的 WACC。

（2）计算当期 FCFF 的价值。

（3）基于 FCFF 第 1 年的预测，韦尔奇公司的总价值及其股权的价值是多少？

（4）计算当前 FCFE 的价值。

（5）基于 FCFE 第 1 年的预测，股权的价值是多少？

问题（1）的解答：根据各资本来源的权重和税后资本成本，WACC 等于：

$$\text{WACC} = \frac{400}{1\,000} \times 8\% \times (1 - 0.30) + \frac{100}{1\,000} \times 8\% + \frac{500}{1\,000} \times 12\% = 9.04\%$$

问题（2）的解答：如果企业没有发行优先股，FCFF 为：

$$\text{FCFF} = \text{NI} + \text{NCC} + \text{Int}(1 - \text{税率}) - \text{FCInv} - \text{WCInv}$$

如果支付了优先股股利（净利润为属于普通股股东的利润），优先股股利就和税后利息一样，必须被加回。FCFF 的修正式（包含了优先股股利）为：

$$\text{FCFF} = \text{NI} + \text{NCC} + \text{Int}(1 - \text{税率}) + \text{优先股股利} - \text{FCInv} - \text{WCInv}$$

对韦尔奇公司来说，FCFF 等于：

$$\text{FCFF} = 110 + 40 + 32 \times (1 - 0.30) + 8 - 70 - 20 = 90.4 \text{（百万美元）}$$

问题（3）的解答：企业的总价值为：

$$\text{企业价值} = \frac{\text{FCFF}_1}{\text{WACC} - g} = \frac{90.4 \times 1.04}{0.090\,4 - 0.04}$$

$$= \frac{94.016}{0.050\,4} = 1865.40 \text{（百万美元）}$$

（普通股）股权价值等于公司的总价值减去债务和优先股的价值：

$$\text{股权价值} = 1\,865.40 - 400 - 100 = 1\,365.40 \text{（百万美元）}$$

问题（4）的解答：如果没有优先股，FCFE 为

$$\text{FCFE} = \text{NI} + \text{NCC} - \text{FCInv} - \text{WCInv} + \text{净借款}$$

如果企业有优先股，FCFE 的公式基本不变。净借款改为新借款和新发行的优先股净值之和。对韦尔奇公司来说，FCFE 为：

$$\text{FCFE} = 110 + 40 - 70 - 20 + 25 = 85 \text{（百万美元）}$$

问题（5）的解答：FCFE 增长率为 5.4%，对其估值可以得出股权价值：

$$\text{股权价值} = \frac{\text{FCFE}_1}{r - g} = \frac{85 \times 1.054}{0.12 - 0.054} = \frac{89.59}{0.066} = 1357.42 \text{（百万美元）}$$

普通股股利的支付只是可获得现金的使用，不会影响 FCFF 或 FCFE——所有投资

者或普通股股东可获得的金额。普通股的股票回购也不会影响 FCFF 或 FCFE。从许多方面来看，股票回购都是现金股利的替代品。类似地，普通股股票发行也不会影响 FCFF 或 FCFE。

但是改变杠杆（改变企业资本结构中的债务融资金额）会特别影响 FCFE。杠杆的增加不会影响 FCFF（尽管它可能会影响 FCFF 的计算过程）。杠杆的增加对 FCFE 有两方面的影响。在债务发行的年度，它会使 FCFE 增加相当于债务发行的金额。在债务发行以后，税后利息费用会减少 FCFE。

在 8.3 节中，我们讨论了 FCFF 和 FCFE 的概念及其估计方法。下一节将阐述更多估值模型，这些模型使用 FCFF 或 FCFE 预测值对企业或其股权进行估值。自由现金流模型与股利折现模型的结构相似，但分析师必须面对一个事实——估计自由现金流比估计股利要花费更多时间。

8.4 自由现金流模型的各种变化形式

前文介绍了自由现金流模型，第 8.4 节介绍这些模型的拓展形式。在许多情况下，尤其是在通货膨胀率不稳定时，分析师会用实际现金流而不是名义现金流估值。与股利折现模型一样，自由现金流模型对输入数据很敏感，因此分析师通常要对他们的估值进行敏感性分析。

在第 8.2.3 小节，我们介绍了具有稳定增长率的单阶段自由现金流模型。接下来，我们用单阶段模型讨论一些估值问题，然后我们介绍多阶段自由现金流模型。

8.4.1 单阶段模型的国际应用

当通货膨胀率较高或不稳定时，用（消除通胀后的）实际值而不是名义值进行估值有许多好处。许多分析师用这个方法对国内和国外股票估值，实际值对国际股票的估值尤为有用。对多个国家的股权估值有特殊的挑战，包括①需要考虑国家之间的经济因素（例如利息、通胀率和增长率）差异，和②处理不同的会计准则。此外，在多个国家的分析中使用一致假设也是分析师，更是分析师团队的挑战。

有几家证券公司为解决一些国际估值中的难题修改了单阶段 FCFE 模型。他们选择用实际现金流和实际折现率替代名义值对企业进行分析。他们修改了第 5 章谈到的加成法，用以估计实际折现率。以国家回报率（一个特定国家股票的实际要求回报率）为起点，他们根据股票的行业、规模和杠杆对国家回报率进行调整：

（实际）国家回报率	x.xx%
+/- 行业调整	x.xx%
+/- 企业规模调整	x.xx%
+/- 杠杆调整	x.xx%
（实际）要求回报率	x.xx%

模型中的调整需要有合理的经济含义。它们应该反映与投资相关的相对风险和回报率的影响因素。

进行以上调整的证券公司还会预测实际的 FCFE 增长率。证券公司会给他们的分析师提供每个国家实际经济增长率的估计值，每个分析师再以国家的实际增长率为基准选择被分析股票的实际增长率。这个方法对高通胀或通胀率不稳定的国家特别有用。

股票的价值用一个基本与式（8-6）相同的公式计算，只是公式中的所有变量都是实际值：

$$V_0 = \frac{FCFE_0(1+g_{实际})}{r_{实际} - g_{实际}}$$

只要实际折现率和实际增长率的估计比名义折现率和名义增长率更可靠，这个方法都是值得采用的。例 8-14 演示了如何使用这个方法。

> **▍ 例 8-14　用实际现金流和折现率分析国际股票**
>
> YPF 股份公司（YPF Sociedad Anonima）是一家综合油气公司，总部在阿根廷的布宜诺斯艾利斯。尽管公司的现金流不稳定，分析师仍然估计最近一年的正常化 FCFE 为每股 7.05 阿根廷比索（ARS）。阿根廷的实际国家回报率为 7.30%，在此基础上对 YPF 公司进行的调整包括行业调整 + 0.80%、规模调整 -0.33% 和杠杆调整 -0.12%。阿根廷的长期实际增长率估计为 3.0%，YPF 公司的实际增长率预计比国家的低大约 0.5%。YPF 公司的实际要求回报率为
>
> | | |
> |---|---|
> | （实际）国家回报率 | 7.30% |
> | +/- 行业调整 | +0.80% |
> | +/- 企业规模调整 | -0.33% |
> | +/- 杠杆调整 | -0.12% |
> | （实际）要求回报率 | 7.65% |
>
> FCFE 的实际增长率预计为 2.5%（= 3.0% - 0.5%），因此每股价值为
>
> $$V_0 = \frac{FCFE_0(1+g_{实际})}{r_{实际} - g_{实际}} = \frac{7.05 \times 1.025}{0.0765 - 0.025} = \frac{7.22625}{0.0515} = 140.32 \text{（阿根廷比索）}$$

8.4.2　FCFF 和 FCFE 估值的敏感性分析

FCFF 和 FCFE 的增长在很大程度上取决于公司未来的盈利能力。销售增长和净利润率的变化决定了未来的净利润。销售增长和利润率取决于公司所处的增长阶段和行业的盈利性。一个增长行业中的高利润率公司可以享受多年的利润增长。但利润率最终可能会因为竞争的增加而被蚕食；销售增长也很可能因为拓展市场规模和市场份额的机会变少而降低。增长率和增长期的长度是很难预测的。

在 FCFF 或 FCFE 增长模型中，基础年份的数值也很关键。在给定要求回报率和增长率的条件下，企业或股权的价值会随着 FCFF 或 FCFE 的初始值增减而等比例增减。

为了检查最终估值对估值模型中每一个输入变量变化的敏感性，分析师可以进行敏感性分析。有的输入变量对股票估值的影响远远大于其他的变量。例 8-15 展示了巴西石油公司（Petroleo Brasileiro）估值对四个输入变量的敏感性分析。

▌例 8-15　FCFE 估值的敏感性分析

2013 年初（尚未公告 2012 的财务业绩），史蒂夫·博诺使用单阶段（稳定增长）FCFE 模型，对巴西石油公司（Petroleo Brasileiro，常被称为 Petrobras）的股权进行估值。2012 年 FCFE 的估计值为 1.05 巴西雷亚尔（BRL）。博诺对分析所需输入变量的最佳估计值如下：

- FCFE 增长率 = 6.0%。
- 无风险利率 = 5.2%。
- 股权风险溢价 = 5.5%。
- 贝塔 = 1.2。

用资本资产定价模型（CAPM），博诺估计巴西石油的要求回报率为：

$$r = E(R_i) = R_F + \beta_i[E(R_M) - R_F] = 5.2\% + 1.2 \times 5.5\% = 11.8\%$$

每股的估计价值等于：

$$V_0 = \frac{\text{FCFE}_0(1+g)}{r-g} = \frac{1.05 \times 1.06}{0.118 - 0.06} = 19.19 \text{（巴西雷亚尔）}$$

表 8-14 列出了博诺对变量的基本估计值以及最高和最低的合理估计值。"采用低估计值的价值"这列数据表示用同一行变量的低估计值和其他行变量的基本估计值所得到的巴西石油的价值估计。"采用高估计值的价值"的做法类似，采用对应变量的高估计值。

表 8-14 巴西石油估值的敏感性分析

变量	基本估计值	低估计值	高估计值	采用低估计值的价值（巴西雷亚尔）	采用高估计值的价值（巴西雷亚尔）
贝塔	1.2	1.0	1.4	23.68	16.13
无风险利率	5.20%	4.20%	6.20%	23.19	16.37
股权风险溢价	5.50%	4.50%	6.50%	24.20	15.90
FCFE 增长率	6.0%	4.00%	8.00%	14.00	29.84

如表 8-14 所示，巴西石油的价值对输入数据十分敏感。在列出的 4 个变量中，股票价值对无风险利率和贝塔的估计范围最不敏感。这些变量的估计范围对应的股票价值范围最小（无风险利率对应 16.37 到 23.19 巴西雷亚尔，贝塔对应 16.13 到 23.68 巴西雷亚尔）。股票价值对 FCFE 增长率的极端值很敏感，对股权风险溢价的极端值次之。当然，股票价格对哪些变量比较敏感因情况而异。敏感性分析使分析师了解哪些变量对最终估值是最关键的。

8.4.3 两阶段自由现金流模型

使用股利现金流估值的模型存在有两阶段和多阶段几种，使用自由现金流估值的模型与此相似。因为在获取 FCFF 或 FCFE 时，分析师经常要考虑销售收入、盈利性、投资、融资成本和新融资，所以自由现金流模型比股利折现模型复杂很多。

在两阶段自由现金流模型中，第二阶段增长率是长期可持续增长率。在一个衰退的行业中，第二阶段增长率会略低于 GDP 增长率。在一个预期比整体经济增长更快的行业中，第二阶段增长率会略高于 GDP 增长率。

在两阶段 FCFF 和 FCFE 模型中，两种最常见模型的区别在于第一阶段的增长率。其中一种的增长率在第一阶段保持稳定，然后下降至第二阶段的长期可持续增长率。另一种的增长率在第一阶段下降，直至第二阶段开始时的可持续增长率。第二种模型类似于股利折现估值的 H 模型——股利增长率在第一阶段下降并且在第二阶段稳定。

各种多阶段 DDM 的增长率都是股利增长率，但自由现金流模型与 DDM 不同，增长率可能是指不同变量的增长率（模型需要标明是哪个变量或者在上下文中清楚说明）。增长率可能是 FCFF 或 FCFE 的增长率、利润（净利润或营业利润）的增长率或销售收入的增长率。如果是净利润的增长率，FCFF 或 FCFE 的变化还取决于经营资产的投资以及为这些投资进行的融资。当利润的增长率下降时，例如从第一阶段降至第二阶段，经营资产的投资很可能会在同时下降。如果是销售增长率，净利润率、经营资产投资和融资政策的变化会决定 FCFF 和 FCFE。

两阶段 FCFF 估值模型的一般表达式为：

$$企业价值 = \sum_{t=1}^{n} \frac{FCFF_t}{(1+WACC)^t} + \frac{FCFF_{n+1}}{(WACC-g)} \frac{1}{(1+WACC)^n} \tag{8-16}$$

求和项给出前 n 年 FCFF 的现值。第 $n+1$ 年及以后的 FCFF 的终值为 $FCFF_{n+1}/(WACC-g)$，然后以 WACC 折现 n 期，计算其现值。企业价值减去外在债务的价值可以得到股权的价值。每股价值可以用总的股权价值除以发行在外股票数量获得。

两阶段 FCFE 估值模型的一般表达式为

$$股权价值 = \sum_{t=1}^{n} \frac{FCFE_t}{(1+r)^t} + \frac{FCFE_{n+1}}{r-g} \frac{1}{(1+r)^n} \tag{8-17}$$

在这个式子中，求和项是前 n 年 FCFE 的现值，终值 $FCFE_{n+1}/(r-g)$ 用股权要求回报率进行 n 年折现。每股价值等于股权总价值除以发行在外股票数量。

在式（8-17）中，$t=n$ 时的股票终值 TV_n 通过稳定增长 FCFE 模型获得。在本式中，$TV_n = FCFE_{n+1}/(r-g)$。（当然，分析师可以选择用其他方法估计终值，例如用市盈率（P/E）乘以公司预期的 EPS。）终值的估计十分重要，原因很简单：终值的现值常常在股票总价值中占很大比例。例如在式（8-17）中，当分析师结算前 n 年现金流（FCFE）现值之和与终值的现值时，终值的现值常常是主要的。在接下来的例子中，终值经常占总估计值的主要部分。实际工作时也是这样。

8.4.3.1 第一和第二阶段增长率稳定的模型

最简单的两阶段 FCFF 或 FCFE 增长模型在每个阶段有一个稳定的增长率。例 8-16 对一个企业进行估值，该企业第一阶段销售增长率为 20%，第二阶段销售增长率为 6%。

▌ 例 8-16 每个阶段增长率稳定的两阶段 FCFE 估值模型

乌韦·亨舍尔基于以下信息对莎孚科技公司（TechnoSchaft）进行估值：

- 第 0 年每股销售收入 = 25 欧元。
- 销售增长率 = 前 3 年每年 20%，以后每年 6%。
- 净利润率 = 10%，一直不变。
- 固定资本净投资（扣除折旧）= 销售增加值的 50%。
- 营运资本每年增加 = 销售增加值的 20%。
- 债务融资 = 固定资本和营运资本净投资的 40%。

- 莎孚科技公司贝塔 = 1.20；无风险回报率 = 7%；股权风险溢价 = 4.5%。

股权要求回报率为

$$r = E(R_i) = R_F + \beta_i [E(R_M) - R_F] = 7\% + 1.2 \times 4.5\% = 12.4\%$$

表 8-15 展示了 FCFE 的计算。

表 8-15　莎孚科技公司的 FCFE 估计值　　　（单位：欧元）

	第 1 年	第 2 年	第 3 年	第 4 年	第 5 年	第 6 年
销售增长率	20%	20%	20%	6%	6%	6%
每股销售收入	30.000	36.000	43.200	45.792	48.540	51.452
净利润率	10%	10%	10%	10%	10%	10%
每股收益	3.000	3.600	4.320	4.579	4.854	5.145
每股 FCInv 净额	2.500	3.000	3.600	1.296	1.374	1.456
每股 WCInv	1.000	1.200	1.440	0.518	0.550	0.582
每股债务融资	1.400	1.680	2.016	0.726	0.769	0.815
每股 FCFE	0.900	1.080	1.296	3.491	3.700	3.922
FCFE 增长率		20%	20%	169%	6%	6%

从表 8-15 中可以看出，销售收入前 3 年每年增长 20%，然后每年增长 6%。利润为销售收入的 10%，增长率与销售收入相同。净固定资本与营运资本投资分别是销售增加值的 50% 和 20%。新借款等于净固定资本与营运资本增加值之和的 40%。FCFE 等于 EPS 减去每股固定资本净投资，减去每股营运资本投资，加上每股债务融资。

需要注意，FCFE 在前 3 年（即 $t = 0$ 和 $t = 3$ 之间）每年增加 20%。然后在第 3 年和第 4 年之间，当销售增长率从 20% 下降到 6% 时，FCFE 大幅增加。实际上，FCFE 从第 3 年到第 4 年增加了 169%。FCFE 大幅增加，这是因为利润以 6% 的比率增长，但固定资本和营运资本投资（以及债务融资的增加）比上一年大幅下降。在表 8-15 的第 5 年和第 6 年，销售收入、利润、投资、融资和 FCFE 都以 6% 的比率增长。

股票价值等于前 3 年 FCFE 的现值加上第 4 年及以后的 FCFE 终值。终值为：

$$TV_3 = \frac{FCFE_4}{r - g} = \frac{3.491}{0.124 - 0.06} = 54.55 \text{（欧元）}$$

现值为：

$$V_0 = \frac{0.900}{1.124} + \frac{1.080}{(1.124)^2} + \frac{1.296}{(1.124)^3} + \frac{54.55}{(1.124)^3}$$
$$= 0.801 + 0.855 + 0.913 + 38.415 = 40.98 \text{（欧元）}$$

股票的估计价值为每股 40.98 欧元。

如前所述,终值可能占股票价值的大部分。在莎孚科技公司的例子中,股票总价值为 40.98 欧元,其中终值的现值为 38.415 欧元。终值的现值(PV)几乎占了股票总价值的 94%。

8.4.3.2 第一阶段增长率下降并且第二阶段增长率稳定的模型

增长率通常不会像上述两阶段模型那样在两个阶段之间突然下降,但增长率随时间下降的原因有许多。有时候,高速成长的小公司在市场份额增加后无法维持高增长率。一个利润非常高的公司可能会吸引竞争对手,导致公司难以维持其高利润率。

在本节中,我们通过两个例子介绍增长率在第一阶段下降的两阶段模型。在第 1 个例子中,EPS 的增长率在第一阶段下降。当盈利性下降时,公司不再产生高回报,公司通常会减少对经营性资产的投资。伴随着新投资的债务融资也会下降。许多高利润率高增长的公司有负的或很低的自由现金流。当利润增长变缓时,投资可能也会变慢,企业会有正的现金流。当然,高增长阶段产生的负现金流可以帮助确定未来年度的现金流。

在例 8-17 的模型中,每股 FCFE 为 EPS 的函数且在第一阶段持续下降。因为利润增长率下降,例子中的企业还逐年减少新投资。企业的价值主要取决于高速增长(和高利润率)期基本过去后的自由现金流。

▌例 8-17 第一阶段净利润增长率下降的两阶段 FCFE 估值模型

维萨·诺罗尼亚需要对新达公司进行估值。诺罗尼亚通过分析收集了以下信息。时间是 2013 年的第一天。

- 2012 年 EPS 为 2.40 美元。
- 未来 5 年的 EPS 增长率估计见下表。2017 年后,增长率将等于 7%。

	2013 年	2014 年	2015 年	2016 年	2017 年
EPS 增长率(%)	30	18	12	9	7

- 未来 5 年的固定资本净投资(扣除折旧)见下表。2017 年后,资本支出的增长率预期为每年 7%。

	2013 年	2014 年	2015 年	2016 年	2017 年
每股净资本支出增长率(美元)	3.00	2.50	2.00	1.50	1.00

- 每年的营运资本投资等于固定资本净投资的 50%。
- 固定资本净投资和营运资本投资的 30% 将通过新借款融资。
- 通过目前市场情况判断，无风险利率为 6.0%，股权风险溢价为 4.0%，新达公司的贝塔为 1.10。

（1）新达公司在 2013 年第 1 天的每股价值是多少？

（2）2013 年第 1 天和 2017 年第 1 天的静态市盈率应该是多少？

问题（1）的解答： 新达的要求回报率应该是

$$r = E(R_i) = R_F + \beta_i[E(R_M) - R_F] = 6\% + 1.1 \times 4\% = 10.4\%$$

该公司 2013～2017 年的 FCFE 如表 8-16 所示。

表 8-16　新达公司的 FCFE 估计值（每股数据，金额单位：美元）

	2013	2014	2015	2016	2017
EPS 增长率	30%	18%	12%	9%	7%
EPS	3.120	3.682	4.123	4.494	4.809
每股净 FCInv	3.000	2.500	2.000	1.500	1.000
每股 WCInv	1.500	1.250	1.000	0.750	0.500
每股债务融资①	1.350	1.125	0.900	0.675	0.450
每股 FCFE②	−0.030	1.057	2.023	2.919	3.759
FCFE 按 10.4% 折现的 PV	−0.027	0.867	1.504	1.965	

① （FCInv 净额 + WCInv）×30%。

② EPS − 每股 FCInv 净额 − 每股 WCInv + 每股债务融资。

　　2012 年的盈利是 2.40 美元。盈利每年按表格中给出的增长率增加。净资本支出（资本支出减去折旧）数额是诺罗尼亚假设的。营运资本每年增加等于净资本支出增加的 50%。债务融资等于净资本支出和营运资本增加之和的 30%。每年的 FCFE 等于净利润减去净资本支出减去营运资本的增加再加上新债务融资。最后，2013～2016 年的 FCFE 按 10.4% 的股权要求回报率折现得到 FCFE 的现值。

　　2017 年后，FCFE 将每年增长 7%，因此可以用稳定增长 FCFE 估值模型对这部分现金流估值。FCFE 在 2016 年末的价值是

$$V_{2016} = \frac{\text{FCFE}_{2017}}{r - g} = \frac{3.759}{0.104 - 0.07} = 110.56 \text{（美元/股）}$$

V_{2016} 在 2012 年底的现值 V_{2012}，可以通过把 V_{2016} 以 10.4% 折现 4 年得到：

$$\text{PV} = 110.56 / (1.104)^4 = 74.425 \text{（美元/股）}$$

公司的总现值等于前 4 年的现值加上终值的现值，或

$$V_{2012} = -0.027 + 0.867 + 1.504 + 1.965 + 74.42 = 78.73（美元 / 股）$$

问题（2）的解答：使用 78.73 美元 / 股的估计值，我们可以得到 2013 年初的静态市盈率：

$$市盈率 = 78.73/2.40 = 32.8$$

在 2017 年初，股票的估计值为 110.56 美元 / 股，前一年的 EPS 为 4.494 美元，因此这个时点的静态市盈率将是

$$市盈率 = 110.56/4.494 = 24.6$$

在高速增长期结束后，企业的市盈率大幅下降。

例 8-17 中的 FCFE 以未来 EPS 的预测为基础。分析师还经常预测未来销售收入，然后估计与各年销售收入水平相关的利润、投资和融资，对企业建模。如果是大型企业，分析师可能会估计单个分部或大型子公司的销售收入、盈利性、投资和融资，然后再加总所有分部或子公司的自由现金流，得到整个企业的自由现金流。

例 8-18 是一个两阶段 FCFE 模型，销售增长率在第一阶段下降，利润、投资和融资都与销售收入关联。在第一阶段，企业趋于成熟，面临更多竞争，增长速度减慢，因此销售收入的增长率和销售利润率都下降。

▌ 例 8-18　销售增长率下降的两阶段 FCFE 估值模型

梅迪纳沃克斯是一家总部在加拿大的制造企业，其竞争优势很可能会逐渐恶化。分析师弗拉维奥·托里诺预期这种恶化会反映在销售增长率和利润率的下降中。为了估值，托里诺收集了以下信息：

- 当期销售收入为 6 亿加元。在未来 6 年，每年的销售增长率和净利润率预期如下：

	第 1 年	第 2 年	第 3 年	第 4 年	第 5 年	第 6 年
销售增长率	20%	16%	12%	10%	8%	7%
净利润率	14%	13%	12%	11%	10.5%	10%

从第 6 年开始，销售增长率 7% 和净利润率 10% 会一直保持。

- 每年资本支出（扣除折旧）需要达到销售增长额的 60%。
- 每年营运资本投资也必须达到销售增长额的 25%。
- 净资本项目和营运资本投资的 40% 将会使用债务融资。

- 梅迪纳沃克斯的贝塔是 1.10，无风险利率是 6.0%，股权风险溢价是 4.5%。

- 该公司发行在外的股票有 7 000 万股。

（1）股权总市场价值的估计值是多少？

（2）每股估计值是多少？

问题（1）的解答：梅迪纳沃克斯的要求回报率应该是

$$r = E(R_i) = R_F + \beta_i[E(R_M) - R_F] = 6\% + 1.10 \times 4.5\% = 10.95\%$$

每年销售收入和净利润可以直接从表 8-17 中找到。

表 8-17　梅迪纳沃克斯的 FCFE 估计值 （金额单位：百万加元）

	第 1 年	第 2 年	第 3 年	第 4 年	第 5 年	第 6 年
销售收入增长率	20%	16%	12%	10%	8%	7%
净利润率	14%	13%	12%	11%	10.50%	10%
销售收入（百万加元）	720.000	835.200	935.424	1 028.966	1 111.284	1 189.074
净利润（百万加元）	100.800	108.576	112.251	113.186	116.685	118.907
净 FCInv（百万加元）	72.000	69.120	60.134	56.125	49.390	46.674
WCInv（百万加元）	30.000	28.800	25.056	23.386	20.579	19.447
债务融资（百万加元）	40.800	39.168	34.076	31.804	27.988	26.449
FCFE（百万加元）	39.600	49.824	61.137	65.480	74.703	79.235
FCFE 以 10.95% 折现的 PV（百万加元）	35.692	40.475	44.763	43.211	44.433	

可以看到，销售收入将以每年递减的销售增长率增加。每年的净利润等于当年的净利润率乘以当年的销售收入。资本投资（扣除折旧）等于销售收入比上年增加金额的 60%。营运资本投资等于销售比上年增加金额的 25%。每年的债务融资等于当年资本项目和营运资本净投资之和的 40%。FCFE 等于净利润减净资本投资减营运资本投资加债务融资。FCFE 以股权要求回报率 10.95% 折现可以得到每年 FCFE 的现值。

从第 6 年开始，托里诺预测销售收入每年增长 7%。净利润将是销售收入的 10%，因此净利润也将每年增长 7%。因为资本项目投资、营运资本投资和债务融资都与销售收入 7% 的增加值挂钩，所以它们的增长速度也是 7%。第 6 年的净利润、资本项目投资、营运资本投资、债务融资和 FCFE 的金额将以 7% 的速度增长。

FCFE 在第 6 年及以后的终值为

$$\mathrm{TV}_5 = \frac{\mathrm{FCFE}_6}{r - g} = \frac{79.235}{0.109\,5 - 0.07} = 2\,005.95（百万加元）$$

这个金额的现值为

$$TV_5的现值 = \frac{2\,005.95}{(1.109\,5)^5} = 1\,193.12（百万加元）$$

该公司的市场价值估计等于第 1～5 年 FCFE 的现值加上终值的现值：

MV = 35.692 + 40.475 + 44.763 + 43.211 + 44.433 + 1 193.12 = 1 401.69（百万加元）

问题（2）的解答：将 140 169 万加元除以发行在外的 7 000 万股可以得到 20.02 加元 / 股的估计价值。

8.4.4 三阶段增长模型

三阶段模型是二阶段模型的直接拓展。一种常见的三阶段模型假设增长率在每一个阶段都是稳定的。增长率可以是销售收入、利润、固定资本或营运资本投资的增长率；外部融资可以是销售收入水平或销售收入变动的函数。简单一些的模型会使用 FCFF 或 FCFE 的增长率。

另一种常见的三阶段模型假设增长率在第一阶段和第三阶段稳定，在第二阶段下降。和上一个模型一样，增长率可以使用销售收入增长率，也可以使用 FCFF 或 FCFE 增长率。尽管未来 FCFF 和 FCFE 不太可能遵循这些三阶段增长模型的假设，但是分析师常常觉得这些模型是有用的近似估计。

例 8-19 是一个增长率在第二阶段下降的三阶段 FCFF 估值模型。模型直接预测 FCFF，而不是从一个更复杂的模型（需要估计经营活动现金流、固定资本和营运资本投资）中推导出 FCFF。

▌例 8-19 第二阶段增长率下降的三阶段 FCFF 估值模型

查尔斯·琼斯正在用一个三阶段增长模型对瑞莱恩家具公司估值。他收集了以下信息。

- 当期 FCFF = 74 500 万美元。
- 外在股票数 = 30 939 万。
- 股权贝塔 = 0.90，无风险利率 = 5.04%，股权风险溢价 = 5.5%。
- 债务成本 = 7.1%。
- 边际税率 = 34%。
- 资本结构 = 20% 债务，80% 股权。
- 长期债务 = 151 800 万美元。

- FCFF 增长率 =
  - 第一阶段每年 8.8%，第 1～4 年；
  - 第 5 年 7.4%，第 6 年 6.0%，第 7 年 4.6%；
  - 第 8 年及以后 3.2%。

根据琼斯收集的信息，估计以下项目：

（1）WACC。

（2）企业总价值。

（3）股权总价值。

（4）每股价值。

问题（1）的解答：股权要求回报率为：

$$r = E(R_i) = R_F + \beta_i[E(R_M) - R_F] = 5.04\% + 0.9 \times 5.5\% = 9.99\%$$

WACC 为

$$\text{WACC} = 0.20 \times 7.1\% \times (1 - 0.34) + 0.80 \times 9.99\% = 8.93\%$$

问题（2）的解答：表 8-18 列出了未来 8 年的 FCFF 预测和每个 FCFF 以 8.93% 折现的现值。

表 8-18　瑞莱恩家具公司 FCFF 预测值

	第 1 年	第 2 年	第 3 年	第 4 年	第 5 年	第 6 年	第 7 年	第 8 年
增长率	8.80%	8.80%	8.80%	8.80%	7.40%	6.00%	4.60%	3.20%
FCFF（百万美元）	811	882	959	1 044	1 121	1 188	1 243	1 283
以 8.93% 折现的 PV（百万美元）	744	743	742	741	731	711	683	

第 7 年的终值为

$$\text{TV}_7 = \frac{\text{FCFF}_8}{\text{WACC} - g} = \frac{1\,283}{0.089\,3 - 0.032} = 22\,391\,(\text{百万美元})$$

这个金额以 8.93% 折现 7 年的现值为

$$\text{TV}_7\text{的现值} = \frac{22\,391}{(1.089\,3)^7} = 12\,304\,(\text{百万美元})$$

前 7 年 FCFF 现值之和为 509 700 万美元。企业的总价值等于 1 230 400 + 509 700 = 1 740 100 万美元。

问题（3）的解答：股权价值等于公司价值减去债务的市场价值：

$$17\,401 - 1\,518 = 15\,883\,(\text{百万美元})$$

> **问题（4）的解答：** 股权价值除以股票数量得到每股价值：
>
> 15 883/309.39 = 51.34（美元/股）

8.4.5　自由现金流模型中的 ESG 考虑因素

在估值模型中整合环境、社会和治理（environmental, social and governance，简称 ESG）考虑因素会对估值产生重大影响。ESG 因素可能是定量的，也可能是定性的。与 ESG 相关的定量信息，例如预计的环境罚款对现金流的影响，更容易整合到估值模型中。相比之下，与 ESG 相关的定性信息整合起来更具挑战性。应对这一挑战的一种方法是通过在估值模型中添加风险溢价来调整股权成本。这种方法可以估计分析师认为重要但难以量化的 ESG 相关问题的影响。在通过增加风险溢价对股权成本进行调整时，分析师依靠他的判断来确定什么数值构成合理调整。例 8-20 提供了一个案例研究，说明分析师如何在多阶段（在本例中为三阶段）FCFF 估值模型中整合 ESG 考虑因素。

例 8-20　在三阶段 FCFF 模型中整合 ESG 考虑因素

美国铜矿公司（American Copper Mining Company，简称 ACMC）是一家总部位于美国的大型公司。铜在制造、建筑和其他行业有很多用途。铜的开采是资源密集型的，并且受到高度监管。

ACMC 最近宣布，它正在拉丁美洲一个非常干旱的地区收购一个新的铜矿。消息公布后，市场对该消息表示欢迎，ACMC 股价上涨至目前每股 110 美元的水平。该公司预计新矿的使用寿命约为 15 年。

注册金融分析师简·多德是一名研究分析师，关注 ACMC 并对其股票给予"持有"评级。她正在准备一份新报告，以确定 ACMC 对新铜矿的收购是否会改变她对公司的基本评估。总体而言，多德认为，对 ESG 考虑因素的评估可以为矿业公司和矿业项目的可行性、经济性和估值提供重要见解。

多德通过评估 ACMC 新矿当前的政治、劳工和环境状况开始她的分析。她确定了三个主要的 ESG 考虑因素，在她看来，这些考虑因素可能对新矿和公司的价值产生最大影响：

（1）地方政府问题。

（2）劳工问题。

（3）与水有关的问题。

然后多德逐一评估了这些 ESG 考虑因素可能如何影响 ACMC 的经营和现金流。

（1）地方政府问题：要运营新矿，ACMC 必须获得矿所在地区当地政府的采矿许可证。在获得采矿许可证之前，ACMC 需要提交一份全面的恢复计划，说明将如何恢复新矿的自然栖息地。多德注意到，ACMC 在其他矿场制订的综合恢复计划很难及时获得政府当局批准。她得出的结论是，ACMC 对获得采矿许可证批准所需的时间过于乐观。她预计，矿山开始运营可能需要 5 年，而不是管理层预期的 3 年。

（2）劳工问题：ACMC 的员工薪酬略低于新矿区的竞争对手。此外，与许多竞争对手不同，ACMC 不会将高管薪酬与工人安全联系起来。该地区的一些竞争对手经历了罢工（因此生产中断），因为他们的员工工资没有根据通货膨胀进行调整。由于 ACMC 的薪酬政策，多德担心潜在的劳工骚乱和公司随后的声誉风险。

（3）与水相关的问题：由于大量的水用于采矿作业，与水相关的成本通常是采矿公司最大的支出之一。鉴于新矿的开发位于拉丁美洲非常干旱的地区，多德认为 ACMC 大大低估了建造水井所需的资本支出。

估值分析

在确定和评估这些 ESG 考虑因素后，多德继续使用三阶段 FCFF 模型对 ACMC 的股价进行估值。三个阶段如下：

- 第一阶段：新矿预计运营之前的时期（2016~2020 年）。
- 第二阶段：新矿预计运营期间（2021~2035 年）。
- 第三阶段：矿山预期关闭之后的时期（2036 年和之后）。

多德在她的模型中做出了以下假设。

收入

ACMC2016 年的总收入为 10 亿美元。多德预计，到 2020 年，总收入（即不包括新矿的收入）将每年增长 2%，然后在 2021~2035 年新矿运营时保持不变。当新矿在多德的假设下（2021 年）开始运营时，多德预计该矿将在第 1 年为 ACMC 增加 4 亿美元收入。多德还预计，新矿的这些额外收入将在未来 6 年（2022~2027 年）以每年 10% 的速度增长，然后在矿场的剩余寿命（2028~2035 年）中保持不变。多德假设，一旦新矿在 2035 年关闭，公司的总收入将永远增长 1%。总结三个阶段的收入：

- 第一阶段（在矿山预计运营之前）：
  - 2016~2020 年：年总收入增长 2%。
- 第二阶段（新矿预计运营期间）：
  - 2021 年：不包括新矿在内的收入增长不变，来自新矿的额外收入为 4 亿美元。

- ■ 2022～2035 年：2022～2035 年不包括新矿在内的收入增长不变；2022～2027 年新矿收入年均增长 10%；2028～2035 年新矿收入增长不变。

- 第三阶段（新矿预计关闭之后）：

- 2036 年及以后：年总收入增长 1%。

多德还为 ACMC 做出了以下财务假设：

EBITDA：	所有三个阶段均为总收入的 30%
税率：	25%
固定资本投资（不包括与水有关的投资）：	所有三个阶段均为 EBITDA 的 50%
折旧：	所有三个阶段均为资本支出的 40%
营运资本投资：	所有三个阶段均为总收入的 10%
ACMC 债务的要求回报率（税前）：	5%
无风险利率：	3%
ACMC 的股权贝塔值：	1.2
股权风险溢价：	5%
债务比率：	50%

除了上述"传统"财务假设外，多德在她的分析中还反映了 ESG 考虑因素：

与水有关的固定资本投资

与水无关的资本支出的 10%，添加到上述资本支出中。

ESG 股权风险溢价调整

多德得出的结论是，与同行相比，早先讨论的潜在劳工问题使 ACMC 面临更高的财务和声誉风险。多德进一步认为，她所确定的 ESG 考虑因素并未完全体现在 ACMC 股票的市场价格中。因此，多德估计 ACMC 的股权成本应增加 75 个基点的溢价。

多德计算的加权平均资本成本（WACC）如下：

$$债务成本 = 5\% \times (1 - 25\%) = 3.75\%$$

$$股权成本 = 3\% + 1.2 \times 5\% + 0.75\% ESG 股权风险溢价调整$$
$$= 9.75\%$$

$$WACC = 0.5 \times 3.75\% + 0.5 \times 9.75\% = 6.75\%$$

表 8-19 展示了多德的 ACMC 股权估值模型的结果。多德的分析表明，ACMC 股权的公允价值为每股 97 美元。通过将 ESG 考虑因素纳入传统估值框架，多德对 ACMC 股票公允价值的估计有所下降。鉴于该股票的交易价格为 110 美元，她对 ACMC 的股票发出"卖出"建议。

表 8-19　估计 ACMC 股票的公允价值（以百万美元计，每股项目除外）

				预期新矿运营									新矿①预期关闭		
	2016 年	2017 年	2018 年	2019 年	2020 年	2021 年	2022 年	2023 年	…	2026 年	2027 年	…	2034 年	2035 年	2036 年
总收入	1 000	1 020	1 040	1 061	1 082	1 482	1 522	1 566	…	1 727	1 791	…	1 791	1 791	1 809
仅新矿①的收入						400.0	440.0	484.0	…	644.2	708.6	…	708.6	708.6	708.6
EBITDA	300.0	306.0	312.1	318.4	324.7	444.7	456.7	469.9	…	518.0	537.3	…	537.3	537.3	542.7
EBITDA（1- 税率）	225.0	229.5	234.1	238.8	243.5	333.5	342.5	352.4	…	388.5	403.0	…	403.0	403.0	407.0
折旧（税率）	15.0	15.3	15.6	15.9	16.2	22.2	22.8	23.5	…	25.9	26.9	…	26.9	26.9	27.1
固定资产投资，或 FCInv①	(150.0)	(153.0)	(156.1)	(159.2)	(162.4)	(222.4)	(228.4)	(235.0)	…	(259.0)	(268.7)	…	(268.7)	(268.7)	(271.3)
营运资本投资，或 WCInv①	(2.0)	(2.0)	(2.0)	(2.1)	(2.1)	(40.0)	(4.0)	(4.4)	…	(5.9)	(6.4)	…	0.0	0.0	(1.8)
额外 FCInv（与水相关）	—	—	—	—	—	(22.2)	(22.8)	(23.5)	…	(25.9)	(26.9)	…	(26.9)	(26.9)	
FCFF	**88.0**	**89.8**	**91.6**	**93.4**	**95.3**	**71.2**	**110.2**	**113.1**	…	**123.6**	**127.9**	…	**134.3**	**134.3**	**161.0**
FCFF 的现值（WACC 为 6.75%）	82.5	78.8	75.3	71.9	68.7	48.1	69.7	67.1	…	60.3	58.4	…	38.8	36.4	
2016~2035 年 FCFF 的现值	1 178														
2036 年及以后永续 FCFF 的现值	758														
未来 FCFF 的总现值	**1 936**														
债务的市场价值（债务比率 50%）	968														
股权的公允价值	968														
每股公允价值（发行在外 1 000 万股）	97														
补充项目：															
折旧	120.0	122.4	124.8	127.3	129.9	177.9	182.7	188.0	…	207.2	214.9	…	214.9	214.9	217.1
营运资本	100.0	102.0	104.0	106.1	108.2	148.2	152.2	156.6	…	172.7	179.1	…	179.1	179.1	180.9

① 2016 年营运资本投资（WCInv）反映了 2015~2016 年营运资本的变化。为简单起见，2016 年与 2017 年多德使用了相同的 WCInv 变化。

下一节将讨论一个重要的技术问题，即估值中非经营性资产的处理。

8.5　非经营性资产和公司价值

自由现金流估值以产生经营现金流的资产或产生现金流所需要的资产为中心。如果公司有重要的非经营性资产——例如超额现金⊖、超额市场化证券或以投资为目的持有的土地，分析师通常就会用经营资产的价值（例如 FCFF 估值获得的估计数）加上非经营性资产的价值计算企业的价值。

$$企业的价值 = 经营资产的价值 + 非经营资产的价值 \qquad (8-18)$$

一般地说，如果有任何资产被排除在预测企业未来现金流时所考虑的资产组合之外，分析师就应该将被忽略资产的估计价值加在以现金流为基础的估计价值之上。某些企业在股票和债券上有大量的长期投资，这些投资不是经营性子公司而是财务投资。这些投资应该以当前的市场价值计价。根据会计准则以账面价值报告的证券应该根据市场价值重新评估。

8.6　小结

现金流折现模型在分析师估计公司价值时被广泛使用。

- 企业自由现金流（FCFF）和股权自由现金流（FCFE）分别对应企业所有投资者和普通股股东可以获得的现金流。
- 分析师在下列情况中喜欢使用自由现金流（FCFF 或 FCFE）衡量回报。
  - 如果企业不支付股利。
  - 如果企业支付股利，但支付的股利与企业可支付股利的能力差异很大。
  - 如果自由现金流在分析师觉得舒服的合理预测期内与盈利性相吻合。
  - 如果投资者具有控制权视角。
- FCFF 估值法用未来 FCFF 以加权平均资本成本折现的现值作为企业的估计价值：

$$企业价值 = \sum_{t=1}^{\infty} \frac{FCFF_t}{(1+WACC)^t}$$

⊖ 这里的超额是相对于产生经营性现金流所需要的而言。估计有多少现金属于超额现金可能很困难，例如，分析师可能用现金占总资产比例的行业中位数乘以总资产，并将超过这一数值的金额视为超额现金。

- 股权的价值等于企业价值减去企业债务的市场价值：

$$股权价值 = 企业价值 - 债务的市场价值$$

股权总价值除以发行在外的股份数可以得到每股价值。

WACC 的公式为：

$$WACC = \frac{MV（债权）}{MV（债权）+MV（股权）}r_d(1-税率)$$
$$+\frac{MV（股权）}{MV（债权）+MV（股权）}r$$

- 如果 FCFF 的增长率稳定，企业的价值是

$$企业价值 = \frac{FCFF_1}{WACC-g} = \frac{FCFF_0(1+g)}{WACC-g}$$

- 如果是 FCFE 估值法，股权的价值可以通过将 FCFE 按股权要求回报率 r 折现获得：

$$股权价值 = \sum_{t=1}^{\infty}\frac{FCFE_t}{(1+r)^t}$$

股权总价值除以发行在外的股份数可以得到每股价值。

- 如果 FCFE 的增长率稳定，股权的价值是

$$股权价值 = \frac{FCFE_1}{r-g} = \frac{FCFE_0(1+g)}{r-g}$$

- FCFF 和 FCFE 的计算经常以净利润作为起点：

$$FCFF = NI + NCC + Int(1-税率) - FCInv - WCInv$$
$$FCFE = NI + NCC - FCInv - WCInv + 净借款$$

- FCFF 和 FCFE 两者之间的关系如下：

$$FCFE = FCFF - Int(1-税率) + 净借款$$

- FCFF 和 FCFE 的计算可以用经营活动现金流作为起点：

$$FCFF = CFO + Int(1-税率) - FCInv$$
$$FCFE = CFO - FCInv + 净借款$$

- FCFF 还可以从 EBIT 或 EBITDA 开始计算：

$$FCFF = EBIT(1-税率) + Dep - FCInv - WCInv$$
$$FCFF = EBITDA(1-税率) + Dep(税率) - FCInv - WCInv$$

然后用公式"FCFE = FCFF - Int(1-税率) + 净借款"得到 FCFE。

- 在查找 CFO、FCFF 和 FCFE 时，可能需要认真解读企业的财务报表。在有的情况下，需要的信息可能不透明。

- 对企业估值时，像净利润、EBIT、EBITDA 和 CFO 这些盈利指标不应该作为衡量现金流的方法。这些利润项目要么是重复计算要么是少计了部分的现金流。
- 可以很容易地修改 FCFF 或 FCFE 估值的表达式以适应复杂的资本结构，例如包括优先股的资本结构。
- 两阶段 FCFF 估值模型的一般表达式是

$$企业价值 = \sum_{t=1}^{n} \frac{FCFF_t}{(1+WACC)^t} + \frac{FCFF_{n+1}}{(WACC-g)} \frac{1}{(1+WACC)^n}$$

- 两阶段 FCFE 估值模型的一般表达式是

$$股权价值 = \sum_{t=1}^{n} \frac{FCFE_t}{(1+r)^t} + \frac{FCFE_{n+1}}{r-g} \frac{1}{(1+r)^n}$$

- 一种常见的两阶段模型假设增长率在每个阶段稳定，另一种常见模型假设第一阶段增长率下降，接着第二阶段保持长期的可持续增长率。
- 分析师为了预测 FCFF 和 FCFE 而构建复杂程度相异的多种模型。常见的一种方法是预测销售收入，并根据销售收入的变化预测利润率、投资和融资。
- 三阶段模型常常被认为能更好地模拟实际中逐年波动的现金流。
- 非经营性资产，例如超额现金和市场化证券、长期证券投资和不良资产，通常会与企业的经营性资产区别开来。它们被单独估值，然后加上企业经营资产的价值，得到企业总价值。

市场法估值：价格乘数和企业价值乘数

杰拉尔德·E.平托，PhD, CFA

伊莱恩·亨利，PhD, CFA

托马斯·R.罗宾逊，PhD, CFA

约翰·D.斯托，PhD, CFA

■ 学习目标

通过学习本章内容，你将可以：

- 区别使用价格乘数进行估值的两种方法：可比法和基于基本面预测法，并解释每种方法的经济原理。

- 计算并解释合理价格乘数。

- 描述在估值中使用各种价格乘数和股利收益率的理由和可能存在的缺陷。

- 计算并解释各种价格乘数和股利收益率。

- 计算并解释基础收益，解释正常化每股收益（EPS）的方法，计算正常化每股收益。

- 解释收益率（E/P）并说明使用该指标的合理性。

- 描述影响各种价格乘数和股利收益率的基本面因素。

- 计算并解释一只股票基于基本面因素预测值的合理市盈率（P/E）、市净率（P/B）和市销率（P/S）。

- 给定基本面因素的截面回归，计算并解释预测市盈率，解释截面回归方法的局限性。

- 运用可比法评估股票价值，并解释可比法中基本面因素的重要性。

- 计算并解释市盈增长率（PEG），解释其在相对估值中的使用。

- 在多阶段现金流折现模型（DCF）中，计算并解释价格乘数在决定终值中的应用。

- 解释在价格乘数和企业价值（EV）乘数中各种现金流的定义，描述每种定义的局限性。

- 计算并解释 EV 乘数，评价 EV/EBITDA 指标的使用。

- 解释跨国估值比较中各种差异的来源。

- 描述动量指标及其在估值中的应用。

- 解释算术平均值、调和平均值、加权调和平均值和中位数在描述一组乘数中心趋势中的使用。

- 基于乘数的比较，评价股票是否被高估、合理估值或被低估。

9.1　引言

价格乘数和企业价值乘数是为人熟知且被广泛使用的估值工具。**价格乘数**（price multiples）是股票的市场价格与某种每股基本价值度量值的比率。相对地，**企业价值乘数**（enterprise value multiples）将所有企业资本来源的市场价值之和与整个企业的基本价值度量值相联系。

价格乘数的基本理念是，投资者根据股票所买到的每股收益、净资产、现金流或者其他价值衡量指标（以每股的形式表达）评估每股价格——判断它的定价是合理、被高估还是被低估的。企业价值乘数的基本理念是相似的，投资者根据企业产出的息税折旧摊销前利润（EBITDA）、销售收入或经营活动现金流评估整个企业的市场价值。作为估值指标（价值的度量或指标），乘数的吸引力在于它容易使用和方便沟通。它将公司股票（或总资本）的市场价值与某种基本面数值，例如盈利、销售收入或**账面价值**（book value，所有者权益的会计价值）的关系总结在一个单独的数字中。

我们在本章中研究的问题将帮助我们正确地使用乘数作为估值工具，它们包括：

- 哪些会计问题将影响特定的价格乘数和企业价值乘数？分析师可以如何解决这些问题？
- 价格乘数如何与基本面因素（例如利润增长率）相联系？分析师如何在股票的估值比较中使用这些信息？
- 一个特定的价格乘数或企业价值乘数适用或者不适用于哪些类型的估值问题？
- 在国际背景中应用价格乘数和企业价值乘数会有哪些挑战？

乘数被认为是单个证券的估值指标。另一种在选择证券时使用的估值指标是**动量指标**（momentum indicators）。它们通常将价格或基本面指标（例如盈利）与其自身历史值（有时是预期值）的时间序列相联系。使用动量指标的逻辑是，这些指标将在一定时间长度内提供未来回报模式的信息。因为动量指标的目的是识别潜在的有利投资机会，所以它们被认为是另一类估值指标，与价格乘数和企业价值乘数的关注点不同且互为补充。

本章的结构如下。在 9.2 节中，我们在经济环境下应用价格乘数和企业价值乘数并描述一些常见的应用主题。9.3 节展示价格乘数；每个子小节讨论一种价格乘数。对每种乘数的讨论都遵循相同的格式：关于使用的考虑，乘数与投资者对基本面因素预期之间的关系以及在可比法估值中使用乘数。9.4 节用与 9.3 节相似的结构讨论企业价值乘数。9.5 节介绍乘数在国际应用中需要考虑的问题。9.6 节讨论如何使用用动量指标。9.7 节探讨使用估值指标时会遇到的一些实际问题。我们在 9.8 节总结整章内容。

9.2　估值中的价格乘数和企业价值乘数

现实中，分析师们用价格乘数和企业价值乘数的方法本质上分两种：可比法与基本面预测法。每一种方法都有明确的经济原理与之相关。在本小节，我们将介绍两种方法和它们相关的经济原理。

9.2.1　可比法

可比法（method of comparables）指基于可比（相似）资产的乘数对资产估值，即以相似资产的乘数为基准估值。相似资产被称为**可比资产**（comparables，或 comps）或**基准资产**（guideline assets，在股权估值中是**基准企业**（guideline companies））。例如，将市盈率（P/E）的基准值乘以企业每股盈利（EPS）的估计值，得到对公司股价的快速估计，这个估计值可以与股票的市场价格比较。同样地，将股票的实际价格乘数与基准乘数比较，分析师能够得到股票是合理定价、相对高估或者低估的一致结论。

价格乘数背后的思想是不能孤立地评价股票价格。相反，股票应该根据它能买到的收益、净资产或者其他价值度量进行评价。价格乘数是价格除以一种每股基本价值的度量。它代表购买一单位基本价值的价格，无论基本价值以哪种形式衡量。例如，市盈率为 20 代表购买一个单位利润（例如 1 欧元的利润）需要花费 20 单位的货币（例如 20 欧元）。这种以每股价值测度每股价格的方法还使得不同股票之间的比较变得可行。例如，同样一单位的利润，投资者对市盈率为 25 的股票要比市盈率为 20 的股票支付更多。应用可比法，分析师们有理由认为两种各方面相似的证券（如果它们有相似的风险、利润率和增长前景），市盈率为 20 的股票相对市盈率为 25 的股票被低估了。

相对这个词是必要的。如果一种资产相对可比资产被低估了，分析师也许因此预期该资产胜过可比资产。但是如果可比资产或者该资产本身并未有效定价，股票可能没有被绝对低估——它可能是合理定价甚至被高估（在绝对意义上，例如与内在价值相比）。例 9-1 展示了可比法的简单应用。

⫿ 例 9-1　可比法的简单应用

企业 A 的每股收益是 1.5 美元，它的主要竞争对手企业 B 以市盈率 22 进行交易。假设两家企业拥有相似的运营和财务状况。

（1）如果企业 A 的股票以 37.5 美元交易，相对企业 B，该股价说明什么？

（2）如果我们假设企业 A 的股票应该以与企业 B 相同的市盈率交易，那么对企业 A 的股价的合理估计应该为多少？

问题（1）的解答：如果企业 A 的股价为 37.5 美元，它的市盈率为 25（＝37.5/1.5）。如果两家企业相似，那么市盈率说明企业 A 相对企业 B 被高估了。

问题（2）的解答：如果我们假设企业 A 的股票应该与企业 B 拥有相同的市盈率，企业 A 股票的合适价格预测是 33（＝1.50×22）美元。

可比法对企业价值乘数也适用。在该类应用中，我们估计整个企业的市场价值与一些基本价值度量的关系，这些基本价值与资本的所有提供者有关，而不仅仅与股权资本的提供者有关。例如，将基准企业价值比 EBITDA 的乘数乘以某个企业 EBITDA 的估计值，可以得到对该企业价值的快速估计。类似地，将企业的实际价值乘数与相关的基准乘数比较，能够评估企业是被相对合理定价、相对低估还是相对高估的。

在估值方法论中会出现多种基准乘数的选择，包括非常相似股票的乘数和同行业可比组乘数的平均数或者中位数。可比法的内在经济原理是**一价定律**（law of one price）——两种相同的资产应以同样的价格出售○。对用价格乘数报告估值评价的分析师而言，可比法可能是最广泛使用的方法。因此，在估值中使用乘数有时被认为就是使用可比法。但是，乘数也可能由基本面因素推导出来或者用基本面因素表达，我们将在下一小节中讨论这点。

9.2.2　基本面预测法

基本面预测法（method based on forecasted fundamentals）○指的是从基本面因素预测值得到乘数的方法。基本面因素是指与企业盈利、增长或财务实力相关的业务特征。基本面因素驱动现金流，我们因此可以将乘数与企业基本面因素通过现金流折现（DCF）模型联系起来。以基本面因素形式表达的价格乘数代数式方便我们检验股票之

○　实际中，分析师们仅能大致匹配不同企业或不同时间段的特征。尽管如此，一价定律仍是可比法的核心思想。为了保持分类简单，我们把与市场指数和与企业历史乘数的比较都纳入可比法进行讨论。

○　出于表述简洁，我们有时仅仅用"基本面法"来表述该种方法推导的乘数。

间的估值差异与基本面因素的预期差异有什么关联。我们在股利折现模型一章中已展示过此概念，我们在可能是最简单的现金流折现模型——戈登股利增长模型中，用包含预期股利增长率（和其他变量）的表达式解释市盈率。

将乘数与基本面预测相联系，一种做法是以 DCF 估值模型为起点。回顾前文，DCF 模型将预期现金流的现值作为企业或者股权的内在价值，而基本面因素驱动现金流。虽然乘数的表达是用单个基本面因素的值，但任何价格乘数或企业价值乘数都通过 DCF 价值与整个预期未来现金流相关。

为了解释这个概念，我们先计算预期未来现金流的现值，然后用一个基本面预测值表示结果。例如，如果一家英国企业的 DCF 价值为 10.20 英镑，它的预期每股收益为 1.2 英镑，与该 DCF 价值一致的动态市盈率是 10.20/1.2 = 8.5（**动态市盈率**（forward P/E）是基于预测每股收益计算得到的市盈率，将在本章的后面部分详细讨论）。这类将估值与价格乘数结合的做法适用于任意价格乘数定义和任何 DCF 模型或剩余收益模型[⊖]。

总而言之，我们可以从两种角度应用乘数来估值。首先，我们可以使用可比法，比较资产的乘数与基准乘数。相似的资产应该以相近的价格出售。其次，我们可以使用基本面预测法，预测企业的基本面因素而非与其他企业进行比较。资产的价格乘数应该与预期未来现金流相关。我们同样能够利用基本面预测法得到对企业的洞见，解释可比法估值的差异，因为我们很少（假如存在）找到恰好的可比资产。在接下来介绍每个乘数的小节中，我们将首先展示基本面预测法，以便在使用可比法时引用它。

无论使用哪种方法，分析师们怎样才能表达对股票价值的看法？当然，分析师可以简单地提供关于股票被合理定价、低估或者高估的定性判断（和这种看法的具体原因）。分析师也可以用**合理价格乘数**（justified price multiple）更精确地表达看法。合理价格乘数是乘数的合理估计值，可以通过可比法或基本面预测法说明其合理性。

举例说明基于可比法的合理价格乘数。假设我们在估值中使用市净率（P/B），并发现同行业其他企业的市净率中位数，即比较的基准值为 2.2[⊖]。基于可比法的合理价格乘数就是 2.2（没有考虑任何基本面差异的修正）。我们可以将合理市净率与实际市净

⊖　在剩余收益模型中，每股内在价值估计为每股账面价值和未来预期每股剩余收益的现值之和。剩余收益等于净利润减去股权资本的成本。

⊖　注意，我们使用同行业企业乘数的中位数而非平均数，以避免离群值的扭曲。此问题在处理同业企业中往往很重要，因为它们常常仅包括少数几家企业。另一种方式是使用调和平均数，我们也将在后面的小节描述并解释。

率进行比较，形成对价值的看法。如果合理市净率大于（小于）实际市净率，股票可能被低估（高估）。在可比资产合理定价的假设下，我们也可以将合理市净率转化为股票合理价格的绝对估计值。如果现在的每股账面价值为 23 美元，那么股票的合理价值为 $2.2 \times 23 = 50.60$ 美元，可将这个价值与市场价格比较。

另举一例说明基于基本面预测法的合理价格乘数。假设我们使用剩余收益模型估计股票价值是 46 美元。基于基本面预测法的合理 P/B 为 $46/23 = 2.0$，可与股票实际 P/B 比较。我们也可以用股票合理价值的绝对估计值表达：$2 \times 23 = 46$ 美元。（注意，分析师可以直接用 DCF 价值报告基于 DCF 模型的价值判断；但在估值表述中，价格乘数是更为熟悉的形式。）而且，我们可以利用基本面预测法对企业的见解解释可比法结果之间的差异。

我们在下一小节开始讨论估值中具体的价格乘数和企业价值乘数。

9.3　价格乘数

本节首先讨论我们最熟悉的价格乘数——市盈率。以此为背景，我们将介绍一系列许多其他乘数都会遇到的实际问题。这些问题包括：分析师为了准确性和可比性对乘数的分母做调整，以及反向价格乘数的使用。最后，我们将从同样的实际问题角度讨论其他四类主要的价格乘数。

9.3.1　市盈率

在第 1 版《证券分析》中，本杰明·格雷厄姆和戴维 L. 多德将基于市盈率的普通股估值方法作为当时的标准方法，时至今日，市盈率仍是人们最熟悉的估值方法。

我们以市盈率的经济原理和可能的使用缺陷作为讨论的开始。然后定义两类主要的市盈率：静态市盈率和动态市盈率（也被称为"领先市盈率"）。乘数的分子——市场价格是可确定的（和其他乘数一样），无须专门解释；但是分母——每股收益，取决于会计权责发生制的复杂准则，必须专门解释。我们将讨论这些问题以及分析师为获得更具意义的市盈率所做出的调整。最后，我们看分析师如何通过基本面预测法和可比法用市盈率对股票估值，作为本节的总结。如前文所述，我们首先讨论基本面预测法，这样可以在使用可比法时引用其见解。

在估值中使用市盈率的理由如下：

- 盈利能力是投资价值的主要驱动力，每股收益——市盈率的分母或许是证券分析师的主要关注点[一]。在 2007 年对 CFA 成员的调查中，市盈率在所有应用于市场估值的价格乘数中位列第一。[二]在 2012 年美国银行"美林机构因素调查"中，81% 的受访者在做出投资决策时会考虑市盈率，使其成为调查中最受欢迎的估值指标。

- 市盈率被投资者广泛认可和使用。
- 根据实证研究，股票市盈率的差异可能和这些投资的长期平均回报有关。[三]

在估值中使用市盈率的潜在缺点如下：

- 每股收益可能是零、负数或者与价格相比极小，而这种情况下的市盈率不具有经济意义。
- 经常性或可持续收益是决定内在价值最重要的部分，但在实际中却很难与非经常性收益区分。
- 会计准则的应用要求公司管理层在可接受方法中进行选择并在报告中使用估计值。管理层的选择和估计可能扭曲每股收益，使其不能准确反映经济表现。这些扭曲可能影响不同公司间市盈率的可比性。

处理这些缺陷的方法将在本章的后文中讨论。在下一小节，我们将根据不同的盈利定义讨论不同的市盈率定义。

9.3.1.1 不同的市盈率定义

计算市盈率最常用的分子是股票的当前价格，当前价格可以轻松获取并且对公开交易的股票而言非常明确。选择合适的 EPS 数值作为分母却不是那么直接。必须考虑以下两类问题：

- 在什么时间区间衡量盈利，不同的选择产生不同的市盈率定义；
- 为了使不同公司间的市盈率可以比较，分析师可能对会计利润做的调整。

常见的市盈率定义是静态市盈率和动态市盈率。

[一] 美国的实证研究倾向显示，与其他基本面乘数得到的估值相比，收益乘数的估值更接近实际市场价格（Liu, Nissim and Thomas 2002, 2007）。如果平均而言，股票是有效定价的，那么以上的发现支持盈利在股票定价中的重要性。

[二] 详见 Pinto, Robinson and Stowe 2015。

[三] Chan and Lakonishok（2004）总结和更新了实证证据。在他们调查的 13 个国家中，大部分国家的超额回报都与价值投资有关，这意味着投资主要集中在低价格乘数（例如 P/E）的股票。O'shaughnessy（2005）提供了从 1951 年起在美国市场超额回报与长期价值投资的关系，虽然低 P/E 策略的回报不如低 P/B、低市销率和低市现率的策略。总的来说，关于长期平均超额回报与价值投资间的联系是否归因于价值投资相对于成长股有更多价值风险，以及关于这些证据解读的一些其他因素仍在争论中。

- 股票的**静态市盈率**（trailing P/E，有时也被称为当期市盈率[⊖]）是当前的市场价格除以最近四个季度的每股收益。在这种计算下的每股收益有时也被称为"静态 12 个月（TTM）每股收益"。

- **动态市盈率**（forward P/E），也被称为**领先市盈率**（leading P/E）或者**预期市盈率**（prospective P/E），是股票的当前价格除以下一年的预期收益。在金融数据库中，静态市盈率常常出现在股票简介的首项，但是大部分的数据库也提供动态市盈率。在实践中，动态市盈率根据不同的"下一年"定义，也有一系列的变体，这将在 9.3.1.3 节中讨论。

还有其他名称与时间长度的市盈率定义。例如，Thomson First Call[⊜]提供多种市盈率，包括比率的分母是过去 12 个月的每股收益、最近报告的年度每股收益、预测未来 1～3 年的每股收益。另一个例子是 Value Line 公司的报告中展示的中位数市盈率，它是过去 10 年的年度平均市盈率范围的 4 个中间数的平均值取整。

应用市盈率时，分析师应对所有需检验的公司和时间段使用相同的定义。否则，对同一家公司的不同时间段或者在同一时间点的多家公司而言，这些市盈率不可比。一个原因是不同方法计算出的市盈率差异可能是系统性的（与随机性相对）。例如，对利润不断上升的企业而言，动态市盈率比静态市盈率小，因为动态市盈率的分母更大。

估值是预测未来的过程，因此分析师在利润预测可行的情况下，常常关注动态市盈率。对于大型上市公司而言，分析师能够预测利润并从商业数据库获取其他预测。当利润无法预测时，静态市盈率或许更合适。另外，有时从逻辑上可得知某特定的市盈率定义不适用。例如，企业的运营和财务风险会因重大的并购拆分或者财务杠杆的变化而发生巨大的改变，导致基于过去每股收益的静态收益率不再提供关于未来的信息，因此与估值不相关。在这种情况下，动态市盈率才是合适的手段。在下面的小节中，我们将讨论计算静态市盈率和动态市盈率的一些问题。

静态市盈率和动态市盈率都是基于一年的每股收益。但如果这个数字是负数或者无法反映企业的盈利能力，分析师可能会以更长时间段的预期平均每股收益计算市盈率。这类基于正常化每股收益的市盈率被称为**正常化市盈率**（normalized P/E）。因为正常化市盈率的分母通常基于历史信息，它们将在下一小节计算静态收益率中讨论。

⊖　但是，Value Line 投资调查使用"当期市盈率"代表基于过去 6 个月 EPS 和将来 6 个月预测 EPS 计算的市盈率。这种计算将历史和未来预测相结合。

⊜　Thomson First Call 现在是路透社的一部分；但是路透社和 Thomson First Call 的数据库是独立的，因此这些估计仍被称为 Thomson First Call 的估计值。

9.3.1.2　计算静态市盈率

当使用静态收益计算市盈率时，分析师必须谨慎决定分母（每股收益），并考虑以下问题：

- 潜在的每股收益稀释[一]。
- 公司特有的暂时性、非持续性利润。
- 周期（商业或行业周期）性短期利润。
- 不同的会计方法（在比较不同企业的股票时）。

以上四个考虑中，潜在的每股收益稀释对分析师的会计专业能力要求最低，因为企业被要求披露基本每股收益和稀释后每股收益。**基本每股收益**（basic earnings per share）反映总利润除以期间实际流通的加权平均股数。**稀释每股收益**（diluted earnings per share）是总利润除以假设证券的持有者行权增加流通股后的股数，这些证券包括高管股票期权、认股权证和可转换债券。稀释后每股收益也反映了这些转换对分子利润的影响[二]。因为企业披露这两个每股收益的数值，分析师无须做任何计算。企业通常还会在财务报表的附注中报告每股收益的计算细节。例 9-2 说明了第一个考虑问题，展示了通常情况下基于稀释每股收益计算的市盈率高于基本每股收益计算的市盈率。

> **▍例 9-2　基本每股收益 vs. 稀释每股收益**
>
> WPP 集团公司（WPP）披露截至 2012 年 12 月 31 日的财务年报，报告基本每股收益 66.2 英镑和稀释每股收益 62.8 英镑。公司在 2013 年 2 月 1 日发布盈利公告，根据该日的股票收盘价 1 058.0 英镑，WPP 基本每股收益的静态市盈率为 16.0，稀释每股收益的静态市盈率为 16.8。

当比较企业时，分析师通常偏好使用稀释每股收益，因为这样可以使有不同数量可稀释证券的企业的每股收益具有可比性。接下来将依次讨论其他几点考虑，分析师经常需要因此调整报告的盈利数字。

⊖　**稀释**（dilution）指因为发行新股而使原有股东持股比例减少。

⊜　例如，计算每股收益时，可转债的转换既影响分子（利润）也影响分母（股数）。如果可转债的持有者行权，将债券转换为普通股，发行企业无须再支付债券利息，这将影响利润。发行企业同时需要发行要求的股票，在其他条件不变的前提下，这将增加流通股股数。

9.3.1.2.1　非经常性项目的分析调整

预期未来不再产生的收益通常被分析师剔除，因为估值关注未来现金流。分析师的注意力在于预测**基础收益**（underlying earnings，此概念的别称包括**持久收益**（persistent earnings）、**持续收益**（continuing earnings）和**核心收益**（core earnings）），即不包括非经常性项目的收益。基础收益的增长反映分析师预期未来可持续的利润增长。企业有时披露调整后收益，调整后收益也被称为非 IFRS 收益（因为经过调整，它们不同于根据美国 IFRS 报告的收益）、非 GAAP 收益（因为经过调整，它们不同于根据美国 GAAP 报告的收益）、预测收益、调整收益或例 9-3 中的核心收益。这些名称都说明这个收益的数值与根据标准会计准则报告的数值有所差别。例 9-3 展示了非经常性项目调整前后每股收益与市盈率的计算。

◼ 例 9-3　计算静态 12 个月每股收益并进行非经常性项目调整

2013 年 4 月 1 日，你在为阿斯利康公司（AZN）计算静态市盈率。当日的股票在纽约的收盘价为 50.11 美元（在伦敦为 28.25 英镑）。3 月 31 日截止的 2013 年第一季度，AZN 根据 IFRS 报告 0.81 美元的基本每股收益和稀释每股收益，其中包含了 0.34 美元的重组成本和收购产生的 0.26 美元无形资产摊销。对这些项目进行调整，AZN 报告 2013 年第一季度的核心每股收益为 1.41 美元，对比 2012 年第一季度的核心每股收益 1.81[⊖]美元。因为核心每股收益与根据 IFRS 计算的每股收益不同，公司提供了两者间的对账表。

下面的表格提供了 2013 年 3 月 31 日 AZN 的其他数据。2013 年 3 月 31 日静态 12 个月稀释每股收益包括 2013 年的第一个季度和 2012 年的后三个季度。

（单位：美元）

衡量指标	2012 年全年（a）	减去 2012 年第一季度（b）	2012 年后三季度（c=a-b）	加上 2013 年第一季度（d）	静态 12 个月每股收益（e=c+d）
报告的稀释每股收益	4.98	1.27	3.71	0.81	4.52
核心每股收益	6.41	1.81	4.60	1.41	6.01
除去 2012 年法律计提项的每股收益	5.07	1.28	3.79	0.81	4.60

根据以上信息，回答下列问题：

（1）根据企业报告的每股收益，计算 2013 年 3 月 31 日 AZN 的静态市盈率。

（2）根据 AZN 的核心每股收益，计算 2013 年 3 月 31 日 AZN 的静态市盈率。

⊖　原文是 1.87，不同于表格中数据，根据表格的数据关系改为 1.81。——译者注

假设你预期摊销费用将在未来几年持续，并注意到，尽管 AZN 在计算核心收益时剔除了重组成本，但 AZN 在过去几年持续报告了重组费用。在浏览所有相关数据后，你认为在本例中，只有与之前披露的法律事件有关的法律计提可以被清楚地界定为非持续性项目。

（3）根据你对每股收益的调整，计算静态市盈率。

问题（1）的解答： 根据未经任何非持续性项目调整的报告每股收益，静态市盈率是 50.11/4.52 = 11.1。

问题（2）的解答： 用企业报告的核心每股收益，静态每股核心收益是 6.01 美元，静态市盈率则是 50.11/6.01 = 8.3。

问题（3）的解答： 只剔除你认为是非持续性项目的静态每股收益为 4.60 美元，在此基础上的静态市盈率是 50.11/4.60 = 10.9。

例 9-3 说明了重要的几点：

- 从它的任何一个名称中都能看出，基础收益或核心收益是非 IFRS 概念，没有给定的计算规则。
- 分析师对基础收益的计算或许和企业提供的收益数值不同。因为计算基础不同，所以企业报告的核心收益可能和其他企业不具有可比性。因此，分析师应该谨慎检查计算过程，而且通常不应该依赖这些企业报告的核心收益数值。
- 通常情况下，分析师在估值中使用的市盈率应该反映分析师对企业基础收益的判断，并且在不同企业间保持一致。

对非持续性项目的识别经常需要细致的工作，尤其是对利润表、利润表的附注和管理层讨论与分析部分的检查。分析师不能仅仅依靠利润表的分类识别利润的非持续性部分。非持续性项目（例如，资产处置损益、资产减值、商誉减值、未来损失计提和会计估计的改变）经常出现在企业利润表的持续经营利润部分⊖。如果从非持续经营部门释放的资产会重新投入企业的盈利基础，分析师也许决定不除去非持续经营的利润 / 损失。如果分析师只看利润表分类的表面，可能会在估值中得出不正确的结论。

要区分哪些收益部分预期会在未来持续而哪些不能，这里的讨论无法穷尽所有的

⊖ **资产减值**（write-down）是在资产负债表中出现的资产价值减少。减值的时机和数量往往是相机决策，至少在部分上是。**会计估计**（accounting estimates）有很多，例如资产使用（可折旧）的年限、保修费用、退货和坏账金额。

分析。例如，收益可以被分为现金与计提部分[一]。有研究表明，收益的现金部分应比计提部分有更多的权重[二]。分析师或许会在计算市盈率时尝试反映这一结论。

9.3.1.2.2　商业周期影响的分析调整

除了企业特有的影响（例如重组成本）外，对收益的暂时性影响也来自商业周期或行业周期。这些影响与企业特有的影响有些不同。因为商业周期会重复，所以商业周期的影响虽然是暂时的，但也可以预期在下一个周期再次发生。

因为周期性影响，最近 4 个季度的收益可能无法准确反映企业平均或长期盈利能力，尤其对**周期性行业**（cyclical businesses）而言。周期性行业指那些对商业或行业周期影响有高敏感度的行业，例如汽车和钢铁制造商。这些股票的静态每股收益经常在周期的谷底很低甚至为负，在周期顶部异常得高。实证表明，即使商业前景没有任何变化，这些企业的市盈率在一个周期中也常常有很高的波动性。周期谷底时是较低的每股收益与高市盈率，周期顶部是异常高的每股收益与低市盈率，这反映了市盈率的反周期性，被称为**莫罗道夫斯基效应**（Molodovsky effect）。[三]分析师通过正常化每股收益解决该问题，即估计企业预期在周期中部获得的每股收益水平（**正常化每股收益**（normalized EPS）或**正常每股收益**（normal EPS））。[四]以下是计算正常每股收益的几种方法中的两种：

- 历史平均每股收益法。正常化每股收益是用最近完整周期的平均每股收益计算的。
- 平均净资产收益率法。正常化每股收益的计算是用最近完整周期的平均净资产收益率（ROE）乘以当前每股账面价值。

第一种方法是针对周期性收益几种可能的统计方法中的一种，但是这种方法不考虑企业规模的变化。第二种方法通过使用最近的每股账面价值更准确地反映企业规模

[一] 收益的计提部分是现金衡量的利润与按照相关会计准则（例如，IFRS 或美国 GAAP）计算的利润之间的差值。例如，现金衡量的期间销售额仅仅等于期间收到的现金数额。相反，权责发生制计算的销售额包括所有在相关期间的销售额（期间收到的数额和预期未来收到的数额，也就是在期末仍在应收账款部分的销售额）。除此以外，权责发生制的销售额会对估计的退货和补贴做调整，应收账款会对估计的坏账做调整。

[二] 见 Richardson and Tuna 2008。

[三] 该效应以 Nicholas Molodovsky 命名。他在 20 世纪 50 年代首先发表该主题的研究，并指出使用平均利润作为理解企业基本盈利能力的简单出发点。我们可以以另一种方式陈述莫罗道夫斯基效应：因为利润的预期反转，市盈率可能与近期利润增长率负相关，但是与预期未来增长率正相关。

[四] 这里，我们使用"正常化利润"指商业周期调整后的利润。一些资料使用"正常化利润"代表调整非持续性项目后的利润。

的增长或缩减对每股收益的影响。因此，有时更偏好平均净资产收益率法。[一]当报告的当前账面价值无法完全反映企业规模与历史价值的关系时（例如大额减值等项目），分析师可以做出合适的会计调整。分析师也可以用总资产乘以估计的长期总资产回报率[二]或股东权益乘以估计的长期净资产收益率，估计正常化收益。这些方法对周期性企业在报告亏损期间尤其有用。

例 9-4 解释了此概念。例子虽然使用的是**美国存托凭证**（American depositary receipt，ADR）的数据，但是对任何股权证券也一样适用。美国存托凭证意在促进美国对非美国公司的投资。它是由存管银行发行的可转让存单，代表非美国企业存托股权的所有权（即在企业本国市场由存管银行保管的股权）。一份美国存托凭证可能代表多于、等于或少于一份的存管股权。一份存托凭证代表的存管股权的数量或比例被称为"存托凭证率"。

▌例 9-4　商业周期影响下的正常化每股收益

你正在研究泽兰迪亚化学公司（Zenlandia Chemical Company）的估值，这是一家（虚构的）大型特种化学品制造商。你的研究服务于对公司美国存托凭证而非公司在泽兰迪亚交易所上市的股票感兴趣的美国投资者。2018 年 7 月 5 日，美国上市的 ADR 收盘价为 18.21 美元。化工行业具有明显的周期性，因此你决定将正常化收益作为分析的一部分。你认为 2011 年的数据合理地反映了最近一个商业周期的开始，并且你想估计正常化市盈率。表 9-1 提供了一份存托凭证的每股收益（基于泽兰迪亚GAAP）、一份存托凭证的每股账面价值（BVPS）以及公司的净资产收益率数据。[三]

表 9-1　泽兰迪亚化学公司　　　　（金额单位：美元）

衡量指标	2011	2012	2013	2014	2015	2016	2017
每股收益（美国存托凭证）	0.74	0.63	0.61	0.54	1.07	0.88	1.08
每股账面价值（美国存托凭证）	3.00	2.93	2.85	2.99	3.80	4.03	4.82
净资产收益率（%）	24.7	21.5	21.4	18.1	28.2	21.8	22.4

[一] 该方法已经在估值研究中出现，例如 Michaud(1999) 计算正常化收益率（也就是每股收益除以价格）而非正常化市盈率。

[二] 该方法应用的一个例子是 Lee, Myers and Swaminathan（1999）关于道琼斯工业平均指数（美国股票指数）内在价值的研究。作者将总资产的 6% 作为正常收益的代理指标，估计企业利润为负期间的股利支付率。根据作者的研究，美国企业的长期总资产回报率近似为 6%。

[三] 此例子仅涉及单个企业。比较多家企业并且使用该方法正常化每股收益得到市盈率时，分析师应确认企业的净资产收益率是以一致的方法计算得出的。在本例中，每年的净资产收益率是以期末的每股账面价值计算的，并且静态收益基本上都是正常化的。

使用表 9-1 的数据：

（1）根据历史平均每股收益计算正常化每股收益，然后用该结果计算市盈率。

（2）根据平均净资产收益率计算正常化每股收益，然后用该结果计算市盈率。

（3）解释两种方法计算正常化每股收益的差异原因，对比它们对正常化市盈率估计的影响。

问题（1）的解答： 将 2011～2017 年每股收益平均，得到的数值为（0.74 + 0.63 + 0.61 + 0.54 + 1.07 + 0.88 + 1.08）/7 = 0.79 美元。根据历史平均每股收益法，正常化每股收益为 0.79 美元。该估计下的市盈率为 18.21 美元 /0.79 美元 = 23.1。

问题（2）的解答： 取 2011～2017 年净资产收益率的平均值，得到（24.7% + 21.5% + 21.4% + 18.1% + 28.2% + 21.8% + 22.4%）/7 = 22.6%。根据当前的每股账面价值 4.82 美元，平均净资产收益率法的正常化每股收益是 0.226 × 4.82 = 1.09 美元。该估计下的市盈率是 18.21 美元 /1.09 美元 = 16.7。

问题（3）的解答： 2011～2017 年，每股账面价值从 3.00 美元增长至 4.82 美元，大约增长 61%。比起历史平均每股收益法的 0.79 美元，平均净资产收益率法的正常化每股收益估计值 1.09 美元更好地反映了企业当前规模的信息。因为该差异，在使用平均净资产收益率法时，该公司的估值看上去更保守（因为较低的市盈率）。

9.3.1.2.3　与其他公司可比性的分析调整

因为不同企业的会计方法有差异，分析师会调整每股收益使市盈率具有可比性。例如，美国 GAAP 允许（但 IFRS 不允许）用后进先出法（LIFO）作为存货会计方法。如果将一家使用后进先出法的企业与一家使用先进先出法（FIFO）的企业比较，分析师应调整收益使得所有的比例和估值分析具有可比性。通常而言，出于财务报表分析目的对企业报告的财务数据做出的任何调整，都应该与市盈率和其他乘数的分析结合。

9.3.1.2.4　处理收益为极小值、零值或负值的情况

讨论了市盈率计算中出现的非持续性项目、商业周期和公司间可比性问题后，我们将在本小节展示分析师对收益为极小值、零值或负值情况的处理方法。

使用市盈率或其他乘数的股票选择方法，经常需要按照股票的乘数值从高到低排序。在这些排序的股票中，拥有最低的正市盈率的证券意味着每货币单位收益的购买成本最低。如果分析师希望使用市盈率作为估值标准，零收益或负收益就会产生问题。因为除以零是一个没有定义的值，零收益情况下无法计算市盈率。

在技术上可以计算负收益情况下的市盈率。但是，负收益导致负的市盈率。负市盈率的证券会排在最低的正市盈率证券下面，但因为收益是负数，负市盈率证券实际上是单位收益购买成本最高的。因此，负市盈率没有意义。

在某些情况下，分析师可能用正常化每股收益来处理负每股收益的问题。此外，当静态每股收益为负时，下一年每股收益和动态市盈率也可能为正值。这两种方法都是以正的收益为基础。支持以上任意一种方法的论点认为，如果企业持续经营假设是合适的，那么损失不可能是经常性的经营结果。

但是如果分析师对排序情有独钟，一个解决方法是使用**反向价格比率**（inverse price ratio），即原比例的倒数，将价格置于分母的位置（对任何含有负值或零值的比率都适用）。因为价格永远不可能为负值，反向价格乘数解决了排序一致性问题。[⊖]在市盈率的例子中，反向价格比率是收益比价格（E/P），称为**收益率**（earnings yield）。将收益率从高到低排序，证券就被正确地按照购买每货币单位收益的金额，从便宜到贵排列。

表 9-2 通过几家啤酒企业展示了这几点，其中有一家企业的每股收益为负值。在报告收益为负的市盈率时，分析师应将这些市盈率报告作"NM"（无意义）。

表 9-2　五家啤酒企业的 P/E 与 E/P（2013 年 9 月 5 日）

企业	当前股价（美元）	稀释后静态每股收益（美元）	静态市盈率	收益率（%）
莫尔森·库尔斯酿酒公司	49.19	3.14	15.7	6.38
百威英博啤酒公司	94.73	8.04	11.8	8.49
波士顿啤酒公司	223.57	4.73	47.3	2.12
工艺酿酒联盟公司	12.30	0.02	615.0	0.16
门多西诺酿造公司	0.29	−0.02	NM	−6.90

资料来源：Yahoo! Finance。

在使用市盈率时，除了零收益与负收益，极低的收益也会产生问题，尤其是在估计一组股票的市盈率分布时。在这种情况下，反向价格比率仍适用。一只收益极低的股票市盈率可能极高，因为预期收益会反弹。市盈率的极大值——市盈率的离群值，会在计算市盈率的均值时压倒其他市盈率的影响。虽然中位数市盈率和其他手段可以减少因离群值产生的偏度问题，但反向价格比率的分布本身就不太容易受离群值引起的偏度问题的影响。

如上所述，收益率只是反向价格比率——价格比率的倒数的一个例子。表 9-3 总

⊖　收益率可以基于正常化每股收益、预期下一年每股收益或静态每股收益。在这些例子中，收益率也可以提供一致的排序。

结了我们在本章中讨论的所有价格比率和反向价格比率。

表 9-3　价格比率和反向价格比率小结

价格比率	反向价格比率	评价
市盈率（P/E）	收益率（E/P）	两种形式都很常用
市净率（P/B）	账面市值比（B/P）[①]	相比每股收益，账面价值不常为负。账面市值比在研究中使用比较多，但从业人员较少使用
市销率（P/S）	销售股价比（S/P）	除非所有其他比率都以反向价格比率形式报告，否则销售股价比极少使用；在持续经营状态下，销售额不会是零或负值
市现率（P/CF）	现金流收益率（CF/P）	两种形式都很常用
股价股利比（P/D）	股利收益率（D/P）	股利收益率更常用，因为对不支付股利的股票而言无法计算股价股利比，但是两种比率在讨论指数估值都有使用

① 账面市值比可能比市净率更常用。账面市值比有多种缩写：B/M，BV/MV（账面价值和市场价值的缩写）或者 B/P。

注：账面价值（B）、销售额（S）、现金流（CF）和股利（D）都以每股计。

9.3.1.3　动态市盈率

因为估值本质上是预测未来的，所以动态市盈率是静态市盈率符合逻辑的主要替代指标。在动态市盈率的定义中，分析师将"下一年预期收益"定义为在以下时间段的预期每股收益：

- 未来 4 个季度。
- 未来 12 个月。
- 未来财政年度。

本节中若无特殊说明，我们将使用动态市盈率的第一种定义（即未来 4 个季度），这种定义最接近我们在现金流折现估值中标注现金流时间的方式。[⊖] 为了演示计算过程，假设在 2013 年 3 月 1 日，股票的当前价格为 15 美元，最近报告的季度每股收益（该季度截止于 2012 年 12 月 31 日）是 0.22 美元。我们对每股收益的预测如下：

- 截至 2013 年 3 月 31 日的季度每股收益为 0.15 美元。
- 截至 2013 年 6 月 30 日的季度每股收益为 0.18 美元。
- 截至 2013 年 9 月 30 日的季度每股收益为 0.18 美元。
- 截至 2013 年 12 月 31 日的季度每股收益为 0.24 美元。

未来 4 个季度的预测值之和为 0.15 + 0.18 + 0.18 + 0.24 = 0.75 美元，该股票的动态

⊖ 分析师已经开发了包含分数时间段的 DCF 表达式。在实践中，预测的不确定性比其他因素对合理市盈率的估计准确性影响更大。

市盈率为 15 美元 /0.75 美元 = 20.0。

另一个和动态市盈率相关的重要概念是未来 12 个月（NTM）市盈率。该概念从前瞻的角度对应静态市盈率中的过去 12 个月（TTM）市盈率。股票的**未来 12 个月市盈率**（NTM P/E）是当前股票价格除以未来 12 个月每股收益估计值，该估计值通常将两个财政年度的年度每股收益估计值合并，按财政年度的相对接近度给予不同的权重。例如，假设 2013 年 8 月，一位分析师在研究微软公司。微软的财政年度在 6 月截止，因此，此时距离公司 2014 财年截止还有 10 个月（即 2013 年 9 月至 2014 年 6 月，包含首尾两月）。可以计算未来 12 个月微软的每股收益估计值为（（10/12）× FY14E EPS）+（（2/12）× FY15E EPS）。未来 12 个月市盈率很有用，因为它有助于对财政年度截止日不同的公司进行比较，又无须使用对很多公司而言很难获取的季度估计值。

Thomson First Call 使用财年的概念，以两种形式报告一只股票的动态市盈率：一类基于当前财年（FY1 = 第一财年）的平均分析师预测值，在此情况下分析师可能有几个季度的每股收益是实际值；另一类基于下一财年（FY2 = 第二财年）的分析师预测值，这个数值必然是完全靠预测。Thomson First Call 的动态市盈率与当期市盈率相对，当期市盈率按最新报告的年度每股收益计算。

显而易见，在比较股票时，分析师使用的动态市盈率必须定义一致。例 9-5 和例 9-6 说明了两种计算动态市盈率的方法。

▌ 例 9-5　计算动态市盈率（1）

2013 年 9 月初，IBM 公司的普通股股价为 184.15 美元。IBM 公司的财年与公历年度一致。根据 Thomson First Call 的数据，在 2013 年 9 月该公司 2013 年（FY1）每股收益的一致预测为 16.19 美元，2014 年（FY2）每股收益的一致预测为 18.35 美元。

（1）根据 Thomson First Call 的财年定义和 FY1 的一致预测每股收益，计算 IBM 的动态市盈率。

（2）根据财年定义和 FY2 的一致预测每股收益，计算 IBM 的动态市盈率。

问题（1）的解答： 基于 FY1 的一致预测每股收益，IBM 的动态市盈率为 184.15 美元 /16.19 美元 = 11.4。注意该每股收益值包括在 2013 年 9 月初对该年度余下 2 个季度的预测。

问题（2）的解答： 根据 FY2 预测每股收益，IBM 的动态市盈率为 184.15 美元 / 18.35 美元 = 10.0。

例 9-5 中，企业的每股收益预期有略高于 13% 的增长，因此根据两种不同的每股收益定义计算的动态市盈率有不同，但是差别并不明显。例 9-6 将展示一家收益显著波动的企业的动态市盈率计算。

▌例 9-6　计算动态市盈率（2）

在本例中，我们用不同的"动态"定义计算动态市盈率。表 9-4 展示了博伊德公司（BYD）的实际和预测每股收益。该公司在内华达州、密西西比州、伊利诺伊州、新泽西州、印第安纳州、堪萨斯州、艾奥瓦州和路易斯安那州拥有和经营 21 个娱乐物业。

表 9-4　BYD 的季度每股收益（不包括非持续性项目和已剥离业务）

（单位：美元）

年度	3 月 31 日	6 月 30 日	9 月 30 日	12 月 31 日	年估计值
2013	0.01	0.00	E（0.01）	E（0.05）	（0.05）
2014	E0.07	E0.08	E0.03	E（0.03）	0.15

资料来源：Value Line Investment Survey。

2013 年 8 月 9 日，BYD 的收盘价为 12.20 美元。BYD 的财年截止日为 12 月 31 日。在 2013 年 8 月 9 日，用表 9-4 的信息解决以下问题：

（1）根据未来 4 个季度预测每股收益，计算企业的动态市盈率。

（2）计算企业未来 12 个月市盈率。

（3）根据财年定义与当前财年（2013）预测每股收益，计算企业动态市盈率。

（4）根据财年定义与下一财年（2014）预测每股收益，计算企业动态市盈率。

问题（1）的解答： 我们将预测每股收益加总如下：

（单位：美元）

2013 年第三季度 EPS（预测）	（0.01）
2013 年第四季度 EPS（预测）	（0.05）
2014 年第 1 季度（预测）	0.07
2014 年第 2 季度（预测）	0.08
总和	0.09

该定义下的动态市盈率为 12.20 美元 /0.09 美元 = 135.6。

问题（2）的解答： 在 2013 年 8 月 9 日，距离 2013 财年截止约有 5 个月。因此，根据表 9-4 最后一栏的年估计值，企业未来 12 个月每股收益的估计值为 $((5/12) \times$ FY13E EPS$) + ((7/12) \times$ FY14E EPS$) = (5/12) \times (-0.05) + (7/12) \times (0.15) = 0.067$。

未来 12 个月市盈率为 12.20 美元 /0.067 美元 = 182.1。

问题（3）的解答：我们将每股收益加总如下：

（单位：美元）

2013 年第一季度 EPS（实际）	0.01
2013 年第二季度 EPS（实际）	0.00
2013 年第三季度 EPS（预测）	（0.01）
2013 年第四季度 EPS（预测）	（0.05）
总和	（0.05）

动态市盈率为 12.20 美元 /（-0.05）美元 = -244.0，该值没有意义。

问题（4）的解答：我们将每股收益做如下总结

（单位：美元）

2014 年第一季度 EPS（预测）	0.07
2014 年第二季度 EPS（预测）	0.08
2014 年第三季度 EPS（预测）	0.03
2014 年第四季度 EPS（预测）	（0.03）
总和	0.15

该定义下的动态市盈率为 12.20 美元 /0.15 美元 = 81.3。

如例 9-6 所示，对收益波动显著的企业而言，动态市盈率和基于动态市盈率的估值会因收益的定义不同而有很大差异。分析师可能认为对 BYD 使用正常化每股收益是合理的。娱乐行业对可选消费支出高度敏感，因此 BYD 的收益有很强的顺周期性。

对市盈率的计算问题有所了解后，我们接下来用它们估值。

9.3.1.4　基于基本面预测法的估值

理解现金流折现估值模型的分析师不仅可以用它们估计股票的合理市盈率，而且还能了解可比法之间估值差异的可能来源。在给定一组关于企业盈利能力、增长率和资本成本的具体预期时，将市盈率与现金流折现模型相联系能够帮助我们确定市场该为 1 美元每股收益赋予多少价值。

9.3.1.4.1　合理市盈率

所有现金流折现模型中，最简单的形式是戈登（稳定）增长股利折现模型（DDM）。股利折现估值的介绍通常会展示，在戈登增长模型中，股票的市盈率可以通过以下的表达式与价值相联系：

动态市盈率：
$$\frac{P_0}{E_1} = \frac{D_1/E_1}{r-g} = \frac{1-b}{r-g} \qquad (9\text{-}1)$$

静态市盈率：
$$\frac{P_0}{E_0} = \frac{D_0(1+g)/E_0}{r-g} = \frac{(1-b)(1+g)}{r-g} \qquad (9\text{-}2)$$

式中，P 是价格；E 是收益；D 是股利；r 是要求回报率；g 是股利增长率；b 是留存率。

在股利增长率稳定的假设下，第一个表达式给出合理动态市盈率，第二个表达式给出合理静态市盈率。注意两个表达式都将市盈率作为两个基本面因素的函数：反映股票风险的要求回报率 r 与预期（稳定）股利增长率 g；股利支付率（$1-b$）也出现在表达式中。

一个特定的市盈率与一组基本面因素估计和股利支付率相关。这个价值是基于基本面预测的**合理（基本面）市盈率**（justified（fundamental）P/E）（即可被基本面证明的市盈率）。其他因素相同，预期股利增长率越高或者股票的要求回报率越低，股票的内在价值越高，合理市盈率也越高。

该原理也适用于更复杂的现金流折现模型。使用现金流折现模型，在其他因素相同的情况下，合理的市盈率：

- 与股票的要求回报率负相关。
- 无论怎样定义现金流，与预期未来现金流增长率正相关。

在例 9-7 中，我们将展示合理动态市盈率的计算。

▌例 9-7　基本面预测法计算动态市盈率（1）

英国石油公司（BP）是世界上最大的一体化石油生产商之一。2013 年 9 月初，该公司在继续处理关于其在 2010 年钻机事故中行为的诉讼问题。乔·昂格尔是一位能源分析师，预测 BP 的长期收益留存率为 10%，长期增长率为 3%。鉴于 BP 股东面临重大的法律不确定性，昂格尔估计要求回报率为 12.5%。根据式（9-1）与昂格尔的基本面预测，BP 的合理动态市盈率为

$$\frac{P_0}{E_1} = \frac{1-b}{r-g} = \frac{1-0.10}{0.125-0.03} = 9.5$$

当使用复杂的现金流折现模型估计股票价值时（例如增长率变化和股利变化的模型），分析师可能无法将市盈率表达为变量是常数的基本面函数。在这样的情况下，分

析师仍可以计算合理市盈率。如例 9-8 所示，将每股价值（DCF 模型的结果）除以每股收益的估计值。类似的方法可以推导其他的合理乘数。

📖 例 9-8　基本面预测法计算动态市盈率（2）

　　丰田汽车公司（Toyota Motor Corporation)是世界最大的汽车制造商之一。公司最近的财政年度在 2013 年 3 月 31 日截止。2013 年 9 月上旬，你在为丰田股票估值。前一交易日的收盘价为 6340 日元。你使用股权自由现金流模型（FCFE）估值，并且已经得到股票的估值为 6 722 日元。你预计 2014 财年的每股收益为 600 日元。为了方便沟通，你希望将你的估值以动态市盈率的形式表达。丰田 2014 财年从 2013 年 4 月到 2014 年 3 月。

　　（1）根据基本面预测法，丰田的合理市盈率是多少？

　　（2）比较当前股票价格 6 340 日元与你估计的内在价值 6 722 日元，股票似乎被低估了大约 6%。应用问题（1）的解答，以市盈率的形式表达这个评价。

问题（1）的解答：

股权自由现金流模型的估计股票价值 = 6 722 日元

预计每股收益 = 600 日元

合理动态市盈率 = 6 722/600 = 11.2

问题（2）的解答：

合理动态市盈率 11.2，比基于当前股价的市盈率 6 340/600 = 10.6 高大约 6%。

下一小节将介绍另一种将价格乘数与基本面结合的方法，但是该方法相对没那么常用。

9.3.1.4.2　基于截面回归预测市盈率

预测市盈率在概念上与合理市盈率相似，通过市盈率对驱动价值的基本面因素进行截面回归估计。Kisor 和 Whitbeck（1963）以及 Malkiel 和 Cragg（1970）首先探索了该方法。他们研究获取了一组股票的市盈率以及被认为是决定市盈率的特征指标：收益增长率、股利支付率和波动率的一种测度方法（例如收益变化的标准差或贝塔值）。分析师可以对被认为决定股票价值的任何一组解释变量进行截面回归；但是，分析师必须牢记，解释变量的多重共线性可能导致结果失真。例 9-9 展示了用截面回归预测市盈率的方法。

> ### 例 9-9　基于截面回归预测市盈率
>
> 　　你在为一家食品公司估值，它的贝塔值为 0.9，股利支付率为 0.45，收益增长率为 0.08。对一组同行业其他企业的预测回归方程为：
>
> 　　预计市盈率 = 12.12 + (2.25 × DPR) − (0.20 × 贝塔值) + (14.43 × EGR)
>
> 　　式中，DPR 是股利支付率；EGR 是未来五年收益增长率。
>
> 　　(1) 根据截面回归方程，该食品公司的预计市盈率是多少？
>
> 　　(2) 如果股票的实际静态市盈率为 18，那么股票是合理定价，还是被高估或低估了？
>
> 　　**问题 (1) 的解答：** 预计市盈率 = 12.12 + (2.25 × 0.45) − (0.20 × 0.9) + (14.43 × 0.08) = 14.1。预计市盈率为 14.1。
>
> 　　**问题 (2) 的解答：** 因为预计市盈率 14.1 小于实际市盈率 18，股票似乎被高估了。这意味着，相对于根据基本面判断的合理市盈率，股票在以较高的市盈率出售。

　　截面回归将大量数据汇总在一个方程中，可以为估值提供有用的另一种看法。但是，该方法并不经常作为主要工具，因为它至少有三个局限性：

- 该方法获得的价值关系仅在特定期间对特定股票（或股票样本）有效。对另一只股票和另一个期间的预测有效性是未知的。

- 回归的系数和解释能力可能在数年间有巨大变化。市盈率与基本面的关系也可能会随时间变化。实证研究表明，市盈率与例如收益增长率、股利支付率和贝塔值之间的关系不稳定（Damodaran 2012）。而且，因为乘数的分布随时间变化，所以，可以预见任何时间点做出回归结果的预测力都会随时间的流逝而降低（Damodaran 2012）。

- 因为这种方法的回归易受多重共线性（解释变量间的线性组合导致的相关性）问题的困扰，所以解释单个回归系数很困难。

　　总而言之，大量的资本市场研究检验企业股价（和股票回报率）与解释变量（常见的是收益或意外收益）之间的关系，而不是市盈率与经济变量间的关系。这些研究的一个经典例子是 Fama 与 French（1992）的研究。研究表明，一些因素在单独使用时能够解释 1963～1990 年间的截面股票回报率；这些因素是收益率（E/P）、企业规模、杠杆比率和账面市值比。然而，当这些变量合在一起使用时，其他变量的解释力会被企业规模与账面市值比所吸收。该研究最终生成了 Fama-French 三因素模型（这些因素为企业规模、账面市值比与贝塔值）。另一个证明一些会计变量看似对股票回报有预测能力的经典学术研究是 Lakonishok，Shleifer 和 Vishny（1994）。该研究还提供证据表明价值策略与增长策略相比，在 1968～1990 年间购买并持有的 5 年回报率更高且不会有更高的基本面风险。价值策略是购买低市盈率、低市净率、低市现率、低市价比销售增长率的股票。

9.3.1.5 可比法估值

市盈率在估值中最常见的应用，是通过将企业的实际或预计收益乘以基准乘数估计股票的价值。一个本质上等价的方法是比较股票的实际价格乘数与基准乘数值。本节探讨市盈率的这些比较。可比法中任何乘数的使用包括以下步骤：

- 选择和计算将要在比较中使用的价格乘数
- 选择一个或者多个可比资产并计算可比资产的乘数值。对一组可比资产而言，计算乘数的中位数或均值，两种方式的结果都是**乘数的基准值**（benchmark value of the multiple）。
- 使用乘数的基准值估计股票的价值，可能要对基本面差异做主观调整。（比较目标股票的实际乘数与基准值也一样。）
- 在可行的情况下，检验企业股票估计价值与当前市价的差异是否可以由决定价格乘数的基本面因素解释，并据此对相关估值结论进行修改。（一个本质上等价的方法是，检验企业实际乘数与基准乘数值的差异是否可以由基本面差异解释。）

这些要点构成本章介绍可比法的框架。首先要进行比较的价格乘数是市盈率。从业人员选择的可比资产和市盈率的基准值包括以下几种：

- 同行业参照组企业市盈率的均值或中位数，包括该股票市盈率比参照组的历史平均值。
- 行业或板块市盈率的均值或中位数，包括该股票市盈率比行业或板块的历史平均值。
- 一个具有代表性的股票指数的市盈率，包括该股票市盈率比股票指数的历史平均值。
- 该股票的历史平均市盈率。

为了说明第一点，企业的市盈率（假设为 15）可以与同类企业当前市盈率的中位数（假设为 10）进行比较，或者把比率 15/10 = 1.5 与它的历史平均值比较。与企业最匹配的单只股票的市盈率也可以被用作基准值；但因为取平均值，使用一组股票或一只股票指数通常被认为会比用单只股票产生较小的估值误差。在 9.3.3 小节中，我们将说明与单只最匹配股票的比较。

经济学家和投资分析师长期以来一直试图将企业按照经营业务的异同分组。一个国家的经济通常被广义地分为**经济板块**（economic sectors）或大的行业组。这些分组会因财务信息的来源而有差异，分析师应该意识到不同数据来源之间的差异。分类方法通常会以企业供给的产品（例如能源和消费品）、需求特征（例如非日常生活消费品）或金融市场和经济的"主题"（例如消费者周期性、非消费者周期性）对企业进行分类。

在股权分析中，广泛使用的两类分类体系是全球行业分类标准（GICS）与行业分类基准（ICB），前者由标准普尔与 MSCI 推出，后者由富时集团与道琼斯指数推出，并于 2006 年取代富时全球分类系统。不少由商业和政府机构或者研究所制定的分类方法也在被使用。[⊖]

全球行业分类标准的结构如下：每一个企业属于 154 个子行业中的一个，同时属于一个行业（共 68 个）、一个行业组（共 24 个）和一个行业板块（共 10 个：非日常生活消费品、日常生活消费品、能源、金融、医疗保健、工业、信息技术、基础材料、电信业务和公用事业）。[⊜]划分是根据对企业主营业务（主要基于销售）的判断。因为每家企业是根据一项主营业务分类，所以一家给定的企业在分类的每一层只属于一个组。对于无法划定主营业务的工业企业，可以划入工业板块资本品行业组下的"工业集团企业"分类。

行业分类基准（ICB）有四层，类似于全球行业分类标准（GICS），但是对"部门"和"行业"的使用几乎相反。最底层有 114 子部门，属于 41 个部门；每个部门属于 19 个超级部门；最高级别是行业，每个超级部门属于 10 个行业之一。[⊜]这些行业是石油及天然气、基础材料、工业、消费品、医疗保健、消费服务、电信、公用事业、金融和科技。[㉄]

对这些分类系统，分析师经常选择最小的分组（即全球行业分类标准中的子行业与行业分类基准中的子部门）作为可比资产确定的合适起点。例如，大陆集团（Continental AG），一家总部在德国汉诺威的汽车部件制造商，属于行业分类基准"轮

⊖　最著名的学术行业分类体系是由 Fama 和 French 开发的。Bhojraj, Lee and Oler(2003) 与 Chan, Lakonishok and Swaminathan(2007) 提供了在投资环境下各种分类体系相对表现的信息。

⊜　组别的数目是 2008 年 8 月 8 日的；有时分类会有变化。

⊜　组别的数目是 2008 年 8 月 8 日的；有时分类会有变化。

㉄　全球行业分类标准与行业分类基准的一个主要差别是，行业分类基准区分商品与服务（在全球行业分类标准中，非日常生活消费品和日常生活消费品都包括商品和服务）。这两大分类也有与其他分类不同的相似点，例如，最高层有 10 组以及避免使用周期性与非周期性进行命名。

胎业"子部门。该子部门还包括米其林（Michelin）、固特异轮胎橡胶公司（Goodyear Tire & Rubber Company）、普利司通（Bridgestone）和库珀轮胎（Cooper Tire and Rubber）。上一层是"汽车及其零部件"部门，除了轮胎企业，还包括例如汽车制造商及其零配件供应商等不同企业。为了缩小子部门中可比企业的名单，分析师可能会使用企业规模（以销售额或者市值衡量）和服务的具体市场等信息。

分析师应该意识到，尽管不同组织经常将企业按大致相似的方式分类，它们有时也可能有明显差异。例如，加德克斯公司（GATX Corporation）拥有几个不同的事业部。路透公司研究将其放在"混合运输业"（属于运输部门）下，全球行业分类标准将其放在"贸易公司和经销商"（属于工业板块），雅虎财经将其放在"租赁服务业"（属于服务部门）下，因此每一个体系给出的同行企业或竞争对手名单相当不同。

（用以上任意体系挑选的）可比企业提供了计算乘数基准值的基础。在分析目标企业乘数与乘数基准值的差异时，财务比率分析是一个有用的工具。财务比率能够显示：

- 企业履行短期财务义务的能力（流动比率）；
- 利用资产产生销售收入的效率（资产周转率）；
- 债务在企业融资中的使用（杠杆比率）；
- 收益或现金流覆盖固定支出（例如债务利息）的程度（覆盖率）；
- 盈利能力（盈利比率）。

有了对这些项目的理解，我们就能够开始使用可比法。我们首先讨论同行业参照组的截面市盈率，然后使用可比资产的市盈率，这些资产与股票的匹配程度在逐渐降低。接着我们用历史市盈率，即从企业自身历史数据得到的市盈率。最后，我们将展示在多阶段现金流折现模型中，如何使用基本面预测法和可比法的市盈率模型计算终值。

9.3.1.5.1　同业公司乘数

与目标企业在同一行业运营的企业（即同业公司）经常被用作可比资产。使用同业公司组的优势在于，组内企业通常与被分析的企业有相似的业务结构。这种方法与可比法的基础思想一致——相似的资产应该以相似的价格出售。分析师比较目标企业股票的市盈率和同业公司组市盈率的中位数或均值，得出相对估值。与此等价的做法是，用企业每股收益乘以基准市盈率得到股票价值的一个估计值，把这个价值与股票的市场价格比较。如果可比资产是有效（合理）定价的，那么此种方法得到的估计值反映了对内在价值的估计。

在实践中，分析师经常发现被估值的股票与可比资产组中一些基本面因素的中位数或平均值有显著的差异。在使用可比法时，分析师通常会试图判断，与参照乘数的差异是否可以被影响乘数的基本面因素差异解释。如果其他条件不变，那么市盈率的以下关系成立：

- 如果目标企业有超过平均值（或者超过中位数）的预期收益增长，那么高于基准值的市盈率是合理的。
- 如果目标企业有超过平均值（或者超过中位数）的风险（经营风险或财务风险），那么低于基准值的市盈率是合理的。

关于这两点的另一种角度是，在一组相对估值具有可比性的股票中，在其他情况一致的条件下，预期增长率最高（或者风险最低）的股票最具有投资吸引力。例 9-10 说明了一家企业与同业公司的简单比较。

▎例 9-10　简单的同业公司比较

作为一名在经纪公司的电信行业分析师，你在对威瑞森通信公司（Verizon Communications, Inc）估值，该公司是世界领先的电信公司之一。你选择的估值指标是静态市盈率，用同业公司组静态市盈率的中位数作为基准值评价市盈率。根据全球行业分类标准，威瑞森属于电信业务板块中的综合电信业务子行业。表 9-5 展示了相关数据（注意，尽管加拿大贝尔电子公司是一家加拿大企业，它也被归入同业公司组）。

表 9-5　电信业务公司的静态市盈率（2013 年 9 月 11 日）

企业	静态市盈率
AT&T	25.73
加拿大贝尔电子公司	14.49
世纪电信公司	18.86
Equinix 公司	131.28
Frontier 通信公司	43.30
威瑞森通信	86.06
Windstream 公司	36.91
平均值	50.95
中位数	36.91

资料来源：Thomson Financial。

根据表 9-5，回答以下问题：

（1）根据以上说明的基准值定义，决定最适合威瑞森的市盈率基准值。

（2）假设同业公司的基本面没有差异，说明威瑞森是被合理定价、相对高估还是相对低估，并解释。

（3）当使用静态市盈率中位数为基准值时，识别该组电信企业中被相对低估的股票。解释哪些进一步的分析可以合理地确认你的答案。

问题（1）的解答： 如前文所述，使用中位数能减轻离群值对估值结论的影响。在本例中，Equinix 的市盈率明显是一个离群值。因此，相比平均值 50.95，该组静态市盈率的中位数 36.91 是更合适的市盈率基准值。注意：当组内同业公司数量为奇数时，例如这个例子，中位数是按数值排序（无论是升序还是降序）后的中间值。当公司数量是偶数时，中位数是中间两个数的平均值。

问题（2）的解答： 如果你假设同业公司在基本面没有差异，威瑞森似乎是被高估了，因为其市盈率高于市盈率中位数 36.91。

问题（3）的解答： AT&T、加拿大贝尔电子公司和世纪电信公司与同业公司相比，似乎被低估了，因为它们的静态市盈率低于中位数。Windstream 公司似乎是被相对合理定价，因为它的市盈率等于中位数。威瑞森通信、Frontier 通信公司和 Equinix 公司似乎被高估了。

为了确认估值结论，你应该查看其他指标。这个行业的一个问题是现金流与收益可能差别很大。这类公司需要投入大量资金建造网络，不管它是固定线路还是不断增加的移动用户带宽容量。因为电信服务提供商经常被要求计提大量的基础设施非现金费用，报告的收益通常波动剧烈，而且通常比现金流低得多。

一种能解决收益增长对市盈率影响的方法是市盈增长率（PEG）。市盈增长率是将股票的市盈率除以（百分制的）预期收益增长率。这个比率实际上计算了每百分之一预期增长对应的股票市盈率。在其他条件一致的情况下，市盈增长率较低的股票比市盈增长率较高的股票更有吸引力。一些人认为市盈增长率小于 1 表示有吸引力。市盈增长率很有用，但是需谨慎使用，原因如下：

- 市盈增长率假设市盈率和增长率是线性关系。从股利折现模型推出的市盈率模型显示，两者的关系在理论上不是线性的。
- 市盈增长率不考虑风险差异，而风险是市盈率的一个重要决定因素。
- 市盈增长率不考虑增长持久性的差异。例如，将市盈率除以短期（5 年）的增长预测可能无法反映与长期增长前景的差异。

基本面因素可以增加我们对同业公司的深入了解，例 9-11 对此进行了说明。

例 9-11　基本面修正后的同业公司比较

继续对电信业务提供商进行估值，挑选了关于风险（贝塔）、盈利能力（5 年收益增长率预测）和估值（静态市盈率和动态市盈率）的基本面因素并收集了它们的信息。[⊖] 表 9-6 报告了这些数据，以收益增长率预测的降序对企业排序。使用动态市盈率可以发现，静态市盈率的差异可能来自对收益的短期影响。

表 9-6　电信业务企业的估值数据（截至 2013 年 9 月 11 日）

公司名称	静态市盈率	动态市盈率	五年每股收益增长预测（%）	动态市盈增长率	贝塔
Equinix 公司	131.28	43.97	25.30	1.74	1.26
Frontier 通信公司	43.30	18.83	21.80	0.86	0.78
威瑞森通信	86.06	14.40	10.22	1.41	0.38
AT&T	25.73	12.62	6.46	1.95	0.40
加拿大贝尔电子公司	14.49	14.12	3.00	4.71	0.76
世纪电信公司	18.86	12.04	1.35	8.92	0.89
Windstream 公司	36.91	18.66	−11.55	NM	0.89
平均值	50.95	19.23	8.08	3.27	0.77
中位数	36.91	14.40	6.46	1.85	0.78

注：NM 表示没有意义。Windstream 公司的 5 年每股收益增长预测为负，会导致负的市盈增长率。

根据表 9-6 中数据，回答以下问题：

（1）在例 9-10 的问题（3）中，相对于同业公司组整体，AT&T、加拿大贝尔电子公司和世纪电信公司的价值被认为可能是低估了，Windstream 公司被认为是相对合理定价。表 9-6 中关于风险和盈利能力的额外信息对这些股票的相对估值意味着什么？

（2）AT&T 的未来一年每股收益一致预测是 2.69 美元。假设同业公司市盈率中位数是 14.40，考虑到 AT&T 公司的超额盈利能力与低于平均的风险水平，主观向上调整为 15.00。估计 AT&T 的内在价值。

（3）AT&T 公司的当前市场价格为 33.99 美元。对比问题（2）的内在价值估计，说明 AT&T 是被合理估值、高估还是低估了。

问题（1）的解答： 根据表 9-6 给出的盈利数据和市盈增长率，Equinix 公司、Frontier 通信公司和威瑞森通信看上去被低估最多。在这三只股票中，Frontier 通信公司拥有：

⊖　在可比法中，分析师可能使用其他手段度量风险（例如财务杠杆）和盈利能力（例如资产回报率）。

- 第二高的五年收益增长一致预期；

- 最低的动态市盈增长率。

Equinix 公司的贝塔在这三只股票中最高，这与研究表明增长型股票比价值型股票的贝塔值更高相吻合。从高静态和动态市盈率可以看出，投资者看上去对 Equinix 公司的未来盈利潜力有较高的期望。但是，贝塔值高可能反映了盈利预测的不确定性，以及未来实际盈利低于预期的可能性。

一些分析师认为 PEG 小于 1 是被低估的信号，这意味着 Frontier 通信公司根据这个比率判断是有吸引力的。但是，市盈增长率的一个局限性是不考虑行业和整体经济的总体增长率。因此，投资者通常比较好的做法是将股票的 PEG 与行业以及整个市场的 PEG 平均值和中位数比较，以准确地了解股票的合理定价程度。Frontier 通信公司的 PEG 比例不仅低于 1，而且显著低于其他电信公司的市盈增长率，这进一步表明 Frontier 通信公司被相对低估了。

问题（2）的解答： $2.69 \times 15.0 = 40.35$ 美元是内在价值的一个估计值。

问题（3）的解答： 因为内在价值的估计值 40.35 美元大于当前市场价格 33.99 美元，AT&T 似乎在绝对值上被市场低估了。

例 9-11 的问题（2）中，同业公司市盈率中位数 14.40 被主观地向上调整为 15.00。根据例子给出的内容，使用 15.00 作为相关基准值而非其他值，例如 13.75、14.80 或者 15.40，会产生疑问。为了避免此类问题，一种表达分析结果的方法如下：考虑到高于平均的增长和相似的风险水平，AT&T 应该以高于同业公司组中位数的市盈率进行交易。

分析师经常将一只股票的乘数与更大组资产的乘数的中位数或者均值进行比较，而不仅仅是同业公司组。下一节将查看与更大组资产的比较。

9.3.1.5.2 行业和板块乘数

相对估值经常使用行业和经济板块的市盈率平均值或者中位数。尽管中位数有对离群值不敏感的优势，但一些数据库仅报告行业乘数的平均值。

行业乘数的使用方法与同业公司组比较中乘数的使用方法相同。考虑相关的基本面信息，然后比较股票的乘数与企业所在行业乘数的平均值或中位数。

使用行业和板块数据能帮助分析师发现同业公司组可比资产本身是否被合理定价。与经济中更大的部门进行比较可能可以帮助判断，基于可比法的相对估值能否准确反映内在价值。例如，Value Line 报告相对市盈率，该比率是以股票当前市盈率除以所有 Value Line 考察股票市盈率的中位数。股票与可比资产越不匹配，说明它们之间越不相似，分析师解释数据就越复杂。但也可以说，可比资产的数量越多，单个资产的错误定价越可能被抵消。有时我们可能可以得出关于整个行业或部门的判断。例如，在 1998～2000 年互联网泡沫期间，将单只互联网股票的价值与整个市场比较，而不是仅在互联网股票之间做相对估值的比较，更有可能发现股价被高估。

9.3.1.5.3 整体市场乘数

尽管可比法的逻辑建议使用行业和同业公司作为可比资产，但股权市场指数也有被用作可比资产。尽管使用者应该意识到目标股票和所选指数成分股在规模上的差异，使用可比法的方法并无改变。

在整个投资历史上，整体市场是否价格合理引起了分析师的兴趣。我们在前面的章节提过市场估值的一种方法（使用股利折现模型）。

例 9-12 展示了相对于广义股票市场的一个基于市盈率的估值比较。

例 9-12 相对于市场的估值

你在分析美国三家市值最高的股票，它们的盈利增长预期与风险大体相等。作为分析的一步，你决定检验它们相对标普 500 指数的估值。表 9-7 提供了相关数据。

表 9-7 与指数乘数比较（截至 2013 年 3 月 31 日）

指标	股票 A	股票 B	股票 C	标准普尔 500 指数
当前市价（美元）	23	50	80	1 569.19
市盈率	12.5	25.5	12.5	17.9
五年平均市盈率（以标普 500 市盈率的百分比表示）	80	120	105	

根据表 9-7 数据，回答以下问题：

（1）与标准普尔 500 相比，哪只股票看上去被相对低估？

（2）说明使用五年平均市盈率比较的隐含假设。

问题（1）的解答： 比标准普尔 500 比较，股票 C 被低估了。股票 A 与股票 C 都以 12.5 的市盈率进行交易，而标准普尔 500 的市盈率为 17.9。但是表 9-7 最后一行说明股票 A 历史市盈率是标准普尔 500 指数的 80%（根据当前标准普尔 500 指数的水平，这意味着 0.8×17.9＝14.3 的市盈率）。相反地，股票 C 经常以标准普尔 500 指数的市盈率溢价交易，但是现在却以折价交易。股票 B 以较高的市盈率进行交易，甚至高于它与标准普尔 500 的历史水平（1.2×17.9＝21.5）。

问题（2）的解答：在投资决定中使用历史相对估值信息需假设有稳定的基础经济关系（即过去与未来相关）。

因为很多股票指数采用市值权重，所以金融数据库报告的平均市场市盈率经常以市值作为单只股票市盈率的权重。结果那些最大的成分股对市盈率的计算有很大的影响。然而，如果不同市值的股票有系统性的市盈率差异，一家企业的市盈率乘数与指数乘数的不同或许可以用该效应解释。因此，尤其是对在中段市值的股票，分析师应该选择使用指数市盈率的中位数作为基准乘数值。

与其他可比资产类似，分析师可能会关注股票指数本身是否被有效定价。一个常见的做法是比较指数市盈率与其历史值。Siegel（2002）注意到 2001 年的市盈率高于美国股票 130 年间（1871～2001 年）平均市盈率 14.5 的 2 倍。高于平均市盈率的可能原因包括低于平均的利率或高于平均的预期增长率。Siegel 指出，另一种可能的解释是市场整体的价值被高估了，或者是收益异常低。

与哪段时间的平均乘数比较这点很重要。例如，在 2008 年第二季度末，根据 2008 年盈利预测，标准普尔 500 的市盈率为 17.6。尽管高于 1935 年来 15.8 的历史平均值，但该值低于过去 5 年、10 年和 20 年间的历史平均，当时的市盈率在 20～26。使用过去的数据依赖于一个关键假设：过去（有时是遥远的过去）与未来相关。

作为本节的结束，我们将介绍股票市场本身基于市盈率的估值。一个众所周知的比较是一组股票的收益率（E/P）与债券的利息收益率。根据三位美联储分析师的一篇论文，美联储估值模型（Fed Model）以预测收益率与债券收益率之间的关系为基础，预测标准普尔 500 的回报率（Lander, Orphanides and Douvogiannis，1997）。例 9-13 说明了美联储估值模型。

▍例 9-13　美联储估值模型

市场整体市盈率的一个主要驱动因素是利率水平。利率与价值间的负相关关系可以从以基本面形式表达的市盈率公式中看到，因为无风险利率是要求回报率的一个部分，而要求回报率与价值负相关。美联储估值模型将标准普尔 500 的收益率与 10 年期美国国债收益率联系。正如我们所定义的，收益率（E/P）是市盈率（P/E）的倒数，美联储估值模型使用未来 12 个月的预期收益计算该比率。

根据美联储估值模型设定的交易原则是，市场当前收益率小于 10 年期国债收益率时，就认为股票市场是被高估了，前提条件是两个收益率平均来说有密切关系。当无风险利率国债提供的收益率高于股票（风险更大的投资）时，直觉就是股票没有投资吸引力。

根据模型，标准普尔 500 的合理或公平市盈率是 10 年期美国国债的倒数。2013 年 9 月 11 日，10 年期美国国债的收益率为 2.93%，根据模型计算，标准普尔 500 的合理市盈率是 1/0.0293 = 34.1。在同一日，基于 2014 年收益预测的标准普尔动态市盈率为 16.1。

我们在前面展示了戈登增长模型中合理市盈率的表达式。该表达式说明股利或收益的预期增长率是一个影响股票（或股票指数）内在价值的变量。美联储估值模型的一个问题就是模型中缺乏该变量。[○] 例 9-14 展示了一个包含预期收益增长率的股权市场估值模型。

例 9-14 亚德尼模型

亚德尼（2000）开发了一个包含预期收益增长率的模型——该变量在美联储估值模型中缺失。[○] 亚德尼模型（Yardeni model）是：

$$CEY = CBY - b \times LTEG + 残差$$

式中，CEY 是当前市场指数收益率；CBY 是当前穆迪投资者服务 A 级公司债券收益率；LTEG 是市场指数未来 5 年收益增长率一致预期。

系数 b 衡量市场给予未来 5 年收益预测的权重（市盈率的戈登模型表达式以长期可持续增长率为基础，而增长的 5 年期预测可能不可持续）。尽管 CBY 包含了相对美国国债的违约风险溢价，但它不包含股权风险溢价本身。例如，使用债券收益率加风险溢价模型估计股权成本时，分析师通常在公司债券收益率上加 300~400 基点。

在 2000 年发表模型前，亚德尼发现系数 b 历史平均值为 0.10。最近几年，他报

○ 事实上，收益率是无增长股票的预期回报率（假设价格等于价值）给定增长机会的现值和价格等于价值的条件，我们可以得到 $P_0 = E_1/r + PVGO$。设增长机会的现值为零，整理得到 $r = E_1/P_0$。

○ 该模型是作为比美联储估值模型更复杂的一个例子来呈现的。许多投资公司的经济分析师都有自己的模型，其中包含了增长率以及市场指数与政府债券历史关系。

告了增长权重为 0.10、0.20 和 0.25 的估值。注意 CEY 是收益率（E/P），将方程两边取倒数，亚德尼得到的市场合理市盈率表达式如下：

$$\frac{P}{E} = \frac{1}{CBY - b \times LTEG}$$

在亚德尼模型中，越高的当前公司债券收益率意味着越低的合理市盈率，越高的预期长期增长率意味着越高的合理市盈率。

美联储估值模型的批评者指出，该模型忽略了股权风险溢价（Stimes and Wilcox, 2011）。模型也没有充分反映通胀效应，还不正确地包含了通胀对收益和利息支出的不同影响（例如，Siegel 2002）。一些实证证据说明，基于简单市盈率的未来回报预测比基于美联储估值模型的债券收益差预测更好（美国市场，详见 Arnott and Asness, 2003；其他 9 个市场，详见 Aubert and Giot, 2007）。

美联储估值模型的另一个缺陷是，利率与收益率的关系是非线性的。这个缺陷在低利率时期尤其明显。例 9-13 为模型的这个局限性提供了一个例子。而且，利率或企业盈利的微小变化会显著改变模型的合理市盈率预测。总之，分析师应将美联储估值模型看作评价股票市场整体估值的一个工具，避免过于依赖模型作为预测方法，尤其是在低通胀和低利率时期。

9.3.1.5.4　自身历史市盈率

除了将股票估值与其他股票的估值进行比较，另一种传统的方法是用股票自身市盈率的历史值作为比较基础。该方法隐含的想法是股票市盈率可能会回归到历史平均水平。

分析师用这种方法可以通过多种途径得到基准值。Value Line 报告的"市盈率中位数"是一只股票过去 10 年平均年度市盈率的 4 个中间值的平均（取整）。另一个合理指标是过去五年静态市盈率。通常而言，在此类计算中静态市盈率比动态市盈率更常用。除了与基准值比较高低，还可以根据该方法用以下公式计算合理价格：

$$合理价格 = 自身历史市盈率基准值 \times 最近每股收益 \tag{9-3}$$

当每股收益为负或在其他合适情况下，正常化每股收益可以替代方程中的最近每股收益。

例 9-15 演示了如何使用股票自身历史市盈率作为基础，得出估值结论。

例 9-15 自身历史市盈率估值

2013 年 9 月中，你在为日本本田汽车公司估值，该公司是日本汽车制造行业的市场领导者之一。你将使用可比法，以本田五年平均市盈率作为乘数基准值。表 9-8 给出了历史市盈率的数据。

表 9-8 本田公司历史市盈率

2012	2011	2010	2009	2008	平均值	中位数
15.8	23.1	10.0	19.8	35.8	20.9	19.8

资料来源：年平均 P/E 值来自 *Value Line Investment Survey*；市盈率平均值与中位数通过计算得到。

（1）说明本田市盈率的基准值。

（2）2013 财年（截至 3 月 31 日）的每股收益为 203.71 日元，计算并说明本田的合理价格。

（3）将股票最近的市价 3 815 日元与合理价格比较。

问题（1）的解答： 根据表 9-8，中位数市盈率的基准值是 19.8，均值市盈率的基准值是 20.9。

问题（2）的解答： 使用中位数市盈率基准时，合理价格是 $19.8 \times 203.71 = 4\ 033$ 日元；使用均值市盈率基准时，合理价格是 $20.9 \times 203.71 = 4\ 258$ 日元。

问题（3）的解答： 当前股价比基于中位数历史市盈率的合理价格低 5.4%（计算式为 $3\ 815/4\ 033 - 1$），但比基于均值历史市盈率的合理价格低 10.4%（计算式为 $3\ 815/4\ 258 - 1$）。股价可能被低估，但即使有估值错误，该错误看上去也是轻微的。分析的时间段反映了 2007～2009 年金融危机的影响，这使得从结果推导结论有些复杂。危机之前，本田公司的市盈率远低于该分析中使用的平均值和中值。尤其是 2008 年 35.8 的市盈率，历史数据表明，应将其视为离群值。

使用历史市盈率做比较时，分析师应该警惕一段时间内公司业务组合和杠杆的变化对市盈率的影响。如果在检验的时间段内，企业业务发生显著的变化，基于自身历史市盈率的方法很可能是错误的。所用财务杠杆的变化也可能降低自身平均历史市盈率的可比性。

用股票的平均历史市盈率作为基准的另一个限制可能是，不同时间段利率环境和经济基本面有变化。尤其要注意的是，通货膨胀会扭曲报告收益的经济含义。因此，如果当前市盈率和平均历史市盈率反映的通胀环境不同，比较这两组市盈率可能产生误导。企业通过更高的价格转嫁通胀成本的能力如果在时间段内有变化，这也将影响比较的可靠性，9.3.1.6 中的例 9-16 将说明此点。

9.3.1.6　跨国比较中的市盈率

在比较不同国家公司的市盈率时，分析师应意识到以下影响可能会干扰比较：

- 会计准则差异对每股收益的影响。如果企业根据不同会计准则编制财务报表，企业间的比较（如果没有分析师调整）可能会被扭曲。例如，不同的会计准则在收入、费用或利得的确认上有差异，这时就会产生扭曲。
- 宏观经济背景差异对市场基准的影响。如果可比企业在不同市场运营，宏观经济背景差异可能会扭曲与基准市盈率的比较。

第二点的一个具体例子是通胀率差异和将通胀成本以高价形式转嫁给客户能力的差异。对两家拥有相同转嫁能力的企业来说，在高通胀环境下运营的企业应该有较低的合理市盈率；如果通胀率相等但转嫁能力不同，转嫁率低的企业应该有较低的合理市盈率。例 9-16 的分析支持了这些结论。

▌例 9-16　市盈率和通胀率分析[一]

假设一家企业没有实际收益增长，因此它的收益增长仅能来自通胀，该企业将所有的收益以股利形式派发。根据戈登（固定增长）股利折现模型，每股价值是

$$P_0 = \frac{E_0(1+I)}{r-I}$$

式中，P_0 是当前价格，替代内在价值 V_0，因为要分析合理市盈率；E_0 是当前每股收益，替代当前每股股利，因为本例假设所有的收益以股利形式支付；I 是通胀率，替代预期增长 g，因为本例假设企业的增长仅来自通胀；r 是要求回报率。

假设企业有能力将部分或全部的通胀转嫁给客户，λ 代表企业能将通胀成本转移到收入的百分比。企业收益的增长可以表示为 λI，方程变为

$$P_0 = \frac{E_0(1+\lambda I)}{r-\lambda I} = \frac{E_1}{r-\lambda I}$$

现在引入实际要求回报率，它的定义为 $r-I$，用 ρ 表示。每股价值与合理动态市盈率各自的表达式如下。[二]

[一]　本例参照 Solnik and McLeavey(2004，PP.289-290）的分析。
[二]　该等式的分母由上一方程如下推导得到：$r-\lambda I=r-I+I-I\lambda=(r-I)+(1-\lambda)I=\rho+(1-\lambda)I$。

$$P_0 = \frac{E_1}{\rho + (1-\lambda)I}$$

和

$$\frac{P_0}{E_1} = \frac{1}{\rho + (1-\lambda)I}$$

如果企业能转嫁所有通胀，即 $\lambda = 1$（100%），那么市盈率等于 $1/\rho$。但是如果企业无法转嫁任何通胀，即 $\lambda = 0$，那么市盈率等于 $1/(\rho + I)$，即 $1/r$。

你正在分析两家企业，企业 M 与企业 P。企业 M 与企业 P 的股票实际要求回报率为每年 3%。应用以上分析框架，回答以下问题：

（1）假设企业 M 与企业 P 能转嫁 75% 的成本增长。企业 M 的成本通胀为 6%，而企业 P 的成本通胀仅为 2%。

A. 估计每家企业的合理市盈率。

B. 解释你对 A 问题的回答。

（2）假设企业 M 与企业 P 同时面对 6% 的年通货膨胀率。企业 M 能够转嫁 90% 的成本增长，企业 P 只能转嫁 70%。

A. 估计每家企业的合理市盈率。

B. 解释你对 A 问题的回答。

问题（1）的解答：

A. 对企业 M，$\dfrac{1}{0.03 + (1-0.75) \times 0.06} = 22.2$

对企业 P，$\dfrac{1}{0.03 + (1-0.75) \times 0.02} = 28.6$

B. 当成本转嫁小于 100% 时，合理市盈率与通货膨胀率负相关。

问题（2）的解答：

A. 对企业 M，$\dfrac{1}{0.03 + (1-0.90) \times 0.06} = 27.8$

对企业 P，$\dfrac{1}{0.03 + (1-0.70) \times 0.06} = 20.8$

B. 当通货膨胀率相同，转嫁率更高的企业合理市盈率更高。

例 9-16 说明当成本转嫁小于 100% 时，合理市盈率与通胀率负相关（如果成本能完全转嫁，合理市盈率应不受通胀影响）。通胀率越高，不完全成本转嫁对市盈率的影响越大。从例 9-16 中能够推断，当转嫁率小于 100% 时，通胀率越高，转嫁率对合理市盈率的影响越严重。

9.3.1.7　在多阶段股利折现模型中用市盈率得到终值

在使用股利折现模型估计股票价值时，不论是用多阶段模型还是用电子表格建模（预测直到某个时点的每期具体现金流），估计股票的终值都很重要。必须满足的关键条件是，终值反映企业长期可持续的盈利增长。分析师经常使用价格乘数（尤其是市盈率与市净率）估计终值。我们将这些乘数称为**终值价格乘数**（terminal price multiples）。以终值市盈率乘数为例，终值乘数有以下选择。

基于基本面的终值价格乘数

如前所述，分析师可以用乘数的形式重新表达戈登增长模型，例如将模型的两边除以每股收益。对于终值市盈率乘数，以 n 作为终值阶段开始的时点（即 E_n），将戈登增长模型的两边除以第 n 期的每股收益，可以得到静态终值价格乘数；将两边除以第 $n+1$ 期的每股收益（即 E_{n+1}），可以得到动态终值价格乘数。当然，分析师可以使用戈登增长模型估计终值，而无须推导终值价格乘数然后乘以相同的基本面因素来估计终值。但是，因为乘数更为人熟知，它们可能在终值估计的交流中有用。

基于可比法的终值价格乘数

分析师们有多种可选的基准值，包括

- 行业市盈率中位数；
- 行业市盈率平均数；
- 企业自身历史市盈率平均数。

选择一个终值乘数后，如果用终值市盈率乘数，终值可以表达为：

$$V_n = 静态终值市盈率基准值 \times E_n$$

或者

$$V_n = 动态终值市盈率基准值 \times E_{n+1}$$

式中，V_n 是第 n 期的终值。

使用可比法的优势在于它完全以市场数据为基础。相反，戈登增长模型需要特定的估计值（要求回报率、股利支付率和成熟期预期增长率），并且模型的结果对这些估计值的变化非常敏感。可比法可能有的一个缺陷是，当基准值反映错误定价（高估或者低估）时，终值的估计也会错误。例 9-17 演示了如何使用市盈率和戈登增长模型估计终值。

> **例 9-17　用市盈率和戈登增长模型对处于成熟增长期的企业估值**
>
> 　　作为一名能源行业分析师，你正在对一家石油勘探企业的股票估值。你已经预测了该企业股票未来 3 年（直到 $t=3$）的收益和股利，并且你收集到以下数据和估计值：
>
> - 要求回报率 $=0.10$；
> - 市场中成熟企业的平均股利支付率 $=0.45$；
> - 行业平均净资产收益率 $=0.13$；
> - $E_3=3.00$ 美元；
> - 行业平均市盈率 $=14.3$。
>
> 　　根据以上信息，回答以下问题：
>
> 　　（1）以你估计的行业平均市盈率为基准，根据可比法计算终值。
>
> 　　（2）使用戈登增长模型估计终值，并与问题（1）的答案做对比。
>
> 　　**问题（1）的解答：** $V_n=$ 市盈率基准值 $\times E_n=14.3\times3.00=42.90$ 美元。
>
> 　　**问题（2）的解答：** 戈登增长模型将内在价值 V 表达为股利的现值除以要求回报率 r 减去增长率 g：$V_0=D_0(1+g)/(r-g)$。这里，我们估计终值，因此相关的表达式为 $V_n=D_n(1+g)/(r-g)$。你估计第 3 年（$t=3$）的股利等于第 3 年的收益 3.00 美元乘以平均股利支付率 0.45，或者 $D_n=3.00\times0.45=1.35$ 美元。还有，可持续增长率的表达式为 $g=b\times\text{ROE}$，其中的 b 是留存率，等于 1 减去股利支付率。在本例中，$b=(1-0.45)=0.55$，你可以使用 $\text{ROE}=0.13$（行业平均值）。因此，$g=b\times\text{ROE}=0.55\times0.13=0.071\,5$。给定的要求回报率为 0.10，你可以获得估计值 $V_n=1.35\times(1+0.071\,5)/(0.10-0.071\,5)=50.76$ 美元。因此，在本例中，戈登增长模型估计的终值比问题（1）中可比法的估计高 18.3%（即 $0.183\,2=50.76/42.90-1$）。

9.3.2　市净率

　　每股市场价格对每股账面价值的比率（市净率，P/B）和市盈率一样，在估值实践中有着很长的历史（见 Graham and Dodd，1934）。根据 2012 年美国银行"美林机构因素调查"，53% 的受访者在做投资决策时会考虑市净率。

　　在市盈率乘数中，作为分母的价值衡量指标（每股收益）是与利润表相关的流量。相反，市净率分母中的价值衡量指标（每股账面价值）是来自资产负债表的一个存量或水平变量。（账面是指价值的度量来自会计记录或者账本而不是市场价值。）因此，直观地，我们注意到每股账面价值试图在每股的基础上反映普通股股东已经在企业中做的投资。为了更准确地定义每股账面价值，我们首先找到**股东权益**（shareholders' equity）（总资产减去总负债）。因为我们的目的是对普通股估值，我们从股东权益中减去任何归属于优先股的价值，从而获得普通股股东权益，或**股权账面价值**（book value of equity)（经常被简称为**账面价值**）。[一]将账面价值除以发行在外的普通股股数，我们获得每股账面价值，即市净率的分母。

在本节余下的部分中，我们会列出分析师使用市净率的原因及使用中可能存在的缺陷。然后我们将演示市净率的计算并讨论驱动市净率的基本因素。本节结束时，我们将展示如何在可比法中使用市净率。

分析师为使用市净率提供了几个理由，其中一些特别地比较了市净率与市盈率。

- 因为账面价值是累计的资产负债表金额，即使每股收益为零或是负值，账面价值也通常为正。当每股收益为零或是负值时，基于每股收益的市盈率没有意义，分析师通常会使用市净率。

- 因为每股账面价值比每股收益更稳定，当每股收益异常高或低或极不稳定时，市净率可能比市盈率更有意义。

- 对于主要由流动资产组成的企业（例如金融、投资、保险和银行机构）来说，作为每股净资产的度量，每股账面价值被认为是合适的估值指标（Wild, Bernstein and Subramanyam，2001，P.233）。对这些企业而言，资产的账面价值可能近似市场价值。当拥有关于单个资产的信息时，分析师可能要对报告的账面价值不等于市场价值的地方进行调整。

- 账面价值也应用于评估预期不再持续经营的企业（Martin 1998，22）

- 根据实证研究，市净率的差异可能与长期平均回报率的差异相关。[二]

在实际应用中，市净率的潜在缺陷包括以下几个方面。

- 在财务报表记录之外的资产可能是运营的关键要素。例如，在许多服务企业中，**人力资本**（human capital），即员工所拥有的技术和知识的价值，是比实物资本更重要的运营要素，但是却未在资产负债表中被反映为资产。相似地，企业通过持续提供高质量产品和服务建立的好口碑也未在资产负债表中被反映为资产。

- 当被研究企业使用的资产水平差异显著时，将市净率作为估值指标可能会引起误导，这些差异可能是商业模式不同的反映。

[一] 如果我们希望估计企业整体价值而不仅仅是普通股的价值，我们就不需要将优先股的价值从计算中剔除。

[二] 参见 Bodie, Kane and Marcus(2008) 对实证研究的简单总结。

- 会计因素对账面价值的影响可能会损害账面价值作为股东对公司投资衡量指标的有效性。一般来说，内部产生（与收购获得的相对）的无形资产不显示为企业资产负债表上的资产。例如，企业将广告和营销记为费用，因此在国际财务报告准则和美国通用会计准则中，内部产生的品牌价值（通过广告和营销创建并维持）都不会出现在企业的资产负债表中。类似地，当会计准则要求研发支出按照费用处理时，内部产生的专利价值不作为资产出现。尽管会计准则的规定之间有不同，某些研发支出可以资本化。类似这种会计影响可能会损害市净率在不同企业和国家间的可比性，除非分析师进行合适的调整。

- 账面价值反映资产和负债的报告值。一些资产和负债，如某些金融工具，可能在资产负债表日以公允价值计量；其他资产（例如固定资产）一般按扣除累计折旧、摊销、折耗和减值后的历史成本报告。查看财务报表附注很重要，应确定资产和负债是如何测量和报告的。对以净历史成本衡量的资产来说，通货膨胀和技术变化最终可能导致资产账面价值与市场价值之间的显著差异。因此，每股账面价值往往不能准确反映股东投资价值。比较公司时，资产平均年龄的显著差异可能会降低市净率的可比性。

- 股票回购或增发可能扭曲与历史值的比较。

我们将高露洁棕榄公司（Colgate-Palmolive Company）作为股票回购影响的一个例子来分析。2013 年 9 月 13 日，高露洁棕榄的静态市盈率与市净率分别为 24.84 和 36.01。5 年前，该企业的静态市盈率与市净率为 23.55 和 15.94。换言之，该企业的市盈率增加了 5.5%（= 24.84/23.55 − 1），而市净率增加了 125.9%（= 36.01/15.94 − 1）。两者变化的差异大部分可以归因于 5 年间企业大量的股票回购，账面价值（即普通股总权益）从 2008 年 6 月 30 日的 24.8 亿美元下降为 2013 年 6 月 30 日的 15.3 亿美元反映了这一点。由于这些股票回购，高露洁棕榄的账面价值每年下降 9.2%。总之，当一家公司回购股价高于当前每股账面价值时，回购会降低整个企业的每股账面价值。其他条件不变，如果将当前 P / B 与其历史价值进行比较，回购导致股票显得更贵了。

例 9-18 说明了使用市净率估值的另一个潜在缺陷。

例 9-18　不同市净率反映的商业模式差异

　　在 2013 年末，很少行业的市净率范围比美国银行业更宽。市净率这些差异的大部分可归因于公司特有商业模式的差异。表 9-9 显示了美国三家主要银行在 2013 年 9 月 13 日的市净率。

表 9-9 挑选的几家美国银行的市净率

机构	P / B
花旗集团	0.77
富国银行	1.46
美国银行	1.93

资料来源：S&P Capital IQ。

花旗集团与同业相比的低市净率，反映了它和其他一些大型银行在 20 世纪 90 年代追求的"一站式购物"商业模式有麻烦。花旗集团在全球金融危机期间遭受巨大损失，不得不由美国政府在 2008 年 11 月救助。

富国银行从贷款和服务费中获得大部分收入。它的商业模式侧重于交叉销售多种产品，在 2012 年该银行负责发放了美国所有住宅贷款的 1/3。此外，富国银行业务主要在国内，而其他大型银行则在海外市场有更多的业务。

美国银行相对风险规避的商业模式集中在消费者和商业银行业务，以及信托和付款处理。与其他大型银行相比，美国银行在投资银行和资本市场中的占比要小得多。该银行相对较高市净率的另一个原因是其收购活动，这些活动使它的业务从经济衰退以来有了很大的发展。

9.3.2.1 确定账面价值

在本节中，我们说明如何计算账面价值，以及如何调整账面价值以提高不同企业间市净率的可比性。要计算每股账面价值，我们需要利用企业的资产负债表中的股东权益部分。账面价值的计算如下：

- 股东权益 – 优先于普通股的全部权益价值 = 普通股股东权益
- 普通股股东权益 / 发行在外的普通股数量 = 每股账面价值

可能有优先于普通股的索求权，包括优先股和拖欠的优先股股利价值，这些应该从股东权益中减去。[⊖]例 9-19 演示了计算过程。

例 9-19 计算每股账面价值

总部位于加拿大多伦多，道明银行及其子公司统称为 TD 银行集团（简称 TD）。集团业务分为四个部分（加拿大个人和商业银行、美国个人和商业银行、批发银行

⊖ 一些优先股在清算时拥有溢价（清算溢价）的权利。如果存在，这些溢价也应该被减去。

和财富与保险）。在2012年，TD向大约2 200万客户提供金融产品和服务。表9-10显示了2010～2012年TD合并资产负债表中权益部分的相关数据。

表9-10　TD银行集团的股东权益数据 （单位：百万加元）

	2012年10月31日	2011年10月31日	2010年11月1日
股东权益			
普通股	CAD18 691	CAD17 491	CAD15 804
发行在外股票数（百万股）			
2012：918.2			
2011：902.4			
2010：879.7			
优先股	3 395	3 395	3 395
发行在外股票数（百万股）			
2012: 135.8			
2011: 135.8			
2010: 135.8			
库存普通股（百万股）	（166）	（116）	（91）
2012: 2.1			
2011: 1.4			
2010: 1.2			
库存优先股	（1）	—	（1）
2012: 0			
2011: 0			
2010: 0			
资本公积	196	212	235
留存收益	21 763	18 213	14 781
累计其他综合损益	3 645	3 326	4 256
	47 523	42 521	38 379
少数股东权益	1 477	1 483	1 493
权益合计	CAD49 000	CAD44 004	CAD39 872

资料来源：TD银行集团2012年度报告。

（1）用表9-10中的数据，计算2010年、2011年和2012年的每股账面价值。

（2）给定2012年10月31日收盘价为81.23加元，计算TD 2012年市净率。

问题（1）的解答： 因为优先股股东对利润和资产拥有优先于普通股股东的索求权，所以必须按照发行在外和回购的优先股价值调整总权益。除数是发行在外普通股的数量。

2012年：每股账面价值＝（49 000－3 395＋1）/918.2＝49.67（加元）

2011年：每股账面价值＝（44 004－3 395）/902.4＝45.00（加元）

2010年：每股账面价值＝（39 872－3 395＋1）/879.7＝41.46（加元）

问题（2）的解答：

市净率＝81.23/49.67＝1.64

例9-19演示了没有任何调整的每股账面价值计算。调整市净率有两个目的：①使得每股账面价值更准确地反映股东投资的价值；②使得市净率在不同股票间的比较更有用。一些调整如下：

- 一些服务机构和分析师报告**每股有形账面价值**（tangible book value per share）。计算每股有形账面价值需要从普通股权益中减去报告的无形资产。分析师应该熟悉此计算。但是从金融理论的观点来看，减去所有无形资产可能不是必须的。像专利这种单个的无形资产，可以与实体分开销售，将其排除可能不合理。但是，对来自收购的商誉，将其排除可能是合适的，特别是为了比较的目的。**商誉**（goodwill）代表收购价格超出被收购有形资产和可辨认无形资产市场价值的部分。许多分析师认为商誉不代表资产，因为它不可分离并且可能反映收购时多付了。

- 为了提高可比性，有的调整可能是合适的。例如，一家企业可能使用先进先出法，而一家同业公司使用后进先出法，后进先出法在通胀环境下通常会低估存货的价值。为了准确估计两家企业的相对价值，分析师应该重述使用后进先出法企业的账面价值，将其调整为先进先出法下的账面价值。有关资产负债表金额调整更全面的讨论参见财务报表分析读物。

- 为了使每股账面价值更准确地反映当前价值，资产负债表应对重大的表外资产和负债进行调整。一个表外负债的例子是在另一家企业违约时本企业担保支付其债务。美国会计准则要求企业披露表外负债。

例9-20演示了分析师为获得更准确的企业价值，可能会对金融企业市净率进行的调整。

▌ 例9-20　调整账面价值

爱德华·斯塔沃斯是一家美国养老基金的初级分析师。斯塔沃斯正在为其基金的信用服务组合研究巴克莱银行（Barclays PLC），并在为即将与公司举行的会议准备背景资料。巴克莱银行总部位于英国伦敦，是全球主要的金融服务提供商，从事个人银行、信用卡、公司银行、投资银行、财富和投资管理服务，在欧洲、美洲、非洲和亚洲有广泛的国际业务。

斯塔沃斯特别感兴趣的是巴克莱银行的市净率，以及将资产负债科目调整为公允价值会如何影响市净率。他从巴克莱的网站收集了简化的2012年资产负债表（截至 12 月 31 日）和财务报表附注数据如表 9-11 所示。

表 9-11　巴克莱银行 2012 年简明综合资产负债表和附注　（单位：百万英镑）

	2012
资产	
现金及存放中央银行款项	86 175
待收其他银行款项	1 456
交易组合资产	145 030
公允价值计价金融资产	46 061
衍生金融工具	469 146
可供出售金融资产	75 109
向银行发放的贷款和垫款	40 489
向客户发放的贷款和垫款	425 729
反向回购协议和其他类似的担保贷款	176 956
预付款、应计利润及其他资产	4 360
对联营企业和合资企业的投资	570
物业、厂房及设备	5 754
商誉和无形资产	7 915
流动税收资产	252
递延所得税资产	3 016
退休福利资产	2 303
总资产	1 490 321
负债	
同业存款	77 010
待付其他银行款项	1 573
客户账户	385 707
回购协议及其他类似担保借款	217 342
交易组合负债	44 794
公允价值计价金融负债	78 280
衍生金融工具	462 468
应付债券	119 581
次级负债	24 018
预提项目、递延收益和其他负债	12 232
拨备	2 766
应付所得税	621
递延所得税负债	719
退休福利负债	253
总负债	1 427 364
股东权益	
不包括少数股东权益的股东权益	53 586
少数股东权益	9 371
股东权益总额	62 957
负债及股东权益总额	1 490 321

（续）

巴克莱财务报表附注摘录（金融资产和负债的账面价值和公允价值）（单位：百万英镑）		
	2012	
	账面价值	公允价值
金融资产		
向银行发放的贷款和垫款	40 489	40 489
向客户发放的贷款和垫款：		
—住房贷款	174 988	164 608
—信用卡、无担保和其他零售贷款	66 414	65 357
—企业贷款	184 327	178 492
反向回购协议和其他类似的担保贷款	176 956	176 895
	643 174	625 841
金融负债		
同业存款	77 010	77 023
客户账户：		
—支票账户	127 819	127 819
—储蓄账户	99 875	99 875
—其他定期存款	158 013	158 008
应付债券	119 581	119 725
回购协议及其他类似担保借款	217 342	217 342
次级负债	24 018	23 467
	823 658	823 259

资料来源：巴克莱 2012 年度报告。

2012 年 12 月 31 日巴克莱股价为 2.423 9 英镑，稀释后加权平均股数为 126.14 亿股。斯塔沃斯先用股东权益总额除以股份数计算每股账面价值，得到每股账面价值 4.991 0（= 62 957 / 12 614）英镑和市净率 0.49（= 2.423 9 /4.991 0）。

斯塔沃斯然后计算每股有形账面价值 4.363 6 英镑（=（62 957−7 915）÷12 614）。基于每股有形账面价值的市净率为 0.56（= 2.423 9 /4.363 6）。

斯塔沃斯接着转向附注来检查公允价值数据。他注意到金融资产的公允价值比其账面价值低 173.33（= 6 431.74 − 6 258.41）亿英镑，金融负债的公允价值比其账面价值低 3.99（= 8 236.58 − 8 232.59）亿英镑。将这些调整纳入每股有形账面价值，调整后的每股账面价值为 3.0211 英镑（=（62 957 − 7 915 − 17 333 + 399）/ 12 614）。斯塔沃斯的调整后市净率为 0.80（= 2.423 9/3.021 1）。

斯塔沃斯计算的市净率范围很大，他对此有担心。他知道，如果金融资产和负债没有报价，国际会计准则（IAS）39 允许用估值模型估算公允价值。他决定询问管理层关于使用模型来估计资产、负债和衍生工具的问题，以及这些科目对利率和汇率变化的敏感性。

分析师还应该意识到关于财务报表中资产负债如何定价的会计准则差异。会计准则目前要求企业在报告一些资产和负债时采用公允价值[一]而其他的采用历史成本（含一些调整）。

金融资产（如有价证券投资）通常以公允价值计量。分类为"持有至到期"并以历史成本报告的投资是例外。（国际财务报告准则将这类投资称为以摊余成本计量的金融资产，而不是"持有至到期"。）一些金融负债也以公允价值计量。

非金融资产，如土地和设备，一般按其历史收购成本报告，设备资产会在其使用寿命内折旧。这些资产的价值随着时间的推移可能会增加，也可能减少得比累积折旧中反映得更多。当报告的资产金额，即账面价值超过其可收回金额时，国际财务报告准则（IFRS）和美国通用会计准则（GAAP）都要求企业减少报告的资产金额，并将减少的金额作为减值损失。[二]但美国通用会计准则禁止以后转回减值损失，而国际财务报告准则允许后续转回。另外，如上所述，国际财务报告准则允许公司使用历史成本模型或重估模型来衡量固定资产价值，在重估模型中资产以当前价值报告。当资产以公允价值报告时，市净率在企业间变得更有可比性，因此，市净率被认为对具有大量金融资产的公司更具可比性。

9.3.2.2　基于基本面预测的估值

我们可以利用对企业基本面的预测估计股票的合理市净率。例如，假设使用戈登增长模型和可持续增长率表达式 $g = b \times \mathrm{ROE}$，基于最新账面价值（$B_0$）的合理市净率表达式为[三]

$$\frac{P_0}{B_0} = \frac{\mathrm{ROE} - g}{r - g} \tag{9-4}$$

例如，如果企业的 ROE 为 12%，要求回报率为 10%，预期增长率为 7%，那么基于基本面的合理市净率为（0.12 - 0.07）/（0.10 - 0.07）= 1.67。

式（9-4）说明，如果其他条件不变，合理市净率是 ROE 的增函数。因为分子和分母分别是 ROE 和 r 与相同的 g 之间的差，在式（9-4）中决定合理市净率的是 ROE 和要求回报率 r 的关系。ROE 相对于 r 越大，基于基本面的合理市净率就越高。[四]

[一]　**公允价值**的定义是"在测量日，市场参与者在有序交易中出售资产得到的或转移负债支付的价格"。国际财务报告准则和美国通用会计准则的定义是相同的。

[二]　两种会计准则在减值损失的度量上不同。

[三]　根据戈登增长模型，$V_0 = E_1 \times (1 - b)/(r - g)$，若将 ROE 定义为 E_1/B_0，则 $E_1 = B_0 \times \mathrm{ROE}$，将 E_1 代入前式，我们得到 $V_0 = B_0 \times \mathrm{ROE} \times (1 - b)/(r - g)$，推出 $V_0/B_0 = \mathrm{ROE} \times (1 - b)/(r - g)$。可持续增长率的表达式为 $g = b \times \mathrm{ROE}$，将 $b = g/\mathrm{ROE}$ 代入推导出的 V_0/B_0 表达式，我们得到 $V_0/B_0 = (\mathrm{ROE} - g)/(r - g)$。因为合理价格即内在价值 V_0，我们推导出式（9-4）。

[四]　如果我们将 g 设为 0（无增长的情况），可以明显看出此关系 $P_0/B_0 = \mathrm{ROE}/r$。

从式（9-4）中可以得到的一个实用见解是，如果不考虑业务的盈利能力，我们无法得出某个具体的市净率是否反映价值被低估。假设其他条件不变，式（9-4）也表明，如果我们评估两只相同市净率的股票，那么净资产收益率高的股票被相对低估了。这些关系已经通过截面回归分析得到证实。[⊖]

从剩余收益模型可以更进一步深入了解市净率，我们会在另一章详细讨论该模型。基于剩余收益模型的合理市净率表达式为[⊜]

$$P_0/B_0 = 1 + 预期未来剩余收益的现值 / B_0 \qquad (9-5)$$

式（9-5）没有对增长做出特殊假设，说明了以下情况：

- 如果预期未来剩余收益的现值为零（例如企业每期的收益都恰好等于投资的要求回报），合理市净率就是 1。
- 如果预期未来剩余收益的现值为正（负），合理市净率就大于（小于）1。

9.3.2.3　基于可比法的估值

将市净率用于可比法的股票估值时，我们可按照 9.3.1.5 小节的步骤进行。但是与每股收益相反，分析师对账面价值的预测很少被财务数据提供商收集和广泛传播；大部分分析师在实践中用静态的账面价值计算市净率。[⊜]评估相对市净率时，分析师应该考虑净资产收益率、风险和预期盈利增长的差异。例 9-21 说明了市净率在可比法中的应用。

📖 例 9-21　市净率可比法

你正在开展一个评估一家独立证券经纪公司价值的项目。你知道行业在 2007～2009 年金融危机中估值显著下降。你决定对三家公司进行时间序列分析：忆创

⊖ Harris and Marston (1994) 对账面价值比市场价值（市净率的倒数）进行回归。变量为增长率（分析师预测的平均值）和风险（贝塔），样本为 1982 年 7 月至 1989 年 12 月间大量公司的数据。估计的回归方程为 B/P = 1.172 − 4.15 × 增长 + 0.093 × 风险（R^2 = 22.9%）。系数 −4.15 说明预期增长与 B/P 负相关，因此与市净率正相关。风险与 B/P 正相关，因此与市净率负相关。两个变量都统计显著，而增长率的影响最大。Fairfield (1994) 也发现，预测的市净率与净资产收益率的未来预期相关。

⊜ 注意（ROE − r）× B_0 定义了一个剩余收益流，我们可以说明式（9-4）与式（9-5）（一般表达式）是一致的，说明如下：在 P_0/B_0 =（ROE − g）/（r − g）中，我们可以将分子重新写为（ROE − g）+ r − r =（r − g）+（ROE − r），因此 P_0/B_0 = [（r − g）+（ROE − r）] /（r − g）= 1 +（ROE − r）/（r − g），可以写为 P_0/B_0 = 1 + [（ROE − r）/（r − g）] × B_0/B_0 = 1 + [（ROE − r）× B_0/（r − g）] /B_0，最后一个表达式的第二项就是式（9-5）中剩余收益的现值除以 B_0。

⊜ 但是，因为连续资产负债表中的权益通过利润表的净利润相联系，所以分析师可以在考虑了任何预期的股权交易后，根据给定的股利预测，将每股收益预测转化为相应的账面价值预测。

金融公司（简称 ETFC）、嘉信理财公司（简称 SCHW）和德美利证券（简称 AMTD）。表 9-12 展示了这些公司的相关信息。

表 9-12　市净率比较

| 公司 | 市净率 | | | | | | | 截至 2013 年 7 月 19 日 | 平均值 |
	2006	2007	2008	2009	2010	2011	2012		
ETFC	2.37	2.38	0.60	0.88	0.84	0.74	0.54	0.65	1.14
预测账面价值增长：1.5%									
预测收入增长：-1.0%									
贝塔：1.65									
SCHW	4.23	6.69	6.14	3.54	3.15	2.50	1.96	2.31	3.81
预测账面价值增长：10.5%									
预测收入增长：5.0%									
贝塔：1.20									
AMTD	6.96	4.85	3.33	2.60	2.68	2.44	2.20	2.53	3.45
预测账面价值增长：9.0%									
预测收入增长：3.5%									
贝塔：1.10									

资料来源：*The Value Line Investment Survey*。市净率是以年度最高和最低价格平均和年末账面价值为基础的。

根据表 9-12 的信息，讨论 ETFC 相对于其他两家公司的相对价值。

解答：ETFC 目前的市净率比 SCHW 和 AMTD 市净率的 30% 还低，比自己在表中所示时间段平均市净率的 60% 还低。ETFC 低市净率的可能解释是，其账面价值和收入的增长预测都较低，而其贝塔比 SCHW 和 AMTD 的高。在决定 ETFC 是否被高估或低估时，分析师可能会判断，自己对增长的预测和预测的不确定性与市场一致预期相比如何。

9.3.3　市销率

某些类型的非上市企业，包括投资管理公司和各种合伙形式的企业，长期以来通过年销售收入的乘数被估值。近几十年，价格对销售收入的比率也变成众所周知的上市公司股权估值指标。基于美国的数据，O'Shaughnessy（2005）将市销率作为选择低估股票的最佳比率。

根据 2012 年美国银行"美林机构因素调查"，约 30% 的受访者在其投资过程中一直使用市销率。分析师为使用市销率提供了以下理由。

- 与其他基本面因素（如每股收益或账面价值）相比，销售收入一般不易被扭曲或操纵。例如，通过自主决算费用，企业管理者可以扭曲每股收益作为经济表现的反映。相反，总销售收入在利润表的首位，先于任何费用。
- 即使每股收益为负值，销售收入也是正值。因此，分析师可以在每股收益为负值时使用市销率，而基于零或负每股收益的市盈率无意义。
- 因为销售额通常比每股收益更稳定（每股收益反映了经营杠杆和财务杠杆），所以市销率通常比市盈率更稳定。当每股收益异常高或者低时，市销率可能比市盈率更有意义。
- 市销率被认为适合估计成熟的、周期性和零利润的企业（Martin 1998）。
- 根据实证研究，市销率的差异可能与长期平均回报率的差异相关。[⊖]

在实践中应用市销率的可能缺陷包括以下几个方面。

- 从利润和经营活动现金流看并不盈利的一个企业，也可能显示出销售收入的高速增长。要有持续经营的价值，一个企业必须最终能产生利润和现金。
- 股价反映了债务融资对盈利能力和风险的影响，而销售收入是一个融资前收益的度量。在市销率乘数中，股价与销售收入相比较，这在逻辑上不匹配。因此，一些专家使用企业价值比销售收入，因为企业价值包含了债务价值。
- 市销率不反映不同企业间成本结构的差异。
- 尽管市销率相对不易受到操纵，收入确认方法还是有可能扭曲市销率。

尽管市销率与市盈率有明显差异，但两个比率间的关系分析师应该是熟悉的。销售收入 × 净利润率 = 净利润，这意味着市盈率 × 净利润率 = 市销率。对于具有相同正市盈率的两只股票，市销率较高的股票具有较高的（实际或预测）净利润率，净利润率可以用市销率除以市盈率计算得到。

9.3.3.1 确定销售收入

市销率以股价除以每股净销售收入（净销售收入是总销售收入减去退货和客户折扣）计算。如例 9-22 所示，分析师在计算中经常使用企业最近财年的销售收入。因为估值原则上是预测未来，所以分析师还可能开发和使用基于明年销售收入预测的市销率乘数。

⊖ 参见 Nathan，Sivakumar and Vijayakumar，2001；O'Shaughnessy，2005；Senchack and Martin，1987。

▌ 例 9-22　计算市销率

斯道拉恩索集团（Stora Enso Oyj，赫尔辛基证券交易所：STERV）是一家纸业、包装和林业制品企业，总部设在芬兰。在截至 2012 年 12 月 31 日止的财政年度，斯道拉恩索公司的净销售收入为 108.148 亿欧元，流通股为 7.886 亿股。根据 2013 年 9 月 16 日 6.72 欧元的收盘价计算斯道拉恩索公司的市销率。

解答： 每股销售收入 = 108.148 亿欧元 /7.886 亿股 = 13.71 欧元 / 股。因此，市销率 =6.72 欧元 /13.71 欧元 = 0.490。

尽管确定销售收入比确定盈利更直接，分析师应该在使用市销率乘数前，评估企业的收入确认方法，特别是对那些倾向于加速确认收入的企业。那些使用市销率却不评估销售收入质量的分析师，可能对企业股票估价过高。例 9-23 说明了这个问题。

▌ 例 9-23　收入确认方法（1）

当市场价格与内在价值失去联系时，分析师将股票市场标注为"泡沫"。对许多分析师来说，美国市场互联网股票价格在 1998～2000 年期间的上涨代表了泡沫。在那期间，大量互联网股票的利润和现金流为负，许多分析师采用市销率作为估值指标。这种做法有可能至少部分地导致一些互联网公司采用有争议的收入确认方法，目的是让它们的高估值显得合理。为了增加销售收入，一些公司采用与其他互联网公司交换网站广告的做法。例如，双方交换价值 100 万美元的横幅广告。每一方都能显示 100 万美元的收入和 100 万美元的费用。尽管两家都没有任何净利润或现金流，但每家公司的收入增长和市场估值都（至少暂时）增加了。另外，广告的价值也经常是有问题的。

因为这些和其他一些有问题的行为，美国证券交易委员会向公司发布了一个严厉的规定，并在员工会计公告（SAB）第 101 号中规范了物物交换的收入确认方法。同样，国际会计准则制定者也发表了常设解释委员会第 31 号解释，定义了广告服务中物物交换的收入确认原则。分析师应该检查附注披露，评估企业是否可能过早或过于激进地确认了收入。

例 9-24 是另一个经典的例子，说明分析师应该看到会计数字背后的含义。

📙 例9-24　收入确认方法（2）

开票持有（bill-and-hold basis）销售，指销售产品但是直到较迟的一个日期才发货。⊖在此基础上的销售具有在较早报告期加速确认销售收入的效果。迪堡公司（Diebold）在2008年9月30日提交的10-K年报中提供了以下附注。

销售收入

开票持有——收入确认调整中最大的一项，涉及公司北美和国际业务过去长期以来的开票持有会计处理方法，根据员工会计公告104——财务报表中的收入确认（SAB 104）调整。在2008年1月15日，公司宣布结束与OCA关于其北美业务部门对某些收入采用开票持有确认方法的磋商。作为这些讨论的结果，本公司确定，过去长期以来的开票持有交易的会计处理方法是错误的，反映了对GAAP的错误使用。为纠正此错误，本公司宣布停止将开票持有作为北美和国际业务收入确认的一种方法，并为这个变化重述财务报表。

公司完成了交易分析，将收入和成本的确认基础从过去的开票持有调整为客户在客户所在地接受产品，并记录了相关的调整分录。在北美业务部门，当公司对合同负责安装时，在所有项目的现场安装完成并证明物品处于可操作状态之后，确认客户接受产品。当合同只是将物品交付给客户时，这些物品的收入将根据合同条款，在装运或运送到客户位置时确认。在国际业务部门，取决于与客户签订的合同条款，在交付或完成安装时确认客户接受。本公司对原来基于开票持有确认的硬件产品销售收入和安装及其他服务收入的交易进行了重述。

其他收入调整——公司还对北美和国际业务其他具体的收入交易进行了调整，这些交易主要涉及公司在不正确期间确认了收入。这些调整大部分与公认会计原则关于收入确认要求（SAB 104中有定义）的误用有关。公司对以前在所有权或损失风险转移给客户之前确认收入的交易进行了调整并记录。

在2010年，迪堡公司同意向证券交易委员会支付2 500万美元，解除对其至少在2002～2007年期间操纵利润的指控。在该期间，公司错误陈述了公司报告税前利润至少1.27亿美元。

据SEC披露，迪堡公司的财务管理部门会收到报告，有时甚至是每天，将公司的实际收入与分析师盈利预测进行比较。迪堡公司的管理层会准备"机会清单"，列

⊖ 对那些财务报告必须符合美国证券交易委员会会计规范的企业来说，开票持有销售不能被报告为收入，除非货物损失的风险已经转移到买方并且满足其他条件。（证券交易委员会员工会计公告第101号明确了这些条件。）

出缩小该公司实际财务业绩和分析师预测差距的方法。许多方法都是欺诈性会计交易，旨在不正确地确认收入或者增加迪堡公司的财务业绩。SEC 发现的欺诈行为包括以下这些：不当使用开票持有会计方法；将附带回购协议的租赁协议确认为收入；操纵储备账户和应计制项目；不正当地拖延费用和资本化费用；调高二手库存的价值。

例 9-25 简单概述了激进确认收入做法的另一个例子。

▌例 9-25　收入确认方法（3）

Groupon 公司是一个提供折扣优惠的网站，具有代表性的是可在当地或全国公司使用的礼品券。在 2011 年 11 月上市前，Groupon 公司修改了 8 次注册声明。一个 SEC 要求的重述迫使它改变了审计师批准的收入报告方法，减少销售收入超过 50%。从本质上说，Groupon 公司原来将其会员支付的优惠券或凭证的总金额作为收入计算，不扣除它给当地商家的份额（通常是一半或更多）。SEC 也要求 Groupon 公司从其发行文件中删除了其发明的非 GAAP 指标"调整后的合并部门经营利润"。这个指标被认为有误导，因为它忽略了营销费用，而这是 Groupon 公司的商业模式的主要风险之一。

即使一家公司披露了其收入确认做法，分析师也无法总能准确判定销售收入被夸大了多少。如果一家公司采用了有问题的收入确认方法而操纵的金额未知，分析师可能会建议避免投资该公司的证券。至少，分析师应该持怀疑态度，并将公司的风险溢价调高，给予较低的合理市销率。

9.3.3.2　基于基本面预测的估值

像其他乘数一样，市销率可以与现金流折现模型相联系。在戈登增长模型中，我们可以将市销率表达为[⊖]

$$\frac{P_0}{S_0} = \frac{(E_0 / S_0)(1-b)(1+g)}{r-g} \qquad (9\text{-}6)$$

式中，E_0/S_0 是企业的利润率。尽管利润率是以历史销售收入和利润表达的，分析

[⊖] 戈登增长模型是 $P_0 = D_0(1+g)/(r-g)$。将 $D_0 = E_0(1-b)$ 代入前式，得出 $P_0 = E_0(1-b)(1+g)/(r-g)$。两边同除以 S_0 得到 $P_0/S_0 = (E_0/S_0)(1-b)(1+g)/(r-g)$。

师可以在式（9-6）中使用长期预测利润率。式（9-6）说明合理市销率是利润率和盈利增长率的增函数，其背后的含义适用于更复杂的现金流折现模型。

利润率不仅直接而且通过 g 影响合理市销率。我们用可持续增长率公式（g=（留存率，b）× ROE）重新表述等式说明这个概念，等式如下：

$$g = b \times PM_0 \times \frac{销售收入}{总资产} \times \frac{总资产}{股东权益}$$

式中 PM_0 是利润率，后三项来自净资产收益率（ROE）的杜邦分析法。只要销售收入没有同比例减少（增长），利润率的增加（减少）会产生更高（更低）的可持续增长率。[⊖]
例 9-26 演示了合理市销率的使用，以及其在估值中的应用。

> ## 例 9-26　基于基本面预测的合理市销率
>
> 2013 年 3 月，作为一名医疗保健行业分析师，你正在评估 3 家医疗设备制造商的股票，包括瑞典公司洁定（Getinge AB，简称 GETI）。根据资本资产定价模型（CAPM）和债券收益率加风险溢价方法估计的平均值，你估计洁定的要求回报率为 9%。你收集了洁定 2012 年度报告的以下数据。（金额单位：百万瑞典克朗）
>
> | | 2003 | 2004 | 2005 | 2006 | 2007 | 2008 | 2009 | 2010 | 2011 | 2012 |
> |---|---|---|---|---|---|---|---|---|---|---|
> | 净销售收入 | 9 160 | 10 889 | 11 880 | 13 001 | 16 445 | 19 272 | 22 816 | 22 712 | 21 854 | 24 248 |
> | 增长率（几何平均） | | | | | | | | | | |
> | 2003～2012 年 | 11.4% | | | | | | | | | |
> | 2008～2012 年 | 5.9% | | | | | | | | | |
> | 同比增长率 | | 18.9% | 9.1% | 9.4% | 26.5% | 17.2% | 18.4% | -0.5% | -3.8% | 11.0% |
> | 净利润 | 778 | 915 | 1 150 | 1 259 | 1 233 | 1 523 | 1 914 | 2 280 | 2 537 | 2 531 |
> | 增长率 | | | | | | | | | | |
> | 2003～2012 年 | 14.0% | | | | | | | | | |
> | 2008～2012 年 | 13.5% | | | | | | | | | |
> | 同比增长率 | | 17.6% | 25.7% | 9.5% | -2.1% | 23.5% | 25.7% | 19.1% | 11.3% | -0.2% |
> | 净利润率 | 8.5% | 8.4% | 9.7% | 9.7% | 7.5% | 7.9% | 8.4% | 10.0% | 11.6% | 10.4% |
> | 平均值 | | | | | | | | | | |
> | 2003～2012 年 | 9.2% | | | | | | | | | |
> | 2008～2012 年 | 9.7% | | | | | | | | | |
> | 股利支付比率 | 35.1% | 36.4% | 35.4% | 35.4% | 39.3% | 33.2% | 34.3% | 34.0% | 35.3% | 39.2% |
> | 平均值 | | | | | | | | | | |
> | 2003～2012 年 | 35.8% | | | | | | | | | |
> | 2008～2012 年 | 35.2% | | | | | | | | | |

⊖　即利润率的增加（减少）可能被总资产周转率（销售收入 / 总资产）的减少（增加）抵消。

尽管销售收入的增长在 2012 年回升，但最近几年减慢了很多，你担心这一趋势最终将反映在利润率上。考虑到这些，你做出以下长期预测：

利润率 = 9.0%

股利支付率 = 35.0%

利润增长率为 7.0%

（1）根据这些数据，计算洁定公司的合理市销率。

（2）给定洁定公司 2013 年每股销售收入 108.9 瑞典克朗的预测，估算洁定股票的内在价值。

（3）给定 2013 年 3 月 31 日洁定股票的市场价格 196.2 瑞典克朗，根据问题（2）的答案，判断洁定的股票是合理定价，还是被高估或者低估了。

问题（1）的解答： 根据式（9-6），洁定的合理市销率计算如下。

$$\frac{P_0}{S_0} = \frac{(E_0/S_0)(1-b)(1+g)}{r-g} = \frac{0.09 \times 0.35 \times (1+0.07)}{0.09-0.07} = 1.7$$

问题（2）的解答： 洁定股票内在价值的估计为 1.7×108.9=185.13 瑞典克朗。

问题（3）的解答： 洁定股票似乎是被高估了，因为当前股票价格 196.2 瑞典克朗高于估计的内在价值 185.13 瑞典克朗。

9.3.3.3 基于可比法的估值

应用可比法的市销率对股票估值可以遵循 9.3.1.5 节的步骤。如前所述，报告的市销率经常以历史销售收入为基础。分析师也可以用预测销售收入计算市销率，进行相对估值。在这种情况下，分析师可能用自己的销售预测，或者使用数据供应商提供的预测。[⊖]在用可比法对股票估值时，分析师也要收集利润率、预期利润增长率和风险这些信息。和往常一样，会计质量也需要考察。例 9-27 说明如何在可比法中使用市销率。

例 9-27 在可比法中的市销率

继续洁定公司的估值项目，你收集了洁定公司和同业公司施乐辉（Smith & Nephew plc，简称 SN）和巴德（CR Bard Inc.，简称 BCR）的信息，表 9-13 给出了相关数据。

⊖ 尽管销售收入预测以前比盈利预测更难获取，几家领先的美国市场数据供应商目前提供销售收入的预测，也提供如每股现金流和每股股利的预测。

表 9-13 市销率可比数据（2013 年 10 月 4 日）

指标	洁定	施乐辉	巴德
静态市销率（TTM）	2.14	2.66	3.07
利润率（TTM）	8.82%	13.21%	6.25%
季度销售增长率（同比）	7.20%	4..40%	2.30%
总债务 / 权益（最近季度）	115.86	9.83	94.97
企业价值 / 销售收入（TTM）	2.79	2.73	3.28

注：TTM 表示过去 12 个月。

资料来源：Yahoo! Finance。

根据表 9-13 数据，回答以下问题：

（1）仅根据市销率且不引用其他信息，评估洁定公司的相对估值。

（2）说明施乐辉或巴德哪个与洁定的可比性更强，解释你的答案。

问题（1）的解答： 因为洁定公司的市销率为 2.14，在三个市销率乘数中最低。如果不引用其他信息，洁定显得被相对低估。

问题（2）的解答： 根据给出的信息，施乐辉比巴德与洁定更匹配。巴德的市销率比施乐辉和洁定的高很多。利润率和收入增长率是市销率法的关键基本面要素。虽然巴德的市销率较高，它的利润率和收入增长率比洁定和施乐辉的都低。洁定和施乐辉之间差异较大的是，洁定的融资来源更依赖债务。因为这一点，企业价值 / 销售收入可以说比市销率更适合估值。我们在本章稍后会讨论企业价值比率。

9.3.4 市现率

市现率是被广泛报告的估值指标。根据 2012 年美国银行"美林机构因素调查"，在估值因素中，市现率指标只排在市盈率、贝塔、企业价值 /EBITDA、净资产收益率（ROE）、规模和市净率之后，大约有一半的受访机构将它作为估值指标。

在本节中，我们将展示基于各种主要现金流量概念的市现率。[○]因为实践中有很多种现金流概念，所以分析师应该特别认真地去了解（和交流）分析中使用"现金流"的确切定义。

分析师为使用市现率提供了以下理由：

- 现金流比盈利受到的管理层操纵较少。

○ "市现率"指股价与任何一种定义的现金流的比例。保留 P / CF 作为股价与定义为盈利加非现金费用的现金流之间的比例，我们随后会给出解释。

- 因为现金流通常比盈利更稳定，市现率通常比市盈率稳定。
- 用市现率能解决企业间会计保守性差异（盈利质量差异）的问题，而市盈率不能。
- 根据实证研究，市现率的差异可能与长期平均回报率的差异相关。[注]

使用市现率的可能缺陷包括以下几点。

- 当经营活动现金流被定义为每股收益加非现金费用时，影响实际经营活动现金流的项目（例如非现金收入和营运资本的净变化）就会被忽略。例如，盈利加非现金费用的定义无法准确反映激进的收入确认方法（收入前置（front-end loading）），因为该方法不会反映出销售收入报告值和收入得到实际现金之间的差异。
- 理论认为股权自由现金流（FCFE）是基于价格的估值乘数的合适变量。我们可以使用 P/FCFE 乘数，但是股权自由现金流的潜在缺陷是，对许多企业而言，它更具波动性，而且 FCFE 比其他现金流更经常为负值。
- 由于分析师越来越多地使用现金流，一些企业也更多地使用了提高现金流指标的会计方法。例如，通过应收账款证券化加速企业经营活动现金流入，或者外包应付账款的支付以减慢企业经营活动现金流出（外包企业保持定期支付并且为付款时间差提供融资），企业可以增加经营活动现金流。Mulford and Comiskey（2005）描述了一些企业能够增加报告经营活动现金流的机会主义会计选择。
- IFRS 现金流量表的经营活动现金流可能与美国 GAAP 经营活动现金流不可比，因为 IFRS 对支付的利息、收到的利息和收到的股利允许更高的分类灵活性。根据美国 GAAP，这三项都被分类为经营活动现金流；但根据 IFRS，公司可以选择将其分类为经营或投资（收到的利息和股利）和经营或融资（支付的利息）两种。

实践中使用的一个近似现金流是每股收益加折旧、摊销和折耗。如例 9-28 所示，我们用这个简单的近似来说明在估值中分析师关注的问题。

> **例 9-28　会计方法与现金流**
>
> 假设两家企业，企业 A 与企业 B，在 2010 年，2011 年和 2012 年有不变的现金

[注]　例如，见 O'Shauhnessy (2005)。

收入和现金费用（发行在外股数也不变）。此外，两家企业三年间产生每股 15.00 美元的总折旧，同时两家企业在报税时采用同样的折旧方法。但是，在财务报告时，两家企业采用不同的折旧方法。企业 A 在三年间平摊折旧费用（直线折旧法），因为它的收入、费用和折旧在期间不变，因此，企业 A 的每股收益也不变。在本例中，企业 A 每年的每股收益假设为 10 美元，如表 9-14 列（1）所示。

企业 B 与企业 A 相同，但是采用加速折旧法。企业 B 在 2010 年的折旧是直线折旧法的 150%，到 2009 年下降为直线折旧法的 50%，如列（5）所示。

表 9-14　盈利增长率和现金流（每股数据）　　　（单位：美元）

年份	企业 A			企业 B		
	收益（1）	折旧（2）	现金流（3）	收益（4）	折旧（5）	现金流（6）
2010	10.00	5.00	15.00	7.50	7.50	15.00
2011	10.00	5.00	15.00	10.00	5.00	15.00
2012	10.00	5.00	15.00	12.50	2.50	15.00
总计		15.00			15.00	

因为企业 A 和企业 B 在财务报告中采用不同的折旧方法，企业 A 的每股收益保持 10.00 美元（列（1））而企业 B 的每股收益（列（4））有 29% 的复合增长：（12.50/7.50）$^{1/2}$−1.00 = 0.29，因此，企业 B 似乎有正的盈利动量。比较企业 A 与企业 B 的分析师如果使用报告的每股收益，而不是将每股收益放在可比的基础上，就可能被误导。但是，两家企业的每股现金流都是 15 美元不变。

折旧可能是最易被理解的非现金费用；减值和其他非现金费用可能有更多的盈利操纵空间。

9.3.4.1　确定现金流

在实践中，分析师和数据提供商经常用近似经营活动现金流来计算市现率。很多企业在用间接法计算经营活动现金流时，加回净利润的主要非现金费用是折旧和摊销。因此，近似现金流主要围绕这一点。一种典型的近似值将每股现金流定义为每股收益加上每股折旧摊销和折耗。[一]我们将该估计称为"利润加非现金费用"定义，并且在本

⊖　例如，这是 Value Line 中现金流的定义："净利润加上非现金费用（折旧、摊销和损耗）减去优先股股利（如果有）的总和。"（该定义出现在 Value Line 网上词汇表，2008 年 7 月。）总现金流除以发行在外普通股数可以获得每股现金流。请注意，术语折旧对应固定资产，摊销对应无形资产，折耗对应自然资源，所有三个会计术语意味着在一段时间内系统地分配费用。

节中缩写为 CF。但要记住，该定义只是在市现率计算中的一种常用定义，而不是从会计角度准确的定义。我们也会描述技术上更准确的现金流概念：经营活动现金流、股权自由现金流和 EBITDA（息税前经营活动现金流的估计）。[⊖]

报告中更经常使用的是静态市现率。静态市现率的计算是用当前股价除以最近四季度每股现金流之和。和每股收益的定义一样，现金流也可以用财年的定义。

例 9-29 演示了 P/CF 的计算，现金流被定义为盈利加非现金费用。

▌ 例 9-29　计算现金流定义为利润加非现金费用的市现率

2012 年，皇家飞利浦电子公司（Koninklijke Philips Electronics N.V.，简称 PHIA）报告来自持续经营活动的净利润为 2.62 亿欧元，相当于每股收益 0.28 欧元。该公司的折旧和摊销额为 14.33 亿欧元，即每股 1.53 欧元。在 2013 年 7 月 31 日，PHIA 的价格为 24.06 欧元。计算 PHIA 的 P/CF。

解答：CF（定义为每股收益加每股折旧摊销和折耗）为 0.28 +1.53 = 1.81 欧元/股。因此，P/CF = 24.06 欧元/1.81 欧元 = 13.3。

分析师可以在价格乘数中使用经营活动现金流（CFO），而非利润加非现金费用的近似现金流概念。经营活动现金流可以在现金流量表中找到。与正常化收益所做的调整相似，对经营活动现金流中预期无法在未来持续的部分做出调整是合适的。而且，在比较使用不同会计准则的企业时，对经营活动现金流调整可能是必须的。例如，如前所述，在国际财务报告准则下，公司有分类的灵活性，可以将利息支付、利息收入和股利收入在经营、投资和融资活动中进行分类。美国通用会计准则要求公司将利息支付、利息收入和股利收入作为经营活动现金流。

作为现金流和经营活动现金流的替代，分析师可以将股价与股权自由现金流（FCFE）联系，这是与估值理论联系最紧密的现金流概念。因为在比较的企业间，资本支出与 CFO 的比例通常不同，分析师可能发现股价比经营活动现金流比率（P/CFO）和 P/CF 的排序与 P/FCFE 的排序不同。但是因为 FCFE 各期之间可能比 CFO（或者 CF）波动更大，因此历史 P/FCFE 在估值中并不一定能提供更多信息。例如，考虑两家相似的企业，在两年间拥有相同的 CFO 和资本支出。如果第一家企业在期初支付资本支出而第二家在期末支付，两只股票的 P/FCFE 可能有明显差别但不代表任何有意

⊖ Grant and Parker（2001）指出 EBITDA 作为现金流的近似假设运营资本账户的变化是不重要的。每股收益加非现金费用定义也做出同样的假设（该定义本质上是折旧摊销前盈利）。

义的经济差异。[○]在 Hackel, Livnat and Rai（1994）的研究中，该问题至少部分可以通过使用股价比平均自由现金流比率解决。

乘数中使用的另一个现金流概念是 EBITDA（利息、税、折旧和摊销前收益）。[○]为了预测 EBITDA，分析师常常先预测 EBIT，再简单加回折旧和摊销得到对 EBITDA 的估计。用历史数据计算 EBITDA 时，可以先除去非经常性项目，从持续经营利润开始，在该利润上加回利息、税、折旧和摊销。

在实践中，EV/EBITDA 和 P/EBITDA 都被分析师用作估值指标。但是，EV/EBITDA 更优先被选择；因为它的分子包括债务，而 EBITDA 是在扣除利息前，即利息和股权的现金流，所以 EV/EBITDA 是更恰当的指标。在后面的小节，我们将详细讨论 EV/EBITDA。

9.3.4.2 基于基本面预测的估值

合理市现率与基本面的关系遵循我们熟悉的现值模型数学式。其他条件不变，合理市现率与股票要求回报率负相关，与预期未来现金流增长率（无论现金流怎样定义）正相关。通过最合适的现金流折现模型找到股票价值，除以现金流（基于我们选择的现金流定义），我们可以得到基于基本面的合理市现率。例 9-30 说明了该过程。

▌ 例 9-30 基于基本面预测的合理市现率

西部数据公司（Western Digital）是一家硬盘驱动器制造商。作为一名技术行业分析师，你正在估计该公司价值。要估计价值，你先采用长期稳定增长的股权自由现金流模型。

$$V_0 = \frac{(1+g)\mathrm{FCFE}_0}{r-g}$$

式中 g 是预期股权自由现金流的增长率。你估计静态 FCFE 为每股 7.96 美元，静态 CF（基于利润加非现金费用的定义）为每股 12.00 美元。你的其他估计包括股权要求回报率 12% 和 FCFE 预期增长率 3.0%。

（1）根据稳定增长股权自由现金流模型，西部数据的内在价值为多少？

（2）根据基本面预测，合理 P/CF 为多少？

（3）根据基本面预测，合理 P/FCFE 为多少？

○ 但是，分析师可以恰当地使用 FCFE 现金流折现模型，该模型考虑了所有预期未来股权自由现金流。

○ 另一个变得更流行的概念是现金收益。现金收益有多种定义，例如利润加无形资产摊销或 EBITDA 减去净融资费用。

> **问题（1）的解答：** 计算内在价值：（1.03 × 7.96）/（0.12 - 0.03）= 91.10（美元）。
>
> **问题（2）的解答：** 基于基本面预测，计算合理 P/CF：91.10 美元 /12.00 美元 = 7.6。
>
> **问题（3）的解答：** 合理 P/FCFE 为 91.10 美元 /7.96 美元 = 11.4。

9.3.4.3　基于可比法的估值

根据市现率的可比法估值步骤与前文相同，并且已经在市盈率、市净率和市销率中说明。例 9-31 是一个简单的根据市现率应用可比法的例子。

例 9-31　市现率与可比法

表 9-15 给出了 2012 年 4 月 16 日，两家假设企业的 P/CF、P/FCFE 和一些基本面信息。使用表 9-15 的信息，比较两家企业的估值。

表 9-15　两家企业的比较（所有数据为每股）

企业	当前股价（英镑）	静态每股 CF（英镑）	P/CF	静态每股 FCFE（英镑）	P/FCFE	五年 CF 增长率一致预期（%）	贝塔
企业 A	17.98	1.84	9.8	0.29	62	13.4	1.50
企业 B	15.65	1.37	11.4	-0.99	NM	10.6	1.50

企业 A 的 P/CF（9.8）比企业 B 的 P/CF（11.4）小大约 14%。假设其他条件一致，根据比较，我们预测，投资者对企业 B 的增长率预期更高。但是，与该预期相反，企业 A 的五年 CF 增长率一致预期比企业 B 高 280 个基点。在比较日，由 P/CF 和预期增长率判断，与企业 B 相比，企业 A 被相对低估。表 9-15 中关于股权自由现金流的信息支持企业 A 可能被相对低估的判断。企业 A 正的股权自由现金流说明经营活动现金流和新的债务足够支持资本支出。企业 B 的负股权自由现金流说明增长需要外部融资。

9.3.5　股价比股利与股利收益率

股权投资的总回报分为资本升值部分和股利收益部分。股利收益率数据经常被报告，使投资者能够估计总回报中的股利收益部分。股利收益率也被用作估值指标。尽管 2012 年美国银行"美林机构因素调查"没有调查这个指标，在 1989 年至 2006 年的调查中，平均有略高于 1/4 的受访者报告使用股利收益率作为投资中的一个因素。

分析师为估值中使用股利收益率提供了几个理由。

- 股利收益是总回报的一部分。
- 相比资本升值，股利是总收益中风险较小的部分。

使用股利收益率的可能缺陷包括以下几点。

- 股利收益率只是总回报的一部分；没有使用关于预期回报率的所有信息不是最优。
- 投资者获得更高的当前股利可能要牺牲未来的盈利增长。假定净资产收益率不变，现在支付的股利替代了未来所有时期的收益（即**股利的盈利替代**（dividend displacement of earnings）概念）。⊖
- 有关股息相对安全的论述意味着市场价格反映回报组成部分的相对风险是有偏的。

9.3.5.1 **股利收益率的计算**

本章至此介绍的乘数都将市场价格（或市值）作为分子。股价比股利（P/D）在估值中有时也会出现，尤其是在指数中。但很多股票不支付股利，P/D 在分母为零时无法定义。对这些不支付股利的股票，可以定义股利收益率（D/P）：股利收益率等于零。因此，为了实用目的，股利收益率是此乘数首选的表达方式。

静态股利收益率（trailing dividend yield）通常用股利率除以当前每股市场价格计算。年化的最近期股利被称为**股利率**（dividend rate）。对按季度支付股利的企业来说，股利率的计算是将最近期季度股利乘以 4。（一些数据来源在静态股利收益率计算中将最近四个季度的股利作为股利率。）对半年支付一次股利的企业来说，它们的中期股利通常与年末股利明显不同，股利率通常为最近的年度每股股利。

股利率表示的每股股利金额假设股利一年中没有增减。分析师预测未来股利可能更高或更低，并以此作为动态股利率的基础。**动态股利率**（leading dividend yield）用明年的每股股利预测除以当前每股股价计算。例 9-32 演示了股利收益率的计算。

▌例 9-32 计算股利收益率

表 9-16 给出了加拿大电信公司贝尔（BCE Inc.，简称 BCE）的季度股利数据和 BT 公司（原英国电信，简称 BT）ADR 的半年度股利数据。

⊖ 但是 Arnott and Asness（2003）与 Zhou and Ruland（2006）说明，在实际中假设股利替代未来盈利必须谨慎，因为股利支付可能与未来盈利相关。

表 9-16 BCE 公司和 BT 公司 ADR 的已付每股股利

时期	BCE（美元）	BT 美国存托凭证（美元）
2011 年第四季度	0.508	
2012 年第一季度	0.518	0.390
2012 年第二季度	0.543	
2012 年第三季度	0.543	0.884
总计	2.112	1.274
2012 年第四季度	0.568	
2013 年第一季度	0.568	0.451
2013 年第二季度	0.583	
2013 年第三季度	0.583	0.994
总计	2.302	1.445

资料来源：Value Line。

（1）BCE 在 2013 年第四季度的每股价格为 42.70 美元，计算公司的静态股利收益率。

（2）BT 美国存托凭证在 2013 年第四季度的每股价格为 55.30 美元，计算公司的静态股利收益率。

问题（1）的解答： BCE 的股利率为 0.583×4 = 2.332 美元。股利收益率为 2.332/42.70 = 0.0546，或 5.46%。

问题（2）的解答： 因为 BT 公司支付的中期股利和年末股利幅度不同，BT 公司 ADR 的股利率为最近一年的总股利 1.445 美元。股利收益率为 1.445 / 55.30 = 0.0261，或 2.61%。

9.3.5.2 基于基本面预测的估值

股利收益率和基本面的关系可以在戈登增长模型中说明。从模型中，我们得到表达式：

$$\frac{D_0}{P_0} = \frac{r-g}{1+g} \tag{9-7}$$

式（9-7）说明股利收益率与预期股利增长率负相关，与股票的要求回报率正相关。第一点意味着选择较高股利收益率的股票与价值型投资一致，而不是增长型投资。

9.3.5.3 基于可比法的估值

在可比法中使用股利收益率的步骤与其他已说明的乘数使用步骤相似。分析师将企业与同业公司比较，根据股利收益率和风险判断该企业的定价是否具有吸引力。分析师应该检查预期增长率的差异是否能解释股利收益率的差异。投资者需要考虑的另一点是股利的安全性（股利减少或不发放的概率）。检验股利安全性的一个有用指标是支付率：与其他同业企业更高的支付率可能说明股利的安全性较低，因为盈利对股利的保障相对较低。资产负债表指标在评价股利安全性中也同样重要，需要考虑的相关比率包括利息保障倍数和净债务比 EBITDA 比率。例 9-33 演示了股利收益率在可比法中的使用。

▌ 例 9-33　股利收益率可比法

威廉·莱德曼是一位美国养老基金国内股权投资组合的基金经理。投资组合是免税的，因此任何股利与资本利得之间的税务差异都无关。莱德曼的客户要求当期收益高。2013 年 11 月，莱德曼在考虑为基金购买公用事业股票。在研究中，他考虑四家大市值的美国电力公用事业公司，表 9-17 给出了相关信息。

表 9-17　使用股利收益率比较股票

企业	盈利增长率一致预期（%）	贝塔	股利收益率（%）	支付率（%）
杜克能源	3.66	0.34	4.4	110
Pepco 控股	3.82	0.37	5.6	NMF
波特兰通用电力公司	6.45	0.55	3.7	88
PPL 公司	-2.40	0.26	4.8	58

资料来源：Yahoo! Finance。

所有股票都有相似的低市场风险，它们的贝塔都小于 1。尽管 Pepco 控股有最高的股利收益率，但它的支付率是没有意义的，因为每股收益为负。杜克能源的股利支付率为 110%，在这一组公司中最高，这也表明其股利可能面临较大的风险。莱德曼指出，波特兰通用电力相对较低的支付率意味着股利有较好的支持，然而，预期为负的盈利增长率是负面因素。加总波特兰通用电力的股利收益率和预期盈利增长率，莱德曼估计波特兰通用电力的预期总回报约为 10.2%，因为总回报的估计相对有吸引力，而且因为波特兰通用电力似乎没有任何很强的负面因素，莱德曼决定将他进一步的分析集中在波特兰通用电力上。

9.4　企业价值乘数

企业价值乘数是将一家企业的企业价值与一些价值度量（通常为税前利润）相联系

的乘数。关于在估值中使用企业价值乘数而不是价格乘数，最常用的理由可能是企业价值乘数在比较不同杠杆的企业时，比价格乘数对财务杠杆的影响更不敏感。根据其分子的定义可以看出，企业价值乘数采用的是控制者角度（将在后面详细讨论）。因此，即使当杠杆差异不是问题时，企业价值乘数也可以补充价格乘数的观点。事实上，虽然有的分析师严格支持一类乘数，但其他分析师会同时报告价格乘数和企业价值乘数。

9.4.1　企业价值比 EBITDA

企业价值比 EBITDA 是目前应用最广泛的企业价值乘数。

此前，我们介绍 EBITDA 为息税前经营活动现金流的估计。因为 EBITDA 是债务和股权现金流，如前所述，使用企业总价值（如 EV）作为 EBITDA 乘数的分子定义是合适的。**企业价值**（enterprise value）是企业总价值（债务、普通股权益和优先股权益的市场价值）减去现金和短期投资的价值。因此 EV/EBITDA 是企业整体而非普通股的估值指标。但是，如果分析师能够假设企业的债务和优先股（如果有）被有效定价，那么分析师可以使用 EV/EBITDA 推导普通股的价值。这样的推导通常是合理的。

分析师为使用 EV/EBITDA 提供了以下几个理由。

- 在比较财务杠杆（债务）不同的企业时，EV/EBITDA 是比市盈率更合适的指标，因为 EBITDA 与利息后的每股收益相反，是利息前盈利数据。
- 通过加回折旧和摊销，EBITDA 控制了企业间折旧和摊销的差异。这与净利润相反，净利润是折旧和摊销后数据。因此，资本密集型企业的估值（例如电缆公司和钢铁公司）经常使用 EV/EBITDA。这类企业通常有大量的折旧和摊销费用。
- 当每股收益为负时，EBITDA 通常为正。

使用 EV/EBITDA 的可能缺陷包括以下几点。[⊖]

- 如果营运资本在增加，EBITDA 会高估经营活动现金流。EBITDA 也忽略收入确认政策差异对经营活动现金流的影响。
- 企业自由现金流（FCFF）直接反映企业的必要资本支出金额，与估值理论的联系比 EBITDA 更强。只有当折旧费用等于资本支出时，我们才能预期 EBITDA 反映企业资本项目的差异。EV/EBITDA 经常在资本密集型企业估值中使用，满足这一条件尤为有意义。

⊖　其他问题和考虑参见 Moody's（2000）与 Grant and Parker（2001）。

9.4.1.1　确定企业价值

我们在前面已演示了 EBITDA 的计算。正如所讨论的，分析师通常将企业价值定义如下：

普通股市场价值（发行在外股数 × 每股价格）

加： 优先股市场价值（如果有）[⊖]

加： 债务的市场价值

减： 现金和投资（特别是现金与现金等价物和短期投资）[⊜]

等于： 企业价值

企业价值中要减去现金和投资（有时称为**非盈利资产**（nonearning assets））是因为，企业价值旨在衡量收购企业整体所需支付的净价格。收购者必须购买当前的股权和债务，但此后也获得了现金和投资，这能减少收购的净成本。（例如，现金和投资可以用于偿还债务或融资收购中产生的贷款。）同样的逻辑解释了市场价值的应用：回购债务，收购者必须支付市场价格。但一些债务可能是私人的，没有交易；一些债务可能是公开交易，但是交易很少。当分析师没有市场价值时，他们经常使用资产负债表中的账面价值。[⊜]例 9-34 说明了 EV/EBITDA 的计算。

▮ 例 9-34　计算 EV/EBITDA

西部数据公司（Western Digital Corporation，WDC）制造硬盘驱动机。表 9-18 展示了 2013 年 3 月 29 日该公司的合并资产负债表。

表 9-18　西部数据公司简明合并资产负债表
（除每股价值外，单位百万美元；未经审计）

资产	
流动资产：	
现金和现金等价物	4 060
应收账款净值	1 700
存货	1 197
其他流动资产	383

⊖ 如果有**少数权益**（minority interest），除非已在其他地方包含，通常应该被加回。当母公司拥有子公司多于 50% 但少于 100% 的权益时，少数权益出现在母公司的合并财务报表中。少数权益指子公司中不属于母公司所有的那部分权益。

⊜ 一些分析师尝试区分现金和投资中属于企业运营所必需和非必需的部分，在计算中仅减去运营非必需的部分。但是，做出这样的区分并不总是实际可行的。

⊜ 但是，当数据可得时，使用债务市场价值的矩阵价格估计可能更准确。矩阵价格估计的基础是债务的特征和市场如何为这些特征定价的信息。

（续）

流动资产合计	7 340
物业和设备，净值	3 803
商誉和其他无形资产，净值	2 610
其他非流动资产	174
总资产	13 927
负债和股东权益	
流动负债：	
应付账款	2 037
预提费用	837
预提保修费	122
长期债务的流动部分	230
流动负债合计	3 226
长期债务	1 783
其他负债	495
负债合计	5 504
承诺和或有事项（附注 4 和 5）	
股东权益	
优先股，每股票面价值 0.01 美元；授权：500 万股；发行在外：无	—
普通股，每股票面价值 0.01 美元；授权：4.5 亿股；发行在外：2.38 亿股	3
资本公积	2 232
累计综合收益（损失）	20
留存收益	7 073
库存股：普通股历史成本	（905）
股东权益合计	8 423
总负债和股东权益	13 927

资料来源：公司 10-Q 季报。

　　资产负债表标注为"未经审计"，因为这是季度资产负债表，而美国企业仅被要求审计年度财务报表。

　　西部数据的财务报表，截至 2012 年 6 月 29 日的年度和截至 2013 年 3 月 29 日的 9 个月利润表和现金流量表，给出了以下项目（单位：百万美元）：

项目	来源	截至 2012 年6 月 29 日的年度	截至 2013 年3 月 29 日的 9 个月	截至 2012 年3 月 30 日的 9 个月
净利润	利润表	1 612	1 245	867
利息费用（减去利息收入）	利润表	14	35	8
所得税	利润表	145	207	88
折旧和摊销	现金流量表	825	931	486

　　公司在 2013 年 7 月 1 日的股票价格为 63.06 美元。根据以上信息，计算 EV/EBITDA。

解答：

- 要算企业价值，我们首先计算西部数据股权的总价值：2.38 亿发行在外股数乘以 63.06 美元的每股价格，等于 150.08 亿美元市值。西部数据只有一类普通股，没有优先股和少数权益。对有多类普通股的企业来说，市值包含所有类别普通股的总价值。类似地，对有优先股和少数权益的企业来说，优先股的市场价值和少数权益的金额需加入市值中。

  企业价值也包括长期债务的价值。根据西部数据的资产负债表，长期债务的金额为 20.13 亿美元（17.83 亿美元加 2.3 亿美元流动部分）。通常，企业价值的计算使用长期债务的账面价值。但如果债务的市场价值能够获得并且与账面价值显著不同，计算应该使用市场价值。

  企业价值不包括现金、现金等价物和短期投资。根据西部数据的资产负债表，现金和现金等价物总额为 40.60 亿美元。

  因此，西部数据的企业价值为 150.08 + 20.13 − 40.60 = 129.61 亿美元。

- 要算 EBITDA，我们首先用当前财年前 9 个月和上一财年后 3 个月计算过去 12 个月（TTM）的信息。例如，过去 12 个月的净利润等于，截至 2013 年 3 月 29 日的前 9 个月 12.45 亿美元，加上来自前一财年后 3 个月的 7.45 亿美元（16.12 亿美元减去 8.67 亿美元）。EBITDA 等于净利润加利息，加所得税，加折旧和摊销。过去 12 个月的 EBITDA 等于 35.65 亿美元。计算总结如下：

EBITDA 部分	截至 2012 年 6 月 29 日的年度	截至 2013 年 3 月 29 日的 9 个月	截至 2012 年 3 月 30 日的 9 个月	总计 （过去 12 个月）
净利润	1 612	1 245	867	1 990
利息	14	35	8	41
所得税	145	207	88	264
折旧和摊销	825	931	486	1 270
EBITDA	2 596	2 418	1 449	3 565

西部数据公司没有优先股权益。有优先股权益的企业通常在财务报表中列出属于普通股股东的净利润。在该情况下，EBITDA 计算使用归属于优先股股东和普通股股东的净利润。

我们得出结论 EV/EBITDA = 129.61/35.65 = 3.6。

9.4.1.2 基于基本面预测的估值

同其他乘数一样，在应用可比法时，了解企业价值比 EBITDA 比率的基本面驱动因素是有帮助的。其他条件相同的情况下，基于基本面的合理 EV/EBITDA 应该与企业自由现金流的预期增长率正相关，与预期盈利性（以投入资本回报率衡量）正相关，与企业的加权平均资本成本负相关。**投入资本回报率**（return on invested capital，ROIC）用税后营业利润除以投入总资本计算得到。在分析 EV/EBITDA 这种指标时，ROIC 是合适的盈利性指标，因为 EBITDA 流向所有资本的提供者。

9.4.1.3　基于可比法的估值

其他条件相同的情况下，EV/EBITDA 比同业的低意味着公司被相对低估了。分析师的建议通常不完全由相对 EV/ EBITDA 决定；从分析师的角度来看，EV / EBITDA 只是一个要考虑的信息。

例 9-35 展示了 4 家同业公司的企业价值乘数比较。该例子包含了一个企业总价值指标——**总投入资本**（total invested capital，TIC），有时也被称为**投入资本的市场价值**（market value of invested capital，MVIC），是企业价值的一个替代指标。与企业价值（EV）相似，TIC 包括股权和债务的市场价值，但是不扣除现金和投资。

▌例 9-35　企业价值乘数可比法

表 9-19 展示了数据存储设备行业中 4 家公司的 EV 乘数，这 4 家公司是：西部数据（简称 WDC）、Net App（简称 NTAP）、EMC 公司（简称 EMC）和希捷科技（简称 STX）。

表 9-19　同业公司的企业价值乘数（单位：百万美元，除非另有说明）

指标	WDC	NTAP	EMC	STX
价格	70.72	39.12	23.64	48.04
乘：发行在外股数（百万）	237	340	2 080	357
等于：股权市场价值	16 761	13 301	49 171	17 150
加：债务（最近季度）	1 960	995	7 190	2 780
加：优先股	—	—	—	—
等于：总投入资本（TIC）	18 721	14 296	56 361	19 930
减：现金	4 310	5 080	11 150	2 190
等于：企业价值（EV）	14 411	9 216	45 211	17 740
EBITDA（过去 12 个月）	3 320	890	5 330	2 960
TIC/EBITDA	5.6	16.1	10.6	6.7
EV/EBITDA	4.3	10.4	8.5	6.0
债务 / 股权（账面价值）	24.8%	24.8%	30.0%	79.2%
利润率（过去 12 个月）	6.38%	8.17%	12.45%	12.81%
季度收入增长率（年同比增长）	−21.6%	27.9%	5.7%	−23.6%

资料来源：Yahoo! Finance 和计算。

（1）表 9-19 提供了两种企业价值乘数选择，TIC/EBITDA 和 EV/EBITDA。两种乘数的企业排名一致。通常而言，哪些因素能够导致排名不同？

（2）每一个 EBITDA 乘数都包含了企业价值的比较。这些乘数与市现率有什么差异？

（3）仅根据表 9-19 的信息，西部数据公司的价值与其他三家企业相比如何？

问题（1）的解答： 总投入资本与企业价值的差异是，企业价值不包含现金、现金等价物和有价证券。因此，企业之间现金、现金等价物和有价证券相对于 EBITDA 的重大差异可能导致排名不同。

问题（2）的解答： 这些乘数与市现率的差异在于分子是企业价值指标而不是股价，与分母是利息前盈利指标相匹配。因此，当企业间资本结构明显不同时，这些乘数可以比市现率提供更恰当的比较。

问题（3）的解答： 根据较低的 TIC/EBITDA 与 EV/EBITDA 乘数（分别为 5.6 和 4.3），西部数据公司相对于其他 3 家公司而言似乎被低估了。然而，鉴于 WDC 的利润率低且收入增长下降，这些较低的估值比率可能是有道理的。与 STX 相比，WDC 的企业价值乘数略低，与它的盈利性较低是一致的（利润率为 6.38%，对比 STX 的 12.81%）。NTAP 的企业价值乘数远高于 WDC，可能反映了 NTAP 最近相对较高的收入增长率。类似地，WDC 的企业价值比率也低于 EMC 的，同样因为盈利性和增长率的差异。

9.4.2　其他企业价值乘数

尽管 EV/EBITDA 是最为人熟知并且广泛使用的企业价值乘数，其他企业价值乘数也会和 EV/EBITDA 一起使用或者替代 EV/EBITDA，可能用于较大范围也可能用于特定行业的估值。在广泛使用的乘数中，EV/FCFF 是一个例子，而特定目的的例子有 EV/EBITDAR（其中 R 代表租金），航空行业分析师偏好使用这个乘数。本节将回顾最常使用的这类乘数（除了 EV/ 销售收入，将在下一小节中讨论）。在每种乘数中，估值指标都可以用 TIC 而非 EV 构建。

企业价值乘数中，分母 EBITDA 的主要替代选择包括企业自由现金流（FCFF）；利息、所得税和摊销前利润（EBITA）和息税前利润（EBIT）。表 9-20 总结了这些比率的构成部分，以及它们和净利润的关系。请注意，在实践中，分析师通常通过预测 EBIT 并加回折旧和摊销来预测 EBITDA。

表 9-20 各种企业价值乘数分母

企业自由现金流 (FCFF) =	净利润	加利息费用	减利息节省的所得税	加折旧	加摊销	减营运资本投资	减固定资本投资
EBITDA=	净利润	加利息费用	加所得税	加折旧	加摊销		
EBITA=	净利润	加利息费用	加所得税		加摊销		
EBIT=	净利润	加利息费用	加所得税				

注意，表 9-20 中所有指标的计算都将利息加回净利润，说明这些指标都反映了债权以及股权资本的相关现金流。尽管每个指标都有道理，但在表中从上至下的指标中关于企业税和资本投资的信息越来越少。例如，当摊销（与无形资产相关）是主要费用而折旧（与有形资产相关）不是时，公司间的比较可能会选择 EBITA；当折旧和摊销都不是主要项目时，可能会选择 EBIT。

除了基于财务数据的企业价值乘数，某些行业和板块分析师可能认为，检查基于行业或板块特有非财务数据的企业价值乘数是合适的。例如，对卫星和有限电视广播公司，分析师可能认为检查 EV 比订购人数是有用的。对资源型企业，基于资源储存量的乘数可能是合适的。

无论在企业价值乘数中使用的具体分母是什么，概念是一样的，即将企业整体市场价值与企业价值的某些基本面财务或非财务指标相联系。

9.4.3 企业价值比销售收入

企业价值比销售收入（EV/S）是市销率的主要替代指标。对一家有债务融资的企业，并非所有的销售属于企业的股权投资者，市销率在概念上的缺陷就是不能确认这点。企业销售收入的一部分将被用以支付企业债务资本提供者的利息和本金。例如，一家没有或者很少债务企业的 P/S 与一家十分依赖债务融资的企业不具有可比性。在这样的例子中，EV/S 可以作为合理比较的基础。总之，EV/S 是一个以销售收入为基础的比率，在比较不同资本结构的公司时特别有用。例 9-36 说明了 EV/S 乘数的计算。

例 9-36 计算企业价值比销售收入

如例 9-22 所述，斯道拉恩索报告 2012 年净销售收入为 108.48 亿欧元。根据 7 888 万股流通股和 2013 年 9 月 16 日的股票价格 6.72 欧元，股东权益的总市值为 52.994 亿欧元。该公司报告债务为 45.223 亿欧元，少数股东权益为 9 150 万欧元，现金为 18.499 亿欧元。假设公司债务的市场价值等于报告的金额。计算公司的 EV / S。

解答： 企业价值 = 52.994 + 45.223 + 0.915 - 18.499 = 80.633 亿欧元。那么，EV/S = 80.633 / 108.148 = 0.75。

9.4.4 可比法分析中的价格乘数和企业价值乘数：一些说明性数据

在前面小节中，我们解释了主要的价格乘数和企业价值乘数。使用乘数和基于相似企业基准值的分析师应当注意同业公司乘数值的范围，并追踪可能解释差异的基本面因素。为了说明的目的，表 9-21 显示了 2007 财年全球行业分类体系下各经济板块多种乘数的中位数、中位股利支付率和以下基本面因素的中位值。

- 净资产收益率及其决定因素（净利润率、资产周转率和财务杠杆）。
- 截至 2007 财年的三年复合平均营业利润增长率（在最后一栏 "营业利润 3 年复合年增长率" 显示）。

表 9-21 基于标准普尔超级综合指数成分股，该指数由标准普尔 500 指数、标准普尔中市值 400 指数和标准普尔小市值 600 指数组成。第 9.3.1.5 节中已说明了全球行业分类体系（GICS）。

在表 9-21 所示的汇总层面，数据可能与板块相对估值更相关。对于单个企业的估值来说，分析师很可能使用更狭义的行业或板块分类。

9.5 使用乘数的国际注意事项

显然，为进行相对估值分析，分析师必须使用可比公司和通过可比法得出的基本财务数据。因此，在国际环境中使用相对估值法很困难。比较不同国家的企业经常涉及会计准则差异、文化差异、经济差异以及由此带来的风险和增长机会差异。研究发现，不同国家相同行业公司的市盈率差异很大。[○]而且，不同国家市场的市盈率在任何一个时点都经常差异很大。

尽管国际会计准则正在趋同，但是国家间显著的差异仍存在，使得比较有时很困难。即使在会计准则上达到一致，为可比性调整会计数据仍是需要的。正如我们在前

○ Copeland, Koller and Murrin（1994，p.375）提供了一个有趣的例子。

表 9-21　GICS 经济板块的基本面和估值指标统计数据：标准普尔 1500 成分股中位值，2007 财年

GICS 板块 （公司数量）	估值指标统计数据								基本面指标统计数据						
	静态市 盈率	市净率	市销率	市现率	股利 收益率	EV/ EBITDA	EV/S	净利润率 （%）	资产 周转率	财务 杠杆	ROE （%）	股利 支付率（%）	营业利润 3 年复 合年增长率（%）
能源（85）	14.406	2.531	2.186	8.622	0.4	7.733	2.64	13.942	0.573	2.103	19.688	4.024	12.035
原材料（85）	15.343	2.254	0.888	9.588	1.4	7.686	1.095	5.568	0.995	2.465	15.728	17.874	4.157
工业（207）	17.275	2.578	1.045	11.642	1.0	8.979	1.209	6.089	1.139	2.143	15.262	16.066	5.337
非日常消费品（279）	15.417	2.254	0.789	9.986	0.7	7.634	0.928	4.777	1.383	2.12	13.289	0	-2.682
日常消费品（80）	19.522	3.048	1.122	13.379	1.4	10.66	1.237	5.306	1.351	2.208	17.264	23.133	-0.88
医疗保健（167）	23.027	3.088	2.061	15.762	0	11.623	2.274	6.637	0.83	1.854	12.399	0	-1.708
金融（257）	14.648	1.559	1.888	11.186	3.1	9.482	4.017	13.113	0.113	5.848	10.348	41.691	-4.124
信息技术（252）	20.205	2.444	2.162	45.073	0	11.594	1.811	7.929	0.743	1.587	10.444	0	1.524
电信业务（13）	19.585	2.485	1.527	5.266	0.8	6.681	2.345	7.109	0.471	2.367	5.43	6.862	-2.421
公用事业（75）	16.682	1.784	1.151	8.405	3.1	9.056	1.903	7.21	0.439	3.52	11.853	52.738	0.361
全部（1 500）	17.148	2.246	1.398	11.328	0.8	9.108	1.626	7.318	0.839	2.227	12.701	8.051	0.181

资料来源：Standard & Poor's Research Insight。

面的小节中展示的，即使在同一国家的会计准则下，会计选择也会导致企业间的差异（例如，存货估值的先进先出法和平均成本法）。2008年以前，美国证券管理委员会要求，证券在美国市场交易的非美国公司应提供其国内会计准则盈利和美国通用会计准则（GAAP）盈利之间的调整。此要求不仅帮助分析师做出必要的调整，同时也为深入了解无须提供这些对账数据的其他企业提供了一些信息。但是在2007年12月，美国证券管理委员会取消了对使用国际财务报告准则（IFRS）非美国企业的调整要求。研究美国上市欧洲企业的调整可以看到，大部分公司报告的IFRS利润高于美国GAAP利润，股东权益低于美国GAAP的，其结果是，更多的样本公司在IFRS下报告的净资产收益率（ROE）高于美国GAAP的[⊖]。

表9-22显示了阿斯麦国际公司（ASM International，简称ASM）净利润和股东权益从IFRS至美国GAAP的调整。阿斯麦是晶圆半导体处理工艺设备的领先供应商，总部设在荷兰阿尔默尔。

表9-22 ASM公司国际财务报告准则与美国通用会计准则之间的主要差异（截至12月31日的年度；单位：千欧元）

指标	2012	2011
净利润，按照国际财务报告准则	48 453	324 146
存货减值准备	−335	1 639
抵消利润的内部交易的税率差异影响	718	−768
养老金	691	—
信贷工具债务发行费用	−446	55
研发费用	−8 650	−8 908
净利润，按照美国通用会计准则	40 431	316 164
股东权益合计，按照国际财务报告准则	1 095 366	991 841
商誉	10 481	10 647
存货减值准备	−2 009	−1 626
抵消利润的内部交易的税率差异影响	−49	−768
信贷工具债务发行费用	735	1 181
研发费用	−51 386	−43 740
养老金计划	−3 329	179
股东权益合计，按照美国通用会计准则	1 049 809	957 714

资料来源：阿斯麦公司2012年度报告。

Harris and Muller（1999）研究了提交美国通用会计准则调整的公司，并将常见差异分为7类，如表9-23所示。

[⊖] 在Henry，Lin and Yang（2009）的研究中，28%样本公司在IFRS下的净资产收益率比美国GAAP下的高5%或更多，而不到10%样本报告的净资产收益率低5%或更多。

表 9-23 IFRS 至美国 GAAP 的调整：平均调整

分类	盈利	股东权益
商誉处理差异	减少	增加
递延所得税	增加	增加
外汇兑换差异	增加	减少
研发成本	减少	减少
养老金费用	减少	增加
有形资产价值重估	增加	减少
其他	减少	减少

Henry，Lin and Yang（2009）在最新的调整数据研究中发现，在 20 个调整类别中，最频繁的调整出现在养老金类别（包括退休后福利），而最大的价值调整在商誉类别。

尽管美国证券交易委员会决定取消调整的要求已经让分析师失去了一个重要资源，会计研究可以为我们了解关于国际财务报告准则和美国通用会计准则经常出现差异的领域提供一些帮助。进一步地，分析师必须意识到准则之间的差异，并在披露的数据足够时进行调整。

国际会计准则差异影响所有价格乘数的可比性。在本章考察的价格乘数中，P/CFO 和 P/FCFE 通常受会计差异的影响最小，市净率（P/B）、市盈率（P/E）和一些基于会计盈利调整指标（例如 EBITDA）的乘数通常受到的影响最大。

9.6 动量估值指标

我们称之为动量指标的估值指标将股价或一个基本面因素（例如利润）与其自身历史值的时间序列相联系，或者在有的时候与基本面因素的预测值相联系。一种增长型投资风格使用多种含义的正动量作为选择标准，从业者有时将这种策略称为增长 / 动量投资策略。基于股价的动量指标（例如我们将在这里讨论的相对强度指标）也被称为**技术指标**（technical indicators）。根据美国银行"美林机构因素调查"，许多机构投资者使用各种各样的动量指标。在本节中，我们将考察 3 个具有代表性的动量指标：盈利意外、标准化意外收益和相对强度指标。

为了定义标准化意外收益，我们将**意外收益**（unexpected earnings，也被称为**盈利意外**（earnings surprise））定义为报告收益与预期收益的差异。

$$UE_t = \text{EPS} - E(\text{EPS}_t)$$

式中，UE_t 是季度 t 的意外收益；EPS_t 是季度 t 的报告每股收益；$E(\text{EPS}_t)$ 是该季度的预期每股收益。

例如，一只报告季度收益为 1.05 美元且预期收益为 1.00 美元的股票，其正盈利意外为 0.05 美元。通常，数据提供商会提供盈利意外的百分比（即，盈利意外除以预期每股收益）；在本例中，盈利意外百分比为 0.05/1.00 = 0.05 或者 5%。当被直接用作估值指标时，盈利意外指数通常会根据反映分析师每股收益预测差异或范围的标准来量度。原则是分析师们之间预测差异越小，给定的预测误差相对于平均值越有意义。一种量度方法是将盈利意外除以分析师预测收益的标准差，我们称之为**量化盈利意外**（scaled earnings surprise）。例 9-37 说明量化盈利意外的计算。

▌例 9-37　用分析师预测计算量化盈利意外

在 2012 年末，BP 公司截至 2012 年 12 月财政年度的一致预测收益平均值为 0.91 美元。在 33 个估计中，最低预测为 0.87 美元，最高预测为 1.20 美元，标准差为 0.095 2 美元。如果 2012 年的实际报告收益等于最高预测，反映分析师预测分布的 BP 公司量化盈利意外是多少？

解答： 在这个例子中，量化盈利意外是（1.20 - 0.91）/ 0.095 2 = 3.05。

使用盈利意外指标的理由是，正的意外可能与持续正的超额回报（即阿尔法）相关。与盈利意外高度相关的**标准化意外收益**（standardized unexpected earnings，SUE）也有相同的原理，但被研究得更多。SUE 指标被定义为：

$$SUE_t = \frac{EPS_t - E(EPS_t)}{\sigma \left[EPS_t - E(EPS_t) \right]}$$

式中，EPS_t 是时间 t 的实际每股收益；$E(EPS_t)$ 是时间 t 的预期每股收益；$\sigma[EPS_t - E(EPS_t)] - [EPS_t - E(EPS_t)]$ 在某一段历史时期的标准差。

换句话说，分子是在时间 t 的意外收益，分母是在时间 t 前一段历史时期意外收益的标准差。例如，在 Latane 和 Jones（1979）介绍 SUE 概念的文章中，历史时期选择为时间 t 前的 20 个季度。[○] 在 SUE 中，意外收益的大小根据历史预测误差或意外的规模来量化。原则是预测误差的历史规模越小（大），一个给定的每股收益预测误差越有（没有）意义。

假设一只股票的盈利意外为 0.05 美元，历史意外的标准差为 0.20 美元。与历史预测误差相比，0.05 美元的意外相对较小，可以用 SUE 值 0.05/0.20 = 0.25 反映这一点。

○　关于 SUE 研究的总结，参见 Brown（1997）。

如果历史意外的标准差较小，例如 0.07，SUE 值为 0.05/0.07 = 0.71。例 9-38 应用 SUE 分析了两家公司。

▌例 9-38　盈利意外

表 9-24 与表 9-25 提供了两家企业盈利意外的历史信息：埃克森美孚公司（Exxon Mobil Corporation）和大众集团（Volkswagon AG，简称 VW）。

表 9-24　埃克森美孚公司的盈利意外历史

季度截止期	每股收益公告日	每股收益一致预测平均值（美元）	实际每股收益（美元）	意外（%）	标准差	SUE 值
2013 年 9 月	2013 年 10 月 31 日	1.77	1.79	0.88	0.125 0	0.16
2013 年 6 月	2013 年 8 月 1 日	1.90	1.55	-18.39	0.099 7	-3.51
2013 年 3 月	2013 年 4 月 25 日	2.05	2.12	3.59	0.074 5	0.94
2012 年 12 月	2013 年 2 月 1 日	2.00	2.20	10.20	0.046 3	4.32

表 9-25　大众集团的盈利意外历史

季度截止期	每股收益公告日	每股收益一致预测平均值（欧元）	实际每股收益（欧元）	意外（%）	标准差	SUE 值
2013 年 9 月	2013 年 10 月 30 日	4.53	3.79	-16.37	0.284 6	-2.60
2013 年 6 月	2013 年 7 月 30 日	5.10	5.86	14.99	0.385 8	1.97
2013 年 3 月	2013 年 4 月 24 日	4.15	4.24	2.17	1.125 0	0.08
2012 年 12 月	2013 年 2 月 22 日	5.56	3.54	-36.33	0.565 8	-3.57

资料来源：Thomson Surprise Report。

（1）解释埃克森美孚截至 2013 年 9 月季度 SUE 值 0.16 是如何计算的。

（2）根据以上表格，哪家企业过去四季度的一致预测准确度较低？

（3）哪家企业截至 2013 年 3 月季度的一致预测更准确，埃克森美孚还是大众集团？

问题（1）的解答：截至 2013 年 9 月季度，埃克森美孚的意外收益（即盈利意外）为 1.79-1.77 = 0.02 美元。除以标准差 0.125 0 得到 SUE 值为 0.16。

问题（2）的解答：答案取决于准确度是由意外百分比还是 SUE 值衡量。如果准确度由意外百分比衡量，那么大众集团的一致预测不太准确：大众集团的意外百分比从 -36.33% 变为 +14.99%，而埃克森美孚从 -18.39% 到 +10.20%。使用 SUE 值，埃克森美孚的一致预测不太准确：埃克森美孚的 SUE 从 -3.51 变为 +4.32，而大众集团从 -3.57 到 +1.13。这些不同结果的原因是埃克森美孚的预测收益标准差比大众集团的相对较小。

问题（3）的解答：对截至 2013 年 3 月季度来说，大众集团比埃克森美孚的一致预测更准确。大众集团这个季度的意外百分比和 SUE 值都较低。

相对强度指标（relative-strength indicators）是将一只股票一段特定时期的表现与其自身历史表现或一组股票的表现相比。在将一只股票一段时期的表现与其自身历史表现比较的相对强度指标中，最简单的是股票在某个特定时期（例如6个月或1年）的复合回报率。该指标在文献中也被称为**价格动量**（price momentum）。尽管简单，该指标已经在大量的研究中被使用[⊖]。其使用背后的理由是，股票回报的持续或逆转模式可能取决于投资者的时间范围，实证研究显示了这一点（Lee and Swaminathan，2000）。

另一种相对强度指标的定义是将股票在最近一段时期的回报与含最近时间的更长一段时期的回报相联系。例如，对技术动量指标的经典研究（Brock，Lakonishok and LeBaron，1992）检验了基于两种技术原则——移动平均振荡量和交易区间突破（即阻力位和支持位）的交易策略。在这类策略中，买卖的信号是由短期移动平均和长期移动平均（以及这些平均值的范围）的关系决定的。读者应该记住，历史股票回报模式的研究有众所周知的数据挖掘问题和后见之明偏见。此外，纯粹基于技术动量指标的投资策略被认为本质上是自我毁灭的，因为"一旦发现了有用的技术规则（或价格模式），大量投资者尝试利用它时，该规则便无效了"（Bodie, Kane and Marcus，2008，P.377）。然而，发现有利可图的交易规则并在它被大量使用之前利用它的可能性仍继续激励着研究。

一个简单的第二类相对强度指标（即一只股票相对于一组股票的表现）是用股票的表现除以股票指数的表现。如果这个比值增大了，股票价格相对指数增加了，表现出正的相对强度。通常，研究期开始时点的相对强度指数被设为1.0。如果股票增长速度高于（低于）指数，那么相对强度将大于（小于）1.0。在这个意义上的相对强度经常用于行业和单个股票。例9-39探讨了这个指标。

▌例9-39 相对于股票指数的相对强度

表9-26展示了2012年4月至2013年9月间18个月每个月底的标准普尔500指数和三个交易所交易基金（ETFs）。三个ETFs的投资标的分别为长期美国国债、STOXX欧洲50指数和新兴欧洲指数的SPDR。SPDR代表标准普尔的存托凭证。

⊖ Chan, Jegadeesh and Lakonishok (1999)，Lee and Swaminathan (2000)。

表 9-26 相对强度比较

日期	标准普尔 500 指数	巴克莱长期国债 SPDR（TLO）	STOXX 欧洲 50 指数 SPDR（FEU）	标普新兴欧洲 指数 SPDR（GUR）
2012 年 4 月 2 日	1 397.91	65.77	29.46	39.55
2012 年 5 月 1 日	1 310.33	70.86	26.32	32.42
2012 年 6 月 1 日	1 362.16	69.98	28.45	35.96
2012 年 7 月 2 日	1 379.32	72.29	28.71	36.06
2012 年 8 月 1 日	1 406.58	71.38	29.75	37.89
2012 年 9 月 4 日	1 440.67	69.93	30.52	39.46
2012 年 10 月 1 日	1 412.16	69.76	30.92	39.05
2012 年 11 月 1 日	1 416.18	70.49	31.51	39.25
2012 年 12 月 3 日	1 426.19	68.72	32.62	42.90
2013 年 1 月 2 日	1 498.11	66.81	33.98	43.54
2013 年 2 月 1 日	1 514.68	67.62	32.80	40.86
2013 年 3 月 1 日	1 569.19	67.53	33.12	40.26
2013 年 4 月 1 日	1 597.57	70.35	34.49	39.93
2013 年 5 月 1 日	1 630.74	65.86	34.26	38.78
2013 年 6 月 3 日	1 606.28	63.56	32.87	36.89
2013 年 7 月 1 日	1 685.73	62.60	34.85	37.81
2013 年 8 月 1 日	1 632.97	61.82	34.31	36.81
2013 年 9 月 3 日	1 639.77	61.02	34.67	36.67

为了得到表 9-27 中的信息，我们将每个 ETF 价值除以相同月份标准普尔 500 值，然后根据 2012 年 4 月相对强度指标值（RSTR）为 1.0 的设定量化结果。为了说明，2012 年 4 月 2 日，TLO 除标准普尔 500 指数的值为 65.77/1 397.91 = 0.047 0。根据设定，该日期 TLO 的 RSTR 定为 0.047 0/0.047 0 = 1.0。在 5 月，TLO 除标准普尔 500 指数的值为 70.86/1 310.33 = 0.054 1，我们根据 4 月的数值量化，TLO 2012 年 5 月 1 日的 RSTR 为 0.054 1/0.047 0 = 1.149 4，如表 9-27 所示。

表 9-27 相对强度指标

日期	巴克莱长期国债 SPDR（TLO）RSTR	STOXX 欧洲 50 指数 SPDR（FEU）RSTR	标普新兴欧洲指数 SPDR（GUR）RSTR
2012 年 4 月 2 日	1.000	1.00	1.00
2012 年 5 月 1 日	1.149	0.953	0.875
2012 年 6 月 1 日	1.092	0.991	0.933
2012 年 7 月 2 日	1.114	0.988	0.924
2012 年 8 月 1 日	1.079	1.004	0.952
2012 年 9 月 4 日	1.032	1.005	0.968
2012 年 10 月 1 日	1.050	1.039	0.977
2012 年 11 月 1 日	1.058	1.056	0.980

（续）

日期	巴克莱长期国债 SPDR（TLO）RSTR	STOXX 欧洲 50 指数 SPDR（FEU）RSTR	标普新兴欧洲指数 SPDR（GUR）RSTR
2012 年 12 月 3 日	1.024	1.085	1.063
2013 年 1 月 2 日	0.948	1.076	1.027
2013 年 2 月 1 日	0.949	1.028	0.953
2013 年 3 月 1 日	0.915	1.002	0.907
2013 年 4 月 1 日	0.936	1.024	0.883
2013 年 5 月 1 日	0.858	0.997	0.841
2013 年 6 月 3 日	0.841	0.971	0.812
2013 年 7 月 1 日	0.789	0.981	0.793
2013 年 8 月 1 日	0.805	0.997	0.797
2013 年 9 月 3 日	0.785	0.995	0.784

根据表 9-26 与表 9-27 回答以下问题。

（1）说明美国长期国债、STOXX 欧洲 50 指数和新兴欧洲指数在 2012 年 4 月到 2013 年 9 月这段时期的相对强度。解释这一时期各板块的相对强度。

（2）讨论截至 2012 年 12 月 3 日时期 STOXX 欧洲 50 指数 ETF 和新兴欧洲 ETF 的相对表现。

问题（1）的解答： 美国长期国债的相对强度指标为 0.785。这个数字反映了在此期间该指数相对于标准普尔 500 表现较差，低 21.5%（0.785 − 1.000 = −0.215）。STOXX 欧洲 50 指数的相对强度指标是 0.995。该数字反映了在此期间该指数相对于标准普尔 500 指数表现较差，低 0.5%（1.000 − 0.995 = −0.005）。新兴欧洲 ETF 的相对强度指标为 0.784，在这段时间内相对标准普尔 500 指数表现较差，低 21.6%。

问题（2）的解答： 2012 年 12 月，STOXX 欧洲 50 指数的 RSTR 为 1.085，高于上个月 2.9%，而新兴欧洲的 RSTR 为 1.063，高于上个月 8.3%。在 2012 年 12 月，新兴欧洲 ETF 表现优于 STOXX 欧洲 50 指数 ETF。一个月的相对表现与整段时间的相对表现不同，在整个时期中 STOXX 欧洲 50 指数明显跑赢新兴欧洲 ETF。

总体而言，动量指标在专业投资者中拥有众多追随者。有些观点将动量指标作为信号，提示分析师考虑股票价格是否正在连续远离或连续接近从模型和乘数中推导出的基本面估值。换而言之，分析师可能对企业内在价值的估计正确，而动量指标可能对市场价格何时向内在价值趋同给出了提示。这类指标的使用问题将会继续是行业和商学院的研究热点。

9.7　估值指标：实践中的问题

本章中讨论的所有指标都是量化的辅助，但不一定能解决证券选择问题。在本节中，我们讨论实践中用平均值建立基准乘数时出现的问题，然后说明多乘数估值指标的使用。

9.7.1　计算乘数平均值：调和平均值

调和平均值与加权调和平均值经常被用来计算一组价格乘数的平均值。

考虑一个包含两只股票的假设投资组合。为了简单起见，假设投资组合拥有每种股票 100% 的股份。一只股票的市值为 7.15 亿欧元，盈利为 7150 万欧元，市盈率为 10。另一只股票的市值为 5.85 亿欧元，盈利为 2925 万欧元，市盈率为 20。注意投资组合的市盈率可以直接通过加总公司的市值和收益来计算。（7.15 + 5.85）/（0.715 + 0.292 5）=13 /1.007 5 = 12.90。要被解决的问题是：基于个股市盈率的哪种投资组合市盈率计算方法能最好地反映 12.90 这个值？

如果单个股票的持有比例以 X_i 代表，该比例简单**调和平均值**（harmonic mean）的表达式为：

$$X_H = \frac{n}{\sum_{i=1}^{n}(1/X_i)} \qquad (9\text{-}8)$$

这是倒数算术平均值的倒数。

加权调和平均值（weighted harmonic mean）的表达式为

$$X_{WH} = \frac{1}{\sum_{i=1}^{n}(\omega_i/X_i)} \qquad (9\text{-}9)$$

式中 ω_i 代表组合价值权重（总和为 1）且对 $i = 1, 2, \cdots, n, X_i > 0$。

表 9-28 显示了假设投资组合简单算术平均市盈率、加权平均市盈率、简单调和平均市盈率和加权调和平均市盈率的计算。

表 9-28　各种平均市盈率

证券	市值 (百万欧元)	百分比	盈利 (百万欧元)	股票市盈率	（1）	（2）	（3）	（4）
股票 1	715	55	71.50	10	0.5 × 10	0.55 × 10	0.5 × 0.1	0.55 × 0.1
股票 2	585	45	29.25	20	0.5 × 20	0.45 × 20	0.5 × 0.05	0.45 × 0.05
					15	14.5	0.075	0.0775

（续）

证券	市值（百万欧元）	百分比	盈利（百万欧元）	股票市盈率	（1）	（2）	（3）	（4）
算术平均市盈率（1）					15			
加权平均市盈率（2）						14.5		
调和平均市盈率（3）							1/0.075 = **13.33**	
加权调和平均市盈率（4）								1/0.0775 = **12.90**

加权调和平均市盈率准确地对应组合市盈率值12.90。这个例子说明了指数基金提供者为什么经常使用加权调和平均值计算"平均"市盈率或其他指数价格乘数的平均值。在一些应用中，分析师可能不希望或者无法将加权调和平均值所需的市值加权信息纳入计算。在这种情况下，简单调和平均值仍可以计算。

注意在本例中简单调和平均市盈率小于算术平均并且与直接计算得出的12.90更接近。调和平均值内生地赋予高市盈率更低的权重和低市盈率更高的权重。一般来说，调和平均数小于算术平均数，除非数据组中所有的观察值相等。

正如在本章前面所解释和说明的，使用中位数而不是算术平均得出乘数的平均值能减少离群值的影响。调和平均值有时也被用作减少大离群值的影响，这通常是使用算术平均乘数的主要问题，但是无法减少小离群值的影响（即那些接近零的值）。调和平均值倾向于减轻大离群值的影响。调和平均值可能会加剧小离群值的影响，但是这些离群值受到下限为零的约束。

我们可以用本章前面考察过的电信业务公司组来说明算术平均和调和平均之间的差异（见表9-5）。这个组包含了两个大的市盈率离群值，Equinix的市盈率为131.28，威瑞森的市盈率为86.06。表9-29显示了包括和不包括离群值的平均值。

表 9-29　算术平均值与调和平均值的对比

公司	静态市盈率（包括离群值）	静态市盈率（不包括离群值）
AT&T	25.73	25.73
加拿大贝尔电子公司	14.49	14.49
世纪电信公司	18.86	18.86
Equinix 公司	131.28	
Frontier 通信公司	43.30	43.30
威瑞森通信	86.06	
Windstream 公司	36.91	36.91
算术平均值	50.95	27.86
中位数	36.91	25.73
调和平均值	30.39	23.69

注意，因为Equinix和威瑞森，整个组的平均值（50.95）远高于中位数（36.91）。

调和平均值（30.39）更接近中位数，也更有可能代表中心趋势。一旦剔除离群值，那么算术平均值（27.86）、中位数（25.73）和调和平均值（23.69）更接近。调和平均值较低，反映了这种方法减轻了 Frontier 通信（43.30）和 Windstream 公司（36.91）市盈率相对较高的影响。

这个例子说明了分析师理解平均值算法的重要性（尤其是当分析师在查看其他分析师准备的信息时）和检验几种求和统计值的作用。

9.7.2　使用多个乘数估值指标

股票估值像一个拼图，每个经过仔细选择和计算的价格乘数、动量指标和基本面指标都可能会提供拼图的一部分，因此许多投资者和分析师在股票估值和选择中使用多于一种估值指标（和一些其他标准）。例 9-40 演示了多种指标的使用。

■ 例 9-40　股票估值中的多种指标

以下内容摘自过去的股票分析师报告，演示了在交流关于股票价值意见时多个乘数的使用。第一段摘录来自 Colorpak 公司（Colorpak Ltd.，简称 CKL），分析师使用现金流折现估值作为首选方法，但指出股票在使用市盈率（报告中的 PER）时仍有投资吸引力。第二段摘录来自百威英博啤酒集团（AB InBev，简称 ABI）的报告，分析师用两个与修订预测有关的乘数——市盈率（P/E）和 EV/EBITDA 评估了该股票价格（当时交易价为 42.80）。

Colorpak 公司

我们对 CKL 的现金流折现（DCF）估值为 0.82 澳元/股，反映了对当前股价 44% 的溢价。尽管 DCF 估值是我们的首选方法，但我们注意到 CKL 在其他指标中也有吸引力。

用周期中部市盈率乘数 10.5 倍（当前市盈率的 30%）乘以 2008 财年每股收益 7.6 分/股，我们得到估值 0.80 澳元。重要的是，如果股票能在 12 个月内达到我们的目标价格 0.75 澳元/股，CKL 的动态市盈率为 9.1 倍，我们认为这并不困难。在当前水平，该股票还提供有吸引力的 5.7% 股利收益率（全额缴纳股息[⊖]）。

马里奥·马亚，CFA
美林（澳大利亚）

⊖　"全额缴纳股息"（fully franked）是澳大利亚市场的特有概念，指股利的税务处理。

百威英博啤酒集团

基于我们稍微提高的估计值，该股票 2012 年的市盈率和 EV / EBITDA 为 12.4 倍和 9 倍，略低于快速消费品（FMCG，fast-moving consumer goods）大类和烈酒公司的估值。鉴于它更强的利润增长，酿酒商（ABI）可以获得溢价。我们把目标价格从 52 欧元提高到 53 欧元，意味着 24% 的上涨空间。买入。

费尔文奥，CFA

开普勒研究

1989～2012 年美国银行"美林机构因素调查"的机构投资者在选择股票时平均使用了 9.3 个因素（因为缺乏足够的反馈，不包括 2008～2010 年）。被调查的因素不仅包括价格乘数、动量指标和股利折现模型（DDM），也包括基本面因素净资产收益率、债务权益比、预计 5 年 EPS 增长、EPS 波动率、EPS 预测值分布、规模、beta、外国业务占比、价格低和被分析师忽视。表 9-30 列出了 2012 年 137 个受访者在投资决策中使用这些因素的信息，决策因素按使用百分比分类。

表 9-30　投资者在投资决策中使用指标的频率

高（●）>50%；中（◆）>30%<50%；低（○）<30%*

因素	频率	因素	频率
市盈率	●	预计 5 年 EPS 增长率	◆
贝塔	●	均值回归	◆
EV/EBITDA	●	正常化市盈率	◆
净资产收益率	●	市销率	◆
规模	●	净债务 /EBITDA	○
市净率	●	EPS 意外	○
股价比自由现金流（P/FCF）	◆	ROC	○
股票回购	◆	ROA	○
盈利预测调整	◆	EPS 预测值分布	○
利润率	◆	分析师评级调整	○
相对强度	◆	外国业务占比	○
每股收益动量	◆	长期价格趋势及短期调整	○
债务 / 权益	◆	交易量	○
每股收益波动率	◆	目标价格	○
DDM 或 DCF	◆	所有权	○
PEG	◆	短期价格趋势	○
长期价格趋势	◆	企业价值 / 销售收入	○
市现率	◆	价格低	○
被分析师忽视	◆	阿尔特曼（Altman）Z- 评分	○
股利增长率	◆	权益久期	○

资料来源：BofA Merrill Lynch 2012 Institutional Factor Survey。

在投资策略中使用比率的一个问题是预测偏误。**预测偏误**（look-ahead bias）是在计算一个数值时使用了无法在当时获得的信息。投资分析师经常使用历史数据对根据价格乘数或其他因素选股的投资策略进行回溯性测试。在进行回溯性测试时，分析师应当意识到财务结果报告的时滞会产生可能的预测偏误。例如2014年1月初，大部分的公司还未报告2013年最后一个季度的每股收益，因此企业那时的静态市盈率是基于2013年第一季度、第二季度、第三季度以及2012年最后一个季度每股收益的。任何基于2013年第四季度实际每股收益的静态市盈率投资策略，只有在数据可以获得时才能实施。因此，如果分析假设2014年1月初做出的投资是基于2013年全年数据的，那么分析就会涉及预测偏误。为了避免这种偏误，分析师应该根据当时报告的最近4个季度每股收益计算静态市盈率。同样的原则适用于其他静态乘数的计算。

应用一套标准将投资范围缩小到较小的一组投资标的被称为**筛选**（screening）。股票筛选标准的基础通常不仅包括本章讨论的估值指标，也包括可能解释指标差异的基本面因素。计算机化股票筛选是一个有效的方法，能够缩小投资的选择范围，是很多股票选择法的一部分。很多商业数据库和筛选工具的局限通常包括使用者无法控制重要输入值（例如每股收益）的计算；另一个重要局限是大部分的数据库不提供定性因素。例9-41演示了在股票选择中使用筛选。

> ### 例9-41　用筛选寻找构建投资组合的股票
>
> 简妮特．拉森管理一个机构投资组合，现在正在寻找新的股票加入组合。拉森拥有一个提供美国股票信息的商业数据库。她设计了一些筛选方法选择低市盈率、低市净率乘数的股票。因为拉森意识到选择低市盈率和低市净率的股票可能会得到低预期增长的股票，所以她也希望股票的市盈增长率小于1.0。她决定筛选股利收益率至少为3.0%、市值大于100亿美元的股票。表9-31显示了2014年1月依次满足五个标准的股票数目（因此，满足所有五个标准的股票数目为6）。
>
> 表9-31　股票筛选
>
> | 标准 | 连续满足每一个标准的股票数目 |
> | --- | --- |
> | 市盈率 < 20.0 | 1 674 |
> | 市净率 < 2.0 | 1 135 |
> | 市盈增长率 < 1.0 | 156 |
> | 股利收益率 ≥ 3.0% | 113 |
> | 市值超过 100 亿美元 | 6 |

其他信息：

- 在筛选日，筛选数据库提供的标普 500 市盈率为 19.4，市净率是 2.6，股利收益率为 2.1%。

- 标准普尔的美国风格指数方法论指出，风格指数用以下 6 个因素衡量增长和价值，标准普尔将其标准化并用它们计算每一家公司的增长和价值评分。

  三个增长因素

  每股收益 3 年的变化值 / 每股价格

  3 年每股销售收入增长率

  动量（12 个月股价变化百分比）

  三个价值因素

  账面价值对价格的比率

  盈利对价格的比率

  销售收入对价格的比率

- 在 2013 年 7 月，标普道琼斯美国指数协会提高了选择标普 500、标普中市值 400、标普小市值 600 公司的市值指引。新的指引如下。

  标普 500：超过 46 亿美元

  标普中市值 400：12 亿～51 亿美元

  标普小市值 600：3.5 亿～16 亿美元

  用给出的信息，回答以下问题。

（1）拉森的股票筛选中没有包含哪类估值指标？

（2）归纳拉森投资风格的整体倾向。

（3）说出拉森股票筛选的两个局限。

　　问题（1）的解答：拉森未在股票筛选中包含动量指标。

　　问题（2）的解答：根据给出的市值标准，可以说拉森是一位大市值价值投资者。尽管她的筛选包含市盈增长率，但是并没有包含像标普使用的那种明确的增长率标准，而且她的筛选不包含通常与增长趋势相关的动量指标，例如正的盈利意外。拉森还使用低于标普 500 平均市净率的市净率切除标准。注意，她对所有乘数的标准都是"小于"标准。

　　问题（3）的解答：拉森没有包括任何盈利指标或风险度量。这些忽略是一个局限，因为股票的预期低盈利能力或高风险可能解释其低市盈率。此筛选的另一个局限是商业数据库估值指标的计算可能没有反映对输入数据的恰当调整。没有定性标准也是一个可能的局限。

投资者也将我们介绍的所有关于单个股票的指标应用于行业和经济板块。例如，平均价格乘数和动量指标可以在板块轮换策略中用来决定相对高估和低估的板块。[⊖]（板块轮换策略是一种投资策略，该策略对预期表现优于或领先市场的行业增加权重。）

9.8 小结

在本章，我们定义并解释了专业实践中最重要的估值指标，并说明了其在各种估值问题中的应用。

- 价格乘数是股票的市场价格与某种每股基本价值度量值的比率。

- 价格乘数最经常用于可比法估值。该方法是将价格乘数与乘数的基准值相联系，评价一项资产价值是否被相对低估、合理估值或高估。

- 乘数的基准值可能是相似企业的乘数，一组同业公司、一个行业、经济板块、股票指数乘数的平均值或中位数，公司自身历史乘数的平均值或中位值。

- 可比法的经济原理是一价定律。

- 价格乘数也可以应用于基于基本面预测的估值方法。现金流折现模型（DCF）提供了这种方法的基础和原理。使用可比法的分析师也对基本面因素感兴趣，因为基本面的差异能解释价格乘数和基准值间的差异。

- 使用市盈率背后的关键思想是，盈利能力是投资价值的主要驱动因素，并且每股收益可能是证券分析师关注的主要焦点。但是，每股收益数据常会扭曲、波动以及有时为负值。

- 市盈率的两种定义是静态市盈率（基于最近四个季度的每股收益）和动态市盈率（基于下一年的预期收益）。

- 分析师通过正常化每股收益解决周期性问题，即计算在周期中段条件下企业当前能够达到的每股收益水平。

- 正常化每股收益的两种方法是，历史平均每股收益法（计算最近完整周期）和平均净资产收益率法（每股收益＝平均净资产收益率乘以当前每股账面价值）。

- 收益率（E/P）是市盈率的倒数。当股票的每股收益为零或负值时，根据收益率的排序是有意义的，而根据市盈率的没有。

- 历史的静态市盈率应该根据有足够时滞的每股收益计算，以避免预测偏误。同样原理适用于其他静态乘数的计算。

⊖ 例子见 Salsman (1997)。

- 市盈率的基本面驱动因素是预期盈利增长率和要求回报率。基于基本面因素的合理市盈率与第一个因素正相关，与第二个因素负相关。

- 市盈增长率（PEG）是将盈利增长影响加入市盈率的工具。市盈增长率是市盈率对一致预测增长率的比率。在其他条件一致的情况下，低市盈增长率的股票比高市盈增长率的股票更有吸引力。

- 我们可以使用基于可比法的价格乘数估计多阶段现金流折现模型的终值。终值 V_n 的表达式为（用市盈率为例）

  $V_n =$ 静态市盈率基准值 $\times E_n$

  或者

  $V_n =$ 动态市盈率基准值 $\times E_{n+1}$

- 每股账面价值旨在每股的层面上反映普通股股东在公司的投资。但是，通胀、技术革新和会计扭曲都可能影响此目的下的账面价值使用。

- 账面价值的计算是用普通股股东权益除以发行在外股数。为了准确反映股东的投资价值并且使市净率（价格比账面价值）在不同股票的比较中更有用，分析师对账面价值进行调整。

- 市净率的基本面驱动因素是净资产收益率和要求回报率。基于基本面因素的合理市净率与第一个因素正相关，与第二个因素负相关。

- 使用市销率的一个主要原因是利润表顶端的销售收入通常比其他基本面因素（例如每股收益或账面价值）较不易受到扭曲或操纵。销售收入也比盈利更稳定，并且从不为负值。

- 市销率没有考虑企业间的成本差异，可能无法恰当反映正在亏损企业的状况，而且销售收入可能通过收入确认方法被操纵。

- 市销率的基本面驱动因素是利润率、增长率和要求回报率。基于基本面因素的合理市销率与前两个因素正相关，与第三个因素负相关。

- 企业价值（EV）是整个企业的价值（债务的市场价值、普通股权益和优先股权益）减去现金和投资的价值。

- 在概念上，EV 比销售收入比率优于市销率，因为 EV/S 能够方便资本结构不同的企业比较。

- 使用市现率背后的主要思想是，现金流比盈利较不容易受操纵。市现率乘数通常比市盈率乘数更稳定。但是一些常见的经营活动现金流近似值有局限性，因为它们忽略了那些可能被操纵的项目。

- 乘数中使用的主要现金流（和相关）概念为盈利加非现金费用（CF）、经营活动现金流（CFO）、股权自由现金流（FCFE）和息税折旧摊销前利润（EBITDA）。

- 在计算市现率时，尽管股权自由现金流与金融理论的联系更强，传统做法是用盈利加非现金费用概念。

- CF 与 EBITDA 并不是严格的现金流数据，因为它们不考虑非现金收入和营运资本的净变化。

- 市现率的基本面驱动因素是未来现金流预期增长率和要求回报率。基于基本面因素的合理市现率与第一个因素正相关，与第二个负相关。

- EV/EBITDA 优于 P/EBITDA，因为 EBITDA 是利息前数据，是所有资本提供者的现金流。

- 在比较不同财务杠杆（债务）的企业时，EV/EBITDA 可能比市盈率更合适。

- EV/EBITDA 在资本密集型企业估值中经常被使用。

- EV/EBITDA 的基本面驱动因素是企业自由现金流（FCFF）预期增长率、盈利性和加权平均资本成本。基于基本面的合理 EV/EBITDA 与前两个因素正相关，与第三个因素负相关。

- 股利收益率被用作估值指标，因为股利是总回报的一部分并且与资本升值相比风险较小。

- 静态股利收益率的计算是最近季度每股股利收益乘以 4 除以当前市场价格。

- 股利收益率的基本面驱动因素是股利预期增长率和要求回报率。

- 比较不同国家的企业经常需要处理会计方法差异、文化差异、经济差异及其带来的风险和增长机会差异。

- 动量指标将价格或基本面因素与其自身历史值（有时是预期值）的时间序列相联系。

- 动量估值指标包括盈利意外、标准化意外收益（SUE）和相对强度指标。

- 意外收益（或盈利意外）等于报告收益与预期收益的差异。

- 标准化意外收益（SUE）是意外收益除以历史意外收益的标准差。

- 相对强度指标将一段特定时期的股票表现与其自身历史表现（第一类比较）或一组股票的表现（第二类比较）相比。使用相对强度指标的理由是，存在股票回报的持续或逆转模式。

- 股票筛选是应用一套标准将投资范围缩减小到一组较小的投资标的，是许多股票选择法的一部分。通常，这种筛选的局限包括对供应商提供的数据在重要输入值的计算上缺乏控制。

剩余收益估值

杰拉尔德·E.平托，PhD，CFA

伊莱恩·亨利，PhD，CFA

托马斯·R.罗宾逊，PhD，CFA

约翰·D.斯托，PhD，CFA

■ 学习目标

通过学习本章内容，你将可以：

- 计算并解释剩余收益、经济价值增加值和市场价值增加值。

- 描述剩余收益模型的用法。

- 用剩余收益模型计算普通股的内在价值，比较剩余收益模型和其他现值模型对价值的确认。

- 解释剩余收益的基本决定因素。

- 解释剩余收益估值和基于基本面因素预测的合理市净率之间的关系。

- 用单阶段（稳定增长）和多阶段剩余收益模型计算并解释普通股的内在价值。

- 给定市场的市净率和估计的股权要求回报率，计算剩余收益的隐含增长率。

- 解释持续剩余收益，给定公司和行业前景，说明预测期持续剩余收益估计的合理性。

- 将剩余收益模型与股利折现模型和自由现金流模型进行比较。

- 解释剩余收益模型的优点和缺点，说明选择剩余收益模型对一家公司股权估值的合理性。

- 描述应用剩余收益模型时的主要会计问题。

- 基于剩余收益模型，评价股票是否被高估、合理估值或被低估。

10.1 引言

股权估值的剩余收益模型在投资界和学术界都得到了广泛的认可。理论上说，剩余收益就是净利润减去创造净利润的股权的机会成本，即扣除了公司所有资本成本后剩余的利润。剩余收益模型吸引人之处来源于传统会计的一个缺点。具体地说，企业的利润表包含了债务资本成本这项支出，但没有包含股权资本成本的支出。如果一个企业的利润小于股权资本成本，那么即使该企业的利润大于零，它也仍然没有增加股东的价值。剩余收益模型明确承认创造利润全部资本的成本。

剩余收益作为一个经济概念有很长的历史，最早可以追溯到 19 世纪后期的阿尔弗雷德·马歇尔（Alfred Marshall）[⊖]。在 20 世纪 20 年代，通用汽车在评价商业部门业绩的时候也用到了这个概念[⊜]。最近，剩余收益再次得到了关注和重视，有时是以经济利润、超额利润或经济价值增加值的名称出现。虽然剩余收益在很多情境下被使用，包括企业内部的业绩衡量，但是本章只关注评估普通股内在价值的剩余收益模型。学习以下问题可以帮助我们应用剩余收益模型。

- 剩余收益怎么衡量？分析师怎么用剩余收益来估值？
- 剩余收益与基本面因素的关系如何，例如净资产收益率和盈利增长率？
- 剩余收益与其他估值方法有什么联系，例如价格乘数法？
- 应用剩余收益估值法会遇到哪些会计上的挑战？

本章内容安排如下：10.2 节介绍概念以及剩余收益在估值中的应用，简单说明实践中剩余收益的各种计算方法。10.3 节描述剩余收益模型及其在股权估值中的应用。这一节还展示模型的实际应用，包括单阶段（稳定增长）剩余收益模型和多阶段剩余收益模型。10.4 节描述剩余收益模型相对于其他估值法的优势和劣势。10.5 节讨论剩余收益模型使用过程中的会计问题。10.6 节是小结。

10.2　剩余收益

传统的财务报表，特别是利润表，是为反映所有者的收益而编制的。因此，利润表显示的净利润扣除了债务资本的成本，即利息费用。但是，利润表没有扣除股利或其他股权资本的成本。传统的财务报表实质上是让所有者自己判断收益是否覆盖其机会成本。与此相反，剩余收益的经济概念明确地扣除了估计的股权资本成本，后者是衡量股东机会成本的财务概念。因为股权成本反映的是新增股权（内部融资或发行新股）的成本，所以是边际成本。例 10-1 演示了在一个非实际例子中剩余收益的计算和解释[⊜]。

[⊖] Alfred Marshall, Book Two: Some Fundamental Notions, Chapter 4, "Income, Capital," in Principles of Economics (London; Macmillan, 1890).

[⊜] 例如，参见 Young（1999），还有 Lo and Lys (2000)。

[⊜] 为了简化这一说明，我们假设净利润准确地反映干净盈余会计，后者将会在本章后文解释。本章讨论假设企业的融资仅包括股权和债权。如果企业还有优先股融资，剩余收益的计算将从净利润中扣除优先股的股利。

▌ 例 10-1   剩余收益的计算

Axis 制造公司（简称 AXCI）是一家市值非常小的企业，总资产为 200 万欧元，债务融资和股权资本各占 50%。税前债务成本为 7%；假设利息可以在税前扣除，税后债务成本为 4.9%[⊖]。股权资本成本为 12%。公司的息税前利润（EBIT）为 20 万欧元，税率为 30%。AXCI 的净利润计算如下（单位：欧元）：

息税前利润（EBIT）	200 000
减：利息费用	70 000
税前利润	130 000
减：所得税费用	39 000
净利润	91 000

AXCI 的净利润为 91 000 欧元，在会计意义上明显是盈利的。但是该企业的盈利是否给股东提供了足够的回报呢？很不幸，没有。要考虑股权资本成本就要计算剩余收益。计算剩余收益的一个方法是从净利润中扣除**股权费用**（equity charge，估计的股权资本成本金额）。股权费用计算如下：

$$股权费用 = 股权资本 \times 股权资本成本$$
$$= 1\,000\,000 \times 12\%$$
$$= 120\,000（欧元）$$

如前所述，剩余收益等于净利润减去股权费用（单位：欧元）：

净利润	91 000
减：股权费用	120 000
剩余收益	（29 000）

AXCI 的盈利不足以覆盖股权资本的成本。因此，它的剩余收益为负值。尽管 AXCI 在会计意义上盈利，但它在经济意义上是不盈利的。

在例 10-1 中，剩余收益是在净利润的基础上扣除股权费用计算的。在一定的假设条件下，分析师也可以通过其他方法计算剩余收益得到同样的结果。第二种方法从所有资本（包括债权和股权）提供者的角度出发，将**资本费用**（capital charge，所有资本的成本金额）从企业的税后营业利润中扣除。在例 10-1 中，资本费用是 169 000 欧元：

⊖   在一些国家和地区，公司的利息费用不可税前扣除，税后的债务成本将等于税前债务成本。

股权费用	$0.12 \times 1\,000\,000 = 120\,000$
债权费用	$0.07 \times (1-0.30) \times 1\,000\,000 = \underline{49\,000}$
总资本费用	$\underline{\underline{169\,000}}$

企业的税后净营业利润（NOPAT）为140 000欧元（息税前利润200 000欧元减去30%所得税）。资本费用为169 000欧元，比税后营业利润多29 000欧元，结果与例10-1的一样。

如下表所示，两种方法之所以得到相同的结果是因为两个假设。第一，假设边际债权成本（率）与当前净利润计算中所用的债权成本（率）相同。具体地说，在本例子中，净利润包含的税后利息费用（49 000=70 000×（1–30%））等于资本费用中的税后债权费用。第二，假设资本费用计算中使用的权重由债权和股权的账面价值得出。具体地说，债权和股权的比例各为50%。

（单位：欧元）

方法一		调整项	方法二	
净利润	91 000	加税后利息费用49 000	税后净营业利润	140 000
减：股权费用	120 000	加税后债权费用49 000	减：资本费用	169 000
剩余收益	(29 000)		剩余收益	(29 000)

通过比较资本成本和资本回报率也可以看出公司在经济意义上不盈利。具体地说，公司的资本费用大于税后资产回报或资本回报。总资产（或资本）的税后净经营回报率等于利润除以总资产（或总资本）。在例10-1中，税后净经营回报率等于7%（=140 000/2 000 000），比公司的有效资本成本率8.45%（=169 000/2 000 000）低了1.45%。○

10.2.1　股权估值中的剩余收益

产生的利润大于获得资本所付出的成本，即剩余收益为正数，这样的企业是创造价值的。相反，产生的利润小于获得资本所付出的成本，即剩余收益为负数，这样的企业是破坏价值的。因此，在其他条件相同的情况下，剩余收益越大（小），价值越高（低）。

用例10-1的AXCI来说明剩余收益在股权估值中的作用，假设以下条件。

- 初始的时候，AXCI股权按账面价值1 000 000欧元销售，共发行100 000股，每股的账面价值和初始价格都是10欧元。

○ 税后净营业利润对总资产或总资本的百分比被称作**投入资本回报率**（ROIC）。剩余收益也可以用（ROIC – 有效资本费用率）× 期初资本计算。

- 每股收益（EPS）为 0.91 欧元（= 91 000/100 000）。

- 未来盈利将保持在当前水平，一直不变。

- 所有的净利润作为股利分配。

因为 AXCI 的盈利小于其股权费用，如例 10-1 所示，企业的股价会下跌。根据计算，AXCI 每年损毁 29 000 欧元的价值，相当于每股 0.29 欧元（= 29 000/100 000）。以 12% 折现，永续年金的现值为 2.42 欧元（= 0.29/12%）。当前股价减去损毁价值的现值等于 7.58 欧元（= 10 − 2.42）。

从另一个角度分析这些数据可以发现，企业增长率为零时收益率（E/P）等于预期净资产收益率。当价格降低到 E/P 等于股权要求回报率时，预期该股票投资的收益正好覆盖股票的要求回报。EPS 等于 0.91 欧元，当股价为 7.583 33 欧元（即 0.91/7.583 33 = 12%）时，收益率正好是 12%。当股价等于 7.583 33 欧元时，股权的总市值为 758 333 欧元。当企业的剩余收益为负，股票将会相对于账面价值折价销售。在本例中，AXCI 的折价使得市净率（P/B）为 0.758 3。相反地，如果 AXCI 的剩余收益为正，它的股票将会相对于账面价值溢价出售。总之，其他条件相同的情况下，较高的剩余收益意味着较高的市场价（和较高的市净率）。

剩余收益（RI）模型曾被用来对单一股票进行估值[一]，以及对道琼斯工业指数进行估值[二]。模型也被会计准则制定者（美国会计协会财务会计准则委员会，2001 年）提出作为测量商誉减值的解决方案。**减值**（impairment）在会计术语中表示向下调整，**商誉**（goodwill）在企业收购另一家公司时可能会作为无形资产列在资产负债表中。

剩余收益和剩余收益模型还有许多别称。剩余收益有时被称为**经济利润**（economic profit），因为它是扣除了所有资本（债权和股权）成本后的企业利润估计值。在预测未来剩余收益时，会用到**超常盈利**（abnormal earnings）这一术语。假定企业长期的盈利预期等于（各种来源的）资本成本，任何超出资本成本的盈利都可以被看作超常盈利。剩余收益模型也被称为**超常盈利折现模型**（discounted abnormal earnings method）和 **Edwards-Bell-Ohlson 模型**（以这一领域的研究者命名）。本章重点讲述一般剩余收益模型，可以由使用公开可得数据和非专利会计调整的分析师使用。但是，这个模型有一些商业应用也是非常知名的。在转到第 10.3 节介绍一般剩余收益模型前，我们先简单讨论一个这种商业应用和相关的市场价值增加值概念。

[一]　参见 Fleck，Craig, Bodenstab, Harris and Huh (2001).

[二]　参见 Lee and Swaminathan (1999)，Lee、Myers and Swaminathan (1999)。

10.2.2　商业应用

有多个相互竞争的剩余收益概念的商业应用，**经济价值增加值**（economic value added, EVA[⊖]）是其中一例。在上一节中，剩余收益的计算以税后营业利润为起点，经济价值增加值也采用类似的方法。具体地说，经济价值增加值的计算方式为：

$$EVA = NOPAT - (C\% \times TC) \tag{10-1}$$

式中，NOPAT 是企业的税后营业利润；C% 是资本成本；TC 是总资本。

在此模型中，基于会计准则的税后营业利润（NOPAT）和总资本（TC）都进行了一些调整。[⊖]常见的调整有：

- 研发（R&D）费用被资本化并进行摊销，而不是费用化（即 R&D 费用减去估计的摊销，在计算 NOPAT 时被加回）。
- 如果一项战略投资预计不能立即产生回报，那么该部分资本成本的计算将被推迟。
- 递延所得税被取消，只有现金缴纳的所得税才被确认为费用。
- 存货的后进先出储备（LIFO reserve）在计算资本成本时被加回，后进先出储备的增加在计算 NOPAT 时被加回。
- 经营租赁被视作资本租赁，非经常性项目也被调整。

因为计算 EVA 时使用了一些调整，计算得到的结果通常与例 10-1 中简单方法计算的结果不同。在实践中，一般（没有注册的）剩余收益模型也会考虑会计方法对报告结果的影响。但分析师在估计剩余收益时对报告会计结果的调整通常与 EVA 中定义的不同。本章第 10.5 节会更详细地探讨会计问题。

从长期看，企业必须创造经济利润，其市场价值才会增加。与经济利润（和 EVA）相关的一个概念是市场价值增加值（MVA）：

$$MVA = 企业的市场价值 - 总资本的会计账面价值 \tag{10-2}$$

一个公司如果创造正的经济利润，其市场价值应该超过其资本的会计账面价值。

用价值增加值概念解释股权价值和股票回报率的研究得出了不同的结论。Peterson and Peterson（1996）发现价值增加值这类指标比传统指标（如资产回报率和股东回报率）与股票回报的相关性更高。Bernstein and Pigler（1997）还有 Bernstein，Bayer and Pigler（1998）发现价值增加值在预测股票表现时并不比盈利增长率这类指标更好。

⊖　该缩写被 Stern Steward & Company 注册为商标，通常和 Stern Steward 公司提出的一套具体调整相联系。这些调整的目的是得出更接近经济利润的估计值。详细讨论参见 Steward（1991）以及 Peterson and Peterson（1996）。

⊖　例如，参见 Ehrbar (1998)。

其他大型会计师事务所和咨询公司还销售许多种与剩余收益概念相关的商业模型。有趣的是，这些模型的应用方向通常不是股权估值。相反，这些剩余收益概念主要用于衡量公司内部业绩和确定管理层薪酬。

10.3　剩余收益模型

在第 10.2 节，我们讨论了剩余收益概念并简单介绍了剩余收益和股权价值的关系。从长期看，盈利超过资本成本的企业，股价应高于账面价值；盈利低于资本成本的企业，股价应低于账面价值。**剩余收益模型**（residual income model）的估值将股权内在价值视为两部分之和：

- 股权的当期账面价值。
- 预期未来剩余收益的现值。

注意，当全部股权的估值改为直接对每股的估值时，应使用每股收益而不是净利润。根据剩余收益模型，股票的内在价值可以表达为：

$$V_0 = B_0 + \sum_{t=1}^{\infty} \frac{\mathrm{RI}_t}{(1+r)^t} = B_0 + \sum_{t=1}^{\infty} \frac{E_t - rB_{t-1}}{(1+r)^t} \qquad (10\text{-}3)$$

式中，V_0 是当前每股价值（$t=0$）；B_0 是当前每股账面价值；B_t 是预期的任意时点 t 每股账面价值；r 是股权投资的要求回报率（股权成本）；E_t 是第 t 期的预期每股收益；RI_t 是预期的每股剩余收益，等于 $E_t - rB_{t-1}$。

第 t 期的每股剩余收益 RI_t 等于该期的每股收益 E_t 减去该期的股权费用，即股权要求回报率乘以期初的每股账面价值 rB_{t-1}。只要每股收益超过每股的股权费用，每股的剩余收益为正；只要每股收益小于每股的股权费用，每股的剩余收益为负。例 10-2 说明了每股剩余收益的计算。

▌例 10-2　每股剩余收益的预测

大卫·史密斯正在评估银惠顿公司（Silver Wheaton Corporation，SLM）截至 2013 年 8 月底的预期剩余收益。银惠顿公司 2004 年成立于温哥华，是世界上最大的贵金属流交易公司。该公司有一些协议，通过支付前期付款获得购买世界多地银矿（有时是金矿）全部或部分产出的权利。使用相对于 TSX 300 指数调整后的贝塔 1.50、10 年期国债收益率 2.8% 和股本风险溢价估计值 4.2%，史密斯利用资本资产定价模型（CAPM）估计银惠顿公司的要求回报率 r 为 9.1%（＝2.8%＋1.50× 4.2%）。史密斯在 2013 年 8 月 23 日收盘后获得了以下数据。

	（单位：美元）
当前市场价	27.70
在 2012 年 12 月 31 日的账面价值	8.77
年度收益一致预期	
2013 财年（截至 12 月）	1.40
2014 财年	1.60
年度每股股息预测	
2013 财年	0.52
2014 财年	0.60

截至 12 月的 2013 财年和 2014 财年剩余收益预测是多少？

解答： 剩余收益的预测及其计算见表 10-1。

表 10-1 银惠顿公司　　　　　　　　　（单位：美元）

年度	2013 财年		2014 财年	
预测每股账面价值				
期初账面价值（B_{t-1}）		8.77		9.65
每股收益预测（E_t）	1.40		1.60	
减：股利预测（D_t）	0.52		0.60	
加：留存收益变动（$E_t - D_t$）		0.88		1.00
预测期末每股账面价值（$B_{t-1} + E_t - D_t$）		9.65		10.65
计算股权费用				
期初账面价值	8.77		9.65	
乘：股权成本	×0.091		×0.091	
每股股权费用（$r × B_{t-1}$）		0.80		0.88
估计每股剩余收益				
每股收益预测	1.40		1.60	
减：股权费用	0.80		0.88	
每股剩余收益		0.60		0.72

式（10-3）是普通股内在价值估计的表达式，例 10-3 说明了其使用方法。

▌例 10-3　剩余收益模型的使用（1）

巴格房地产公司未来三年的预期每股收益为 2.00 美元、2.50 美元和 4.00 美元。

分析师预计巴格公司未来三年会发放 1.00 美元、1.25 美元和 12.25 美元的股利。最后一年的股利预计为清算股利；分析师估计巴格公司在第三年会终止营业。巴格公司当期每股账面价值为 6.00 美元，股权要求回报率为 10%。

（1）计算未来三年的每股账面价值和剩余收益。

（2）用式（10-3）的剩余收益模型估计股票的价值。

$$V_0 = B_0 + \sum_{t=1}^{\infty} \frac{E_t - rB_{t-1}}{(1+r)^t}$$

（3）用股利折现模型对问题（2）的估值结果进行确认（即每股的估计值等于未来股利的现值）。

问题（1）的解答： 未来三年的每股账面价值和剩余收益见表 10-2。

表 10-2

（单位：美元）

年度	1	2	3
期初每股账面价值（B_{t-1}）	6.00	7.00	8.25
每股净利润（EPS）	2.00	2.50	4.00
减：每股股利（D）	1.00	1.25	12.25
留存收益变动（EPS $-D$）	1.00	1.25	-8.25
期末每股账面价值（$B_{t-1} +$ EPS $-D$）	7.00	8.25	0.00
每股净利润（EPS）	2.00	2.50	4.000
减：每股股权费用（rB_{t-1}）	0.60	0.70	0.825
剩余收益（EPS $-$ 股权费用）	1.40	1.80	3.175

问题（2）的解答： 用剩余收益模型估值：

$$V_0 = 6.00 + \frac{1.40}{(1.10)} + \frac{1.80}{(1.10)^2} + \frac{3.175}{(1.10)^3}$$

$$= 6.00 + 1.272\ 7 + 1.487\ 6 + 2.385\ 4$$

$$= 11.15（美元）$$

问题（3）的解答： 用股利折现模型估值：

$$V_0 = \frac{1.00}{(1.10)} + \frac{1.25}{(1.10)^2} + \frac{12.25}{(1.10)^3}$$

$$= 0.909\ 1 + 1.033\ 1 + 9.203\ 6$$

$$= 11.15（美元）$$

例 10-3 说明了剩余收益（RI）模型的两个重要问题。第一，剩余收益模型与其他估值模型本质上是相似的，如股利折现模型（DDM），给定一致的假设条件会得到相等的结果。第二，通常情况下 RI 模型对价值的确认会早于 DDM。在例 10-3 中，RI 模型将总价值 11.15 美元中的 6.00 美元在第一期确认。与此相反，股利折现模型在最后一期才确认总价值 11.15 美元中的 9.203 6 美元。第 10.3 节剩余的部分将演示 RI 模型最常见的一般表达式并说明模型的应用方法。

10.3.1　一般剩余收益模型

剩余收益模型与其他估值模型（例如股利折现模型）有明显的关系。实际上，式（10-3）中的剩余收益模型可以从 DDM 中推出。股利折现模型的一般表达式是：

$$V_0 = \frac{D_1}{(1+r)^1} + \frac{D_2}{(1+r)^2} + \frac{D_3}{(1+r)^3} + \cdots$$

干净盈余关系（clean surplus relation）表示盈利、股利和账面价值之间的关系如下：

$$B_t = B_{t-1} + E_t - D_t$$

换言之，除了所有权交易之外，股权期末账面值等于期初账面值加上盈利减去股利。利润（盈利）反映除所有权交易外股权账面价值全部变动的情况被称为干净的盈余会计。通过重新安排干净盈余的关系式，每期的股利可以被视为净利润减去当期留存收益或者净利润减去账面值的增加。

$$D_t = E_t - (B_t - B_{t-1}) = E_t + B_{t-1} - B_t$$

将 $E_t + B_{t-1} - B_t$ 代入 V_0 的表达式替换 D_t：

$$V_0 = \frac{E_1 + B_0 - B_1}{(1+r)^1} + \frac{E_2 + B_1 - B_2}{(1+r)^2} + \frac{E_3 + B_2 - B_3}{(1+r)^3} + \cdots$$

这个等式还可以写成：

$$V_0 = B_0 + \frac{E_1 - rB_0}{(1+r)^1} + \frac{E_2 - rB_1}{(1+r)^2} + \frac{E_3 - rB_2}{(1+r)^3} + \cdots$$

用求和符号表示的剩余收益模型式（10-3) 重述如下：

$$V_0 = B_0 + \sum_{t=1}^{\infty} \frac{\text{RI}_t}{(1+r)^t} = B_0 + \sum_{t=1}^{\infty} \frac{E_t - rB_{t-1}}{(1+r)^t}$$

根据等式，股票的价值等于它的账面价值加上预期未来每股剩余收益的现值。注意，在预期未来每股剩余收益现值为正（负）时，内在价值 V_0 大于（小于）账面价值 B_0。

尽管这种方法从 20 世纪 20 年代开始就在美国税务案例中被用来对小企业进行

估值[⊖]，但目前在实践中使用的剩余收益模型大多源于早期 Edwards 和 Bell（1961），Ohlson（1995）还有 Feltham 和 Ohlson（1995）的学术研究。以这些学术研究为基础的剩余收益模型[⊜]的一般表达式也可以写成：

$$V_0 = B_0 + \sum_{t=1}^{\infty} \frac{(\mathrm{ROE}_t - r)B_{t-1}}{(1+r)^t} \qquad （10\text{-}4）$$

式（10-4）与前面 V_0 的表达式是等价的，因为在任意年度 t，$\mathrm{RI}_t = (\mathrm{ROE}_t - r)B_{t-1}$。除了股权要求回报率以外，剩余收益模型需要的输入数据均来自会计数据。注意，这里的净资产收益率（ROE）以期初的股权账面价值作为分母，但财务报表分析的净资产收益率往往是用股权平均账面价值作为分母。例 10-4 演示了如何使用式（10-4）进行价值估计。

📕 例 10-4 剩余收益模型的使用（2）

回顾例 10-3 中的数据，巴格房地产公司未来三年的预期每股收益依次是 2.00 美元、2.50 美元和 4.00 美元，预期每股股利依次是 1.00 美元、1.25 美元和 12.25 美元。分析师预计最后一期股利将是清算股利，巴格公司第 3 年后将停止经营。巴格公司目前的每股账面价值是 6.00 美元，它的股权要求回报率估计为 10%。

使用这些数据，用以下形式的剩余收益模型估计巴格房地产公司股票的价值：

$$V_0 = B_0 + \sum_{t=1}^{\infty} \frac{(\mathrm{ROE}_t - r)B_{t-1}}{(1+R)^t}$$

解答：估计股票价值前先要预测剩余收益。表 10-3 说明了剩余收益的计算。（注意表 10-3 与例 10-3 的表 10-2 得到相同的剩余收益估计）。

表 10-3

年度	1	2	3
每股收益（美元）	2.00	2.50	4.00
除以期初每股账面价值（美元）	÷6.00	÷7.00	÷8.25
净资产收益率（ROE）	0.333 3	0.357 1	0.484 8
减股权要求回报率	− 0.100 0	− 0.100 0	− 0.100 0
超额回报率（ROE − r）	0.233 3	0.257 1	0.384 8
乘以期初每股账面价值（美元）	×6.00	×7.00	×8.25
剩余收益（ROE − r）× 期初 BV（美元）	1.400	1.800	3.175

⊖ 在税务估值中，这个方法被称为**超额收益法**（excess earnings method）。例如，参见 Hitchner（2017）和美国国税局（IRS）Revenue Ruling 68-609。

⊜ 例如，参见 Hirst and Hopkins（2000）。

每股价值估计如下：

$$V_0 = 6.00 + \frac{1.40}{(1.10)} + \frac{1.80}{(1.10)^2} + \frac{3.175}{(1.10)^3}$$

$$= 6.00 + 1.272\,7 + 1.487\,6 + 2.385\,4$$

$$= 11.15（美元）$$

注意，该数值与例 10-3 中用式（10-3）估计的结果完全相同。这是因为假设相同，而且式（10-3）和式（10-4）是等价表达式：

$$V_0 = B_0 + \sum_{t=1}^{\infty} \frac{E_t - rB_{t-1}}{(1+r)^t} \tag{10-3}$$

$$= B_0 + \sum_{t=1}^{\infty} \frac{(\mathrm{ROE}_t - r)B_{t-1}}{(1+r)^t} \tag{10-4}$$

例 10-4 说明剩余收益价值可以用当期账面价值、预测的利润、预测的账面价值和估计的股权要求回报率进行估计。利润和账面价值的预测转化为净资产收益率的预测。

▌例 10-5　用一般剩余收益模型估计一个公司的价值

在 2013 年底，股票分析师罗伯特·苏马戈正在考虑谷歌（Google，GOOG）的估值，最近收盘价为 896.57 美元。苏马戈注意到谷歌过去十年的 ROE 总体上相当高，而且是分析师对未来两个财政年度每股收益的一致预测反映出预期净资产收益率约为 19%。苏马戈预计高 ROE 在未来可能无法持续。苏马戈通常采用现值估值方法。截至估值日期，谷歌不支付股利。虽然股利折现估值是可能的，但苏马戈对于预测股利开始分配的日期并没有信心。他决定用剩余收益模型对谷歌估值，并使用以下数据和假设。

- 根据 CAPM，谷歌的要求回报率大约为 8.5%。
- 2012 年 12 月 31 日，谷歌的每股账面价值为 217.54 美元。
- 2013 年，ROE 预计将达到 21%。由于竞争压力，苏马戈预计谷歌的 ROE 在接下来的几年会下降，并假设每年下降 0.5%，直到等于 CAPM 的要求回报率。
- 谷歌目前不支付股利。苏马戈预计该公司在可预见的将来都不会分红，因此所有利润会被再投资。此外，苏马戈预计股票回购会大致抵消新股发行。

用剩余收益模型（式（10-4））计算谷歌的价值。

解答： 每股账面价值最初为 217.54 美元。基于第一年 ROE 的预测 21%，每股收益预测为 45.68 美元。因为没有支付股利并且假设干净盈余关系成立，期末账面价值的预测值为 263.22（=217.54+45.68）美元。2013 年，每股收益 45.68 美元减去股权费用 18.49 美元可以得出剩余收益，即 27.19 美元。这相当于用期初每股账面价值 217.54 美元乘以净资产收益率 21% 和要求回报率 8.5% 的差，即 217.54×（0.21－0.085）=27.19 美元。27.19 美元按 8.5% 折现一年，等于 25.06 美元。对每一年重复以上步骤，如表 10-4 所示。谷歌用剩余收益模型估计的价值等于每年剩余收益的现值和加上当期的每股账面价值。因为从 2038 年开始剩余收益为零，所以在这以后不需要预测。从表 10-4 中可以看到，这个模型估计的价值为 920.24 美元。

表 10-4　用剩余收益模型对谷歌估值

年度	预期利润 EPS(美元)	预期每股股利（美元）	每股账面价值（美元）	（基于期初账面价值）预期 ROE（%）	股权成本（%）	股权费用（美元）	剩余收益（美元）	BV 和剩余收益的 PV
	（加）	（减）	217.54					
2013	45.68	0.00	263.22	21.0%	8.5%	18.49	27.19	25.06
2014	53.96	0.00	317.18	20.5	8.5	22.37	31.59	26.83
2015	63.44	0.00	380.62	20.0	8.5	26.96	36.48	28.56
2016	74.22	0.00	454.84	19.5	8.5	32.35	41.87	30.21
2017	86.42	0.00	541.26	19.0	8.5	38.66	47.76	31.76
2018	100.13	0.00	641.40	18.5	8.5	46.01	54.13	33.18
2019	115.45	0.00	756.85	18.0	8.5	54.52	60.93	34.42
2020	132.45	0.00	889.30	17.5	8.5	64.33	68.12	35.47
2021	151.18	0.00	1 040.48	17.0	8.5	75.59	75.59	36.27
2022	171.68	0.00	1 212.15	16.5	8.5	88.44	83.24	36.81
2023	193.94	0.00	1 406.10	16.0	8.5	103.03	90.91	37.06
2024	217.95	0.00	1 624.04	15.5	8.5	119.52	98.43	36.98
2025	243.61	0.00	1 867.65	15.0	8.5	138.04	105.56	36.55
2026	270.81	0.00	2 138.46	14.5	8.5	158.75	112.06	35.76
2027	299.38	0.00	2 437.84	14.0	8.5	181.77	117.62	34.60
2028	329.11	0.00	2 766.95	13.5	8.5	207.22	121.89	33.04
2029	359.70	0.00	3 126.66 .	13.0	8.5	235.19	124.51	31.11
2030	390.83	0.00	3 517.49	12.5	8.5	265.77	125.07	28.80
2031	422.10	0.00	3 939.59	12.0	8.5	298.99	123.11	26.13
2032	453.05	0.00	4 392.64	11.5	8.5	334.86	118.19	23.12
2033	483.19	0.00	4 875.83	11.0	8.5	373.37	109.82	19.80
2034	511.96	0.00	5 387.79	10.5	8.5	414.45	97.52	16.20

								（续）
年度	预期利润 EPS(美元)	预期每股 股利 （美元）	每股账面 价值 （美元）	（基于期初 账面价值） 预期 ROE （%）	股权 成本 （%）	股权费用 （美元）	剩余收 益（美 元）	BV 和剩余 收益的 PV
2035	538.78	0.00	5 926.57	10.0	8.5	457.96	80.82	12.38
2036	563.02	0.00	6 489.60	9.5	8.5	503.76	59.27	8.37
2037	584.06	0.00	7 073.66	9.0	8.5	551.62	32.45	4.22
2038	601.26	0.00	7 674.92	8.5	8.5	601.26	0.00	0.00
合计							920.24	

注：PV 表示现值，BV 表示账面价值。这个表格是用 Excel 建立的，因为四舍五入问题，所以数字可能与
　　计算器得出的结果不同。

例 10-5 提到了干净盈余会计假设。如前所述，剩余收益模型假设干净盈余会计。
例如，表 10-4 呈现了干净盈余会计假设，期末每股账面价值等于期初账面价值加净利
润减股利。在国际财务报告准则（IFRS）和美国通用会计准则（U.S. GAAP）中，一段
时间内发生的某些利润和费用项目（例如某些证券的市值变化）绕过利润表，直接影响
股东权益的账面价值。[一]严格来说，剩余收益模型包括所有利润和费用项目（即干净盈
余会计的利润）。如果分析师能可靠地估计未来情况与干净盈余会计有重要差别，那么
调整净利润可能是恰当的。第 10.5.1 节将更详细地分析违反干净盈余会计假设的情况。

10.3.2　剩余收益的基本面决定因素

一般来说，剩余收益模型对未来盈利和股利增长没有假设。如果假设盈利和股利
增长稳定，我们就能推导出一种可以说明剩余收益基本驱动因素的剩余收益模型。假
设有戈登（稳定增长）DDM 和可持续增长率等式 $g = b \times \text{ROE}$[二]，基于基本面的合理市净
率（P/B）表达式如下：

$$\frac{P_0}{B_0} = \frac{\text{ROE} - g}{r - g}$$

这个式子在数学上等价于：

$$\frac{P_0}{B_0} = 1 + \frac{\text{ROE} - r}{r - g}$$

[一]　绕过利润表的项目（肮脏盈余项目）被称为**其他综合收益（OCI）**。关系是综合收益 = 净利润 + 其他综合
　　收益。

[二]　注意，可持续增长率公式本身可以从干净盈余会计关系推导出来。

股票的合理价格等于其内在价值（$P_0 = V_0$）。因此，使用以上等式，且剩余收益等于盈利减去股权成本［或（$ROE \times B_0$）$-$（$r \times B_0$）］，假设稳定增长，剩余收益模型中的股票内在价值可以表达为：

$$V_0 = B_0 + \frac{ROE - r}{r - g} B_0 \qquad\qquad (10\text{-}5)$$

在这个模型中，股票的估计价值等于每股账面价值（B_0）加上预期剩余收益流的现值［（$ROE - r$）B_0/（$r - g$）］。如果某企业的 ROE 正好等于股权成本，那么内在价值就等于每股账面价值。式（10-5）被看作一个单阶段（或稳定增长）剩余收益模型。

在股权账面价值反映净资产公允价值且干净盈余会计普遍成立的理想状况下，B_0 反映企业拥有的资产减去其负债的价值。第二项，（$ROE - r$）B_0/（$r - g$），反映了企业因为有能力创造高于股权成本的回报，所以有额外价值；第二项是企业预期经济利润的现值。但不幸的是，美国 GAAP 和 IFRS 都允许企业将一些负债置于资产负债表以外，而且两套会计准则都不能反映许多公司资产的公允价值。然而，国际上正在发生一个趋向公允价值会计的变动，特别是针对金融资产。此外，像美国安然公司破产这类事件突显了确认表外融资工具的重要性。

剩余收益模型与市净率（P/B）的关系最近。股票的合理市净率与预期未来剩余收益直接相关。另一个关系密切的概念是**托宾 q**（Tobin's q），即债务和股权市场价值相对于总资产重置成本的比率：[一]

$$托宾 q = \frac{债务和股权的市场价值}{总资产的重置成本}$$

尽管与市净率相似，托宾 q 也有一些明显的不同。其分子包括总资本（债务和股权）的市场价值。分母使用总资产而不是股权。此外，资产以重置成本估值，而不是历史会计成本；重置成本考虑了通货膨胀。假定其他所有条件相同，企业资产的生产率越高，托宾 q 值预期会越高。[二]计算托宾 q 的一个困难在于缺乏资产重置成本的信息。如果有的话，资产的市场价值或重置成本在估值中比历史成本更有用。

10.3.3 单阶段剩余收益估值

单阶段（稳定增长）剩余收益模型假设企业在各时期有稳定的净资产收益率和稳定的盈利增长率。式（10-5）给出了这个模型：

[一] 参见 Tobin（1969）或较近期的研究，例如 Landsman and Shapiro（1995）。
[二] 根据托宾理论，所有公司 q 值的平均为 1，因为资产创造的经济地租或利润的平均值应该为零。

$$V_0 = B_0 + \frac{ROE - r}{r - g} B_0$$

▋ 例 10-6 单阶段剩余收益模型（1）

约瑟夫·尤正在评估是否应该购买佳能公司（Canon, Inc., CAJ）的股票。当期的每股账面价值是 26.24 美元，当前的每股价格是 34.68 美元（2013 年 7 月 26 日，信息来自 Value Line 公司）。尤预测长期 ROE 将是 11%，长期增长率是 5.5%。假设 9.5% 的股权成本，用单阶段剩余收益模型计算佳能股票的内在价值。

解答：

$$V_0 = 26.24 + \frac{0.11 - 0.095}{0.095 - 0.055} \times 26.24$$
$$= 36.08（美元）$$

与戈登增长 DDM 相似，单阶段剩余收益模型可以用来估计市场预测的剩余收益增长率，即隐含的增长率，方法是将目前价格代入模型求解 g。

▋ 例 10-7 单阶段剩余收益模型（2）

假定约瑟夫·尤对其他输入数据感到满意，他想知道市场对增长率的看法。用佳能目前的每股价格 34.68 美元，尤对以下等式求解 g：

$$34.68（美元）= 26.24 + \frac{0.11 - 0.095}{0.095 - g} \times 26.24$$

他得到隐含增长率为 4.84%。

在例 10-6 和例 10-7 中，因为 ROE 超过股权成本，公司的估值是账面价值的 1.3 倍。如果 ROE 等于股权成本，公司的估值就会等于账面价值。如果 ROE 低于股权成本，公司的剩余收益为负数，公司的估值会小于账面价值。（如果预期公司没有能力覆盖资本成本，那么清算公司并重新安置资产可能是合理的。）

在许多应用中，单阶段模型的一个缺点是它假设超过股权成本的额外 ROE 会永远持续。随着时间推移，企业的 ROE 更可能是回归到一个 ROE 的均值，企业的剩余收益在某个时点将是零。如果企业或行业有超高的 ROE，那么其他企业将会进入市场，从而增加竞争并降低所有企业的回报率。类似地，如果行业的 ROE 较低，随着时间推移，企业将会退出该行业（通过破产或其他方式），ROE 趋于上升。单阶段剩余收益模型与单阶段 DDM 一样，也假设各时期的增长率不变。基于以上考虑，剩余收益模型在实践中会被调整，以解决剩余收益下降的问题。例如，Lee and Swaminathan（1999）以及 Lee，Myers and Swaminathan（1999）使用了一个剩余收益模型对道琼斯 30 指数估值，模型假设 ROE 会随着时间推移而下降（回升）至行业均值。Lee and Swaminathan 发现剩余收益模型比传统的价格乘数更能预测未来回报。幸好，还有其他模型可以让分析师放松对超额回报无限持续的假设。下节描述多阶段剩余收益模型。

10.3.4　多阶段剩余收益估值

与其他估值方法（例如 DDM 和 DCF）一样，多阶段剩余收益方法可以预测一段时间的剩余收益，然后在预测期末根据持续剩余收益估计一个终值。**持续剩余收益**（continuing residual income）是预测期后的剩余收益。与其他估值模型相同，初始阶段预测期的长度应该基于可以明确预测模型输入变量的能力。因为 ROE 被发现会随时间推移回归均值，而且在竞争环境中可能会下降至股权成本，所以剩余收益法建模时经常假设 ROE 会衰减至股权成本。当 ROE 接近股权成本时，剩余收益接近于零。一个等于股权成本的 ROE 会导致剩余收益为零。

在剩余收益估值中，当期账面价值经常占总价值中很大一部分，而终值在总价值中比重不大。这是因为账面价值比各期的剩余收益大，并且 ROE 会随着时间推移而减少至股权成本。这与其他多阶段方法（DDM 和 DCF）形成对比，在其他方法中，终值的现值往往是总价值的重要部分。

分析师对持续剩余收益做出的假设有多种，通常是以下假设中的一种：

- 剩余收益在一个正的水平无限持续。
- 剩余收益从终值年度开始等于零。
- 当 ROE 随时间推移回归股权成本时，剩余收益降为零。
- 剩余收益反映了 ROE 向某个均值水平的回归。

以下例子演示了这些假设中的几种。

一种有限预测期的剩余收益估值模型假设，在预测期 T 结束时，企业具有高于账面价值的溢价（$P_T - B_T$），在这种情况下，当前价值表达式如下：[⊖]

⊖　参见 Bauman(1999)。

$$V_0 = B_0 + \sum_{t=1}^{T} \frac{(E_t - rB_{t-1})}{(1+r)^t} + \frac{P_T - B_T}{(1+r)^T} \qquad (10\text{-}6)$$

或者,

$$V_0 = B_0 + \sum_{t=1}^{T} \frac{(\text{ROE}_t - r)B_{t-1}}{(1+r)^t} + \frac{P_T - B_T}{(1+r)^T} \qquad (10\text{-}7)$$

两个公式的最后一个部分都代表了在预测期末高于账面价值的溢价。预测期越长,企业的剩余收益就越有可能归于零。如果预测期很长,那么最后一个部分可以当作零处理。如果预测期较短,就需要计算溢价的预测值。

例 10-8 多阶段剩余收益模型(1)

特许金融分析师戴安娜·罗萨托正在考虑一笔对泽兰迪亚化学公司(一家虚构的特种化学品制造商)的投资。在 2018 年 8 月,罗萨托得到了以下的事实和估计信息:

- 目前价格等于 95.6 元[⊖]。
- 股权成本等于 12%。
- 在 2013～2017 年期间,泽兰迪亚化学的净资产收益率在 18% 到 22.9%。这段时间中,净资产收益率唯一一次低于 20% 是在 2014 年。
- 公司在 2017 年支付了现金股利 2.999 5 元。
- 2017 年末每股账面价值为 28.851 7 元。
- 罗萨托对 2018 年和 2019 年的每股收益预测依次是 7.162 元和 8.356 元。她预期 2018 和 2019 年度股利依次是 2.999 5 元和 3.299 5 元。
- 罗萨托预测泽兰迪亚化学的净资产收益率 2020～2024 年将等于 25%,然后下降至 20%,直到 2037 年。
- 罗萨托假设 2019 年后的盈利留存比率为 60%。
- 罗萨托假设,在 2037 年后,净资产收益率将等于 12% 且剩余收益为零;因此终值将是零。罗萨托的剩余收益模型见表 10-5。

表 10-5 泽兰迪亚化学公司

年度	账面价值(元)	利润预测(元)	每股股利(元)	预测的净资产收益率(期初股权,%)	股权成本(%)	股权成本(元)	剩余收益(元)	剩余收益现值(元)
2017	28.851 7							28.85
2018	33.014 2	7.162 0	2.999 5	24.82	12.00	3.462 2	3.699 8	3.30

⊖ 原文"ZL$95.6",ZL$ 为这个虚拟例子中的泽兰迪亚货币,为简洁译作"元"。——译者注

（续）

年度	账面价值（元）	利润预测（元）	每股股利（元）	预测的净资产收益率（期初股权，%）	股权成本（%）	股权成本（元）	剩余收益（元）	剩余收益现值（元）
2019	38.070 7	8.356 0	3.299 5	25.31	12.00	3.961 7	4.394 3	3.50
2020	43.781 3	9.517 7	3.807 1	25.00	12.00	4.568 5	4.949 2	3.52
2021	50.348 5	10.945 3	4.378 1	25.00	12.00	5.253 8	5.691 6	3.62
2022	57.900 8	12.587 1	5.034 9	25.00	12.00	6.041 8	6.545 3	3.71
2023	66.585 9	14.475 2	5.790 1	25.00	12.00	6.948 1	7.527 1	3.81
2024	76.573 8	16.646 5	6.658 6	25.00	12.00	7.990 3	8.656 2	3.92
2025	85.762 6	15.314 8	6.125 9	20.00	12.00	9.188 9	6.125 9	2.47
2026	96.054 1	17.152 5	6.861 0	20.00	12.00	10.291 5	6.861 0	2.47
2027	107.580 6	19.210 8	7.684 3	20.00	12.00	11.526 5	7.684 3	2.47
2028	120.490 3	21.516 1	8.606 5	20.00	12.00	12.909 7	8.606 5	2.47
2029	134.949 2	24.098 1	9.639 2	20.00	12.00	14.458 8	9.639 2	2.47
2030	151.143 1	26.989 8	10.795 9	20.00	12.00	16.193 9	10.795 9	2.47
2031	169.280 2	30.228 6	12.091 4	20.00	12.00	18.137 2	12.091 4	2.47
2032	189.593 8	33.856 0	13.542 4	20.00	12.00	20.313 6	13.542 4	2.47
2033	212.345 1	37.918 8	15.167 5	20.00	12.00	22.751 3	15. 167 5	2.47
2034	237.826 5	42.469 0	16.987 6	20.00	12.00	25.481 4	16.987 6	2.47
2035	266.365 7	47.565 3	19.026 1	20.00	12.00	28.539 2	19.026 1	2.47
2036	298.329 6	53.273 1	21.309 3	20.00	12.00	31.963 9	21.309 3	2.47
2037	334.129 1	59.665 9	23.866 4	20.00	12.00	35.799 6	23.866 4	2.47
							现值（元）	86.41

终值溢价 = 0.00

市场价格 95.6 元超过了估计价值 86.41 元。市场价格反映出从目前到 2037 年更高的剩余收益预期，比罗萨托预测值更高的终值溢价或更低的股权成本。如果罗萨托对她的预测有信心，她可能会得到公司股票目前被市场高估的结论。

Lee 和 Swaminathan（1999）以及 Lee，Myers 和 Swaminathan（1999）提出了一个基于未来三年剩余收益明确预测的剩余收益模型。在三年后，预测净资产收益率回归净资产收益率的行业均值。预测期（T）结束时点的终值用终值年度剩余收益的永续年金折现估计。Lee 和 Swaminathan 指出，这假设了 T 期以后的盈利增长是价值中性的。表 10-6 列出了 Hemscott Americas 提供的行业板块净资产收益率数据。在预测净资产收益率的衰减时，分析师还应该考虑行业净资产收益率的趋势。

表 10-6 美国的行业板块净资产收益率

部门	净资产收益率（%）
基础材料	11.96
联合企业	22.60
消费品	14.54
金融	9.78
医疗保健	18.60
工业品	15.57
服务业	17.69
科技	16.47
公用事业	5.69

资料来源：基于 Hemscott Americas data。

例 10-9 多阶段剩余收益模型（2）

罗萨托假设泽兰迪亚化学在预测期结束时没有溢价，她的上司质疑这个假设。罗萨托在 2037 年剩余收益永续年金的基础上评价终值的影响。她计算的终值如下：

$$TV = 23.866\ 4/0.12 = 198.886\ 7（元）$$

终值的现值如下：

$$PV = 198.886\ 7/(1.12)^{20} = 20.617\ 9（元）$$

将 20.617 9 元加上原来（终值为零）的价值 86.41 元，得到总价值 107.03 元。因为目前市场价格 95.6 元小于 107.03 元，市场参与者预期的正的持续剩余收益比罗萨托的新假设低，和 / 或预测的中期净资产收益率更低。如果罗萨托同意她的上司并对她的新预测有信心，她现在可以做出该公司被低估的结论。

另一个多阶段模型假设 ROE 随着时间推移逐渐降低至股权成本。在这个方法中，可以明确地预测每期的 ROE，直到 ROE 等于股权成本。然后预测结束，终值将等于零。

Dechow，Hutton 和 Sloan（1999）对一个剩余收益随时间推移而衰减的剩余收益模型做出了分析：[一]

$$V_0 = B_0 + \sum_{t=1}^{T-1} \frac{(E_t - rB_{t-1})}{(1+r)^t} + \frac{E_T - rB_{T-1}}{(1+r-\omega)(1+r)^{T-1}} \tag{10-8}$$

这个模型加了一个介于 0 和 1 之间的持久性因子（persistence factor）ω。持久性因

[一] Dechow, Hutton and Sloan（1999）以及 Bauman（1999）。

子等于 1 意味着剩余收益完全不会衰减，而是无限地维持在同一水平（即永续年金）。持久性因子等于 0 意味着剩余收益在初始预测期结束后不会持续。在其他条件相同的情况下，持久性因子的数值越高，最后阶段的剩余收益流越多，估值越高。Dechow 等人在 1976～1995 年的大样本公司数据中发现持久性因子等于 0.62，Bauman（1999）将这个因子解释为剩余收益平均每年减少 38%。持久性因子考虑了 ROE 在长期均值回归的性质，假设 ROE 在一定时间后回归 r 并导致剩余收益衰减至 0。显然，不同公司的持久性因子不同。例如，有强势市场领导地位的公司预期衰减率将会较低（Bauman，1999）。Dechow 等人提供了对表 10-7 中列出的某些特征的了解，这些特征可以指示较高或较低的持久性。

表 10-7　最终阶段剩余收益的持久性

较低的剩余收益持久性	较高的剩余收益持久性
极高的会计 ROE	低股利支付率
极端水平的特殊项目（例如非经常性项目）	行业的历史持久性较高
极端水平的会计应计项目	

例 10-10 说明了持续剩余收益随着净资产收益率接近股权要求回报率会下降至 0 的假设。

▌ 例 10-10　多阶段剩余收益模型（3）

罗萨托做了进一步的分析，考虑 2038 年以后净资产收益率将缓慢减少至 r 的可能性，而不是用 2037 年剩余收益作为永续年金。罗萨托估计持久性因子为 0.60，终值的现值由以下式子决定：

$$\frac{E_T - rB_{T-1}}{(1+r-\omega)(1+r)^{T-1}}$$

其中 T 等于 21，2038 年剩余收益等于 26.730 4（= 23.866 4×1.12），增长因子 1.12 反映了 12% 的增长率，增长率通过留存比率乘以净资产收益率计算，即 $0.60 \times 20\% = 0.12$。

$$\frac{26.73}{(1+0.12-0.60) \times (1.12)^{20}} = 5.33$$

将终值的现值 5.33 元加上 86.41 元，计算得出总价值等于 91.74 元。罗萨托认为，如果泽兰迪亚化学的剩余收益在 2037 年后不能维持一个稳定的水平，而是随时间推移减少，那么股票在价格为 95.60 元时被略微高估。

10.4　剩余收益估值法与其他方法的关系

在讨论剩余收益模型使用中的会计问题以前，我们简要总结一下剩余收益模型与其他估值模型的关系。

基于股利折现或自由现金流折现的估值模型和剩余收益模型一样，在理论上讲都有其合理性。但与剩余收益模型不同，股利折现和自由现金流模型预测未来现金流，并将它们用要求回报率折现，找到股票价值。参照前文，股利折现模型（DDM）和股权自由现金流（FCFE）模型的要求回报率都是股权成本。对企业自由现金流（FCFF）模型来说，要求回报率是加权平均资本成本。剩余收益（RI）模型的处理方法与这些不同。它从一个基于资产负债表的价值——股权账面价值开始，然后调整这个价值，加上预期未来剩余收益的现值。因此，从理论上说，价值的确认方法是不同的，但无论是用预期股利、预期自由现金流还是账面价值加预期剩余收益，总现值应该是一致的。[⊖]

剩余收益模型通常比股利折现模型确认价值的时间要早，例 10-11 再次说明了这个要点。换句话说，剩余收益模型倾向于把证券总现值中较小的部分在较后的年份确认。还要注意，这个例子使用的永续年金 X 的现值可以用 X/r 计算。

▌ 例 10-11　用剩余收益模型估计永续年金的价值

假设有以下数据：

- 某公司将永远获利每股 1.00 美元。
- 该公司将所有盈利用于支付股利。
- 每股账面价值是 6.00 美元。
- 股权要求回报率（或股权成本百分比）是 10%。

（1）用股利折现模型计算该股票价值。

（2）计算每年赚取的每股剩余收益金额。

（3）用剩余收益模型计算股票价值。

（4）建立一个表格，汇总股利折现模型和剩余收益模型逐年的估值结果。

问题（1）的解答： 因为股利 D 是永续年金，D 的现值可以用 D/r 计算。

$$V_0 = D/r = 1.00/0.10 = 10.00 （美元/股）$$

问题（2）的解答： 因为每年的净利润都用于支付股利，每股账面价值将一直是

⊖　例如，参见 Shrieves and Wachowicz（2001）。

6.00 美元。因此，当未来每年的股权要求回报率都是 10% 时，每股剩余收益如下：

$$RI_t = E_t - rB_{t-1} = 1.00 - 0.10 \times 6.00 = 1.00 - 0.60 = 0.40 \text{（美元）}$$

问题（3）的解答：用剩余收益模型，估计的价值等于目前每股账面价值加预期未来剩余收益的现值（在这个例子中可以用永续年金估值）：

$$V_0 = 账面价值 + 预期未来每股剩余收益的现值$$
$$= 6.00 + 0.40/0.10$$
$$= 6.00 + 4.00 = 10.00 \text{（美元）}$$

问题（4）的解答：表 10-8 汇总了股利折现模型和剩余收益模型逐年的估值结果。

表 10-8　股利折现模型和剩余收益模型中的价值确认　（单位：美元）

年度	股利折现模型		剩余收益模型	
	D_t	D_t 的现值	B_0 或 RI_t	B_0 或 RI_t 的现值
0			6.00	6.000
1	1.00	0.909	0.40	0.364
2	1.00	0.826	0.40	0.331
3	1.00	0.751	0.40	0.301
4	1.00	0.683	0.40	0.273
5	1.00	0.621	0.40	0.248
6	1.00	0.564	0.40	0.226
7	1.00	0.513	0.40	0.205
8	1.00	0.467	0.40	0.187
⋮	⋮	⋮	⋮	⋮
合计		10.00		10.00

在剩余收益模型中，股票总价值的大部分在早期被确认。具体来说，目前账面价值 6.00 美元占股票总现值 10 美元的 60%。

相比而言，股利折现模型从股利的获取中推导出价值，而且通常只有较小部分价值在早期被确认。总值 10 美元中只有不到 1.00 美元来自第一年的股利，而且前 5 年股利合计（0.909 + 0.826 + 0.751 + 0.683 + 0.621 = 3.79）在 10 美元的总现值中只占约 38%。

如前文和例 10-11 中已说明的，股利折现和剩余收益模型在理论上是一致的。但因为现实世界中预测远期现金流的不确定性，所以剩余收益法比其他现值方法较早地确认价值是一个实用的优点。股利折现模型和自由现金流模型常常预测单期的股利或自由现金流直到某个终期时点，然后将这些股利或自由现金流的现值之和加上股票预期终值的现值，得到股票的价值。在实践中，无论是股利折现还是自由现金流模型，股票总现值中有很大比例属于股票预期终值的现值。然而，终值经常有很大的不确定性。相比而言，剩余收益估值对终值的估计一般较不敏感。(在一些剩余收益估值情景中，终值实际上可能被设为 0。) 剩余收益估值可以成为一个有用的分析工具，原因之一是它的价值来自预测期的前期。

10.4.1 剩余收益模型的优点和缺点

现在，我们已经用几个例子说明了剩余收益模型的应用。接下来，我们总结剩余收益方法的优点和缺点。

剩余收益模型的优点包括以下几点：

- 与其他模型相比，终值在总现值中占的比例不大。
- 剩余收益模型使用可以直接得到的会计数据。
- 模型可以直接用于不支付股利或近期没有正的预期自由现金流的公司。
- 当现金流不可预测时，可以使用该模型。
- 模型关注经济盈利能力，这点具有吸引力。

剩余收益模型的潜在缺点包括以下几点：

- 模型以会计数据为基础，而会计数据可能会被管理层操纵。
- 用会计数据作为输入值可能需要重大的调整。
- 模型要求干净盈余会计成立，或要求分析师在干净盈余会计不成立时做出合适的调整。10.5.1 小节将讨论干净盈余关系 (或干净盈余会计)。
- 剩余收益模型在使用会计利润时，假设债务成本已在利息费用中得到恰当的反映。

10.4.2 使用剩余收益模型的基本指引

前面列出的潜在缺点解释了本章为什么关注以下小节——关于会计问题的考虑。考虑到模型的优点和缺点，以下是在股票估值中使用剩余收益模型的基本指引。

剩余收益模型最适合用于以下情况：

- 公司不分配股利，或股利不可预测。

- 在分析师觉得有把握的预测期内，公司的预期自由现金流是负数。
- 用其他现值方法预测终值时有巨大的不确定性。

剩余收益模型最不适合用于以下情况：

- 严重偏离干净盈余会计。
- 剩余收益的重要决定因素（例如净资产收益率和账面价值）无法预测。

　　因为不同的估值模型可以从相同的基础理论模型推导出来，所以当完全一致的假设（通过一整套预期的（计划的）财务报表）用于预测收益、现金流、股利、账面价值和剩余收益，并且用相同的股权要求回报率作为折现率时，每个模型估计的价值应该是相同的。但实际上，对每个预测项目具有相同程度的确定性是不可能的。[⊖]例如，如果公司近期自由现金流是负的而且终值的预测不确定，那么剩余收益模型可能会更合适。但是，有可预测的正现金流且不支付股利的公司将非常适合用自由现金流折现估值。

　　与股利折现模型和自由现金流模型一样，剩余收益模型也可以用来确定合理的市场乘数，例如市盈率（P/E）或市净率（P/B）。例如，用剩余收益模型得出价值然后除以盈利可以得到合理的市盈率。

　　剩余收益模型还可以与其他模型一起使用，用来评价结果的一致性。如果估计的价值差别很大而且每个模型看上去都合理，那么差异可能来自模型所使用的假设。分析师需要做进一步的工作，目的是确定假设是否一致以及哪个模型更适用于目标公司。

10.5　会计问题和国际问题

　　为了更精确地在实践中应用剩余收益模型，分析师可能需要根据表外项目调整股权账面价值，并将报告的净利润调整为**综合收益**（comprehensive income，即除了所有者增加投资和获得分配以外的全部股权变动[⊖]）。在本节中，我们讨论与这些调整相关的问题。

　　Bauman（1999）指出，当干净盈余关系成立时，剩余收益模型具有一个优点——

⊖　关于这个问题的生动讨论参见 Penman and Sougiannis (1998)，Penman (2001), Lundholm and O'Keefe (2001a) 和 Lundholm and O'Keefe (2001b)。

⊖　原文是"all changes in equity other than contributions by, and distributions to, owners"。人民出版社 2011 年版《企业会计准则讲解》对综合收益的定义是"企业在某一期间与所有者之外的其他方面进行交易或发生其他事项所引起的净资产变动"。两种表达的基本含义相同。——译者注模型的两个部分（账面价值和未来盈利）有互相平衡的效应：

所有其他条件不变，使用激进（保守）会计选择的公司将会报告较高（较低）的账面价值和较低（较高）的未来收益。在模型中，未来收益差异的现值恰好被账面价值的期初差异抵消。（Bauman，1999，P.31）

可惜这个观点在实践中有几个问题，原因是干净盈余关系并不普遍，而且分析师经常用过去的盈利预测未来的盈利。IFRS 和美国 GAAP 允许多种项目绕过利润表，直接在股东权益中报告。此外，表外负债、利润的非经营性和非经常性项目可能会掩盖公司的财务业绩。因此，分析师在评估股权账面价值和净资产收益率并将其用于剩余收益模型时，必须了解这些项目。

关于激进会计选择可能会导致未来报告收益较低的问题，我们可以参考一个例子。例子中的公司在本年度选择资本化一项支出而不是费用化。这么做会高估本年收益和目前的账面价值。如果分析师天真地使用本期盈利（或净资产收益率）预测未来的剩余收益，剩余收益模型将会高估公司的价值。例如，某公司的账面价值为 1 000 000 美元，扣除了一项 50 000 美元的费用后，其税前利润为 200 000 美元。不考虑税收，该公司有 20% 的 ROE。如果公司资本化该项支出而不是马上费用化，它将有 23.81% 的 ROE（= 250 000/1 050 000）。尽管这个资本化项目可能在未来某时间被摊销或提取减值准备从而减少未来可实现的收益，但是分析师的预期经常依靠历史数据。如果一个规模稳定的公司持续地将支出资本化，ROE 就可以长期维持在高水平。在实践中，因为 RI 模型主要使用会计数据作为输入变量，所以模型可能对会计选择敏感，激进的会计方法（例如加速收入或延迟费用的确认）会导致估值错误。因此，分析师在处理用于剩余收益模型的报告数据时必须格外小心。

剩余收益的两个主要驱动因素是净资产收益率和账面价值。分析师必须知道如何使用历史的财务报告数据，因为这些数据会被用于预测未来的净资产收益率和账面价值。其他章节已经介绍了可以作为预测工具的 ROE 杜邦分析，并讨论了账面价值的计算。我们在接下来的内容中将针对剩余收益估值的应用做进一步讨论，特别是讨论以下几个会计问题：

- 违反干净盈余关系。
- 资产负债表的公允价值调整。
- 无形资产。
- 非经常性项目。
- 激进的会计处理。

- 国际考虑。

在任何估值中都必须密切关注被估值公司的会计处理。以下小节将讨论上述问题，因为它们对剩余收益估值有重大影响。

10.5.1　违反干净盈余关系

违反干净盈余关系是剩余收益模型应用中的一个潜在会计问题。当会计准则允许某些项目绕开利润表并直接调整股东权益时，就可能产生违反的情况。例如"可供出售投资"的市场价值变动，根据 IFRS（IFRS 9 Financial Instruments，第 5.7.5 段）和美国 GAAP（ASC 320-10-35-1），这些类别的投资是以市值显示在资产负债表上。但任何未实现的资本利得和损失⊖反映在其他综合收益而不是利润表的利润中。

如前所述，综合收益定义为期内除了所有者增加投资和获取分配的全部股东权益变动。综合收益包括在利润表报告的净利润和不在利润表报告的其他综合收益，后者是引起股东权益变动的其他事件和交易导致的。通常绕过利润表的项目包括⊖：

- 如上所述，某些金融工具未实现的公允价值变动。
- 外币折算调整。
- 某些养老金调整。
- 某些套期工具的损益部分。
- 与物业、厂房和设备或无形资产相关的重估盈余变动（适用于 IFRS，但不适用于美国 GAAP）。
- 对于某些类别的负债，可归因于负债信用风险变动的公允价值变动（适用于 IFRS，但不适用于美国 GAAP）。

在 IFRS 和美国 GAAP 下，像某些金融工具公允价值变动和外币折算调整这种项目都会绕过利润表。此外，与美国 GAAP 不同，IFRS 允许固定资产价值重估（IAS 16，第 39-42 段），固定资产公允价值的某些变动也可以绕过利润表，直接影响股东权益。

在会计项目绕过利润表的所有情况中，股权账面价值都是准确的，因为它包括"累计其他综合收益"，但净利润从剩余收益估值的角度看是不准确的。分析师应该非

　　⊖ 原文是"Any unrealized change in their market value"，即"未实现的市场价值变化"。为避免歧义，故译作"未实现的资本利得和损失"。——译者注

　　⊖ 参见 Frankel and Lee（1999）。

常关心这些项目对预测净利润和 ROE（以净利润为分子）以至剩余收益的影响。[⊖]因为一些项目（包括以上列出的那些）绕过利润表，所以它们被排除在历史 ROE 数据之外。如 Frankel and Lee（1999）指出的，只有当违反干净盈余的项目预期净现值不等于零时，估值才会有偏误。换句话说，某些时期的利润下降可能会被其他时期的上升所抵消。分析师必须认真检查资产负债表的股东权益部分以及相关的所有者权益变动表和综合收益报表，找出绕过利润表的项目。然后分析师可以判断这些金额是否可能会相互抵消，评价对未来 ROE 的影响。

▌ 例 10-12　评价违反干净盈余关系的项目

表 10-9 和表 10-10 是两个公司所有者权益变动表的节选部分。第一个表根据 IFRS 编制，截至 2012 年 12 月 31 日，是诺基亚公司（Nokia Corporation）的。该公司是一家领先的手机制造商，总部在芬兰，有 4 个经营分部：手机、多媒体、企业解决方案和网络。第二个表根据美国 GAAP 编制，截至 2012 年 12 月 31 日，是 SAP 公司（SAP AG）的。该公司总部在德国，是全球企业应用软件供应商，包括企业资源规划、客户关系管理和供应链管理软件。

在诺基亚公司的例子中，2012 年绕过利润表的项目有"股票发行溢价""外币折算差额""公允价值和其他储备"和"非限制性股权投资储备"。在 SAP 的例子中，2012 年绕过利润表的项目有"股票发行溢价""汇率折算差额""可供出售金融资产"和"现金流套期保值"。

为了说明如何解释这些项目，我们看一下"外币折算差额"（诺基亚）和"汇率折算差额"（SAP）两列。这些列中的金额反映了绕过利润表到股东权益的货币换算调整。2012 年诺基亚公司的调整是 –2700 万欧元。因为这是对股东权益的负向调整，所以这个项目如果在利润表中报告将减少利润。然而，这个项目的余额没有增加，随着时间推移似乎正在回归为零。2012 年 SAP 的折算调整是 –2.17 亿欧元。和诺基亚一样，因为这是对股东权益的负向调整，所以这个项目如果在利润表中报告将减少利润。在这个例子中，负余额似乎正在积累：似乎没有随着时间推移回归（抵消）为零。如果分析师预期这个趋势会持续，并在剩余收益估值中用历史数据作为 ROE 初始值估计的依据，那么预期未来 ROE 将下调可能是有道理的。但是，未来汇率变动扭转这一积累是有可能的。

⊖ 因为像股票发行和股票回购这类交易会歪曲以每股数据计算的净资产收益率，所以分析师应该在总体层面更精确地计算历史净资产收益率（例如用净利润除以股东权益）而不是用每股收益除以每股账面价值。

表 10-9　诺基亚公司股东权益变动表

（单位：百万欧元）

	股票数目（千股）	股本	股票发行溢价	库存股	外币折算差额	公允价值和其他储备	非限制性股投资储备	留存收益	少数股东权益前合计	少数股东权益	合计
2011 年 12 月 31 日余额	3 710 189	246	362	-644	771	154	3148	7 836	11 873	2 043	13 916
外币折算差额					40				40	-2	38
净投资套期保值，税后					-67				-67		-67
现金流套期保值，税后						-67			-67	47	-20
可供出售投资，税后						36			36		36
其他净增加								7	7	3	10
损失								-3 106	-3 106	-683	-3 789
综合收益合计					-27	-31		-3 099	-3 157	-635	-3 792
股权薪酬			1						1		1
股权薪酬的额外税收优惠			3						3		3
业绩股票和限制性股票的结算	796		-5	15			-12		-2		-2
股利								-742	-742	-22	-764
可转换债券：权益部分			85						85		85
其他股权变动合计	796		84	15			-12	-742	-655	-22	-677
2012 年 12 月 31 日余额	3 710 985	246	446	-629	744	123	3 136	3 995	8 061	1 386	9 447

表 10-10　SAP 公司和子公司股东权益变动表

（单位：百万欧元）

	归属母公司股东权益			股东权益其他综合收益组成部分					少数股东权益	股东权益合计
	发行的股票	股票发行溢价	留存收益	汇率折算差额	可供出售金融资产	现金流套期保值现值	库存股	合计		
2011 年 12 月 31 日	1 228	419	12 466	-19	9		-1 377	12 699	8	12 707
税后利润			2 823					2 823	0	2 823
其他综合收益			-8	-217	13	47		-165	0	-165
综合收益			2 815	-217	13	47		2 658	0	2 658
基于股票的支付		41						41		41
基于股票的支付，发行新股	1	14						15		15
股利			-1 310					-1 310		-1 310
库存股回购							-53	-53		-53
基于股票的支付，库存股重新发行		18					93	111		111
其他			2					2	0	2
2012 年 12 月 31 日余额	1 229	492	13 973	-236	22	47	-1 337	14 163	8	14 171

本章的例子使用实际的期初股东权益和预测的 ROE（期初 ROE）计算预测的净利润。因为股东权益包含了累计其他综合收益（AOCI），所以关于未来其他综合收益（OCI）的预测将影响预测的净利润，从而影响剩余收益。为了说明，表 10-11 显示了某个假设公司上一年度（标记为 $t-1$）的财务数据，接着是对此后两年的三种不同预测。在 $t-1$ 年，公司报告了 120 美元的净利润，这是期初股东权益 1 000 美元的 12%。该公司不支付股利，因此期末留存收益等于 120 美元。在 $t-1$ 年，公司还报告了 OCI 为 -100 美元，即亏损，AOCI 的期末余额因此是 -100 美元。（企业通常将这个项目标记为"累计其他综合收益/损失"，如果数字在括号内则意味着是一项累计损失。）

表 10-11 中的三种预测都假设 ROE 将为 12%，并用此假设和"0.12 × 期初账面价值"表达式预测 t 年和 $t+1$ 年的净利润。但每个预测对未来 OCI 的假设不同。预测 A 假设公司在 t 年和 $t+1$ 年将没有 OCI，因此 AOCI 的余额不变化。预测 B 假设公司在 t 年和 $t+1$ 年将继续有与上一年相同的 OCI，因此 AOCI 在 $t+1$ 年比在 t 年负得更多。预测 C 假设公司的 OCI 将在 t 年逆转，因此 AOCI 在 t 年末将等于 0。如表所示，因为预测用假设的 ROE 计算预测的净利润，所以 $t+1$ 年的净利润和剩余收益差异很大。

表 10-11　假设的公司：不同综合收益假设的替代预测　（单位：美元）

年份	实际	预测 A		预测 B		预测 C	
	$t-1$	t	$t+1$	t	$t+1$	t	$t+1$
期初资产负债表							
资产	1 000.00	1 020.00	1 142.40	1 020.00	1 042.40	1 020.00	1 242.40
负债	—	—	—	—	—	—	—
普通股	1 000.00	1 000.00	1 000.00	1 000.00	1 000.00	1 000.00	1 000.00
留存收益	—	120.00	242.40	120.00	242.40	120.00	242.40
累计其他综合收益（AOCI）	—	(100.00)	(100.00)	(100.00)	(200.00)	(100.00)	—
股东权益合计	1 000.00	1 020.00	1 142.40	1 020.00	1 042.40	1 020.00	1 242.40
股东权益和负债合计	1 000.00	1 020.00	1 142.40	1 020.00	1 042.40	1 020.00	1 242.40
净利润	120.00	122.40	137.09	122.40	125.09	122.40	149.09
股利							
其他综合收益	(100.00)	—	—	(100.00)	(100.00)	100.00	—
期末资产负债表							
资产	1 020.00	1 142.40	1 279.49	1 042.40	1 067.49	1 242.40	1 391.49
负债	—	—	—	—	—	—	—
普通股	1 000.00	1 000.00	1 000.00	1 000.00	1 000.00	1 000.00	1 000.00
留存收益	120.00	242.40	379.49	242.40	367.49	242.40	391.49
累计其他综合收益（AOCI）	(100.00)	(100.00)	(100.00)	(200.00)	(300.00)	—	—

（续）

年份	实际	预测 A		预测 B		预测 C	
	$t-1$	t	$t+1$	t	$t+1$	t	$t+1$
股东权益合计	1 020.00	1 142.40	1 279.49	1 042.40	1 067.49	1 242.40	1 391.49
股东权益和负债合计	1 020.00	1 142.40	1 279.49	1 042.40	1 067.49	1 242.40	1 391.49
基于期初股东权益合计的剩余收益计算							
净利润	120.00	122.40	137.09	122.40	125.09	122.40	149.09
10% 的股权费用	100.00	102.00	114.24	102.00	104.24	102.00	124.24
剩余收益	20.00	20.40	22.85	20.40	20.85	20.40	24.85

　　因为这个例子假设所有盈利都会留在企业中，所以 12% 的 ROE 预测还意味着净利润和剩余收益将以 12% 的速度增长。只有预测 A（假设未来 OCI 为零）的 t 年和 $t+1$ 年正确地反映了这个关系。具体来说，在预测 A 中，净利润和剩余收益从 t 年到 $t+1$ 年增长 12%。净利润从 122.40 美元增长至 137.09 美元，增长 12%，即（（137.09/122.40）-1）；剩余收益从 20.40 美元增长至 22.85 美元，也增长 12%，即（（22.85/20.40）-1）。与预测 A 相反，预测 B 和预测 C 都没有正确地反映盈利（净利润和剩余收益）增长和 ROE 之间的关系。预测 B 和预测 C 的剩余收益从 t 年至 $t+1$ 年分别增长 2.2% 和 21.8%。

　　或者，如果在计算未来净资产收益率和剩余收益预测值时包括全部综合收益（净利润加 OCI），剩余收益的计算结果将有很大不同。例如预测 B——假设公司将继续有相同金额的 OCI，用全部综合收益（（120 - 100）/1 000 = 20/1 000）计算，未来 ROE 的估计值为 2%。如果剩余收益的计算也使用预测的 t 年全部综合收益，剩余收益将是负数。具体来说，在 t 年，预测综合收益为 22.40 美元（净利润加上其他综合收益），股权费用为 102 美元（期初股东权益 1 020 美元乘以 10% 的要求回报率），剩余收益为 -79.60 美元（综合收益 22.40 美元减去 102 美元股权费用）。显然，这样算的剩余收益与忽略了违反干净盈余项目时的正 20.40 美元相比要小很多。正如本例所示，使用预测的净资产收益率或净利润但忽略违反干净盈余会计的问题将会歪曲剩余收益的估计。除非这些干扰项目的净现值为零，否则这些预测也会歪曲估值结果。

　　这对剩余收益估值方法的应用有什么意义？如果未来预计 OCI 相对于净利润显著，并且如果各年的 OCI 金额预期净值不为零，分析师应该尝试将这些项目包括在剩余收益的预测中，这样的预测值才会更接近干净盈余会计关系保持的情况。具体来说，如果可能，分析师应该对未来 OCI 的金额做出明确的假设。

　　例 10-13 通过参考股利折现模型估值说明了在剩余收益计算中忽略 OCI 会产生的

错误（假设分析师有预测未来 OCI 金额的基础）。[⊖] 这个例子也表明，剩余收益的增长率一般不等于净利润或股利的增长率。

📘 例 10-13　在剩余收益模型中加入调整

表 10-12 给出了曼尼斯托公司的每股预测，这是一家虚拟的经营连锁零售店的公司，其资本成本为 10%。

表 10-12　对曼尼斯托公司的每股预测 　　　　　　　　　　（单位：美元）

变量	第 1 年	第 2 年	第 3 年	第 4 年	第 5 年
股东权益 $_{t-1}$	8.58	10.32	11.51	14.68	17.86
+ 净利润	2.00	2.48	3.46	3.47	4.56
− 股利	0.26	0.29	0.29	0.29	0.38
− 其他综合收益	0.00	1.00	0.00	0.00	0.00
= 股东权益 $_t$	10.32	11.51	14.68	17.86	22.04

（1）假设曼尼斯托股票在第 5 年末（时间 $t=5$）的预测终期价格是 68.40 美元，用 DDM 估计曼尼斯托的每股价值。

（2）给定曼尼斯托股票在第 5 年末（时间 $t=5$）的预测终期价格为 68.40 美元，用 RI 模型估计曼尼斯托的每股价值，并在以下基础上计算剩余收益：

A. 没有调整的净利润。

B. 净利润加其他综合收益。

（3）解释（2）A 和（2）B 的答案。

（4）假设无法得到第 5 年末（时间 $t=5$）曼尼斯托股票的预测终期价格。相反，基于戈登增长模型的终期价格估计是合适的。你估计净利润和股利从 $t=5$ 到 $t=6$ 的增长率为 8%。预测第 6 年的剩余收益，并在估计增长率为 8% 的基础上，确定预测的剩余收益从 $t=5$ 到 $t=6$ 的增长率。

问题（1）的解答：用股利折现模型估计的价值是：

$$V_0 = \frac{0.26}{(1.10)^1} + \frac{0.29}{(1.10)^2} + \frac{0.29}{(1.10)^3} + \frac{0.29}{(1.10)^4} + \frac{0.38}{(1.10)^5} + \frac{68.40}{(1.10)^5}$$
$$= 43.59（美元）$$

⊖　参考 Lundholm and O'Keefe（2001a, b），该文献说明，如果分析师在剩余收益计算中没有包含 OCI，或对净利润、股利和剩余收益的增长率假设不一致，那么 RI 模型和 DDM 估值将有什么不同。

问题（2）的解答：

A. 用净利润（NI）减股权费用（期初股东权益（SE）乘以股权资本成本（r））计算剩余收益，可以得到以下第1～5年的数据：

（单位：美元）

变量	第1年	第2年	第3年	第4年	第5年
RI = NI − (SE$_{t-1}$ × r)	1.14	1.45	2.30	2.00	2.77

因此，如果在净利润基础上计算剩余收益，那么使用剩余收益模型（式（10-6））估计的价值是：

$$V_0 = 8.58 + \frac{1.14}{(1.10)^1} + \frac{1.45}{(1.10)^2} + \frac{2.30}{(1.10)^3} + \frac{2.00}{(1.10)^4} + \frac{2.77}{(1.10)^5} + \frac{68.40 - 22.04}{(1.10)^5}$$
$$= 8.58 + 35.84 = 44.42 \text{（美元）}$$

B. 用经过 OCI 调整的净利润（NI+OCI）减股权费用（期初股东权益（SE）乘以股权资本成本（r））计算剩余收益，可以得到以下第1～5年的数据：

（单位：美元）

变量	第1年	第2年	第3年	第4年	第5年
RI = (NI + OCI) − (SE$_{t-1}$ × r)	1.14	0.45	2.30	2.00	2.77

因此，如果在经过 OCI 调整的净利润基础上计算剩余收益，那么使用剩余收益模型估计的价值是：

$$V_0 = 8.58 + \frac{1.14}{(1.10)^1} + \frac{0.45}{(1.10)^2} + \frac{2.30}{(1.10)^3} + \frac{2.00}{(1.10)^4} + \frac{2.77}{(1.10)^5} + \frac{68.40 - 22.04}{(1.10)^5}$$
$$= 8.58 + 35.01 = 43.59 \text{（美元）}$$

问题（3）的解答： 第一个计算（2）A 不正确地忽略了对违反干净盈余关系的调整。第二个计算（2）B 包括了一个调整并得到了正确的价值估计，这个估计与 DDM 的估计一致。

问题（4）的解答： 根据给定条件净利润和股利第6年增长率为8%，第6年的净利润估计为 4.92（=4.56×1.08）美元，第6年的股利估计为 0.42（=0.38×1.08）美元。

剩余收益将等于 2.72 美元（即净利润 4.92 美元减去期初账面价值股权费用 22.04 美元乘以 10% 资本成本的积）。因此剩余收益的增长率是负的，约为 −2%（=2.72/2.77 − 1）。

即使缺少明确估计未来 OCI 数额的基础，分析师也应该留意 OCI 对剩余收益的潜在影响并相应地调整 ROE。最后，如上所述，分析师可能会决定另一种估值模型更合适。

10.5.2　对公允价值的资产负债表调整

要对资产账面价值进行可靠的衡量，分析师应该确定和审查重大资产负债表外资产和负债。另外报告的资产和负债应尽可能调整为公允价值。检查财务报表附注就可能看到明显的表外资产和负债，最常见的例子可能是经营性租赁的使用。经营租赁不影响股东权益的金额（因为租赁涉及的表外资产和表外负债互相抵消），但可能影响对未来利润的估计，从而影响剩余收益估值。其他资产和负债可能没有按公允价值报告。例如，存货可能用后进先出法（LIFO）衡量，分析师需要做出调整以重估其当期价值。（在 IFRS 下不允许 LIFO。）以下是资产负债表调整的一些常见审查项目。但是请注意，此列表不全面。

- 存货。
- 递延所得税资产和负债。
- 经营性租赁。
- 储备和减值准备（例如坏账准备）。
- 无形资产。

此外，分析师应该为目标公司特有的项目检查财务报表和附注。

10.5.3　无形资产

无形资产可能会对账面价值产生重要影响。如果是可以具体确认且可以从企业中分离出来（例如出售）的无形资产，其价值应该被包含在股权账面价值的确定中。如果这些资产的使用期有限，它们会在此期间作为费用摊销。但无形资产需要被特别关注，因为它们经常不被确认为资产，除非它们是通过收购获得的。例如，广告支出可以创造极具价值的品牌，而品牌明显是无形资产。但是广告支出被列入费用，除非拥有品牌的企业被收购，否则品牌的价值不会出现在财务报表的资产中。

为了说明这点，考虑一个简化的例子：Alpha 和 Beta 两家公司，其财务信息摘要如下（除了每股数据，单位：欧元[⊖]）：

　　⊖　原文的单位是"千欧元"，但这是简化的例子，为了方便后文讨论，译作"欧元"。——译者注

	Alpha	Beta
现金	1 600	100
固定资产	3 400	900
总资产	5 000	1 000
股东权益	5 000	1 000
净利润	600	150

每家公司都把所有净利润作为股利分配（没有增长），而且干净盈余关系成立。Alpha 有 12% 的 ROE，Beta 有 15% 的 ROE，预计两者都会无限期地持续。两家公司的要求回报率都是 10%。两家公司固定资产的公允市场价值都与它们的账面价值相同。在剩余收益理论框架中，这两家公司的价值是多少？

用总账面价值而不是每股数据，Alpha 的价值为 6 000 欧元，确定方式如下：[⊖]

$$V_0 = B_0 + \frac{\text{ROE} - r}{r - g} B_0 = 5\,000 + \frac{0.12 - 0.10}{0.10 - 0.00} \times 5\,000 = 6\,000 \ (\text{欧元})$$

类似地，B 公司的价值为 1 500 欧元：

$$V_0 = B_0 + \frac{\text{ROE} - r}{r - g} B_0 = 1\,000 + \frac{0.15 - 0.10}{0.10 - 0.00} \times 1\,000 = 1\,500 \ (\text{欧元})$$

两公司的价值合计为 7 500 欧元。请注意，两家公司的估值都高于其股东权益账面价值，因为它们的 ROE 超过了要求回报率。在没有收购交易的情况下，Alpha 和 Beta 的财务报表不能反映它们的价值。但如果其中一家被收购，收购方将会把收购价格分配到被收购的资产上，收购价格超过被收购资产价值的部分将被作为商誉。

假设 Alpha 通过支付 Beta 前股东 1 500 欧元的现金收购 Beta。Alpha 支付的价格仅比 Beta 报表资产的总价值 1 000 欧元高出 500 欧元。假设 Beta 固定资产已按其公允市场价值 1 000 欧元显示，而 500 欧元被认为是 Beta 拥有的一项许可证（例如提供某项服务的排他性权利的许可证）的公允价值。进一步假设获取该许可证的原始成本是一笔不重要的申请费，且没有显示在 Beta 的资产负债表中。该许可证覆盖 10 年的期限。因为整个收购价格 1 500 欧元全部被分配到可识别资产上，所以没有确认商誉。Alpha 收购完成后的资产负债表将是：[⊖]

	Alpha
现金	200
固定资产	4 300

⊖ 如果用每股数据计算，其结果将相同。

⊖ 例如，现金 200 欧元等于 1 600（Alpha 公司现金）+100（Beta 公司现金）−1 500（Beta 公司的收购价格）。

（续）

	Alpha
许可证	500
总资产	5 000
股东权益	5 000

注意，Alpha 的股东权益账面价值没有变化，因为收购是用现金完成的，所以不需要 Alpha 发行任何新股。

假设许可证在 10 年内摊销，合并公司的预期净利润将为 700 欧元（= 600 + 150 − 摊销费 50）。如果用这个净利润数据推导预期 ROE，预期 ROE 为 14%。在剩余收益模型中，如果不调整摊销，合并公司的价值将是：

$$V_0 = B_0 + \frac{\text{ROE} - r}{r - g} B_0 = 5\,000 + \frac{0.14 - 0.10}{0.10 - 0.00} \times 5\,000 = 7\,000(\text{欧元})$$

为什么合并的公司比两个独立公司的价值要小呢？如果我们假设支付给 Beta 原股东的是公允价格，合并的价值不应该较低。用剩余收益模型得到较低的价值是因为许可证的无形资产摊销导致 ROE 减少。如果这项资产没有被摊销（或如果摊销费用在计算 ROE 时被加回），净利润将等于 750 欧元，ROE 为 15%。合并企业的价值为：

$$V_0 = B_0 + \frac{\text{ROE} - r}{r - g} B_0 = 5\,000 + \frac{0.15 - 0.10}{0.10 - 0.00} \times 5\,000 = 7\,500(\text{欧元})$$

这笔金额为 7500 欧元，与独立公司价值之和相同。

如果收购方公司用新发行的股票而不是现金收购，答案会有不同吗？交易支付的货币形式不应该影响总价值。如果 Alpha 用 1 500 欧元新股收购 Beta，它的资产负债表将是：

	Alpha
现金	1 700
固定资产	4 300
许可证	500
总资产	6 500
股东权益	6 500

不包括许可证的摊销，预测的盈利将是 750 欧元，预期的 ROE 将等于 11.538%。用剩余收益模型计算的价值将是：

$$V_0 = B_0 + \frac{\text{ROE} - r}{r - g} B_0 = 6\,500 + \frac{0.115\,38 - 0.10}{0.10 - 0.00} \times 6\,500 = 7\,500(\text{欧元})$$

总价值保持不变。股东权益的账面价值更高，但是被 ROE 的影响抵消。这个例子再一次假设买方支付了收购的公允价值。如果收购方为收购支付了过高的价格，超额支付将会在未来剩余收益的减少中反映出来。

研发（R&D）费用是另一个必须认真考虑的无形资产例子。根据美国 GAAP，研发费用通常在利润表中被直接费用化（除某些情况如 ASC 985-20-25，允许在产品可行性已经被确定后，将与软件开发相关的研发费用进行资本化）。此外，根据 IFRS，一些研发费用支出也可以被资本化，并在一段时间内摊销。研发支出在长期会反映在公司的 ROE 中，从而反映在剩余收益中。如果企业的研发费用支出没有成效，这些支出将降低剩余收益。如果企业的研发费用支出有成效，那么随着时间推移这些支出将会产生更高的收入从而抵消支出的影响。总而言之，在一家成熟企业持续经营的基础上 ROE 会反映出研发费用支出的成效，不需要进行调整。

如 Lundholm 和 Sloan（2007）所述，在剩余收益模型中，先确认然后摊销一家公司漏报的资产对估值没有影响。在时点零加上该资产的账面价值会增加股东权益的估计价值，但也会从两方面使估计价值减少相同金额：①资产在未来摊销的现值和②根据资产金额乘以股权成本计算的各期股权费用的现值。尽管如此，与资本化 R&D 相比，费用化 R&D 会导致 ROE 立即降低。但在未来年度里费用化会比资本化的 ROE 略高，因为资本化 R&D 在未来需要被摊销。因为 ROE 在许多基于剩余收益模型的公式中都有应用，而且也可能被用于预测净利润，所以分析师必须认真考虑一家公司的研发费用支出及其对长期 ROE 的影响。

10.5.4　非经常性项目

在应用剩余收益模型时，重要的是在经常性项目的基础上制定对未来剩余收益的预测。公司经常将非经常性项目作为利润的一部分进行报告，如果不做出调整，可能导致对未来剩余收益的高估和低估。但是，这些项目不需要对账面价值进行调整，因为非经常性利得和损失已经反映在现有资产的价值中。Hirst 和 Hopkins（2000）指出，非经常性项目有时源于会计准则，在其他时候是因为"战略性"管理决策造成的。无论如何，他们强调了审查财务报表附注和其他资料来源的重要性，在确定经常性利润时，这些项目可能都需要调整。

- 异常项目。
- 非常项目（适用于美国 GAAP，但不适用于 IFRS）。
- 重组费用。
- 停止经营的业务。
- 会计变更。

在一些案例中，管理层可能会在每个时期记录重组或异常费用。在这些情况下，该项目也许被认为是正常的经营费用，可能不需要调整。

公司有时不正当地将非经营性利得作为经营费用（例如销售费用或管理费用）的调减项。如果是重要的项目，这种不正当的分类通常能够通过仔细阅读财务报表附注和公司的新闻稿来揭示。分析师应考虑这些项目是否可能在长期持续并影响剩余收益。分析师更可能应该在预测剩余收益时从经营利润中剔除它们。

10.5.5　其他激进的会计处理

公司可能会进行一些导致资产（账面价值）被高估或利润被高估的会计处理。我们在前面小节中讨论了其中一些做法。公司可能选择的其他做法包括在当期加速确认收入或将费用推迟至后期。[注]两项活动同时增加利润和账面价值。例如，一家公司可能在年末时将没有订单的产品运给客户，确认收入和应收账款。另一个例子，一家公司可能将一项现金支出资本化而不是费用化，导致费用降低和资产增加。

相反，企业也被批评使用"饼干罐"储备（保存以备未来使用的储备），即在较早时期记录超额损失或费用（例如，结合并购或重组），然后在未来时期用于减少费用和增加利润。在估计剩余收益时，分析师应该认真检查储备的使用情况。总的来说，分析师在考察剩余收益模型的输入数据时，必须认真评价企业的会计政策和考虑管理层的诚信。

10.5.6　国际应用的考虑

会计准则在国家间存在差异。这些差异导致了国家间账面价值和利润的衡量方法不同，暗示了基于应计制会计数据的估值模型在国际应用中可能不如其他现值模型好。但有趣的是，Frankel and Lee（1999）发现剩余收益模型在国际上对公司进行估值较好。他们使用了一个不涉及本章讨论的任何调整的简单剩余收益模型，发现剩余收益估值模型可以解释 20 个国家股票价格横截面方差的 70%。Frankel and Lee 总结了在国际上应用剩余收益模型的三个主要考虑因素：

- 可靠盈利预测的可得性；
- 系统性地违反干净盈余假设；
- 导致价值变化被延迟确认的"低质量"会计准则。

⊖　例如，可以参考 Schilit and Perler（2010）。

分析师应该预期模型在以下情况表现较好：可以得到盈利预测、违反干净盈余的情况有限以及会计准则没有导致延迟确认。因为 Frankel and Lee 用未经调整的会计数据发现剩余收益模型具有良好的解释能力，如果调整报告数据以纠正干净盈余和其他问题，那么国际比较可以带来可比的估值。如果违反干净盈余的情况存在、会计选择导致延迟确认或者会计披露不允许调整，剩余收益模型会不适合，分析师应该考虑较少依赖会计数据的模型，例如 FCFE 模型。

但应该指出的是，IFRS 正越来越广泛地被使用。在 2012 年，虽然国际会计准则理事会公告约有 90 个国家完全符合 IFRS，并在审计报告中包括承认此类符合性的声明，但约 120 个国家和报告管辖区允许或要求国内上市公司使用 IFRS。此外，许多国家的准则制定者继续促进 IFRS 和本国公认会计准则的趋同。以后，关于使用不同会计准则的顾虑应该不那么严重。尽管如此，即使在同一套会计准则中，企业使用的会计选择和会计估计仍然会影响估值。

10.6　小结

本章讨论了剩余收益模型在估值中的使用。剩余收益是一个有吸引力的经济概念，因为它试图衡量经济利润，即考虑了所有资本机会成本后的利润。

- 剩余收益的计算方法是净利润减去股权资本成本的扣除。这项扣除被称为股权费用，它等于股权资本乘以股权要求回报率（用百分比表示的股权成本）。
- 经济价值增加值（EVA）是剩余收益概念的一个商业应用。EVA = NOPAT − (C% × TC)，式中 NOPAT 为税后净营业利润，C% 是资本成本百分比，TC 为总资本。
- 剩余收益模型（包括商业应用）不仅用于股权估值，也用于衡量企业内部业绩和决定高管薪酬。
- 我们可以用预测每股收益减去股权要求回报率乘以期初每股账面价值的积来预测每股剩余收益。或者，每股剩余收益可以预测为期初每股账面价值乘以预测 ROE 和股权要求回报率的差。
- 在剩余收益模型中，每股的内在价值等于每股账面价值和预期未来每股剩余收益的现值之和。在剩余收益模型中，每股内在价值的数学等价表达式为：

$$V_0 = B_0 + \sum_{t=1}^{\infty} \frac{\mathrm{RI}_t}{(1+r)^t} = B_0 + \sum_{t=1}^{\infty} \frac{E_t - rB_{t-1}}{(1+r)^t}$$
$$= B_0 + \sum_{t=1}^{\infty} \frac{(\mathrm{ROE}_t - r)B_{t-1}}{(1+r)^t}$$

式中，V_0 是当前每股价值（$t=0$）；B_0 是当前每股账面价值；B_t 是在任意时间点 t 的预期每股账面价值；r 是股权投资的要求回报率（股权成本）；E_t 是第 t 期的预期每股收益；RI_t 是预期的每股剩余收益，等于 $E_t - rB_{t-1}$ 或等于 $(ROE - r) \times B_{t-1}$。

- 在多数情况下，剩余收益模型比其他股票估值的现值模型（例如股利折现模型）更早地确认价值。
- 剩余收益模型的优点在于：
  - 相对于其他模型而言，终值没有在价值中占据一大部分。
  - 模型使用容易得到的会计数据。
  - 模型可以在没有股利和近期没有正的自由现金流时使用。
  - 模型可以在现金流无法预测时使用。
- 剩余收益模型的缺点在于：
  - 模型使用可能被管理层操纵的会计数据作为基础。
  - 用会计数据作为输入值可能需要重大的调整。
  - 模型要求干净盈余关系成立，或要求分析师在干净盈余会计不成立时做出合适的调整。
- 剩余收益模型最适合用于以下情况：
  - 企业不支付股利或者股利支付模式显得不可预测。
  - 企业的自由现金流将在许多年内为负值，但预期在未来某个时点产生正的现金流。
  - 终值预测存在巨大的不确定性。
- 剩余收益的基本决定因素或驱动因素是股东权益账面价值和净资产收益率。
- 剩余收益估值与市净率的关系最接近。当预期未来剩余收益的现值大于零（小于零）时，根据基本面因素决定的合理市净率大于（小于）1。
- 当完全一致的假设（通过一整套预期的（计划的）财务报表）用于预测收益、现金流、股利、账面价值和剩余收益，并且用相同的股权要求回报率作为折现率时，剩余收益、股利折现或自由现金流估值的结果应该是一样的。然而，实际上，分析师可能会觉得某个模型更容易使用，使用不同的模型也可能得到不同的估值。
- 持续剩余收益是预测期后的剩余收益。关于持续剩余收益的假设通常是以下一种：
  - 剩余收益在一个正的水平无限持续。（这个假设的一种变化是剩余收益以通货膨胀率持续无限期地增长，即实际水平保持不变。）

- ■ 剩余收益从终值年度开始等于 0。
- ■ 当净资产收益率随时间推移回归股权成本时，剩余收益降为零。
- ■ 剩余收益下降至某个均值水平。
- 剩余收益模型假设干净盈余关系成立：$B_t = B_{t-1} + E_t - D_r$。或者说，不包括所有权交易，期末股东权益账面价值等于期初账面价值加上利润减去股利。
- 在实践中，为了更准确地应用剩余收益模型，分析师可能需要：
  - ■ 针对以下项目调整股东权益的账面价值：
    - ◦ 表外项目；
    - ◦ 与公允价值不符；
    - ◦ 某些无形资产的摊销。
  - ■ 调整报告净利润，反映干净盈余会计。
  - ■ 针对误分类为经常性项目的非经常性项目，调整报告净利润。

非上市公司估值

雷蒙德·拉瑟，ASA，CFA

学习目标

通过学习本章内容，你将可以：

- 比较和对比上市公司和非上市公司的估值。

- 描述非上市公司估值的用途，并解释金融分析师最关心的用途。

- 解释价值的各种定义，并展示不同的定义如何导致不同的价值估计。

- 解释非上市公司估值的收益法、市场法和资产基础法以及每种方法的相关因素。

- 解释与非上市公司相关的现金流估算问题和估计正常化收益所需的调整。

- 用自由现金流法、资本化现金流法和超额收益法计算非上市公司的价值。

- 解释在估计非上市公司折现率时需要调整的因素。

- 比较非上市公司股权要求回报率的几个估计模型（例如 CAPM、扩展的 CAPM 和加成法）。

- 基于市场法计算非上市公司的价值，并描述各种方法的优缺点。

- 描述非上市公司估值的资产基础法。

- 解释并评价控制权和流通性折价与溢价在非上市公司估值中的影响。

- 描述估值准则在非上市公司估值中的作用。

11.1 引言

非上市公司股权估值是股权估值的一个主要应用领域。[⊖]广泛投资的专业人员越来

⊖ 本章讨论时经常用评估代替估值。评估和估值是同义词，评估者和估值者也是。

越需要熟悉这类估值问题。许多上市公司的新设项目或其他业务比较适合作为非上市公司进行估值。公司可能通过收购竞争对手，包括非上市公司，以获得成长，分析师都必须准备评估这类交易中的支付价格。此外，收购往往导致收购方资产负债表上有大量的无形资产余额，包括商誉。IFRS 和美国 GAAP 要求每年（如果有因素表明在年度减值测试日之前存在减值，测试会更频繁）对商誉的余额进行减值评估或正式测试。因为减值测试和其他财务报告原因，财务报表中越来越多地使用公允价值估计。本章讨论的概念和方法在财务报告这一方面发挥了重要作用。此外，本章讨论的问题也出现在风险投资和其他类型私募股权基金持有的投资中；私募股权基金在许多投资者的投资组合中构成重要配置。私募股权基金持有的投资价值受到越来越多关注，其使用的估值过程和得到的价值估计也受到越来越严格的审查。

本章将介绍和说明与非上市公司估值相关的重要因素。本章的结构如下：11.2 节提供有助于理解非上市公司估值的背景知识，包括上市公司和非上市公司的典型差异以及非上市公司估值的主要原因。11.3 节讨论非上市公司估值中使用的不同价值定义，并说明估值必须解决具体案例的价值定义问题。11.4 节讨论收益正常化和现金流估计，介绍非上市估值的三类主要方法、估值折价和溢价、企业估值准则和实践。11.5 节总结本章内容。

11.2 非上市公司估值的范围

非上市公司的范围包括从单个员工的非法人企业到因管理层收购或其他交易而退市的前上市公司。许多成功的大型企业从一开始就保持着非上市的身份，例如宜家（IKEA）、欧洲的博世（Bosch）、美国的嘉吉（Cargill）和柏克德（Bechtel）。非上市公司的不同特征以及缺乏对估值方法和假设提供指引的公认机构促进了多种估值实践的发展。

11.2.1 非上市和上市公司估值：相似和对比

我们可以通过考察非上市公司和上市公司在公司特有因素和股票特有因素上的重要差异，了解非上市公司估值的一些挑战。

11.2.1.1 公司特有因素

公司特有因素是指公司自身的特征，包括生命周期的阶段、规模、市场、管理层的目标和特征。

- **生命周期的阶段**。非上市公司包括了处在发展最初期的公司，而上市公司通常是处于生命周期比较靠后阶段的公司。非上市公司的资本、资产或员工可能很少。但是非上市公司也包括稳定持续经营的大公司和处于清算期间的失败公司。生命周期的阶段会影响公司的估值过程。

- **规模**。上市和非上市公司通常可以用相对规模区分——无论相对规模是用利润表、资产负债表还是其他方法衡量；同行业中的非上市公司规模往往较小。规模会影响风险的水平，从而影响相对估值。因为小规模通常会增加风险水平，所以在估计非上市公司的要求回报率时，经常会加上小规模风险溢价。对一些非上市公司来说，规模小可能会减少为业务增长提供资金的渠道，削弱增长的前景。公开股票市场通常是这类融资的最佳渠道。相反，对上市小公司来说，作为上市公司的经营成本，包括合规成本，可能超过了融资的得益。

- **股东和管理层重叠**。与多数上市公司不同，许多非上市公司的高层管理人员拥有控股权益。因此，他们可能不需要像上市公司那样面对外部投资者的压力。代理问题在非上市公司中也可能得到缓解。[○]因此，非上市公司的管理层在决策时可能比上市公司的管理层具有更长期的视角。

- **管理质量和深度**。一家小型非上市公司，特别是增长潜力有限的，管理深度比一般的上市公司小，对管理层候选人的预期吸引力也会较低。较小的经营规模也可能导致管理深度比上市公司小。从这些考虑涉及的方面看，管理质量和深度可能影响非上市公司的风险和其增长能力。

- **财务和其他信息的质量**。上市公司必须及时地按详细的要求披露财务和其他信息。投资分析师可能会强烈要求上市公司的管理层提供高质量的信息。非上市公司的财务和其他信息越有限，潜在的股权或债务投资者的负担就越多。这种信息差异很可能导致较高的不确定性，因此增加风险。其他条件相同的情况下，风险越高，估值就越低。虽然这可能是基准情况，但请注意，在某些非上市公司估值中，例如在收购背景下准备公允意见，分析师通常可以无限制地查看账本、公司记录、合同和其他信息，而这是上市公司股票分析师做不到的。

- **来自短期投资者的压力**。一般来讲，稳定的盈利和增长率是上市公司股票价格表现的关键因素。管理合约的延续和薪酬激励的水平经常与股票表现挂钩，但是许多投资者的兴趣可能只是交易性或短期的。结果可能导致管理层试图支

○ **代理问题**（agency issues）是指这类问题，例如所有者（委托人）和管理层（代理人）有时存在利益冲突，引起监管成本。更多信息参见 Aggarwal，Harrington，Kobor and Drake（2008）。

撑短期的股票价格。[○]一些观察者认为，非上市公司通常没有类似的股票表现压力，这类公司可以关注较长期的投资。

- **税收考虑**。与上市公司相比，减少报告的应税所得和支付的所得税对非上市公司更重要，因为对所有者更有利。

11.2.1.2　股票特有因素

除了公司特有因素以外，非上市公司的与上市公司的股票特征往往也有很大不同。

- **企业内股东权益的流动性**。非上市公司股票的流动性一般比上市公司要小很多。非上市公司的股东一般较少。非上市公司的股票尚未在公开股票市场注册。现有和潜在买方的有限数量降低了非上市公司股票的价值。
- **控制权集中度**。[○]非上市公司的控制权经常集中在一个或非常少的投资者手中。控制权的集中可能会引起一些使部分股东得益而其余股东受损的行为。与控制集团的关联企业按高于市场的价格交易会将公司非控制股东的价值转移出去。给控制性股东高于市场水平的报酬是一种典型的额外补贴。
- **限制流动性的潜在协议**。非上市公司可能有限制股票销售的股东协议。这些协议可能会降低股东权益的可流通性。

股票特有因素对非上市公司估值的影响通常是负面的，而公司特有因素的影响可能是正的也可能是负的。在非上市公司中观察到的风险差异程度和受此影响的要求回报差异程度，一般大于在上市公司中观察到的。另一个结果是，应用于非上市公司的估值方法和假设一般较多样化。

11.2.2　进行估值的原因

非上市公司或其股东权益的估值有三类：与交易有关的、与合规有关的以及与诉讼有关的。

交易包括影响所有权或企业融资的各种事件，是非上市公司估值的主要领域。交易的类型有多种。

- **非公开融资**。筹集资本对处在发展阶段的公司非常关键。为了减少风险和保持影响力，**风险资本投资者**（venture capital investors，指投资于这类公司的股权

○　*Breaking the Short-Term Cycle*, CFA Institute Centre Publications (July 2006).

○　此因素也可以放在公司特有因素中。

投资者）通常根据关键发展目标（"里程碑"）的完成情况分几轮进行投资。预期未来现金流的高度不确定性使得估值常常是非正式的，并以企业和投资者之间的谈判为基础。

- **首次公开募股**（IPO）。IPO 是非上市公司获得流动性的一种选择。投资银行做出估值是 IPO 过程的一个部分。与 IPO 相关的估值经常有一个关键因素，即确定与即将上市企业相似的上市公司。

- **收购**。对处在发展期或成熟期的公司来说，收购可能是一种具有吸引力的流动性选择。与收购相关的估值可由目标公司和 / 或买方的管理层进行（和协商）。较小的公司可能在商业经纪人的协助下出售。较大公司的出售由投资银行处理。

- **破产**。对处于破产保护中的公司来说，估计该公司及其资产的价值可以帮助判断该公司持续经营或清算哪种更有价值。对可以持续经营的破产公司来说，从估值中得到的见解对资本结构中杠杆过高的调整可能十分关键。

- **基于股票的支付（薪酬）**。基于股票的支付可以看作公司和员工之间的交易。这些交易常常对股票发行者和员工有会计和税收方面的影响。基于股票的支付包括股票期权授予、限制性股票授予、美国的员工持股计划（ESOP）和其他国家类似结构的交易。提高员工绩效的激励是这种报酬机制的一个重要目标。

合规性包括法律或监管要求的行为。合规评估是估值实践的第二个重要领域。财务报告和税务报告是这类估值的两个主要焦点。

- **财务报告**。财务报告估值的重要性正在提高。证券分析师最经常接触的财务报告估值可能是商誉减值准备。[○]商誉减值测试要求对企业的一个现金产生单位（IFRS）[○]或一个报告单元（美国 GAAP）进行业务评估。实质上是用非上市公司估值工具对上市公司的组成部分进行估值。对非上市公司来说，股票期权的授予经常会要求估值。[○]

○ 相关的会计指引有 IFRS 中的 IAS 36 "资产减值" 或 IAS 38 "无形资产" 和美国 GAAP 中的 ASC 350（原 SFAS No.142）"商誉和其他无形资产"。IFRS 第 13 号 "公允价值计量" 和美国 GAAP ASC 820（原 SFAS No.157）"公允价值计量" 提供了衡量公允价值的额外指引。

○ IFRS 36 **"资产减值"** 将**现金产生单位**（cash-generating unit）定义为可以产生现金流且现金流很大程度上独立于其他资产或资产组的最小可识别资产组。ASC 350 "商誉和其他无形资产" 将**报告单元**（reporting unit）定义为一个经营分部或经营分部的低一层级（被称为组成部分，component）。如果组成部分构成一项具有独立财务信息的业务，而且经营分部的管理层经常性地检查该组成部分的经营结果，那么经营分部的组成部分就是一个报告单元。

○ IFRS 中的 IFRS 2 "基于股票的支付" 和美国 GAAP 的 ASC 718（原 SFAS No. 123R）"基于股票的支付" 是相关的会计指引。

- **税务报告**。税务报告长期以来都是要求对非上市公司估值的一个领域。与税务相关的估值原因包括公司和个人的税务报告。多种公司活动可能会要求估值，例如公司重组、转移定价和物业税问题。个人的税收要求可能会产生非上市公司估值的需要，例如某些司法管辖区的遗产和礼品税。

诉讼（包括与损害赔偿金、利润损失、股东纠纷和离婚相关的法律程序）经常要求估值。诉讼可能影响上市或非上市公司，也可能仅发生于股东之间而不影响公司层面。

前面的描述清楚地说明，三个主要的应用领域都要求专业的知识和技能。这个事实使得许多估值的专业人员将他们的精力集中在其中一个领域。例如，交易类估值经常涉及投资银行家，合规估值最好由具有相关会计或税务法规知识的估值专家来执行。与诉讼相关的估值要求在法律领域做出了有效的陈述。

描述了非上市公司估值领域的概况后，我们可以进一步讨论如何进行估值。在逻辑上，估值者进行估算以前必须理解估值的环境及其要求。这个程序的一个重要因素是了解估值必须确定的（各种）价值定义（下一小节的主题）。

11.3 价值定义（标准）

价值定义（或**价值的标准**（standard of value））规定了价值如何被理解，从而确定价值的类型。在给定的估值中确定正确的价值定义是做出恰当价值估算的关键步骤。公司的状况（在能否假设公司持续经营的意义上）[⊖]和估值的用途是决定合适价值定义的关键因素。

价值的主要定义可以归纳如下。[⊜]

- **公允市场价值**。这个术语可以定义为，在一个开放和没有限制的市场中，财产（资产）由独立的、地位相等的、假定为自愿且具备交易能力的买卖双方进行交易时，以等值现金方式表示的价格；双方都没有受到强迫去买或卖，而且都对相关事实有合理的了解。在美国，公允市场价值经常用于税务报告的语境中。

⊖ 这个假设有时被称为**价值的前提**（premise of value）。

⊜ 企业评估术语国际词汇表（International Glossary of Business Valuation Terms, IGBVT）包括了公允市场价值、投资价值和内在价值的定义。IGBVT 由美国注册会计师协会（American Institute of Certified Public Accountants）、美国评估师协会（American Society of Appraisers）、加拿大特许企业价值评估师协会（Canadian Institute of Chartered Business Valuators）、美国注册价值分析师协会（National Association of Certified Valuation Analysts）和企业评估师协会（Institute of Business Appraisers）共同编制，目的是通过使用一致的术语来改进评估实践。

- **市场价值**。国际评估准则委员会（IVSC）[○]定义市场价值为"在评估基准日进行适当的营销之后，在独立的、地位相等的自愿买方与自愿卖方达成的交易中，某项财产应当进行交易的估计金额，双方应明智、谨慎行事且没有受到强迫"。[○]市场价值是一个经常用于房地产和有形资产贷款价值评估的价值定义。

- （财务报告）**公允价值**。公允价值是用于财务报告的价值定义。公允价值与（公允）市场价值有许多相似之处。公允价值的定义包括公平交易（即双方行动均不受胁迫）以及交易双方具有相关知识。在 IFRS（和美国 GAAP）中，公允价值的定义是："市场参与者在测量日进行的有序交易中出售资产收到的或转移负债支付的价格。"[○]请注意，此定义涉及**退出价格**（exit price），即出售资产将收到的（或转移负债支付的）价格。[○]退出价格应少于或最多等于建立头寸支付的价格（**入账价格**（entry price））。

- （法律诉讼）**公允价值**。在美国，公允价值也是国家法规和法律先例在一些诉讼事项上设定的价值定义。尽管定义和解释可能有不同，但是在诉讼语境中的公允价值定义与前面给出的财务报告定义大体是相同的。

- **投资价值**。投资价值可以定义为，对一个特定投资者而言的基于该投资者的投资要求和期望的价值。投资价值在出售非上市公司时很重要。对不同的买家而言，企业或资产的价值可能有差异，这是因为潜在买家对企业或资产的未来盈利能力和风险水平预期不同，要求回报和融资成本不同，还有收购与潜在买家其他资产可能有协同效应。投资价值与前面的价值定义不同，它更关注一个特定的买家而不是在"市场"环境的价值。

- **内在价值**。内在价值经常用于投资分析。内在价值可以定义为，投资者基于评估或可以得到的事实，认为当其他投资者得到相同结论时会变成市场价值的"真实"或"实际"价值。这个定义试图捕捉没有任何短期定价失常（资产价值被高估或低估）时的资产价值。

○ IVSC 是制定和维护评估准则的国际团体，评估准则涵盖估值的过程、报告和披露，特别关注投资者和其他第三方利益相关者依赖的那些估值。

○ 某些市场价值定义指的是本质上以等值现金为基础的价值。例如，房地产的购买有时用现金和卖方融资（票据），融资的利率不同于市场利率。交易的等值现金价值将会是票据价值根据市场利率调整后的价值。另一个问题是或有事项，即依赖于指定事件发生的付款（更详细的定义见 11.4.3.2 节），这可能是某些收购支付结构的重要组成部分。ASC 805 已经扩大了准则范围，在业务收购中将或有事项纳入支付总价格的确定之中。

○ IFRS 第 13 号"公允价值计量"和 ASC 820"公允价值计量"。

④ 2008 年和 2009 年的市场动荡导致证券拍卖率流动性急剧下降和市场价格报价大幅下挫。有人指出 SFAS 第 157 号（现为 ASC 820）的退出价格要求导致重大的资产减值和报告的未实现损失，因为证券账面价值按市价调整。由于这场动荡，SFAS No.157 退出价格要求的含义以及短期市场效率低下对资产定价的影响引起了公开的讨论。

不同的价值定义会导致不同的价值估计。举一个简单的例子，某资产对一个特定投资者的投资价值可能是 100 欧元。这个金额不一定与资产的公允市场价值、市场价值或公允价值相同。假设有几个投资者因为协同效应或其他原因认为资产有 150 欧元的投资价值，并假设没有其他投资者认为该资产有超过 150 欧元的投资价值。如果有足够多投资者对 150 欧元的价值感兴趣，该资产的公允市场价值估计就可以是 150 欧元，这个价格确认了市场上买方和卖方的供需曲线。

一项评估（估值）一般不应该被用于其原有目的以外的用途。许多非上市公司的估值是出于特定目的执行的，参考了特定的价值定义，有具体的估值日，因此可能不适用于其他目的。潜在使用者必须考虑一个特定的估值及其价值定义是否适用于自身的情况。

为了说明这点，假设投资者为收购一家非上市公司的控股权进行调查。投资者可以获得公司少数股东为税务报告准备的估值。报告中的价值估计可能与该投资者无关，因为它多数不能从对公司活动有影响力的大股东视角反映企业的正常化收益。[⊖]少数股权的估值可能包含了少数股权折价或市场流通性折价，这些折价可能不适用于其他语境。公司的潜在买家如果使用这个可能没考虑费用调整和协同效应的估值，就可能会错失一个具有吸引力的候选收购目标。税务评估的估值假设如果用于财务报告可能也需要调整。

11.4　非上市公司估值方法

非上市公司估值的专家明确区分了三种主要的估值法。

- **收益法**（income approach）用资产预期产生收益的现值评估资产的价值。根据评估者做出的假设，收益法有几种变化形式。
- **市场法**（market approach）以价格乘数为基础评估资产的价值，价格乘数来自与目标资产相似资产的销售情况。（"价格乘数"可能指基于每股价格的乘数或基于公司整体价值的乘数。）
- **资产基础法**（asset-based approach）以企业基础资产的价值减去所有相关负债的价值作为非上市公司价值评估的基础。

尽管各领域专家对估值方法使用的标签不同，其应用的细节也可能不同，但非上市公司的估值方法与上市公司的在概念上是相似的。收益法对应上市公司的分析师使

⊖ 不严格地说，正常化收益对一些项目进行了调整，这些项目会降低盈利数字在比较或预测时的有用性。更精确的正常化收益定义见第 11.4.1.1 节。

用的现金流折现模型或现值模型。现金流折现模型和资产基础法模型一起被归类为绝对估值模型。分析师应用基于市场的方法，根据参照物的价值评估价格和企业乘数，使用的是相对估值模型。

分析师根据具体因素选择方法。经营性质和生命周期阶段是其重要的考虑因素。一个处于发展阶段、有潜力的、像成功大型上市公司那样经营的企业，其估值方法会随时间变化。在发展的最初阶段，企业可能最好用资产基础法估值，因为价值的持续经营前提可能不确定或未来现金流可能极难预测。在进入高速增长的发展阶段后，企业或许可以用自由现金流方法估值，这在非上市公司评估中被称为收益法。一个稳定成熟的企业可能最好是以市场法为基础进行估值。具体事实和情况可能建议使用不同的估值方法。

在选择估值方法和估值模型时，规模是一个重要的标准。上市公司的乘数可能不适用于相对成熟并且增长前景有限的小型非上市公司。如果风险和增长前景有重大差异，与上市公司比较不是非上市公司估值的一个良好基础。

上市公司和非上市公司可能有多种经营性和非经营性资产。非经营性资产的定义是企业日常经营不需要用到的资产。超额现金和投资余额是非经营性资产的典型例子。原则上，公司的价值等于经营性资产和非经营性资产的价值之和。因此，不管使用什么估值方法或模型，非经营性资产都应该包含在企业估值中。

在说明三种估值法的应用之前，我们需要解决与非上市公司评估时估值模型输入值有关的一些典型问题。

11.4.1　收益正常化和现金流估计问题

接下来两个小节将在非上市公司估值的背景下讨论收益正常化和现金流估计问题。非上市公司的潜在收购者可能认为目前的收益反映了低效率或高冗余，因此不适宜作为新所有权下未来收益的预测基础。在这种情况下，应该假定企业被收购，以调整后或"正常化"的收益作为与未来经营结果预测相关的基础。从本质上说，评估者希望准确了解企业在被收购和有效经营情况下的收益和现金流规模。

11.4.1.1　非上市公司的收益正常化问题

在非上市公司估值中，估计企业的正常化收益可能需要做重大的调整。根据企业评估术语国际词汇表（IGBVT）[⊖]的定义，**正常化收益**是"为消除异常值和方便比较，

⊖　IGBVT 是美国注册会计师协会、美国评估师协会、加拿大特许企业价值评估师协会、美国注册价值分析师协会和企业评估师协会合作开发的常用商业估值术语词汇表。

调整了非经常性、非经济性或其他异常项目的经济收益"。作为许多非上市公司控制权集中的结果，报告的收益可能反映出自由裁量的开支或非公平金额的费用。税收和其他动机也可能导致非上市公司的报告收益与正常化收益不同。许多非上市公司的规模较小，潜在地增加了自由裁量开支对价值的相对影响。

比较非上市公司和上市公司的报告收益，关键的区别是企业和参与经营的所有者之间或和控股股东控股的实体之间交易的潜在影响。许多将收益正常化的调整项目需要减少非上市盈利企业的报告收益。控制性股东或唯一股东往往积极管理企业，并控制董事会及所有的政策和经营决定。高于市场的报酬或其他费用会减少公司层面的应税所得和所得税费用，也会减少向控制性股东和其他股东支付股利时的后续税费。高于市场的费用可能导致控制性股东得到与其他股东比不相称的回报。

薪酬费用是可能需要调整一个重要区域。在盈利的非上市公司的报告中，所有者兼雇员的薪酬费用可能高于支付给非所有者雇员的金额。员工中可能还包括所有者的家族成员，他们得到的金额可能高于他们所提供服务的市场价值。如果非上市公司的利润有限或报告亏损，费用可能实际上被少报而企业的利润被多报。在企业中积极活动的所有者拿到的报酬可能低于从事类似活动的雇员所要求的市场水平。

还有许多其他方面可能需要考虑调整。私人费用可能被包括在非上市公司的费用中。私人使用的资产和超额的招待费是需要考虑的两个方面。私人住宅、飞机、豪华的公司车辆或私人的过度使用都需要调整。人寿保险和股东借款也需要审查。

非上市公司使用的物业也是考虑的一个方面。当非上市公司拥有物业时，一些分析师会把物业从经营的公司中分离出来。分离的调整包括从利润表剔除该物业相关的收入和费用。如果公司在它的业务经营中使用该物业，那么在公司费用中加入使用该物业的市场租金可以更准确地估计公司的经营利润。调整报告的收益已包括第三方物业成本，这样可以得到不包括自有物业的经营业务价值。因为物业仍归公司所有，所以它的价值被视为公司非经营资产的价值。因为业务经营和房地产有不同的风险水平和增长预期，这些对自有物业财务影响的调整是恰当的。

没有这些调整以消除自有物业对财务业绩报告的影响，非上市公司可能会被错误地估值。为使用物业而支付的租金包括投资部分本身的回报和在该项投资上的回报。折旧反映了投资本身的回报。如果物业是自有的，折旧费用会反映历史的收购成本而不是目前的重置成本。对自有物业来说，租金不会按市场水平反映出在该投资项目上的回报。在利润数额上应用一个资本化率可能会错误地评估非上市公司的价值，尽管资本化率包括了部分从自有物业中得到的收益。业务经营和房地产可能会有不同程度的风险或预期未来增长需要分开估值。如果房地产是关联企业租赁给非上市公司的，费用的水平可能需要按市场的租金比率调整。如果房地产是从非关联方租赁的，但租金不在市场水平，这项费用的正常化调整可能也是适当的。

例 11-1 中，非上市公司的潜在买家需要调整财务报告结果，目的是更清楚地了解公司在新所有权下的正常化收益和价值。

例 11-1　Able 制造公司：正常化收益调整

约翰·史密斯是 Able 制造公司的唯一股东和 CEO。史密斯在退休前将公司公开出售。詹姆斯·杜瓦尔是一家上市公司风险投资部的经理，他正在评估收购 Able 的项目。杜瓦尔注意到以下影响最近财务年度报告结果的事实：

史密斯的年度薪酬为 150 万美元。杜瓦尔的高管薪酬顾问认为，像 Able 这样的公司，CEO 的正常化薪酬费用为 50 万美元比较合适。薪酬被包括在销售、一般和管理费用（SG&A）中。

- 公司的资产包括了农场和一幢别墅，杜瓦尔认为公司的核心业务不需要这些资产。与农场和别墅相关的年度费用为 40 万美元，其中销售、一般和管理费用 30 万美元，包括物业维护、物业税和保险费用，折旧费用 10 万美元。其他所有资产余额（包括现金）都被认为是支持目前经营业务所要求的正常水平。

- Able 公司的债务余额为 200 万美元（利率为 7.5%），低于该公司期望的最佳债务水平。因为报告的利息费用不能反映最佳的费用水平，所以杜瓦尔认为，完全不包含利息费用的利润数额，具体地说就是税后经营利润，有利于对 Able 的估值。

杜瓦尔使用了如下表所示的利润表，显示了税后经营利润的推导过程。

Able 制造公司的税后经营利润　（单位：美元）

截至 2013 年 12 月 31 日	报告金额
销售收入	50 000 000
销售成本	30 000 000
毛利润	20 000 000
销售、一般和管理费用	5 000 000
EBITDA	15 000 000
折旧和摊销	1 000 000
息税前利润	14 000 000
预计所得税（40%）	5 600 000
税后经营利润	8 400 000

根据给出的信息，解答下列问题：

（1）指出杜瓦尔为了估计正常化税后经营利润，会对报告数字做出的调整，即所有权归属杜瓦尔的部门后，税后经营利润是多少？

（2）以问题（1）的答案为基础，编制 Able 公司正常化税后经营利润的预测报表。

问题（1）的解答：首先，为了反映职业经理人的预期薪酬费用水平，销售、一般和管理费用应该减少 100 万美元（＝150 万美元－50 万美元）。其次，农场和别墅为非经营性资产——它们对销售收入没有贡献，因此应该调整费用项目，使之反映剔除（例如通过出售）了这些资产后的水平。利润表中两行数字会受到影响：销售、一般和管理费用应该减少 30 万美元，折旧和摊销会减少 10 万美元。

问题（2）的解答：正常化税后经营利润的预测报表见下表。

Able 制造公司正常化税后经营利润的预测报表　　（单位：美元）

截至 2013 年 12 月 31 日	预测
销售收入	50 000 000
销售成本	30 000 000
毛利润	20 000 000
销售、一般和管理费用	3 700 000
EBITDA	16 300 000
折旧和摊销	900 000
息税前利润	15 400 000
预计所得税（40%）	6 160 000
税后经营利润	9 240 000

除了以上说明的几个调整外，还有许多在上市和非上市公司估值中相似的其他需要调整的领域（例如，关于存货会计方法、折旧假设、各种支出是资本化还是费用化的调整）。非上市公司的财务报告可能只是经过审阅而没有经过审计。审阅会计师对**经审阅的财务报表**（reviewed financial statements）提供意见书，其声明和保证都少于财务报表的审计意见书。只有审阅而没有审计的财务报表以及其他因素表明非上市公司报告的财务数据可能需要更多的分析师调整。**编制的财务报表**（compiled financial statements，指不附有审计师意见书的）表明需要进行分析调整的程度更高。

11.4.1.2　非上市公司的现金流估计问题

除了收益正常化，现金流估计也是估值过程的一个重要部分。在这个背景下，自由现金流（FCF）是相关的现金流概念。企业自由现金流（FCFF）代表了企业层面的自由现金流，可以被用来估计企业的价值或间接估计股权的价值。⊖另一种方法是用股权自由现金流（FCFE）直接估计股权的价值。

非上市公司的现金流估计提出了一些重要的挑战，包括被评估股权的性质、未来经营潜在的严重不确定性和预测中的管理层参与等相关问题。

在现金流估计中，假设的性质取决于许多因素。被评估的股权性质和评估的预期用途是决定具体估值中合适价值定义的关键。如果评估的是少数股东权益而不是企业全部的股权，那么现金流估计中的假设可能不同。例如，投资价值标准要求的现金流估计可能与财务报告估值任务中的公允价值标准要求不同。

在未来现金流的估计中，未来现金流的可能范围也许会很广，这种不确定性也对使用 FCF 的估值提出挑战。许多发展中企业和部分成熟企业的未来经营和现金流都存在严重的不确定性。一个可能的解决方法是预测多种可能的未来情景。对一个处于发展阶段的非上市公司来说，可能的未来情境包括：首次公开募股、收购、继续作为非上市公司经营或破产。对一个较大的成熟企业来说，分析师也许会选择涵盖增长和盈利可能范围的各种情景。

在评估单个情景时，被选择的折现率应该反映在该情景中实现预测现金流的风险。各种情景发生的可能性也必须估计，然后通过各种预估情景价值的可能性加权平均得到公司总的估计价值。另一种方法是以各种情景为基础预测未来现金流，然后用传统的单一折现率折现，得到总的估计价值。尽管一般的趋势是使用更稳健的模型，但在目前的非上市公司估值实践中，反映平均或最可能情景的模型比明确的多情景分析更常用。

非上市公司的管理层掌握的企业信息通常比外部分析师多得多。管理层可能会根据评估人员的估价做出现金流预测，或评估师根据需要咨询管理层后做出自己的预测。评估师应该意识到潜在的管理层偏见，例如在商誉减值测试时可能高估价值，或在股票期权激励赠与时可能低估价值。评估者还要注意预测是否充分考虑了资本需求。

非上市公司和上市公司估计 FCFF 和 FCFE 的流程是相似的。非上市公司的收入和费用通常需要进行调整，以反映正常的盈利能力。对于 FCFF，税后经营利润的估计需要剔除债务的利息费用，然后扣除经营利润的预计所得税（即在正常化收益的基础上用 EBIT 减去估计的所得税）。因为折旧费用是非现金费用，所以要加回。计提替换现有资产所需的资本支出准备，以支持目前的经营水平。未来增长所需的额外资

⊖ 存在其他的术语名称。净现金流（net cash flow）和无债务净现金流（debt-free net cash flow）是企业自由现金流的变体。

本支出也应该被减去。收入增长所需的增量营运资本也需要被计算，减去此项后得到 FCFF。FCFE 等于 FCFF 减去税后利息费用并加上新的净借款。

评估者可以根据案例的实际情况选择 FCFF 或 FCFE 方法。当预期有重大的资本结构改变时，有的分析师认为 FCFF 估值在实践中比 FCFE 估值更稳健，因为 FCFF 方法中使用的折现率（加权平均资本成本）通常比 FCFE 方法中使用的折现率（股权成本）对杠杆变化更不敏感。除了这些考虑以外，可能还有一个趋势就是，大公司和投行的评估师偏好用 FCFF，小企业的评估师偏好用 FCFE。

▌ 例 11-2   Able 制造公司：企业自由现金流预测

例 11-1 中已介绍过的公司风险投资部经理杜瓦尔，决定出价收购 Able 制造公司。杜瓦尔决定用收益法对 Able 进行估值。如例 11-1 所述，Able 有 200 万美元的债务。综合考虑 Able 的业务、规模和竞争对手使用的财务杠杆后，杜瓦尔认为 Able 的债务水平低于其能力范围，如果杜瓦尔部门收购 Able 成功，那么增加债务会更优。因为预期杠杆会改变，杜瓦尔决定用 FCFF 而不是 FCFE 评估 Able 公司。

根据可以获得的信息，杜瓦尔做出了以下假设：

- 销售收入和税后经营利润的长期增长速度为每年 3%。
- 毛利润率保持为 40%。
- 折旧保持为销售收入的 1.8%。
- 销售、一般和管理费用（SG&A）可以在前一年 370 万美元的水平上至少维持 2 年。
- 营运资本需要达到销售收入的 10%（例如，销售收入比上年增长 X 美元，那么就需要有 $0.10 \times X$ 美元的新增营运资本）。
- 预计资本支出将等于预测的折旧费用（以支持现有的经营）加上新增销售收入的 5%（以支持未来的增长）。

（1）杜瓦尔在估计 Able 公司的 FCFF 时，应该用报告的收益还是用正常化收益？请解释。

（2）（从一个具有相关知识买家的角度）预测 Able 公司下一年的 FCFF。

问题（1）的解答： 在收购交易中评估 Able 的价值应该用正常化收益来估计 FCFF。正常化收益比报告的收益能更准确地反映一个自愿买方预期的利润。

问题（2）的解答： 杜瓦尔假设可预见未来的长期增长率为 3%。以上一年 5 000 万美元的销售收入和每年 3% 的销售收入增长为基础，从上一个历史年度到下一年度，预测的销售收入增长为 150 万美元。给定折旧费用 927 000 美元和新增销售收入 150 万美元，预测的资本支出总和等于 927 000 + 0.05 × 1 500 000 = 927 000 + 75 000 = 1 002 000 美元。需要增加的营运资本是新增销售收入的 10%，等于在自由现金流计算中扣除 15 万美元。基于这些假设，计算得出企业自由现金流为 9 358 800 美元（见下表）。

计算 Able 制造公司下一年的预测企业自由现金流 （单位：美元）

销售收入（50 000 000 × 1.03 =）	51 500 000
销售成本（0.60 × 销售收入 =）	30 900 000
毛利润（销售收入 − 销售成本 =）	20 600 000
销售、一般和管理费用（维持 2013 年水平）	3 700 000
预测的 EBITDA	16 900 000
折旧和摊销（0.018 × 51 500 000 =）	927 000
预计的息税前利润	15 973 000
EBIT 的预计所得税（40%）	6 389 200
税后经营利润	9 583 800
加：折旧和摊销	927 000
减：资本支出①	1 002 000
减：营运资本的增加②	150 000
企业自由现金流	9 358 800

① 如正文中解释的，927 000 + 0.05 × 1 500 000。
② 0.10 × (51 500 000 − 50 000 000)。

11.4.2 非上市公司估值的收益法

收益法的概念支持来自价值以预期未来利润和现金流为基础的假设。收益法将未来的经济收益转换成等价的现值。在 IFRS 和美国 GAAP 中，资产被定义为未来可能的经济利益。此定义对使用收益法为上市公司或非上市公司估值提供了强力的支持。

收益法的三种形式包括**自由现金流法**（free cash flow method，在评估行业中经常被称为**现金流折现法**（discounted cash flow method））、**资本化现金流法**（capitalized cash flow method）和**剩余收益法**（residual income method，在评估行业经常被称为**超额收益法**（excess earnings method））。[⊖]

- 自由现金流法用自由现金流的现值为基础估计资产的价值，使用的折现率反映

⊖ 剩余收益法有时会被归入资产法，因为它涉及按市值对有形资产计价和估计无形资产价值，包括商誉。

现金流量相关风险。在持续经营假设下，这个方法经常包括一系列离散的现金流预测，之后是在预测期结束时估计企业持续经营的价值。

- 资本化现金流法（也被称为**资本化收益法**（capitalized income method）或**资本化盈利法**（capitalization of earnings method））用具有代表性的单一经济收益估计值除以合适的资本化率，得出非上市公司的价值估计。
- 对于企业的估值，超额收益法用资本化的未来超额收益估计企业所有无形资产的价值，其中的超额收益是指超过与营运资本和固定资产相关的估计回报要求的盈利。该无形资产的价值加上营运资本和固定资产的价值得到企业的价值。

不管使用哪种收益法，预期未来现金流的折现都需要合适的要求回报率估计。

11.4.2.1 要求回报率：模型和估计问题

有许多因素使得非上市公司的要求回报率估计具有挑战性。

- **规模溢价的应用**。在非上市公司的估值中，规模溢价经常用于非上市公司评估师对股权回报要求的估计。这种做法在上市公司估值中似乎不太普遍。[⊖]此外，基于上市公司数据的最小市值板块规模溢价会包含了与财务和经营困难有关的风险溢价，这个溢价可能与被估值的公司无关。
- **CAPM 的使用**。有人质疑，在小型非上市公司的估值中，资本资产定价模型（CAPM）是否适用于折现率的估计。在美国，如果非上市公司预期作为上市公司经营的可能性很小，那么涉及这类公司的税务法庭案件会拒绝使用 CAPM。通常上市公司规模较大，非上市公司规模较小，两者之间的差异是重要的考虑因素。几乎没有上市或被上市公司收购前景的小公司，被视为与用市场数据估计贝塔值的上市公司不可比。
- **扩展的 CAPM**。扩展的 CAPM[⊖]（expanded CAPM）是 CAPM 的一种适应形式，在 CAPM 中加入小规模和公司特定风险的溢价。
- **加成法的元素**。加成法已在关于回报率概念的章节介绍过了。当缺乏**可比上市公司**（guideline public companies，与被评估公司可比的上市公司）或可比性值得怀疑的时候，评估师可能依赖加成法而不是 CAPM 或其他方法。加成法与扩展的 CAPM 相似，但没有使用贝塔值作为股权风险溢价。许多人认为与 1.0 不同的贝塔值已反映了行业风险因素，因此在扩展的 CAPM 中不包括行业风

⊖ Pratt and Grabowski（2014）第 14 章对折现率估计中的规模溢价和其他相关问题进行了深入的讨论。

⊜ 更多信息参见 Pratt and Grabowski (2014)，第 10 章，在那里被称为修订的 CAPM。

险溢价。在加成法中，贝塔值被隐含地假定等于 1.0，存在一种观点认为应该包括行业风险调整（溢价或折扣），虽然衡量行业风险调整有难度。作为加成法的基本实施模型，我们采用行业风险调整的模式。

- **相对的借款可获得性和债务成本**。正确地估计非上市公司的债务融资能力是估值的另一个挑战。在为基于 FCFF 的估值计算 WACC 时，分析师应该注意，相对于类似的上市公司，非上市公司可能较难以获得债务融资。债务融资渠道的限制意味着非上市公司可能需要更多地依赖股权融资，这很可能会增加 WACC。此外，非上市公司通常规模较小，这可能导致更大的经营风险和更高的债务成本。

- **收购背景下的折现率**。在评估收购时，金融理论表明资本使用成本应以目标公司的资本结构和目标公司现金流的风险为基础，与买方的资本成本不相关。在较大型成熟公司收购较小型风险较高的目标公司时，预计买家的资本成本比目标公司的低。这些做法通常会不正确地将价值从买方转移给卖方，因为买家将交易可能带来的价值支付给了卖方[⊖]。

- **根据预测风险调整折现率**。与相似的上市公司相比，非上市公司的经营信息或商业模式信息越少，预测的不确定性就越大，这可能会导致较高的要求回报率。另一个担忧是，非上市公司的管理层（分析师可能需要依赖其预测）可能预测未来财务业绩的经验较少。预测可能反映出过度乐观或悲观。然而，针对预测风险或管理层缺乏经验而对折现率做出的调整通常是非常主观的。

▌ 例 11-3　估算非上市公司的折现率

杜瓦尔和他的顾问决定使用收益法评估 Able 制造公司的价值。

由于其多年的成功经营和所有者的保守特点，Able 制造公司的经营几乎没有负债。史密斯寻找了多种借款渠道，能够降低 Able 制造公司经营的总资本成本。通过分析 Able 制造公司所在行业的上市公司，可以找到几家可比上市公司，这些公司可能会在估计 Able 制造公司的折现率时用到。杜瓦尔和他的顾问就以下估计达成一致：

- 无风险利率：估计为 4.8%。
- 股权风险溢价：双方都认为股权风险溢价为 5% 是合适的。[⊖]

⊖　参见 Damodaran（2002）。
⊜　关于股权风险溢价的进一步讨论参见本书第 5 章和 Pratt and Grabowski（2014）的第 8 章。

- 贝塔值：以同行业上市公司为基础估计得到 1.1 的贝塔值。

- 小股票溢价：较小的规模和较少多元化的业务意味着 Able 制造公司的风险比上市公司高。考虑到这些预期风险，股权回报计算中加入了 3% 的小股票溢价。[⊖]

- 公司特有风险溢价：对 Able 制造公司的分析表明，除了史密斯在公司中的关键作用以外，没有其他异常的额外风险因素。加入公司特有风险调整 1%。[⊖]

- 行业风险溢价（只用于加成法）：因为没有行业相关风险会显著影响股权要求回报率的估计，所以行业风险溢价为 0%。

- 税前债务成本：估计为 7.5%。

- 同行业上市公司的债务对总资本比率：估计为 20%。

- 最优的债务对总资本比率：基于与各种融资渠道的讨论，估计为 10%。考虑到 Able 制造公司的规模小于上市公司而且作为独立公司经营的风险较高，Able 制造公司可能无法实现行业的资本结构。

- 实际的债务对总资本比率：Able 制造公司的实际比率为 2%。

- 合并公司的所得税率：估计为 40%。

- 根据给出的信息，讨论以下问题：

（1）用 CAPM 计算 Able 制造公司的股权要求回报率。

（2）用扩展的 CAPM 计算 Able 制造公司的股权要求回报率。

（3）用加成法计算 Able 制造公司的股权要求回报率。

（4）讨论在决定 Able 制造公司的加权资本成本时，如何选择资本结构比例。

（5）用目前的资本结构和 14% 的股权成本计算 Able 制造公司的加权平均资本成本。

（6）以 Able 制造公司的最优资本结构和 14% 的股权成本为基础，计算 Able 制造公司的加权平均资本成本。

问题（1）的解答：根据 CAPM，股票 i 的要求回报率 = 目前预期的无风险利率 + $\beta_i \times$ 股权风险溢价 = 4.8% + 1.1 × 5% = 10.30%。

⊖ 如果在计算股权要求回报率时用 CAPM，而且可比上市公司也有与被评估的较小非上市公司相似的风险，那么小股票溢价可能是不需要的。正如刚刚所述，这个风险很可能已经被包含在可比上市公司的贝塔值中了。

⊖ 公司特有风险的估计一直是估值过程中一个非常主观的因素。一些评估专业人士提出了公司特有风险的定量估算方法。这些工具正在评估行业内被检验。

问题（2）的解答：要求回报率为 14.3%，如下表所示。

Able 制造公司股权要求回报率：扩展 CAPM	（%）
无风险利率	4.8
加：根据贝塔调整的股权风险溢价①	5.5
加：小股票溢价	3.0
加：公司特有风险调整	1.0
估计的要求回报率	14.3

①贝塔值 1.1 × 股权风险溢价 5% = 5.5%。

问题（3）的解答：如下表所示，要求回报率是 13.8%。注意其中没有贝塔值调整。此外还要注意，接近 1.0 的贝塔值（1.1）可能表明任何可能进行的行业风险调整幅度将会很小。

Able 制造公司股权要求回报率：加成法	（%）
无风险利率	4.8
加：股权风险溢价	5.0
加：小股票溢价	3.0
加：行业风险调整	0.0
加：公司特有风险调整	1.0
估计的要求回报率	13.8

问题（4）的解答：在为 Able 制造公司的可能出售估值时，因为买方将有能力也有动力建立最优的资本结构，所以在 WACC 计算中假设权重为最优资本结构是合适的。Able 制造公司当前的资本结构比最优资本结构的债务少，因此 Able 制造公司目前的 WACC 高于它所需要的。但要注意，相似的大型上市公司的债务权重可能高于 Able 制造公司的最优水平。可以预期，大型上市公司在公开债务市场融资较容易。而且，与较大的上市公司相比，Able 制造公司的小规模也增加了风险。这两个因素往往会增加 Able 制造公司相对于大型上市公司的债务成本，导致最优债务比例比这类上市公司低。○

问题（5）的解答：根据 Able 制造公司目前资本结构计算的资本成本见下表。

○　AICPA 公布的 *Valuation of Privately-Held-Company Equity Securities Issued as Compensation* 实践帮助（此后简称为《股票实践帮助》）为股票期权赠与和其他基于股票的支付提供了估计股票价值的技术指导。第 119 段指出"成为上市公司的一个目的和好处是可以从公开资本市场融资，相关的好处是股权和债务资本的成本都较低"。

Able 制造公司加权平均资本成本计算——当前资本结构	
税前债务成本	7.5%
所得税调整（1 – 税率）	× 0.60
税后债务成本	4.5%
权重	× 0.02
加权债务成本	0.1%
股权成本	14.0%
权重	× 0.98
加权股权成本	13.7%
加权平均资本成本	13.8%

问题（6）的解答： 用 Able 制造公司最优资本结构计算的总资本成本反映出较高的债务融资水平。WACC 的计算见下表。

Able 制造公司加权平均资本成本计算——最优资本结构	
税前债务成本	7.5%
所得税调整（1 – 税率）	0.60
税后债务成本	4.5%
权重	0.10
加权债务成本	0.5%
股权成本	14.0%
权重	0.90
加权股权成本	12.6%
加权平均资本成本	13.1%

对处于发展初期的公司来说，需要特别关注折现率估计问题。例如，非常高的公司特有风险可能使得 CAPM 的应用有问题。存在几个生命周期阶段，公司在每个阶段经营的绝对要求回报率范围很广。此外，将公司归入特定的生命周期阶段也有不确定性。[一]

11.4.2.2　自由现金流法

非上市公司和上市公司的自由现金流估值本质上是相似的。例如，在 Able 制造公司的例子中，自由现金流估值可能包括，预测几年内每年的自由现金流，计算这些预

[一]　AICPA 公布的 *Assets Acquired in a Business Combination to Be Used in Research and Development Activities: A Focus on Software, Electronic Deices, and Pharmaceutical Industries* 实践帮助（以后简称《IPRD 实践帮助》）和《股票实践帮助》描述了发展初期公司的几个生命周期阶段和估计的要求回报率。

测现金流的现值，然后估计能够反映企业在预测期结束时价值的终值并计算其现值。原则上，离散的自由现金流预测应该直到现金流预期稳定增长为止。许多实际应用都涉及 5 年的离散现金流预测。

在初始预测期结束时对企业价值评估的方法中，理论偏好含有稳定长期增长率的资本化现金流法。然而，一些评估者会用市场法中的价格乘数计算终值。对一个高增长行业中的公司来说，市场乘数预计包含了在近期快速增长和在无限期的未来"正常"增长的信息。用这些乘数估计终值可能不合适，因为快速增长会被计算两次：一次是预测期的现金流预测，另一次是终值计算时使用的市场乘数。

11.4.2.3 资本化现金流法

资本化现金流法（CCM）用增长的永续年金公式估计价值，实质上是（单阶段）稳定增长自由现金流模型。[⊖]在非上市公司的估值中，资本化现金流法只是偶然才被用到，多数是用于较小的非上市公司。资本化现金流法很少用于上市公司、较大的非上市公司、在收购或财务报告下的估值。然而，对于无法进行预测且预期未来经营稳定的非上市公司来说，资本化现金流法可能是适当的估值方法。如果从上市公司或公开交易中可以得到的市场定价信息有限，资本化现金流法也可能是一个可行的替代方案。

如果公司预期增长率不稳定，用一系列离散现金流预测的自由现金流估值理论上优于资本化现金流法。资本化现金流法可以帮助评价市场法中隐含的折现率或增长率假设。

在企业层面，资本化企业现金流的公式为：

$$V_f = FCFF_1 / (WACC - g_f) \tag{11-1}$$

式中，V_f 是企业的价值；$FCFF_1$ 是未来 12 个月的企业自由现金流；WACC 是加权平均资本成本；g_f 是企业自由现金流的可持续增长率。

股权的价值等于企业的价值减去债务的市场价值，即 V_f - 债务的市场价值。式（11-1）中 FCFF 用 WACC 折现，其中隐含的假设是以市价计算的资本结构在未来保持不变。

资本化现金流法也可以直接估计股权价值。在这种情况中，自由现金流的输入变量会反映 FCFE，股权要求回报率会代替 WACC：

$$V = FCFE_1 / (r - g) \tag{11-2}$$

式中，r 是股权要求回报率；g 是股权自由现金流的可持续增长率。

在式（11-1）和式（11-2）中，分母被称为**资本化率**。两个公式中的估计价值都等于第一年的预测 FCF 除以资本化率。例 11-4 说明了资本化现金流法的应用。

⊖ 进一步的讨论参见 Pratt and Grabowski（2014）第 4 章。

例 11-4 用资本化现金流法估值

杜瓦尔和他的团队对 Able 制造公司的正常化收益、增长率和折现率估计都很满意。Able 制造公司的详细预测不是由管理层做出的。假设企业自由现金流从例 11-2 预测的 9 358 800 美元开始，预期将以每年 3% 的速度增长。

（1）解释在这个例子中使用资本化现金流法的理由。

（2）用资本化现金流法计算 Able 制造公司的股权价值，假设 Able 制造公司处于最优资本结构，WACC 等于 13%。

（3）基于现有资本结构，用 13.8% 的 WACC 计算 Able 制造公司的价值。

（4）讨论导致计算结果差异的因素。

问题（1）的解答： 假设企业自由现金流以稳定比率（这里是 3%）增长。如果这个假设是正确的，资本化现金流法就是合适的，否则，它最多只能提供一个粗略的价值估计。

问题（2）的解答： 用估计的企业自由现金流和 10.1% 的资本化率（＝13.1%－3%），可以推算出企业的估计价值。减去 Able 制造公司的债务余额可以得到股权的价值。计算见下表。

Able 制造公司资本化现金流法——最优资本结构　　（金额单位：美元）

企业自由现金流		9 358 800
加权平均资本成本	13.1%	
长期增长率	3.0%	
资本化率		10.1%
投入资本的估计价值		92 661 386
减：债务资本（实际值，假设等于市场价值）		2 000 000
股权资本的估计价值		90 661 386

问题（3）的解答： 除了使用 10.8% 的资本化率（＝13.8%－3%）以外，这道题的计算与问题（2）的解答相似。

Able 制造公司资本化现金流法——现有资本结构　　（金额单位：美元）

企业自由现金流		9 358 800
加权平均资本成本	13.8%	
长期增长率	3.0%	
资本化率		10.8%
投入资本的估计价值		86 655 556
减：债务资本		2 000 000
股权资本的估计价值		84 655 556

> **问题（4）的解答：** 与最优资本结构相比，现有资本结构的债务水平较低，导致 WACC 较高和对 Able 制造公司的估值较低。

11.4.2.4　超额收益法

在企业估值方面，超额收益法（EEM）需要估计扣除反映营运资本和固定资产（即有形资产）要求回报金额后剩余的收益。这个剩余收益金额（即"超额收益"）通过用永续增长年金公式获得无形资产的估计价值。EEM 通常在其他方法（例如市场法）不可行时被用于估计无形资产和非常小的企业的价值。无形资产的资本化价值加上营运资本和固定资产的价值可以得到整个企业的估值。

应用 EEM 估计企业的价值包括以下步骤：

（1）估计营运资本和固定资产的价值（通常使用公允价值估计）。假设它们分别是 200 000 欧元和 800 000 欧元。

（2）确定企业的正常化收益。假定正常化收益在刚刚结束的一年为 120 000 欧元。

（3）制定营运资本和固定资产的折现率。营运资本被认为是风险最低和流动性最高的资产，其要求回报率最低。固定资产需要高一些的回报率。无形资产因为流动性有限和具有高风险所以要求回报率往往最高。假定营运资本和固定资产的要求回报率分别是 5% 和 11%。

（4）计算营运资本和固定资产的要求回报，然后从企业的正常化收益中减去营运资本和固定资产的要求回报，得到剩余收益的估计。该剩余收益（如果有的话）反映的必然是与无形资产相关的价值。在这个例子中，剩余收益是 120 000 – 0.05 × 200 000 – 0.11 × 800 000 = 22 000 欧元。假设剩余收益每年增长 3%。

（5）估计无形资产估值所需的折现率和资本化率。[⊖]这个估计通常包括所有无形资产。[⊖]详细的计算过程超出了本章的范围，假设折现率为 12%。

（6）用永续增长年金公式估计企业无形资产的价值。无形资产的总价值是

⊖　许多这些估计涉及重要的主观判断。如果已经计算出企业的加权平均资本成本，那么就可以估计无形资产的折现率。利用营运资本和固定资产的价值，以市场回报率水平、借款成本和其他因素为基础，可以得出这些资产的回报要求。根据已知的 WACC、营运资本和固定资产的折现率估计，无形资产折现率可以估算为使得营运资本、固定资产和无形资产加权值与 WACC 相等的数额。最佳做法指南"鉴定资产和计算经济租金"详细讨论了这一过程。

⊖　ASC 805 和 IAS 3R 下的估计通常会考虑单个无形资产的价值，例如客户关系、技术、商标、工作人员的组合和其他。通常只有一到两种无形资产会以剩余收益为基础估计。而且，收购的无形资产会根据经济寿命而不是永续年金估值。尽管总的客户关系可能会时间推移而增长，但在收购时获得的客户会随着时间的推移而减少。

（1.03 × 22 000）/（0.12 – 0.03）≈251 778 欧元。（因为 22 000 欧元与最近一年正常化收益相关联，所以假设它增长 3%，以获得未来一年的预测剩余收益。）

（7）营运资本、固定资产和无形资产的价值之和等于企业的价值。EEM 估计值为 200 000 + 800 000 + 251 778 = 1 251 778 欧元。

如前所述，EEM 只是很偶然地用于非上市公司的整体定价，而且只是小公司。有人认为，营运资本和有形资产的具体要求回报、与无形资产相关的剩余收益不容易衡量。⊖

在财务报告中，剩余收益概念是无形资产估值的重要因素并得到广泛的认可。剩余收益是一些评估者激烈讨论的主题，这些评估者根据 IFRS 3R 或 ASC 805（原来的 SFAS No. 141R）为分配收购价格对无形资产进行估值。⊖需要考虑无形资产摊销和商誉减值准备问题的分析师可以从理解剩余收益概念中受益。有兴趣的读者可以参考两个资料——美国价值评估基金会发布的"确定贡献资产和计算经济租金"和"IPRD 实践帮助"，其中有关于概念和使用剩余收益对无形资产估值的进一步解释。

11.4.3　非上市公司估值的市场法

市场法通过直接比较上市公司和被收购企业估计非上市公司股权的公允价值。市场法有三种主要的形式：

- **可比上市公司法**（guideline public company method，GPCM）通过观察上市公司股票交易反映的乘数建立价值估计，这些上市公司与目标非上市公司须具备合理的可比性。上市公司的乘数需要经过调整，使之反映目标非上市公司与可比上市公司在相对风险和增长前景上的差异。

- **可比交易法**（guideline transaction method，GTM）从被收购的上市公司或非上市公司的控制权收购交易中推导出价格乘数并以此为基础建立价值估计。GPCM 使用的乘数可能来自任何规模的交易，但 GTM 使用与整个公司销售相关的乘数。

⊖ 为 IAS 3R 或 ASC 805 评估无形资产价值的估值专业人士经常估计企业各种资产的回报要求。各种资产的折现率可以单独与企业的 WACC 比较，确定单个估计值的合理性。有关进一步讨论，请参阅美国价值评估基金会的最佳做法指导，《确定贡献资产和计算经济租金》。

⊖ 参见《财务报告估值最佳实践：无形资产工作组》（Best Practices for Valuations for Financial Reporting: Intangible Asset Working Group）在 2010 年 5 月 31 日发布的"确定贡献资产和计算经济租金"。这个工作组是由美国价值评估基金会组织的。

- **交易先例法**（prior transaction method，PTM）考虑目标上市公司股票的实际交易。股票交易的实际支付价格或过往交易隐含的定价乘数可用于此方法。

因为市场法依赖的数据来自真实的市场交易，所以有人认为它在概念上比非上市公司估值的收益法和资产基础法更优。在美国，评价非上市公司估值的税务法庭通常表示偏好基于市场交易的估值，尽管它们经常接受基于收益法的估值。ASC 820 也提出了公允价值的等级结构，并给予基于市场的证据最高优先级。市场法的主要假设是，提供定价证据的交易与目标公司具有合理的可比性。

使用市场法的主要挑战是找到可比公司和准确评价它们的定价。前面提到的所有公司特有因素都可能导致非上市公司的预期风险和增长水平与上市公司的不同。市场乘数反映了预期风险和增长。应该找出市场乘数中的风险和增长假设，并根据目标公司与可比公司的差异调整乘数。与非上市公司相关的股票特有因素可能会增加风险水平和增长率的不确定性。

上市公司的股票定价反映了股票价格的波动性，该波动性在一定程度上是即时流动性造成的。非上市公司权益的流通性比上市公司的要小得多。这些差异导致价格乘数的选择和非上市公司权益的最终估值具有不确定性。

对上市公司和非上市公司来说，确定可比公司的因素是相似的。关键因素包括行业成员、经营形式、趋势和经营现状。如前所述，生命周期和规模差异可能对市场法的应用提出重大挑战。

在估值过程中，上市公司和非上市公司分析所使用的财务指标可能不同。上市公司估值经常使用市盈率法，对其他乘数也有考虑。在成熟的较大型非上市公司估值中，经常看到基于 EBITDA 和 EBIT 的价格乘数。EBITDA 最好与**投入资本的市场价值**（MVIC，定义为债务和股东权益的市场价值）相配，形成估值指标。计算了非上市公司的 MVIC 后，从中减去债务的价值就可以得到股东权益的价值估计。在许多情况下，债务的当前交易市场价格无法获得，需要对债务市场价值做某些估计。很多时候，债务只占全部融资的一小部分而且经营稳定，此时用债务的面值作为估计值是可以接

⊖ ASC 820 提出，"为了增加公允价值衡量的一致性和可比性，公允价值等级结构将衡量公允价值的估值工具的数据来源分为三大层次的优先级。公允价值等级结构将最高的优先级定为相同资产或负债在活跃市场上的（未经过调整的）报价（第一层次），最低的优先级是无法观测的数据来源（第三层次）"。ASC 820 指出，"与资产或负债相关数据来源的可获得性以及数据来源的相对可靠性可能影响估值方法的选择。但是，公允价值等级结构将估值方法的数据来源而不是估值方法按优先程度排序"。最后这个声明将表明，适当的估值方法取决于特定估值的独特事实和情况。

⊖ 与 MVIC 相近的术语包括企业价值（enterprise value, EV）、商业企业价值（business enterprise value, BEV）和公司价值（firm value）。企业价值的定义有不同，但最常用的是以 MVIC 为起点，减去现金及现金等价物。BEV 一般是 EV 的同义词。

受的。对于财务状况杠杆较高和预期未来财务业绩有重大波动的公司，用企业价值减去债务面值得到的剩余部分估计股权价值通常是不恰当的。这种情况的一个解决办法是基于债务的特征，即定价矩阵，估计市场价值。

对许多非常小的、资产基础有限的非上市公司来说，基于净利润的乘数可能比EBITDA乘数更常用。如果是极小的公司，那么甚至销售收入乘数也可能是常用的。这种方法考虑了可能缺乏有效财务数据的问题，也考虑了像所有者薪酬这类项目的主观性和对财务结果的较大影响。

非财务指标可能是某些行业估值的适当方法。这些指标也许最好是作为财务指标的补充。只有在该行业普遍使用非财务指标衡量方法的情况下，才可以显著地依赖这些指标。非财务指标的例子包括电信行业的每订户价格，医院、特护和其他保健机构的每床位价格。

11.4.3.1　可比上市公司法

如前所述，在非上市公司估值中，基于相似上市公司乘数的估值经常被称为可比上市公司法（GPCM）。估值的过程对上市公司或非上市公司来说本质上是相似的。确认一组上市公司，算出可比公司相关的价格乘数，对乘数进行调整，使乘数反映目标公司相对于上市公司的相对风险和增长前景。对非上市公司来说，这个方法将得到估值的结论。如果是上市公司，使用这个方法可以帮助判断一个公司的价值在某个特定时点相对于类似的公司是高估还是低估了。

这个方法的主要优点是存在大量潜在的可比公司，分析师和评估者可以获得许多定性的、财务的和交易的信息。缺点包括可比性和价格乘数的风险以及增长调整的主观性等潜在问题。

一个公司控制性权益的估值可能会使用控制权溢价。在企业评估术语国际词汇表（IGBVT）中，**控制权溢价**是指，企业控制性权益比例价值超出非控制性权益比例价值的金额或百分比，溢价反映了控制权。在控制性权益的估值中，如果价值来自GPCM（可比上市公司法），则经常添加控制权溢价。上市公司股票交易中反映的是没有企业控制权的小部分股权。鉴于此信息，大多数人认为价格乘数不反映企业的控制权。

 如《股票实践帮助》中提到的和在资本市场中观察到的，因为存在还款风险，所以债务并不总是等于其面值。高杠杆公司和财务业绩有显著波动性的公司，其债务的价值相对于面值可能有大幅折让。在这种情况下，可以将各项债权和股权工具分别视为对企业价值的一个看涨期权，并用期权定价理论估计各项工具的价值。债权具有获得企业支付面值和所有未支付利息的优先权，是一种高级看涨期权。优先股、普通股和期权工具都代表了对企业价值的不同看涨期权。这个概念在《股票实践帮助》中进行了深入的讨论。

 截至2013年中期，美国价值评估基金会正在准备一份文件（"市场参与者收购溢价的测量与应用"），提出重大变化，以使得该领域评估师的实践更具有一致性。以草案的形式，该文件建议任何控制权溢价根据收购后的预计现金流量判断合理性，如果是合理的，控制权溢价在MVIC层面而不是股本层面计算。该领域的新术语也在讨论中。

控制权溢价的调整是否合适取决于一些具体事实。历史上，控制权溢价是根据上市公司被收购的交易估计的。估计控制权溢价需要认真考虑几个因素。

- **交易类型**。一些交易数据库将收购分成财务交易和战略交易两种。**战略交易**（strategic transaction）的买家可以从拥有目标公司所产生的协同效应中获益。这些协同效应可能包括增加销售收入、节省成本或其他可能收益。**财务交易**（financial transaction）的买家与目标公司基本上没有重要的协同效应。例如，非上市公司被一个不相关行业的公司或被私募股权公司收购，这种交易通常是财务交易。与财务交易相比，战略交易的收购溢价一般会因为预期的协同效应而更高。
- **行业因素**。在估值日有收购活动的行业部门被认为是有行情，即该部门上市公司的股票价格可能反映了部分的潜在控制权溢价。控制权溢价的衡量日如果明显早于估值日，那么它可能反映出与估值日不同的行业环境。
- **交易形式的考虑**。涉及大量换股的交易（而不是全部现金交易）可能与衡量控制权溢价不太相关，因为有可能是收购公司的管理层选择他们公司的股票价格被市场高估的时机交易。

上市公司价格乘数加入控制权溢价后，需要评价所得出乘数的合理性。[⊖]假设上市公司被认为与被评估的非上市公司有可比性，以 8 倍的价格乘数被收购。基于收购前的股票价格，控制权溢价为 30%。但是可比上市公司的价格乘数在评估日为 10 倍，30% 的控制权溢价意味着 13 倍的价格乘数。使用 8 倍的交易乘数和 13 倍乘数得出的估值有巨大差异，这说明了在使用 13 倍乘数前需要做进一步的调查。导致这种重大差异的因素可能有可比性问题或剧烈的价格变化。

▌ 例 11-5　用可比上市公司法估值

除了用 FCF 估值以外，杜瓦尔还决定用 GPCM 独立估计 Able 制造公司的价值。杜瓦尔认为，许多收购者用"投入资本的市场价值比 EBITDA"乘数估计 Able 制造公司所在行业中公司的价值。经过搜索，杜瓦尔发现有几家公司可能作为评估 Able 制造公司价值的基准或指引，但是，所有这些公司都比 Able 制造公司大得多。杜瓦尔通过对可比上市公司的研究获得以下信息：

⊖　进行非上市公司估值的评估者在估值计算中包含控制权溢价的方式有多种。许多评估者不会为控制权溢价调整价格乘数，而常见的做法是以可比公司的乘数为基础，然后在价值估计的计算中单独加上控制权溢价。在价格乘数中加入控制权溢价的做法可以解释上市公司价格乘数与交易中观察到的价格乘数之间的差异。

- 这些公司的 MVIC 比 EBITDA 乘数平均为 7.0。
- 因为 Able 制造公司与可比上市公司的相对风险和增长特征不同，一个合并的 15% 向下调整意味着 Able 制造公司的 MVIC 比 EBITDA 乘数为 5.95，四舍五入为 6。
- 在几年前的一次战略收购中，控制权溢价为 20%。该次交易涉及换股，没有支付现金。
- 据杜瓦尔所知，没有可以在估值中加入协同效应的战略买家。
- 正常化 EBITDA 是 1 690 万美元。
- 债务资本的市场价值是 200 万美元。

（1）解释 Able 制造公司价格乘数计算中需要包括的元素。

（2）计算适用于 Able 制造公司的包含控制权溢价调整的价格乘数。

（3）用可比上市公司法计算 Able 制造公司的价值。

问题（1）的解答： 本案例希望得到的是与一项潜在收购相关的 Able 制造公司价值。可比上市公司的价格乘数是计算价格乘数的起点。可比上市公司的价格乘数必须经过调整，以反映 Able 制造公司与可比上市公司在风险和增长预期上的差异。最后，由于 Able 制造公司有被出售的可能性，价格乘数应该考虑控制权溢价。

问题（2）的解答： 考虑到没有战略买家，在目前情况下以 0 作为控制权溢价的基线是合理的。在这次收购的几年前曾有一次上市公司被收购的战略交易。但交易的年份使得该控制权溢价的相关性成为一个问题。

基于给出的信息，Able 制造公司的 MVIC 比 EBITDA 乘数可以大概定为 6，没有对控制权溢价进行调整。

Able 制造公司用可比上市公司法得出价格乘数

来自上市公司的初始 MVIC 比 EBITDA		7.0
对 Able 制造公司的相对风险和增长调整	−15%	(1.05)
控制权调整前的乘数		5.95
控制权溢价调整①	0%	0
控制权调整后的乘数		5.95
四舍五入		6.0

①控制权溢价的衡量以上市公司收购前后的股权价值或 MVIC 为基础。当估计有股权控制溢价时，以 MVIC 为基础的估值（在交易设置中通常是这样）将需要对股权控制溢价进行调整。在例子中，没有控制权溢价被认为是合适的。基于其他事实，假设合理的控制权溢价被认为是 30%，正常化的资本结构（1/3 债务和 2/3 股权）意味着要在基于可比上市公司 MVIC 乘数的估值上加 20%（30% 的 2/3）的控制权溢价。在估值的这个领域中，控制权溢价数据差异显著，实践中的做法也有分歧。

问题（3）的解答：

Able 制造公司用可比上市公司法估值	（金额单位：美元）
正常化 EBITDA	16 900 000
价格乘数	6.0
投入资本的指示价值	101 400 000
减：债务资本	2 000 000
股权的指示价值	99 400 000

11.4.3.2　可比交易法

可比交易法（GTM）在概念上与可比上市公司法相似。但与 GPCM 不同，GTM 使用的价格乘数来自上市公司或非上市公司的收购交易。如果是公开报告的收购，交易数据可以从交易参与者提交给监管部门的公开文件中收集——例如英国的金融管理局和美国的证券交易委员会（SEC）。如果是不需要公开披露的交易，交易数据可能可以从某些交易数据库中获得。由于信息可能很有限而且一般难以证实，许多评估者质疑这些数据的可靠性。假设所有其他条件相同，交易乘数将是非上市公司控制权估值的最相关证据。

评价基于交易的价格乘数需要考虑一些因素。

- **协同效应**。战略收购的价格可能包含了预期的协同效应。应该考虑被估值案例与为协同效应支付价格的相关性。

- **或有考虑**。或有考虑（contingent consideration）代表支付给卖家的潜在未来付款，该支付取决于某些约定事件的达成。获得管理部门某种形式的批准或 EBITDA 达到某个目标水平是两个或有事件类型。或有考虑可能包括在收购的结构中。在支付给企业的购买价格中纳入或有考虑，经常反映了实体未来财务业绩的不确定性。ASC 805 修改了在企业合并背景下对或有考虑的衡量和报告要求。

- **非现金考虑**。收购考虑可能包含股票。大比例股票的现金对价可能导致交易价格的不确定性。例如，2001 年美国在线（AOL）和时代华纳公司的合并交易是换股，当时 AOL 股票在未来快速增长的预期基础上交易。在 2002 年，合并后的公司报告了两次商誉减值费用，总计 990 亿美元。这个减值费用的规模提出了一个问题，即原来的交易价格是否反映了 AOL 股票相对于其内在价值被短期高估。

- **交易的可获得性**。对一个特定的非上市公司有意义的交易可能很有限。发生时间显著早于估值日的交易，其价格指标的相关性可能会受到挑战，尤其是有证据表明目标公司、行业或经济在交易日和估值日之间有变化的情况。

- **交易日和估值日之间的变化**。可比上市公司法的价格乘数来自估值日或非常接近估值日的股票价格。与此不同，可比交易法的价格支持来自过去不同时点的控制权收购交易。许多行业的交易数量有限，距离估值日数月甚至更久以前的交易可能是仅有的可以获得的交易信息。市场环境的变化可能导致风险和增长预期的变化，价格乘数因此需要调整。

📓 例 11-6   用可比交易法估值

在收益法和可比上市公司法以外，杜瓦尔还考虑使用可比交易法。他和他的顾问注意到：

- 在最近几次同行业非上市公司的收购交易中，价格指标反映 MVIC 比 EBITDA 乘数为 6.0。

- 被研究的几次收购有相似的收入基础和有限的多元化，可以认为与 Able 制造公司类似。被收购公司的总体风险和增长特征被认为与 Able 制造公司相似。

（1）讨论可比交易法与可比上市公司法在价格乘数上的差异。

（2）解释可比交易法的价格乘数计算。

（3）计算适合 Able 制造公司的价格乘数。

（4）用可比交易法计算 Able 制造公司的价值。

问题（1）的解答：可比交易法考虑的市场交易涉及公司全部股权的收购。因此，该定价乘数更准确地反映整个公司的价值。可比上市公司法一般是反映少数股权的公开交易，该乘数可能不反映上市公司全部股权的价值。

问题（2）的解答：来自收购交易的价格乘数是价格乘数的基础。首先评价被收购公司和目标非上市公司的风险与增长前景，然后加入调整因素。由于乘数反映的是全部股权的收购，它们反映了全部股权的价值，不需要再进行控制性溢价调整。

问题（3）的解答：初始的价格乘数计算：

用可比交易法计算 Able 制造公司价格乘数

来自交易的初始 MVIC 比 EBITDA		6.0
对 Able 制造公司的相对风险和增长调整	0%	0.0
乘数指标		6.0
四舍五入		6.0

问题（4）的解答： 除了控制权溢价已经包含在交易乘数中以外，用可比交易法的估值与用可比上市公司法的相似。

可比交易法对 Able 制造公司估值	（金额单位：美元）
EBITDA	16 900 000
价格乘数	6.0
投入资本的指示价值	101 400 000
减：债务资本	2 000 000
股权的指示价值	99 400 000

11.4.3.3　交易先例法

交易先例法（PTM）考虑的是目标公司股票的实际交易。估值的基础可以是实际支付的价格或交易隐含的价格乘数。在考虑公司少数股权时，PTM 通常最相关。许多非上市公司股票要么没有交易，要么极少交易。

如果有满足时效性和公共性的交易先例，那么 PTM 预计能提供最有意义的价值证据。如果交易不经常发生，PTM 所提供的估值证据可靠性会降低。此外，相关各方动机的不确定性或先前交易的特殊情况可能会对 PTM 数据的可靠性产生不确定性。不同时间点的交易可能需要大量的调整。例如，一个早期由风险资本投资的公司，因为发展计划执行成功，经历了快速的价值增长。在完成显著增加价值事件之前的交易可能无法为后期提供有意义的价值见解。[⊖]

11.4.4　非上市公司估值的资产基础法

资产基础法的基本原理是企业所有权的价值等价于资产的公允价值减去负债的公允价值。从估计一个持续经营企业的概念上讲，资产基础法（也被许多估值专业人士称为**成本估值法**（cost approach））一般被认为是三种估值法中最弱的。

资产基础法极少被用于持续经营企业的估值。原因包括：能直接估计无形资产价值的市场数据有限；某些有形资产估值的困难（例如特殊目的的厂房和设备）；将持续

⊖　PTM 可以帮助了解发展阶段企业的价值，这个阶段的销售收入和现金流都是高度投机的。许多发展阶段的公司通过几轮的股权融资为发展活动提供资金。因此可能有一系列的先前交易可以提供估值证据。股权融资经常涉及优先股的销售，这些优先股有优先清偿权和转为普通股的权利。因为发展阶段企业经常有复杂的资本结构，而且几种等级的股权有不同的权利，所以需要显著的调整。这个过程复杂，要求重大判断。AICPA 工具 *Valuation of Privately Held Equity Securities Issued as Compensation* 提供了进一步的说明。

经营企业作为一个整体而不是逐个资产估值的信息更容易获得。

如果企业经营只能得到相对于所使用资产价值而言名义上的利润，而且没有未来会做得更好的前景，那么假设结束营业并用资产基础法估值可能较好。在这种情况下，企业的持续经营价值可能小于清算价值（即通过清算资产可以实现的价值），因为资产的买家可以把资产投入到更高价值的使用中。资源类和金融类公司也可能以资产基础法估值。银行和金融公司主要包含可以根据市场变量定价的贷款和证券组合。在这种情况下，单个资产的价值估计总和可以作为公司整体价值的估计值下限。资产基础法可能适用于控股（投资）公司，如房地产投资信托基金（REIT）和封闭式投资公司（CEIC）的估值。这类企业的标的资产通常包括可以用市场法和收益法估值的房地产或证券。资产基础法也可能适用于只有极少无形价值或处于早期阶段的极小型的公司。

在集合投资工具的估值中，某些因素可能意味着价值不等于每股净资产。管理费用和提成可能导致投资者可以获得的金额和价值估计低于每股净资产价值。[⊖]因为经理的专业知识而产生的相对增长和利润也许值得对净资产价值做向上或向下的调整。其他因素，例如税收属性（企业持有资产的计税基础）的可能影响、多元化和专业管理的收益也可能影响价值。

例11-7说明了非上市公司评估者在对上市公司的金融服务子公司估值时使用的四种价值定义。

例11-7 金融服务公司的估值

在评估一家金融服务公司的价值时，一个企业评估者用4种不同的方法估计了企业的4个价值，其特征如下：

（1）**现金流折现法**。评估者把未来10年FCFE预测值和第11年现金流资本化价值的现值之和作为估计价值。

（2）**市场法**。评估者使用GPCM中的市现率、市净率和市盈率等乘数，并进行调整以反映不同风险和增长，将得出的乘数对应地用于公司的现金流、账面价值和收益。

（3）**基于持续经营的调整账面价值法**。评估者调整资产和负债的账面价值以更好地反映市场价值，然后得到股东权益的调整账面价值，即基于这个方法的估计价

⊖ **提成**（carried interest 或 carry）代表投资合伙企业向普通合伙人（经理）支付的任何利润份额，作为鼓励经理人最大限度地发挥投资基金业绩的一种报酬形式。经理的提成分配是在经理可能有的投资合伙收益之外的。为了获得提成，经理通常必须先归还投资者提供的资本金，在某些情况下，基金也必须返还预设的回报率（即门槛利润率）给投资者。

值。使用的市场价值定义是"市场价值是……在竞争的公开市场，在公平销售的所有必要条件下，买卖双方谨慎行事并且具有相关知识，假定价格没有受到不当刺激的影响，资产最可能获得的价格"。

（4）**基于有序清算的调整账面价值法**。评估者调整资产和负债的账面价值，使之更好地反映有序清算价值，然后得到股东权益的清算账面价值，即基于这个方法的估计价值。有序清算价值的定义是："有序清算价值是以下条件满足时（资产）在公开市场销售可以获得的价格：有合理的时间寻找买家，买卖双方知道资产适用并且可以达到的用途和目的，卖家被迫出售，买家自愿但不是被迫购买。"

指出并解释以上方法中的哪一种会得出最低的估计价值。

解答：方法（1）、（2）、（3）确认公司的持续经营价值，但方法（4）不是，因此方法（4）得出的估计价值最低。一般情况下，在企业经营中协调地使用各项资产（方法（1）和（2）的隐含假设）可以增加价值。在方法（3）和（4）之间，卖方被迫出售的因素使得方法（4）的估计值最低。

11.4.5　估值折扣和溢价

非上市公司股权的估值通常包括控制权和流通性调整。这个领域是非上市公司股权估值与上市公司相比的主要区别之一。下图选自 Hitchner[⊖]，显示了这些概念和本章所讨论的其他概念之间的关系。如图所示，是否包含折扣在一定程度上取决于估值的起点。

从图的顶端开始，一个企业可能的最高价值是它对最优协同买方的投资价值。这个价值包含了控制权假设，控制权也会增加价值。在企业对战略收购者的控制权价值之下是企业对独立（财务）买家的价值。在这种情况下，收购者没有具体的协同效应。"假如自由交易的少数股权价值"反映了可以随时交易的非控制性权益价值。这个价值相当于多数上市公司在市场的交易价格。最低水平的价值是"缺少流通性的少数股权价值"。这个价值反映了非上市公司的小股权因为没有控制权和不能即时交易而减少的价值。

控制权溢价、缺乏控制权和缺少流通性折扣的应用取决于具体情况，估计值可能有很大差异。折扣和溢价估计值的差异可能与计量数据是否具有可比性相关。折扣的差异还可能取决于对以下问题重要性的看法：持股的规模和股票的分布、各方的关系、影响少数股东权利的法律等。

⊖ Hitchner（2017）。

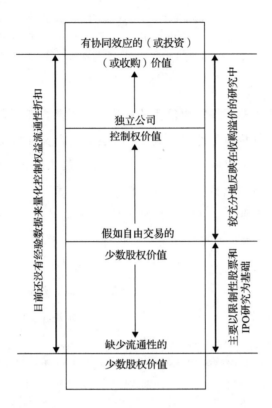

潜在流动性事件的时机也是一个关键考虑因素。正准备进行 IPO 或战略出售的非上市公司可能会有相对较小的估值折扣。如果非上市公司既不分红也没有流动性事件的前景，其股权会有更大的估值折扣。

11.4.5.1　缺乏控制权折扣

缺乏控制权折扣（discount for lack of control，DLOC）是从企业股权按比例分摊价值中扣除的金额或百分比，以反映缺少控制权或完全没有控制权。[⊖]

如果非上市公司全部股权的价值是基于控制性权益计算的，那么非控制性权益的估值就可能需要缺乏控制权折扣。缺乏控制权对投资者是不利的，因为不能选择对企业经营有控制权的董事、经理和管理层。没有控制权，投资者就不可以分配现金或其他财产、买卖资产、获得融资或采取其他行动，从而影响投资的价值、分配的时机和投资者的最终回报。

尽管一项权益可能缺乏控制权，但是缺乏控制权对价值的影响是不确定的。美国证券交易委员会表示，"不成比例的回报"是支持缺乏控制权折扣应用的重要证据。控制性股东通过高于市场的薪酬和其他行为增加自己的回报，导致少数股东可获得的回报减少，就会产生不成比例的回报。如果非上市公司通过 IPO 或股权战略出售寻求流

⊖ International Glossary of Business Valuation Terms。

动性，那么控制集团做出降低股权盈利行为的可能性会降低。

可以用来估计缺乏控制权折扣的数据很有限，对数据的解释也可能有显著的差异。过去经常使用来自上市公司收购的控制权溢价数据对经营公司的股权估值。本章前面提到的关于控制权溢价的因素在估计缺乏控制权折扣时也应该考虑。缺乏控制权对股权的不利财务影响是不确定的，能否找到合适的数据衡量缺乏控制权也是不确定的，注意到这两点，经常被用来计算缺乏控制权折扣的公式是：

$$DLOC = 1 - [1/（1+控制权溢价）]$$

例如，假设控制权溢价为 20%，那么相关的 DLOC 就是 $1-(1/1.20)=0.167$ 或 16.7%。

下表列出了在不同估值方法中应用 DLOC 的一般情况。

方法	估值基础	能否预期 DLOC
可比交易法（GTM）	控制权	是
可比上市公司法（GPCM）	一般是少数股权	否
资本化现金流法（CCM）/自由现金流法（FCF）	控制权或少数股权	取决于现金流

如果现金流和折现率估计以控制权为基础，那么收益法的 CCM 和 FCF 估值一般被认为是控制权价值。如果没有用控制权现金流或折现率不反映最优资本结构，那么估值结果一般被认为是反映缺乏控制权的。

有分析师认为，REIT 和 CEIC 的交易或许也可以作为缺乏控制权折扣的估计基础。由于单个的 REIT 和 CEIC 在不同时点的交易价格可能高于、低于或接近其净资产价值，使用这类数据量化缺乏控制权折扣是有挑战的，并且超出了本章范围。

11.4.5.2 缺少流通性折扣

缺少流通性折扣（discount for lack of marketability, DLOM）是从所有权价值中扣除的金额或百分比，以反映（与上市公司相比）相对缺少流通性。[一]

缺少流通性折扣经常被用于非上市公司的非控制性权益的估值。尽管 DLOM 与 DLOC 不同，但两个折价经常连在一起，即如果估值以非控制性权益为基础，那么缺少流通性折扣一般也是恰当的。影响流通性的关键因素包括流动性的前景、影响流通性的合约安排（例如锁定协议）、转让限制、潜在买家池、风险或波动性、规模和分配的时间（资产的久期）、价值的不确定性和所有权的集中度。[二]缺少流通性的权益至少会因为无法重新调配投资基金而产生潜在的机会成本。

限制性股票的交易和 IPO 是通常用于衡量缺少流通性折扣的两类数据。虽然估值专业人士普遍认为这些是支持折扣计算最好的可用数据，但是他们对数据的解释有明

[一] International Glossary of Business Valuation Terms。

[二] 见 AICPA《股票实践帮助》第 57 段（第 24 页）。

显差异。

美国 SEC 规则 144 对上市公司未注册股票的再销售做出了一定的限制。IPO 前收购的股票可能会受到规则 144 的限制。受规则 144 约束的股票被限制再销售，其目的是维护公开交易股票的有序交易市场。除了交易受限外，限制性股票与自由交易的上市公司股票基本相同。与非上市公司的股票不同，限制性股票交易中的股票通常会在近期未来获得即时的流通性。[⊖]

流通性折扣的另一个来源与首次公开募股前的股票销售有关。在许多公司（特别是处于早期阶段或高增长的公司）接近上市时，由于公司在不断发展，风险和不确定性降低，其价值可能会增加。实现预测现金流的风险降低或未来现金流可能范围变小，将导致折扣率下降。[⊖]有研究试图对这个因素做出调整。

看跌期权也有在缺少流通性折扣的计量中使用。这个过程的第一步是确定平价看跌期权的价格。看跌期权的价值占 DLOM 前股票价值的百分比可以作为 DLOM 的百分比估计值。基于看跌期权的 DLOM 最常用于发展阶段公司的股权估值。这些公司投资者的主要目标常常是在短期或中期套现。

关键假设是流动性事件的预期时间和与公司相关的波动性水平。看跌期权分析的一个好处是可以通过估计波动率直接处理非上市公司的预期风险。与限制性股票或 IPO 交易相比，波动率估计或许能更好地捕捉股票的风险。在这些交易中，波动率可能是影响折扣水平的许多因素之一。在估值日可以根据上市公司历史波动率或公开交易期权隐含的波动率估计值对波动性进行估计。看跌期权只提供价格保护（保护期等于期权的期限），但看跌期权并没有为资产持有提供流动性，在用此方法估计 DLOM 时，这点需要引起关注。看跌期权也允许持有人受益于基础证券的潜在价格上涨，因此不是严格模拟缺少流通性。

在控制权和流通性折扣之外，还有其他各种潜在估值折扣需要考虑，其中包括关键人物折扣、资产组合折扣（对非同质资产的折扣）以及对无投票权股份的可能折扣。

如果缺乏控制权折扣和缺少流通性折扣都是合适的，那么这些折扣将被依次应用，并且基本上是相乘而不是相加。由于估值过程涉及不连续的步骤——首先从有控制权转到无控制权的基础，然后从有市场流通性转到缺少流通性的基础。如果认为一笔股

⊖ 有评论者指出，显著超过股票公开交易量的大宗限制性股票销售可能是最适合计量缺少流通性折扣的数据。如果大宗交易规模显著超过成交量，那么即使规则 144 结束后，大宗的限制性股票可能仍然是缺少流动性的。大宗股票非公开销售也许有估值折价，反映了持有股票的价格风险。

⊖ AICPA《股票实践帮助》对准 IPO（pre-IPO）和 IPO 公司的风险降低有以下评论：第 117 段，"IPO 前的非上市公司股权资本成本通常在 20%～35%，"；第 119 段，"相比之下，新上市企业的股权资本成本通常在 15%～25%"。

权 10% 的缺乏控制权折扣和 20% 的缺少流通性折扣是合适的，那么总的折扣是 28%（= 1 -（1 - 10%）×（1 - 20%））而不是 30%（= 10% + 20%）。

⸗ 例 11-8　估值折扣的应用

假设简·多伊拥有 Able 制造公司 10% 的股权，其余 90% 归 CEO 约翰·史密斯所有。⊖史密斯打算将 Able 制造公司出售给第三方，并告诉多伊，如果 Able 制造公司不能出售，他就没有理由购买多伊 10% 的股权。假设以下条件：

- 假设交易即将发生的估值折价：
  - 缺乏控制权折扣 = 0。
  - 缺少流通性折扣 = 5%。
- 假设继续作为非上市公司持续经营的估值折扣：
  - 缺乏控制权折扣：已包含在用报告收益而不是正常化收益的处理中。
  - 缺少流通性折扣 = 25%。
- 经营中企业的股权指标值：
  - 在出售情况下：96 000 000 美元。
  - 在保持非上市的情况下：80 000 000 美元。◎

（1）假设 Able 制造公司即将被出售，讨论估值折扣的相关性。

（2）假设出售很可能发生，解释应该使用哪个股权价值估计并计算多伊的股权的价值。

（3）假设 Able 制造公司继续作为非上市公司，讨论估值折扣的相关性。

（4）假设 Able 制造公司继续作为非上市公司，解释应该使用哪个股权价值估计并计算多伊的股权价值。

（5）对比估值结论并讨论导致估值结论差异的因素。

问题（1）的解答： 由于史密斯有 90% 的股权，Able 制造公司的销售只有在史密斯同意的情况下才可能完成。如果 Able 制造公司即将被出售，与多伊 10% 股权相关的估值折扣将不大。控股股东史密斯将会最大化自己和其他股东的出售所得。

⊖　简·多伊通常指身份不明或不愿公布真名的女性，约翰·史密斯用于指代男性，法律文件也有使用这种称谓。——译者注

◎　在评估少数股权时，处理非经营性资产的方法有多种。Able 制造公司持有的非经营性资产包括一些房地产。在出售时，许多买家不会对非经营性资产感兴趣。在出售股票给买家前，非经营性资产可能会被分配给股东。或者 Able 制造公司可以将经营性资产和负债出售给买家，结果是 Able 制造公司持有房地产资产和销售企业经营业务所得的现金。在企业可能被清算时，包含非经营性资产的价值似乎是恰当的。如果预期是作为非上市公司继续经营，少数股东可以从非经营性资产中得到的收益不太确定。在这种情况下，有的评估人员会在股权估值中排除非经营性资产。

于是，与少数股权相关的缺乏控制权将不是一个考虑因素。[○]由控股股东主导的待处理交易减少了非上市公司股权缺少流通性的不利影响。

问题（2）的解答： 如果认为出售很可能发生，那么96 000 000美元的股权价值将是合适的。这个股权价值的计算使用了正常化收益，在计算收益的资本化率时，使用了基于最优资本结构的折现率。

Able制造公司多伊10%股权的估值公司出售的可能性很高　　　（金额单位：美元）

经营中股权的指标值	96 000 000
被评估的权益	10%
10%股东权益按比例计算的价值	9 600 000
减：缺乏控制权折扣0%	0
假设即时市场流通性的价值	9 600 000
减：缺少流通性折扣5%	480 000
多伊的10%股权的指示价值	9 120 000

问题（3）的解答： 如果史密斯不打算出售公司，那么高于市场水平的费用可能会持续。由于有高于市场的费用，报告的收益将会低于正常化收益。用报告收益而不是正常化收益可能可以涵盖缺乏控制权对少数股权价值的不利影响。

由于没有任何潜在的流动性事件和高于市场的费用，股票几乎没有交易市场。在这种情况下，更高的缺少流通性折扣是合适的。

问题（4）的解答： 如果认为继续作为非上市公司的可能性很高，80 000 000美元的股权价值将是恰当的。这个股权价值使用报告的收益，在计算收益的资本化率时使用基于实际（不是最优）资本结构的折现率。

Able制造公司多伊10%股权的估值可能继续作为非上市公司经营

（金额单位：美元）

经营中股权的指标值	80 000 000
被评估的权益	10%
10%股东权益按比例计算的价值	8 000 000
减：缺乏控制权折扣0%[①]	0
假设即时流通性的价值	8 000 000
减：缺少流通性折扣25%	2 000 000
多伊的10%股权的指示价值	6 000 000

① 如例子中已说明的，假设对10%股权价值的影响已在使用报告收益而不是正常化收益时被涵盖了。计算还使用了实际资本结构而不是最优资本结构。非上市公司少数股权的缺乏控制权折扣存在着广泛的实践方法。

○ 控股股东出售股份时，并不一定要向少数股东提供同样的价格。分析师应该调查这个事实。要考虑的因素包括①控股股东的意图，②公司章程和③公司治理和股东权利的相关法规。

> **问题（5）的解答**：在两种情况下，多伊的 10% 少数股权的价值有很大差别。在即将出售的情况下，较高的公司价值和较低的估值折价使得多伊的股权价值较高。公司价值更高的原因是使用了正常化收益而不是报告收益。也许还需要使用较低的价格乘数。在最优而不是现有资本结构的条件下，折现率也许较低。缺乏控制权的重要性在即将发生流动性事件（例如出售）时变小。在这种情况下，少数股权缺少流通性也变得不那么重要。

我们已经看到，在非上市公司估值中，多数类型的估值（除了最简单的）都需要讨论一系列的方法和估计，更不用说不同的预测或经营假设所产生的差异。还存在一种看法，即估值实践和价值估计的分歧过大，估值准则的设置可以使估值的使用者得益。下一节将简要介绍标准化举措的状况。

11.4.6　企业估值准则和实践

最近，财务报告中使用的公允价值估计有所增加。在此以前，许多企业评估者主要关注与税务、离婚和商业诉讼相关的估值。估值对第三方的影响较少，对评估质量的关注也较少。有人认为价值评估师是他们客户的吹捧者。美国 20 世纪 80 年代后和 90 年代初的储贷危机，以及（在 IFRS 和美国 GAAP 下）财务报告中越来越多的公允价值估计，表明了价值估计可能对第三方产生影响。第三方对估值的依赖增加，这导致了许多参与者更加关注价值的估计、实践和准则。

估值准则的目标是保护估值的使用者和广泛的群体。准则通常涵盖估值的过程及报告。美国许多储贷公司的破产（造成严重的第三方影响）导致了专业评估执业统一准则（Uniform Standards of Professional Appraisal Practice，USPAP）的制定。房地产评估中的价值高估被认为是导致大量抵押贷款违约的原因，这些违约造成了许多金融机构的资本金储备和经营能力受损。

USPAP 是由评估促进会（Appraisal Foundation）创立的。该机构是一个美国准政府组织，获得国会授权负责评估准则、实践和评估师认证。USPAP 包括关于固定资产、房地产和企业估值的准则。[⊖]

尽管 USPAP 包含了关于企业估值的准则，但法律通常没有要求企业评估者坚持这

⊖　USPAP 第 9 号和第 10 号准则是关于企业股权或无形资产估值的。准则 9 涵盖价值估计的过程。准则 10 涵盖估值分析结果的报告。

些准则。[⊖]虽然与按揭贷款相关的许多评估被要求遵守 USPAP，但企业估值（包括上市公司财务报告使用的估值）并没有被要求必须遵守 USPAP 或其他专业准则。

国际评估准则理事会（IVSC）发布的第 9 版《国际评估准则》（IVS）从 2012 年 1 月 1 日开始生效。这些准则已被许多国家和各国的评估协会（机构）采用。虽然早期的主要关注点是与房地产和有形资产相关的问题，但第 9 版添加了企业和商业利益标准、无形资产等部分，以及为财务报告估值的单独应用标准。

由于估值的多样性和多变性，估值准则只能提供有限的技术性指南。定期公布的技术指南主要是用于一些财务报告背景的估值。在 20 世纪 90 年代后期的美国，企业收购中对技术的估值需求导致了对财务报表资产价值的重述。随后，AICPA 公布了《IPRD 实践帮助》，为技术资产的估值提供指引。2011 年 11 月，发布了一份《实践帮助》更新版的工作草案，供公众查阅和评论。2013 年 6 月，第 2 版《股票实践帮助》的公布则对股票期权授予和其他基于股票的支付提供了更新的股票估值的技术指南。评估促进会（Appraisal Foundation）还参与了向评估人员提供技术指导的努力。在 2010 年 5 月评估促进会发布了一份文件"确定贡献资产和计算经济租金"，为无形资产估值提供指导。2012 年 6 月，一个工作组发布了一份"最佳实践"文件草案——"客户相关资产的估值"，为无形资产评估领域提供指导。其他技术指引文件也在编制中。IVSC 还公布了指导文件《无形资产估值》。

估值准则未来可能还会发展。估值服务的使用者越来越深刻地意识到获得称职的估值服务很重要。会计和监管组织及教育者认同公允价值估计的重要性，且正在这一领域更加努力。

11.5 小结

本章概述了非上市公司估值的关键因素并对比了上市和非上市公司的估值。

- 在非上市公司估值中，公司和股票特有因素可能会影响合适估值方法和假设的选择。股票特有因素会使得非上市公司的股东权益价值比上市公司的低。
- 非上市公司与上市公司不同的公司特有因素包括：
  - 生命周期的阶段。
  - 规模。

⊖ 美国要求"与联邦有关的交易"遵从 USPAP。"与联邦有关的交易"包括联邦金融管理机构有参与的金融机构放出的贷款。

- 股东和管理层的重叠。
- 管理的质量和深度。
- 财务信息和其他信息的质量。
- 来自短期投资者的压力。
- 税收考虑。

- 经常影响非上市公司价值的股票特有因素包括：
  - 企业股东权益的流动性。
  - 控制权集中度。
  - 限制流动性的潜在协议。

- 进行非上市公司估值一般有三种不同的原因：交易、合规（财务或税务报告）或诉讼。在上市公司估值中最重要的是关于收购的估值和财务报告的估值。

- 存在不同的价值定义（标准）。估值的用途和被评估公司的关键特征将会帮助决定恰当的定义。关键的价值定义包括：
  - 公允市场价值。
  - 市场价值。
  - （财务报告）公允价值。
  - （诉讼背景）公允价值。
  - 投资价值。
  - 内在价值。

- 为了估计公司的正常化收益，非上市公司估值可能需要调整利润表。非经常性、非经济性或其他异常项目也许需要调整，目的是消除异常和方便比较。

- 在收益法中，自由现金流方法经常用于估计大型成熟非上市公司的价值。资本化现金流方法和剩余收益法也可能用于较小的公司或一些特殊情况。

- 在市场法中，常用的三种方法是：可比上市公司法、可比交易法和交易先例法。

- 非上市公司中很少使用资产基础法。这个方法可能适用于那些清算价值比持续经营价值更高的公司。这个方法也用于资产控股公司、非常小的公司或最近成立且经营历史很短的公司。

- 在非上市公司及其股权估值中，控制权和流通性问题是重要的和有挑战性的因素。

- 如果以公开交易的公司作为价格乘数的基础，那么在非上市公司全部股权价值的计算中，控制权溢价也许是恰当的。控制权溢价也被用于估计缺乏控制权折扣。

- 缺乏控制权折扣用于把控制性权益的价值转换为无控制性权益的价值。在评价这种折扣时，无控制权对价值产生负面影响的证据是考虑的重点。
- 缺少流通性折扣（DLOM）经常被用于非上市公司无控制权股东权益的估值。如果流动性事件在近期未来发生的可能性很高，那么 DLOM 可能是不合适的。
- 量化 DLOM 可能会很困难，因为缺乏数据、对数据的解释不同以及对缺少流通性如何影响非上市公司的解释不同。
- DLOM 的估计可以基于①上市公司限制性股票非公开销售相对于自由交易的股票价格，②准 IPO 公司股票的非公开销售，③看跌期权的价格。
- 估值准则的目的是保护估值的使用者和广泛的群体。准则的覆盖范围通常包括估值的过程和报告。
- 许多机构公布了估值准则，但没有单一的准则可以涵盖非上市公司的估值。

术 语 表

A

Abnormal earnings 超常盈利　参见剩余收益。

Abnormal return 超常回报率　资产回报率超出对资产的要求回报率的部分；风险调整后的回报率。

Absolute valuation model 绝对估值模型　指定资产内在价值的估值模型。

Acquisition 收购　一家企业购买另一家企业的某个部分，收购对象可以是资产、该企业一个可定义的部门或是整个企业。

Adjusted present value（APV）调整现值法　企业价值估计方法，企业价值等于没有借债时的企业价值加上借债对企业价值的所有影响的净现值。

Alpha 阿尔法，α　资产回报率超出对资产的要求回报率的部分；风险调整后的回报率。

American depositary receipt（ADR）美国存托凭证　在美国交易所像普通股一样交易的以美元计价的证券。

American depository share（ADS）美国存托股份　美国存托凭证所依据的基础股票。它们在发行公司国内市场进行交易。

Asset-based valuation models 资产价值基础估值模型　以公司资产的估计市场价值为基础的估值。

Asset-based valuation 资产价值基础法　一种以公司所控制自然资源的市场价值为基础的评估自然资源企业价值的方法。

B

Basket of listed depository receipts 一篮子上市存托凭证　一种交易型开放式指数基金（ETF），代表存托凭证投资组合。

Blockage factor 阻塞因子　当投资者出售相对于该股票交易量大很多的股票时因为缺乏流动性而产生的折扣（假设销售数量虽然多但未构成控制性所有权）。

Blue chip 蓝筹股　被认为财务状况良好且在各自行业或当地股票市场处于领先地位的被广泛持股的大市值公司。

Bond indenture 债券契约　明确一次债

券发行条款的法定合同。

Bond yield plus risk premium method 债券收益率加风险溢价法 确定公司股权要求回报率（股权成本）的方法，用税前债务成本加上一个反映公司股票相对于债券的额外收益的风险溢价。通常用股票和债券回报率历史差异估计该额外收益。

Bonus issue of shares 红股发行 一种股利，公司将其普通股的额外股份而不是现金分配给股东。

Book value per share 每股账面价值 每股普通股的账面价值，用普通股股东权益的账面价值除以发行在外的股票数量。

Book value 账面价值 资产负债表上资产或负债的净额，账面价值有时指总资产超过总负债的部分。

Bottom-up approach 自下而上法 在预测时，一种始于单个企业或者企业内部单位级别的方法。

Bottom-up investing 自下而上投资法 一种侧重于证券个体特征而非宏观经济或整体市场预测的投资方法。

Breakup value 拆卖价值 用分类加总估值法算出的价值。

Brokerage 经纪业务 作为买方或卖方代理人的业务，通常赚取佣金。

Buyback 股票回购 企业购回自身股票的一种交易。与股票股利和股票分拆不同，股票回购使用企业的现金。

Buy-side analysts 买方分析师 投资管理公司、信托、基金、银行信托部门等类似机构的分析师。

C

Capital charge 资本费用 用货币计量的一个公司所有资本的成本。

Capitalization rate 资本化率 永续年金价值计算式中的除数。在房地产估值中，直接资本化估值法的除数。资本化率等于净营业利润除以价值。

Capitalized cash flow method 资本化现金流模型 在对非上市公司估值时基于企业自由现金流或股权自由现金流稳定增长假设的估值模型，又称资本化现金流法。

Carrying value 账面价值 资产负债表上资产或负债的净额，账面价值有时指总资产超过总负债的部分。对债券而言，账面价值是购买价格加上折扣（或减去溢价）的摊销金额。

Catalyst 催化剂 某个导致市场对公司的前景进行重估的事件或信息。

Clean surplus accounting 干净盈余会计 满足如下条件的一种会计处理：除了所有者的交易之外，股东权益账面价值的所有变化都反映在利润中。除了所有者的交易之外，净利润反映了股东权益的所有变化。在没有所有者交易的情况下，股东权益的变化应等于净利润。没有诸如货币折算调整之类的绕过利润表直接进入股东权益的调整。

Clean surplus relation 干净盈余关系 除所有权交易外，利润、股利和账面价值之间的关系满足期末账面价值等于期初账面价值加上利润减去股利。

Common shares 普通股 代表公司所有权利益的一种证券。

Company analysis 公司分析 对单个企业的分析。

Competitive strategy 竞争战略 一个公司为了应对外部环境中的机遇和挑战而制定的战略。

Comprehensive income 综合收益 除了股东增加投资或利润分配之外的全部股东权益变动；干净盈余会计条件下等于净利润；包含了股东投资或给股东分配之外的全部股东权益变动；综合收益等于净利润加其他综合收益。

Conglomerate discount 多元化折价 因为公司经营多个不相关的业务，市场在对股票估值时可能要求的折价。

Continuing residual income 持续剩余收益 预测期后的剩余收益。

Continuing value 持续价值 分析师对于未来某一时点股票价值的估计。

Control premium 控制权溢价 在对企业有控制性权益估值时给予的增值或溢价。

Convertible preference shares 可转换优先股 一种赋予股东将其股份转换为指定数量的普通股权利的股权证券。

Cost approach 成本估值法 对非上市公司估值时，基于企业底层资产价值减去所有相关负债价值的方法。在房地产行业中，这个方法用购买土地成本加上建造与被评估资产有相同效用或功能的新房产的成本来估计房产的价值。

Cost of debt 债务成本 企业进行债务融资，例如发行债券或获得银行贷款的成本。

Cost of equity 股权成本 普通股的要求回报率。

Cumulative preference shares 累积优先股 一种优先股，未支付的股息将累积，并且必须在支付普通股股息之前全额支付。

Cumulative voting 累积投票 一种投票程序，允许股东在选举时将其全部投票权分配给单个候选人，而不是必须在所有候选人之间平均分配投票权。

Cyclical 周期性 见周期性企业。

Cyclical companies 周期性企业 其利润与经济环境强弱有很高关联度的一类企业。

D

Declaration date 公告日期 即公司发布声明宣布某特定股利的日期。

Definition of value 价值定义 某个特定估值背景下如何理解"价值"的说明。

Depository bank 存托银行 从存款人和

其他投资者那里筹集资金并将其贷给借款人的银行。

Depository receipt 存托凭证　一种在当地交易所像普通股一样交易并代表外国公司经济利益的证券。

Discount 折现　根据未来现金流离现在的时间距离调减现金流的价值；计算某笔未来金额的现值。也是金融工具定价低于面值的金额。

Discount for lack of control 缺乏控制权折扣　从企业股权价值（按 100% 比例）中扣除的金额或比例，反映出部分或全部控制权的缺失。

Discount for lack of marketability 缺少流通性折扣　因为流通性的相对缺乏导致的所有权价值减少的金额或比例。

Discount rate 折现率　用于计算未来现金流现值的任何比率。

Discounted abnormal earnings model 超常盈利折现模型　一种股票估值模型，该模型认为股票的内在价值等于每股账面价值加上每股预期未来剩余收益的现值。

Discounted cash flow method 现金流折现法　根据对未来现金的估计对资产进行估值的一种收益法，其中的折现率反映与现金流有关的风险。当涉及房地产时，该方法通过对未来预计现金流折现来估计一个产生收益物业的价值。

Discounted cash flow model 现金流折现模型　衡量内在价值的模型，该模型认为一个资产的内在价值等于该资产预期未来现金流的现值。

Divestiture 资产剥离　出售、清算或分拆公司的一个部门或子公司。

Dividend 股利　根据所拥有的股份数量向股东支付的利润分配。

Dividend discount model（DDM）股利折现模型　该模型认为股票内在价值等于股票未来股利的现值。

Due diligence 尽职调查　支持建议的调查和分析。根据各种证券法，没有执行尽职调查有时可能会导致负债。

Duration 久期　衡量普通债券的平均到期期限的指标。具体来说，是一个债券所产生的所有未来现金流的加权平均到期期限，权重是用未来现金流的现值比上债券的价格来计算。也是衡量债券价格对于利率波动敏感性的指标。

E

Earnings yield 收益率　每股收益除以价格；市盈率（P/E）的倒数。

Economic profit 经济利润　等于会计利润减去会计成本中没有包含的隐形机会成本，总收入（TR）与总成本（TC）之间的差值。也被称为非正常利润或者是超常利润。参考剩余收益。

Economic sectors 经济板块　大的行业分类。

Economic value added（EVA®）经济价

值增加值　剩余收益概念的一种商业应用；EVA® 的计算方法是用税后净经营利润减去资本成本，这两个数据都需要经过一些项目的调整。

Economies of scale 规模经济　随着总量上升，产品或者服务的平均单位成本下降的一种情况。在并购时，通过运营整合和去除重复资源实现的成本节省。

Edwards-Bell-Ohlson model Edwards-Bell-Ohlson 模型　一种股票估值模型，该模型认为股票的内在价值是每股账面价值加上每股预期未来剩余收益现值的和。

Enterprise value（EV）企业价值　整个公司的价值（债务、普通股和优先股的市场价值）减去现金和短期投资的价值。

Enterprise value multiple 企业价值乘数　一个估值乘数，它用整个企业基础价值的某项指标（例如税前利润指标）来估算公司所有资本（不包括现金）的总市场价值。

Entry price 入账价格　为购买资产所支付的价格。

Equilibrium 均衡　供给与需求相等的情况。

Equity charge 股权费用　股权资本成本的货币化估计值。

Excess earnings method 超额收益法　扣除营运资本和固定资产的要求回报估计值后，通过资本化超额的未来盈利来估计企业所有无形资产价值的一种收益法。

Ex-dividend date 除股利日　即没有股利（即"除息"）的股票交易的第一天。

Exit price 退出价格　销售一项资产或转移一项负债的价格。

Expanded CAPM 扩展的 CAPM　加入小规模和公司特有风险溢价的资本资产定价模型。

Expected holding-period return 持有期回报率　某项资产在指定时期预计的全部回报；对股票来说就是持有其的预期股利收益和预期价格上升之和。

Experience curve 经验曲线　该曲线反映生产或提供每单元的产品或服务的直接成本，通常是累计产出的递减函数。

Extra dividend 额外股利　公司不定期支付的股利或为补充定期现金股利额外支付的股利。

F

Factor betas 因子贝塔值　资产对某个特定因子的敏感度；当其他因子不变时，特定因子每增加一个单位时收益率变动的衡量指标。

Factor risk premium 因子风险溢价　单因子敏感度为1而所有其他因素敏感度为0时预期回报率超过无风险利率的部分。也被称作因子价格（factor price）。

Factor sensitivity 因子敏感度　参见因子

贝塔值。

Fair market value 公允市场价值 经常交易的资产或负债的市场价格。

Fair value 公允价值 在买卖双方自愿而不是被强制或清算的条件下，资产在当前交易中可以被购买或出售（可以产生或消除负债）的金额；在IFRS和美国GAAP的定义中，公允价值就是在测量日市场参与者之间的有序交易中销售资产所得到的或转移负债所支付的价格。

Financial transaction 财务交易 买方与收购目标没有显著协同效应的收购（例如，非相关行业的一家公司或一家私募股权公司收购一家非上市公司的交易通常是财务交易）。

Fixed-rate perpetual preferred stock 固定股息率永续优先股 有明确股息，对盈利索取权优先于普通股，没有到期日，不可转换也不可赎回的优先股。

Foreign exchange gains (or losses) 外汇收益（或损失） 当投资者的货币与外国股票计价的货币之间的汇率变化产生的收益或损失。

Forward dividend yield 预测股利收益率 基于未来12个月预期股利计算的股利收益率。

Forward P/E 动态市盈率 基于预期每股收益计算市盈率的一种方法；股票的现价除以下一年度的预期收益。

Free cash flow method 自由现金流法
收益法的一种，用反映现金流风险的折现率对未来现金流折现，以此为基础对资产进行估值的方法。

Free cash flow to equity 股权自由现金流 公司普通股股东可以获得的现金流，扣除了所有经营费用、利息和本金偿还的支出，并减去必要的营运资本和固定资本投资。

Free cash flow to equity model 股权自由现金流模型 一种股权估值模型，视股票的内在价值为预期未来股权自由现金流的现值。

Free cash flow to the firm 企业自由现金流 公司资本提供者可以获得的现金流，扣除了所有经营费用（包括税费），并减去必要的营运资本和固定资产投资。

Free cash flow to the firm model 企业自由现金流模型 一种股票估值模型，视企业价值为预期未来企业自由现金流的现值。

Free float 自由流通 是指在二级市场上可以自由交易的股票数量。

Fundamentals 基本面 一个企业的经济特征，如盈利能力、财务实力和风险。

Fundamental value 基本面价值 基于对其定性和定量特征分析的资产潜在价值或真实价值。

G

Global depository receipt 全球存托凭证 一种在公司母国和美国以外发行的

存托凭证。

Global registered share 全球注册股票 一种在全球不同证券交易所以不同货币交易的普通股。

Going-concern assumption 持续经营假设 假设企业在可预见的未来都将继续其经营活动。

Going-concern value 持续经营价值 持续经营假设下的企业价值。

Goodwill 商誉 一种无形资产，反映的是一个企业收购价格高于被购买方可辨认净资产价值的差额。

Gross domestic product 国内生产总值 一个国家或地区产出的产品和劳务的货币价值。

Growth capital expenditures 增长资本支出 扩张所需要的资本支出。

Growth cyclical 增长周期型 这个术语有时被用来描述那些长期快速增长，但同时营业收入和利润也具有高于平均水平的波动性的公司。

Guideline assets 基准资产 在用可比法对资产进行估值时，被设为基准的资产。

Guideline companies 基准企业 在用可比法对企业进行估值时，被设为基准的企业。

Guideline public companies 可比上市公司 用于与被估值公司进行比较的上市公司。

Guideline public company method 可比上市公司法 市场估值法的一个变型，观察与非上市的目标公司具有一定可比性的上市公司在交易市场上的乘数，并以此为基础进行估值的方法。

Guideline transactions method 可比交易法 市场估值法的一个变型，以整个上市或非上市公司控制权收购时价格乘数为基础的估值法。

H

Harmonic mean 调和平均值 一种加权均值，先求观察值倒数的均值，再取均值的倒数。

Holder-of-record date 持有人登记日 这个日期的公司账簿上列出的股东被视为拥有股份所有权以获得即将支付的股利。

Holding period return 持有期回报率 在指定时期内一项资产投资获得的回报率；总回报率的同义词。

Human capital 人力资本 劳动者通过教育、培训或者人生体验获得的知识和技能积累。

Hybrid approach 混合法 在预测中，综合了自上而下分析和自下而上分析的方法。

I

Illiquidity discount 缺少流动性折扣 因为在资产的市场中缺乏交易深度或流动性导致该项资产价值的减少或折扣。

Impairment 减值 因账面价值高于公允

价值和 / 或可回收价值而造成的价值减少。

Income approach 收益法 用资产预期收益折现对资产进行估值的方法。在房地产中，该方法用预期回报率来估计房产的价值，估计的价值是房产未来收益的现值，包括在典型投资持有期末转售资产所得到的金额。

Income trust 收益信托 用信托方式设立的一种股票所有权工具单位。

Industry 行业 一组提供相似产品和 / 或服务的公司。

Industry analysis 行业分析 对制造业、服务业或商业中一个特定分支进行的分析。

Industry structure 行业结构 行业潜在的经济和技术特征。

Initial public offering（IPO）首次公开募股 一个原来没有上市的公司首次发行可公开交易的股票。

Internal rate of return（IRR）内部回报率 使未来现金流折现正好等于投资额的回报率；使投资成本（现金流出）的现值等于投资收益（现金流入）现值的折现率。

Intrinsic value 内在价值 假定全面了解资产的投资特征条件下的资产价值，也被称为基础价值；在当前情况下期权被执行所获得的价值。也是货币即期汇率与行权价格之间的差额。

Inverse price ratio 反向价格比率 价格乘数的倒数，例如，市盈率的反比是收益率 E/P（其中 P 是股价，E 是每股收益）。

Investment value 投资价值 基于投资者的要求和预期，考虑了潜在协同效应对特定买家的价值。

J

Justified (fundamental) P/E 合理的（基本的）市盈率 根据公司的基本面预测，公正的、有依据的或合理的市盈率。

Justified price multiple 合理价格乘数 价格乘数的合理估计值，多数是根据基本面或可比资产预测得出的。

L

Lack of marketability discount 缺乏流通性折扣 由于缺乏公开市场或缺乏可销售性而补偿给投资者的额外收益。

Law of one price 一价定律 一条规定两项具有相同或等价未来现金流的投资，无论未来会发生什么，应具有相同的当前价格的原则。相当于不可能有套利机会的原则。

Leading dividend yield 动态股利率 预测的下一年每股股利除以当前的股票价格。

Leading P/E 领先市盈率 基于预计的每股收益计算的市盈率；股票现价除以下一年的预期收益。

Leveraged buyout（LBO）杠杆收购 投

资者通过大量举债来购买本公司发行在外的股票，从而将目标公司变为一个非上市公司的交易。

Life-cycle stage 生命周期阶段 企业生命周期中的一个阶段，包括：萌芽期、增长期、洗牌期、成熟期、衰退期。

Liquidation value 清算价值 如果公司解散并将资产单独出售的价值。

Look-ahead bias 预测偏误 由于用了在测算期不可得的信息而产生的偏差。

M

Maintenance capital expenditures 维护资本支出 维持当前运营水平所需要的资本支出。

Management buyout 管理层收购 一种杠杆收购，收购公司的投资者群体主要由公司现有管理层组成，收购发行在外的股份至少达到控制性权益。

Market approach 市场法 基于与目标资产相似的资产销售时的价格乘数，对资产进行估值的方法。

Market efficiency 市场有效性 资本市场中看待价格和内在价值之间关系的一种金融观点。传统有效市场理论认为资产价格是可以获得的内在价值的最佳估计。理性有效市场理论认为投资者应该预期，收集和分析信息的成本将会带来较高的总回报。

Market multiple models 市场乘数模型 基于股价乘数或企业价值乘数的估值模型。

Market value 市场价值 在进行适当的营销后，自愿买方和自愿卖方在公平交易中，在估价之日，财产交换的估计金额，其中双方以了解信息、审慎且不受强迫的方式行事。

Market value of invested capital 投入资本的市场价值 债权和股权的市场价值。

Mature growth rate 成熟增长率 企业成熟期的盈利增长率；可以长期维持的盈利增长率。

Merger 合并 一个公司被另一个公司吸收；两个公司合并为一个公司，其中一个公司或合并前的两个公司不再作为独立实体存在。

Method based on forecasted fundamentals 基本面预测法 用现金流折现模型得到基本面的预测，然后用价格乘数进行估值的方法。

Method of comparables 可比法 一种估值方法，用价格乘数与基准价格乘数相比，判读资产是否被相对合理估值、相对低估或相对高估。

Minority interest 少数股东权益 子公司中不属于母公司（有控制权公司）的股权部分。

Mispricing 错误定价 资产市场价格对估计的资产内在价值的任何偏离。

Molodovsky effect 莫罗道夫斯基效应 企业处于商业周期底部时，每股收益较低但市盈率较高，在商业周期顶部时，每股收益较高而市盈率较低的现象。

Momentum indicators 动量指标 把价格或基本面因素（例如盈利）与其自身历史值的时间序列相联系（有时与其预期数值相联系）的估值指标。

Multiplier models 乘数模型 基于股价乘数或企业价值乘数的估值模型。

N

No-growth company 零增长公司 没有净现值大于零的项目的公司。

No-growth value per share 零增长的每股价值 等于预期收益除以股票的要求回报率。

Non-cumulative preference shares 非累积优先股 一种优先股，在当前或后续期间未支付的任何股息将被永久没收（而不是累积到以后支付）。

Non-cyclical 非周期性 业绩很大程度上独立于经济周期的公司。

Nonearning assets 非盈利资产 现金和投资（具体来说包括现金、现金等价物和短期投资）。

Normal EPS 正常每股收益 在经济周期中部条件下企业可以实现的每股收益，也被称作正常化每股收益。

Normalized earnings 正常化收益 在没有任何异常和临时因素（正向或负向）影响利润率时，处于经济周期中部企业的预期收益。

Normalized EPS 正常化每股收益 在经济周期中部条件下企业可以实现的每股收益，也被称作正常每股收益。

Normalized P/E 正常化市盈率 基于正常化每股收益数据的市盈率。

NTM P/E 未来 12 个月的市盈率 当前市场价格除以未来 12 个月的每股收益估计值。

O

Opportunity cost 机会成本 投资者选择一项特定行动而放弃的价值；某物品被用于其他最佳用途时的价值。

Orderly liquidation value 有序清算价值 一项或多项资产在清算出售中可以实现的总金额估计，假定有合理时间寻找买家。

Other comprehensive income 其他综合收益 绕过（没有在其中报告）利润表直接改变股东权益的收益；综合收益和净利润之间的差异。

P

Pairs trading 配对交易 一种把联系密切的股票配对的交易方法。买入相对估价过低的股票，卖空相对估价过高的股票。

Participating preference shares 参与优先股 一种优先股，股东有权获得标准优先股股息，并有机会在公司利润超过预定水平时获得额外股息。

Payable date 支付日 公司实际邮寄（或以电子方式）向股东支付股利的日期。也称为付款日（payment data）。

Peer group 对标组　从事相似营业活动的一组公司，影响它们经济状况和估值的因素有较高相关性。

PEG 市盈增长率　市盈率对增长率的比率；用股票的市盈率除以预期收益增长率计算。

Perpetuity 永续年金　持续的年金，或没有结束期的一系列等额现金流，其第一笔现金流在即日起的下一期发生。

Persistent earnings 持久收益　剔除非经常性项目后的盈利，也被称作核心收益、持续收益或基础收益。

Preference shares 优先股　一种权益，在支付股利和清算时公司净资产的分配方面级别高于普通股。同时具有债权和股权证券的特征。

Preferred stock 优先股　参见 preference shares。

Premise of value 价值的前提　关于企业是否被假定为持续经营的状况。

Present value model 现值模型　认为资产价值等于资产预期未来现金流现值的内在价值模型。

Present value of growth opportunities 增长机会的现值　实际每股价值与无增长的每股价值之间的差异，也被称作增长的价值。

Price momentum 价格动量　一个基于过去价格走势的估值指标。

Price multiple 价格乘数　股票市场价格相对于某种每股价值度量值的比率。

Principal business activity 主营业务　企业获得主要收入和/或收益的营业活动。

Prior transaction method 交易先例法　市场法的一个变型；考虑目标非上市公司股票的实际交易。

Private equity securities 私募股权证券　不在公开交易所上市且没有活跃二级市场的证券。主要通过非公开发行（如私募）方式向机构投资者发行。

Private investment in public equity (PIPE) 投资上市公司的私募股权　以低于公司股票市场价的价格对一家上市公司股权进行的投资。

Private market value 非公开市场价值　用分类加总估值法得出的价值。

Prospective P/E 预期市盈率　根据每股收益率预期值计算得出的市盈率；用股票的现价除以下一年的预期收益。

Q

Quality of earnings analysis 盈利质量分析　对于会计报告结果是否准确反映经济事实的审查；普遍认为盈利质量分析不仅包括收益管理还包括资产负债表的管理。

R

Rational efficient markets formulation 理性有效市场表述　参见 market efficiency。

Real options 实物期权　与投资决策相关

的期权，例如选择项目开始时机期权、调整规模期权或放弃已开始项目的期权。

Relative valuation models 相对估值模型 根据其他资产价值确定一项资产价值的模型。

Relative-strength indicators 相对强度指标 把股票在一个特定时期的表现与其自身过去的表现或某组股票表现相比的估值指标。

Reporting unit 报告单元 在根据美国GAAP编制的财务报告中，一个经营分部或经营分部的下一个层级（被称为一个组成部分）。

Required rate of return 要求回报率 投资者对给定风险的资产要求的最低投资回报率。

Residual income 剩余收益 一段指定时期内的盈利减去普通股股东为获得盈利所付出的机会成本。也被称作经济利润或非正常收益。

Residual income method 剩余收益法 收益法的一种，把未来收益资本化后，减去营运资本和固定资产的预计要求回报，估计公司所有无形资产的价值

Residual income model（RIM）剩余收益模型 一种股票估值模型，认为股票的内在价值等于每股账面价值加每股预期未来剩余收益的现值。也被称作非正常收益折现模型或者Edwards-Bell-Ohlson模型。

Return on capital employed 资本回报率 用营业利润除以使用的资本（债务和股权资本）。

Return on equity (ROE) 净资产收益率 一种盈利比率，计算方法为净利润除以平均股东权益。

Return on invested capital 投入资本回报率 衡量公司股东和债权所有人投入资本税后利润率的指标。

Reverse stock split 反向股票分割 流通股数减少，股价相应上涨，但公司基本面不变。

Reviewed financial statements 经审阅的财务报表 一种未经审计的财务报表，常有负责审阅的会计师提供意见书，其陈述和保证都少于财务报表审计意见书。

S

Scaled earnings surprise 量化盈利意外 未预期的盈利除以分析师预测盈利的标准差。

Scenario analysis 情景分析 一次改变多个假设的分析方法。

Screening 筛选 用一套标准将一组潜在投资标的缩减至较小一组投资标的的做法，这组标的具有某些理想的特点。

Sector 板块 一组相关行业。

Sell-side analysts 卖方分析师 在经纪公司工作的分析师。

Sensitivity analysis 敏感性分析 对某个假设改变时可能产生的结果范围进

行分析，每次只改变一个假设。

Shareholders' equity 股东权益　总资产减总负债。

Special dividend 特别股利　公司不定期支付的股利或为补充定期现金股利额外支付的股利。

Spin-off 分拆　重组的一种方式，母公司的股东会得到新拆分出来的公司的股份，股东最后会得到原来是一个企业的两个不同公司的股份。

Sponsored 有担保的　一种存托凭证，由托管人持有股份的外国公司直接参与凭证的发行。

Standard of value 价值的标准　在某个具体估值中对如何理解"价值"进行的定义。

Standardized unexpected earnings (SUE) 标准化意外收益　每股未预期盈利除以在过去一个特定时期内每股未预期盈利的标准差。

Statutory voting 法定投票　常规的股东投票，其中每股代表一票。

Stock dividend 股票股利　一种股利，公司将其普通股的额外股份而不是现金分配给股东。

Stock split 股票分割　涉及增加流通股数量，从而导致股价下跌，但不改变公司的基本面。

Strategic analysis 战略分析　对竞争环境的分析，侧重竞争环境对企业战略的影响。

Strategic groups 战略组　行业中具有明确业务模式或共同服务于具体细分市场的一组公司。

Strategic transaction 战略交易　买家可以从拥有目标公司所产生的协同效应中获益的一笔交易。

Sum-of-the-parts valuation 分类加总估值法　假设公司的各项业务独立持续经营，把各项业务的估计价值加总的一种估值方法。

Supernormal growth 超常增长　每股收益的一个超常的高增长率。

Survivorship bias 幸存者偏差　因剔除业绩差的或已关闭的公司所产生的偏差。

Sustainable growth rate 可持续增长率　假设资本结构不变和不发新股，给定股权回报率，可以长期维持的股利（或盈利）增长率。

T

Tangible book value per share 每股有形账面价值　普通股权益减去资产负债表上报告的无形资产，除以发行在外的股票数量。

Technical indicators 技术指标　基于价格的动量指标。

Terminal price multiples 终期价格乘数　假定在未来某个规定时间持有的股票价格乘数。

Terminal share price 终期股票价格　在未来某个特定时点的股票价格。

Terminal value of the stock 股票终值　在未来某个特定时点的股票价格，也叫作股票持续价值。

Tobin's q 托宾 q 债务和股权市场价值对总资产重置成本的比率。

Top-down approach 自上而下法 在预测中，通常从整体经济水平出发，然后对更狭义定义的层次，例如板块、行业和某个特定产品的市场进行预测。

Top-down investing 自上而下的投资方法 通常以宏观经济预测为起点的投资方法。

Total invested capital 总投入资本 普通股市场价值、优先股账面价值和债务面值之和。

Trailing dividend yield 静态股利收益率 用目前的市场价格除以最近的年化股利。

Trailing P/E 静态市盈率 当前的市场价格除以最近四个季度的每股收益（或最近两个半年的收益，这些公司每半年出一次半年报），也被称作当前市盈率。

U

Underlying earnings 基础收益 不包括非经常性项目的收益，也被称作持续收益、核心收益或持久收益。

Unexpected earnings 意外收益 报告的 EPS 与预期 EPS 之间的差额，也被

称作盈利意外。

V

Valuation 估值 在未来投资回报率相关变量的基础上，或者在与相似资产比较的基础上，确定一项资产或服务价值的过程。

Value of growth 增长的价值 实际每股价值与无增长每股价值之间的差值。

Venture capital 风险资本 为处于早期发展阶段的公司提供"种子"或启动资金、早期融资或后期融资（包括加中层融资）的投资，作为扩张所需要的额外资本或首次公开募股的准备资金。

Venture capital investors 风险资本投资者 处于发展阶段的公司的私募股权基金投资者。

Visibility 可预见性 公司经营可以被有较强信心预测的程度。

Vote by proxy 代理投票 一种允许指定方（例如另一股东、股东代表或管理层）代表股东投票的机制。

W

Weighted harmonic mean 加权调和平均值 见调和平均值。

Write-down 减值 在资产负债表中显示的资产价值减少。

关于作者

伊莱恩·亨利（Elaine Henry，PhD，CFA）是福特汉姆大学会计学副教授。此前，她于 2005～2012 年在迈阿密大学任教。课程包括财务会计、财务报表分析、国际财务报告准则和股权估值。亨利博士的研究领域包括国际会计、财务分析中的计算语言学、会计重述和关联交易。她在多个期刊上发表过文章，包括 *Journal of International Accounting Research*、*Journal of Emerging Technologies in Accounting*、*Accounting Horizons* 和 *Journal of Business Finance & Accounting*。亨利博士于 2006 年和 2007 年担任上市公司会计监督委员会（PCAOB）关联方交易综合研究项目的项目组组长。她在 *Financial Analysts Journal* 的编委会任职。

在开始学术生涯之前，亨利博士曾在雷曼兄弟公司从事企业融资、在麦肯锡公司从事战略咨询以及在花旗银行（雅典、伦敦和纽约）从事企业银行业务。她在密尔萨普斯学院获得文学和工商管理学士学位，在哈佛商学院以优异成绩获得工商管理硕士学位，在罗格斯大学获得博士学位。亨利博士一直是 CFA 协会、CFA 迈阿密分会、哈佛商学院伦敦俱乐部和美国会计协会活跃的志愿者。

杰拉尔德·E. 平托（Jerald E. Pinto，CFA）自 2002 年以来一直在 CFA 协会任职，是 CFA 和 CIPM 项目教育处课程计划的访问学者、副主席和现任总裁。在加入 CFA 协会之前，他在纽约市的投资和银行业工作了近 20 年，包括担任投资规划顾问。1992～1994 年，他在纽约大学斯特恩学院担任助理教授，给 MBA 和本科生教授投资以及金融机构管理课程，并获得商学院教学奖。他是《定量投资分析》和《股权估值》的合著者，第 3 版《投资组合管理：动态过程》的共同主编和合著者、《投资学》（2011）和《投资决策者经济学》（2013）的联合编辑（均由 John Wiley & Sons 出版）。他拥有巴鲁克学院的 MBA 学位、斯特恩学院的金融学博士学位，并且是 CFA 弗吉尼亚州分会成员。

托马斯·R. 罗宾逊（Thomas R. Robinson，CFA）是国际商学院协会的总裁兼首席执行官。在 2015 年 3 月加入国际商学院协会之前，罗宾逊博士担任 CFA 协会美洲区执行董事，领导一个跨部门团队参与制定教育和强化策略。他还为一个全球团队提供了远见和领导力，该团队负责为学员、会员、投资专业人士制定和传播教育内容与教育项目。此前，罗宾逊博士曾担任迈阿密大学的终身教员、专业会计和个人财务规划硕士课程的主任。在他的学术生涯中，罗宾逊博士赢得了多个教学奖项，经常在学术和专业期刊上发表文章，并撰写或合著了许多图书。作为 CFA 特许证持有人、注册会计师（CPA）、注册金融理财师®（CFP®）和特许另类投资分析师（CAIA），罗宾逊博士从事公共会计和财务规划工作 10 年。他还担任过财富管理、财务报表分析和估值领域的咨询师和投资顾问。罗宾逊博士拥有宾夕法尼亚大学经济学学士学位和凯斯西储大学维泽赫德管理学院的硕士和博士学位。

约翰·D. 斯托（John D. Stowe，PhD，CFA）是俄亥俄大学摩根大通金融学教授。在加入俄亥俄大学之前，他在 CFA 协会担任课程开发负责人，也是考试开发主管。在 2003 年加入 CFA 协会之前，他是密苏里大学哥伦比亚分校的金融学教授、系主任和副院长。除了《股权估值》，他还是《公司财务管理》（*Corporate Financial Management*）的合著者。他在 *Financial Analysts Journal*、*Journal of Finance*、*Journal of Financial and Quantitative analysis*、*Financial Management*、*Journal of Portfolio Management*、*Journal of Corporate Finance* 等金融期刊上发表了专业和学术文章。他在森坦那瑞学院获得学士学位，在休斯敦大学获得博士学位。他于 1995 年成为 CFA 特许证持有人，此后以多种志愿者身份为 CFA 项目服务。他一直是 CFA 协会圣路易斯和哥伦布分会的成员。

斯蒂芬·E. 威尔科克斯（Stephen E. Wilcox，PhD，CFA）是明尼苏达州立大学曼卡托分校的金融学教授，金融系前系主任。他在为本科生和 MBA 学生教授投资和公司财务课程方面拥有丰富的经验。威尔科克斯博士的研究主要集中在估值方面，他曾在 *Financial Analysts Journal*，*Journal of Investing* 和 *The AAII Journal* 上发表过文章。他还为 CFA 协会研究基金会撰写了一篇题为"股票估值与通货膨胀：综述"的文献综述。

威尔科克斯博士还是 CFA 协会的顾问，最近致力于为 CFA 和 CIPM 考试创建课程材料。他在制定固定供款退休计划方面拥有咨询经验，并曾担任非上市公司估值的专家证人。他是 CFA 协会和 CFA 明尼苏达州协会的成员。

关于 CFA 项目

如果您对本书的课题感兴趣，并且您还不是 CFA 特许持有人，我们希望您考虑注册 CFA 项目并开始向获得 CFA 称号努力。CFA 称号是全球认可的衡量投资专业人士能力和诚信的卓越标准。要获得 CFA 特许证，候选人必须成功完成 CFA 课程，这是一个全球研究生级别的自学课程，结合了广泛的课程体系和专业行为要求，为投资专业人士的职业做好准备。

CFA 项目知识体系以基于实践的课程为基础，反映了专业人士认为对投资决策过程至关重要的知识、技能和能力。该知识体系通过对全球执业 CFA 特许证持有人进行定期、广泛的调查来保持其相关性。课程涵盖 10 个大的专题领域，从股权和固定收益分析到投资组合管理再到公司财务——所有这些领域都非常强调道德操守在专业实践中的应用。CFA 项目以其严谨和广度而著称，强调每个市场的共同原则，使获得 CFA 称号的专业人士具有全面的全球投资视角和对全球市场的深刻理解。

投资与估值丛书

达摩达兰估值经典全书

新入股市必读

巴菲特20个投资案例复盘

真实案例解读企业估值

非上市企业估值

当代华尔街股票与公司估值方法

CFA考试必考科目之一

CFA考试必考科目之一

华尔街顶级投行的估值方法